长春统计年鉴

2018

长 春 市 统 计 局
国家统计局长春调查队 编

图书在版编目（CIP）数据

长春统计年鉴 . 2018 / 长春市统计局，国家统计局长春调查队编 . -- 北京：中国统计出版社，2018.10
ISBN 978-7-5037-8655-6

Ⅰ . ①长…
Ⅱ . ①长… ②国…
Ⅲ . ①统计资料 – 长春 – 2018 – 年鉴 Ⅳ . ① C832.341-54

中国版本图书馆 CIP 数据核字 (2018) 第 204620 号

长春统计年鉴 -2018

作　　者 / 长春市统计局　国家统计局长春调查队
责任编辑 / 陈越月　王建生　闫大华
装帧设计 / 吉林省科普印刷有限公司
出版发行 / 中国统计出版社
地　　址 / 北京市丰台区西三环南路甲 6 号　邮政编码 /100073
电　　话 / 邮购（010）63376909　书店（010）68783171
网　　址 / http://csp.stats.gov.cn
印　　刷 / 吉林省科普印刷有限公司
经　　销 / 新华书店
开　　本 / 890mm × 1240mm　1/16
字　　数 / 55 千字
印　　张 / 32
版　　别 / 2018 年 10 月第 1 版
版　　次 / 2018 年 10 月第 1 次印刷
定　　价 / 300.00 元
如有印装差错，由本社发行部调换。

ISBN 978-7-5037-8655-6

定价：300.00 元

如发现印装质量问题，影响阅读，请与印刷厂联系调换。

CHANGCHUN
STATISTICAL YEARBOOK

长春统计年鉴

编委会

第十八篇　体育、卫生及其他事业

18. SPORTS,PUBLIC HEALTH AND OTHERS

CHANGCHUN
STATISTICAL YEARBOOK

长春统计年鉴

编 者 说 明

一、《长春统计年鉴——2018》是一部全面反映长春市2017年经济和社会发展情况的资料性刊物。本书收录了2017年长春市经济和社会各方面大量的统计数据，以及重要年份的主要统计数据，是认识和研究长春市经济社会发展，指导经济工作和进行决策的经济类工具书。

二、全书共包括四部分。(一)特载，(二)县(市)区开发区经济，(三)统计资料，(四)主要统计指标解释。统计资料按其内容分为18个篇目，即(1)综合；(2)人口；(3)单位从业人员与劳动报酬；(4)固定资产投资；(5)能源消费与库存；(6)财政；(7)物价；(8)人民生活；(9)城市建设；(10)农业；(11)工业；(12)交通运输邮电通信业；(13)建筑业；(14)批发零售贸易和住宿餐饮业；(15)对外经济贸易和旅游业；(16)金融保险业；(17)教育、科技及文化事业；(18)体育、卫生及其他事业。

三、本书资料大部分来自于各专业年报资料，部分资料取自抽样调查。

四、本书中文字资料主要是统计部门人员撰写。

五、本书中所使用的价值量指标及构成，除已注明外，均按当年价计算，发展速度按可比价格计算。

六、本书采用国际统一标准计量单位。

七、书中符号使用说明："#"表示其中的主要项，"空格"表示该项指标数据不详或无该数据。

CHANGCHUN
STATISTICAL YEARBOOK

长春统计年鉴

PREFACE

Ⅰ.Changchun statistical yearbook—2018 is an annual statistical publication,which comprehensively reflects the conditions of economic and social development of changchun in 2017. We select various aspects of statistical data on economic and social development in 2017 and main statistical data in important years of changchun. It is an economic reference book for recognizing and researching on economic and social development of changchun guiding economic work and making decisions.

Ⅱ.This book covers the following four parts 1.Special reports 2.Economy of counties (cities) and districts and developing area 3.Statistical data 4.Explanatory notes on main statistical indicators. Statistical data contains 18 lists of articles. That is (1)General survey (2)Population,(3)Employment and wages,(4)Investment in fixed assets,(5)Energy consumption and inventory,(6)Government finance,(7)Commodity price,(8) People's livehood,(9)City construction, (10)Agriculture,(11) Industry,(12)Transportation , post and telecommunications services,(13)Construction,(14)Wholesale , retail trade and hotels catering,(15)Foreign trade and tourism,(16)Finance and insurance,(17)Education,science and technology, culture (18) Sports , health care and others.

Ⅲ.The major data sources of this publication are obtained from annual statistical reports , and some from sample survey.

Ⅳ.Special reports and special topics are obtained from statistical departments and relative departments.

Ⅴ.The quantity of value indicators and composition used in this book are at current price except notes have made , growth rate is calculated by constant price.

Ⅵ.The units of measurement used in this book are internationally standard measurement units.

目　录

特　　载

SPECIAL REPORT

县（市）区开发区经济

ECONOMY OF COUNTY(CITY) AND DISTRICT AND DEVELOPING AREA

统 计 资 料

STATISTICS

第一篇 综 合

1. GENERAL SURVEY

第二篇　人　口

2. POPULATION

第三篇　单位从业人员与工资

3. EMPLOYMENT AND WAGE

第四篇 固定资产投资

4. INVESTMENT IN FIXED ASSETS

第五篇 能源消费与库存

5. GONSUMPTION AND STORAGE OF ENERGY

第六篇 财 政

6. GOVERNMENT FINANCE

第七篇 物 价

7. PRICE

第八篇 人民生活

8. PEOPLE’S LIVELIHOOD

第九篇 城市建设

9. GENERAL SURVEY OF CITY

第十篇　农　业

10. AGRICULTURE

第十一篇　工　业

11. INDUSTRY

第十二篇　交通运输、邮电通信业

12. TRANSPORTATION,POST AND TELECOMMUNICATION

第十三篇　建筑业

13. CONSTRUCTION

第十四篇　批发零售贸易和住宿餐饮业

14. WHOLESALE RETAIL TRADES AND HOTELS CATERING

第十五篇　对外经济贸易和旅游业

15. FOREIGA TRADE AND TOURISM

第十六篇　金融保险业

16. BANKING AND INSURANCE

第十七篇　教育、科技及文化事业

17. EDUCATION AND TECHNOLOGY CULTURE

第十八篇　体育、卫生及其他事业

18. SPORTS,PUBLIC HEALTH AND OTHERS

特载

SPECLAL REPORT

2018

长春统计年鉴

CHANGCHUN STATISTICAL YEARBOOK

政府工作报告

——2018年1月11日在长春市第十五届人民代表大会第二次会议上

市长　刘长龙

各位代表：

现在，我代表市政府，向大会报告工作，请予审议，并请市政协各位委员提出意见。

一、2017年工作回顾

2017年是全市上下喜迎党的十九大、经济社会发展取得丰硕成果的一年。一年来，在习近平新时代中国特色社会主义思想指引下，在市委坚强领导下，在市人大、市政协监督支持下，我们紧紧团结和依靠全市人民，抢抓机遇，创新发展，砥砺奋进，圆满完成了经济社会发展主要预期目标，长春老工业基地全面振兴发展取得新的重大进展。

——经济运行持续向好。预计地区生产总值增长8%左右，为四年来最好水平。地方级财政收入增长8.3%，快于经济增速。规模以上工业产值突破1万亿元。服务业占GDP比重提高0.6个百分点。

——新动能迅速成长。新认定国家级高新技术企业、科技型“小巨人”企业户数分别是上年的2.7倍和3.9倍。大众创业、万众创新蓬勃发展，平均每天新设企业超过100户，为经济发展增添了新生力量。

——改革开放深入推进。重要领域和关键环节改革取得突破性进展，供给侧结构性改革成效明显。对外开放迈出新步伐，开放平台和通道建设不断加快。经济社会发展活力明显增强。

——城市品质显著提升。伊通河综合治理中段主体工程基本完工，为期两年的旧城改造提升工程全面收尾，地铁1号线投入运营。长春获批国家历史文化名城，全国文明城市、国家卫生城市实现“三连冠”。

——各项事业全面进步。教育、科技、文化、卫生、体育等领域取得新进展，环境保护、安全生产、市场监管、社会治安不断加强，社会大局保持和谐稳定。

——人民生活不断改善。幸福长春行动计划全面完成。城乡居民增收“暖流计划”惠及893万人次。城镇新增就业11.4万人，超出年初预期目标。长春连续十次获评“最具幸福感城市”。

一年来，我们主要做了以下工作：

一是加快推动经济转型升级。坚持把扩大有效投资摆在经济工作首位，以项目为载体转方式、调结构、补短板，推动新旧发展动能加快转换。全年实施亿元以上项目1311个、10亿元以上项目313个，分别比上年增加161个和28个。一汽大众Q工厂、北斗科技小镇、华为云计算中心、浪潮大数据中心等一批重大项目顺利推进，航天信息、亚泰医药、光电和智能装备等新型产业园区形成产业集聚，规模以上工业、高技术产业、战略性新兴产业产值分别增长10%、20%和15%左右。新增工业产值超百亿企业2户、规模以上工业企业150户。长春推动实施“中国制造2025”、促进工业稳增长和转型升级工作获国务院通报表扬。服务业增速持续高于一产、二产，经济增长贡献率突破50%。一批商业综合体建成开业，新增商业商务面积近400万平方米。成功举办汽博会、农博会、雕塑大会、电商峰会、创业就业博览会和东北振兴论坛，长春获评“中国十佳品牌会展城市”。龙嘉国际机场年旅客吞吐量突破千万人次。东北首家民营银行亿联银行正式开业，新引进两家域外金融机构。3户企业上市，7户企业新三板挂牌。国家文化消费试点成效显著。“全国绿色有机农业示范市”创建工作扎实推进，现代农业五大实验区建设进展顺利。种植业结构稳中调优，粮食生产再获丰收。品牌农业、高效特色农业、都市休闲农业、健康养殖业初具规模。免疫无口蹄疫区建设通过国家验收。农民合作社数量、土地流转面积持续扩大。农机化率稳步提升。

二是坚持以创新引领发展。科技领域一批创新成果达到国际先进水平，长客复兴号新一代高铁上线运营，吉林一号在轨运行卫星达到8颗。全市技术合同交易额突破200亿元，比上年翻一番。科技进步贡献率比上年提高0.9个百分点。互联网与各行业加速融合，新产业、新业态快速成长。各类创新创业基地发展到236个，在孵企业超过1.4万户。长春新区等4家单位获批国家双创示范基地。创新型城市试点建设通过国家验收。国家民营经济发展改革示范城市建设全面启动，民营经济稳步壮大，总量已占全市半壁江山。成立院士专家联合会，成功举办“院士专家长春行”活动。出台集聚人才“20条新政”，启动招才引智“万人计划”。国家级人力资源服务产业园建成运营。国家七项外籍人才出入境政策在长春新区实施。

三是大力深化改革开放。全面深化改革，推出一批标志性、关键性改革举措。持续推进“一门式、一张网”综合改革，进一个门办多件事、办事群众与审批人员不见面、行政审批和公共服务事项全程网上运行成为现实，优化了服务环境、方便了办事创业。全面推行“双随机、一公开”，增强事中事后监管的有效性。国企国资、投融资、财税、司法、供销社、医疗卫生、公共资源交易机构整合等改革扎实推进，为经济社会发展增添了新动力。全面扩大开放，主动融入“一带一路”建设。“长满欧”班列货运量快速增长，中欧班列实现首发，长春国际港开通运营。中粮玉米产业园等一批项目落位，新引进央企和国内500强企业5户，实际引进内外资分别增长17%和14%。工业用地出让量、建设用地征收量分别增长42%和62%。积极推动与天津、杭州对口合作，合作园区建设顺利推进。美国、英国等七国大使相继访问我市，城市对外影响力和知名度不断提升。

四是建设现代宜居宜业城市。城市设计、城市总体规划、“多规合一”空间规划三项国家试点取得阶段性成果。三环路以内20个商圈、316个老旧住宅区、600多条街路旧貌换新颜。1100多公里地下管网完成改造。地铁1号线投入运营，地铁2号线一期主体工程全线贯通，轻轨北湖线按计划实施。南湖大桥、自由大桥完成翻建。吉林大路东延长线等一批重要路桥建成通车。打通35条断头路、卡脖路。新建20个立体停车场。启动建设6座城区公园，新建26块大宗绿地，植树造林7598公顷。伊通河中段综合治理基本完成。南溪湿地公园建成开放。建成区黑臭水体治理基本完成。新凯河、串湖、东新开河等流域治理有序推进。全域255条河流、6个湖泊全面落实河长制，共设立各级河长2325名。水生态文明城市建设试点任务基本完成。深入实施大气、水、土壤污染防治行动计划，狠抓节能减排。关停搬迁重污染企业12户，基本淘汰黄标车和建成区10吨以下燃煤小锅炉。深入开展“走遍长春”城市精细化管理专项行动。持续推进道路交通秩序整治。“智慧长春”建设取得新进展。

五是推动社会事业协调发展。新增义务教育学校8所、普惠性幼儿园18所，打造“温馨村小”182所，创办新优质学校100所。全面推开“蓓蕾计划”，20万名小学生获得课后免费托管服务。长春全域通过义务教育均衡发展国家验收。市医院扩建工程投入使用。51家城市公立医院取消药品加成，我市被确定为公立医院综合改革首批国家级示范城市。加强基层公共文化服务。规划展览馆、雕塑博物馆建成开放，伪满皇宫博物院跻身国家一级博物馆行列，7处国家文物保护单位完成修缮。农安县五台山遗址考古取得重要发现。创排巡演话剧《黄大年》。实施全民健身计划。成功举办首届长春国际马拉松赛。

六是注重保障和改善民生。在财政收支压力加大情况下，努力增加民生投入，广大人民群众有了更多获得感。扎实精准推进脱贫攻坚，又有2.7万贫困人口、124个贫困村实现脱贫。加大就业创业支持力度，城镇登记失业率控制在3.5%左右，就业形势保持稳定。开展农民工工资“精准支付”行动。进一步提高最低工资、城乡低保、养老保险、失业保险、重点优抚对象救助标准。城镇居民、农村居民人均可支配收入增速高于全省平均水平。为3.6万名残疾人提供精准康复服务。7家市级医院专科医疗救助中心为农村贫困患者提供免费治疗。新分配公租房4280套，拆除棚户区119万平方米，完成房屋确权登记1008万平方米。出台中低收入家庭公积金贷款购房新政。创建“公交都市”，新增更新公交车辆546台。新建农村公路640公里，改造农村厕所2.9万户，解决18.2万农村居民饮水安全问题。城市千米社区、农村200平方米以上社区比例分别达到75%和80%。

七是推进政府建设和治理创新。依法接受人大及其常委会法律监督、工作监督，自觉接受人民政协民主监督。认真听取各民主党派、工商联以及无党派人士的意见建议。办理市人大议案2件、市人大代表建议205件、市政协建议案2件、市政协提案338件。加强安全生产监管，安全生产事故起数、遇难人数持续下降。创建“国家食品安全示范城市”，食品药品监管能力稳步提升。积极开展“电视问政”。加强信访工作。全面提高局长接待日、市长公开电话工作水平。强化社会治安综合治理，依法打击各类违法犯罪活动，有力维护了公共安全。积极促进军民融合发展。民族团结、宗教和谐良好局面进一步巩固。

扎实推进“两学一做”学习教育常态化制度化，认真落实中央八项规定精神，坚决纠正“四风”。严格依法行政。加强行政监察和审计监督。驰而不息推进党风廉政建设。

各位代表，过去一年长春经济社会发展取得的成绩，是市委正确领导的结果，是人大、政协以及社会各界大力支持的结果，是全市广大干部群众团结奋斗的结果。在此，我代表市政府，向全市广大干部群众致以崇高的敬意！向人大代表、政协委员和社会各界人士，向中省直驻长单位、人民解放军和武警驻长部队以及海内外的朋友们，表示衷心的感谢！

肯定成绩的同时，也要清醒看到，我们的工作还存在许多不足，也面临不少困难和挑战。推动经济扩大总量、优化结构、提升质量任务繁重，科技创新引领发展作用尚未充分发挥，推进改革开放、激发市场活力的力度需要进一步加大，城市承载能力、基本公共服务还有不少短板，环境污染治理和生态文明建设任重道远，一些群众关心的热点难点问题还没有得到有效解决，影响经济稳定运行、城市安全的潜在风险和隐患仍然较多。政府职能转变还不到位，软环境建设需要持续发力，廉政建设和作风建设仍需加强。我们一定要直面挑战，敢于担当，全力以赴做好政府工作，不辜负人民的期望和重托。

二、2018年重点工作

今年是全面贯彻落实党的十九大精神开局之年，是改革开放40周年，是决胜全面建成小康社会、实施“十三五”规划承上启下的关键一年。做好今年工作，要适应新时代、聚焦新目标、落实新部署，在新起点上开启长春振兴发展的新篇章。

——必须放眼未来对标高位，牢牢把握事关全局和长远的重大战略部署。把各项任务放到2020年全面建成小康社会、加快长春老工业基地全面振兴发展、建设东北亚区域性中心城市的目标体系中进行定位安排，坚定信心，持续用力，一步一个脚印向前迈进。

——必须深入贯彻新发展理念，推动经济转向高质量发展阶段。坚持质量第一、效率优先，以改革创新推动转型升级，努力实现创新成为第一动力、协调成为内生特点、绿色成为普遍形态、开放成为必由之路、共享成为根本目的的发展。

——必须把握稳中求进工作总基调，正确处理“稳”和“进”的关系。稳是大局，进是目的。在确保经济运行质量和社会大局稳定的前提下，立足长春发展不平衡不充分的实际，在经济发展、改革开放、城市建设、社会治理等方面加大进的力度，进而有序，进而有为，不断取得新突破。

——必须跨越经济发展现阶段关口，打好防范化解重大风险、精准脱贫、污染防治三大攻坚战。坚持靶向聚焦抓重点、多措并举补短板、合力攻坚强弱项，守住防控风险底线，啃下脱贫攻坚“硬骨头”，以更大力度改善生态环境，确保长春发展提质增效、行稳致远。

——必须坚持以人民为中心的发展思想，不断促进人的全面发展。把人民对美好生活的向往作为奋斗目标，把增进民生福祉作为发展的根本目的，抓住群众最关心最直接最现实的利益问题，多谋民生之利、多解民生之忧，不断增强群众的获得感、幸福感和安全感。

今年政府工作的总体思路是：高举习近平新时代中国特色社会主义思想伟大旗帜，深入贯彻党的十九大精神，认真落实省委十一届二次全会、市委十三届三次全会要求，坚持稳中求进工作总基调，坚持新发展理念，按照高质量发展的要求，统筹推进“五位一体”总体布局和协调推进“四个全面”战略布局，以供给侧结构性改革为主线，统筹推进稳增长、促改革、调结构、惠民生各项工作，大力推进改革开放，推动质量变革、效率变革、动力变革，打好防范化解重大风险、精准脱贫、污染防治攻坚战，促进经济社会持续健康发展，加快建设东北亚区域性中心城市，不断开创新时代长春老工业基地全面振兴发展新局面。

全市经济社会发展的主要预期目标是：地区生产总值增长7.8%左右，规模以上工业产值增长8.5%以上，服务业增加值增长8.5%以上，固定资产投资增长10%以上，社会消费品零售总额增长10%以上，地方级财政收入增长7%以上，城乡居民收入与经济增长基本同步，城镇登记失业率控制在4%以内，城镇调查失业率实现稳中有降。这些指标安排，综合考虑了外部环境、现实支撑和区域发展态势，有利于促进就业、引导预期。实际工作中，我们要重视速度，更要重视质量，在质的大幅提升中实现量的有效增长。

今年要着重做好七个方面工作：

（一）深入实施创新驱动发展战略，推动实体经济优化结构，不断提高质量、效益和竞争力

提升科技创新能力。加强政、产、学、研、用、金、介协同创新，促进科技与经济深度融合，争创国家创新型城市。滚动实施10个重大科技攻关、10个重大科技成果转化项目，为100户科技型企业提供精准服务，新认定国家级高新技术企业、科技型“小巨人”企业分别达到200户以上。依托在长大专院校、科研院所，推动校企合作、产研融合。培植壮大北湖科技园等创新园区。发挥科技大市场和科技金融创新中心作用。技术合同交易额增长30%。实施更加有效的人才引进政策，建设国内一流的人力资源服务产业园，为高层次人才、急需紧缺人才及符合条件高校毕业生提供人才公寓。落实科技成果处置权、收益权和股权期权分红等激励政策，激发科研人员积极性、创造性。

加快制造业优化升级。以更有力措施促进互联网、大数据、人工智能与制造业深度融合，争创“中国制造2025”国家级示范区。滚动实施10个智能化工厂、20个数字化车间和50条自动化生产线建设，抓好商业遥感卫星、智能机器人、数控设备、半导体照明显示等重大产业化项目，加快推动航天信息、大数据等产业园区建设，支持现有企业实施技术改造，工业投资增长10%左右。全力支持一汽发展自主品牌、新能源、智能网联汽车，鼓励长客、中粮、皓月、大成等企业创新发展，带动三大支柱产业向高端化迈进。加快培育先进装备制造、光电信息、生物及医药健康、新能源汽车、新材料、大数据六大战略性新兴产业，完成投资增长15%以上。

推动服务业转型发展。深化“十三五”国家服务业综合改革试点。积极培育共享经济、数字经济、平台经济，加快发展研发设计、检验检测、融资租赁等生产性服务业，做大做强电子商务、服务外包、文化创意、动漫设计等新兴行业。运用新技术、新业态、新模式，改造提升商贸物流、旅游休闲、医疗健康、文化娱乐、会议展览等传统服务业。建设东北亚区域性金融服务中心，搭建“一站式”金融服务平台，支持企业上市、挂牌和再融资。加快建立多主体供应、多渠道保障、租购并举的住房制度。合理增加住宅用地，规范开发、销售、中介等行为，遏制房价过快上涨。积极引导文化等新兴消费。推进国家首批供应链体系试点城市建设，开展“放心消费在长春”活动，增强消费拉动经济增长的基础作用。建设“智慧长春”，推动“互联网+”深入发展，让企业广泛受益、群众普遍受惠。

转变农业生产方式。坚持质量兴农、绿色兴农，持续创建“全国绿色有机农业示范市”，推动农业发展由产量导向转为质量效益导向。打造一批优质特色种养基地，建设20个绿色有机农业

示范区、30个棚膜经济园区、200个标准化养殖示范区。支持农安创建国家农村产业融合发展示范园。新增无公害、绿色、有机和地理标志农产品70个，提升"长春大米"等品牌知名度。大力发展农产品精深加工业。实施化肥农药减量行动，推广畜牧业无抗养殖技术。加快建设高标准基本农田，推广保护性耕作技术，稳定粮食综合生产能力。培育发展农民合作社、家庭农场等新型经营主体，土地流转面积占比增加4个百分点，农机化率提高2个百分点。

全面提升质量水平。实施质量强市战略，广泛开展质量提升行动，评选首届"市长质量奖"，争创全国质量强市示范市。大力弘扬工匠精神，厚植工匠文化，完善激励机制，培育众多长春工匠，打造更多长春品牌，推动长春经济发展进入质量时代。

（二）坚持以供给侧结构性改革为主线，激发企业活力和创造力，增强经济发展内生动力

推动简政放权、放管结合、优化服务改革向纵深发展。打造"一门式、一张网"2.0版，促进行政审批和公共服务提速增效。深化商事制度改革，推动"证照分离"、"照后减证"、"N证联办"，破解"准入不准营"的难题。优化基本建设项目并联审批，在具备条件的开发区探索开展"零审批"试点。加快政务信息系统整合共享，尽快实现网络、数据、业务互联互通，让群众和企业好办事、少跑腿、不添堵。完善事中事后监管制度，强化"双随机、一公开"，推进综合行政执法。实施企业信用信息统一归集、依法公示、联合惩戒、社会监督，争创国家信用体系建设试点城市。我们一定要让企业和群众更多感受到"放管服"改革成效，除烦苛之弊、施公平之策、开便利之门。

激发各类市场主体活力。加快国有经济布局优化和结构调整，完善各类国有资产管理体制，着力提高国有资本运营效率和水平。完成驻长央企"三供一业"分离移交。深入推进国家民营经济发展改革示范，新登记民营企业2万户以上，民营经济主营业务收入增长10%以上。实施百强民营企业、百户"专精特新"中小企业培育工程，规模以上工业、服务业企业分别新增100户、300户以上。建设国家双创示范基地，新建科技孵化器、众创空间、创业孵化基地30个左右，在孵企业增加2000户。

加快破除体制机制障碍。深化投融资体制改革，完善政府与社会资本合作模式，激发民间投资活力。发挥金融控股集团作用，运用投资基金吸引社会资本投向重点领域和关键环节。规范政府举债行为，严控增量、消化存量，有效防控债务风险。建立地方金融监管、风险防范处置体系，有效防控金融风险。深化农村金融综合改革试点。推进农村集体产权制度改革，完善农村土地确权颁证工作。推进教育、文化和事业单位改革，深化出租车、公交车行业改革，进一步释放社会领域发展潜力。

拓展企业域外发展空间。加快长春国际港建设，完善兴隆综保区功能，稳步提升国际货运班列运营质量。加快建设中德、中俄、中白、中古等国际合作园区。支持装备制造企业建立海外营销和研发中心。鼓励新兴产业开展国际认证、商标注册、销售网络建设，提升出口产品附加值。争创国家跨境电商综合试验区。积极争取设立汽车整车进口口岸。

全面提升营商环境质量。继续清理规范涉企收费，落实税收优惠政策，有效控制生产要素成本，切实减轻企业负担。依法保障各种所有制经济组织和公民财产权，激励人们创业创新创富，使企业家安心经营、放心投资。加快构建亲清新型政商关系，发挥广大企业家的积极性、主动性。加强软环境治理，对侵害企业合法权益的行为，必须严肃查处、有错必纠。

（三）进一步扩大有效投资，优化空间和产业布局，推动经济持续健康发展

充分发挥投资的关键作用。我市产业亟需改造升级，基础设施和民生领域还有许多短板，有效投资仍有很大空间。今年要继续突出项目建设，确保实施亿元以上项目1200个以上。加大招商引资力度，完善落实招商政策，强化签约项目跟踪服务，提高项目履约率和资金到位率，实际利用外来资金增长14%以上。

优化区域发展格局。加强分类指导、统筹协调，支持城区、县域和开发区立足定位、发挥优势、各展所长，以增量投资推动发展转型升级。城区要突出发展双创基地、特色街区、现代服务业集聚区和都市型工业、高端制造业园区。县域要以更大力度推进新型工业化，培育有特色的产业集群。长春新区要以创新引领发展，不断提高发展水平和辐射带动能力。国家级开发区要集聚创新创业资源，推动先进制造业、现代服务业、战略性新兴产业不断实现新突破。开展开发区体制机制改革创新试点。整合省级工业集中区、工业园区，推进"一县（市）一开发区"改革。鼓励国家级开发区与县域开发区联动发展。加强与天津、杭州对口合作，建设津长产业合作园、津长双创示范基地和吉浙净月服务业发展示范区。

全面实施乡村振兴战略。顺应城乡融合发展趋势，支持资本、技术、人才等要素更多向乡村流动。按照中等城市标准抓好县城建设，培育一批特色产业小镇，容纳更多农民工就近就业创业。加快改善农村交通、通信、电网、环保等基础设施。基本完成农村广电网络光纤入户升级改造。新建改造农村公路300公里。坚持不懈搞好"厕所革命"。解决4.5万农村居民饮水安全问题。实施农村人居环境三年行动计划，建设既有现代文明、又具田园风光的美丽乡村。

（四）坚持以人民为中心的城市观，以强烈的文化意识指导城市规划、建设和管理，努力打造现代宜居宜业城市

突出规划引领，高质量编制新一轮城市总体规划，推进空间规划、城市设计试点。完善"两横三纵"快速路，启动抚长高速

人民大街出口改移工程，推进吉林大路快速路、景阳大路三四环连接线、硅谷大街和腾飞大路绕城立交及延长线等路桥建设。再打通一批断头路、卡脖路，建设一批人行过街天桥、立体停车场。加快西客站周边基础设施建设。畅通净月、莲花山与主城区路网联系。建设长春经济圈环线。龙嘉国际机场二期扩建工程竣工。地铁2号线、轻轨北湖线一期建成通车。长春站综合换乘中心投入使用。调整一批公交线路，更新公交车辆400台。加快港湾式停靠站、公交首末站建设。启动建设第六净水厂，继续改造二次供水设施。续建地下综合管廊。新增供热面积500万平方米。新建改造地下管网500公里。发展装配式建筑。新建续建公园7座，新增绿地100公顷，植树造林4000公顷。与一汽合作建设红旗小镇，打造汽车文化历史街区。综合整治城区铁路沿线、城市出入口等重点区域。巩固提升旧城改造成果，建立长效管理机制。持续开展“走遍长春”专项行动，及时修补“城市伤痕”，提高精细化管理水平。强化交通秩序整治，提高城市畅通水平。

（五）打好污染防治攻坚战，加大生态环境保护治理力度，推动绿色发展取得新突破

良好生态环境是民生所系、民之所盼。我们要制定和实施打好污染防治攻坚战方案，加大投入，强力推进，严格控制污染源头，狠抓末端排放治理，切实整改突出问题，让人民群众真正感受到环境改善的成果。打赢蓝天保卫战，大力调整能源结构，有序推进“煤改气”、“煤改电”，发展冬季清洁取暖。实施20万千瓦以上燃煤发电机组超低排放改造，淘汰20吨以下燃煤锅炉1000台。加大油品升级和机动车尾气治理力度。推广应用新能源汽车。突出抓好秸秆禁烧和综合利用。加大石头口门、新立城两大水源地综合治理力度。新建、续建、提标改造10座污水处理厂。完善黑臭水体治理工程，落实水污染防治责任，努力实现建成区水体长治久清。加快推进伊通河南南段、北北段和串湖、新凯河、东新开河、饮马河等重点流域治理。全面落实河长制，形成巡河、治河、护河常态机制。推动生活垃圾分类投放，启动建设生活垃圾焚烧发电厂，餐厨垃圾处理厂投入使用。开展土地污染详查，严格建设用地准入，加强重金属污染防治。实施退耕还林还草还湿、矿山环境修复。严格环境执法，对环境违法犯罪，必须依法惩治。

（六）实施幸福长春行动计划，全力保障改善民生，促进人的全面发展、全体人民共同富裕

打好精准脱贫攻坚战。今年再减少农村贫困人口3700人。深入推进产业、劳务、教育扶贫，增强贫困群众自我发展能力。强化对老年人、残疾人、重病患者等特殊贫困人口精准扶贫，因户因人落实救助供养、大病救治、生活兜底保障等措施。已脱贫人口，攻坚期内“脱贫不脱政策”。新产生的贫困人口和返贫人口，要及时纳入帮扶。落实脱贫攻坚责任制，实施最严格的评估考核，严肃查处假脱贫、“被脱贫”、数字脱贫，确保脱贫工作得到群众认可、经得起历史检验。

着力扩大就业创业。实施更加积极的就业政策，城镇新增就业11万人。鼓励引导高校毕业生创新创业，切实做好退役军人安置和就业创业服务。加大就业援助力度，扶持城镇困难人员、残疾人就业，确保零就业家庭至少有一人稳定就业。滚动实施“暖流计划”，促进城乡居民持续稳定增收。开展农民工工资“精准支付”行动，确保按时足额发放。

强化基本公共服务。办好学前教育、特殊教育、民族教育、继续教育。新建6所义务教育学校、12所普惠性幼儿园。推进“大学区”改革，深化与吉大、东北师大基础教育合作，城区、农村优质学校覆盖面分别达到95%和65%。200所农村学校完成火炉取暖替代改造。着力降低中小学生过重课业负担。强化师德师风建设。加强校园周边环境治理。提高家庭医生签约服务覆盖率。市妇产医院完成异地搬迁，儿童医院新建项目投入使用。深入开展文化惠民活动。博物馆、美术馆、方志馆对外开放，启动少年宫新建、评剧院还建、市图书馆少儿部和伪满皇宫东北沦陷史陈列馆改扩建。建设拖拉机厂文化科创园区。办好电影节、汽博会、农博会、冰雪节等节庆会展活动。提高文物和非物质文化遗产保护利用水平，强化历史文化传承。广泛开展全民健身，大力发展体育事业，高质量办好第二届长春国际马拉松赛和第十八届省运动会。深化群众性精神文明创建活动，不断提高市民素质和社会文明程度。

织密织牢社会保障安全网。落实全民参保计划，推动社保扩面征缴。对养老保险缴费困难群体给予助保支持。进一步提高失业金、退休人员养老金、城乡居民基本养老金标准。加大公积金改革力度，降低进城务工人员、新就业大学生购房成本和门槛。加大公租房保障力度。改造2500户夹馅棚户区、7500户连片棚户区。完成农村危房改造。抓好居家和社区养老服务改革试点，启动建设3个托老中心、20个居家养老服务中心，新增养老床位3000张。为1.5万名困难老人购买居家养老服务。扩大医保救助范围，上调低保对象基本医疗住院救助比例。建立农村贫困人口大病医疗多重保障机制。有需求残疾儿童、持证残疾人接受基本康复服务比例达到70%以上。老年人、残疾人优惠乘车卡使用范围扩至地铁、轻轨和郊线公交。

（七）加强和创新社会治理，维护社会和谐稳定，实现城市长治久安

生命高于一切，安全重于泰山。牢固树立安全发展理念，深入推进安全生产领域改革，完善安全生产责任制，持续创建“国家安全发展示范城市”。完善立体化社会治安防控体系，实施县、乡、村三级公共安全视频监控“雪亮工程”。依法严厉打击各类违法犯罪，保护人民群众人身权、财产权、人格权。持续创建“国

家食品安全示范城市”，把好饮食用药安全关口。社会综合治理信息平台投入使用。健全突发事件应急机制，增强防灾减灾能力。

推动社会治理创新。健全基层群众自治制度，加强城乡社区治理。城市千米社区、农村200平方米以上社区比例分别达到85%和90%。充分利用信访机构接待、局长接待日、市长公开电话、读报读网等机制，依法及时就地解决群众合理诉求。落实“七五”普法规划。完善公共法律服务体系，扩大法律援助范围。进一步做好国家安全和民族宗教工作。配合部队完成停止有偿服务工作。全力支持军队和国防建设，深入开展双拥共建，推动军民融合深度发展。

各位代表！今年的任务艰巨而繁重，肩负的使命光荣而重大。

我们要坚定政治方向，牢固树立“四个意识”，坚决维护以习近平同志为核心的党中央权威，自觉在思想上政治上行动上同党中央保持高度一致。

我们要依法全面履职，依法接受人大及其常委会的法律监督、工作监督，自觉接受人民政协的民主监督，严格依法行政，坚持从严治政，努力提高政府法治化水平。

我们要转变工作作风，坚决落实中央八项规定精神，持之以恒纠正“四风”，以奋发有为、昂扬向上的精神状态狠抓落实、成就事业。

我们要密切联系群众，始终把人民利益摆在第一位，坚持不懈地为群众办实事、解难题、谋福祉，让振兴发展成果更多更公平地惠及广大人民群众。

我们要加强队伍建设，深入推进“两学一做”学习教育常态化制度化，开展“不忘初心、牢记使命”主题教育，强化反腐倡廉，规范权力运行，努力建设让人民满意放心的政府。

各位代表！新时代要有新气象新作为。让我们更加紧密地团结在以习近平同志为核心的党中央周围，在省委、省政府和市委的坚强领导下，锐意进取、埋头苦干，为推动长春老工业基地全面振兴发展、加快建设东北亚区域性中心城市而努力奋斗！

2017年长春市国民经济和社会发展统计公报

长春市统计局

2017年，面对错综复杂的国内外宏观环境，全市上下在市委、市政府的坚强领导下，以习近平新时代中国特色社会主义思想为引领，深入贯彻落实党的十八大、十九大精神，坚持稳中求进的工作总基调和“打先锋、站排头”的总体要求，以供给侧结构性改革为主线，解放思想，抢抓机遇，创新发展，不断推动重点产业发展，扩大有效需求，加快培育新动能，全市经济运行稳的格局更加巩固、进的动力更加强劲、好的态势更加明显，经济社会保持平稳健康发展，各项社会事业全面进步，民生福祉持续改善。

一、综合

初步核算，全年实现地区生产总值6530亿元，按不变价格计算，比上年增长8.0%。其中，第一产业增加值315.1亿元，比上年增长3.8%；第二产业增加值3175.2亿元，增长7.5%；第三产业增加值3039.7亿元，增长9.0%。三次产业结构为4.8∶48.6∶46.6。对经济增长的贡献率分别为：2.8%、47.0%、50.2%。人均生产总值达到86931元（按户籍年平均人口数计算），比上年增长8.3%，折合13361美元。

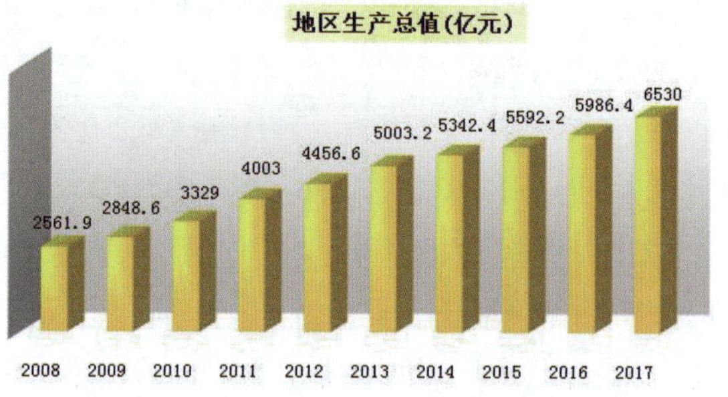

全市一般预算全口径财政收入1208.9亿元，增长5.1%。全市地方财政收入450.1亿元，增长8.3%，其中，税收收入340.1亿元，增长9.8%。地方财政支出875.7亿元，增长13.6%，其中，社会保障和就业支出108.0亿元，下降3.2%；医疗卫生与计划生育支出68.7亿元，增长1.8%；交通运输支出49.1亿元，增长126.3%；农林水支出101.4亿元，增长76.5%；住房保障支出30.2亿元，增长14.0%。

全年居民消费价格总水平同比上涨1.3%，涨幅比上年缩小0.1个百分点。从各类商品及服务价格变动情况看，医疗保健价格上涨9.2%，教育文化和娱乐价格上涨2.0%，居住价格上涨1.3%，其他用品和服务价格上涨1.0%，交通和通信价格上涨0.8%；食品烟酒价格下降0.5%，衣着价格下降0.2%；生活用品及服务价格持平。

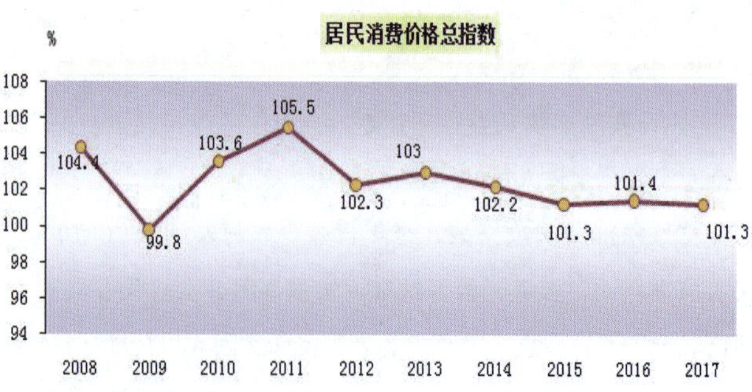

工业生产者出厂价格同比上升0.39%，涨幅比上年扩大0.82个百分点。其中，生产资料价格上升2.8%，生活资料价格下降

1.34%；轻工业产品价格下降0.64%，重工业产品价格上升0.58%。工业生产者购进价格同比上升0.82%，涨幅比上年扩大2.54个百分点。

全市从业人员总数已达到498.8万人，增长4.9%。其中，城镇单位从业人员125.4万人，从事个体劳动的有102.2万人。2017年城镇非私营单位就业人员平均工资72136元，比上年增长7.7%。

二、农业

全年完成农林牧渔业增加值324.3亿元，比上年增长3.8%。其中，种植业增加值174.2亿元，增长3.2%；林业增加值2.1亿元，增长3.4%；牧业增加值135.8亿元，增长4.8%；渔业增加值3亿元，增长7%；农林牧渔服务业增加值9.2亿元，增长3%。

全年农作物总播种面积134.1万公顷，比上年下降0.6%。粮食总产量达到993.1万吨，比上年增加4.7万吨。其中，玉米产量813.3万吨，下降1.9%；水稻产量144.2万吨，增长5.8%。猪出栏618.8万头，增长3%；牛出栏104.6万头，下降4.9%；羊出栏41.1万只，增长1.9%；家禽出栏2.7亿只，增长3.4%。肉类产量达到113.2万吨，增长0.1%；禽蛋产量达到36.1万吨，增长4%；牛奶产量达到7.3万吨，增长11%。

主要农副产品产量

指标	单位	2017年	比上年增长%
粮食总产量	万吨	993.1	0.5
蔬菜总产量	万吨	303.2	12.2
肉类总产量	万吨	113.2	0.1
禽蛋总产量	万吨	36.1	4.0
牛奶总产量	万吨	7.3	11.0
出栏生猪	万头	618.8	3.0
出栏家禽	亿只	2.7	3.4

2017年，全年农业机械总动力为700万千瓦，比上年增长6.1%；全市蔬菜耕地面积为77600公顷，增长1%；蔬菜总产值104.8亿元，增长6%。全市有效使用绿色食品标识产品147个，有机食品109个，无公害农产品160个，认定无公害产品基地19个，面积26.8万亩。

农业支持保护补贴共20.5亿元，玉米、大豆生产者补贴22.8亿元，农机购置补贴3.2亿元。全市高标准建设省级新农建设重点村74个，落实新农村建设项目五大类111项，获得省新农村建设项目补助资金2960万元；获评吉林省美丽乡村共计18个。

全市农产品加工企业实现产值2246亿元，比上年增长8%。新建续建农产品加工业项目105个，完成投资193.5亿元。省级以上和市级龙头企业数量分别发展到110户和247户。

三、工业　建筑业

全年完成规模以上工业增加值2654.6亿元，比上年增长9%。其中，轻工业实现增加值421.1亿元，增长7.5%；重工业实现增加值2233.4亿元，增长9.3%。分经济类型看，国有企业实现增加值1258亿元，增长10.4%；集体企业实现增加值1.1亿元，下降20%；股份制企业实现增加值1055亿元，增长7.2%；外商及港澳台商投资企业实现增加值330.5亿元，增长8.9%；其他经济类型企业实现增加值10亿元，增长19.4%。

全年完成规模以上工业总产值10357.9亿元，比上年增长10.7%。汽车制造业完成产值6015.7亿元，增长11.6%，占规模以上工业总产值的58.1%；农副食品加工业完成产值1281.7亿元，增长6.2%，占规模以上工业总产值的12.4%；生物与医药工业完成产值186.2亿元，增长19.3%，占1.8%；光电子信息工业完成产值160.1亿元，增长18%，占1.5%；建材工业完成产值713.4亿元，增长12.6%，占6.9%；能源工业完成产值576.3亿元，增长4.9%，占5.6%；装备制造业完成产值844.1亿元，增长7.9%，占8.1%。产值前30户重点工业企业完成工业总产值6938.1亿元，增长9.7%，占规模以上工业总产值的比重达到67%。

规模以上工业总产值（亿元）

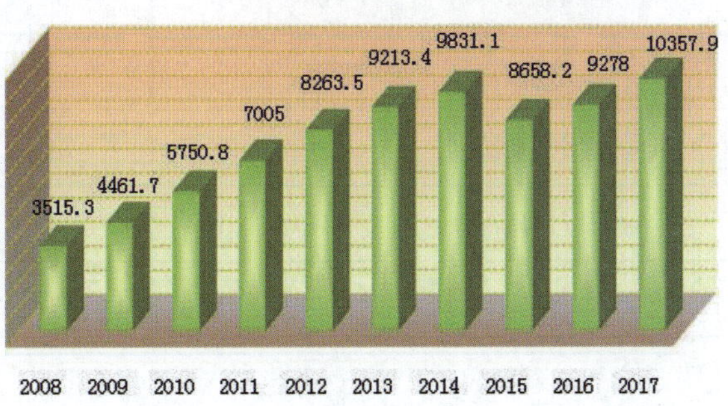

社会消费品零售总额（亿元）

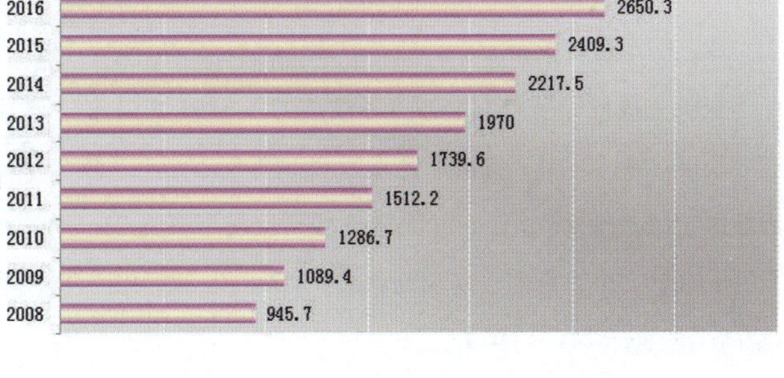

主要工业产品产量

产品	单位	产量	比上年增减%
汽车	万辆	282.4	11.2
轿车	万辆	186.2	1.8
公路客车	辆	2570	310.5
载货汽车	万辆	15.7	36.5
铁路客车	辆	222	9.9
动车组	辆	640	-34.4
变压器	万千伏安	663.4	88.4
橡胶轮胎外胎	万条	369.7	4.6
中小型拖拉机	台	3479	-37.1
工业自动调节仪表与控制系统	万台	4	-16.5
发电量	亿千瓦时	234.4	4.4
水泥	万吨	1364	-15.9
原煤	万吨	309.8	18.8
钢材	万吨	17.2	5.1
卷烟	亿支	148.1	3.5
啤酒	万吨	23.5	-10.6
中成药	吨	8775.8	-6.2
饲料	万吨	403.7	9.5
精炼食用植物油	万吨	27.5	-13.1
农用塑料薄膜	万吨	3.8	2
服装	万件	1163.4	7.9

全年实现主营业务收入10551.9亿元，比上年增长10.4%；利税总额1353亿元，增长0.6%；盈亏相抵后实现利润总额772亿元，增长3.8%。

全年建筑业完成增加值510.1亿元，比上年增长1.6%。资质以上建筑业完成总产值1279.9亿元，比上年增长8.1%。

四、固定资产投资

全年完成固定资产投资额（不含农户）5194.8亿元，比上年增长11.5%。其中：房地产开发投资573.8亿元，下降3.8%。新增固定资产3926.4亿元。固定资产交付使用率为75.6%，比上年上升7.7个百分点。房屋面积竣工率为19.3%，比上年下降1.4个百分点。

固定资产投资总额及增速

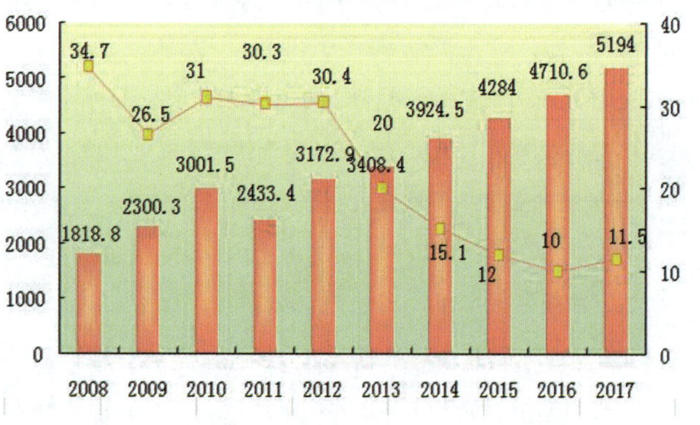

从各产业完成投资情况看，第一产业投资43.3亿元，增长55.4%；第二产业投资2537.8亿元，增长9.7%；第三产业投资2613.7亿元，增长12.8%。从投资主体看，国有经济投资1309.1亿元，增长17.2%；非国有经济投资3885.8亿元，增长9.7%，占固定资产投资的比重为74.8%。民间投资3811.6亿元，增长10%。全市工业投资2537.8亿元，增长9.9%，对固定资产投资增长的贡献率达42.5%。

全市商品房施工面积6687.3万平方米，比上年增长2.5%。商品房竣工面积905.7万平方米，增长18.9%。商品房销售面积1147.2万平方米，增长12.7%。商品房销售额805亿元，增长20.6%。

2017年，我市二手房交易8.2万套，交易面积722.9万平方米，比上年增长21.8%。其中：住宅交易7.9万套，交易面积672.8万平方米，增长23.7%。

五、国内贸易

全年实现社会消费品零售总额2922.8亿元，比上年增长10.3%。分行业看，批发零售贸易业零售额2590.3亿元，增长9.1%。其中：限额以上批发零售贸易业零售额1249.8亿元，增长10.5%；限额以下批发零售贸易业零售额1340.5亿元，增长6.6%。住宿和餐饮业零售额332.5亿元，增长20.5%。其中：限额以上住宿餐饮业零售额34.8亿元，增长12.1%；限额以下住宿餐饮业零售额297.7亿元，增长21.3%。

社会消费品零售总额（亿元）

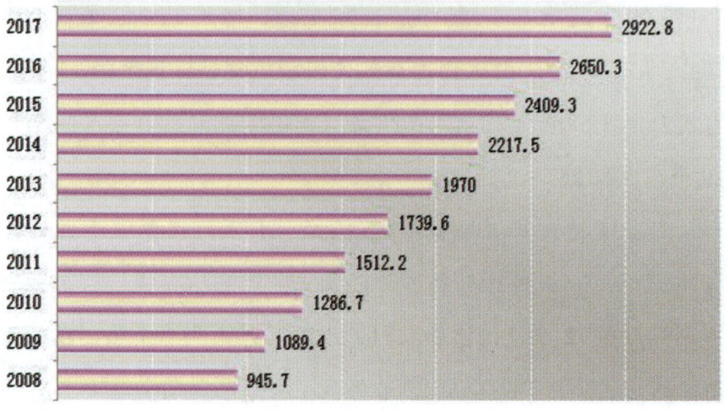

社会消费品零售额及其增速

单位：亿元

指　　标	2017年	比上年增长%
社会消费品零售总额	2922.8	10.3
按行业分：		
批发、零售贸易业	2590.3	9.1
其中：限额以上批发零售贸易业	1249.8	10.5
住宿、餐饮业	332.5	20.5

2017年，我市限额以上批发和零售企业汽车类零售额352.8亿元，增长8.1%；粮油、食品类零售额126.5亿元，增长14.3%；服装鞋帽针纺织品类零售额182.8亿元，增长12.1%；金银珠宝类零售额41.1亿元，增长7.1%；家用电器和音像器材类零售额61.2亿元，增长0.3%；石油及制品零售额164.9亿元，增长16.5%。

六、对外经济　旅游　会展

全年实现进出口总额952.5亿元，比上年增长1.9%。其中，进口822.6亿元，增长1.8%；出口129.8亿元，增长2.8%。在出口企业中，一般贸易企业出口96.3亿元，增长10.1%；加工贸易企业出口32.8亿元，下降13.3%。

全年新批外资项目（企业）27个，全年实际利用外资74.2亿美元，比上年增长14.2%。其中，直接利用外资14亿美元，增长8.6%。

全年来长旅游人数达到7827.8万人次，比上年增长16.8%。其中，接待入境游客46.5万人次，比上年增长2.8%；接待国内旅游者7781.3万人次，增长16.9%。全年旅游总收入1618.3亿元，增长20.7%。旅游外汇收入35602.2万美元，增长3.5%。

全市共举办规模以上会展活动148项，展览面积282万平方米，同比分别增长10.2%和10.3%。展会直接收入62亿元，带动其他相关产业收入550亿元，同比分别增长11.2%和11.5%。

七、交通邮电业

全年公路货物周转量308.1亿吨公里，增长6.1%；旅客周转量为42.6亿人公里，下降7.3%。民航完成货邮吞吐量8.9万吨，增长2.7%；完成旅客吞吐量1166.3万人，增长22.9%。2017年末全市民用汽车保有量159.3万辆，增长10.8%。其中，私人汽车保有量143.3万辆，增长11.9%。

2017年完成邮电业务总量89.1亿元，下降2.1%。其中：邮政业务总量6.5亿元，增长13.1%；特快专递116万件，增长222.2%；集邮1252万件，下降11.7%；邮政储蓄平均余额3589.3亿元，增长12.1%。电信业务总量82.6亿元，下降3.1%。市话期末到达户数113万户，下降2.8%；农话期末到达户数22万户，下降3.8%；移动电话期末到达户数1220万户，下降1.1%。互联网接入用户580万户，增长15.5%。

八、金融　证券　保险

截至2017年末，全市拥有银行信社类金融机构49家，保险公司34家，证券公司2家，证券公司分公司28家，证券营业部89家，上市企业24家。

全市金融机构本外币各项存款余额11540.9亿元，比年初增长3.8%。住户存款余额4622.8亿元，比年初增长8.1%。金融机构本外币各项贷款余额10375.7亿元，比年初增长4.1%。

金融机构本外币存贷款及其增长速度

单位：亿元

指　　标	2017年	比年初增减%
各项存款余额	11540.9	3.8
其中：1. 住户存款	4622.8	8.1
2. 非金融企业存款	4165.7	-0.4
3. 广义政府存款	2100.8	-0.5
各项贷款余额	10375.7	4.1
其中：住户短期贷款	343.0	-2.3
中长期贷款	2289.5	20.9

全市股民帐户数达到225.8万户，比上年增长8.2%。有价证券成交总额17649.0亿元，比上年增长11.6%。其中，股票交易成交额7535.5亿元，下降19.1%；国债成交额7644.9亿元，增长50.4%；基金成交额2044.2亿元，增长88.6%。

全年保费收入240.7亿元，比上年增长7.1%。其中，财产险保费收入82.6亿元，增长21%；人身险保费收入158.1亿元，增长1.0%。全年赔付总金额74.4亿元，增长8.6%。其中，财产险赔付金额43.5亿元，增长11.9%；人身险赔付金额30.9亿元，增长4.2%。

九、城建

全市完成道路新建和扩建长度22.63公里，全市道路总面积达到7117.8万平方米，道路长度达到3617.7公里。全市水厂日综合生产能力为126.4万立方米/日，城区使用自来水人数达497.5万人。全市天然气供气总量达到67871.4万立方米；液化石油气供气总量达到4.9万吨。城区使用天然气、石油液化气户数达到195.8万户。城区集中供热面积达到24560.2万平方米。全市公园绿地面积达到18238公顷，建成区绿化覆盖面积达到20750公顷，建成区绿化覆盖率达到41.5%。

十、科技　质量技术监督　教育

全年专利申请量14995件，授权量8190件，分别比上年增长12.5%和16%。其中，发明专利申请量6256件，增长7.8%；发明专利授权量2607件，增长31.5%。全年登记的科技成果115项。

全市技术合同成交额达212.8亿元。市科技管理部门共投入科技经费2亿元。全市新认定高新技术企业197户。

全市有法定产品质量检验机构1家，法定计量技术机构1家。全年实施市级产品质量监督抽查1784批次，计量校准设备48000台/件，检验各类器具159000台/件。

2017年，长春市各级各类教育学校1557所（不含幼儿园），其中：在长普通高校40所，成人高校8所，中等职业学校94所，普通高中70所，初中269所，小学1065所，特殊教育10所，工读学校1所。

全市各级各类学校招生人数35.2万人，其中：普通高校12万人，成人高校2.4万人，中等职业学校1.7万人，普通高中4.1万人，初中6.8万人，小学6.3万人，特殊教育110人。

全市各级各类学校在校人数129.2万人，其中在读研究生5.4万人，普通本、专科生43. 8万人，成人本专科生5.4万人，中等职业学校在校生4.7万人，普通高中在校生12万人，初中在校生18.5万人，小学在校生39.5万人，特殊教育在校生1085人。

全市各类教育学校专任教师9万人。其中：普通高等学校2.7万人，成人高校954人，民办机构94人，中等职业学校0.4万人，普通高中0.8万人，初中阶段1.8万人，小学3.1万人，特殊教育365人，工读学校29人。

全市学前教育机构1065个，其中：举办幼儿班机构303个，独立设置幼儿园762所，当年入园儿童5.2万人，在园儿童11.8万人。幼儿园教职工人数1.8万人，其中：专任教师1万人。

十一、文化 卫生 体育

2017年全市共有文化（文物）事业机构265家，其中艺术表演团体7家，艺术表演场馆5家，公共图书馆12家，艺术馆、文化馆12家，文化站160家，文化艺术科研、科技机构1家，文物保护研究机构1家，文物保护管理机构4家，其他文化事业23家，博物馆23家，文化市场管理机构17家。公共图书馆总藏量565万册，其中少儿图书馆藏量75万册。

2017年全市有各类文化经营场所1390家，其中互联网上网服务营业场所708家，文化娱乐场所307家，演出场所20家，音像制品营业场所90家，古玩（美术品）经营店265家。市区（含开发区）文化经营场所993家，其中互联网上网服务营业场所501家，文化娱乐场所219家，演出场所9家，古玩（美术品）经营店264家。

2017年全市有广播电台6座，节目11套，中波发射台和转播台25座，转播台23座，广播人口覆盖率为100%，电视台6座，节目10套，电视人口覆盖率为100%。

全市共有国家综合档案馆11个，馆藏档案188万卷，197万件，开放档案16万卷，9万件。

2017年末，全市共有卫生医疗机构4380个，下降0.54%。其中：医院、卫生院296所，比上年减少0.34%。拥有医疗床位4.99万张，比上年增长2.32%。卫生技术人员为4.97万人，比上年增长1.2%。每千人拥有执业医师和执业助理医师2.82人。

2017年末，市辖区建成社区卫生服务中心83家，城区人口覆盖率达到100%。345.6万农民参加了新型合作医疗，常住人口参合率达到97.15%，共筹集资金21.8亿元，已有165万参合农民受益，支付补偿金20.5亿元，占筹资总额的94.3%。

全年成功承办了瓦萨国际越野滑雪赛等国际国内大型体育赛事16余项次。大力开展全民健身活动，完善健身场地设施，改善健身条件，开展各级各类健身活动1326余项次，近百万人次参与活动。

2017年我市输送的运动员参加年度国际和国内比赛70项次、获得世界系列比赛冠军5个，全国冠军61个。在第八届日本札幌亚冬会上，我市输送的运动员获得2金3银1铜，18人次进入前8名，特别是花样滑冰的冰舞比赛，是我省我市在参加亚冬会历史上获得该项目首枚金牌。全年体育彩票销售13.48亿元，占全省销售比例的38%。

十二、环境保护

初步核算，全年全市能源消费总量1970.84万吨标准煤，比上年增长3.06%。全社会用电量224.8亿千瓦时，增长7.2%全市万元地区生总值能耗下降4.56%。万元规模以上工业增加值综合能源消耗降低率为6.14%。

2017年末，全市环境噪声平均值控制在56.2分贝，道路交通噪声平均值控制在69.4分贝。

全年城区空气环境质量优良级天数276天，占总天数的76.2%，其中，优级天数62天，占17.1%；良级天数214天，占59.1%；空气首要污染物细颗粒物（PM2.5）年日均值每立方米46微克，比上年持平；二氧化硫年日均值每立方米26微克，比上年下降2微克；二氧化氮年日均值每立方米40微克，比上年持平；饮用水源水质达标率100%。

十三、人口 人民生活 社会保障

2017年末，全市户籍总人口为748.9万人。其中，市区人口438.3万人，三县（市）人口310.6万人。全市人口出生率为8.61‰，死亡率15.01‰，自然增长率-6.39‰。

2017年，城镇常住居民人均可支配收入达到33167.7元，比上年增长6.8%，其中，工资性收入18287.5元，增长6.7%；经营净收入1148.2元，下降8%；财产净收入2640.4元，增长4.3%；转移净收入11091.6元，增长9.2%。城镇常住居民人均消费支出25873.6元，比上年增长7.4%。农村常住居民人均可支配收入13431元，比上年增长6.8%。

2017年底，全市城镇企业职工基本养老保险参保人数达到217.7万人，比上年增长3.1%。其中，在职职工154.5万人，增长3.2%；城镇失业保险参保人数达到97万人，增长1.2%。全年征缴养老保险基金155亿元，增长9.4%；征缴失业保险基金5亿元。全年共为63.3万名离退休人员发放养老金175亿元，增长10.8%；为2万名失业人员发放失业金1.5亿元。

2017年城镇医疗保险参保人数达到407.4万人，工伤和生育保险参保人数分别达到143.4万人和116.2万人。

2017年全市共开发就业岗位14万个，实现城镇新增就业11.4万人，安置下岗失业人员实现再就业5.6万人，其中就业困难人员再就业1.3万人。截止到2017年末，全市公益性岗位在岗人数1.8万人，当年援助388户零就业家庭实现就业。累计实现农村劳动力转移就业109.8万人。到年底，城镇登记失业率为3.51%。

全市建设保障性住房7053套、建筑面积34.2万平方米、总投资额75324.7万元。改造棚户区住宅13377套，回迁安置居民10998户。

截止到年末，全市城市居民92152人享受最低生活保障；农村居民113461人享受最低生活保障。累计全年发放城乡低保资金7.8亿元。

全市在民政部门注册养老服务机构共有332家，总床位数32036张。其中：国家办养老机构5家，社会力量投资兴办的养老机构233家。农村社会福利服务中心94所。全年销售社会福利彩票12.98亿元。募集善款2467万元，总支出慈善募捐款1741万元，受助群众达2.5万人次。

注：1、本公报各项统计数据为初步统计数。

2、本公报长春市地区生产总值、各产业增加值绝对数按现价计算，增长速度按可比价格计算。

3、资料来源：本公报中财政数据来自市财政局；价格指数、城乡居民收支数据来自国家统计局长春调查队；农业机械总动力、农业补贴、农产品加工企业产值等数据来自市农委；二手房交易交易、保障性住房数据来市房地局；货物进出口总额等数据来自长春海关；实际利用外资数据来自市商务局，旅游数据来自市旅游局；会展业数据来自市贸促会；公路货物周转量、旅客周转量数据来自市地方道路运输管理局；民航运输数据来自吉林省民航机场集团公司；民用汽车保有量数据来自省公安厅；邮政业务总量、电信业务总量、移动电话期末户、互联网接入用户数据来自中国邮政集团公司长春市分公司、中国电信股份有限公司吉林分公司、中国移动通信集团吉林有限公司长春分公司、中国联合网络通信有限公司长春分公司；货币金融类数据来自中国人民银行长春中心支行；上市公司数据来自证监会吉林监管局；保险业数据来自保监会吉林监管局；道路新建和扩建、道路面积和长度、水厂日综合生产能力、使用自来水人数、天然气、供热面积等数据来自市城乡建设委员会；公园绿地面积、绿化覆盖率等数据来自市园林局；专利申请量、科技成果、技术合同等数据来自市科技局；质量检验机构等数据来自市质量技术监督局；教育数据来自市教委；文化事业机构、艺术表演团体、博物馆、公共图书馆、文化馆、经营场所和广播电台等数据来市文广新局；档案馆等数据来自市档案局；卫生数据来自市卫生和计划生育委员会；体育数据来自市体育局；环境保护数据来自市环保局；人口数据来市公安局；企业职工养老保险参保人业等数据来自市社保局；医疗保险数据来自市医保局；城镇新增就业、登记失业率等数据来自市就业局；城乡低保、养老服务机构等数据来自市民政局；其他数据均来自市统计局。

县（市）区开发区经济

STATISTICS

2018

长春统计年鉴

CHANGCHUN STATISTICAL YEARBOOK

【农安县】2017 年县政府积极落实国家和省、市各项决策部署，在县委的坚强领导下，在县人大、县政协的监督支持下，带领全县干部群众，主动应对各种挑战，统筹做好稳增长、促改革、调结构、惠民生、防风险各项工作，有效推进经济社会持续健康发展，较好完成了年度任务。

一、综合

经济综合实力显著增强，经济总量和质量不断提高。全年实现地区生产总值471.8亿元，按不变价格计算比上年增长8.8%。分产业看，第一产业增加值 88.5 亿元，同比增长 4.2%；第二产业增加值 133.5 亿元，同比增长 7.0%；第三产业增加值 249.8 亿元，同比增长 11.9%。

三次产业结构之比为 18.8：28.3：52.9。按常住人口计算，全县人均地区生产总值达到 41490 元，同比增长 10.8%。

2013年-2017年地区生产总值完成情况

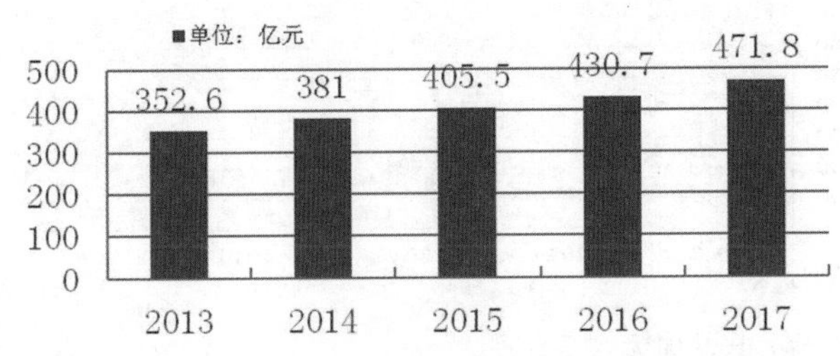

三次产业占地区生产总值比重

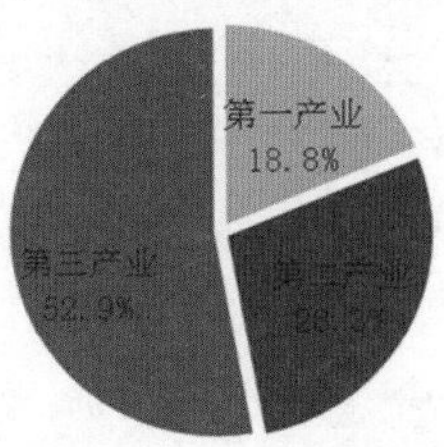

二、农业

突出农业基础地位，坚持夯基固本、体系创新和产业带动，编制完成《现代农业示范区核心区建设规划》，有序推进现代农业建设，现代农业示范区核心区已被确定为省级示范区。

综合生产能力稳步增强。克服各种不利因素，有效应对春季低温、亚洲飞蝗等自然灾害，粮食产量稳中有增，全年粮食产量 307.0 万吨（省核定反馈），同比增长 0.68%。其中：玉米产量 281.0 万吨，同比下降 1.1%；大豆产量 3.3 万吨，同比增长 50.0%；水稻产量 9.2 万吨，同比增长 30.5%。调减玉米种植面积 69 万亩，发展特色经济作物 140 万亩、棚膜经济 3.4 万亩，打造高标准农田 21.5 万亩，实施黑土地保护 10 万亩；投资近 4 亿元加强水利设施建设，防汛工作取得全面胜利；主要粮食作物综合机械化水平达到 93%，获得全国平安农机示范县称号。

农业经营体系日益完善。积极争取新型农业经营主体项目资金，逐步构建以家庭承包为基础，专业大户、家庭农场、农民合作社、农业龙头企业为骨干的新型农业经营体系。创建绿色食品原料标准化生产基地 9 万亩，有 31 个农产品通过中国绿色食品中心认证。农民合作社发展到 5000 多家，带动农户 1.5 万户；家庭农场、专业大户发展到 1165 家和 690 家，培养致富带头人 2654 人，农民人均收入增长近千元；全县流转土地 20.8 万公顷，其中新型农业经营主体流转 12.3 万公顷，占比 60%。

产业化水平明显提升。培育陈家店等 5 家市级绿色有机农业示范园区；春江堰家庭农场被确定为全国数字农业试点，并在全省三产融合试点评比中排名首位；培育农业品牌近 50 个，市级以上龙头企业发展到 49 家，康大、华正、众品等畜牧深加工企业保持平稳增长。在全省率先建成病死畜禽无害化处理场，无疫区建设通过国家验收；被确定为全国首批、全省唯一粪污资源化综合利用试点。

三、工业和建筑业

2017 年实现规模以上工业总产值 460.4 亿元，同比增长 16.2%。其中，农副食品加工业总产值 163.8 万元，比上年同期增长 14.8%；医药制造业总产值 116268.7 万元，比上年同期增长 38.2%；黑色金属冶炼和压延加工业总产值 310587 万元，比上年同期增长 1.7%；汽车制造业总产值 156255.2 万元，比上年同期增长 1.8%；石油和天然气开采业总产值 74704.9 万元，同比增长 21.6%；酒饮料制造业总产值 143010.1 万元，同比增长 22.2%；通用设备制造业 154489.4 万元，同比增长 20.6%。

全年新增 24 户规模以上工业企业，至年末全县规模以上工业企业达到 210 户。

2017 年主要工业产品产量

产品名称	计量单位	产量	同比（%）
饲料	吨	306000.0	-30.8
其中：配合饲料	吨	125000.0	-12.6
鲜、冷藏肉	吨	329000.0	-11.8
冻肉	吨	5000.0	66.7
冷冻蔬菜	吨	9023.0	16.6
饲料添加剂	吨	114000.0	58.3
饮料酒	千升	156000.0	-6.0
啤酒	千升	139000.0	-7.3
饮料	吨	7000.0	-61.1
包装饮用水	吨	7000.0	-61.1
服装	件	1403600.0	-34.2
梭织服装	件	1403600.0	-34.2
农用氮、磷、钾化学肥料	吨	46000.0	17.9
钾肥（折氧化钾 100%）	吨	19000.0	111.1
合成橡胶	吨	62000.0	-3.1
塑料制品	吨	11000.0	10.0
水泥	吨	1171000.0	-65.6
其中：强度等级 42.5 水泥	吨	1013000.0	-67.5
商品混凝土	立方米	159000.0	18.7
预应力混凝土桩	百米	120.0	-7.7
沥青和改性沥青防水卷材	平方米	85000.0	18.1
泵	万台	5.5	1.9
机械化农业及园艺机具	台	14648.0	33.5
其中：土壤耕整机械	台	2936.0	84.5
种植施肥机械	台	2227.0	23.8
收获后处理机械	台	9485.0	25.1

2017 年末全县共有资质以上建筑业企业 17 家，较去年增加 4 家，全年实现建筑业总产值 18.9 亿元，同比增长 110.5%。

四、固定资产投资和房地产开发

全年全社会固定资产投资完成 473.8 亿元，同比增长 69.39% 。其中：工业投资 332.5 亿元，占全社会固定资产投资额的 70.1%。500-5000 万元以下投资完成 270.7 亿元，比上年增长 67.7%；5000 万元以上投资完成 184.1 亿元，增长 26.6%。

2013年-2017年全社会固定资产投资完成情况

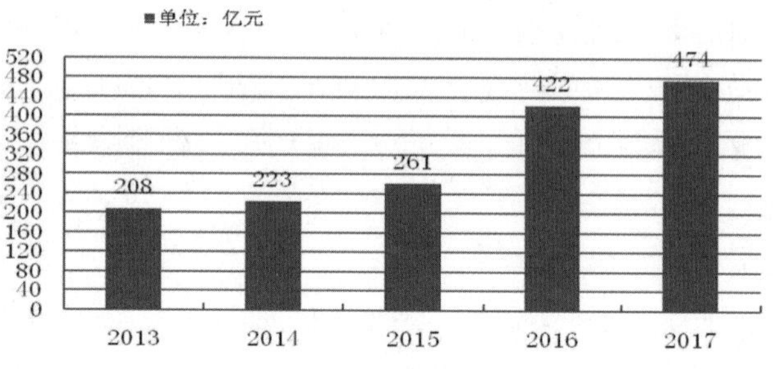

2017 年年末全县共有房地产企业 34 家，全年完成房地产开发投资 19.1 亿元，比上年下降 29.5%。销售面积 54.1 万平方米，同比下降 2.9%；销售额 18.1 亿元，同比下降 11.6%。

五、贸易和服务业

贸易与服务业发展势头强劲。全县依托现有商贸产业，重点发展以物流为主的生产性服务业，城乡商贸流通体系不断健全，现代物流业、城市商业网点向农村延伸。全年实现社会消费品零售总额 158.6 亿元，同比增长 10.3%。

2013-2017年社会消费品零售额增长趋势

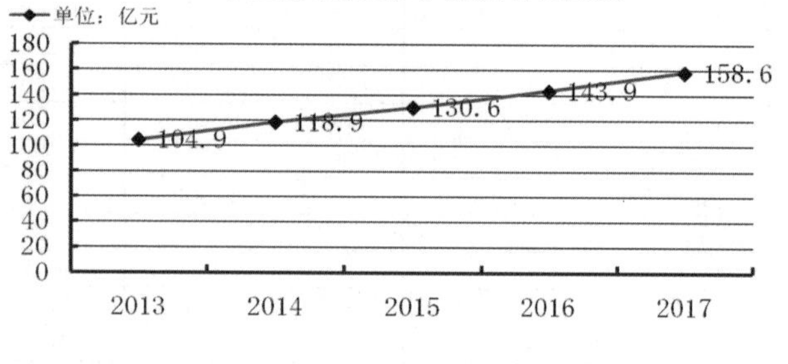

六、财政和金融业

全年预算执行情况良好，财政收入稳中有升，圆满完成本年任务。

财政：2017 年，地方级财政收入完成 142962 万元，比上年同期增收 11308 万元，同比增长 8.6%，完成年度调整预算的 100%。一般预算全口径财政收入完成 245495 万元，比上年同期减收 29 万元，同比下降 0.01%，完成年度调整预算的 100%。

分部门看：国税部门完成 128868 元，比上年同期增收 804 万元， 同比增长 0.6%；地税部门完成 91395 万元，比上年同期增收 5240 万元，同比增长 6.1%；财政部门完成 25232 万元，比上年同期减收 6073 万元， 同比下降 19.4%。

从主要税种收入完成情况看：增值税（100% 部分）完成 67650 万元，比上年同期增收 12280 万元，同比增长 22.2%。消费税完成 34622 万元，比上年同期减收 16283 万元，同比下降 32.0%。企业所得税（100% 部分）完成 29079 万元，比上年同期增收 4606 万元，同比增长 18.8%。个人所得税（100% 部分）完成 6674 万元，比上年同期增收 1759 万元，同比增长 35.8%。

2017 年，全县公共财政预算支出总计完成 794367 万元，比上年同期增加 226316 万元，同比增长 39.8%，完成年度预算的 185.4%。

金融：全县年末金融机构人民币各项存款余额 347.5 亿元，同比增长 4.6%；金融机构各项贷款余额 346.4 亿元，同比下降 5.4%。

2013年-2017年金融机构人民币各项存款余额

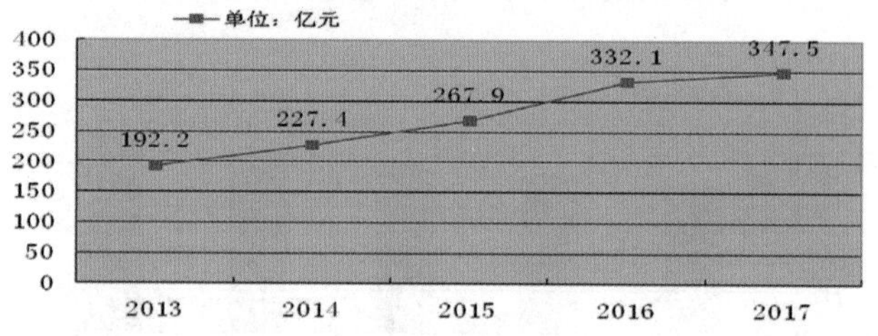

七、民政优抚

全面实施《幸福农安建设行动计划》，各项民生实事有效落实。

精准扶贫稳步实施。突出产业带动，主动开展"回头看"和"走遍贫困村、访遍贫困户"活动，全年投入扶贫资金 2.3 亿元，落实健康扶贫、教育扶贫、社会兜底政策，实施产业扶贫项目 48 个，统筹解决贫困户危房改造、子女乘车补助、医疗保险等问题，实现脱贫 8307 人、贫困村出列 34 个，超额完成"双 85"任务。

文教卫生事业创新发展。投资 3.4 亿元，统筹推进城乡教育基础设施建设，顺利通过国家义务教育发展基本均衡县验收；"温馨村小"建设被央视等多家主流媒体报道；"五段式"校本研修模式应邀到上海等多地做专题介绍。在全省率先启动医疗服务共同体建设，被确定为全国公立医院改革示范县。成功举办全民运动会，黄龙戏《粘豆包》代表吉林省进京汇报演出。

社会保障能力大幅增强。开发就业岗位 7500 个，新增就业 6500 人，城镇失业登记率控制在 3.9% 以内；积极发展健康养老事业，新增民办养老机构 9 家、床位 488 张；落实各项优抚政策，发放抚恤金和生活补助 2986 万元；全面开展城乡低保核查，保障标准分别达到年人均 5160 元和 3650 元。

八、教育和卫生

教育：2017 年末全县共有 5 所高级中学、34 所初级中学、4 所完全中学、283 所小学、90 所幼儿园和 1 所特殊教育学校。

教职工人数共12606人。全县所有在校学生111212人，其中高级中学14768人，初级中学22888人，完全中学6513人，小学56078人，幼儿园10823人，特殊教育122人。

卫生：全县共有卫生机构（医院＋乡村卫生所）629处，其中医院48处，乡镇卫生所（站）581处。全县卫生从业人员共有5430人，其中卫生技术人员5151人，拥有高级职称328人，全县每万人（常住人口）拥有卫生技术人员26人。全县共有床位3336张，每千人（常住人口）拥有床位2.9张。

九、人口与人民生活

2017年末，全县户籍总人口达到1127677人，同比下降1.7%。其中，城镇人口220753人，非城镇人口906924人。

全县年末在岗职工33649人，在岗职工年平均工资51631元，同比增长13.3%。

城镇居民人均可支配收入为25100元，同比增长7.0%；农村常驻居民人均可支配收入为13429元，同比增长6.0%。

【九台市】2017年，在区委、区政府的坚强领导下，认真落实十八届五中、六中全会精神，学习贯彻党的十九大精神，坚定不移推动五大发展，蹄疾步稳推进改革创新，锲而不舍实施重点突破，握指成拳、克难攻坚、砥砺奋进，全区经济社会保持了平稳较快发展的良好态势。

一、综合

初步核算，全区实现地区生产总值484.6亿元，按可比价格计算，比上年增长8.6%。其中，第一产业增加值42.6亿元，同比增长2.8%；第二产业增加值229.7亿元，同比增长7.8%；第三产业增加值212.2亿元，同比增长11%。三次产业结构调整为8.8：47.4：43.8。

全年实现全口径财政收入26.9亿元，比上年增长15.2%；地方级财政收入15.8亿元，比上年9.2%。地方级税收收入11.7亿元，比上年增长7.7%。全年财政支出66.3亿元，比上年增长25.5%。

全区金融机构各项存款余额245.1亿元，比上年增长8.4%。其中居民储蓄存款余额199.9亿元，比上年增长15.6%；各项贷款余额252.6亿元，比上年增长7.8%。

二、农林牧渔业

全年农林牧渔业完成总产值86.8亿元，按可比价格计算，比上年增长3.7%。其中，农业产值30.4亿元，增长0.8%；林业产值0.6亿元，增长12.5%；畜牧业产值52.7亿元，增长5.4%；渔业产值1.3亿元，增长5.9%。

全年农林牧渔业实现增加值43.5亿元，按可比价格计算，比上年增长2.8%。其中，农业增加值19亿元，增长0.3%；林业增加值0.2亿元，增长11.7%；牧业增加值22.7亿元，增长5%；渔业增加值0.7亿元，增长5.8%。农林牧渔服务业增加值0.9亿元，增长3.5%。

全区农作物播种面积达到19.9万公顷。粮食产量达到113.4万吨，比上年增长2%。其中，玉米产量89.6万吨，比上年下降1.7%，水稻产量22万吨，比上年增长21%。

全年肉类总产量18.6万吨，比上年增长0.7%；禽蛋产量4.1万吨，下降10.1%；奶类产量1.9万吨，增长11%。

三、工业和建筑业

2017年末，全区共有规模以上工业企业286户，全年规模以上工业实现总产值753亿元，比上年增长15.2%；实现工业增加值161.5亿元，按可比价格计算，比上年增长10.6%，其中规上工业实现增加值126.9亿元，比上年增长12.8%。

全区有资质建筑业企业34户，全年建筑业实现增加值68.2亿元，比上年增长1%。

四、固定资产投资

2017年全社会固定资产投资达到301.6亿元，比上年增长12%，其中房地产开发投资17.3亿元，房屋竣工面积50.1万平方米，比上年增长19.6%。全区投资5000万元以上的新建、续建项目136个，其中亿元以上项目92个。

五、国内贸易、对外经济和旅游

全年实现社会消费品零售总额152.6亿元，比上年增长10.1%。实现出口总额2213万美元，比上年增长6.1%，引进外资14750万美元，比上年增长14.3%。全年接待游客突破360万人次，旅游综合收入实现18.2亿元，同比增长13%。

六、交通、通讯与能源

到2017年末，全区公路总里程达4262千米，民用汽车拥有量46581辆，年末公交车路数18路，实有公共汽车营运车辆142辆，年末实有出租汽车数1567辆。

年末全区固定电话用户196946户，移动电话用户671227户，互联网宽带接入用户75062户。

年末全社会用电量118354万千瓦时，同比增长12.4%，其中工业用电量68483万千瓦时，同比增长20.2%，居民生活用电量10079万千瓦时，同比增长5.3%。

七、教育、科技、文化与卫生

全区现有各级各类学校159所，其中幼儿园33所（教育部门办27所，民办6所），小学89所（含村小75所，独立小学14所），普通初中29所（含九年一贯制学校23所，独立初中6所），普通高中5所（含独立高中4所，完全中学1所），职业中学1所，特殊教育1所，教师进修学校1所。在校学生总数70039人，教职工总数8165人，其中专任教师6510人。

年末全区各类专业技术人员46230人，其中：农业技术人员 2093人，全年专利授权数244件，同比增长8.9%。

九台图书馆藏书总量15.3万册，九台境内国有可移动文物有49件套。其中二级文物1件、三级文物7件。年末拥有影院2个，体育场馆4个。

2017年九台区共有各级各类医疗卫生机构1015家，其中区级卫生单位7家，医疗机构1008家。医疗机构中有区直二级医院3家；省级医院1家；乡镇卫生院23家，街道社区卫生服务中心3家；城区内民营医院9家；驻区外系统医院4家；门诊部27家；个体诊所123家；驻区卫生所9家；村级卫生室及村诊所共810家。全区共有开放病床2930张，其中区直医院1950张，基层医疗机构980张。全区各级各类医疗机构共有卫生技术人员4458人。

八、人口、居民收入和社会保障

2017年末全区户籍总人口为79.3万人。其中，城镇人口21万人，占总人口的26.5%；乡村人口58.3万人，占总人口的73.5%。人口出生率为6.78‰，死亡率为7.63‰，自然增长率为-0.85‰。

2017年全区非私营单位从业人员平均工资为47396元，比上年增长12.6%；全区城镇常住居民人均可支配收入为22947元，比上年增长7.5%；农村常住居民人均可支配收入为13430元，比上年增长7.4%。

2017年末全区城镇基本医疗保险参保人数145959人，城镇基本养老保险参保人数45350人。工伤保险参保人数47535人，生育保险参保人数45137人。新型农村合作医疗参保人数449188人，新型农村社会养老保险参保人数300946人。

2017年末全区共有社会福利收养单位18个，拥有床位数3700张。全区城乡居民最低生活保障人数31451人，其中城镇居民最低生活保障人数12340人，农村居民最低生活保障人数18311人。

九、环境保护

2017年度，九台区优良天数为314天，轻微污染51天，优良率为86%。

工业二氧化硫排放量686.4吨，氮氧化物排放量1862.5吨，烟（粉）尘排放量215.5吨。化学需氧量排放量为106吨，氨氮排放量6.6吨。区域环境噪声、功能区噪声、道路交通噪声均符合相关标准要求，声环境质量总体较好。

全区拥有污水处理厂1座，污水处理厂集中处理率达到94%。

【榆树市】2017年，全市人民在市委、市政府的坚强领导下，主动适应经济发展新常态，深入实施“一个中心、五大基地”发展战略，凝心聚力，砥砺奋进，合力攻坚，统筹推进稳增长、调结构、控风险、惠民生各项工作，经济社会实现平稳健康发展。

一、综合

2017年，全市生产总值实现4333365万元，按不变价格计算，比上年增长5.5%。其中：第一产业增加值实现818512万元，按不变价格计算，比上年增长3.9%；第二产业增加值实现1195009万元，按不变价格计算，比上年增长5.1%，其中：工业增加值实现794417万元，按不变价格计算，比上年增长5.8%，其中：规模以上工业增加值实现342544万元，按不变价格计算，比上年增长9.5%；建筑业增加值实现400935万元，按不变价格计算，比上年增长3.6%；第三产业增加值实现2319844万元，按不变价格计算，比上年增长6.4%。第一、二、三产业增加值占全市生产总值的比重发展到18.9：27.6：53.5，与2015年相比，第一产业下降了4.1个百分点，第二产业上升了0.2个百分点，第三产业上升了3.9个百分点。对经济增长的贡献率分别为15.9%、25.7%和58.4%。

我市连续十四年荣获全国粮食生产先进县市，连续十二年跻身全国最具投资潜力中小城市百强。我市被国家确定为首批粮食生产功能区、中国优质玉米示范区。榆树玉米被评为“中国好粮油”，榆树大米被评为“中国百强农产品”。

二、农业

2017年，全市总播种面积390970公顷。其中：粮豆薯播种面积378570公顷，比上年减少136公顷。玉米播种面积277244公顷，水稻播种面积73245公顷，高粱播种面积6094公顷，谷子播种面积437公顷，豆类播种面积12372公顷，其中：大豆播种面积12258公顷，薯类播种面积8160公顷，蔬菜播种面积10401公顷，瓜类播种面积1308公顷，烤烟播种面积341公顷。粮食总产量达到3325522吨，其中：玉米2573989吨，水稻582889吨，高粱51281吨，谷子1840吨，大豆42118吨，薯类69714吨。农业总产值实现1563949万元，比上年下降2.1%，其中：种植业产值838286万元，林业产值12871万元，牧业产值650440万元，渔业产值12964万元，农林牧渔服务业产值49388万元。

2017年末，全市生猪存栏1014066头，牛存栏627465头，羊存栏96277只，禽存栏1508.5万只。奶类总产量31754吨，禽蛋总产量113089吨，肉类总产量248103吨。

全市标准化牧业小区发展到806个。病死动物无害化处理厂和23个收集点建成运营，无疫区建设通过国家验收。我市被国家确定为全省首家种养结合整县推进一体化项目试点市。

三、工业和建筑业

2017年，全口径工业增加值实现794417万元，按不变价格计算，比上年增长5.8%。其中：规模以上工业企业发展到136户，总产值实现2754234万元，比上年增长18.2%，增加值实现342544万元，按不变价格计算，比上年增长9.5%。规模以上工业企业累计实现主营业务收入2343591万元，比上年增长9.4%；实现利润67862万元，比上年增长13.9%。

2017年，全市建筑业增加值实现400935万元，按不变价格计算，比上年增长3.6%。全市资质建筑企业12户，总产值实现68970万元。

四、民营经济

2017年，全市民营经济发展到41057户，从业人员达到32.64万人。民营经济总产值实现12746721万元，比上年增长0.5%，利润总额实现1184810万元，比上年增长16.9%。民营经济增加实现3076053万元。

五、固定资产投资

2017年，全市共引进内资61.68亿元，引进外资11240万美元。全社会固定资产投资完成额2637892万元，比上年增长4.5%，其中：工业固定资产投资完成额1539381万元，比上年下降12.2%。房地产开发投资完成额44306万元，比上年下降72.5%。

2017年，市委、市政府认真贯彻落实棚户区改造政策，依法推进房屋征收。城市棚户区改造12个区段，征收房屋2136户、18.86万平方米。农村危房改造2637户。

六、交通运输及邮电业

到2017年末，全市公路里程达到6515公里。筹资12亿元，启动了榆树至松原高速公路建设项目，境内各施工标段已全部开工建设，完成了路基、桥涵构造物等工程建设任务。筹资1.34亿元，实施大坡松花江大桥重建工程项目。筹资6000万元，修复黑大公路福安至舒兰段、榆山公路新立至土桥段。黑大公路修复工程已完工并通车使用。筹资1.2亿元，建设农村水泥路200公里，改造危桥20座。筹资3700万元，重建客运北站并投入使用。规范市区交通秩序，重新施划道路标线5.5万平方米、停车位8000个。中心街、承恩街等街路实施打通工程，改善了市区交通环境。

七、国内贸易

2017年，全市社会消费品零售额实现1601362万元，比上年增长10%。其中：批发、零售贸易业零售额实现1244607万元，比上年增长9.7%，住宿、餐饮业零售额实现356755万元，比上年增长11.3%。

八、财政、金融

2017年，全市一般公共预算财政收入总计1044578万元，其中：一般公共预算全口径财政收入140213万元，比上年增长12.5%，市本级一般预算财政收入100400万元，比上年增长8.0%。一般公共预算财政支出合计893020万元，比上年增长44.4%。

2017年，金融机构各项存款余额2740356万元，比上年增长12.2%，其中：城乡居民储蓄存款余额2162332万元，比上年增长10.4%；金融机构各项贷款余额3090227万元，比上年下降5.3%。

九、文化体育事业

文体事业繁荣发展，基础设施更加完善。新建综合文化服务中心28个、新建农村文化广场56个，累计建成325个。为80个行政村、20个小区安装健身器材1080件，有效解决了城区居民健身难问题。市博物馆荣获吉林省第一次可移动文物普查先进集体称号。大坡镇徐家窑古建筑工艺获评省级非物质文化遗产。吉林省乡村非遗博物馆在徐家窑落成。

深入开展“健康生活、悦动吉林”主题文化活动，启动2017年榆树市首届文化艺术节，开展建党96周年“送温暖、送图书、送文化”三下乡、“放飞梦想、爱我中华”首届少儿书法大赛、“喜迎十九大、欢乐庄稼院”榆树市农民歌手大赛和秧歌大赛等大型文化惠民活动，组织开展“悦动吉林”2017年广场舞大赛榆树赛区选拔赛，活跃了城乡居民业余文化生活，营造出良好的文化氛围和社会氛围。以喜迎“十九大”为主线，举办世界读书日宣传活动暨“书香伴随成长”少儿歌咏比赛、全民阅读大赛。成功举办东三省第九届“银河·铂力杯”全民健身乒乓球联赛（榆树站）比赛、“健身每一天、喜迎十九大”榆树市全民健身日展示大会等大型体育活动。常态开展机关干部气排球赛，与机关工委、总工会联合举办全市职工干部篮球赛，配合长春市体育局在新庄镇苇沟村举办了农民趣味运动会。

十、教育和卫生

义务教育均衡发展顺利通过国家评估验收。积极推进中小学标准化建设。新建校舍5万平方米，维修改造学校164所。二实验小学、第三小学扩建工程完成并投入使用，实验高中等市区学校体育场馆建设全面完成。各乡（镇）街、市直部门与113个村小学校结成帮扶对子，落实帮扶资金近300万元，进一步促进了村小办学条件提档升级。通过“强师计划”“特岗计划”“三支一扶”及面向社会招聘等渠道，补充教师385人。全面加强学校文体教育工作，以体育中考为导向，加强各中小学校音、体、美学科教学，深入推进体育艺术“2+1”、“诗书礼乐”进校园、阳光体育运动等项目，大幅提升了中小学生综合素养。乡（镇）以上学校实现了“班班通”，具备多媒体教学条件，同步实现了网络互联互通。

医疗卫生事业加快发展。投资1.67亿元，建成保健院综合楼和市医院妇儿科综合楼。投资 710 万元，改善 18 个乡镇卫生院医疗条件，完善村卫生室服务功能，提升了医疗机构服务能力。我市在全省率先通过国家健康促进县评估验收。在全市实施“改善医疗服务行动计划”，市直三家医院和 37 家乡镇卫生院设立专项扶贫报销窗口。市妇幼保健院和结核病防治所率先实施公立医院综合改革，破除“以药补医”机制，取消药品加成，调整医疗服务价格，标志着我市县级公立医院综合改革工作全面启动。

十一、人口和人民生活

2017 年末，全市总人口达到 1235797 人。其中，农业人口 1012493 人，非农业人口 223304 人。全市总户数 439006 户，其中：农业户数 307145 户。人口自然增长率为 -1.97‰。

2017 年，城镇居民人均可支配收入实现 22821 元，比上年增长 7.1%；农民人均可支配收入实现 13504 元，比上年增长 7%。城镇非私营单位在岗职工年平均工资 51746 元，比上年增长 10.6%。

十二、劳动就业和社会保障

2017 年，市委、市政府积极实施扩大就业的发展战略，推进全民创业促就业进程。实施《暖流计划》，深入开展农民工返乡创业等系列活动，开发就业岗位 8352 个，新增城镇就业 7245 人，失业人员再就业 3058 人。培训创业人员 1560 人，城乡成功创业 3560 人。农村劳动力转移就业 27 万人次，劳务经济收入达到 45 亿元。

参加基本养老保险职工 45604 人，失业保险职工 41697 人，城镇居民最低生活保障 20538 人，农村居民最低生活保障 17637 人，农村合作医疗保险 888693 人，城乡居民养老保险 418660 人。职工医疗保险 59456 人，城镇居民医疗保险 83689 人。

十三、生态环境保护

深入开展环保行政执法大检查、大整改活动，一批环保突出问题得到有效解决。以大气污染防治为重点，积极落实《大气污染防治行动计划》，大气质量优良天数达到 298 天。严格实施《榆树市落实水污染防治行动计划工作方案》，全面落实“河长制”，有序开展清河行动，水污染防治稳步推进。持续打造“安静工程”，加强对建筑工地夜间施工扰民的监管力度，噪声扰民现象得到有效遏制。持续开展中高考“绿色护考”行动，为广大考生营造安静舒适的生活、学习和应试环境。申报长春市生态村 15 个、省级生态村 10 个、省级生态镇 1 个。

【德惠市】 2017 年，德惠市委、市政府坚持以习近平新时代中国特色社会主义思想为指导，认真贯彻党的十八大、十九大精神，坚持稳中求进，全面贯彻新发展理念，统筹推进“五位一体”总体布局，协调推进“四个全面”战略布局，凝神聚力迎挑战，克难攻坚促发展，砥砺奋进勇争先，经济社会呈现出稳中有进、稳中向好的发展态势。

一、综合

经过核算，全年实现地区生产总值 482.0 亿元，按不变价格计算比上年增长 9.0%。分产业看，第一产业增加值 76.4 亿元，按不变价格计算增长 4.1%；第二产业增加值 178.3 亿元，按不变价格计算增长 6.8%；第三产业增加值 227.2 亿元，按不变价格计算比上年增长 13.0%。三次产业结构之比为 15.9:37.0:47.1。

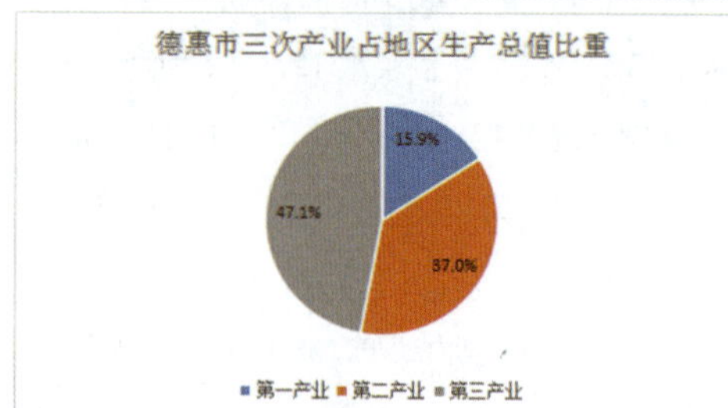

二、农业

全年粮食播种面积 19966 公顷，比上年下降 3.9%，其中：玉米播种面积 151487 公顷，比上年下降 4.1%；水稻播种面积 44177 公顷，比上年下降 3.5%。全年粮食产量 215.0 万吨。其中：玉米产量 167.9 万吨，比上年下降 4.9%；水稻产量 43.5 万吨，比上年下降 3.8%。大豆产量 0.17 万吨，比上年增长 112%；全年油料总产量 0.25 万吨，比上年下降 16.7%。其中：葵花籽产量 0.24 万吨，比上年下降 4%；蔬菜产量 82.7 万吨，比上年增长 7.8%；瓜果产量 4.2 万吨，比上年上涨 20%。

中国粮食行业协会授予我市“中国优质小町米之乡”荣誉称号，稻米可追溯体系建设取得新突破，“德惠小町”区域公共品牌影响力显著提升。全市绿色食品认证达 111 个品种。新建扩建标准化牧业小区 40 个，建成了全省一流的病死动物无害化处理中心及兽医实验室，免疫无口蹄疫区建设代表吉林省通过国家验收，畜禽粪污资源化利用整县推进项目正式获批，成功入围全国首批示范县（市）。新增省和长春市级重点龙头企业 8 户，农产品加工业销售收入实现 520 亿元。

松花江流域水田生产试验区建设稳步实施。饮马河城市防洪和套子里围堤防洪工程、松花江干流治理和中小河流治理工程扎实推进。23 处农村饮水安全巩固提升工程顺利完成。农防林更新改造 225 公顷，清收林地造林 347 公顷。农机总动力达到 138 万千瓦，综合农机化水平达 83.5%。使用国家农机购置补贴

4800 万元。成功举办了我市国家植保无人机水稻飞防作业现场观摩会。气象服务和气象灾害防御能力持续加强。特别是主汛期，面对连续强降雨、主要江河上游水库加大放流等严峻汛情，全市上下众志成城，合力奋战，确保了安全度汛，取得防汛抗灾重大胜利。

完善了农村产权交易管理中心功能，开展了农村集体产权制度改革试点，农村土地确权登记颁证、国有林场改革有序推进。加强国家临储粮监管，巩固粮食收储制度改革成果。积极培育新型农业经营主体，新增农民专业合作社 300 户、家庭农场 100 户，总数分别达到 3800 户、560 户。农村土地流转达到 105 万亩。

争取新一轮省级新农村建设重点村 10 个。打造省级休闲农业与乡村旅游星级企业 4 户。评选美丽庭院 1500 户、干净人家 3000 户。朱城子镇被评为吉林省首批特色小镇，良种场村被评为“全国美丽乡村示范村”，米沙子镇南王家村等 3 个村被评为长春市第二届“最美乡村”。狠抓了农村环境卫生整治。全力开展秋季秸秆禁烧专项治理行动，露天焚烧秸秆现象得到有效遏制。推进农村生活垃圾无害化处理，购置垃圾压缩车 9 台，乡镇街区垃圾清运实现全覆盖。

三、工业和建筑业

全市规模以上工业企业 196 户，全年实现工业总产值 601.0 亿元，同比增长 12.1%。

民营经济企业个数为 5092 户，同比增长 12.3%；从业人员 13.3 万人，同比增长 10.0%；实现产值 1450 亿元，同比增长 10.7%；营业收入实现 1450 亿元，同比增长 15.9%；增加值实现 407 亿元，同比增长 14.6%。

全市共有建筑业企业 22 家，与去年持平。全年实现建筑业总产值 23.7 亿元，同比增长 1.1%。

以开展“三抓”“三早”行动为契机，以“三区三园”为主战平台，将 27 个重大项目纳入市级领导包保范畴，全力打好项目建设攻坚战。新建续建亿元以上项目 84 个，完成投资 128 亿元。总投资 64.3 亿元的京哈高速公路改扩建德惠段全面启动开工；总投资 20 亿元的回头客食品加工（一期）主体工程完工，即将试生产；总投资 13.7 亿元的吉林工程技术师范学院新校区全面开工；总投资 12 亿元的浙江才府玻璃包装容器（一期）工程主体完工；小村外酒厂、坤森天然气、香江物流等项目相继竣工投产；达利公司追加投资 3 亿元，新上豆奶等 7 条生产线，全年上缴税金突破 2 亿元。

主导产业支撑作用进一步增强，大成、德大、达利、都邦等一批骨干企业不断升级扩产，食品加工、生物化工和生物质资源利用等产业实现产值 252 亿元，占规上工业总产值的 40.5%，同比增长 14.5%。企业升级入规势头强劲，新增规上企业 50 户，总产值 60 亿元，占规上工业总产值的 9.6%。战略性新兴产业发展迅猛，实现产值 138 亿元，占规上工业总产值的 22%，同比增长 17%。新增科技“小巨人”和高新技术企业 19 户。

德惠市 2017 年工业企业主要工业产品产量

指标	单位	产量	比上年增长（%）
饲料	万吨	236.9	23.7
纸制品	万吨	7.6	-32.1
鲜、冷藏肉	万吨	10.8	-6.1
水泥	万吨	23.2	-0.9
人造板	万立方米	0.8	-
家具	万件	41.0	-9.7
大米	万吨	89.4	19.7
方便面	万吨	2.2	4.8

四、固定资产投资和房地产开发

深入开展产业招商、以商招商、园区招商和“互联网+”招商，继续加大投资力度、强化投资进度、优化投资结构。全市固定资产投资实现 293.5 亿元，同比增长 4.4%。其中：工业投资 219.9 亿元，同比增长 3.2%，占全社会固定资产投资的 74.9%；城镇固定资产投资完成 281.2 亿元，比同比增长 3.6%。

五、贸易

市场经济繁荣发展。新增各类市场主体 7855 家，个体工商户 43241 家。社会消费品零售总额实现 162.4 亿元，同比增长 10.4%。其中，城镇消费增长 13.6%，乡村消费增长 13.4%。居民消费价格总水平同比增长 2.7%。

六、财政和金融业

积极应对宏观经济放缓和减税政策双重影响，研究制定德惠市方案，大力加强增收节支，科学把握预算执行，充分发挥财政职能作用，促进全市经济和社会各项事业的健康发展 。

一般预算全口径财政收入完成 161655 万元， 同比增长 13.9%。地方级财政收入完成 107965 万元，同比增长 11.5%；全市公共财政预算支出 650165 万元，比上年增长 34.4%。在支出上，优先保障了工资和各项民生事业等支出。

分部门看，全口径财政收入国税部门完成 79798 万元，比上年增加 25891 万元，同比增长 48.0%，完成年度预算的

112.1%；地税部门完成61459万元，比上年减少8470万元，同比下降12.1%，完成年度预算的111.7%；财政部门完成20398万元，比上年增加2251万元，同比增长12.4%，完成年度预算的103.9%。

分部门看，地方级财政收入国税部门完成34418万元，比上年增加14056万元，同比增长69.0%，完成年度预算的107.8%；地税部门完成53149万元，比上年减少5204万元，同比下降8.9%，完成年度预算的102.0%；财政部门完成20398万元，比上年增加2251万元，同比增长12.4%，完成年度预算的103.9%。

从主要税种收入完成情况看，增值税（100%部分）完成2.7389亿元，同比增长107.0%；营业税完成0.0639亿元，同比下降96.3%；企业所得税（100%部分）完成1.0516亿元，同比下降12.6%；个人所得税（100%部分）完成0.1255亿元，同比增长9.9%；耕地占用税完成1.8518亿元，同比增长591.7%。

银行类金融机构9家，小额贷款公司11家，保险机构18家。各项存款余额283.7亿元，同比增长6.05%；各项贷款余额104.2亿元，同比下降30.75%。

七、教育、卫生和民政

全市现有各级各类学校307所。其中，小学163所，初中37所，高中6所，职业中学6所，幼儿园92所，特殊教育学校、朝鲜族小学、教师进修学校各1所。教职工9993名。其中，小学教师4281名，初中教师2782名，高中教师935名，职业学校教师396名，教师进修学校教师97名，教辅单位职工55名，特殊教育学校教师32名，幼儿园教师1426名，中等专业学校教师47名。在校学生92587名。其中，小学学生43447名，初中学生22558名，高中学生13540名，职业学校学生1240名，特殊教育学校学生130名，在园幼儿11802名。

实施积极的就业政策，加快推进小微企业创业孵化基地建设，推动大众创业、万众创新。深入推进城乡居民增收“暖流计划”，积极开展外出务工人员返乡就业创业“春雁行动”，推进农村劳动力就地就近转移就业。规范建设领域劳动用工行为，维护农民工合法权益。全市开发就业岗位7500个，城镇新增就业6500人，失业人员再就业2400人，农村劳动力转移就业22万人次，保持零就业家庭动态为零。

扎实推进全民参保计划，加强社保扩面征缴工作。稳步推进机关事业单位养老保险制度改革。建立城乡统一的居民医疗保险制度。加快推进医保报销跨省异地就医结算。强化城乡最低生活保障，提高医疗救助水平。完善养老敬老政策体系，积极探索“医养结合”养老服务新模式，支持社会力量兴办养老机构，加快老龄事业发展。探索社区综合管理模式，为居民提供优质贴心服务。深入开展双拥在基层和进社区活动，争创省级双拥模范城。加强农村留守儿童和困境儿童关爱保护工作，切实做好残疾人康复、就业工作。

深化教育综合改革，促进各级各类教育协调发展。全面完成中小学改薄工程，建设“温馨村小”20所。积极推进龙凤学校、二实验中学规划建设。加强教育信息化建设。强化学校安全管理。深化公立医院综合改革，推行“医共体”医院模式，完善服务体系建设，提高基本医疗和卫生服务水平。推进家庭医生签约工作。加强爱国卫生工作和重特大疾病医疗救助。完善疾病防控、妇幼保健、中医服务及卫生监督体系。全面提高人口计划生育水平。加快实施农村光纤入户工程。推进村级文化广场建设。广泛开展群众性文体活动，丰富百姓文化生活。有序推进“两馆一站”免费开放工作。加强文化市场监管，开展“扫黄打非”等专项治理行动，净化文化环境。

八、人口与人民生活

全市户籍总人口882838人，同比下降1.6%。其中，乡村人口730983人，城镇人口151855人。

全市人口出生率6.6‰，人口死亡率19.8‰，人口自然增长率-13.2‰。

全市城镇非私营单位年末在岗职工平均人数41956人，在岗职工年平均工资45641元，同比增长6.0%；城镇居民人均可支配收入24860元，同比增长6.9%；农民人均可支配收入13535元，同比增长6.8%。

全社会用电量11.4亿千瓦时，同比增长3.4%。惠民工程取得新成绩。

（1）实施扶贫脱贫工程，全面实施精准扶贫，大力发展产业扶贫项目，确保实现贫困人口脱贫、贫困村退出95%的年度脱贫任务。（2）实施棚户区改造工程，投资8.6亿元，改造面积25.8万平方米、2150套。（3）实施老旧散小区巷路改造工程，投资2000万元，维修改造工程40项。（4）实施高标准农田建设工程，投资2.5亿元，建设10.8万亩。（5）实施市医院医疗综合楼建设工程，投资1.5亿元，占地3万平方米，建筑面积2.9万平方米，建成后床位达到800余张。（6）实施岔路口镇河北跨江大桥建设工程，投资2300万元，新建桥梁260米，解决2600人出行难题。（7）实施三所学校对外开放全民健身工程，投资

2200万元，建设改造二实验小学、二十九中、五中操场健身设施，并面向市民开放。（8）实施农村环境改善提升工程，投资3700万元，新建50家规模养殖场粪污储存设施，秸秆综合利用量120余万吨，改造农厕5000户。（9）实施大白楼改建博物馆二期工程，投资1100万元，对博物馆附属设施进行修缮，并对外开放。（10）实施燃煤锅炉淘汰工程，淘汰城区、经济开发区和米沙子工业集中区20吨以下燃煤锅炉200台套。

九、城市建设

城市规划加快完善。以“城市建设管理提升年”活动为载体，加快推进新一轮城市总体规划修编和“多规合一”，规划编制报批即将完成，城区重点地块控制性详规251公顷。规划区内违法建设监管实现全覆盖，全年拆除违规建筑1.3万平方米，规划引领管控作用明显增强，城市空间布局更加科学。

城乡建设稳步推进。克服财政紧张和拆迁压力等诸多困难，统筹推进新城区建设和旧城区改造。全年楼房开发43万平方米，危房改造462户。投资1.5亿元，完成了10条市政道路及排水工程，东风路全线贯通，困扰城区北部的交通瓶颈问题得到彻底解决，城市路网框架加快完善。惠新公铁立交桥、湿地保护、西环城路（德农路—德惠路）3个PPP 项目进入招投标程序。12项城市供水改造工程全部竣工。惠发街3个村接引城市自来水工程顺利完成。米沙子至德惠60公里天然气输送管线建设完成并投入使用，为城市发展提供了安全可靠的燃气资源保障。修建农村公路190公里，省道其太公路改扩建工程完成年度任务。新建改造电网线路75公里。德惠西综合客运站建设竣工。京哈高速公路改扩建德惠段完成征地拆迁，发放补偿资金3亿元，节约资金1.5亿元。

城乡管理成效斐然。全力开展城区土地房屋集中征收打连“百日会战”，成功签约259户，累计腾空土地面积15.5万平方米，取得了骄人成绩，形成了震慑，鼓舞了士气，维护了公平正义。开展了道路交通运输秩序专项整治行动，非法营运、超载超限等违法行为得到有效遏制。加强城中村和城乡结合部卫生管理，城区卫生保洁实现全覆盖。纳入常态管理的101个老旧散小区旧貌换新颜。惠民公园、文化公园等“五园”功能设施更加完善。在主要街路及景点栽植苗木、花卉108万株。规范了鞭炮市场，全面整治露天烧烤，将昌盛街、民族路早市平稳迁至惠民早市，市场秩序有效规范。

生态环境持续改善。以迎接中央环保督察为契机，突出问题导向，狠抓整改落实。14项环保治理重点工程高效推进，东风污水处理厂水利用项目投入运行，并完成提标改造；太兴垃圾填埋场封场工程主体完工；德佳生活垃圾焚烧发电厂投产运营。20吨以上燃煤锅炉提标改造13台套。全市空气质量优良天数达349天。全面实施“河长制”，落实“一江四河”市乡村三级河长327人。加强对重点工业企业、规模化养殖场等污染源减排监管，域内河流断面水质明显提升。实施了农药化肥减量化工程，农业面源污染得到有效控制。市级党政领导牵头督办环保信访案件机制全面落实，中央环保督察组交办的36批153件信访案件全部办结。

【南关区】2017年，在区委、区政府的正确领导下，全区上下坚持以迎接党的十九大胜利召开和学习贯彻党的十九大精神为统揽，主动适应经济发展新常态、积极谋求社会发展新变化，上下一心、攻坚克难、稳中求进，突破性完成了全年目标任务，全区经济和社会发展情况良好。

一、综合

初步核算，全年完成地区生产总值321.6亿元，比上年增长8%，其中，第一产业完成增加值0.04亿元，比上年下降66.6%，第二产业完成增加值39.2亿元，比上年增长2.3%，第三产业完成增加值282.3亿元，比上年增长8.8%。一产忽略不计，二、三次产业结构比例关系为12.2:87.8，按户籍人口计算人均生产总值66963元。

2017年，全年完成全口径财政收入56亿元，比上年减少1亿元，下降1.8%，完成区本级财政收入11.94亿元 ，增加1.04

亿元，增长9.5%。全区财政支出23.64亿元，比上年增加0.84亿元，增长3.7%。

二、农业

全区农作物种植面积269公顷，粮食总产量1551吨，比上年增加181吨，增长13.2%。全年实现农林牧渔业总产值0.08亿元，比上年减少0.16亿元，下降61.7%，农业产值0.02亿元，下降5.2%，牧业产值0.04亿元，减少0.16亿元，下降80%。牧业产值大幅下降主要是长春市为确保环保质量的提高，划定南关区为限养区所致。

三、工业与建筑业

全区规模以上工业企业共七家，共实现工业总产值24.1亿元，同比增长22.1%。

全年三级以上资质建筑业企业177户，比上年减少21户，实现建筑业总产值142.5亿元，同比下降13.1%。

四、固定资产投资

2017年，固定资产投资128.9亿元，其中房地产开发投资103.1亿元，保利溪湖林语等11个新建项目、钜城华億中心等19个续建项目全面开工建设，实现开复工面积160万平方米，房屋竣工面积47.23万平方米，其中，住宅竣工面积30.15万平方米，办公楼竣工面积4.37万平方米，商业营业用房竣工面积3.27万平方米。

五、商贸和服务业

2017年，全区全口径社会消费品零售总额完成172.6亿元，同比增长10.2%，比上一年度增长率提高了1个百分点，其中限额以上社会消费品零售总额完成67.6亿元，同比增长22.8%，比上一年度增长率提高了12.9个百分点。高增长率的背后体现出全区贸易行业的蓬勃发展，三新产业迸发出持久活力。随着供给侧结构性改革深入推进，服务业结构持续优化，服务业新动能不断孕育，新产业新经济蓬勃兴起，活力和实力不断增强，2017年南关区服务业实现历史性增长。 规上服务业217户，同比增长302%，营业收入62.8亿元，增长4.68%，其中重点行业108户，增长468%，营业收入24.5亿元，增长49.6%，比上年提高了24个百分点。实施创新驱动发展战略，信息传输、软件和信息技术服务业，租赁和商务服务业等现代服务业对经济增长的引领作用不断增强。人民群众对美好生活需求的日益增长，旅游、文化、体育、健康、养老服务业稳定健康发展。

六、民营经济

2017年，私营企业户数24390户，同比增加4361户，增长21.77%，个体工商户42205户，同比增加6693户，增长18.85%，民营经济规模不断壮大。

七、民生发展

坚持民生投入优先保障，将新增财力的80%用于民生事业发展，增进民生福祉，全面完成幸福南关行动计划，不断满足人民日益增长的美好生活需要。按照尽力而为、量力而行的原则，守住就业“基本盘”，贯彻实施“暖流计划”，新增城镇就业1.35万人，切实加强低收入群体增收帮扶。聚焦扶困“关键点”，发放低保救助资金5824万元；投入221万元精准帮扶364户；多渠道提供保障房源1846套，基本解决困难群众的住房问题。拓展救助“覆盖面”，强化医疗和临时救助，累计为2400余名特困群众、残疾人提供免费医疗康复帮助，在全市率先成立老年人法律维权站，建成居家养老中心10个，全面推行“蓓蕾计划”，惠及群众5万余人。

八、市容环境

投资22亿元，对二环以内10.6平方公里老城区，实施大规模、立体化更新改造，累计完成94条街路、119个小区、235个节点、726栋楼宇的旧城改造工程。翻新下水管网近100公里，新建提升绿化景观71万平方米，围绕“两河两岸两库”，全面实施“河长制”，下大力气开展光明沟等黑臭水体治理。南溪湿地公园竣工开园，八一水库、伊通河生态水系工程和公共园林景观建设持续推进，城区人均绿地水系面积达到9.4平方米，绿化覆盖率达到47%以上。示范引领了全市城市功能、形象、品质和人居环境的全面提升。

九、教育、卫生和文化

2017年末，全区现有普通中学11所，在校学生5865人；普通小学25所，在校学生17451人；特殊教育学校1所，在校学生85人；中等职业学校1所，在校学生297人。

2017年末，区属卫生医疗机构共有501个。其中：公立医院、卫生院5所，拥有医疗床位661张。卫生技术人员为1368人，执业医师和执业助理医师492人。

十、人口与居民生活

2017年，全区户籍人口为481073人，全年人口出生率为6.52‰，全年人口死亡率为4.38‰，计划生育率为100%，自然增长率为2.14‰，全年城镇居民最低生活保障人数6698人，农村居民最低生活保障人数129人。

【宽城区】宽城区位于长春市北部，辖宽城经济开发区、长春装备制造产业开发区、兰家镇和十个街道办事处，行政区域面积166.95平方公里。

2017年宽城区在区委、区政府的正确领导下，积极推进铁南提升改造、铁北开发建设和开发区创新发展，努力做好项目拉动、城乡统筹、民生改善和社会治理四项工作，全面加快经济、政治、文化、社会、生态五大建设，促进经济社会持续、快速、健康发展，实现“十三五”良好发展。

一、综合

综合实力进一步增强。经初步核算，全年实现地区生产总值301.8亿元，按可比价格计算，比上年增长8.6%。其中第一产业增加值1.0亿元，与上年持平；第二产业增加值84.4亿元，增长7.2%；第三产业增加值216.4亿元，增长9.3%。产业结构得到进一步优化，三次产业比重分别为0.3：28.0：71.7。

全口径财政收入完成44.61亿元，比上年增长19.1%，地方级收入完成10.42亿元，比上年增长16.3%。全年税收收入完成41.35亿元，比上年增长16.8%。其中增值税完成21.03亿元，比上年增长68%；营业税完成0.3亿元，比上年减少93.7%；企业所得税完成10.03亿元，比上年增长14.8%。

地方财政支出23.45亿元，比上年增长5.86%。其中教育事业费支出6.53亿元，比上年增长21.4%；社会保障和就业支出1.92亿元，比上年减少14.7%；医疗卫生支出2.22亿元，比上年增长4.2%；节能环保支出0.36亿元，比上年减少50.7%；一般公共服务支出4.89亿元，比上年增长8%；城乡社区支出5.77亿元，比上年增长39.4%。

二、农业

2017年末耕地面积4332公顷，全年农作物播种面积4403公顷，其中粮食作物播种面积3256公顷，经济作物播种面积1147公顷，分占总播种面积的73.9%和26.1%。粮食作物总产量2.33万吨，经济作物产量2.4万吨。

三、工业

2017年我区规模以上工业企业55户，完成工业总产值76.4亿元，比上年增长21.7%；实现利润2.72亿元，比上年增长14.5%；综合能耗同比下降3.96%。

四、固定资产投资

2017年全社会固定资产投资完成306.5亿元，比上年增长15.2%。

五、国内服务贸易

2017年全年实现社会消费品零售总额312.9亿元，比上年增长10.1%。全区215户规模服务业企业实现营业收入25.86亿元，比上年增长52.7%；其中重点行业服务业企业112户，实现营业收入13.08亿元，比上年增长72.6%。

六、招商引资

2017年招商引资工作成效显著。实际利用外资15850万美元，比上年增长14%；引进内资企业413户，引进内资总额94亿元，比上年增长17.5%。其中，投资亿元以上项目52个；在引进内资企业中，工业项目31个。

七、城市建设

2017年全区城市基础建设改造步伐加快，改造效果显著。市、区两级政府投入资金1.79亿元，完成大、中修道路65条，新建道路面积13万平方米，并为社区铺设方砖步道总面积18.1万平方米。2017年末，全区道路总面积达286.4万平方米，道路总长度达172.3公里，道路完好率达95%。

城市绿化水平不断提高。绿化面积达1050公顷，其中公共绿地面积417.8公顷。绿地覆盖面积1089.5公顷，其中公共绿地覆盖面积439.19公顷。2017年全区城区植树1.54万株，全区绿化覆盖率已达38.6%。

八、科技与教育

2017年，全区列入市级各类科技发展计划项目2项；共有高新技术企业11户；企业中通过ISO系列标准认证的有51户；全年专利申请量133项，全年专利授权数118件；全年科学技术支出332万元。

教育工作稳步推进，教育事业健康有序发展。全区共有初中13所，在校学生0.85万人；小学26所，在校学生2.54万人；职业高中1所，在校学生0.14万人。义务教育发展指标持续巩固，小学适龄儿童入学率达100.0%，毕业率达到100.0%；小学毕业升入初中比例为100.0%，毕业率达到100.0%。教师队伍素质保持在较高水平，在专任教师中，初中专任教师具有本科及以上学历者占100%；小学专任教师具有专科及以上学历者占98.9%。

九、文化卫生和体育

2017年图书馆藏书17.6万册，全年接待读者12.7万人次。

2017年末，全区共有区属卫生医疗机构353家，可开放床位数2472张，平均每千人拥有病床数为6.1张，病床使用率达到66.6%。全区卫生技术人员2096人，其中注册执业医师1031人。全年诊疗人次数为1294千人次。

体育事业蓬勃发展。2017年，全区体育场所拥有量21个，社区体育设施拥有量达到166件，举办群众性体育活动60次，参加群众性体育活动人数达3万人次。

十、环境保护

2017年全区环境保护事业持续发展，烟尘控制区总面积78.51平方公里，烟尘控制区覆盖率达100.0%，烟尘排放达标率98.5%，环境噪声达标区覆盖率100%，清洁能源使用率94%。全年空气质量好于二级以上天数比例75.6%。

十一、人口与人民生活

2017年末，全区总户数17.1万户，户籍总人口为38.99万人，其中男性为19.19万人，女性为19.79万人，乡村户籍人口3.9万人。全区人口出生率8.54‰，死亡率3.28‰，自然增长率5.26‰。

2017年，全区开发各类用工岗位1.58万个，新增1.4万人员就业，其中安置下岗失业人员实现再就业0.85万人，城镇登记失业率控制在4.0%。

截至2017年末，全区共有社会福利机构27家，床位7124张。全区有57139名企业退休人员实行了社会化管理，社会化管理率达 100.0%。全区共有 8.9 万人次得到最低生活保障补助，全年共发放保障金 6791 万元。全区重点优抚对象 1304 人，发放抚恤款 539 万元。

【朝阳区】

一、综合

2017 年，朝阳区实现生产总值 531.6 亿元，按可比价格计算，同比增长 8.0%。其中，第一产业增加值完成 1.5 亿元，同比增长 4.0%；第二产业增加值完成 129.3 亿元，同比增长 5.6%；第三产业增加值完成 400.8 亿元，同比增长 8.9%。

二、工业

工业经济运行放缓，以生产汽车零部件为主导产业的我区工业经济增速放缓。全区 58 户规模以上工业企业共实现总产值 548.25 亿元，比上年同期增长 5.3%。在五城区比中，经济总量居第二位，增幅居第四位。

三、建筑业

建筑业势头良好。在固定资产投资快速增长的背景下，建筑业产值稳步增长。2017 年，朝阳区完成建筑业总产值 228.38 亿元，同比增长 9.37%。从建筑业总产值构成上看，建筑工程产值主导地位不变，产值总量达到 187.13 亿元，同比增长 8.46%，产值总量比去年同期增加 14.59 亿元。2017 年，朝阳区建筑工程产值完成比例为 81.94%；安装工程产值完成 32.27 亿元，同比增长 8.95%；其它产值完成 8.98 亿元，同比增长 5.90%。

四、商贸服务业

2017 年，全区共有限上商贸企业 157 户，其中，批发零售企业社会消费品零售额中所占的比重一直在 80% 以上，在我区的商业经济发展中占据主导地位，是拉动全区商业经济增长的主要动力。2017 年，朝阳区社会消费品零售额实现 815.61 亿元，同比增长 9.9%。其中，限额以上批发零售贸易业实现销售额 663.62 亿元，同比增长 8.24%。批发零售业实现增加值 71.9 亿元，同比增长 5.0%，对经济增长的贡献率为 11.2%；住宿餐饮业实现增加值 33.4 亿元，同比增长 6.4%，对经济增长的贡献率为 4.6%。

2017 年，全区 122 户规模以上服务业企业累计完成营业收入 125.1 亿元，同比增长 11.7%。其中，纳入 GDP 核算的 70 户重点企业完成营业收入 24.7 亿元，同比增长 38.7%。从规模以上服务业运行来看，企业总量不大，基础薄弱，规模偏小，带动能力不强，在纳入 GDP 核算的 70 户企业中，有 14 户企业营业收入下降，平均降幅为 26.6%。其中，大世界航空服务中心、美丽方民生购物中心、长春市吉航汽修、长春市华苑健身有限公司等 4 户企业下降幅度在 50% 以上；另外 47 户企业实现了盈利或持平，平均增幅为 44.6%。

五、固定资产投资

固定资产投资平稳上升，大项目储备不足。全区累计完成固定资产投资 302.6 亿元（含房地产投资 17.8 亿元），同比增长 24.6%，完成区全年计划的 106.8%。全区社会固定资产投资完成 284.6 亿元，同比增长 46.4%。其中，工业投资完成 85.8 亿元，同比增长 7.3%。5000 万元以上项目完成情况比较顺利。2017 年，全区 5000 万元以上项目完成投资 38.4 亿元，占总投资的 16.1%，其中本年新开 5000 万元以上项目完成投资 36.5 亿元。

六、财政

财政收入平稳增长。2017 年，全区实现全口径财政收入 82.6 亿元，同比增长 9.3%。

七、其他

2017 年全区加大力度挖掘“四上”企业存量，“四上”企业数量大幅增加，共新增“四上”企业 130 户，其中，工业 9 户，建筑业房地产 26 户，贸易 50 户，规上服务业 45 户，做到应统尽统，确保经济增量。

注：文章中涉及的各产业、行业增加值的同比增速均按照不变价计算。

【二道区】2017 年，面对错综复杂的外部环境和经济下行的巨大压力，全区上下认真贯彻落实区委区政府各项决策部署，按照区五次党代会提出的目标任务要求，坚持稳中求进工作总基调，以新发展理念为统领，推进工业转型升级，持续推动结构优化、动力转换和质量提升。

一、自然情况

二道区现辖 7 个街道、1 个镇共有 42 个社区、8 个行政村，面积 91.54 平方公里。总人口为 332255 人，其中非农人口为 322532 人，人口自然增长率为 7.07‰。区内交通便利，哈大高速、102 国道、长吉南线、长吉北线、长营、长哈、长沈、双九等公路，长－双－烟铁路均经过二道区，是长春市向北延伸和向省内周边城市地区辐射的出入口。全省唯一的内陆港座落区内，有 48 条铁路专用线和数十座仓储库。

二、综合

全区国民生产总值（GDP）完成 183.3 亿元，按可比价格计算，同比增长 6.5%；全社会消费品零售总额完成 254.3 亿元，同比增长 10.3%；服务业增加值同比增长 5.4%；重点规上服务业营业收入 34.4 亿元，同比增长 39.1%；固定资产投资累计完成 210.6 亿元，同比增长 12.2%；规模以上工业完成产值 458.9 亿元，同比增长 15%。但将亚泰集团剥离后全区工业总产值由 458.9 亿元调整为 93.9 亿元；建筑业完成产值 126.5 亿元，同比增长 21.6%。

三、生产总值（GDP）平稳增长

全年我区GDP完成183.3亿元，按可比价格计算，同比增长6.5%，其中第一产业达到0.2亿元，增长1.2%；第二产业达到59.2亿元，增长9%；第三产业达到123.9亿元，增长5.4%。三次产业比重为：0.1:32.3:67.6。

2017年分产业GDP完成情况

	绝对值（亿元）	同比增长（%）
GDP	183.3	6.5
第一产业	0.2	1.2
第二产业	59.2	9
第三产业	123.9	5.4

四、规模以上工业平稳增长

2017年我区规模以上工业实际完成总产值458.9亿元，同比增长15%。全年规上工业电力消费合计为205763.4万千瓦时，同比下降0.4%，工业生产节能减排效果显著。（以上为亚泰集团剥离前数据）

五、建筑业保持稳定增长

全年建筑业完成产值126.5亿元，同比增长21.6%，与去年同期相比提高13.7个百分点，延续了前三个季度的增长。主要原因是起支撑作用的三家企业：吉林省送变电工程公司、中铁建大桥工程局集团第六工程有限公司吉林省新土木建设工程有限责任公司共完成产值55亿元，占全部网报企业产值的43.5%，从而带动整体建筑业实现突破。

六、规上重点服务业

1-11月全区规上服务业实现营业收入74.5亿元，比上年同期增长31.2%。其中：81户重点服务业企业实现营业收入34.4亿元，占全区规上服务业的46.2%，同比增长39.1%（这一指标是用来计算营利性服务业增加值，全年采用1-11月数据）。

七、固定资产投资

2017年固定资产投资累计完成210.6亿元，同比增长12.2%，其中5000万元以上投资累计完成88.4亿元，占总投资额的42%，比重较去年下降12个百分点；5000万元以下项目完成122.2亿元，占总投资额的58%。在新入库项目中亿元以上项目共有10个。

八、“四上企业”入库工作圆满完成

2017年全区“四上企业”核查入库工作圆满完成，经国家认定审批通过的企业共有144户，超额完成年初111户目标任务。其中服务业企业入库79户，建筑业企业入库16户，工业企业入库9户，批发零售、住宿餐饮业共入库40户，预计明年这些企业将成为全区经济发展的重要组成。

【绿园区】2017年，在绿园区委、区政府的正确领导下，全区上下主动作为、真抓实干，统筹兼顾，整体推进，继续保持了全区国民经济持续健康发展，社会事业全面进步，民生状况不断改善，城乡居民生活水平不断提高。

一、综合

综合经济实力不断增强。2017年，全区实现生产总值264.3亿元，比上年同期增长5.6%，其中，第一产业完成增加值3.7亿元，比上年同期增长3.1%；第二产业完成增加值176.3亿元，比上年同期增长5.2%，；第三产业完成增加值84.3亿元，比上年同期增长6.5%。三次产业比重为1.4：66.7：31.9。

二、农业

2017年，全区实现农林牧渔业总产值7.3亿元，同比增长1.4%。其中，种植业产值5.1亿元，同比增长6.3%；林业产值0.003亿元，同比下降98.8；牧业产值1.7亿元，同比增长 1.2%；农林牧渔服务业产值0.44亿元，同比增长4.8%。

2017年，全区粮食作物播种面积 5328公顷，粮食总产量3.3万吨；蔬菜播种面积4023公顷，总产量11.2万吨；葡萄发展到3088吨。肉类总产量达到4213吨，同比增长-29.8%；禽蛋产量 414吨，同比增长-45.7 %。

三、工业、建筑业

2017年，全区规模以上工业发展到101户，实现规模以上工业总产值658.5亿元，同比增长0.6%。规上工业产值增速有所放缓，主要是受长春轨道客车产值一直为负增长、皓月集团增速持续走低影响较大。规模以上工业产销衔接良好，产品产销率达到99.7%。

2017年，全区资质内建筑业经济发展缓慢。主要是由于城区改造建设及道路维修扩建等工程已接近饱和，合同订单减少，导致建筑业企业经济下滑。2017年全区建筑业完成产值240.9亿元，同比增长-1.5%。

四、国内贸易、国外贸易

（一）国内贸易

2017年，全区实现社会消费品零售额120.6亿元，同比增长10.0%。其中，限额以上社会消费品零售额完成38.3亿元，同比增长11.9%；限额以下社会消费品零售额完成 82.3亿元，同比下降1.3%。从限额以上看，限额以上批发业完成零售额1.0亿元，同比下降78.1%；限额以上零售业完成零售额33.8亿元，同比增长19.7%；限额以上住宿业完成零售额0.1亿元，同比增长13.7%；限额以上餐饮业完成零售额3.4亿元，同比增长22.6%。

（二）国外贸易

2017年，全区对外贸易减速，实现出口额20622.2万美元，同比下降33.5%；进口额26656.4万美元，同比下降3.2%。

五、招商引资

2017 年绿园区招商引资工作在区委、区政府的正确领导和高度重视下，立足区位、资源两大优势，围绕“园区引领、项目带动”发展战略，坚持“招大、引强、选优”原则，不断创新招商思路，完善招商机制，优化投资环境，招商引资工作取得显著成效。

2017 年，全区内资到位资金 78 亿元，完成市下达指标年计划的 109.1%，同比增长 21.5%；外资到位资金 13977.8 万美元，完成市下达指标年计划的 121.5%，同比增长 22.3%。

六、财政

2017 年，积极应对重点企业大幅减收和重点支出刚性增长的双重压力，积极而为，克难攻坚，全面深化财政改革，千方百计增收节支，有力促进了经济社会持续健康发展。

全口径财政收入完成 55.6 亿元，完成调整预算的 103%，受重点企业轨道客车收入大幅下降的影响，同比下降 1.7%；留用收入完成 10.1 亿元，完成调整预算的 101%，同比增长 10.8%；公共预算支出完成 21.9 亿元，同比增长 6%，完成调整预算的 100%。

七、人口与人民生活

2017 年底，全区常驻人口达到 60.4 万人，其中，乡村人口 8.3 万人，全区人口出生率为 6.24‰，死亡率 1.90‰，自然增长率 4.34‰。

2017 年，城镇常住居民人均可支配收入达到 33168 元，比上年增长 6.8%；农村常住居民人均可支配收入 13431 元，比上年增长 6.8%。

【双阳区】 2017 年，双阳区坚持“稳中求进”工作总基调，以新发展理念为统领，以建设长春城市副中心为目标，持续推动结构优化，经济运行稳中有进、持续向好，经济活力、动力、潜力不断释放。

一、综合

2017 年，全区经济保持快速发展，产业结构进一步优化。初步核算，地区生产总值实现 250.6 亿元，按可比价格计算，比上年增长 8.7%，增幅比上年提高 0.3 个百分点。其中，第一产业实现增加值 15.9 亿元，按可比价格计算，比上年增长 3.7%；第二产业实现增加值 111.4 亿元，按可比价格计算，比上年增长 7.0%；第三产业实现增加值 123.3 亿元，按可比价格计算，比上年增长 11.3%。按户籍年平均人口数计算，人均生产总值达到 67389 元，比上年增长 11.1%。三次产业比重由上年的 7.1：45.6：47.3 调整为 6.3:44.5:49.2，非农产业比重达到 93.7%，比上年提高 0.8 个百分点。第二、三产业对经济增长的贡献率分别为 37.0% 和 59.7%，拉动经济增长分别达到 3.2 和 5.2 个百分点。

第三产业呈现快速发展的格局。2017 年，第三产业实现增加值 123.3 亿元，占地区生产总值的 49.2%，同比增长 11.3%，在三次产业中增幅最高，成为拉动经济增长的主力军。其中，交通运输、仓储和邮政业实现增加值 19.5 亿元，比上年增长 2.4%；批发和零售业实现增加值 23.7 亿元，比上年增长 5.8%；住宿和餐饮业实现增加值 11.9 亿元，比上年增长 6.2%；金融业实现增加值 13.1 亿元，比上年增长 1.4%。

第三产业中其他服务业拉动作用尤为明显。其他服务业实现增加值 47.1 亿元，比上年增长 25.5%，对经济增长的贡献率为 45.2%，拉动经济增长 3.9 个百分点。

表 1 双阳区生产总值

单位：亿元

指 标	2017 年	比上年增减（%）
地区生产总值	250.6	8.7
第一产业	15.9	3.7
第二产业	111.4	7.0
工业	85.3	10.1
建筑业	26.2	-2.6
第三产业	123.3	11.1
交通运输、仓储及邮政业	19.5	2.4
批发和零售业	23.7	5.8
住宿和餐饮业	11.9	6.2
房地产业	7.4	5.0

财政实力进一步增强。2017 年全区一般预算全口径财政收入达到 160075 万元，比上年增长 3.5%；地方财政收入 111884 万元，比上年增长 4.4%；区本级财政收入 72828 万元，比上年增长 9.9%。全区财政一般预算支出 386761 万元，比上年增长 25.5%。

表 2 双阳区 2017 年财政一般预算支出情况

单位：万元

指 标	2017 年	比上年增减（%）
财政一般预算支出	386761	25.5
一般公共服务	25416	37.0
教育	68879	-5.7
社会保障和就业	43421	12.0
医疗卫生	39276	9.1
节能环保	4802	-49.7
城乡社区事务	79123	103.2
农林水事务	80398	37.7

二、农业

2017 年，全区农业生产继续保持稳步发展。粮食作物播种面积为 83711 公顷，同比减少 0.8%。其中，玉米播种面积 68501 公顷，同比减少 4.5%；水稻播种面积 12504 公顷，同比增长 10.7%。

粮食总产量 59.7 万吨，同比增长 2.2%。其中，玉米总产量 50.3 万吨，同比减少 0.8%；水稻总产量 8.4 万吨，同比增长 10.5%。

畜牧业稳步发展。2017 年，全区生猪存栏 8.6 万头，比上年增长 0.5%，出栏 20.6 万头，比上年增长 5.1%；牛存栏 13.6 万头，比上年减少 8.7%，出栏 7.1 万头，比上年减少 4.9% ；家禽存栏 684.9 万只，比上年减少 6.5%，出栏 243.8 万只，比上年增长 7.3%；鹿存栏 15.9 万只，比上年减少 23.9%。

肉类总产量 3.5 万吨，同比增长 2.4%。其中，猪肉产量 1.6 万吨，同比增长 6.6%；牛肉产量 1.3 万吨，与上年持平；禽肉产量 0.4 万吨，与上年持平;禽蛋产量 6.4 万吨，同比增长 4.0%;鹿茸产量 185113 公斤，同比增长 95.4%。

表 3 主要农副产品产量

指　标	单位	2017 年	比上年增减（%）
粮食总产量	万吨	59.7	2.2
蔬菜总产量	万吨	10.2	9.0
肉类总产量	万吨	3.5	2.4
禽蛋总产量	万吨	6.4	4.0
牛奶总产量	万吨	0.2	11.0
鹿茸总产量	公斤	185113	95.4

农业机械化程度继续提高，设施农业、生态农业快速发展。2017 年农机综合作业水平达到 83% 以上，农业机械总动力 43.5 万千瓦，比上年增长 9.3%。全区农机保有量 16137 台，比上年增加 959 台。其中拥有大型拖拉机 3505 台，比上年增加 309 台；小型拖拉机 12632 台，比上年增加 650 台。有机农肥施用量达 80 万立方米，施用面积达 4 万公顷。绿色稻米 10000 公顷，棚膜蔬菜 1200 公顷。生态养猪等初具规模，生态鸡、生态鹅等呈快速发展趋势。

三、工业和建筑业

2017 年末，区属规模以上工业企业达到 68 户。总产值实现 74.0 亿元，同比增长 18.6%。其中超亿元的企业达到 19 户，实现总产值 53.7 亿元，同比增长 24.2%，占区属规上工业总产值的 72.5%。

非金属矿物制造业、汽车配件制造业、农副食品加工业、食品制造业和医药制造业分别实现总产值 11.1 亿元、19.0 亿元、6.9 亿元、6.7 亿元和 3.4 亿元。其中，汽车制造业同比增长 65.3%、农副食品加工业同比增长 24.2%，增速明显高于区属规模以上工业企业累计增速，此五大行业是区属规模以上工业的中坚力量，确保了区属规模以上工业企业总体保持平稳发展。

工业经济效益大幅提高。2017 年，区属规模以上工业企业实现主营业务收入 63.1 亿元，同比增长 14.1%；实现利润 4.2 亿元，同比增长 7.8%。其中，医药制造业获利能力最强，实现利润总额 1.3 亿元。区属规上工业企业中亏损企业 11 户，亏损额 0.5 亿元。

民营工业在区属规上工业中作用进一步增强。2017 年，区属规模以上民营工业企业达到 64 户，实现产值 62.5 亿元，同比增长 18.3%；规上民营工业企业总产值占区属规上工业产值的比重为 84.5%。

节能降耗取得积极进展。2017 年区属规上工业企业每万元产值综合能耗为 0.1 吨标准煤，同比下降 12.4%。

2017 年末，建筑业实现增加值 26.2 亿元，比上年减少 2.6%。全区有资质以上建筑企业 38 家，当年签订合同总额 68.5 亿元，同比增长 15.3%。全区建筑企业共完成建筑业总产值 57.7 亿元，比上年同期增长 27.1%。其中建筑工程产值完成 38.4 亿元，占建筑业总产值的 66.7%，居主导地位。

四、固定资产投资

固定资产投资继续保持快速增长。2017 年末，全区固定资产投资项目 305 个。完成投资 295 亿元，比上年增长 26.4%。其中工业投资项目 133 个，比上年增加 4 个，完成投资 152.7 亿元，同比增长 9.6%。

表 4 2017 年全社会固定资产投资

单位：亿元

指　标	2017 年	比上年增减（%）
固定资产投资完成额	295.0	26.4
第一产业	31.1	342.9
第二产业	152.7	9.6
第三产业	111.2	28.0

大项目建设成效显著。2017 年，全区计划总投资亿元以上的重大项目 66 个，完成投资 186.1 亿元，占全区投资总额的 63.1%，比上年增长 14.4%。

工业投资仍占主导地位。2017 年，全区用于工业投资 152.7 亿元，比上年增长 9.6%，占固定资产投资的比重为 51.8%。

民间投资不断增长。2017 年,全区民间投资完成 226.0 亿元，同比增长 6.7%，占投资的比重为 76.6%。

五、贸易、交通、邮电和旅游

2017 年，全区消费品市场繁荣活跃，消费需求旺盛。全年社会消费品零售总额 76.8 亿元，比上年增长 10.2%。人均社会消费品零售总额 20434 元，增长 10.2%。

交通运输业稳步发展。2017年，交通客运周转量28600万人/公里，货运周转量174515万吨/公里。

邮电通信业稳步发展。全年完成邮电营业收入28547万元。其中，邮政营业收入3044万元；电信营业收入25503万元。全区固定电话用户达到5.7万户。其中，城市电话用户3.4万户，乡村电话用户2.3万户；全区移动电话用户45.9万户；互联网宽带接入用户4.7万户。

2017年双阳区旅游业快速发展，农业生态游、休闲游不断升温。全年来双旅游人数达到517万人次，比上年增长 14.9%。全年旅游总收入50.9亿元，增长28.7%。

六、金融业

金融机构存贷款余额大幅增加。截至2017年末，全区金融机构各项存款余额135.5亿元，同比增长3.6%。其中住户存款余额101.2亿元，同比增长14.7%。各项贷款余额80.9亿元，同比增长1.9%。其中住户贷款余额38.1亿元，同比增长4.8%。

表5 2017年金融机构存贷款余额

单位：亿元

指 标	2017年数	比上年增减（%）
各项存款余额	135.5	3.6
住户存款	101.2	14.7
各项贷款余额	80.9	1.9
住户贷款	38.1	4.8
非金融企业及机关团体贷款	42.8	-0.7

七、教育、文化和卫生

九年制义务教育普及程度继续提高，全区义务教育阶段学校135所。其中，小学111所，招生2363人，在校生16910人，学龄儿童入学率为100%。普通初中24所，招生3166人，在校生8772人。高中和中等职业教育稳步发展。全区中等职业学校2所，招生126人，在校生385人；普通高中2所，招生1565人，在校生4590人。初中毕业生升入高中段（普通高中、职业高中）的比例为56.4%。全区有幼儿园69所，其中：私立幼儿园55所。在园幼儿（包括学前班）9738人，比上年减少1249人。

2017年末，全区有线电视用户达到7.8万户。其中，城镇有线电视用户达到3.3万户，有线电视覆盖率达到90%；农村有线电视用户达到4.5万户。

截止2017年末，全区共有医疗机构379个（含个体诊所），其中医院4个，乡镇卫生院7个，社区卫生服务中心（站）5个。全区公立医疗机构卫生技术人员684人，其中医生333人，注册护士260人，其他专业人员91人。医院和卫生院床位1195个，每千人拥有床位数3.1张。

八、环境保护

全年城区空气环境质量优良级天数为309天，优良比率为84%。其中，优级天数151天，占41%；良级天数158天，占43%。轻微污染天数为46天，轻度污染天数为8天，中度污染天数为2天，重度污染天数为0天。其中，二氧化硫平均浓度是每立方米0.017毫克；二氧化氮平均浓度是每立方米0.006毫克；PM10平均浓度是每立方米0.087毫克；API平均值69。饮用水源水质达标率100%。

九、人口、人民生活和社会保障

截止2017年末，全区户籍总户数为14.4万户，户籍人口36.8万人。全区出生人口2495人，人口出生率为6.7‰；全区死亡人口1292人，死亡率3.5‰，人口自然增长率3.2‰。

表6 2017年末双阳区户籍人口构成情况

指 标		单位	2017年末数
户籍总户数		万户	14.4
户籍总人口		万人	36.8
按性别分	男	万人	18.6
	女	万人	18.2
按户籍性质分	城镇人口	万人	9.9
	乡村人口	万人	26.9
按年龄段分	17岁及以下	万人	5.5
	18—34岁	万人	7.9
	35—59岁	万人	15.7
	60岁以上	万人	7.7

城乡居民生活水平不断得到改善。2017年，城镇居民人均可支配收入25531元，比上年增长6.7%。城镇非私营单位从业人员平均工资50369元，比上年增长7.7%。农村居民人均可支配收入达到13427元，比上年增长6.7%。

社会保障覆盖范围逐步扩大。2017年末，城镇职工基本养老保险参保人数达到35973人，比上年增长7.6%。其中，参保职工为13683人，离退休人员为14992人；职工基本医疗保险参保人数达到36063人；失业保险参保人数达到13683人，年末享受失业保险金人数为186人；工伤保险参保人数达到30652人，同比增长3.8%；生育保险参保人数达到30629人，同比增长3.8%；城镇基本医疗保险参保人数为42638人，同比增长23.2%；新型农村合作医疗参合人数达到243098人，参合率96.5%，共筹集资金1.6亿元，参合农民中已有80333人受益，支付补偿资金15597万元。

全年享受政府最低生活保障的城镇居民达到9882人，比上年减少3305人；享受政府最低生活保障的农村居民达到 11570人，比上年增加350人。城镇和农村低保标准分别达到400元/月•人、3650元/年•人。

2017年末，全区各类收养性社会福利单位拥有床位3603张，其中公办收养性社会福利单位拥有床位1040张，民办收养性社会福利单位拥有床位2563张。收养五保三无人员2040人。全年销售社会福利彩票3573万元。建立各种社区服务设施1530个。

就业岗位不断增加，农村劳动力转移成效显著。年末城镇新增就业人员7171人。年末城镇登记失业率为4.3%。农村劳动力转移就业11.91万人次。

【经开区】长春经济技术开发区成立于1992年7月，同年10月进入省级开发区序列。1993年4月，经国务院批准为国家级经济技术开发区，是国家最早设立的49个国家级经开区之一。长春经济技术开发区管辖总面积为112.72平方公里（包括长春兴隆综合保税区4.89平方公里），辖1个综合保税区、1个整建制镇和4个街道，实有人口32万人。

2017年完成地区生产总值631.6亿元，同比增长7.7%；规上工业总产值920.5亿元，增长10.3%，固定资产投资646.6亿元，增长11.5%；实际利用内资187.2亿元，增长12.7%；实际利用外资24.2亿美元，增长14%;全口径财政收入78.5亿元，增长8.7%，其中税收收入72.8亿元，占比达92.8%，经济发展质量明显提升；社会消费品零售总额181.2亿元，增长9.3%，消费对经济增长的基础性作用进一步发挥。大陆汽车电子和富维安道拓产值首次突破100亿元，是全市仅有的两户突破百亿级产值的企业。

招商引资 以“三抓”、“三早”为主线，在主动谋划项目中精准发力，在强化服务举措中狠抓投资落地，实现了项目数量与质量的“双提升”、签约率与开工率的“双突破”：全年完成签约项目108个，其中10亿元以上项目11个，是近3年来最好水平；66个重点项目实现落位，超过以往3年总和。特别是投资75亿元的中粮长春玉米产业园项目签约落位，在省市范围内都屈指可数。

项目建设 项目建设扎实推进。全年投资 5000万元以上建设项目171个，其中续建88个，新开工83个，创近年来最好成绩。马瑞利车灯、浪潮大数据中心、顺丰电商产业园、吴太医药产业园、法雷奥汽车零部件基地、普新新兴产业园、金融第五城、九银金融总部、大众置业长春总部基地等一批重点项目相继建成投产或即将投产。全年认定国家级高新技术企业23户、长春市高新技术企业22户、科技型“小巨人”企业16户，为历年来最好成绩。经过积极努力，成为国家首批产业转型升级示范园区。光机所成功入选了第二批国家级双创示范基地。综保区产业平台、新外贸平台搭建完毕，招商引资已经初见成效，与浙江大学合作建设了经开科创广场平台，哈工大产业集团等一批双创项目即将进驻。与长春理工大学开展全面战略合作，走出了一条政校合作的新路。

综保区建设 长春兴隆综合保税区于2014年3月封关运营，是全国第19个综合保税区，也是吉林省唯一的综合保税区，是“一带一路”战略向北开放的重要战略节点。规划面积4.89平方公里，配套区13平方公里。2014年5月获批跨境贸易电子商务出口试点，2015年3月获批筹建进口肉类指定查验场。综保区围网内已经吸引宇博专用车、吉客机器人等一批出口加工项目，注册公司达119家。同时，通过政策功能的辐射带动作用，还吸引了中粮生化、浙江万丰、吴太医药等一批龙头企业在围网外落地，产业发展的基础不断增强。2017年完成进出口总额65亿元人民币，增长50%。跨境电商货运包机运行76架次(152班)，出口货物2000万票，货值超8300万美元，在海关正规监管系统试点城市中，长春跨境电商出口业务量稳居全国前列。同时，跨境电商进口业务实现突破，完成东北地区首单跨境电商保税备货进口业务，开创了东北地区先河。跨境电商综合服务平台完成硬件升级和数据优化，承载能力和处理能力大幅提升，达到国内先进水平，并成为我省“单一窗口”建设的重要承载单位。阿里巴巴“一达通”项目在省内完成前期推广，企业反响良好，顺丰电商产业园一期即将建设完成，进出口商品展览展示中心即将运营，国际汽车城实现营业，长春百姓不久就可以在综保区购买到品类齐全的进口商品。“长满欧”班列运量实现爆发式增长，全年承运货物2.65万标箱，货值超9.91亿美元，分别是前两年总和的13倍和10倍，辐射范围、班列密度、服务水平等位于东线中欧班列前列。临时开放铁路口岸作为全省内陆地区唯一的国家一类铁路口岸获批延期一年。与天津港、宁波港、厦门港达成区港联动合作协议，强化了口岸与海港的通道联动功能。进口肉类指定查验场实现稳定运营。进口冰鲜水产品口岸通过国家验收并获批运行，成为我省唯一的内陆冰鲜水产品口岸。整车口岸即将获批，国检试验区正在积极申报，跨境电商综试区正在积极推动审批。

城市建设 首次采用PPP项目管理模式，大规模、高效率实施了绿化景观提升工程，南北区新增绿化面积185万平方米，洋浦大街、自由大路等重要区域和节点发生明显变化，世纪广场、世纪大街的彩化亮化绿化成为一道亮丽的城市风景线。新建维修道路60条，北区信号灯及监控系统通盘建设，交通事故明显下降。困扰周边群众十余年的彩云街换热站打通、城市东部拥堵节点洋浦大街“卡脖路”实现拓宽，让群众出行安心顺心舒心。投入1.5亿元对会展中心进行全面提升，完成了会议中心、综合展馆、绿化环境、停车场改造，为东北亚博览会、汽博会的顺利召开创造了一流环境，绿色会展、人文会展、园林会展得到各界认可，经开区荣获了年度“中国品牌会展产业集聚区”荣誉。现在的会展中心，周边环境更为美丽，公共设施更为齐全，成为城市东部文化体育商务休闲的中心。开展了建区以来最大规模的旧城改造，两年投资7.6亿元，改造老旧住宅小区32个、410栋，占地面积

174万平方米，惠及居民超过10万人，接近全区人口三分之一。特别是经开五区成为打通城市微循环的典范，经开六区将特色小区打造与旧城改造提升结合起来，通过文化的注入和挖掘，让老旧小区焕发出新魅力。在旧改的过程中，坚持打造群众满意的精品工程，也得到省市主要领导的高度评价和肯定。同时，投入1.2亿元对脏乱差20多年的、被称为长春“龙须沟”的乐东、拖拉机宿舍区域，35万平方米11个老旧小区进行彻底改造，解决了经开区也可以说是全市为数不多的一块城市顽疾。大综保区环境百日攻坚成果明显，北区面貌发生显著变化，兴隆山老镇区旧貌换新颜，城市管理日益常态化。高效配合中央环保督察，办结案件195件，办结率达到93%以上，通过环保督察，化被动为主动，解决了一批群众关心的环境问题。此外，村屯环境治理、征而未用土地清理、违建拆除、城市出入口改造、黑臭水体治理等工作成效显著，全区环境整体迈上新台阶，“美丽经开”建设多点开花、亮点频现。

土地利用 2017年新建厂房8.6万平方米，吉客机器人、北方新能源、吉开电器等一批新上项目租用11.5万平方米，厂房出租率比上年提升17个百分点，闲置厂房大幅减少，利用率大为提升，标准厂房的建设、管理、利用进入良性发展轨道。严格控制一次性收益的土地出让，最大限度减少纯地产开发项目，全年供应土地218公顷，创近年最好水平。其中，反映产业发展态势和水平的工业服务业出让面积为100.5公顷，是去年的3.5倍，位列全市第一。征拆工作以“百日攻坚”为载体，全年共完成市区重点项目30个，征收工企16户、民宅649户、地上物1658处，释放土地140万平方米。征而未用土地清理工作基本完成，收回了包括被占用长达十余年的地块共19块，面积140.42万平方米，目前41.1万平方米已经出让出租使用，闲置土地得到有效利用。收储土地 33公顷，为上年的2.8倍，是三年来收储量最高的一年。

民生工作 立足当前、着眼长远，制定了民生行动三年计划，2017年投入16亿元、八大类67件惠民实事全部完成。强化基层工作力量，新增会展、世纪两个街道，金湖、苏州、红星三个社区，全面推行执法管理下沉，更加科学高效的社会管理、服务民生的新格局初步形成。本着不走形式、把事做实的原则，扎实推进“社区工作日”活动，投入2亿元，解决231件群众关心关注的问题，践行了为民宗旨，拉近了与群众的感情。加快公共服务基础设施建设，4个社区办公楼已封顶，7个卫生服务中心（站）完成升级改造，社会事业服务大厦完成楼体加固，新增6处千米社区用房，全区千米社区用房比例达到80%以上。借助中日联谊医院优势医疗资源，在全市率先组建了由14家二级医疗机构和7家社区卫生服务中心组成的医疗联合体，全面提升了经开区基层医疗服务能力和水平。教育投入创历史新高，投入11 亿元，高标准建设4所学校、改扩建1所学校，总占地14.5万平方米，增加学位7000个，投资5170万元完成10所学校21个项目的维修改造，在全市率先开展“蓓蕾计划”，让1万名小学生受益，加入全国体育联盟，成为全省唯一的改革试验区。目前，全区教育布局日渐合理，办学质量显著提升，辖区群众就近享受优质教育资源的愿望将加快得到实现。

【净月高新技术产业开发区】净月区位于长春市东南部，区域总面积478.7平方公里，其中建成区45平方公里，已完成城市配套面积60平方公里，建成区道路总里数超过200公里；区域人口30万，其中有满族、回族、朝族、蒙古族、锡伯族等14个少数民族，共7454人。全区下辖玉潭镇、新立城镇、新湖镇和净月街道、永兴街道两个街道办事处，全区拥有三个国家5A级景区、两个国家4A级景区、中国首家电影主题公园、中国第一家滑雪博物馆、中国最大的农业博览园，每年举办规模盛况享誉海内外的瓦萨国际越野滑雪节、净月潭森林马拉松赛、净月潭国际森林山地自行车马拉松等知名生态运动项目。近年来净月高新区得到了国家、省市的高度重视和大力支持。2010年净月区被国务院批准为国家服务业综合改革试点区，在此之后相继获批国家首批电子商务示范基地、国家广告创意示范园区、国家级文化和科技融合示范基地。2013年被长春市委、市政府确定为长春市文化产业集中发展区。2015年省委、省政府确定净月区为东北亚区域性金融服务中心。

2017年，面对严峻复杂的经济形势，全区上下在党工委管委会领导下，坚持稳中求进工作总基调，坚持新发展理念，以推进供给侧结构性改革为主线，坚定推进各项改革深入开展，扎实做好各项工作，全区经济呈现稳中有进、稳中向好的良好态势。

一、综合

全区营业总收入实现1196亿元，增长8.5%；地区生产总值完成379.8亿元，增长8.2%；服务业增加值完成286亿元，增长10.8%，三次产业比重达到0.4:24.3:75.3；地方级财政收入完成75495万元，增长9.4%。民营企业发展到7200户，新增1719户，民营经济增加值254亿元，增长8.2%，占GDP比重为67.1%，民营经济发展动力和活力不断提升。经过共同努力，在全市地区绩效考评开发区组中连续五年获评优秀，在国家高新区综合排名中，我区位列第57位，位次前移9位。

二、农业

2017年，全区总播种面积7813.6公顷。其中：粮食播种面积7727.6公顷，玉米播种面积7439.5公顷，大豆播种面积42.1公顷，蔬菜播种面积56.3公顷，瓜类播种面积9公顷。

2017年末，全区生猪存栏8320头，牛存栏1443头，羊存栏1119只，禽存栏83万只。

三、工业、建筑业

2017年，全区规模以上工业户数为82户，规上工业总产值累计完成197亿元，同比增长9.3%。

2017 年，我区建筑业户数为 62 户，完成建筑业总产值 16.9 亿元，同比增长 4.2%。

四、贸易、民营经济

2017 年，全区社会商品零售额完成 81.1 亿元，同比增长 10.1%。

2017 年，民营经济发展到 18911 户，从业人员达到 7.96 万人。民营经济总产值实现 721.7 亿元，比上年增长 10.4%，利润总额实现 61 亿元，比上年增长 7.3%。

五、服务业

2017 年，我区规模以上服务业企业 113 户，完成营业收入 43.7 亿元，同比增长 12.5%。

六、财政收入

2017 年，我区全口径财政收入 346741 万元元，同比增长 20.15%。其中，税收收入 332119 万元，同比增长 20.06%。财政八项支出 141538 万元，同比增长 18.83%。

七、固定资产投资

2017 年，全区固定资产投资完成 137 亿元。

八、招商引资

全年累计新引进项目 70 个，签约总额 953.22 亿元，形成了稳定的项目储备，区域发展后劲明显增强。

九、基础设施建设

2017 年，全区启动编制净月区综合交通规划，新建城市道路 11 条，打通了银锦路、银杏路等 6 条断头路，推动福祉大路西延、临河街高速路下穿工程取得实质性进展，加快了净月与主城区的交通连接，完成金河街、金碧街、新城大街等 8 条道路大中修改造，区域道路通行能力进一步提升，打通和美路、小河沿子河桥梁等节点工程，区域交通微循环得到显著改善，改造村屯砂石路 13 公里，解决了 5 个行政村 8 个自然屯居民出行难问题。建成天泽大路地下综合管廊 1.3 公里，新建燃气管网 10 公里，供热管网 8 公里，实施供水主线升级工程，将净月区供水纳入全市统一管网，实施电力扩容解决重点项目用电，解决了近 20 年的历史遗留问题，新增 3 条公交线路，规划启动公交首末站建设，区域基础设施配套能力全面提升。

十、人口、社会事业

2017 年，全区总人口达到 33.86 万人，常住人口 17.47 万人。

教育改革持续推进。深化国家教育改革实验区建设，落实义务教育委托管理，实践课程改革、自主分层式督导评估改革等改革举措，不断提升办学质量和教育管理水平；加强教育信息化建设，率先在全市实施了光纤进校园工程，积极开展云阅卷、课业网上辅导等教育信息化应用；优化教育网点布局，开工建设华岳学校，推动 4 所学校的新建扩建取得实质性进展；延展德育实践空间，开展各项德育活动，落实立德树人根本任务；严守校园安全底线，实现安全教育、组织网络、安全排查、安全演练、安全监护全覆盖，在全市率先实现校园安全监控全部纳入公安安全平台统一管理，保证教育和谐稳定发展。

医疗卫生服务能力不断提升。完成新湖镇卫生院建设和新立城镇卫生院装修改造，为三镇卫生院购置 CT、X 光、彩超等医疗设备，夯实医疗卫生基础设施；积极推进老年病等重点人群家庭医生签约，签约率 65%，高于省市标准；推动全区 3 家乡镇卫生院及 16 家标准化村卫生室全面实施国家基本药物制度；不断提高新农合保障水平，保障病种和补偿水平大幅提升。

社会保障水平进一步提升。做好被征地农民养老保险与城镇职工基本养老保险制度的衔接，城乡居民仰赖保险新增参保 542 人，失地农民养老保险新增参保 235 人，城镇居民医疗保险新增参保 3336 人，发放社会保障卡 13.5 万张；落实好养老服务政策，全区基本形成了居家和社区养老服务新格局；全年共投入 1969 万元，为 3941 人实施城乡低保、慈善助学、医疗救助、临时救助、五保供养、残疾人两项补贴等各项社会救助，不断提高保障水平；全面完成西部回迁小区二区工程建设，平稳推进 2000 套房源的回迁安置和 1188 套公租房的分配入住，推进农业大学、新立城水库家属区和高速公路两侧城中村等棚改项目建设；完成世外桃源、农大老区、丽江蓝湾等 3 个老旧小区改造，改善了居民居住环境；推进农村垃圾治理，积极开展农村“厕所革命”，改造农户厕所 858 个，初步改善了改厕村屯的基本生活卫生环境。

【长春新区】2017 年，长春新区在省市的坚强领导下，紧紧围绕推动国家“一带一路”建设、东北新一轮振兴发展、长吉图战略深入实施的重大使命，按照“打先锋、站排头”的总体要求及年初工作部署，突出项目立区，不断扩大有效投资，统筹推进经济社会发展，基本实现了“两年成规模”的奋斗目标。

一、经济总量

2017 年，经济增长明显好于年初预期，全年划出了一道“稳中有进、进中向好”的漂亮曲线，取得了“增速逐季攀升、快于省市平均水平”的佳绩。全区实现地区生产总值 889.3 亿元，增长 8.7%，比上年提高 0.6 个百分点。分产业看，第一产业增加值 0.8 亿元，增长 3.4%；第二产业增加值 816.7 亿元，增长 8.7%；第三产业增加值 71.8 亿元，增长 9.3%。

二、农业

2017 年，全区实现农林牧渔业总产值 16401 万元，同比下降 2.3%。其中：农业产值 5071 万元，同比下降 27.0%；牧业产值 10680 万元，同比增长 15.9%；农林牧业服务业产值 650 万元，同比增长 4.8%。

三、工业

2017 年，全区实现规模以上工业总产值 787.7 亿元，增长

12.2%，比上年提高 2.4 个百分点，高于长春市 1.5 个百分点。

主导产业对实体经济支撑作用明显。全区规模以上工业七大产业实现产值 700.4 亿元，增长 11.1%，占全区产值比重达到 88.9%，拉动产值增长 10.0 个百分点。其中：汽车、医药、装备制造、能源和电子行业均保持快速增长，汽车工业完成产值 510.4 亿元，增长 10.6%；医药工业完成产值 93.9 亿元，增长 21.7%；装备制造业完成产值 15.1 亿元，增长 13.1%；能源工业产值 17.7 亿元，增长 17.8%；电子工业产值 21.4 亿元，增长 6.7%。

企业效益明显改善。全区规模以上工业企业实现主营业务收入 758.9 亿元，增长 10.5%，连续 12 个月保持两位数增长；利润总额实现 81.8 亿元，增长 25.4%。

四、固定资产投资

2017 年，全区固定资产投资完成 714.3 亿元，增长 14.7%，高于长春市 3.2 个百分点，高于全省 13.3 个百分点。其中：房地产投资 79.7 亿元，增长 37.9%。

项目建设加快推进。全区项目投资完成 634.6 亿元，其中：5000 万以上施工项目 182 个；亿元以上项目 143 个，完成投资 224 亿元；2 亿元以上项目 91 个，完成投资 186.4 亿元；5 亿元以上项目 51 个，完成投资 133.5 亿元；10 亿元以上项目 27 个，完成投资 91.3 亿元。

五、国内服务贸易

2017 年，全区实现社会消费品零售总额 82.5 亿元，同比增长 21.5%。规模以上服务业实现营业收入 43.6 亿元，同比增长 32.7%。

六、招商引资

2017 年，全区实际利用内资 241.5 亿元，同比增长 50.0%；实际利用外资 22.5 亿美元，同比增长 14.0%。

七、财政

2017 年，全口径财政收入 465.6 亿元，同比下降 7.0%；一般公共预算财政收入实现 13.4 亿元，可比增长 14.0%。

【汽车经济技术开发区】2017 年是汽开区发展史上不平凡的一年。一年来，在市委、市政府的正确领导下，高举习近平新时代中国特色社会主义思想伟大旗帜，全面贯彻落实市十三次党代会、十三届二、三次全会精神，以建设东北亚区域性中心城市为己任，突出服务一汽宗旨，坚定信心、奋力拼搏，实现了经济社会的平稳较快发展，圆满完成了各项目标任务。

经济量级不断扩大。全区地区生产总值预计完成 629 亿元，同比增长 8.1%；固定资产投资完成 760 亿元，同比增长 20.3%；规上工业总产值完成 4521 亿元，同比增长 10.7%；一般预算全口径财政收入完成 146 亿元，同比增长 31.5%，区本级留用收入 18.5 亿元，同比增长 23.3%；实际利用内资完成 192.7 亿元，同比增长 17%；实际利用外资完成 9.79 亿美元，同比增长 14%。各项主要经济指标保持平稳增长。

汽车产业稳步发展。加强项目建设，全年共开工亿元以上建设项目 158 个，其中新建项目 52 个。一汽大众 Q 工厂竣工投入试生产，富奥万安、融展汽车零部件等项目取得较大进展。推进招商引资，全年引进重点工业项目 34 个，计划总投资 136 亿元。

产业结构不断优化。深入推进民营经济集聚区示范建设，民营经济增加值占全区 GDP 比重提高 0.14 个百分点。科技创新开创新局面，16 户企业成为省市高新技术企业，16 户企业被评为长春市科技型“小巨人”企业。努力补齐短板，车城万达广场 9 月盛大开业，合众国际商务广场、保利五星级酒店项目主体完工。

城市建设脚步加快。全面实施新区建设和旧城改造双推动战略。完成了 734 栋 300 万平方米的暖房子工程，启动建设了三个商圈、19 条街路旧城改造项目。推进东风大街中轴快行示范通道规划建设。新区地产项目进展迅速，恒大、万科、中铁等项目销售红火。新区医养结合养老院及医院、华展全民健身中心等项目积极推进。

汽车文化建设取得新突破。汽车博览馆项目重新启动，完成玻璃幕墙主体工程。积极与一汽谋划新红旗绿色智能小镇及十里汽车文化长街建设规划，扎实推进汽车文化小镇建设规划设计工作，依托车城万达打造了汽车文化主题商场，为我区大力发展汽车工业旅游奠定了坚实基础。

城市管理水平不断提升。强化精细管理，对高力北方汽贸城进行了全面集中整治，使汽贸城面貌焕然一新。深化道路交通秩序整治专项行动，加强市容市貌政管理，集中开展了 5 次大型综合整治行动，城市面貌日益改善。

城市生态环境进一步改善。加强绿化美化亮化，彩化街路 10 条，种植乔木 4 万余株，新增绿地面积 42 万平方米。圆满完成国家环保督查工作，环境质量得到有效提高。国家生态工业示范园区建设影响力继续扩大，发起成立了“一带一路”生态工业园区协同创新联盟。

就业创业成绩显著。超额完成全市就业创业目标任务。小额担保贷款发放超额达到 20%，建设了 10 个就业创业孵化见习基地。全面实施“暖流计划”，得到了市里的肯定和认可。

社会救助不断加强。城镇和农村居民最低生活保障标准分别提高了 40 元和 50 元，全年共发放低保补助 1781 万元。进一步做好拥军优属、老龄、残疾人、孤儿救助等工作，总计发放各类救助金和补贴 373 万元。

教育事业蓬勃发展。在全国率先推行了“纽扣教育”，优质公平教育走在全国前列。深入开展“三师一建”工程，教师队伍素质大幅提升。教育教学质量不断提高，中考“三率”居长春市前列，高考文科取得了市属高中第二名。

健康城市建设全面推进。全面做好卫生城创建工作，医疗卫生水平不断提高。加大宣传普及各类疾病防控知识力度，进一步提高群众健康水平。大力开展优生健康检查，全面落实奖扶优生等政策，人口和计生工作扎实推进。

文化体育事业不断发展。积极搭建社区百姓文艺大舞台，基层文化阵地建设进一步加强。大力倡导“每天锻炼一小时、健康生活一辈子”理念，深入开展全民健身运动。圆满完成长春国际马拉松汽开区赛段筹备服务工作，成功举办了汽开区第一届全民健身运动会。

全面深化改革深入推进。全面完成了深化改革7个方面 31项任务。进一步简化审批流程，推进并联审批。大力实施“一门式一张网”改革，服务效率显著提高。进一步优化了建设用地审查程序，完善了征地补偿办法。建立了国地税纳税服务中心，进一步改善了服务环境。落实了安全生产“双随机，一公开”监管制度，安全建设不断强化。加强生态建设，国家生态工业示范园区建设影响力进一步提升。推进了城市管理职能下移，建立了上门服务机制，实践了禁烧、清雪等政府购买服务机制。

全面促进创新发展。全力推进双创工作，努力培育新的增长点。建立了一汽汽贸城汽车现代服务创业创新基地、吉客智能装备创业创新基地，入住企业39家。

全面推进开放合作。与天津泰达开发区、宁河区以及杭州经济开发区建立了对接合作关系，引进了天津提爱思塑料制品等项目。

【长春莲花山生态旅游度假区】长春莲花山生态旅游度假区位于吉林省长春市东部，属于长白山余脉大黑山脉中段，规划控制面积417平方公里，东隔石头口门水库——饮马河与吉林市相望，南与长春净月开发区、双阳区相连，西与长春市城区接壤，北与长春经济技术开发区、九台市相依，辖两镇一乡，总人口5.9万人。

2017年，度假区紧紧围绕建设东北亚区域国际旅游目的地的目标，奋力赶超，各项工作成效显著，跨越式发展的决心和信心更加坚定。全区上下在市委、市政府的坚强领导下，以迎接和落实党的十九大为主线，拉开了新一轮加快发展的序幕，完成了工作重心由此前偏重基础设施建设，向重点突出招商引资、项目建设和基础设施建设并重的根本性转变。

一、综合

2017年，全区生产总值2.9亿元，同比增长8.7%。分季度看：一季度同比增长5.4%，二季度同比增长9.0%，三季度同比增长8.5%，四季度同比增长8.7%。分产业看：第一产业实现增加值0.6亿元，同比增长4.8%；第二产业实现增加值1.5亿元，同比增长13.5%；第三产业实现增加值0.8亿元，同比增长3.6%。三次产业结构比由上年的22.6:49.3:28.1调整为20.3:52.2:27.5，一产、三产占比分别下降了2.3个百分点和0.6个百分点，二产占比提升了2.9个百分点。

二、农业

2017年，度假区农林牧渔业增加值0.66亿元，同比增长4.6%。全区粮食总产量67219吨，比上年增长13%；经济作物总产1155吨，比上年同期增长32%。2017年粮食、经作、饲草面积比例由上年的99.6：0.4：0调整为98.3：1.4：0.3。

三、工业、建筑业

2017年，度假区规模以上工业户数为2户，规上工业总产值累计完成1.87亿元，同比增长119%。

2017年，度假区建筑业户数为11户，完成建筑业总产值7.73亿元，同比增长119.9%。

四、贸易、服务业

2017年，度假区社会商品零售额完成1.2亿元，同比增长8.9%。

2017年，度假区规模以上服务业企业12户，完成营业收入2.8亿元，同比增长12.8%。

五、财政收入

2017年，度假区财政收入1.4亿元，同比增长43%。其中，税收收入1.1亿元，同比增长298%。财政八项支出3.47亿元，同比增长9%。

六、固定资产投资

2017年，莲花山固定资产投资完成23亿元，增速123.4%。增速高于全市111.9个百分点。

2017年，全区共有5000万以上固定资产投资项目（含房地产）10个，同比增加5个，其中：亿元以上施工项目9个，同比增加4个。5000万以上施工项目中，旅游业相关领域共有投资项目6个，占全区全部项目60%，项目数与去年持平。其中：旅游业项目投资完成9.1亿元，同比增长60%。

七、招商引资

2017年，全区快速启动项目策划、包装和推介，累计走出去、请进来招商100余次。吉商小镇、长电音乐小镇、东方文化养生谷等18个项目实现签约，合同引资额约1200亿元。实际利用内资21.5亿元，增长23.8%；实际利用外资1625万美元，增长14%。

八、基础设施建设

2017年，全年投入2.6亿元实施基础设施建设。水利项目启动13项、竣工5项、在建5项；道路维护项目完成了46.7万延长米的灌缝养护；环境绿化项目完成了30万平方米花海景观，以及雾开河大街、劝农大街、雪场西街等重要道路节点绿化景观打造。已实现吉林大路东延长线通车，使莲花山与主城区衔接更加紧密。清理河道明沟20.75万延长米；完成植树造林201公顷；清运各类垃圾4.43万吨；更换电锅炉15台，有效提升了区域生态环境质量。

九、人口、社会事业

2017 年，全区总人口达到 51260 人，其中：劝农乡镇 18485 人；泉眼镇 19302 人；四家乡 13473 人。全区人口出生率 8.2‰，人口死亡率 16.3‰，人口自然增长率 -8.1‰。

2017 年，55 项民生工程和 21 项增收工程，全年民生投入达到 1.55 亿元。其中，精准扶贫工作累计投入 303 万元，55 户贫困户脱贫，两个贫困村摘帽；开发就业岗位 3008 个，新增就业 1580 人，失业再就业 403 人；城乡低保发放低保金 486.9 万元，发放优抚经费 514 万元，为贫困农民缴纳参合资金 19.2 万元；整改生产安全隐患 179 处、消防隐患 46 处、食药安全隐患 15 个、治安隐患 35 处，查处治安案件 81 起；受理群众来信来访 129 批次，承办市长公开电话 533 件。

统计资料

STATISTICS

▶综合

GENERAL SURVEY

2018

长春统计年鉴

CHANGCHUN STATISTICAL YEARBOOK

第一篇 综 合

长春位于北半球中纬地带，欧亚大陆东岸的中国东北平原腹地，地处东经 124°18′-127°02′，北纬 43°05′-45°15′，市中心座落在东经 125°19′，北纬 43°43′。气候为中温带大陆性季风气候，素有“塞北春城”的美誉。

2017 年，全市总面积 20593.53 平方公里，建城区面积 521 平方公里。下辖七区、三县（市）、四个国家级开发区，全市户籍总人口 748.9 万人，其中市区人口 438.3 万人。

2017 年，全市实现 GDP6495 亿元，增长 8%。其中，第一产业增加值 288.4 亿元，增长 3.6%；第二产业增加值 3165.5 亿元，增长 7.5%；第三产业增加值 3041.1 亿元，增长 9.0%。规模以上工业增加值 2654.6 亿元，增长 9.0%。全社会固定资产投资总额 5246.6 亿元，增长 11.4%；社会消费品零售总额 2922.8 亿元，增长 10.3%。城镇常住居民人均可支配收入 33167.7 元，增长 6.8%；农村常住居民人均可支配收入 13431 元，增长 6.8%。

1-1 行 政 区 划
DIVISIONS OF ADMINISTRATIVE

单位：个　　　　unit

		城市 Urban area	
		街道办事处 Street agency	社区居民委员会 Residents committee
总计	Total	87	336
市区	District	75	300
南关区	Nanguan	16	58
宽城区	Kuancheng	12	57
朝阳区	Chaoyang	10	53
二道区	Erdao	9	42
绿园区	Luyuan	9	58
双阳区	Shuangyang	4	17
九台区	Jiutai	15	15
县（市）	County	12	36
榆树市	Yushu	4	12
农安县	Nong′ an	4	14
德惠市	Dehui	4	10

1-2 自 然 概 况
NATURAL CONDITIONS

		单位 Unit	长春市 Changchun	榆树市 Yushu	九台区 Jiutai	农安县 Nong′ an	德惠市 Dehui
一、土地资源	Land resources						
1. 国土面积	Area of territory	平方公里 sq・km	20593.53	4712.49	3371.52	5429.22	3460.85
2. 耕地面积	Area of cultivated land	公顷 ha	1304574	390851	190303	377319	204357
二、水力资源	Water resources						
1. 水资源总量	Surface water volume	亿立方米 100million cu・m	37.67	5.56	5.77	8.85	7.67
2. 地下水资源量	Ground water volume	亿立方米 100million cu・m	17.24	3.15	2.50	4.90	3.36
三、林木资源	Forest resources						
1. 森林面积	Forest area	万公顷 10000ha	16.90	2.10	4.90	2.40	1.10
2. 森林覆盖率	Forest coverage rate	%	7.90	4.50	15.80	4.50	3.30

1-3 1998-2017 年长春市社会经济主要指标
MAIN INDICATORS OF SOCIETY AND ECONOMIC(1998-2017)

年份 Year	年末总人口（万人） Population (10000person)	# 市区 District	全社会就业人员（万人） Employment (10000person)	# 城镇非私营单位就业人员 Staff and workers	地区生产总值（亿元） Gross domestic products (100million yuan)	# 第一产业 Primary industry	# 第二产业 Secondary industry	# 第三产业 Tertiary industry
1998	686.9	282.7	334.6	105.1	569.6	109.9	242.1	217.6
1999	691.2	286.6	350.3	102.8	683.7	117.8	288.5	277.4
2000	699.6	292.8	311.4	96.9	803.2	109.7	352.6	340.9
2001	705.7	298.0	327.4	92.7	928.9	121.2	416.3	391.4
2002	712.5	303.9	329.4	90.4	1060.8	131.1	483.6	446.1
2003	718.2	310.0	334.7	89.0	1226.7	140.4	575.4	510.9
2004	724.1	314.7	376.1	88.4	1415.6	150.6	680.6	584.4
2005	731.5	337.2	353.9	83.7	1503.2	161.5	701.9	639.8
2006	739.3	348.8	326.4	83.8	1736.8	162.0	848.1	726.7
2007	745.9	358.1	329.4	84.1	2089.1	200.0	1033.4	855.7
2008	752.5	360.8	336.8	85.6	2501.3	217.8	1251.2	1032.3
2009	756.5	362.3	346.8	87.0	2848.6	223.9	1442.8	1181.9
2010	758.9	362.8	366.4	89.0	3329.0	252.7	1719.9	1356.4
2011	761.8	364.8	384.6	92.4	4003.0	290.1	2092.7	1620.2
2012	756.9	363.0	386.3	96.9	4426.2	317.1	2261.4	1847.7
2013	752.7	363.8	439.9	120.8	4964.7	324.1	2611.3	2029.3
2014	754.5	365.9	455.6	126.8	5342.4	332.0	2813.6	2196.8
2015	753.8	436.1	465.7	126.1	5592.2	343.2	2810.2	2438.8
2016	753.4	437.8	475.7	125.9	5986.4	323.5	2957.3	2705.6
2017	748.9	438.3	498.8	125.4	6495.0	288.4	3165.5	3041.1

注：2017 年第一产业增加值已与“三农普”数据衔接，2016 年及以前年度数据未做调整。

1-3 续表 1 continued1

单位：亿元　unit:100million yuan

年份 Year	工业总产值 Gross industrial output value	农业总产值 Gross agricultural output value	固定资产投资总额（不含农户） Investment in fixed assets	房地产开发 Real estate	建筑业总产值 Gross output value of construction
1998	502.4	198.9	141.7	16.2	66.6
1999	596.6	200.9	194.4	25.2	78.1
2000	749.7	106.8	235.2	30.3	113.1
2001	954.7	223.9	285.0	48.5	140.3
2002	1202.1	242.1	320.5	60.8	162.4
2003	1510.2	259.2	389.6	77.7	198.7
2004	1712.7	281.5	460.0	90.4	224.8
2005	1728.9	272.9	650.4	106.6	276.4
2006	2140.0	289.0	950.4	174.2	344.0
2007	2839.1	340.6	1350.6	259.5	428.0
2008	3515.3	405.2	1818.8	352.9	511.4
2009	4461.7	418.4	2300.3	443.9	569.5
2010	5884.2	474.7	3001.5	542.8	669.8
2011	7005.0	523.8	2433.4	666.4	787.0
2012	8263.5	562.5	3172.9	649.7	971.8
2013	9213.4	602.7	3408.4	613.6	1022.2
2014	9831.1	626.9	3924.5	534.4	1243.1
2015	8658.2	649.6	4284.0	506.0	1114.7
2016	9278.0	584.3	4659.0	596.6	1184.3
2017	10357.9	557.1	5194.8	573.8	1279.9

1-3 续表 2　continued2

单位：亿元　unit:100million yuan

年份 Year	全口径财政收入 Government revenue	地方财政收入 Local government revenue	地方财政支出 Local government expenditures	金融机构存款余额（本外币） Balance of deposits of financial institutes	金融机构贷款余额（本外币） Balance of loans of financial institution
1998	56.5	21.9	37.7	581.2	744.9
1999	67.4	27.1	48.1	885.0	1082.2
2000	76.0	30.4	51.1	1013.2	1243.8
2001	97.4	36.3	59.0	1158.4	1344.8
2002	103.9	37.8	70.1	1403.6	1492.5
2003	134.8	46.0	85.8	1615.2	1629.6
2004	149.8	50.7	100.8	1766.3	1791.5
2005	184.8	61.0	121.7	2065.8	1893.5
2006	210.6	71.6	146.7	2396.2	2194.8
2007	284.5	93.3	181.6	2598.4	2452.0
2008	372.1	119.0	240.3	3064.7	2859.2
2009	450.7	142.7	306.0	4354.2	3863.7
2010	563.4	180.8	382.9	5038.4	4616.8
2011	803.2	288.6	518.7	5619.1	5251.0
2012	927.7	340.8	555.5	6643.3	5828.3
2013	1077.6	381.8	633.0	7866.5	6543.2
2014	1156.6	397.3	675.8	8792.7	7532.4
2015	1078.2	388.2	765.7	9959.9	9009.1
2016	1150.5	415.5	770.6	11122.2	9966.1
2017	1208.9	450.1	875.7	11540.9	10375.7

1-3 续表 3　continued3

年份 Year	从业人员工资总额（亿元） Wages (100million yuan)	在岗职工年平均工资（元） Annual average wage of employed persons (yuan)	年末储蓄存款余额（亿元） Balance of deposits at year end (100million yuan)	社会消费品零售总额（亿元） Total value of retail trade (100million yuan)	商品零售价格指数（%） Overall retail price index	居民消费品价格总指数（%） Overall consumer price index
1998	84.6	7869	411.7	237.9	98.3	100.6
1999	90.0	8618	480.4	268.3	96.4	98.6
2000	95.5	9752	533.7	311.2	97.5	98.8
2001	104.6	11090	608.1	358.3	100.7	102.3
2002	123.6	12869	713.9	402.2	98.7	99.7
2003	124.4	13867	831.4	438.3	100.7	101.0
2004	139.3	15722	910.4	495.3	102.7	104.1
2005	150.3	17742	1059.3	600.1	101.3	101.7
2006	167.7	19955	1174.6	666.3	101.4	101.3
2007	203.1	24190	1202.1	778.3	102.2	103.7
2008	230.1	26969	1507.3	945.7	105.6	104.4
2009	265.1	30448	1861.3	1089.4	100.6	99.8
2010	318.0	35723	2086.3	1286.7	104.6	103.6
2011	379.5	41473	2359.3	1512.2	104.8	105.5
2012	448.2	46674	2790.5	1739.6	101.8	102.3
2013	642.3	51564	3132.5	1970.0	101.3	103.0
2014	729.6	56014	3407.9	2217.5	101.2	102.2
2015	793.7	61039	3834.2	2409.3	99.1	101.3
2016	856.6	66948	4277.1	2650.3	101.2	101.4
2017	917.2	72136	4622.8	2922.8	101.2	101.3

注：从 2009 年，在岗职工年平均工资改为城镇非私营单位从业人员年平均工资。

Note: the annual average income of current employees in 2009 is annual average income of current employees in urban non-private companies or orgnizations.

1-3 续表 4 continued4

年份 Year	货物运输量（万吨） Freight traffic (10000ton)	旅客发送量（万人次） Passenger traffic (10000 person-time)	邮电业务总量（万元） Volume of post and telecommunication services(10000 yuan)
1998	9326.0	4799.0	200000.0
1999	9533.0	4848.4	284000.0
2000	8334.0	1937.0	433564.4
2001	8693.0	2743.0	316487.5
2002	10773.0	7668.0	328971.0
2003	10892.0	6999.0	356593.4
2004	11576.0	7631.2	365994.2
2005	9601.3	5086.6	414432.8
2006	9943.0	5360.0	466281.5
2007	10485.2	5697.3	503000.0
2008	12452.5	6046.1	574881.3
2009	8812.6	9974.5	955116.4
2010	9763.1	10502.4	1333221.0
2011	12308.3	10239.0	1348253.0
2012	15479.4	11783.2	1435164.0
2013	17475.8	12388.6	746475.5
2014	9714.5	8258.3	576114.3
2015	10302.6	9026.8	743909.8
2016	10898.1	7590.0	989506.6
2017	11952.2	7181.4	890659.0

注：从 2001 年开始，将邮电业务总量改为邮电业务收入。
Note:Since 2001 post and telecommunication service have changed into revenue of post and telelcommunication services

1-3 续表 5 continued5

年份 Year	外贸出口商品总额（亿美元） Exports ($100 million)	吸收外资 Foreign capital absorbed			接待海外旅游者人数（万人/次） Tourists overseas (10000 person-times)
		签订合同项目（个） Contracts (unit)	签订合同金额（亿美元） Amount of contractssigned ($100 million)	实际吸收外资金额（亿美元）Real amount of foreigncapital absorbed ($100 million)	
1998	3.70	146	2.10	2.90	3.4
1999	6.00	150	5.10	3.30	4.5
2000	7.60	161	5.10	3.60	5.5
2001	9.80	125	4.60	5.10	6.6
2002	12.70	119	4.00	6.30	7.6
2003	15.50	118	3.90	7.50	6.9
2004	8.30	132	13.20	9.00	8.3
2005	12.70	139	5.10	11.70	11.0
2006	10.90	149	7.20	14.10	15.1
2007	15.10	123	6.80	16.90	20.0
2008	16.40	67	5.12	20.30	21.7
2009	10.90	47	4.50	24.30	21.7
2010	20.00	80	7.90	26.70	25.0
2011	22.70	44	5.20	30.80	30.2
2012	29.00	42	8.50	36.80	35.7
2013	32.90	35	3.80	44.40	37.8
2014	24.70	41	4.30	50.00	39.5
2015	19.3	37	7.3	56.6	43.06
2016	19.20	28	10.90	65.00	45.2
2017	129.80	27	11.30	74.20	46.5

注：2017 年外贸出口商品总额为人民币口径。

1-3 续表 6 continued6

年份 Year	全市科技成果（项） Major achievements in science and technology (item)	高等学校在校人数（万人） Students in higher education (10000person)	小学在校学生数（万人） Students in primary Schools (10000person)	学龄儿童入学率（%） Enrollment rate of school-age children(%)
1998	561	8.2	72.8	99.95
1999	522	9.9	69.9	99.86
2000	458	12.9	65.2	99.70
2001	498	15.6	60.0	97.00
2002	615	19.6	55.3	98.97
2003	723	23.1	51.5	99.50
2004	637	26.1	50.5	99.90
2005	692	29.1	47.6	99.96
2006	694	30.8	46.1	99.94
2007	677	33.1	45.4	99.98
2008	985	35.0	44.5	99.99
2009	1225	35.9	43.1	99.99
2010	143	36.5	42.2	99.99
2011	252	37.7	40.4	99.98
2012	235	38.8	40.2	99.98
2013	209	40.2	39.5	99.98
2014	276	49.8	38.4	99.98
2015	237	42.6	39.6	99.98
2016	381	43.4	40.0	99.90
2017	115	43.8	39.5	99.90

注：2010 年的全市科技成果要通过鉴定、验收和认定为准。

Note: the major achievements in science and technology of 2010 are to be confirmed after appraisal, acceptance and determination.

1-3 续表 7 continued7

年份 Year	卫生机构数（个） Health agencies (unit)	医院 Hospitals	医院病床（万张） Beds in hospitals (10000 beds)	卫生技术人员（万人） Medical technical personel (10000person)	医生 Doctors
1998	608	298	2.2	3.7	1.6
1999	672	294	2.4	3.7	1.6
2000	648	285	2.3	3.5	1.6
2001	660	291	2.2	3.6	1.6
2002	1498	298	2.4	3.4	1.4
2003	1554	298	2.3	3.5	1.5
2004	1642	294	2.3	3.4	1.4
2005	1659	288	2.4	3.3	1.4
2006	1832	320	2.6	3.5	1.6
2007	1941	320	2.7	3.6	1.6
2008	1923	313	2.9	3.6	1.6
2009	1920	309	3.4	3.7	1.7
2010	3853	310	3.7	4.0	1.8
2011	4153	306	3.9	4.0	1.8
2012	4092	302	4.2	4.3	1.8
2013	4224	299	4.5	4.4	1.8
2014	4219	301	4.7	4.5	1.8
2015	4317	301	4.7	4.8	1.8
2016	4404	297	4.9	5.0	1.7
2017	4380	296	5.0	5.0	1.9

1-4 1998-2017 年长春市平均水平主要指标
PER CAPITA MAIN INDICATORS(1998-2017)

年份 Year	人均生产总值（元） Per capita Gross domestic product (yuan)	城镇常住居民人均可支配收入（元） Per capita Urban resident disposable income (yuan)	农村常住居民人均可支配收入（元） Per capita net income of rural resident (yuan)	每一农业人口占有耕地面积（亩） Per capita Cultivated land of rural population(ha)
1998	8312	4751	2520	4.5
1999	9923	5110	2560	4.1
2000	11550	5568	2568	4.0
2001	13220	6339	2785	4.1
2002	14959	6963	3147	4.1
2003	17147	7905	3411	4.1
2004	19630	8900	3906	4.0
2005	20654	10065	4180	4.0
2006	23618	11358	4480	4.2
2007	28133	12811	4780	4.3
2008	33384	15003	5292	4.2
2009	37753	16072	5662	4.3
2010	43936	17922	6665	4.2
2011	52649	20487	7965	4.4
2012	58290	22967	9064	4.4
2013	65776	26034	10060	4.4
2014	70891	27298.9	11285.6	4.5
2015	73324	29090	11749	4.6
2016	78526	31069.4	12576	4.7
2017	86931	33167.7	13431	4.7

1-4 续表 1　　continued1

年份 Year	每一工业职工创造产值（万元） Per capita output value of industrial workers (10000yuan)	每一工业职工实现利税（元） Per capita pre-tax profits of industrial workers (yuan)	每万人口拥有医疗床位数（张） Beds in hospital per 10000 population owned (bed)
1998	11.7	9809.0	35.0
1999	18.1	1835.9	34.7
2000	21.5	29350.0	32.8
2001	27.2	35584.0	34.0
2002	36.6	50975.6	31.0
2003	43.1	55457.1	32.0
2004	56.8	55249.2	32.0
2005	52.2	33939.4	32.8
2006	61.7	49596.5	32.5
2007	80.0	85353.9	36.2
2008	86.7	87189.3	40.0
2009	105.0	124423.5	44.0
2010	122.6	162558.6	48.8
2011	174.7	243566.1	51.2
2012	171.1	224244.3	55.9
2013	186.7	248576.4	58.7
2014	194.7	304257.4	62.8
2015	171.4	253762.4	62.4
2016	208.0	290807.2	64.6
2017	210.1	274442.0	66.6

1-5 长春市国民经济主要指标占全省比重
PROPORTION OF CHANGCHUN' S NATIONAL ECONOMIC INDICATORS TO JILIN PROVINCE

		全省 Total	长春 Changchun	长春占全省比重（%） Proportion (%)
土地面积（万平方公里）	Land area(10000sq·km)	18.7	2.1	11.2
年末总人口（万人）	Population at year-end(10000 person)	2717.4	748.9	27.6
地区生产总值（亿元）	Gross domestic products(100million yuan)	14944.5	6495	43.5
#第三产业（亿元）	Tertiary industry(100million yuan)	6850.7	3041.1	44.4
财政收入（亿元）	Government revenue(100 million yuan)	1210.8	450.1	37.2
工业增加值（亿元）	Gross industrial added value(100million yuan)	6057.3	2667.8	44.0
全社会固定资产投资总额（亿元）	Total investment in fixed assets(100million yuan)	13283.9	5246.6	39.5
社会消费品零售总额（亿元）	Total retail trade of consumer goods(100million yuan)	7855.8	2922.8	37.2
接待外国旅游人数（万人次）	Tourists overseas(10000person-time)	148.4	46.5	31.3

1-6 按当年价格计算的地区生产总值
GROSS DOMESTIC PRODUCT(AT CURRENT PRICE)

单位：万元　　unit:10000yuan

		绝对额 Absolute number		构成（%） properation	
		2016	2017	2016	2017
地区生产总值	Gross domestic product	59864200	64950212	100	100
第一产业	Primary industry	3235327	2883872	5.4	4.5
第二产业	Secondary industry	29573109	31654648	49.4	48.7
第三产业	Terinary industry	27055764	30411692	45.2	46.8

注：2017 年第一产业增加值已与“三农普”数据衔接，2016 年数据未做调整。

1-7 2016-2017 年长春市地区生产总值
GROSS DOMESTIC PRODUCT(2016-2017)

单位：万元　　　　unit:10000yuan

		2016		2017	
		绝对额 Absolute number	比上年增长% Indices (per=100)	绝对额 Absolute number	比上年增长% Indices (per=100)
地区生产总值	Gross domestic product	59864200	7.7	64950212	8.0
农、林、牧、渔业		3323546	3.7	2991014	3.5
工业	Industry	25015602	6.4	26677690	8.6
建筑业	Construction	4673830	8.1	5101009	1.6
批发和零售业	Wholesale, retailtrade	5893007	5.6	6356869	6.4
批发业	Wholesale	914520	2.6	989687	6.7
零售业	Retail trade	4978487	6.1	5367182	6.3
交通运输、仓储和邮政业	Transportation storage, post and telecommunication	2601401	2.3	2853247	7.1
住宿和餐饮业	Hotel and catering service	1176101	6.8	1250399	6.0
住宿业	Hotels	340954	5.5	350514	5.4
餐饮业	Catering services	835147	7.4	899885	6.3
信息传输、软件和信息技术服务业	Information computer and software	2114490	19.9	2950301	35.3
金融业	Finance	2605925	9.7	2749388	2.3
房地产业	Real estate	1423902	9.3	1653126	6.5
租赁和商务服务业	Lease and service	2683809	22.4	3332928	22.6
科学研究和技术服务业	Scientific research and polytechnic services	1213907	10.4	1406005	11.8
水利、环境和公共设施管理业	Water conservancy, environment and public services	180704	-15.4	155505	-15.3
居民服务、修理和其他服务业	Resident sevices	1407641	19.6	1702473	17.5
教育	Education	2242619	5.8	2299095	-3.1
卫生和社会工作	Health care, sports and social welfare	921181	5.2	971526	-3.4
文化、体育和娱乐业	Culture, sports and recreation services	860316	19.8	942906	6.4
公共管理、社会保障和社会组织	Public management and social organization	1526219	2.5	1556731	-2.4
第一产业	Primary industry	3235327	3.7	2883872	3.6
第二产业	Secondary industry	29573109	6.7	31654648	7.5
第三产业	Terinary industry	27055764	9.4	30411692	9.0

注：2017 年第一产业增加值已与“三农普”数据衔接，2016 年数据未做调整。

统计资料

STATISTICS

▶人口

POPULATION

2018

长春统计年鉴

CHANGCHUN STATISTICAL YEARBOOK

第二篇 人 口

2017 年，全市户籍人口总数为 748.9 万人，比上年减少 45073 人。城镇人口为 369.0 万人，乡村人口为 379.9 万人。总人口中，男性为 375.8 万人，女性为 373.1 万人，分别占人口总数的 50.18% 和 49.82%。户籍人口出生率、死亡率、自然增长率分别为 8.61‰、15.01‰和 -6.39‰。（2017 年死亡注销人口含公安部推送长春地区历年死亡未注销户口人员，致使 2017 年总人口减少较多，死亡率大幅上升，自然增长率下降为负增长。2017 年实际死亡注销人口与往年基本持平。）

2-1 1997-2017年全市户数与人口
POPULATION AND HOUSEHOLDS（1997-2017）

年份 Year	总户数（户）Households	总人口（人）Population (person)	按地区分 By region		按性别分 By sex		按农业、非农业分 By agriculture	
			市区 City	县（市）County	男 Male	女 Female	农业 Agriculture	非农业 Non-agriculture
1997	1797299	6837875	2788071	4049804	3479853	3358022	4115644	2722231
1998	1828540	6868673	2826890	4041783	3494777	3373896	4101391	2767282
1999	1887580	6912278	2866357	4045921	3516229	3396049	4100246	2812032
2000	1955634	6996354	2928250	4068104	3557370	3438984	4117996	2878358
2001	2005838	7057321	2980185	4077136	3586780	3470541	4120995	2936326
2002	2047139	7125055	3039375	4085680	3624060	3500995	4122300	3002755
2003	2071834	7182348	3100132	4082216	3650591	3531757	4051808	3130540
2004	2108261	7240845	3147366	4093479	3674807	3566038	4061950	3178895
2005	2189007	7314959	3372215	3942744	3706329	3608630	4104222	3210737
2006	2236543	7392561	3487724	3904837	3743788	3648773	4136041	3256520
2007	2317389	7459463	3581301	3878162	3770314	3689149	4169834	3289629
2008	2394247	7525303	3608314	3916989	3799417	3725886	4206770	3318533
2009	2437362	7565065	3623220	3941845	3815302	3749763	4229060	3336005
2010	2474784	7588921	3627536	3961385	3823596	3765325	4243699	3345222
2011	2556925	7617663	3648045	3969618	3835334	3782329	4167543	3450120
2012	2592938	7569037	3629752	3939285	3811781	3757256	4140626	3428411
2013	2661310	7526708	3638156	3888552	3788511	3738197	4176181	3350527
2014	2708655	7545472	3658620	3886852	3794374	3751098	4185658	3359814
2015	2738087	7538335	4361115	3177220	3790855	3747480		
2016	2767867	7534284	4377882	3156402	3787404	3746880		
2017	2790085	7489211	4383080	3106131	3757854	3731357		

2-2 2017年县（市）区户数与人口
POPULATION AND HOUSEHOLDS BY REGION IN 2017

		总户数（户）Households	总人口（人）Population (person)	按性别分 By sex		按城镇、乡村分 By town, county	
				男 Male	女 Female	城镇人口 Urban pulation	乡村人口 Rural opulation
总计	Total	2790085	7489211	3757854	3731357	3690335	3798876
市辖区合计	Total district	1717220	4383080	2170463	2212617	3122039	1261041
南关区	Nanguan	285747	724736	352148	372588	666440	58296
宽城区	Kuancheng	261417	645461	319915	325546	426251	219210
朝阳区	Chaoyang	278585	735548	357613	377935	690779	44769
二道区	Erdao	231308	577568	285100	292468	428040	149528
绿园区	Lvyuan	263275	657664	325532	332132	618697	38967
双阳区	Shuangyang	143936	368245	186373	181872	98604	269641
九台区	Jiutai	252952	673858	343782	330076	193228	480630
县（市）合计	Total county	1072865	3106131	1587391	1518740	568296	2537835
农安县	Nong′ an	362462	1061611	543940	517671	195068	866543
榆树市	Yushu	439006	1235797	632745	603052	223304	1012493
德惠市	Dehui	271397	808723	410706	398017	149924	658799

2-3 1997-2017 年全市人口增减变动

BASIC STATISTICS ON POPULATION CHANGING（1997-2017）

单位：人　　　　unit:person

年份 Year	年平均人口 Average population per year	增加 Increase		减少 Decrease	
		出生 Birth	迁入 Immigrant	死亡 Death	迁出 Emigration
1997	6802828	70108	110922	33726	82135
1998	6853272	51611	99196	34105	85125
1999	6890472	51275	123089	37263	104941
2000	6954316	72167	118519	38603	87096
2001	7026838	51263	119192	32918	85365
2002	7091188	51915	131735	32551	86590
2003	7153702	47149	138354	31981	94280
2004	7211597	64439	125259	34353	96285
2005	7277902	70680	143362	53076	121278
2006	7353760	71912	129371	32829	100289
2007	7426012	79787	121634	32566	105044
2008	7525303	78697	89565	22929	78840
2009	7545184	77521	83531	37155	82833
2010	7576993	79004	74714	50097	79334
2011	7603292	71132	81991	39044	85109
2012	7593350	77423	68445	93736	100629
2013	7547872	69230	55698	30727	60704
2014	7536090	78175	52523	41696	60043
2015	7541906	55205	48564	38977	50953
2016	7536310	62117	40975	29294	45282
2017	7511748	64711	52648	112715	48097

2-4 2017 年县（市）区人口增减变动

BASIC STATISTICS ON POPULATION CHANGING BY REGION IN 2017

单位：人　　　　unit:person

	年平均人口 Average population per year	增加 Increase		减少 Decrease	
		出生 Birth	迁入 Tmmigrant	死亡 Death	迁出 Emigration
全市总计　Total	7511748	64711	52648	112715	48097
市辖区合计　Total district	4380481	44897	47489	54595	31859
南关区　Nanguan	717550	9207	12650	6345	7003
宽城区　Kuancheng	645688	6420	7052	8239	3091
朝阳区　Chaoyang	729875	8639	11245	5840	8338
二道区　Erdao	577012	6509	6670	7203	4218
绿园区　Lvyuan	659108	7249	7757	6228	4027
双阳区　Shuangyang	371912	2495	845	8067	1306
九台区　Jiutai	679336	4378	1270	12673	3876
县（市）合计　Total county	3131267	19814	5159	58120	16238
农安县　Nong′an	1070750	7117	1748	21474	5519
榆树市　Yushu	1245239	7370	1924	20831	6780
德惠市　Dehui	815278	5327	1487	15815	3939

注：2017 年死亡注销人口 112715 人，含公安部推送长春地区历年死亡未注销户口人员 78444 人，2017 年实际死亡注销人口 34271 人，与往年基本持平。

2-5 2017年城镇人口增减人数

BASIC STATISTICS ON NON-AGRICULTURAL POPULATION CHANGING IN 2017

单位：人　　　　unit:person

		全市 Total	市区 District	县（市） County (city)
一、年末城镇人口数	Total at year-end	3690335	3122039	568296
二、本年增加的城镇人口	Increase of population this year	82402	76057	6345
1. 出生	Birth	38695	35274	3421
2. 城镇人口迁入	Settle in	30854	29405	1449
3. 农业转移人口落户城镇	From agricultural population to non-agricultural	10543	9431	1112
①大中专院校招生	Recruit students	208	208	
②录〈聘〉用	Recruit workers	164	73	91
③务工经商	Requisition land	1	1	
④投资（创业）	Investment(Corporation)	5	4	1
⑤购（租）房	Run to Relative	6674	6328	346
⑥投靠亲属	Investment in housing purchase	2936	2510	426
⑦移民搬迁	Migration			
⑧城中村改造	Transformation of urban village			
⑨城乡属性调整	Adjustment of urban and rural property			
⑩其他	Others	555	307	248
4. 退出现役	Demobilized soldier	1858	1651	207
5. 自港、澳、台和国外迁入	Settle in from Hongkong Macao Taiwan and foreign	18	18	
6. 其他	Others	434	278	156
三、本年减少的城镇人口	Decrease of population	69280	56904	12376
1. 死亡	Death	37987	29507	8480
2. 城镇人口迁出	Emigration	28883	25569	3314
3. 迁往港、澳、台和国外	To Hongkong Macao Taiwan and foreign	240	232	8
4. 服现役	Join the army	601	511	90
5. 其他	Others	1569	1085	484

2-6 1997-2017 年全市人口出生率、死亡率、自然增长率
BIRTH RATE,DEATH RATE AND NATURAL GROWTH RATE(1997-2017)

年份 Year	出生率（‰） Birth rate	死亡率（‰） Death rate	自然增长率（‰） Natural growth rate
1997	10.30	4.95	5.34
1998	7.53	4.97	2.55
1999	7.44	5.40	2.03
2000	10.38	5.55	4.83
2001	7.30	4.68	2.61
2002	7.32	4.59	2.73
2003	6.59	4.47	2.12
2004	8.94	4.76	4.17
2005	9.71	7.29	2.42
2006	9.77	4.46	5.31
2007	10.74	4.39	6.36
2008	10.50	3.06	7.44
2009	10.30	4.92	5.35
2010	10.43	6.61	3.82
2011	9.36	5.14	4.22
2012	10.20	12.34	-2.14
2013	9.17	4.07	5.10
2014	10.36	5.53	4.83
2015	7.32	5.17	2.15
2016	8.24	3.89	4.35
2017	8.61	15.01	-6.39

2-7 2017 年县（市）区人口出生率、死亡率、自然增长率
BIRTH RATE, DEATH RATE AND NATURAL GROWTH RATE BY REGION IN 2017

		出生率（‰） Birth rate	死亡率（‰） Death rate	自然增长率（‰） Natural growth rate
总计	Total	8.61	15.01	-6.39
市辖区合计	Total districts	10.25	12.46	-2.21
南关区	Nanguan	12.83	8.84	3.99
宽城区	Kuancheng	9.94	12.76	-2.82
朝阳区	Chaoyang	11.84	8.00	3.84
二道区	Erdao	11.28	12.48	-1.20
绿园区	Lvyuan	11.00	9.45	1.55
双阳区	Shuangyang	6.71	21.69	-14.98
九台区	Jiutai	6.44	18.65	-12.21
县（市）合计	Total counties cities	6.33	18.56	-12.23
农安县	Nong' an	6.65	20.06	-13.41
榆树市	Yushu	5.92	16.73	-10.81
德惠市	Dehui	6.53	19.40	-12.87

统计资料

▶单位从业人员与工资

EMPLOYMENT AND WAGE

STATISTICS

第三篇　单位从业人员与工资

2017 年，全市城镇非私营单位从业人员为 125.43 万人，比上年末减少 0.45 万人，负增长 0.36%。从经济类型划分上看，国有和集体经济单位所占比重略有下降，其他经济类型单位所占比重略有上升。2017 年末，我市城镇非私营国有单位从业人员人数为 52.58 万人，占 41.92%；集体经济单位从业人数 1.66 万人，占 1.32%；其他经济单位从业人数 71.19 万人，占 56.76%。

2017 年，全市城镇非私营单位从业人员工资总额为 917.22 亿元，比上年同期增长 7.08%，其中，国有经济单位 463.90 亿元，增长 5.36%；集体经济单位 6.99 亿元，同比增长 2.79%；其他经济单位 446.33 亿元，同比增长 8.99%。

2017 年全市城镇非私营单位就业人员平均工资 72136 元，增加 5188 元，比上年增长 7.75%;在岗职工平均工资 73469 元，比上年增长 7.36%。

3-1 1997-2017 年全市城镇非私营单位在岗职工工资总额
TOTAL WAGES OF STAFF AND WORKERS IN NON-PRIVATE UNITS（1997-2017）

单位：千元　　unit:1000yuan

年份 Year	国有 State-owned		集体 Collective owned		其他 Others	
	全市 Total	市区 District	全市 Total	市区 District	全市 Total	市区 District
1997	7123101	6032678	1294877	1121163	658380	572053
1998	6574523	5616192	1040812	929690	932068	838951
1999	6871783	5828124	912084	824582	1348814	1246909
2000	7375814	6281248	960764	883329	1606900	1500715
2001	7529152	6478360	853190	792029	2074950	1920863
2002	8778127	7497443	883896	811997	2700222	2558936
2003	9191194	7846909	797041	722583	3033574	2882323
2004	10061498	8630697	773975	693387	3704129	3539419
2005	10136616	8818260	624595	540620	4273860	4039930
2006	10907523	9476019	623169	549543	5236869	4937691
2007	13691045	11857798	629786	557273	6677494	6352869
2008	15018507	12463127	645458	550119	8034251	7486086
2009	15713196	13553638	745397	607174	10577684	10128067
2010	18110165	15780837	784564	630033	13518177	12892878
2011	20578244	17725860	692474	555296	16679583	15997321
2012	22905754	19417457	718829	526708	17619377	16752500
2013	30758894	26931567	596468	351133	26828912	25114186
2014	32808661	28780114	590960	349587	30543409	29125465
2015	39152880	35429927	642440	473031	37387771	36213610
2016	43025238	38892489	622358	463381	39368710	38133386
2017	45109021	40773809	640446	476876	43085865	41463682

3-2 1997-2017 全市城镇非私营单位在岗职工平均工资
AVERGE WAGE OF STAFF AND WORKERS IN NON-PRIVATE UNITS（1997-2017）

单位：元　　unit:yuan

年份 Year	国有 State-owned		集体 Lollective-owned		其他 Others	
	全市 Total	市区 District	全市 Total	市区 District	全市 Total	市区 District
1997	7472	8151	5076	5313	8382	8358
1998	7205	8119	4452	4883	7436	7646
1999	7866	8835	4345	4893	9009	9240
2000	8526	9807	4814	5576	10220	10438
2001	11569	13270	7005	7307	12177	12888
2002	11100	13341	5215	6345	13066	13682
2003	11802	14275	5227	6472	13786	14456
2004	13659	16866	5576	6833	14910	15800
2005	18901	21570	9563	9577	17389	18314
2006	21837	25072	10925	10923	18455	19436
2007	27112	31231	11862	11990	21599	22737
2008	30535	34928	13143	13335	23854	24902
2009	33688	38584	15579	14603	28204	29357
2010	38428	44146	19129	18113	34143	35508
2011	43419	49180	23852	23830	40646	41815
2012	49732	55727	29417	28126	44353	45385
2013	60522	67299	33300	28913	45844	46859
2014	66053	73594	35866	31427	50179	51516
2015	73034	78193	37675	34642	54868	55973
2016	82014	86976	40510	36720	58487	58319
2017	88732	95118	44205	41590	62781	64256

3-3 全市城镇非私营单位从业人员数

单位：人

		总计 Total	
		全市 Total	市区 District
总计	Total	1254258	1122439
中央单位	Centre unit	201459	195749
省属单位	Provincial unit	97099	94696
市属单位	Unit belong to city	84106	83020
县及县以下单位	Unit below county	140978	67112
（一）农、林、牧、渔业	Farming, forestry, animal husbandry and fishery	11695	4537
1. 农业	Farming	2692	971
2. 林业	Forestry	1106	439
3. 畜牧业	Animal husbandry	748	420
4. 渔业	Fishery	42	42
5. 农、林、牧、渔服务业	Farming, forestry, animal husbandry and fishery services	7107	2665
（二）采矿业	Mining industry	9402	9402
1. 煤炭开采和洗选业	Coal mining and dressing	7278	7278
2. 石油和天然气开采业	Extraction of petroleum and natural gas		
3. 黑色金属矿采选业	Minging and dressing of ferrous metals		
4. 有色金属矿采选业	Mining and dressing of nonferrous metals		
5. 非金属矿采选业	Mining and dressing of nonmetal mineral products		
6. 开采辅助活动	Mining auxiliary activities	2124	2124
7. 其他矿采选业	Others		
（三）制造业	Manufacturing	363127	336947
1. 农副食品加工业	Food processing	24479	15095
2. 食品制造业	Food manufacturing	9170	4893
3. 饮料制造业	Beverage manufacturing	5643	2253
4. 烟草制品业	Tobacco processing	1332	1332
5. 纺织业	Textile industry	1104	1104
6. 纺织服装、鞋、帽制造业	Garments, shoes and hats	3099	2964
7. 皮革、毛皮、羽毛（绒）及其制品业	Leather, furs, down and related products	69	69
8. 木材加工及木、竹、藤、棕草制品业	Timber, bamboo, cane, palm and straw products	4190	4100
9. 家具制造业	Furniture	615	572
10. 造纸及纸制品业	Paper making and paper products	284	226
11. 印刷业和记录媒介的复制	Printing and record medium reproduction	2660	2309
12. 文教、工美、体育和娱乐用品制造业	Culture and education、Industrial art、Sports and entertainment products manufacturing	434	304
13. 石油加工、炼焦及核燃料加工业	Petroleum processing coking and nuclear processing	1440	170
14. 化学原料及化学制品制造业	Raw chemical material and chemical products	6953	5299
15. 医药制造业	Medical and pharmacutical products	15525	14546
16. 化学纤维制造业	Chemical fiber manufacturing	163	163
17. 橡胶和塑料制品业	Rubber and Plastic products	4248	3867
18. 非金属矿物制品业	Nonmetal mineral products	5605	4647
19. 黑色金属冶炼及压延加工业	Smelting and pressing of ferrous metals	1256	1256
20. 有色金属冶炼及压延加工业	Smelting and pressing of non-ferrous metals	350	315
21. 金属制品业	Metal products	3573	2894
22. 通用设备制造业	Ordinary machinery	5434	5300
23. 专用设备制造业	Special purpose equipment	5476	5321
24. 汽车制造业	Automobile industry	223434	222318

NUMBER OF EMPLOYED PERSONS IN NON-PRIVATE UNITS

unit:person

国有 State-owned		集体 Collective-owned		其他 Others	
全市 Total	市区 District	全市 Total	市区 District	全市 Total	市区 District
525812	442387	16598	13574	711848	666478
201459	195749				
97099	94696				
84106	83020				
140978	67112				
10385	3303	112	36	1198	1198
1849	148	20		823	823
1070	403	36	36		
507	179			241	241
				42	42
6959	2573	56		92	92
40	40			9362	9362
40	40			7238	7238
				2124	2124
128260	127750	1671	1617	233196	207580
77	77			24402	15018
357	357	20	20	8793	4516
				5643	2253
				1332	1332
				1104	1104
91	91	93	93	2915	2780
34	34			35	35
		161	120	4029	3980
		9	9	606	563
				284	226
186	186	412	399	2062	1724
		21	21	413	283
				1440	170
25	25	6	6	6922	5268
548	524			14977	14022
				163	163
62	62	3	3	4183	3802
106	106			5499	4541
		55	55	1201	1201
				350	315
		59	59	3514	2835
654	654	134	134	4646	4512
720	720	18	18	4738	4583
125209	124723	475	475	97750	97120

3-3 续表 1 continued1

		总计 Total	
		全市 Total	市区 District
25. 铁路、船舶、航空航天和其他运输设备制造业	Railway、Ship、aerospace and other Transportation Equipment Manufacturing	21104	20562
26. 电气机械及器材制造业	Electric equipment and machinery	3838	3724
27. 计算机、通信及其他电子设备制业	Computer and Telecommunication equipment adn other electronic equipment	5170	5040
28. 仪器仪表制造业	Instruments, meters	5872	5782
29. 其他制造业	Others	162	77
30. 废弃资源综合利用业	Comperehensive untilization of waste resources	421	421
31. 金属制品、机械和设备修理业	Metal products、machinery、Equipment repair industry	24	24
(四)电力、燃气及水的生产和供应业	Electric power, gas and water production and supply	58539	53834
1. 电力、热力的生产和供应业	Eleatrlc Power, and Head Power Production and Supply	50552	46952
2. 燃气生产和供应业	Production and supply of gas	1992	1992
3. 水的生产和供应业	Production and supply of water	5995	4890
(五)建筑业	Construction	135954	131086
1. 房屋和土木工程建筑业	Building and civil construction	63886	61813
2. 建筑安装业	Installment	38322	35771
3. 建筑装饰业	Decoration	20119	20079
4. 其他建筑业	Others	13627	13423
(六)批发和零售业	Wholesale and retail trade	63672	57458
1. 批发业	Wholesale	18741	17493
2. 零售业	Retail trade	44931	39965
(七)交通运输、仓储及邮政业	Transportation, storage, post and telecommunication	50864	46168
1. 铁路运输业	Railway transportation	188	188
2. 道路运输业	Highway transportation	25403	23148
3. 水上运输业	Waterway	18	18
4. 航空运输业	Air transportation	5811	5811
5. 管道运输业	Pipeline transportation	981	981
6. 装卸搬运和其他运输服务业	Handling and other transportation services	422	422
7. 仓储业	Storage	7215	5454
8. 邮政业	Post services	10826	10146
(八)住宿和餐饮业	Hotel and catering services	16563	16228
1. 住宿业	Hotels	9600	9484
2. 餐饮业	Catering services	6963	6744
(九)信息传输、软件和信息技术服务业	Information transmission、software、information technology services	35676	34321
1. 电信、广播电视和卫星传输服务	Telecommunication、radio and television and satellite ansmission rvices	24304	22949
2. 互联网相关服务	Internet and related service	826	826
3. 软件和信息技术服务业	Software and information technology services	10546	10546
(十)金融业	Finance	49578	45018
1. 货币金融服务业	Monetary and financial services	32502	28375
2. 资本市场服务业	Capital market services	3645	3600
3. 保险业	Insurance	12705	12317
4. 其他金融活动	Other finance services	726	726
(十一)房地产业	Real estate	43446	41826
其中:1. 房地产开发经营	Real estate developing and management	18476	17390
2. 房地产管理	Real estate management	21510	21453
3. 房地产中介服务	Medium services	1431	1384
(十二)租赁和商务服务业	Leasing and services	40200	39126

单位：人 unit:person

国有 State-owned		集体 Collective-owned		其他 Others	
全市 Total	市区 District	全市 Total	市区 District	全市 Total	市区 District
		73	73	21031	20489
170	170	92	92	3576	3462
21	21			5149	5019
		36	36	5836	5746
				162	77
		4	4	417	417
				24	24
8722	6228			49817	47606
4068	2679			46484	44273
12	12			1980	1980
4642	3537			1353	1353
12639	12343	1436	1436	121879	117307
8909	8909	30	30	54947	52874
3312	3016	536	536	34474	32219
265	265	825	825	19029	18989
153	153	45	45	13429	13225
3246	2261	437	246	59989	54951
2825	1920	287	134	15629	15439
421	341	150	112	44360	39512
14046	11400	122	122	36696	34646
				188	188
2382	1933	122	122	22899	21093
				18	18
5079	5079			732	732
				981	981
				422	422
2969	1452			4246	4002
3616	2936			7210	7210
4361	4302	211	211	11991	11715
3428	3369	78	78	6094	6037
933	933	133	133	5897	5678
5198	4229	2	2	30476	30090
4907	3938			19397	19011
125	125			701	701
166	166	2	2	10378	10378
15679	13586	2257	820	31642	30612
12076	10300	2257	820	18169	17255
1649	1649			1996	1951
1754	1437			10951	10880
200	200			526	526
2880	2248	306	306	40260	39272
332	172	10	10	18134	17208
875	875	164	164	20471	20414
47				1384	1384
10175	9785	692	692	29333	28649

3-3 续表 2 continued2

		总计 Total	
		全市 Total	市区 District
1. 租赁业	Leaseing	995	964
2. 商务服务业	Services	39205	38162
(十三)科学研究、技术服务业	Scientific research technical services	45334	42878
1. 研究与试验发展	Scientific research	11585	11585
2. 专业技术服务业	Technical services	30270	28812
3. 科技交流和应用服务业	Science and technology popularization and Application Services	3479	2481
(十四)水利、环境和公共设施管理业	Water conservancy, environment and public services	28912	24309
1. 水利管理业	Water conservancy	4764	3393
2. 生态保护和环境管理业	Ecological protection and Environment governance industry	386	383
3. 公共设施管理业	Public management	23762	20533
(十五)居民服务、修理和其他服务业	Resident services、repair and other services	13110	12854
1. 居民服务业	Resident services	3834	3691
2. 机动车、电子产品和日常产品修理业	Motor vehicle、Electronics and daily consumer products repairing	1261	1250
3. 其他服务业	Other social services	8015	7913
(十六)教育	Education	126586	93672
其中：1. 初等教育	Primary education	33190	16321
2. 中等教育	Secondary education	43211	28261
3. 高等教育	Higher education	41987	41987
(十七)卫生和社会工作	Health and social work	63832	53939
1. 卫生	Health care	62527	52721
2. 社会工作	Social work	1305	1218
(十八)文化、体育和娱乐业	Culture, sports and recreation services	16370	15001
1. 新闻出版业	News publishing	4681	4681
2. 广播、电影、电视和影视录音制作业	Broadcast、TV、movies and video recording industry	5227	4483
3. 文化艺术业	Culture and art	4331	3752
4. 体育	Sports	1313	1267
5. 娱乐业	Recreation services	818	818
(十九)公共管理、社会保障和社会组织	Public management、social security、social organization	81398	63835
其中:1. 中国共产党机关	Chinese communist party	2293	1911
2. 国家机构	State organs	75860	59284
3. 人民政协和民主党派	Political consultation and democratic party	612	564
4. 社会保障	Social security	1216	859
5. 群众团体、社会团体和其他成员组织	The community、social organization and other members	1417	1217

单位：人 unit:person

国有 State-owned		集体 Collective-owned		其他 Others	
全市 Total	市区 District	全市 Total	市区 District	全市 Total	市区 District
70	70			925	894
10105	9715	692	692	28408	27755
23382	21682	183	183	21769	21013
10131	10131	4	4	1450	1450
12118	10676	110	110	18042	18026
1133	875	69	69	2277	1537
19994	16546	5708	5357	3210	2406
4578	3327	120		66	66
176	176			210	207
15240	13043	5588	5357	2934	2133
1406	1263	730	730	10974	10861
651	508	362	362	2821	2821
259	259	26	26	976	965
496	496	342	342	7177	7075
117233	84367	1	1	9352	9304
32724	15855			466	466
40606	25656	1	1	2604	2604
38662	38662			3325	3325
54986	46601	2490	1648	6356	5690
53846	45548	2490	1648	6191	5525
1140	1053			165	165
12037	10816	63	47	4270	4138
2514	2514	11	11	2156	2156
3983	3363	20	20	1224	1100
4089	3534	16		226	218
1168	1122			145	145
283	283	16	16	519	519
81143	63637	177	120	78	78
2293	1911				
75683	59164	177	120		
612	564				
1216	859				
1339	1139			78	78

3-4 全市城镇非私营单位从业人员工资总额

单位：千元

		总计 Total	
		全市 Total	市区 District
总计	Total	91722262	85433393
中央单位	Centre unit		
省属单位	Provincial unit		
市属单位	Unit belong to city		
县及县以下单位	Unit below county		
(一)农、林、牧、渔业	Farming, forestry, animal husbandry and fishery	574918	252602
1. 农业	Farming	83493	41481
2. 林业	Forestry	54270	23081
3. 畜牧业	Animal husbandry	45046	29523
4. 渔业	Fishery	2955	2955
5. 农、林、牧、渔服务业	Farming, forestry, animal husbandry and fishery services	389154	155562
(二)采矿业	Mining industry	559730	559730
1. 煤炭开采和洗选业	Coal mining and dressing	362696	362696
2. 石油和天然气开采业	Extraction of petroleum and natural gas		
3. 黑色金属矿采选业	Minging and dressing of ferrous metals		
4. 有色金属矿采选业	Mining and dressing of nonferrous metals		
5. 非金属矿采选业	Mining and dressing of nonmetal mineral products		
6. 开采辅助活动	Minging auxiliary activities	197034	197034
7. 其他矿采选业	Others		
(三)制造业	Manufacturing	30502161	29550480
1. 农副食品加工业	Food processing	1050574	713681
2. 食品制造业	Food manufacturing	343923	201987
3. 酒、饮料和精致茶制造业	Wine、drinks and Refined tea Industry	282755	133593
4. 烟草制品业	Tobacco processing	170512	170512
5. 纺织业	Textile industry	42285	42285
6. 纺织服装、服饰业	Textile and garment、Clothing industry	112125	108695
7. 皮革、毛皮、羽毛(绒)及其制品和制鞋业	Leather、furs、feather and their products	2206	2206
8. 木材加工及木、竹、藤、棕草制品业	Timber, bamboo, cane, palm and straw products	229910	226869
9. 家具制造业	Furniture	26510	24200
10. 造纸及纸制品业	Paper making and paper products	9707	8307
11. 印刷业和记录媒介的复制	Printing and record medium reproduction	112764	103543
12. 文教、工美、体育和娱乐用品制造业	Culture and education、Industrial art、Sports and entertainment products ufacturing	16968	13616
13. 石油加工、炼焦及核燃料加工业	Petroleum processing coking and nuclear processing	50934	9497
14. 化学原料及化学制品制造业	Raw chemical material and chemical products	365729	299462
15. 医药制造业	Medical and pharmacutical products	853489	815029
16. 化学纤维制造业	Chemical fiber manufacturing	6657	6657
17. 橡胶和塑料制品业	Rubber adn Plastic products	280896	269263
18. 非金属矿物制品业	Nonmetal mineral products	241671	209114
19. 黑色金属冶炼及压延加工业	Smelting and pressing of ferrous metals	75624	75624
20. 有色金属冶炼及压延加工业	Smelting and pressing of non-ferrous metals	17904	17064
21. 金属制品业	Metal products	171914	146348
22. 通用设备制造业	Ordinary machinery	402498	398038
23. 专用设备制造业	Special purpose equipment	297637	293547
24. 汽车制造业	Automobile industry	22197310	22153684

TOTAL WAGES OF EMPLOYED PERSONS IN NON-PRIVATE UNITS

unit:1000yuan

国有 State-owned		集体 Collective-owned		其他 Others	
全市 Total	市区 District	全市 Total	市区 District	全市 Total	市区 District
46389768	41969009	699073	535381	44633421	42929003
24540650	24161179				
7780748	7635837				
6107878	6047992				
7834128	4010841				
509910	190886	5376	2084	59632	59632
47931	6749	830		34732	34732
52186	20997	2084	2084		
33551	18028			11495	11495
				2955	2955
376242	145112	2462		10450	10450
1282	1282			558448	558448
1282	1282			361414	361414
				197034	197034
15352298	15330910	69356	67282	15080507	14152288
3030	3030			1047544	710651
8499	8499	1195	1195	334229	192293
				282755	133593
				170512	170512
				42285	42285
2749	2749	2453	2453	106923	103493
1438	1438			768	768
		7078	5406	222832	221463
		92	92	26418	24108
				9707	8307
10540	10540	19710	19308	82514	73695
		1511	1511	15457	12105
				50934	9497
879	879	96	96	364754	298487
23013	21974			830476	793055
				6657	6657
4729	4729	53	53	276114	264481
812	812			240859	208302
		1896	1896	73728	73728
				17904	17064
		1941	1941	169973	144407
44328	44328	6358	6358	351812	347352
28535	28535	285	285	268817	264727
15215232	15194883	16710	16710	6965368	6942091

3-4 续表 1 continued1

		总计 Total	
		全市 Total	市区 District
25. 铁路、船舶、航空航天和其他运输设备制造业	Railway、Ship、aerospace and other Transportation Equipment Manufacturing	2132210	2114274
26. 电气机械及器材制造业	Electric equipment and machinery	205545	200936
27. 通信设备计算机及其他电子设备制业	Computer and telecommunication equipment and other ectronic equipment	401497	396817
28. 仪器仪表制造业	Instruments, meters	360608	357333
29. 其他制造业	Others	5002	3502
30. 废弃资源综合利用业	Comperhensive utilization of waste resoruces	34258	34258
31. 金属制品、机械和设备修理业	Mteal products、machinery、Equipment repair industry	539	539
（四）电力、燃气及水的生产和供应业	Electric power, gas and water production and supply	5219762	4947331
1. 电力、热力生产和供应业	Eleatrlc Power, and Head Power Production and Supply	4724887	4484615
2. 燃气生产和供应业	Production and supply of gas	127306	127306
3. 水的生产和供应业	Production and supply of water	367569	335410
（五）建筑业	Construction	7641511	7494132
1. 房屋建筑业	Building construction	4086551	4004478
2. 土木工程建筑业	Civil construction	1796735	1742838
3. 建筑安装业	Installment	1155175	1150636
4. 建筑装饰业其他建筑业	Decoration and Others	603050	596180
（六）批发和零售业	Wholesale and retail trade	3068574	2849069
1. 批发业	Wholesale	1169572	1113746
2. 零售业	Retail trade	1899002	1735323
（七）交通运输、仓储及邮政业	Transportation, storage, post and telecommunication	3003249	2799578
1. 铁路运输业	Railway transportation	18824	18824
2. 道路运输业	Highway transportation	1295373	1218202
3. 水上运输业	Waterway	1760	1760
4. 航空运输业	Air transportation	728667	728667
5. 管道运输业	Pipeline transportation	88802	88802
6. 装卸搬运和其他运输代理业	Handling and other transportation services	19528	19528
7. 仓储业	Storage	321488	242284
8. 邮政业	Post services	528807	481511
（八）住宿和餐饮业	Hotel and catering services	668999	659561
1. 住宿业	Hotels	401353	397718
2. 餐饮业	Catering services	267646	261843
（九）信息传输、软件和信息技术服务业	Information、softwaer、information technology services	2761902	2686633
1. 电信、广播电视和卫星传输服务	Telecommunication、radio and television and satellite transmission ervices	2037047	1961778
2. 互联网和相关服务	Internet and telated service	49923	49923
3. 软件和信息技术服务业	Software and information technology services	674932	674932
（十）金融业	Finance	5418413	5089566
1. 货币金融服务业	Monetary and financial services	4364656	4053324
2. 资本市场服务业	Capital market services	293957	292170
3. 保险业	Insurance	709023	693295
4. 其他金融活动	Other finance services	50777	50777
（十一）房地产业	Real estate	2105606	2043474
其中：1. 房地产开发与经营业	Real estate developing and management	1145610	1106896
2. 房地产管理	Real estate management	780266	779056
3. 房地产中介服务	Medium services	56923	55328
（十二）租赁和商务服务业	Leasing and services	2275631	2234464

单位：千元 unit:1000yuan

国有 State-owned		集体 Collective-owned		其他 Others	
全市 Total	市区 District	全市 Total	市区 District	全市 Total	市区 District
		4127	4127	2128083	2110147
7440	7440	2117	2117	195988	191379
1074	1074			400423	395743
		3330	3330	357278	354003
				5002	3502
		404	404	33854	33854
				539	539
591053	449707			4628709	4497624
312501	203314			4412386	4281301
1710	1710			125596	125596
276842	244683			90727	90727
632162	627258	55109	55109	6954240	6811765
364804	364804	6099	6099	3715648	3633575
237110	232206	14446	14446	1545179	1496186
22736	22736	33208	33208	1099231	1094692
7512	7512	1356	1356	594182	587312
290818	237515	11974	7938	2765782	2603616
262932	216828	8282	4922	898358	891996
27886	20687	3692	3016	1867424	1711620
1174862	1037325	3574	3574	1824813	1758679
				18824	18824
116783	96693	3574	3574	1175016	1117935
				1760	1760
670868	670868			57799	57799
				88802	88802
				19528	19528
156413	86262			165075	156022
230798	183502			298009	298009
192639	191060	6973	6973	469387	461528
146728	145149	2943	2943	251682	249626
45911	45911	4030	4030	217705	211902
443320	401979	98	98	2318484	2284556
423743	382402			1613304	1579376
8497	8497			41426	41426
11080	11080	98	98	663754	663754
1698050	1527916	149182	56622	3571181	3505028
1504019	1346262	149182	56622	2711455	2650440
72005	72005			221952	220165
101349	88972			607674	604323
20677	20677			30100	30100
194182	166856	8482	8482	1902942	1868136
22189	16866	375	375	1123046	1089655
60938	60938	5159	5159	714169	712959
1595				55328	55328
677093	662534	37038	37038	1561500	1534892

3-4 续表 2 continued2

		总计 Total	
		全市 Total	市区 District
1. 租赁业	Leaseing	41294	40080
2. 商务服务业	Services	2234337	2194384
(十三)科学研究、技术服务	Scientific research technical services	3329765	3215417
1. 研究与试验发展	Scientific research	1005080	1005080
2. 专业技术服务业	Technical services	2147527	2069944
3. 科技推广和应用服务业	Science and technology popularization and application services	177158	140393
(十四)水利、环境和公共设施管理业	Water conservancy, environment and public services	1128586	965300
1. 水利管理业	Water conservancy	252790	204598
2. 环境管理业	Environment	19098	18849
3. 公共设施管理业	Public management	856698	741853
(十五)居民服务和其他服务业	Resident services and other services	457941	449105
1. 居民服务业	Resident services	166016	159468
2. 机动车、电子产品和日用产品修理业	Motor vehicle、Electronics and daily consumer products repairing	49283	48899
3. 其他服务业	Other social services	242642	240738
(十六)教育	Education	9574816	7682139
其中:1. 初等教育	Primary education	2020427	1047775
2. 中等教育	Secondary education	2781461	1923902
3. 高等教育	Higher education	4283066	4283066
(十七)卫生和社会工作	Health and social work	5713314	5257542
1. 卫生	Health care	5643031	5191667
2. 社会工作	Social work	70283	65875
(十八)文化、体育和娱乐业	Culture, sports and recreation services	1019301	951770
1. 新闻出版业	News publishing	276242	276242
2. 广播、电视、电影和影视录音制作业	Broadcast、TV、movies and video recording industry	355258	318885
3. 文化艺术业	Culture and art	258951	230027
4. 体育	Sports	83415	81181
5. 娱乐业	Recreation services	45435	45435
(十九)公共管理、社会保障和社会组织	Public administration、social security、social organizations	6698083	5745500
其中:1. 中国共产党机关	Chinese communist party	220519	199071
2. 国家机构	State organs	6208872	5306920
3. 人民政协和民主党派	Political consultation and democratic party	66421	62555
4. 社会保障	Social security	91746	76901
5. 群众团体、社会团体和宗教组织	Multitude organizations social organizations and religious zations	110525	100053

单位：千元 unit:1000yuan

国有 State-owned		集体 Collective-owned		其他 Others	
全市 Total	市区 District	全市 Total	市区 District	全市 Total	市区 District
3333	3333			37961	36747
673760	659201	37038	37038	1523539	1498145
1868105	1777077	12443	12443	1449217	1425897
891774	891774	294	294	113012	113012
897800	820907	7806	7806	1241921	1241231
78531	64396	4343	4343	94284	71654
807689	696741	172910	160082	147987	108477
246634	201613	3171		2985	2985
11456	11456			7642	7393
549599	483672	169739	160082	137360	98099
85013	78465	32635	32635	340293	338005
46825	40277	17943	17943	101248	101248
8666	8666	954	954	39663	39279
29522	29522	13738	13738	199382	197478
9101917	7210683	77	77	472822	471379
1991917	1019265			28510	28510
2650766	1793207	77	77	130618	130618
4115694	4115694			167372	167372
5294941	4914767	115182	69986	303191	272789
5231017	4855251	115182	69986	296832	266430
63924	59516			6359	6359
795701	736576	2435	2051	221165	213143
168645	168645	225	225	107372	107372
280900	252157	1256	1256	73102	65472
245071	216923	384		13496	13104
76232	73998			7183	7183
24853	24853	570	570	20012	20012
6678733	5729472	16229	12907	3121	3121
220519	199071				
6192643	5294013	16229	12907		
66421	62555				
91746	76901				
107404	96932			3121	3121

3–5 全市城镇非私营单位从业人员平均工资

单位：元

		总计 Total	
		全市 Total	市区 District
总计	Total	72136	74836
（一）农、林、牧、渔业	Farming, forestry, animal, husbandry and fishery	49815	57724
（二）采矿业	Mining industry	59143	59143
（三）制造业	Manufacturing	83448	86894
（四）电力、热力、燃气及水生产和供应业	Electric power, heat, gas and water production and supply	89262	91612
（五）建筑业	Construction	48987	49402
（六）批发和零售业	Wholesale and retail trade	48232	49617
（七）交通运输、仓储及邮政业	Transportation, storage, post and telecommunication	60912	62583
（八）住宿和餐饮业	Hotels and catering services	40793	41048
（九）信息传输、软件和信息技术服务业	Information transmission、software、information technology services	76310	77149
（十）金融业	Finance	110697	114754
（十一）房地产业	Real estate	49380	49774
（十二）租赁和商务服务业	Leasing and services	55944	56399
（十三）科学研究、技术服务业	Scientific research technical services	74216	75750
（十四）水利、环境和公共设施管理业	Water conservancy, environment and public facilities management	39575	40327
（十五）居民服务、修理和其他服务业	Resident service、repair and other service	35338	35354
（十六）教育	Education	76315	83003
（十七）卫生和社会工作	Health and social work	90306	98410
（十八）文化、体育和娱乐业	Culture, sports and recreation services	61615	62728
（十九）公共管理社会保障和社会组织	public administration、social security、social organization	82561	90229

AVERAGE WAGE OF EMPLOYED PERSONS IN NON-PRIVATE UNITS

unit:yuan

国有 State-owned		集体 Collective-owned		其他 Others	
全市 Total	市区 District	全市 Total	市区 District	全市 Total	市区 District
88216	94817	42401	39779	61211	62623
48870	57066	50717	69467	59572	59572
28489	28489			59290	59290
118572	118875	41680	41790	64341	67553
67549	72138			93082	94154
50005	50823	38511	38511	49002	49388
86993	100514	27152	31752	46222	47504
83895	90802	29295	29295	51872	52991
43270	43492	33205	33205	39989	40255
85649	95869	49000	49000	74754	74588
107241	111502	65922	68883	115756	117512
67006	72927	27013	27013	48262	48582
65477	66560	52836	52836	52691	52993
79847	81919	69514	69514	68067	69299
40964	42761	30658	30267	46817	46082
60680	62373	44644	44644	31430	31548
78186	86304	77000	77000	52246	52364
96933	106180	47148	43714	48918	49267
66094	68094	38047	42729	49812	49476
82580	90255	92737	109381	40013	40013

3-6 全市城镇非私营单位在岗职工人数

单位：人

		总计 Total	
		全市 Total	市区 District
总计	Total	1193370	1067875
中央单位	Centre unit		
省属单位	Provincial unit		
市属单位	Unit belong to city		
县及县以下单位	Unit below county		
（一）农、林、牧、渔业	Farming, forestry, animal husbandry and fishery	10774	4521
1. 农业	Farming	1786	970
2. 林业	Forestry	1091	424
3. 畜牧业	Animal husbandry	748	420
4. 渔业	Fishery	42	42
5. 农、林、牧、渔服务业	Farming, forestry, animal husbandry and fishery services	7107	2665
（二）采矿业	Mining industry	9294	9294
1. 煤炭开采和洗选业	Coal mining and dressing	7170	7170
2. 石油和天然气开采业	Extraction of petroleum and natural gas		
3. 黑色金属矿采选业	Minging and dressing of ferrous metals		
4. 有色金属矿采选业	Mining and dressing of nonferrous metals		
5. 非金属矿采选业	Mining and dressing of nonmetal mineral products		
6. 开采辅助活动	Minging auxiliary activities	2124	2124
7. 其他矿采选业	Others		
（三）制造业	Manufacturing	359166	333598
1. 农副食品加工业	Food processing	24329	15016
2. 食品制造业	Food manufacturing	9068	4796
3. 酒、饮料和精致茶制造业	Wine、drinks and Refined tea Industry	5625	2253
4. 烟草制品业	Tobacco processing	1332	1332
5. 纺织业	Textile industry	1104	1104
6. 纺织服装、服饰业	Textile and garment、Clothing industry	3050	2915
7. 皮革、毛皮、羽毛（绒）及其制品和制鞋业	Leather、furs、feather and their products	67	67
8. 木材加工及木、竹、藤、棕草制品业	Timber, bamboo, cane, palm and straw products	4049	3976
9. 家具制造业	Furniture	598	560
10. 造纸及纸制品业	Paper making and paper products	284	226
11. 印刷业和记录媒介的复制	Printing and record medium reproduction	2644	2293
12. 文教、工美、体育和娱乐用品制造业	Culture and education、Industrial art、Sports and entertainment products manufacturing	434	304
13. 石油加工、炼焦及核燃料加工业	Petroleum processing coking and nuclear processing	1434	164
14. 化学原料及化学制品制造业	Raw chemical material and chemical products	6436	4844
15. 医药制造业	Medical and pharmacutical products	15269	14429
16. 化学纤维制造业	Chemical fiber manufacturing	163	163
17. 橡胶和塑料制品业	Rubber adn Plastic products	4191	3836
18. 非金属矿物制品业	Nonmetal mineral products	5223	4433
19. 黑色金属冶炼及压延加工业	Smelting and pressing of ferrous metals	1215	1215
20. 有色金属冶炼及压延加工业	Smelting and pressing of non-ferrous metals	347	312
21. 金属制品业	Metal products	3521	2877
22. 通用设备制造业	Ordinary machinery	5333	5207
23. 专用设备制造业	Special purpose equipment	5346	5207
24. 汽车制造业	Automobile industry	221965	220869

NUMBER OF STAFF AND WORKERS IN NON-PRIVATE UNITS

unit:person

国有 State-owned		集体 Collective-owned		其他 Others	
全市 Total	市区 District	全市 Total	市区 District	全市 Total	市区 District
508273	428373	14583	11565	670514	627937
199288	194486				
94952	92578				
80357	79307				
131594	60253				
9469	3288	108	36	1197	1197
948	148	16		822	822
1055	388	36	36		
507	179			241	241
				42	42
6959	2573	56		92	92
40	40			9254	9254
40	40			7130	7130
				2124	2124
127793	127283	1644	1590	229729	204725
77	77			24252	14939
357	357	20	20	8691	4419
				5625	2253
				1332	1332
				1104	1104
90	90	93	93	2867	2732
32	32			35	35
		161	120	3888	3856
		2	2	596	558
				284	226
186	186	412	399	2046	1708
		21	21	413	283
				1434	164
25	25	6	6	6405	4813
548	524			14721	13905
				163	163
62	62	3	3	4126	3771
106	106			5117	4327
		55	55	1160	1160
				347	312
		59	59	3462	2818
654	654	114	114	4565	4439
695	695	18	18	4633	4494
124793	124307	475	475	96697	96087

3-6 续表 1 continued1

		总计 Total	
		全市 Total	市区 District
25. 铁路、船舶、航空航天和其他运输设备制造业	Railway、Ship、aerospace and other Transportation Equipment Manufacturing	21099	20557
26. 电气机械及器材制造业	Electric equipment and machinery	3716	3624
27. 通信设备计算机及其他电子设备制业	Computer and telecommunication equipment and other electronic equipment	5033	4903
28. 仪器仪表制造业	Instruments, meters	5684	5594
29. 其他制造业	Others	162	77
30. 废弃资源综合利用业	Comperhensive utilization of waste resoruces	421	421
31. 金属制品、机械和设备修理业	Mteal products、machinery、Equipment repair industry	24	24
(四)电力、燃气及水的生产和供应业	Electric power,gas and water production and supply	58246	53710
1. 电力、热力生产和供应业	Eleatrlc Power, and Head Power Production and Supply	50341	46845
2. 燃气生产和供应业	Production and supply of gas	1991	1991
3. 水的生产和供应业	Production and supply of water	5914	4874
(五)建筑业	Construction	121905	118563
1. 房屋建筑业	Building construction	57422	55865
2. 土木工程建筑业	Civil construction	34384	32646
3. 建筑安装业	Installment	18339	18299
4. 建筑装饰业其他建筑业	Decoration and Others	11760	11753
(六)批发和零售业	Wholesale and retail trade	61772	55698
1. 批发业	Wholesale	18145	16971
2. 零售业	Retail trade	43627	38727
(七)交通运输、仓储及邮政业	Transportation,storage,post and telecommunication	47403	43412
1. 铁路运输业	Railway transportation	188	188
2. 道路运输业	Highway transportation	25130	22924
3. 水上运输业	Waterway	18	18
4. 航空运输业	Air transportation	5808	5808
5. 管道运输业	Pipeline transportation	981	981
6. 装卸搬运和其他运输代理业	Handling and other transportation services	421	421
7. 仓储业	Storage	6338	5233
8. 邮政业	Post services	8519	7839
(八)住宿和餐饮业	Hotel and catering services	15946	15612
1. 住宿业	Hotels	9155	9040
2. 餐饮业	Catering services	6791	6572
(九)信息传输、软件和信息技术服务业	Information、softwaer、information technology services	35142	33816
1. 电信、广播电视和卫星传输服务	Telecommunication、radio and television and satellite transmission services	24251	22925
2. 互联网和相关服务	Internet and telated service	784	784
3. 软件和信息技术服务业	Software and information technology services	10107	10107
(十)金融业	Finance	41252	36954
1. 货币金融服务业	Monetary and financial services	31728	27629
2. 资本市场服务业	Capital market services	3569	3524
3. 保险业	Insurance	5234	5080
4. 其他金融活动	Other finance services	721	721
(十一)房地产业	Real estate	39934	38401
其中:1. 房地产开发与经营业	Real estate developing and management	18091	17082
2. 房地产管理	Real estate management	18419	18372
3. 房地产中介服务	Medium services	1427	1380
(十二)租赁和商务服务业	Leasing and services	38842	37850

单位：人 unit:person

国有 State-owned		集体 Collective-owned		其他 Others	
全市 Total	市区 District	全市 Total	市区 District	全市 Total	市区 District
		73	73	21026	20484
148	148	92	92	3476	3384
20	20			5013	4883
		36	36	5648	5558
				162	77
		4	4	417	417
				24	24
8656	6227			49590	47483
4067	2678			46274	44167
12	12			1979	1979
4577	3537			1337	1337
12531	12235	1413	1413	107961	104915
8849	8849	30	30	48543	46986
3266	2970	516	516	30602	29160
263	263	825	825	17251	17211
153	153	42	42	11565	11558
3147	2198	359	168	58266	53332
2732	1863	258	105	15155	15003
415	335	101	63	43111	38329
13204	11198	122	122	34077	32092
				188	188
2367	1919	122	122	22641	20883
				18	18
5079	5079			729	729
				981	981
				421	421
2142	1264			4196	3969
3616	2936			4903	4903
4288	4229	211	211	11447	11172
3386	3327	78	78	5691	5635
902	902	133	133	5756	5537
5158	4218	2	2	29982	29596
4868	3928			19383	18997
124	124			660	660
166	166	2	2	9939	9939
15376	13540	2257	820	23619	22594
12025	10272	2257	820	17446	16537
1646	1646			1923	1878
1510	1427			3724	3653
195	195			526	526
2826	2221	301	301	36807	35879
301	168	10	10	17780	16904
874	874	159	159	17386	17339
47				1380	1380
9938	9581	682	682	28222	27587

3-6 续表 2 continued2

		总计 Total	
		全市 Total	市区 District
1. 租赁业	Leaseing	935	912
2. 商务服务业	Services	37907	36938
(十三)科学研究、技术服务	Scientific research technical services	43695	41470
1. 研究与试验发展	Scientific research	11370	11370
2. 专业技术服务业	Technical services	29165	27714
3. 科技推广和应用服务业	Science and technology popularization and application services	3160	2386
(十四)水利、环境和公共设施管理业	Water conservancy, environment and public services	21271	16700
1. 水利管理业	Water conservancy	4689	3318
2. 环境管理业	Environment	384	381
3. 公共设施管理业	Public management	16198	13001
(十五)居民服务和其他服务业	Resident services and other services	10164	9913
1. 居民服务业	Resident services	3659	3516
2. 机动车、电子产品和日用产品修理业	Motor vehicle、Electronics and daily consumer products repairing	1261	1250
3. 其他服务业	Other social services	5244	5147
(十六)教育	Education	122372	90065
其中:1. 初等教育	Primary education	32692	16129
2. 中等教育	Secondary education	41908	27235
3. 高等教育	Higher education	40065	40065
(十七)卫生和社会工作	Health and social work	62005	52120
1. 卫生	Health care	60922	51124
2. 社会工作	Social work	1083	996
(十八)文化、体育和娱乐业	Culture, sports and recreation services	15410	14041
1. 新闻出版业	News publishing	4554	4554
2. 广播、电视、电影和影视录音制作业	Broadcast、TV、movies and video recording industry	4622	3878
3. 文化艺术业	Culture and art	4209	3630
4. 体育	Sports	1286	1240
5. 娱乐业	Recreation services	739	739
(十九)公共管理、社会保障和社会组织	Public administration、social security、social organizations	78777	62137
其中:1. 中国共产党机关	Chinese communist party	2290	1908
2. 国家机构	State organs	73353	57700
3. 人民政协和民主党派	Political consultation and democratic party	612	564
4. 社会保障	Social security	1122	765
5. 群众团体、社会团体和宗教组织	Multitude organizations social organizations and religious rganizations	1400	1200

单位：人 unit:person

国有 State-owned		集体 Collective-owned		其他 Others	
全市 Total	市区 District	全市 Total	市区 District	全市 Total	市区 District
53	53			882	859
9885	9528	682	682	27340	26728
23016	21323	167	167	20512	19980
9997	9997	4	4	1369	1369
11903	10468	94	94	17168	17152
1116	858	69	69	1975	1459
14052	10604	4059	3708	3160	2388
4503	3252	120		66	66
174	174			210	207
9375	7178	3939	3708	2884	2115
1300	1157	716	716	8148	8040
651	508	362	362	2646	2646
259	259	26	26	976	965
390	390	328	328	4526	4429
114070	81811	1	1	8301	8253
32226	15663			466	466
39336	24663	1	1	2571	2571
37534	37534			2531	2531
53503	45120	2306	1464	6196	5536
52585	44289	2306	1464	6031	5371
918	831			165	165
11380	10159	60	44	3970	3838
2467	2467	11	11	2076	2076
3525	2905	17	17	1080	956
3967	3412	16		226	218
1141	1095			145	145
280	280	16	16	443	443
78526	61941	175	120	76	76
2290	1908				
73178	57580	175	120		
612	564				
1122	765				
1324	1124			76	76

3-7 全市城镇非私营单位在岗职工工资总额

单位：千元

		总计 Total	
		全市 Total	市区 District
总计	Total	88835332	82714367
中央单位	Centre unit		
省属单位	Provincial unit		
市属单位	Unit belong to city		
县及县以下单位	Unit below county		
（一）农、林、牧、渔业	Farming, forestry, animal husbandry and fishery	557322	252084
1. 农业	Farming	66379	41445
2. 林业	Forestry	53788	22599
3. 畜牧业	Animal husbandry	45046	29523
4. 渔业	Fishery	2955	2955
5. 农、林、牧、渔服务业	Farming, forestry, animal husbandry and fishery services	389154	155562
（二）采矿业	Mining industry	557178	557178
1. 煤炭开采和洗选业	Coal mining and dressing	360144	360144
2. 石油和天然气开采业	Extraction of petroleum and natural gas		
3. 黑色金属矿采选业	Minging and dressing of ferrous metals		
4. 有色金属矿采选业	Mining and dressing of nonferrous metals		
5. 非金属矿采选业	Mining and dressing of nonmetal mineral products		
6. 开采辅助活动	Minging auxiliary activities	197034	197034
7. 其他矿采选业	Others		
（三）制造业	Manufacturing	29583584	28650031
1. 农副食品加工业	Food processing	1045830	711514
2. 食品制造业	Food manufacturing	340266	199756
3. 酒、饮料和精致茶制造业	Wine、drinks and Refined tea Industry	282215	133593
4. 烟草制品业	Tobacco processing	170512	170512
5. 纺织业	Textile industry	42285	42285
6. 纺织服装、服饰业	Textile and garment、Clothing industry	109872	106442
7. 皮革、毛皮、羽毛（绒）及其制品和制鞋业	Leather、furs、feather and their products	2152	2152
8. 木材加工及木、竹、藤、棕草制品业	Timber, bamboo, cane, palm and straw products	221579	218749
9. 家具制造业	Furniture	24345	22209
10. 造纸及纸制品业	Paper making and paper products	9707	8307
11. 印刷业和记录媒介的复制	Printing and record medium reproduction	112172	102951
12. 文教、工美、体育和娱乐用品制造业	Culture and education、Industrial art、Sports and entertainment products manufacturing	16968	13616
13. 石油加工、炼焦及核燃料加工业	Petroleum processing coking and nuclear processing	50618	9181
14. 化学原料及化学制品制造业	Raw chemical material and chemical products	354464	289047
15. 医药制造业	Medical and pharmacutical products	843184	808373
16. 化学纤维制造业	Chemical fiber manufacturing	6657	6657
17. 橡胶和塑料制品业	Rubber adn Plastic products	273929	262721
18. 非金属矿物制品业	Nonmetal mineral products	230253	203670
19. 黑色金属冶炼及压延加工业	Smelting and pressing of ferrous metals	73289	73289
20. 有色金属冶炼及压延加工业	Smelting and pressing of non-ferrous metals	16731	15891
21. 金属制品业	Metal products	170587	145684
22. 通用设备制造业	Ordinary machinery	395357	391096
23. 专用设备制造业	Special purpose equipment	292616	288966
24. 汽车制造业	Automobile industry	21381139	21338109

TOTAL WAGES OF STAFF AND WORKERS IN NON-PRIVATE UNITS

unit:1000yuan

国有 State-owned		集体 Collective-owned		其他 Others	
全市 Total	市区 District	全市 Total	市区 District	全市 Total	市区 District
45109021	40773809	640446	476876	43085865	41463682
23707464	23359543				
7687833	7543827				
5974995	5915701				
7616784	3845165				
492428	190404	5298	2084	59596	59596
30931	6749	752		34696	34696
51704	20515	2084	2084		
33551	18028			11495	11495
				2955	2955
376242	145112	2462		10450	10450
1282	1282			555896	555896
1282	1282			358862	358862
				197034	197034
14601077	14579689	69118	67044	14913389	14003298
3030	3030			1042800	708484
8499	8499	1195	1195	330572	190062
				282215	133593
				170512	170512
				42285	42285
2737	2737	2453	2453	104682	101252
1384	1384			768	768
		7078	5406	214501	213343
		20	20	24325	22189
				9707	8307
10540	10540	19710	19308	81922	73103
		1511	1511	15457	12105
				50618	9181
879	879	96	96	353489	288072
23013	21974			820171	786399
				6657	6657
4729	4729	53	53	269147	257939
812	812			229441	202858
		1896	1896	71393	71393
				16731	15891
		1941	1941	168646	143743
44328	44328	6192	6192	344837	340576
28007	28007	285	285	264324	260674
14465232	14444883	16710	16710	6899197	6876516

3-7 续表 1 continued1

		总计 Total	
		全市 Total	市区 District
25. 铁路、船舶、航空航天和其他运输设备制造业	Railway、Ship、aerospace and other Transportation Equipment Manufacturing	2131994	2114058
26. 电气机械及器材制造业	Electric equipment and machinery	201467	197262
27. 通信设备计算机及其他电子设备制业	Computer and telecommunication equipment and other electronic equipment	396923	392243
28. 仪器仪表制造业	Instruments, meters	346674	343399
29. 其他制造业	Others	5002	3502
30. 废弃资源综合利用业	Comperhensive utilization of waste resoruces	34258	34258
31. 金属制品、机械和设备修理业	Mteal products、machinery、Equipment repair industry	539	539
（四）电力、燃气及水的生产和供应业	Electric power, gas and water production and supply	5210554	4942753
1. 电力、热力生产和供应业	Eleatrlc Power, and Head Power Production and Supply	4718976	4480530
2. 燃气生产和供应业	Production and supply of gas	127242	127242
3. 水的生产和供应业	Production and supply of water	364336	334981
（五）建筑业	Construction	7142991	7041242
1. 房屋建筑业	Building construction	3838008	3778812
2. 土木工程建筑业	Civil construction	1665106	1627602
3. 建筑安装业	Installment	1083651	1079112
4. 建筑装饰业其他建筑业	Decoration and Others	556226	555716
（六）批发和零售业	Wholesale and retail trade	3007566	2791452
1. 批发业	Wholesale	1149321	1094777
2. 零售业	Retail trade	1858245	1696675
（七）交通运输、仓储及邮政业	Transportation, storage, post and telecommunication	2848355	2669762
1. 铁路运输业	Railway transportation	18824	18824
2. 道路运输业	Highway transportation	1274018	1199380
3. 水上运输业	Waterway	1760	1760
4. 航空运输业	Air transportation	728596	728596
5. 管道运输业	Pipeline transportation	88802	88802
6. 装卸搬运和其他运输代理业	Handling and other transportation services	19488	19488
7. 仓储业	Storage	291755	235096
8. 邮政业	Post services	425112	377816
（八）住宿和餐饮业	Hotel and catering services	648738	639327
1. 住宿业	Hotels	385627	382019
2. 餐饮业	Catering services	263111	257308
（九）信息传输、软件和信息技术服务业	Information、softwaer、information technology services	2736019	2661655
1. 电信、广播电视和卫星传输服务	Telecommunication、radio and television and satellite transmission services	2035411	1961047
2. 互联网和相关服务	Internet and telated service	49146	49146
3. 软件和信息技术服务业	Software and information technology services	651462	651462
（十）金融业	Finance	5108683	4789286
1. 货币金融服务业	Monetary and financial services	4301135	3990829
2. 资本市场服务业	Capital market services	289825	288038
3. 保险业	Insurance	467136	459832
4. 其他金融活动	Other finance services	50587	50587
（十一）房地产业	Real estate	1994710	1935291
其中：1. 房地产开发与经营业	Real estate developing and management	1124725	1088339
2. 房地产管理	Real estate management	691812	690987
3. 房地产中介服务	Medium services	56675	55080
（十二）租赁和商务服务业	Leasing and services	2205358	2166067

单位：千元 unit:1000yuan

国有 State-owned		集体 Collective-owned		其他 Others	
全市 Total	市区 District	全市 Total	市区 District	全市 Total	市区 District
		4127	4127	2127867	2109931
6860	6860	2117	2117	192490	188285
1027	1027			395896	391216
		3330	3330	343344	340069
				5002	3502
		404	404	33854	33854
				539	539
588094	449552			4622460	4493201
312346	203159			4406630	4277371
1710	1710			125532	125532
274038	244683			90298	90298
627107	622203	54463	54463	6461421	6364576
360958	360958	6099	6099	3470951	3411755
236066	231162	14016	14016	1415024	1382424
22571	22571	33208	33208	1027872	1023333
7512	7512	1140	1140	547574	547064
286894	234183	10117	6081	2710555	2551188
259124	213612	7555	4195	882642	876970
27770	20571	2562	1886	1827913	1674218
1146330	1030939	3574	3574	1698451	1635249
				18824	18824
116344	96408	3574	3574	1154100	1099398
				1760	1760
670868	670868			57728	57728
				88802	88802
				19488	19488
128320	80161			163435	154935
230798	183502			194314	194314
189387	187808	6973	6973	452378	444546
145224	143645	2943	2943	237460	235431
44163	44163	4030	4030	214918	209115
442020	401584	98	98	2293901	2259973
422446	382010			1612965	1579037
8494	8494			40652	40652
11080	11080	98	98	640284	640284
1686490	1525668	149182	56622	3273011	3206996
1501384	1344515	149182	56622	2650569	2589692
71879	71879			217946	216159
92740	88787			374396	371045
20487	20487			30100	30100
191223	164729	8339	8339	1795148	1762223
20614	16123	375	375	1103736	1071841
60483	60483	5016	5016	626313	625488
1595				55080	55080
667933	654001	36813	36813	1500612	1475253

3-7 续表 2 continued2

		总计 Total	
		全市 Total	市区 District
1. 租赁业	Leaseing	38264	37258
2. 商务服务业	Services	2167094	2128809
(十三)科学研究、技术服务	Scientific research technical services	3266001	3157219
1. 研究与试验发展	Scientific research	997550	997550
2. 专业技术服务业	Technical services	2103141	2025738
3. 科技推广和应用服务业	Science and technology popularization and application services	165310	133931
(十四)水利、环境和公共设施管理业	Water conservancy, environment and public services	934953	773438
1. 水利管理业	Water conservancy	249557	201365
2. 环境管理业	Environment	19066	18817
3. 公共设施管理业	Public management	666330	553256
(十五)居民服务和其他服务业	Resident services and other services	383832	375283
1. 居民服务业	Resident services	161605	155057
2. 机动车、电子产品和日用产品修理业	Motor vehicle、Electronics and daily consumer products repairing	49283	48899
3. 其他服务业	Other social services	172944	171327
(十六)教育	Education	9419299	7537168
其中 :1. 初等教育	Primary education	2010807	1042169
2. 中等教育	Secondary education	2741795	1890451
3. 高等教育	Higher education	4189847	4189847
(十七)卫生和社会工作	Health and social work	5628756	5173207
1. 卫生	Health care	5564026	5112885
2. 社会工作	Social work	64730	60322
(十八)文化、体育和娱乐业	Culture, sports and recreation services	964931	897400
1. 新闻出版业	News publishing	271200	271200
2. 广播、电视、电影和影视录音制作业	Broadcast、TV、movies and video recording industry	316430	280057
3. 文化艺术业	Culture and art	254904	225980
4. 体育	Sports	82478	80244
5. 娱乐业	Recreation services	39919	39919
(十九)公共管理、社会保障和社会组织	Public administration、social security、social organizations	6636502	5704524
其中：1. 中国共产党机关	Chinese communist party	220383	198935
2. 国家机构	State organs	6150596	5269249
3. 人民政协和民主党派	Political consultation and democratic party	66421	62555
4. 社会保障	Social security	89134	74289
5. 群众团体、社会团体和宗教组织	Multitude organizations social organizations and religious organizations	109968	99496

单位：千元 unit:1000yuan

国有 State-owned		集体 Collective-owned		其他 Others	
全市 Total	市区 District	全市 Total	市区 District	全市 Total	市区 District
2727	2727			35537	34531
665206	651274	36813	36813	1465075	1440722
1855299	1764451	11914	11914	1398788	1380854
887091	887091	294	294	110165	110165
890443	813730	7277	7277	1205421	1204731
77765	63630	4343	4343	83202	65958
665379	554431	124526	111698	145048	107309
243401	198380	3171		2985	2985
11424	11424			7642	7393
410554	344627	121355	111698	134421	96931
81783	75235	32427	32427	269622	267621
46825	40277	17943	17943	96837	96837
8666	8666	954	954	39663	39279
26292	26292	13530	13530	133122	131505
8991042	7110354	77	77	428180	426737
1982297	1013659			28510	28510
2612482	1761138	77	77	129236	129236
4059613	4059613			130234	130234
5223200	4843068	109096	63900	296460	266239
5164829	4789105	109096	63900	290101	259880
58371	53963			6359	6359
754785	695660	2246	1862	207900	199878
167324	167324	225	225	103651	103651
246978	218235	1067	1067	68385	60755
241024	212876	384		13496	13104
75313	73079			7165	7165
24146	24146	570	570	15203	15203
6617268	5688568	16185	12907	3049	3049
220383	198935				
6134411	5256342	16185	12907		
66421	62555				
89134	74289				
106919	96447			3049	3049

3-8 全市城镇非私营单位在岗职工平均工资

单位：元

		总计 Total	
		全市 Total	市区 District
总计	Total	73469	76205
中央单位	Centre unit		
省属单位	Provincial unit		
市属单位	Unit belong to city		
县及县以下单位	Unit below county		
(一)农、林、牧、渔业	Farming, forestry, animal, husbandry and fishery	51736	57817
(二)采矿业	Mining industry	28489	59578
(三)制造业	Manufacturing	113237	85169
(四)电力、热力、燃气及水生产和供应业	Electric power, heat, gas and water production and supply	67839	91726
(五)建筑业	Construction	50017	51218
(六)批发和零售业	Wholesale and retail trade	88411	50226
(七)交通运输、仓储及邮政业	Transportation, storage, post and telecommunication	87087	63250
(八)住宿和餐饮业	Hotels and catering services	43427	41364
(九)信息传输、软件和信息技术服务业	Information transmission、software、information technology services	86063	77806
(十)金融业	Finance	108596	130094
(十一)房地产业	Real estate	67166	51578
(十二)租赁和商务服务业	Leasing and services	66047	57211
(十三)科学研究、技术服务业	Scientific research technical services	80585	76617
(十四)水利、环境和公共设施管理业	Water conservancy, environment and public facilities management	47976	47115
(十五)居民服务、修理和其他服务业	Resident service、repair and other service	63153	38259
(十六)教育	Education	79318	84561
(十七)卫生和社会工作	Health and social work	98410	100316
(十八)文化、体育和娱乐业	Culture, sports and recreation services	66296	63242
(十九)公共管理社会保障和社会组织	public administration、social security、social organization	84551	92038

AVERAGE WAGE OF STAFF AND WORKERS IN NON-PRIVATE UNITS

unit:yuan

国有 State-owned		集体 Collective-owned		其他 Others	
全市 Total	市区 District	全市 Total	市区 District	全市 Total	市区 District
88732	95118	44205	41590.4	62781	64256
118223	119377				
81576	82123				
73790	74016				
58309	64651				
51736	57178	51941	69467	59596	59596
28489	28489			59729	59729
113237	113520	42017	42140	64661	67857
67839	72182			93360	94280
50017	50842	38791	38791	51115	51396
88411	101819	27871	35355	46709	48040
87087	91819	29295	29295	51823	52989
43427	43656	33205	33205	40333	40620
86063	96027	49000	49000	75430	75270
108596	111738	65922	68883	140130	143567
67166	72889	26987	26987	50053	50417
66047	67043	53275	53275	53509	53812
80585	82733	71771	71771	69120	70041
47976	53076	31202	30686	46714	46055
63153	65308	45352	45352	33493	33697
79318	87676	77000	77000	52979	53116
98410	108252	48060	44748	48945	49285
66296	68450	36820	41378	50535	50195
84551	92069	93555	109381	40118	40118

统计资料

▶固定资产投资

INVESTMENT IN FIXED ASSETS

STATISTICS

2018

长春统计年鉴

CHANGCHUN STATISTICAL YEARBOOK

第四篇　固定资产投资

2017 年完成全社会固定资产投资 5246.6 亿元，比上年增长 11.4%。其中：房地产开发投资 573.8 亿元，下降 3.8%，新增固定资产 3926.4 亿元。固定资产交付使用率 75.6%，比上年提高 7.7 个百分点。房屋面积竣工率为 19.3%，比上年下降 1.4 个百分点。

从各产业完成投资情况看，第一产业投资 43.3 亿元，增长 55.4%；第二产业投资 2537.8 亿元，增长 9.7%；第三产业投资 2613.7 亿元，增长 12.8%。从投资主体看，国有经济投资 1309.1 亿元，增长 17.2%；非国有经济投资 3885.8 亿元，增长 9.7%，占全社会固定资产投资的比重为 74.8%。全市工业投资 2537.8 亿元，增长 9.9%。民间投资 3811.6 亿元，增长 10%。

全市商品房施工面积 6687.3 万平方米，比上年增长 2.5%。商品房竣工面积 905.7 万平方米，增长 18.9%。商品房销售面积 1147.2 万平方米，增长 12.7%。商品房销售额 805 亿元，增长 20.6%。待售面积 718.6 万平方米，增长 1.0%。

4-1 1997-2017 年全社会固定资产投资总额
TOTAL OF INVESTMENT IN FIXED ASSETS(1997-2017)

单位：万元　　unit:10000 yuan

年 份 Year	固定资产投资总额 Total	基本建设 Captial construction	更新改造 Innovation	其他投资 Others	房地产投资 Real estate	城镇私人建房 Urban private	农村集体 Rural collective	农村私人建房 Rural private
1997	1060320	454696	200814	33009	139689	38482	160878	32752
1998	1416535	507416	254283	61878	161594	59228	336181	35955
1999	1944338	701282	354519	39754	251955	63317	494290	39221
2000	2352422	850330	437508	56032	303296	74460	584810	45986
2001	2850446	1054118	529811	69078	485481	86464	572943	52551
2002	3204576	1202562	607447	75480	608399	99532	556648	54508
2003	3896440	1479758	930996	65672	777020	72022	515059	55913
2004	4599564	1860133	1317651	93188	903503	57896	307072	60121
2005	6504218	4994859 （城镇固定资产投资）			1066262	43097	400000 （农村固定资产投资）	
2006	9504180	7156604 （城镇固定资产投资）			1742021		605555 （农村固定资产投资）	
2007	13506330	9567890 （城镇固定资产投资）			2594979		1343461 （农村固定资产投资）	
2008	18187804	13626977 （城镇固定资产投资）			3528921		611906	420000
2009	23002699	16917007 （城镇固定资产投资）			4439252		1646440 （农村固定资产投资）	
2010	30014500	21928211 （城镇固定资产投资）			5427566		2658723 （农村固定资产投资）	
2011	24334400	16938878 （固定资产项目投资）			6664177		731345 （农村农户投资）	
2012	31729190	24539071 （固定资产项目投资）			6496535		693584 （农村农户投资）	
2013	34084100	27109378 （固定资产投资）			6135822		838900 （农村农户投资）	
2014	38526963	33182986 （固定资产项目投资）			5343977		718337 （农村农户投资）	
2015	42842331	37122100 （固定资产项目投资）			5060231		660000 （农村农户投资）	
2016	47105921	40623944 （固定资产项目投资）			5966477		515500 （农村农户投资）	
2017	52465813	46210559 （固定资产项目投资）			5737761		517493 （农村农户投资）	

注：1. 2005 年固定资产投资总额中城镇固定资产投资包括以前年度的基本建设、更新改造、其他投资；农村固定资产投资包括以前年度的农村集体、农村私人建房投资。

1. Urban fixed assets investment includes capital construction, innovation, other investment, and rural fixed assets investment contains rural colletive, rural private house construction investment in prior years.

4-2 长春市全社会固定资产投资完成情况综合表（2017 年）

单位：万元

指标名称	Item	全社会 The whole country	固定资产项目投资 Fixed Assets Projects Investment	房地产开发投资 Real Estate
一、计划投资	Investment			
1. 计划总投资	Total	145890562	101126033	44764529
其中：本年新开工项目	There in new star this year	36635002	36635002	
2. 自开始建设累计完成投资	Accumulation	101514101	68826757	32687344
二、自年初累计完成投资	Accumulation this year	51948320	46210559	5737761
其中：国有经济控股	State Holding	12026834	12026834	
其中：住宅	House	3897442	131427	3766015
1. 按控股类型分	Grouped by Type of Owning			
国有控股	State-owned	13090716	12026834	1063882
集体控股	Collective-owned	305528	225036	80492
私人控股	Privato-Dwned	33882994	29999180	3883814
港澳台商控股	Hongkong.Macao and Taiwna-Owned	562743	160265	402478
外商控股	Foraign-owned	179039	179039	
2. 按建设性质分	Grouped by type of construction			
(1) 新建	New Construction	22012343	22012343	
(2) 扩建	Expansion	9095200	9095200	
(3) 改建和技术改造	Reconstruction and technical reformation	8804221	8804221	
3. 按构成分	Grouped by Structure			
建筑工程	Construction Projects	27451125	23620318	3830807
安装工程	Installation Projects	3555742	3017189	538553
设备工具器具购置	Purchase of Equipment tools and instruments	16698861	16642555	56306
其他费用	Other cost	4242592	2930497	1312095
4. 按国民经济行业分	Grouped by sector			
(一) 农、林、牧、渔业	Agriculture	829817	829817	
(二) 采矿业	Mining industry	214874	214874	
(三) 制造业	Manufacture	24079196	24079196	
(四) 电力、燃气及水的生产和供应业	Electric power, gas and water production and supply	1084344	1084344	
(五) 建筑业	Construction			
(六) 批发和零售业	Wholesale and retail trade	1480906	1480906	
(七) 交通运输、仓储和邮政业	Transport, storage, post and telecommunication	4316531	4316531	
(八) 住宿和餐饮业	Hotels and catering	450011	450011	
(九) 信息传输、软件和信息技术服务业	Information transmission、software、information technology services	3145590	3145590	

TABLE OF CHANGCHUN'S WHOLE SOCIETY FIXED ASSETS PROJECTS INVESTMENT COMPLETION STATUS IN 2017

unit:10000yuan

指标名称	Item	全社会 The whole country	固定资产项目投资 Fixed Assets Projects Investment	房地产开发投资 Real Estate
（十）金融业	Finance	249653	249653	
（十一）房地产业	Real estate	6621405	883644	5737761
（十二）租赁和商务服务业	Leasing and business services	1503218	1503218	
（十三）科学研究、技术服务业	Science technical services	889769	889769	
（十四）水利、环境和公共设施管理业	Conservancy, environment and public utilities management	5344258	5344258	
（十五）居民服务和其他服务业	Resident services and others	339630	339630	
（十六）教育	Education	580799	580799	
（十七）卫生和社会工作	Health and social work	435234	435234	
（十八）文化、体育和娱乐业	Culture sport and arts	319752	319752	
（十九）公共管理和社会组织	Government and social organization	63333	63333	
三、新增固定资产	Newly increased	39264384	36266728	2997656
四、项目个数（个）	The numner of projects			
1. 施工项目个数	The number of construction projects	7146	7146	
其中：本年新开工	There in new star this year	6161	6161	
2. 本年投产项目个数	Number of under construction	5719	5719	
五、房屋建筑面积（平方米）	Floor space of construction			
1. 施工面积	Floor space under construction	87965471	21092421	66873050
其中：住宅	House	44124077	169845	43954232
2. 竣工面积	Floor space completed	17011296	7954687	9056609
其中：住宅	House	5956549	28834	5927715
六、本年资金来源合计	Total funds sources	56424876	45898326	10526550
1. 上年末结余资金	Balance of cost year	4481784	1006217	3475567
2. 本年资金来源小计	Subtotal of sources	51943092	44892109	7050983
(1) 国家预算资金	State Budgetary Funds	892852	892852	
其中：中央预算资金	The Central Budget	100019	100019	
(2) 国内贷款	Domestic loans	3162563	2516782	645781
(3) 债券	Bond			
(4) 利用外资	Usage of foreign funds	89159	89159	
其中：外商直接投资	Direct foreign investment			
(5) 自筹资金	Fund raising	43196248	40929969	2266279
其中：企、事业单位自有资金	Own funds			
其中：股东投入资金	include: shareholder investment			
其中：借入资金	include: borrowed money			
(6) 其他资金来源	Other sources	4602270	463347	4138923

4-3 长春市房地产开发投资完成情况（2017 年）

单位：万元

指标名称 Item		总计 Total	其中：地方 Local	其中：地市县属 Prefecture
计划总投资	Total	44764529	44509280	44314084
自开始建设累计完成投资	Accumulative investment acyully completed since starting ofconstrution	32687344	32657262	32462818
本年计划投资	Planned investment			
本年完成投资	Completed investment	5737761	5724106	5692397
其中：本月完成投资	Investment completed this month	325152	320492	320492
土地开发投资额	Land developing			
配套工程投资	Auxiliary project			
国有经济控股	State -owned economic proprietary	1063882	1063882	1032723
内资企业	Domestic funds	5335283	5321628	5289919
国有企业	State-owned			
集体企业	Collective-owned			
股份合作企业	Cooperative			
联营企业	Joint owned			
国有联营企业	State joint			
集体联营企业	Collective joint			
国有与集体联营企业	State and collective joint			
其他联营企业	Other joint			
有限责任公司	Limited liability company	3501695	3488040	3456881
国有独资公司	State owned solely	103870	103870	72711
其他有限责任公司	Others	3397825	3384170	3384170
股份有限公司	Share holding	593425	593425	592875
私营企业	Private	1232783	1232783	1232783
私营独资企业	Private-funded	81747	81747	81747
私营合伙企业	Private parthnership			
私营有限责任公司	Private limited liability corporations	1142720	1142720	1142720
私营股份有限公司	Private share-holding corporations ltd.	8316	8316	8316
其他企业	Other	7380	7380	7380
港澳台商投资企业	Funded from Hongkong, Macao and Taiwan	402478	402478	402478
与港澳台商合资经营企业	Joint venture	204194	204194	204194
与港澳台商合资合作经营企业	Cooperative			
港澳台商独资经营企业	Sole tunds	198284	198284	198284
港澳台商投资股份有限公司	Share holding			
外商投资企业	Foreign investment			
中外合资经营企业	Joint venture			

BASIC CONDITIONS ON INVESTMENT OF REAL ESTATE DEVELOPMENT COMPLETED IN 2017

unit:10000yuan

指标名称 Item		总计 Total	其中：地方 Local	其中：地市县属 Prefecture
中外合作经营企业	Cooperative			
外资企业	Sole investment			
外商投资股份有限公司	Share holding			
按构成分：建筑工程	Construction Projects	3830807	3817152	3791324
安装工程	Installation Projects	538553	538553	533672
设备工器具购置	Purchase of Equipment tools and instruments	56306	56306	56306
其他费用	Other cost	1312095	1312095	1311095
其中：旧建筑物购置费	Purchase of old	20104	20104	20104
土地购置费	Durchase of land	1051048	1051048	1051048
住宅投资	House in vestment	3766015	3760551	3751392
其中：90 平米以下住房	House below 90sq.m	1605426	1605426	1604426
其中：144 平米以上住房	House above 144sq.m	667079	664379	662079
别墅、高档公寓	Villa and high-grade flat	153437	153437	153437
办公楼	Office buildings	408835	408835	408435
商业营业用房	Buniness houses	936116	933116	922116
其他	Others	626795	621604	610454
本年新增固定资产	Newly increased fixed assets	2997656	2997656	2846873
一、本年资金来源合计	Total funds sources			
1. 上年末结余资金	Balance of last year	3475567	3461350	3453714
2. 本年资金来源小计	Subtotal fund sources	7050983	7037328	6981908
(1) 国内贷款	Domestic loans	645781	645781	645781
银行贷款	Bank loans	512364	512364	512364
非银行金融机构贷款	Non-financial institution loans	133417	133417	133417
(2) 利用外资	Usage of foreign funds			
其中：外商直接投资	Direct foreign investment			
(3) 自筹资金	Fund raising	2266279	2252624	2252204
其中：自有资金	Own funds			
股东投入资金	shareholder investment			
借入资金	borrowed money			
(4) 其他资金来源	Other sources	4138923	4138923	4083923
其中：定金及预收款	Subscription and advances received	2379108	2379108	2357108
其中：个人按揭贷款	Personal mortgage loans	1311006	1311006	1281006
二、本年各项应付款合计	Total payment	1144024	1130238	1119908
其中：工程款	Project	491481	491350	486020

4–4 长春市房地产面积综合表（2017 年）

单位：万元、平方米

指标名称	Item	合计 Total	住宅 House	90 ㎡以下住房 House below 90 ㎡
房屋施工面积	Floor space under construction	66873050	43954232	19074482
其中：本年新开工面积	Started area	9478283	6450392	2599860
房屋竣工面积	Floor space completed	9056609	5927715	2691505
其中：不可销售面积	Floor space of not sold	887046	540795	502956
出租房屋面积	Areas for renting	289834		
商品房销售面积	Sale areas of commercial houses	11471891	9518339	3762397
其中：现房销售面积	Areas of current houses	2207467	1545747	655339
其中：期房销售面积	Areas of future houses	9264424	7972592	3107058
商品房屋销售额	Sale of commercial house	8050094	6482610	2249569
其中：现房销售额	Sale of current houses	1139505	755820	290319
其中：期房销售额	Sale of fucure houses	6910589	5726790	1959250
待售面积	No-purchase	7186129	3507561	1778949
其中： 待售 1-3 年面积	1 to 3 years	3141447	1524588	742137
其中： 待售 3 年以上面积	Above 3 years	1703189	862899	459253

COMPREHENSIVE CONDITIONS ON CHANGCHUN REAL ESTATE IN 2017

unit:10000yuan, sq·m

144 ㎡以上住房 House over 144 ㎡	别墅、高档公寓 Villa and top-grade flat	办公楼 Office building	商业营业用房 Commerical house	其他房屋 Others
7979652	2746782	4479197	10108914	8330707
1028369	76013	277872	1431437	1318582
1278490	691021	571264	1462517	1095113
5461		12928	163874	169449
		22168	267666	
1554515	312292	499669	1065817	388066
198118	45641	72937	397060	191723
1356397	266651	426732	668757	196343
1494254	338684	395388	969274	202822
140142	34755	43731	252338	87616
1354112	303929	351657	716936	115206
583676	181343	770246	2006138	902184
313232	32876	496773	686962	433124
191917	138097	64388	583686	192216

统计资料

STATISTICS

▶能源消费与库存

GONSUMPTION AND STORAGE OF ENERGY

2018

长春统计年鉴

CHANGCHUN STATISTICAL YEARBOOK

5-1 工业企业能源购进、消费及库存情况(2017年)

能源名称	Item	计量单位	Unit	企业单位数（个）Enterprises	年初库存量 Inventory
原煤	Coal	吨	ton	571	2518609
其中：1. 无烟煤	Anthracite	吨	ton	49	3968
2. 炼焦烟煤	Bituminous coal for coking	吨	ton	8	345
3. 一般烟煤	Normal bituminous coal	吨	ton	504	1400371
4. 褐煤	Brown coal	吨	ton	20	1113925
洗精煤	Fine coal washing	吨	ton		
其他洗煤	Other coal washing	吨	ton	10	572
煤制品	Coal products	吨	ton	12	155
焦炭	Coke	吨	ton	3	50
其他焦化产品	Other coke products	吨	ton		
焦炉煤气	Coal gas	万立方米	10000cu·m		
高炉煤气	Blast furnace gas	万立方米	10000cu·m		
转炉煤气	Revolving gas	万立方米	10000cu·m		
发生炉煤气	Producer gas	万立方米	10000cu·m		
天然气	Natural gas	万立方米	10000cu·m	121	73
液化天然气	Liquefied natural gas	吨	ton	14	1
煤层气	Coal seam gas	万立方米	10000cu·m		
原油	Crude oil	吨	ton	7	3090
汽油	Gasoline	吨	ton	628	923
煤油	Kerosene	吨	ton	6	5
柴油	Diesel oil	吨	ton	390	1084
燃 料 油	Fuel oil	吨	ton	9	443
液化石油气	Liquefied petroleum gas	吨	ton	6	1
炼厂干气	Coking gas	吨	ton		
石脑油	Naphtha	吨	ton		
润滑油	Lubricating oil	吨	ton	9	7
石蜡	Paraffin wax	吨	ton		
溶剂油	Solvent oil	吨	ton	1	370
石油焦	Petroleum coke	吨	ton		
石油沥青	Petroleum asphalt	吨	ton	2	
其他石油制品	Other oil products	吨	ton		
热力	Heat	百万千焦	million kilo-joule	148	
电力	Electricity	万千瓦时	10000kwh	1518	
煤矸石用于燃料	Coal gangue for fuel	吨	ton	1	19000
城市生活垃圾用于燃料	Urban domestic waste for fuel	吨	ton	1	
生物质废料用于燃料	Biomass waste for fuel	吨标准煤	ton of SCE	8	124
余热余压	Waste heat and waste pressure	百万千焦	million kilo-joule		
其它工业废料用于燃料	Other industrial waste for fuel	吨	ton		
其它燃料	Other fuel	吨标准煤	ton of SCE	4	
能源合计	Total of energy	吨标准煤	ton of SCE	1521	

ENERGY PURCHASE CONSUMPTION AND INVENORY OF INDUSTRIAL ENTERPRISES IN 2017

购进量 Purchase		消费量 Consumption					期末库存量 Inventory at the year-end
实物量 Physical quality	购自省外 Purchased outside the province	合计 Total	1. 工业生产消费 For production	用于原材料 For raw materials	2. 非工业生产消费 Non-industrial production	合计中：运输工具消费 Conveyance consumption	
23490395	18576726	23004961	22850388	509	154574		3000845
31961	376	33010	29880	4	3130		1813
6888		6653	6033		620		75
7759099	4399483	7762481	7642403	505	120078		1395652
15692447	14176866	15202818	15172072		30746		1603305
4594	785	4756	4369		387		357
2471		2456	1414		1042		170
12694		12694	12694				50
41763		45187	44684	1125	503	1	20
1955		1956	1869		87	61	
642601	277572	631463	631444		18		14656
74117	187	74644	42884	976	31760	34644	1054
244		245	214		30		
109039	1110	110160	58070	67	52090	55840	918
2120		2133	1374		759		430
271	11	271	260		11		
1073		1077	1077				4
802	802	957	957				214
13130	12000	13125	13125	1125			
21421165		13802762	9752025		4050736		
1499925		1761383	1721356		40027	2132	
10000		19000	19000				10000
539608		539608	539608				
193768		291524	291299		225		19
156		607	523		85		
		16803078	16390881		412196		

5-2 工业企业能源加工转换与回收利用（2017 年）

能源名称 Name of Energy		计量单位 unit		企业单位数（个） Enterprises (unit)	工业生产消费量 Consumption industrial producing	加工转换投入合计 Total input in processing and transformation
原煤	Coal	吨	ton	20	21180325	19253532
其中：1. 无烟煤	Anthracite	吨	ton			
2. 炼焦烟煤	Bituminous coal for coking	吨	ton			
3. 一般烟煤	Normal bituminous coal	吨	ton	13	6579956	5219504
4. 褐煤	Brown coal	吨	ton	7	14600369	14034028
洗精煤	Fine coal washing	吨	ton			
其他洗煤	Other coal washing	吨	ton			
煤制品	Coal products	吨	ton			
焦炭	Coke	吨	ton		11367	
其他焦化产品	Other coke products	吨	ton			
焦炉煤气	Coal gas	万立方米	10000cu·m			
高炉煤气	Blast furnace gas	万立方米	10000cu·m			
转炉煤气	Revolving gas	万立方米	10000cu·m			
发生炉煤气	Producer gas	万立方米	10000cu·m			
天然气（气态）	Natural gas	万立方米	10000cu·m	2	27476	9939
液化天然气（液态）	Liquefied natural gas	吨	ton		11	
煤层气（煤田）	Coal seam gas	万立方米	10000cu·m			
原油	Crude oil	吨	ton	2	630989	630989
汽油	Gasoline	吨	ton	1	1793	165
煤油	Kerosene	吨	ton		6	
柴油	Diesel oil	吨	ton	5	7554	1521
燃 料 油	Fuel oil	吨	ton	3	210	210
液化石油气	Liquefied petroleum gas	吨	ton			
炼厂干气	Coking gas	吨	ton			
石脑油	Naphtha	吨	ton			
润滑油	Lubricating oil	吨	ton			
石蜡	Paraffin wax	吨	ton			
溶剂油	Solvent oil	吨	ton			
石油焦	Petroleum coke	吨	ton			
石油沥青	Petroleum asphalt	吨	ton			
其他石油制品	Other oil products	吨	ton			
热力	Heat	百万千焦	million kilo-joule		7592480	
电力	Electricity	万千瓦时	10000kwh		718548	
煤矸石用于燃料	Coal gangue for fuel	吨	ton			
城市生活垃圾用于燃料	Urban domestic waste for fuel	吨	ton	1	539608	539608
生物质废料用于燃料	Biomass waste for fuel	吨标准煤	ton of SCE	4	281367	281367
余热余压	Waste heat and waste pressure	百万千焦	million kilo-joule			
其它工业废料用于燃料	Other industrial waste for fuel	吨	ton			
其它燃料	Other fuel	吨标准煤	ton of SCE			
能源合计	Total of energy	吨标准煤	ton of SCE	25	13644130	11030960

INDUSTRIAL ENTERPRISES PROCESSING TRANSFORMATION AND RECYCLED INTO ENERGY IN 2017

火力发电 Thermal power	供热 Heating	原煤入选 Physical Coal	炼焦 Coking	炼油 Petroleum Refining	制气 Gas Production	天然气液化 Natural Liquefied Gas	加工型煤 Processing Coal	能源加工转换产出 Output in Processing and transformation of energy
12830981	6422551							
3092921	2126583							
9738060	4295968							
162	535					9243		
								53961
				630989				
	165							251104
1466	55							196777
210								
								95322
								82262040
								2322610
539608								
251790	29577							
6508957	3497643			901431		122929		6574051

统计资料

STATISTICS

▶ 财政

GOVERNMENT FINANCE

2018

长春统计年鉴

CHANGCHUN STATISTICAL YEARBOOK

第六篇　财　政

2017 年，面对重点税源企业持续短收和减税降费政策带来的组织收入压力，全市各级财政部门加强收入调度，全市财政收入实现平稳增长，呈量质并进、高开稳走的良好局面。

一、财政收入总量持续扩大，收入质量明显提高

2017 年，全市一般公共预算收入 450.1 亿元，增长 8.3%；一般公共预算全口径财政收入 1208.9 亿元，增长 5.1%。全年税收收入增长 9.8%，高于整体财政收入增幅，收入结构明显改善。全市地方级财政收入占全省地方级收入比重达到 37.2%，比上年提高 4.3 个百分点，略高于其他九个市州合计占比，在省内的首位度进一步提升，收入增幅连续 18 个月高于全省平均水平，增速居全省前列，“打先锋、站排头”的作用进一步增强。

二、财政支出较快增长，财政服务全市经济社会发展的能力进一步增强

2017 年，一般公共预算支出 875.7 亿元，增长 13.6%，民生支出保障有力，全市民生支出完成 708.9 亿元，占全部支出的 81%，比上年提高 0.7 个百分点。重点支持了精准扶贫、幸福长春行动计划和城乡居民增收“暖流计划”实施，长春第十次蝉联“中国最具幸福感城市”。

6-1 全市一般预算全口径财政收入（2017年）
GOVERNMENT REVENUE BY REGION

单位：亿元　　unit:100million yuan

		绝对值 Absolute number	同比增减（%）Increasing rate year on year
全市收入总计	Total	1208.9	5.1
1. 市本级	City level	501.7	6.5
2. 区合计	Total	609.6	3.4
南关区	Nanguan	56.0	-1.7
宽城区	Kuancheng	44.6	19.1
朝阳区	Chaoyang	78.9	-1.9
二道区	Erdao	33.0	-18.6
绿园区	Lvyuan	55.6	-1.8
经济开发区	Economic and technical developing area	78.4	8.5
长春新区	Changchun new district	80.2	-23.4
净月开发区	Jingyue developing area	34.7	20.1
汽车开发区	Motor vehicle delelpment zone	145.6	32.5
莲花山度假区	Lianhua Mountain resort	2.6	40.1
3. 县（市）合计	Total city and county	97.7	8.4
榆树市	Yushu	14.0	12.5
农安县	Nong′an	24.5	-0.0
德惠市	Dehui	16.2	13.9
双阳区	Shuangyang	16.0	3.1
九台区	Jiutai	26.9	15.2

6-2 全市地方级财政收入及一般预算财政支出（2017年）

单位：亿元

		绝对值 Absolute number	同比增减（%）Increasing rate year on year
一、税收收入	Revenue Income	340.1	9.8
增值税	Value added tax	106.6	29.2
营业税	Business tax	1.0	-95.3
企业所得税	Enterprises income tax	62.5	7.9
企业所得税退税	Income tax rebate		
个人所得税	Individual income tax	17.3	6.2
资源税	Resourcex Tax	0.6	18.9
城市维护建设税	Tax on the city maintenance and construction	40.2	-4.5
房产税	Tax on real estate	17.1	19.0
印花税	Stamp tax	9.3	39.6
城镇土地使用税	Tax on use of urban land	11.5	4.9
土地增值税	Land value-added tax	17.7	17.9
车船税	Tax on the use of vehicles and ships	7.4	34.1
耕地占用税	Tax on the use of cultivated land	8.2	47.0
契税	Contract tax	40.8	31.4
烟叶税	Tabacoo leaf tax	0.0	-53.8
其他税收收入	Other Income		
二、非税收入	Non-yevenue Income	109.9	4.1
专项收入	Special income	37.6	14.1
行政性收费收入	Income aom administrative fees	16.6	4.3
罚没收入	Penalty and confiscafe income	9.2	27.5
国有资本经营收入	State-owned assets income	5.2	89.0
国有资源（资产）有偿使用收入	State resources inlome	25.3	-39.6
其他收入	Others	16.0	229.7
本年收入合计	Total	450.1	8.3

THE CITY'S LOCAL FINANCIAL REVENUE AND GENERAL BUDGETARY FINANCIAL EXPENDITURE IN 2017

unit:100million yuan

		绝对值 Absolute number	同比增减（%） Increasing rate year on year
一、一般公共服务	General publil services	92.8	20.2
二、外交	Dip lomaly		
三、国防	Defense	1.0	-21.5
四、公共安全	Social Security	36.4	1.4
五、教育	Education	119.7	11.2
六、科学技术	Science and technolgy	13.6	42.7
七、文化体育与传媒	Education and the media	12.3	-23.2
八、社会保障和就业	Social security and employment	108.0	-3.2
九、医疗卫生与计划生育	Medical and health	68.7	1.8
十、节能环保	Energy conservation and environmental protection	15.7	-26.0
十一、城乡社区	Urban and rural community services	165.7	3.2
十二、农林水	Agriculture, forestry, water affairs	101.4	76.5
十三、交通运输	Transport	49.2	126.3
十四、资源勘探信息等支出	Affairs of Mining, Power and Information	21.4	-8.1
十五、商业服务等支出	Management of Grain & Oil Reserves	10.6	10.2
十六、金融支出	Financial Supervision	0.4	43.6
十七、援助其他地区支出	Support in other areas of expenditure		
十八、国土海洋气象等支出	Land and Resources and Meteorology	9.5	111.9
十九、住房保障支出	Housing Security	30.2	14.0
二十、粮油物资储备支出	Administrative affairs such as cereals and oil supplies	4.2	-16.5
二十一、债务付息支出	Debit Interest	12.4	16.2
二十二、其他支出	Others	2.4	-21.9
本年支出合计	Total	875.7	13.6

统计资料

STATISTICS

▶物价

PRICE

2018

长春统计年鉴

CHANGCHUN STATISTICAL YEARBOOK

第七篇 物 价

2017年，居民消费价格总水平同比上涨1.3%，涨幅比上年缩小0.1个百分点。从各类商品及服务价格变动情况看，医疗保健价格上涨9.2%，教育文化和娱乐价格上涨2.0%，居住价格上涨1.3%，其他用品和服务价格上涨1.0%，交通和通信价格上涨0.8%；食品烟酒价格下降0.5%，衣着价格下降0.2%；生活用品及服务价格持平。

7-1 长春市居民消费价格分类指数（2017 年）
CONSUMER PRICE INDICES BY CATEGORY IN 2017

		2017 年
居民消费价格总指数	General consumer price index	101.3
一、食品烟酒	Food, tobacco and alcohol	99.5
1. 食品	Food	98.4
(1) 粮食	Grain	100.6
(2) 薯类	Tubers	93.2
(3) 豆类	Beans	100.5
(4) 食用油	Edible oil	97.8
(5) 菜	Vegetables	92.4
(6) 畜肉类	Meat	95.5
(7) 禽肉类	Poultry	93.9
(8) 水产品	Aquatic product	102.0
(9) 蛋类	Eggs	90.9
(10) 奶类	Milk	102.8
(11) 干鲜瓜果类	Dried and fresh fruits	104.7
(12) 糖果糕点类	confectionery	101.6
(13) 调味品	Seasoning	103.8
(14) 其他食品类	Others	96.1
2. 茶及饮料	Tea and drink	104.9
3. 烟酒	Tobacco and alcohol	101.7
(1) 烟草	Tobacco	100.4
(2) 酒类	Alcohol	103.9
4. 在外餐饮	Take-out	102.0
二、衣着	Garments	99.8
1. 服装	Garments	100.1
2. 服装材料	Textiles	102.7
3. 其他衣着及配件	Others	100.6
4. 衣着加工服务费	Processing services	100.7
5. 鞋类	Shoes	98.5
三、居住	Housing	101.3
1. 租赁房房租	Rent	101.0
2. 住房保养维修及管理	Maintenance and management	101.0
3. 水电燃料	Water, electricity, fuel and others	101.3
4. 自有住房	Imputed rent	101.4
四、生活用品及服务	Articles for daily use, and services	100.0
1. 家具及室内装饰品	Furnitures and indoor decorations	102.9
2. 家用器具	Household appliances	98.7
3. 家用纺织品	Household textile	97.4
4. 家庭日用杂品	Daily groceries	100.1
5. 个人护理用品	Personal products	99.8
6. 家庭服务	Family services	101.0
五、交通和通信	Transportation and communication	100.8
1. 交通	Transportation	101.2
2. 通信	Telecommunication	100.2
六、教育文化和娱乐	Education and recreation	102.0
1. 教育	Education	101.3
2. 文化娱乐	Recreation	103.1
七、医疗保健	Health care	109.2
1. 药品及医疗器具	Medical appliances and medicine	109.2
2. 医疗服务	Medical services	109.1
八、其他用品和服务	Other products and services	101.0
1. 其他用品类	Other products	101.0
2. 其他服务类	Other services	100.9

7-2 长春市商品零售价格分类指数（2017 年）
RETAIL PRICE INDICES BY CATEGORY IN 2017

（以上年同期为 100 preceding year=100）

		2017 年
商品零售价格指数	Retail price indices	101.2
一、食品	General consumer price index	98.7
1. 粮食	Grain	100.2
2. 薯类	Tubers	93.2
3. 豆类	Beans	100.5
4. 食用油	Edible oil	97.5
5. 菜	Vegetables	92.5
6. 畜肉类	Meat	95.3
7. 禽肉类	Poultry	93.8
8. 水产品	Aquatic product	101.2
9. 蛋类	Eggs	91.0
10. 奶类	Milk	102.8
11. 干鲜瓜果类	Dried and fresh fruits	104.4
12. 糖果糕点类	confectionery	101.5
13. 调味品	Seasoning	103.5
14. 其他食品类	Others	96.6
15. 在外餐饮	Take-out	101.9
二、饮料、烟酒	Beverage, tobacco and alcohol	102.5
三、服装、鞋帽	Clothing, shoes and hats	99.7
四、纺织品	textiles	98.9
五、家用电器及音像器材	Households facilities	100.4
六、文化办公用品	Official articles	101.9
七、日用品	Daily articles	100.4
八、体育娱乐用品	Sports and recreation articles	100.1
九、交通、通信用品	Transport and telecommunication	98.5
十、家具	Furniture	103.2
十一、化妆品	Cosmetics	100.3
十二、金银饰品	Jeweliery	102.1
十三、中西药品及医疗保健用品	Traditional chinese and medical care	109.4
十四、书报杂志及电子出版物	Newspapers, magazines and electronec publishing	100.0
十五、燃料	Fuels	107.5
十六、建筑材料及五金电料	Construction materials and hardware	102.4

7–3 长春市零售价格类指数（2017 年）
RETAIL PRICE INDICES BY CATEGORY IN 2017

		2017 年
商品零售价格指数	Retail price indices	101.2
一、食品	General consumer price index	98.7
1. 粮食	Grain	100.2
2. 薯类	Tubers	93.2
3. 豆类	Beans	100.5
4. 食用油	Edible oil	97.5
5. 菜	Vegetables	92.5
6. 畜肉类	Meat	95.3
7. 禽肉类	Poultry	93.8
8. 水产品	Aquatic product	101.2
9. 蛋类	Eggs	91.0
10. 奶类	Milk	102.8
11. 干鲜瓜果类	Dried and fresh fruits	104.4
12. 糖果糕点类	confectionery	101.5
13. 调味品	Seasoning	103.5
14. 其他食品类	Others	96.6
15. 在外餐饮	Take-out	101.9
二、饮料、烟酒	Beverage, tobacco and alcohol	102.5
1. 茶及饮料	Tea and drink	104.7
2. 烟草	Tobacco	100.4
3. 酒类	Alcohol	104.0
三、服装、鞋帽	Clothing, shoes and hats	99.7
1. 服装	Garments	100.2
2. 鞋帽袜	Shoes socks and hats	98.7
3. 其他衣着配件	Others	95.8
四、纺织品	textiles	98.9
1. 服装材料	Textiles	102.7
2. 床上用品	Beds	98.0
五、家用电器及音像器材	Households facilities	100.4
1. 家庭设备	Households facilities	98.6
2. 文娱用耐用消费品	Recreational durable goods	103.7

7-3 续表 1　　continued1

		2017 年
3. 专业音像器材	Audiovisual products	98.6
六、文化办公用品	Official articles	101.9
七、日用品	Daily articles	100.4
1. 日用百货	Daily articles	98.8
2. 厨具餐具茶具	Kitchen utensils and tableware tea set	101.2
3. 清洗用品	Washing appliance	101.3
4. 其他日用品	Others	100.3
八、体育娱乐用品	Sports and recreation articles	100.1
1. 体育户外用品	Sports goods	102.0
2. 娱乐用品	Cultural appliance	99.6
九、交通、通信用品	Transport and telecommunication	98.5
1. 交通运输机械	Transports	97.2
2. 通信器材	Telecommunecation	100.5
十、家具	Furniture	103.2
十一、化妆品	Cosmetics	100.3
十二、金银饰品	Jeweliery	102.1
十三、中西药品及医疗保健用品	Traditional chinese and medical care	109.4
1. 医疗卫生器具	Equipment	108.2
2. 中药	Chinese medicines	109.2
3. 西药	Western medicines	110.3
4. 保健器具及用品	Health care appliances and products	107.0
十四、书报杂志及电子出版物	Newspapers, magazines and electronec publishing	100.0
1. 教材及参考书	Books	101.5
2. 书报杂志	Newspapers	100.0
3. 计算机办公软件	MS-Office	95.0
十五、燃料	Fuels	107.5
1. 煤炭及制品	Coal and products	113.7
2. 石油及制品	Oil and products	106.5
十六、建筑材料及五金电料	Construction materials and hardware	102.4
1. 建筑装璜材料	Construction	102.1
2. 五金水暖	Hardware, plumbing	103.9

统计资料

STATISTICS

▶人民生活

PEOPLE'S LIVELHOOD

2018

长春统计年鉴

CHANGCHUN STATISTICAL YEARBOOK

第八篇　人民生活

2017年，城镇常住居民人均可支配收入达到33167.71元，比上年增长6.8%。其中，工资性收入18287.51元，增长6.7%；经营净收入1148.20元，下降8.0%；财产净收入2640.41元，增长4.3%；转移净收入11091.59元，增长9.2%。城镇常住居民人均消费支出25873.59元，比上年增长7.4%。农村常住居民人均可支配收入13431元，比上年增长6.8%。

8-1 城市住户基本情况（2017 年）
BASIC STATISTICS ON URBAN HOUSEHOLDS

		单位 Unit		合计 Total
一、居民收入	Resident income			
（一）家庭总收入	Household income	元／人	yuan/person	35699.50
其中：可支配收入	Disposable income	元／人	yuan/person	33167.71
1. 工资性收入	Income	元／人	yuan/person	18287.51
2. 经营净收入	Business income	元／人	yuan/person	1148.20
3. 财产净收入	Property income	元／人	yuan/person	2640.41
4. 转移净收入	Transfer income	元／人	yuan/person	11091.59
（二）城镇居民人均现金消费支出	Urban cash payment per capita	元／人	yuan/person	25873.59
其中：1. 食品烟酒	Food	元／人	yuan/person	6405.33
2. 衣着	Garments	元／人	yuan/person	2081.20
3. 居住	Residence	元／人	yuan/person	5663.41
4. 生活用品及服务	Household facilities and services	元／人	yuan/person	1396.15
5. 交通和通信	Transportation and telecommunication	元／人	yuan/person	3945.55
6. 教育文化娱乐	Education and recreation service	元／人	yuan/person	2976.33
7. 医疗保健	Health care	元／人	yuan/person	2518.06
8. 其他用品和服务	Others	元／人	yuan/person	887.56
二、家庭总支出	Household expenditure	元	yuan	36153.62
消费支出	Consumption	元	yuan	25873.59
（一）食品烟酒	Food, tobacco and alcohol	元	yuan	6405.33
1. 食品	Food	元	yuan	4050.20
（1）谷物	Corn	元	yuan	540.78
（2）薯类	Tubers	元	yuan	35.36
（3）豆类	Beans	元	yuan	70.50
（4）食用油	Edible oil	元	yuan	173.18
（5）蔬菜和食用菌	Vegetables and edible fungi	元	yuan	571.26
（6）肉类	Meat	元	yuan	861.77
（7）禽类	Poultry	元	yuan	130.96
（8）水产品	Aquatic product	元	yuan	270.08
（9）蛋类	Eggs	元	yuan	92.75
（10）奶类	Milk	元	yuan	248.81
（11）干鲜瓜果类	Dried and fresh fruits	元	yuan	694.61
（12）糖果糕点类	confectionery	元	yuan	135.74
（13）其他食品	Others	元	yuan	224.40

8-1 续表 1 continued1

		单位 Unit		合计 Total
2. 烟酒	Tobacco and alcohol	元	yuan	413.98
3. 饮料	Beverage	元	yuan	128.01
4. 饮食服务	catering service	元	yuan	1813.13
（二）衣着	Garments	元	yuan	2081.20
1. 衣类	Clothing	元	yuan	1547.50
2. 鞋类	Shoes	元	yuan	533.70
（三）居住	Housing	元	yuan	5663.41
1. 租赁房房租	Rent	元	yuan	85.29
2. 住房维修及管理	Maintenance and management	元	yuan	558.40
3. 水电燃料及其他	Water, electricity, fuel and others	元	yuan	1534.67
4. 自有住房折算租金	Imputed rent	元	yuan	3485.05
（四）生活用品及服务	Articles for daily use, and services	元	yuan	1396.15
1. 家具及室内装饰品	Furnitures and indoor decorations	元	yuan	152.37
2. 家用器具	Household appliances	元	yuan	292.15
3. 家用纺织品	Household textile	元	yuan	130.08
4. 家庭日用杂品	Daily groceries	元	yuan	378.02
5. 个人用品	Personal products	元	yuan	364.54
6. 家庭服务	Family services	元	yuan	78.99
（五）交通和通信	Transportation and communication	元	yuan	3945.55
1. 交通	Transportation	元	yuan	2924.79
2. 通信	Telecommunication	元	yuan	1020.76
（六）教育文化娱乐	Education and recreation	元	yuan	2976.33
1. 教育	Education	元	yuan	1561.95
2. 文化娱乐	Recreation	元	yuan	1414.38
（七）医疗保健	Health care	元	yuan	2518.06
1. 医疗器具及药品	Medical appliances and medicine	元	yuan	981.84
2. 医疗服务	Medical services	元	yuan	1536.22
（八）其他用品和服务	Other products and services	元	yuan	887.56
1. 其他用品	Other products	元	yuan	399.53
2. 其他服务	Other services	元	yuan	488.03

8-2 城市住房和耐用消费品拥有情况（2017 年）

URBAN HOUSING AND DURABLE CONSUMER GOODS

		单位 Unit		合计 Total
一、现住房情况	Housing conditions			
（一）人均住房建筑面积	Floor space per capita	平方米 / 人	sq.m/person	29.83
（二）按居住空间样式分的户数比重	Grouped by patterns of living space	—	—	
1. 单栋楼房	Detached storied building	%	%	0.86
2. 单栋平房	Detached single story building	%	%	5.38
3. 单元房	Apartment	%	%	93.14
4. 筒子楼或连片平房	Tube-shaped apartment or contiguous single story buildings	%	%	0.62
5. 其他	Others	%	%	
（三）按主要建筑材料分的户数比重	Grouped by main building materials			
1. 钢筋混凝土	Reinforced concrete	%	%	32.44
2. 砖混材料	Brick and concrete	%	%	63.03
3. 砖瓦砖木	Brick and tile brick	%	%	4.16
4. 竹草土坯	Bamboo, grass and mud brick	%	%	0.13
5. 其他	Others	%	%	0.25
（四）按房屋来源分的户数比重	Grouped by housing source			
1. 租赁住房	Rented housing	%	%	3.62
2. 自建住房	Self-built housing	%	%	5.11
3. 购买商品房	Bought commercial housing	%	%	46.93
4. 购买房改住房	Bought public housing	%	%	21.46
5. 购买保障性住房	Bought security housing	%	%	0.32
6. 拆迁安置房	Removal settlement building	%	%	20.05
7. 继承或获赠住房	Inherited or given housing	%	%	1.67
8. 其他	Others	%	%	0.84
（五）住房外道路为硬化路面的户数比重	Proportions of housing with hardened road surface outside	%	%	98.90
二、生活设施状况	Conditions of living facilities			
（一）饮用水状况	Drinking water conditions			
1. 是否有管道设施	Pipeline facilities			
①管道供水入户	with pipeline in housing	%	%	96.82
②管道供水至公共取水点	with pipeline at public water point	%	%	
③没有管道设施	without pipeline	%	%	3.18
2. 主要饮用水来源	Main source of drinking water			
①经过净化处理的自来水	Purified water supply	%	%	96.15
②受保护的井水和泉水	Protected well and spring	%	%	1.55
③不受保护的井水和泉水	Unprotected well and spring	%	%	1.31
④江河湖泊水	Rivers and lakes water	%	%	

8-2 续表 1 continued1

		单位 Unit		合计 Total
⑤其他饮用水来源	Others	%	%	0.99
3. 获取饮用水存在的主要困难	Main difficulties of acquiring drinking water			
①单次取水往返时间超过半小时	Round-trip time over half an hour for water acquiring	%	%	
②间断或定时供水	Discontinuous or Fixed-time water supply	%	%	2.36
③当年连续缺水超过 15 天	Continuous water shortage for over 15 days in a year	%	%	
④获取饮用水无困难	No difficulties in acquiring water	%	%	97.64
4. 饮用前家里采取的主要处理措施	Main treatment measures before drinking			
①煮沸	Boiling	%	%	94.76
②加漂白剂 / 氯等	Adding bleaching agents/chlorine etc.	%	%	
③使用水过滤器	Using water filter	%	%	1.61
④其他处理措施	Other treatment measures	%	%	0.93
⑤没有任何水处理措施	No treatment measures	%	%	2.71
(二) 住宅内厕所状况	In-door toilet conditions			
1. 水冲式卫生厕所	Flush-type sanitary toilet	%	%	94.72
2. 水冲式非卫生厕所	Flush-type non-sanitary toilet	%	%	
3. 卫生旱厕	Sanitary dry pail latrine	%	%	0.30
4. 普通旱厕	Ordinary dry pail latrine	%	%	4.98
5. 无厕所	No toilet	%	%	
(三) 主要炊用能源	Main energy for cook			
1. 天然气、煤气、液化石油气	Natural gas, coal gas, LPG	%	%	96.53
2. 煤炭	Coal	%	%	
3. 电	Electricity	%	%	0.65
4. 沼气	Methane	%	%	
5. 其他	Others	%	%	2.82
三、每百户耐用消费品拥有情况	Ownership of durable consumer goods per 100 families			
(一) 家用汽车	Family car	辆	unit	29.40
(二) 摩托车	Motorcycle	辆	unit	5.60
(三) 电冰箱 (柜)	Refrigerator	台	set	98.79
(四) 洗衣机	Washing machine	台	set	99.28
(五) 热水器	Water heater	台	set	69.88
其中：太阳能热水器	Of which: solar water heater	台	set	6.47
(六) 空调	Air conditioner	台	set	22.17
(七) 彩色电视机	Colour TV set	台	set	106.78
(八) 摄像机	Video camera	台	set	
(九) 照相机	Camera	台	set	31.08
(十) 计算机	Computer	台	set	72.14
其中：接入互联网的计算机	Of which: with access to internet	台	set	59.25
(十一) 中高档乐器	High-grade musical instruments	架	pcs	4.50
(十二) 固定电话	Telephone	部	pcs	43.93
(十三) 移动电话	Mobile phone	部	pcs	233.37
其中：接入互联网的移动电话	Of which: with access to internet	部	pcs	154.42

统计资料

▶城市建设

GENERAL SURVEY OF CRTY

STATISTICS

2018

长春统计年鉴

CHANGCHUN STATISTICAL YEARBOOK

第九篇　城市建设

2017 年长春市完成道路新建和扩建长度 22.63 公里，全市道路总面积达到 7117.8 万平方米，道路长度达到 3617.7 公里。全市水厂日综合生产能力为 126.4 万立方米 / 日，城区使用自来水人数达 497.5 万人。全市天然气供气总量达到 67871.4 万立方米；液化石油气供气总量达到 4.9 万吨。城区使用天然气、石油液化气户数达到 195.8 万户。城区集中供热面积达到 24560.2 万平方米。全市公园绿地面积达到 18238 公顷，建成区绿化覆盖面积达到 20750 公顷，建成区绿化覆盖率达到 41.5%。

9-1 长春市城区用气情况
BASIC STATISTICS ON SUPPLY OF GAS IN CITY

		单位	Unit	2015	2016	2017
一、人工煤气	Gas					
生产能力	Production capacity of coal gas	万立方米/日	10000cu·m·day			
储气能力	Gas storage capacity	万立方米	10000cu·m			
供气管道长度	Length of gas pipeline	公里	km			
供气总量	Total gas supply	万立方米	10000cu·m	4192.79		
其中：家庭用量	Households	万立方米	10000cu·m	3480.42		
用气户数	Households access to gas	户	Household			
其中：家庭用户	Households	户	Household			
用气人口	Population	万人	10000 persons			
二、天然气	Natural gas					
储气能力	Gas storage capacity	万立方米	10000cu·m	635	627	627
供气管道长度	Length of gas supply	公里	km	4449.27	4660.02	5278.67
供气总量	Total gas supply	万立方米	10000cu·m	45881.91	57914.09	67871.42
其中：家庭用量	Households	万立方米	10000cu·m	20545.27	26137.96	31720.81
用户总数	Households access to gas	户	Household	1227397	1688027	1853103
用气人口	Population	万人	10000 persons	365.33	315.69	373.15
三、液化石油气	Liquefied Petroleum gas					
储气能力	Gas storage capacity	吨	Ton	6065	6000	6065
供气管道长度	Length of gas pipeline	公里	km			
供气总量	Total gas supply	吨	Ton	37743.25	47956	49437
其中：家庭用量	Households	吨	Ton	7634	6258	7347
用气户数	Households	户	Household	116843	84732	104587
用气人口	Population	万人	10000 persons	31.69	18.13	26.3
四、燃气普及率	Percentage of population access to gas	%		98.6	98.8	98.9

注：2017年数据由长春市城乡建设委员会提供

9-2 长春市政设施情况
BASIC STATISTICS ON PUBLIC UTILITIES

		单位 unit		2015	2016	2017
道路长度	Length of paved roads	公里	km	3373.83	5125.6	3623.21
道路面积	Area of paved roads	万平方米	10000sq·m	7655.2	7712.67	7167.69
桥梁数	Bridges	座	set	295	349	319
路灯数	Street lights	盏	unit	138417	132593	156545
排水管道长度	Length of exhaust piping	公里	km	5358.29	4471.76	5565.46
污水排放量	Volume of waste water discharged	万立方米	10000cu·m	30331	28930	44407
污水处理厂座数	Number of factory for waste water ischarged	座	set	11	10	12
污水处理厂污水处理能力	Capacity of wasted water discharged	万立方米/日	10000cu·m/day	156.3	120.3	199.5
污水处理总量	Volume of waste water treatment	万立方米	10000cu·m	28269	27032	38912

9-3 长春市园林绿化情况
BASIC STATISTICS ON PARKS，GARDENS AND GREEN AREAS

		单位 unit		2015	2016	2017
绿化覆盖面积	Total area of green land	公顷	ha	18927	19599	20750
其中：建成区	Finished area	公顷	ha	16646	16974	18238
园林绿地面积	Total area of parks and gardens	公顷	ha			
其中：建成区	Finished area	公顷	ha			
公共绿地面积	Public green areas	公顷	ha	5897	6332	6412
公园个数	Parks	个	unit	51	113	117
公园面积	Area of parks	公顷	ha	1686	3847	4165

9-4 长春市城区集中供热情况
BASIC STATISTICS ON HEATING IN CITY

		单位 unit		2015	2016	2017
供热能力（热水）	Heating capacity (water)	兆瓦	Mega watts	18449.8	18728.8	16677
供热能力（蒸汽）	Heating capacity (steam)	吨/小时	ton/hour	116	116	425
供热总量（热水）	Volume supplied(water)	万吉焦	10000gigajoules	9177.12	8750	9870
供热总量（蒸汽）	Volume supplied(steam)	吨/小时	ton/hour	112.73	112.73	50
管道长度（热水）	Length of pipeline(water)	公里	km	5574.32	5442.64	9634
管道长度（蒸汽）	Length of pipeline (steam)	公里	km	35	35	
供热面积	Heated area	万平方米	10000sq·m	18663.26	21185.64	23886.2

9-5 长春市城区自来水供应情况(公共供水)
BASIC STATISTICS ON TAP WATER SUPPLY IN CITY (WATER SUPPLY PUBLICLY)

		单位	unit	2017
年底自来水生产能力	Production capacity of tap water	万立方米/日	10000cu·m/day	124
年末供水管道长度	Length of water supply pipeline	公里	km	2338
供水总量	Volume of water supply	万立方米	10000 cu·m	35141
生产运营用水	For productive use	万立方米	10000 cu·m	4721
居民家庭用水	For residential use	万立方米	10000 cu·m	9665
售水量	Volume of sale	万立方米	10000 cu·m	23543
用水户数	Households access to tap water	户	Household	1592850
其中：家庭用户	Households	户	Household	1488436
用水人口	Population access to tapwater	万人	10000persons	480
人均日生活用水量	Per capita comsumption of tapwater	升	liter	

9-6 长春市公共交通情况
BASIC STATISTICS ON PUBLIC TRANSPORTATION

		单位	unit	2017
一、汽车	Automobile			
运营车数	Operating automobile	辆	unit	
公共汽车	Buses	辆	unit	4169
标准运营车数	Number of standard operating	标台	unit	4471
运营线路网长度	Length of road	公里	km	4489.4
客运总量	Passengers traffic	万人次	10000person-times	69923
公共汽车	Buses	万人次	10000person-times	69923
其中：小公共汽车	Mini buses	万人次	10000person-times	
从业人数	Employment	人	person	
二、出租汽车	Taxi			
出租车数量	Number of taxi	辆	unit	15401
三、轨道交通	Orbital transport			
（一）轻轨	Light trolley			
运营车数	Operating automobile	列	train	429
运营线路网长度	Length of road	公里	km	46.9
客运总量	Passengers traffic	万人次	10000person-times	8043.8
（二）有轨电车	Trolley			
运营车数	Number of trolley operating	辆	unit	47
标准运营车数	Number of standard operating	标台	unit	61
运营线路网长度	Length of road	公里	km	17.5
客运总量	Passengers traffic	万人次	10000person-times	1542

9-7 长春市主要年份市区房屋情况
BASIC STATISTICS ON BUILDING CONSTRUCTION AND HOUSING

		2014	2015	2016	2017
实有房屋建筑面积（万平方米）	Floor space of building(10000sq·m)	15556.0	16473.3	17425.2	18384
#私房（万平方米）	Private building (10000sq·m)	8865.0	9577.4	10429	11316.3
实有住宅建筑面积（万平方米）	Floor space of housing (10000sq·m)	9659.0	10308.8	11057.8	11808.1
#私房（万平方米）	Private building (10000sq·m)	7993.0	8595	9363.9	9927.4

9-8 长春市主要年份全市供电情况
BASIC STATISTICS ON ELECTRICITY SUPPLY IN CITY

		2014	2015	2016	2017
年底发电设备容量总计（千瓦）	Total of power station production(kw)	4879914	4894968	4995325	5937226
年底供电设备容量（千伏安）	Total available for supply(1000kwva)	15150650	15926750	16216750	17772300
全年供电量（万千瓦小时）	Annual supply electricity(10000kwh)	1673210	1723491	1716586	2034927
#自供（万千瓦小时）	By power station (10000kwh)	15097	10222	23349	11918
网供（万千瓦小时）	From electicity net (10000kwh)	1673210	1723491	1716586	2034927
全年用电量（万千瓦小时）	Total electricity consumption(10000kwh)	1885731	1927890	1929273	2247695
#工业用电（万千瓦小时）	Industry(10000kwh)	1061479	1064707	1013788	1192460
农业用电（万千瓦小时）	Agriculture (10000kwh)	25556	28506	32432	37603
城乡人民生活用电（万千瓦小时）	Residential consumption(10000kwh)	296246	309383	330176	368390
送配电线路长度（公里）	Length of electric wire (km)	6120.0	5952	5977	6482
#输电线路（公里）	Electric wire (km)	6120.0	5952	5977	6482

统计资料

STATISTICS

▶农业

AGRICULTURE

2018

长春统计年鉴

CHANGCHUN STATISTICAL YEARBOOK

第十篇 农 业

2017 年农、林、牧、渔及农林牧渔服务业总产值 557.1 亿元，比上年增长 3.6%，增加值 299.1 亿元，比上年增长 3.5%。种植业产值 191.98 亿元，增长 11.6%，增加值 116.2 亿元，增长 10.3%；林业产值 4.1 亿元，下降 3.2%，增加值 2.5 亿元，下降 2.5%；牧业产值 335.96 亿元，下降 0.6%，增加值 166 亿元，增长 1%；渔业产值 6.0 亿元，增长 3.1%，增加值 3.7 亿元，同比增长 3.1%；农林牧渔服务业产值 18.97 亿元，增长 0.9%，增加值 10.7 亿元，增长 0.9%。

2017 年农作物总播种面积 131.8 万公顷，比上年增长 0.6%。粮食播种面积 127.0 万公顷，下降 0.2%，粮食总产量 1050.3 万吨，下降 0.3%；玉米播种面积 103.9 万公顷，下降 1.6%，产量 867.8 万吨，减少 1.9%；水稻播种面积 17.3 万公顷，下降 0.03%，产量 148.8 万吨，增长 2.7%；蔬菜和食用菌播种面积 1.8 万公顷，增长 13.4%，产量 77.6 万吨，增长 14.3%；猪出栏 483.6 万头，增长 2.0%；牛出栏 78.9 万头，下降 3.5%；羊出栏 41.0 万只，下降 1.4%；家禽出栏 2.4 亿只，下降 11%；肉类总产量 94.8 万吨，下降 2.6%；禽蛋产量 49.3 万吨，下降 8.7%；牛奶产量 1.43 万吨，增长 57.1%。

10-1 1997-2017 年农林牧渔业总产值（现价）
GROSS OUTPUT VALUE OF AGRICULTURE(at current price)(1997-2017)

单位：亿元 unit:100million yuan

年份 Year	农林牧渔业总产值 Total	农业产值 Farming	林业产值 Forestry	牧业产值 Animal husbandry	渔业产值 Fishery
1996	172.9	99.3	0.5	71.9	1.2
1997	176.8	94.0	0.7	80.8	1.3
1998	198.9	108.2	0.6	88.6	1.5
1999	200.9	92.9	0.5	105.8	1.7
2000	197.6	83.8	1.0	111.7	1.1
2001	223.9	108.0	0.5	114.4	1.0
2002	242.1	115.9	0.6	124.8	0.8
2003	259.2	116.7	1.1	139.2	1.0
2004	281.5	126.6	0.8	152.2	0.7
2005	272.9	130.8	2.1	137.3	1.5
2006	289.0	142.2	1.7	142.3	1.5
2007	340.6	160.3	0.9	176.2	1.8
2008	405.2	171.4	1.9	228.0	2.4
2009	418.4	185.3	1.9	216.2	2.2
2010	474.7	213.4	3.2	242.3	2.4
2011	523.8	248.6	2.8	254.5	3.7
2012	562.5	284.1	3.8	255.2	4.2
2013	602.7	307.2	2.3	272.3	5.2
2014	626.9	322.5	3.0	279.8	5.2
2015	649.6	321.4	3.5	302.1	5.5
2016	584.3	195.9	4.2	359.9	5.8
2017	557.1	192.0	4.1	336.0	6.0

10-2 1997-2017 年农作物播种面积
TOTAL SOWN AREAS OF FARM CROPS (1997-2017)

单位：公顷 unit:ha

年份 Year	农作物总播种面积 Total sown area	粮食作物 Grain crops		经济作物 Economic crops		其他作物 Other crops	
		播种面积 Sown area	占总播种面积(%) Percentage	播种面积 Sown area	占总播种面积(%) Percentage	播种面积 Sown area	占总播种面积(%) Percentage
1997	1122817	986045	87.8	27594	2.5	109178	9.7
1998	1122996	984485	87.7	21828	1.9	116683	10.4
1999	1121587	965869	86.1	26567	2.3	129151	11.6
2000	1121046	951131	84.8	38134	3.4	131781	11.8
2001	1114286	935373	84.0	42796	3.8	136117	12.2
2002	1109100	914514	82.5	41467	3.7	153119	13.8
2003	1106395	919045	83.1	169589	15.3	17761	1.6
2004	1139211	1012244	88.9	121564	10.7	5403	0.4
2005	1130795	1002871	88.7	119566	10.6	8358	0.7
2006	1140257	1006930	88.3	127143	11.2	6184	0.5
2007	1150344	1020703	88.7	122352	10.6	7289	0.6
2008	1189764	1097197	92.2	88768	7.5	3799	0.3
2009	1260099	1155556	91.7	100687	8.0	3856	0.3
2010	1257193	1150479	91.5	102575	8.2	4139	0.3
2011	1333060	1220935	91.6	107762	8.1	4363	0.3
2012	1344118	1245338	92.7	95585	7.1	3195	0.2
2013	1340272	1245453	92.9	94819	7.1	1402	0.1
2014	1336334	1243593	93.1	92741	6.9	1447	0.1
2015	1334123	1250636	93.7	83706	6.3	219	0
2016	1310633	1272646	97.1	37987	2.9	3558	0.3
2017	1318174	1270295	96.3	47879	3.6	1904	0.1

注：1. 经济作物包括：油料、甜菜、烟叶、药材、蔬菜及食用菌、瓜果。
2. 2017 年数据依据 2016 年农普数据进行修订（2016 年数据为全国第三次农业普查核定数）。

10-3 农作物总播种面积
TOTAL SOWN AREAS OF FARM CROPS

单位：公顷　　unit:ha

		全市 Total	市辖区 District 合计 Total	双阳区 Shuangyang	九台区 Jiutai	榆树市 Yushu	农安县 Nong' an	德惠市 Dehui
农作物总播种面积	Sown area	1314077	308953	88507	173728	402133	389477	213514
粮食作物合计	Grain crops	1270295	301155	86477	168147	385594	373332	210213
一、谷物	Corn	1226512	293357	84446	162567	369055	357187	206913
1. 稻谷	Rice	173447	39523	13355	22483	74412	11567	47945
其中：粳稻	Geng rice	173447	39523	13355	22483	74412	11567	47945
糯稻	Glutinous rice	18				18		
2. 小麦	Wheat	18				18		
3. 玉米	Corn	1038779	253466	70763	140064	287702	338952	158658
4. 谷子	Millet	2042	37	20	9	356	1562	87
5. 高粱	Sorghum	12089	326	304	11	6436	5105	222
6. 其它谷物	Others	137	5	5		131	1	
荞　麦	Buckwheat	7					7	
二、豆类合计	Beans	19959	1847	890	858	9689	7948	476
其中：大豆	Soybean	18887	1385	884	402	9566	7493	443
绿豆	Mung beans	238	32		32		195	11
红小豆	Red beans	834	429	6	424	123	260	22
三、薯类（鲜薯）	Tubers	23823	5951	1140	4723	6850	8197	2825
其中：1. 马铃薯	Potato	23191	5951	1140	4723	6850	7565	2825
2. 甘　薯	Sweet potato	632					632	
经济作物	Cash crop	47879	7258	1650	3311	4252	31128	5241
一、油料	Oil plants	24088	69	45	24	415	22153	1451
花　生	Peanut	17242	57	40	17	414	16192	579
油菜籽	Rapeseed	6	5	5			1	
芝　麻	sesame	1				1		
葵花子		6839	7		7		5960	872
二、棉花	Cotton							
三、生麻	Raw jute							
四、甜菜	Beet	9					9	
五、烟叶（未加工烟草）	Tobacco (unprocessed tobacco)	807	24		24	92	538	153
其中：烤烟（未去梗烤烟叶）	Of which: flue-cured tobacco (flue-cured tobacco with stems)	35				13		22
六、中草药材	Chinese herbal medicine	399	131	60	71	33	235	
七、蔬菜和食用菌	Vegetables and edible fungi	18085	5336	1464	1844	3003	6417	3329
1. 叶菜类	Leaf vegetables	339	171	28	102	60	11	97

10-3 续表 continued 1　　　　单位：公顷 unit:ha

		全市 Total	市辖区 District 合计 Total	市辖区 District 双阳区 Shuangyang	市辖区 District 九台区 Jiutai	榆树市 Yushu	农安县 Nong'an	德惠市 Dehui
其中：芹菜	Of which: celery	91	41	9	26	32	3	15
油菜	Rape	90	54	3	36	2	3	31
菠菜	Spinach	105	52	12	27	14	3	36
2. 白菜类	Cabbage	4719	1251	409	360	968	1538	962
其中：大白菜	Of which: Chinese cabbage	4417	1132	388	323	919	1461	905
3. 甘蓝类	Brassica oleracea	175	36		2	2	137	
其中：卷心菜（结球甘蓝）	Of which: cabbage (head cabbage)	106	18		1	2	86	
4. 根茎类	Rhizomes	2468	629	163	251	526	821	492
其中：白萝卜	Of which: white radish	1621	361	99	199	475	431	354
胡萝卜	Carrot	318	53	29	22	22	180	63
5. 瓜菜类	Melon Vegetables	1857	731	201	232	371	118	637
其中：黄瓜	Of which: cucumber	1623	631	156	207	333	88	571
南瓜	Pumpkin	158	62	45	17		30	66
6. 豆类（菜用）	Beans (vegetables)	55	18	5	6	2	3	32
其中：豇豆	Of which: cowpea	10	2		1	1	2	5
四季豆	Green beans	40	14	4	5	1	1	24
7. 茄果类	Solanaceous vegetables	5704	2112	546	733	906	1752	934
其中：茄子	Of which: Eggplant	2028	1205	288	410	230	154	439
辣椒	Chili	2386	377	88	229	298	1555	156
西红柿	Tomato	1282	522	170	94	378	43	339
8. 葱蒜类	Onions & Garlic	2098	328	88	128	150	1445	175
其中：大葱	Of which: scallion	645	155	38	53	75	338	77
蒜头	Garlic	669	57	22	35	17	555	40
10. 其他蔬菜	Other vegetables	670	60	24	30	18	592	
11. 食用菌	Edible fungi							
八、瓜果类	Melon & fruit	2587	273	81	131	303	1776	235
其中：西　瓜	Of which: watermelon	1936	42	3	27	176	1570	148
香　瓜	Muskmelon	241	54	19	26	44	111	32
草　莓	Strawberry	25	20	3	6		4	1
九、其他农作物	Other crops	1904	1425		1217	406		73
其中：青饲料	Of which: green fodder							
补充资料：青贮玉米播种面积	Supplementary data: sown area of silage corn							

10-4 农作物总产量
YIELD OF MAJOR FARM CROPS

单位：吨　　　　unit:ton

		全市 Total	市辖区 District 合计 Total	双阳区 Shuangyang	九台区 Jiutai	榆树市 Yushu	农安县 Nong' an	德惠市 Dehui
粮食作物合计	Grain crops	10502572	2108699	630550	1198233	3640712	3157534	1595627
一、谷物	Corn	10276356	2059272	622727	1157349	3559278	3084303	1573504
1. 稻谷	Rice	1487615	348633	99206	224334	647052	121175	370755
其中：粳稻	Geng rice	1487615	348633	99206	224334	647052	121175	370755
糯稻	Glutinous rice	20				20		
2. 小麦	Wheat	20				20		
3. 玉米	Corn	8678299	1709334	522447	932916	2849934	2917807	1201223
4. 谷子	Millet	11781	142	70	45	1962	9241	436
5. 高粱	Sorghum	98181	1150	992	54	59865	36077	1089
6. 其它谷物	Others	461	14	14		445	3	
荞　麦	Buckwheat	27					27	
二、豆类合计	Beans	62299	4966	2423	2304	29612	25803	1918
其中：大豆	Soybean	59281	3681	2405	1037	29163	24676	1762
绿豆	Mung beans	547	74		74		406	67
红小豆	Red beans	2471	1212	18	1194	449	721	89
三、薯类（鲜薯）	Tubers	163917	44461	5399	38580	51822	47429	20205
其中：1. 马铃薯	Potato	157764	44461	5399	38580	51822	41276	20205
2. 甘　薯	Sweet potato	6153					6153	
经济作物	Cash crop	862564	132427	25746	65426	196387	320807	212943
一、油料	Oil plants	72233	104	2	102	3102	65104	3923
花　生	Peanut	56644	82	1	81	3101	51109	2352
油菜籽	Rapeseed	5	1	1			4	
芝　麻	sesame	1				1		
胡麻籽	Flaxseed							
葵花子	Sunflower seeds	15583	21		21		13991	1571
二、棉花	Cotton							
三、生麻	Raw jute							
四、甜菜	Beet	333					333	
五、烟叶（未加工烟草）	Tobacco (unprocessed tobacco)	2314	59		59	203	1725	327
其中：烤烟（未去梗烤烟叶）	Of which: flue-cured tobacco (flue-cured tobacco with stems)	94				36		58
六、中草药材	Chinese herbal medicine	2506	1280	2	1278	51	1175	
其中：人参	Of which: ginseng							
枸杞	Wolfberry							
七、蔬菜和食用菌	Vegetables and edible fungi	776336	122295	25742	55798	192914	252470	208657
1. 叶菜类	Leaf vegetables	12440	4248	474	3127	3792	301	4099
其中：芹菜	Of which: celery	3553	1004	34	867	2000	98	451

10-4 续表 continued 1

单位：吨 unit:ton

		全市 Total	市辖区 District			榆树市 Yushu	农安县 Nong' an	德惠市 Dehui
			合计 Total	双阳区 Shuangyang	九台区 Jiutai			
油菜	Rape	2462	1166	15	953	93	75	1128
菠菜	Spinach	3259	1155	298	691	646	58	1400
2. 白菜类	Cabbage	235600	23803	7122	8155	38799	97328	75670
其中：大白菜	Of which: Chinese cabbage	223626	19547	6873	7427	37403	93926	72750
3. 甘蓝类	Brassica oleracea	7501	798		62	129	6574	
其中：卷心菜（结球甘蓝）	Of which: cabbage (head cabbage)	4487	390		18	79	4018	
4. 根茎类	Rhizomes	132085	11987	2593	3829	44182	33225	42691
其中：白萝卜	Of which: white radish	110947	7841	1817	3244	42995	25688	34423
胡萝卜	Carrot	11516	777	377	360	1187	4926	4626
5. 瓜菜类	Melon Vegetables	78177	20444	4367	8478	33018	5059	19656
其中：黄瓜	Of which: cucumber	71079	18925	3986	7856	31574	1520	19060
南瓜	Pumpkin	3962	430	381	49		3472	60
6. 豆类（菜用）	Beans (vegetables)	1556	397	73	233	7	16	1136
其中：豇豆	Of which: cowpea	258	22		11	1	5	230
四季豆	Green beans	1137	329	65	196	6	10	792
7. 茄果类	Solanaceous vegetables	213532	51732	8736	28213	64619	46824	50357
其中：茄子	Of which: Eggplant	74905	26154	4412	16063	9821	4187	34743
辣椒	Chili	73464	3543	1463	1937	24219	41561	4141
西红柿	Tomato	56159	13031	2861	4369	30579	1076	11473
8. 葱蒜类	Onions & Garlic	86208	6714	2102	2063	7066	57484	14944
其中：大葱	Of which: scallion	27802	3397	1034	901	2742	14819	6844
蒜头	Garlic	21774	793	302	491	471	17473	3037
9. 水生菜类	Aquatic vegetables							
10. 其他蔬菜	Other vegetables	8841	1994	275	1552	1296	5551	
11. 食用菌	Edible fungi	3955	1778		861	55	1083	1039
（1）干　品	Dried goods	502	58				444	
其中：香　菇	Of which: shii-take	489	58				431	
黑木耳		13					13	
（2）鲜　品	Fresh goods	3453	1720		861	55	639	1039
其中：蘑　菇	Of which: mushrooms	2396	1720		861	37	639	
八、瓜果类	Melon & fruit	84607	10509	2352	7188	14498	49574	10026
其中：西　瓜	Of which: watermelon	70379	2241	37	2020	12798	47937	7403
香　瓜	Muskmelon	6298	1716	541	1015	1699	1620	1263
草　莓	Strawberry	294	256	23	117		17	21
九、其他农作物	Other crops	8842	8689		8189	117		36
其中：青饲料	Of which: green fodder							

注：薯类是鲜薯，折粮 1/5 计入粮食产量

Note: potatoes here are fresh and included into food production by 1/5 of grain.

10-5 农村基本情况及农业生产条件

		单位 Unit		全市 Total
一、乡村人口与从业人员	Number of rural laborers and population			
乡村户数	Number of rural households	户	household	1147635
乡村人口数	Rural population	人	person	4172320
1. 男	Male	人	person	2178096
2. 女	Female	人	person	1994224
乡村劳动力资源数	Rural labourers	人	person	2388196
1. 男	Male	人	person	1299086
2. 女	Female	人	person	1089110
乡村从业人员数	Rural labourer	人	person	2046670
1. 男	Male	人	person	1129408
其中：农业从业人员	Agriculture		person	745749
2. 女	Female	人	person	917262
其中：农业从业人员	Agriculture	人	person	634302
二、农村基础设施	Rural social basic facilities			
自来水受益村数	Villages access to tap water	个	person	819
通有线电视村数	Villages cable TV	个	person	1548
通宽带村数	Villages through broadband	个	person	1596
三、农业主要物质消耗	Energy and material consumption	吨	ton	
农用化肥施用量（实物）	Consumptin of chemical fertilizers	吨	ton	1002368
其中：1. 氮肥	Nitrogenous fertilizer	吨	ton	360668
(1) 硫酸铵	Sulphuric acid ammonia	吨	ton	18767
(2) 硝酸铵	Nitric acid ammonia	吨	ton	11764
(3) 尿素	Urea	吨	ton	302170
(4) 碳酸氢铵	Carbonic acid hyorrogtn ammonia	吨	ton	19932
(5) 氨水	Ammonia water	吨	ton	113
(6) 其他	Others	吨	ton	7922
2. 磷肥	Phosphate fertilizer	吨	ton	94373
3. 钾肥	Potash fertilizer	吨	ton	48608
4. 复合肥	Compound fertilizer	吨	ton	498719
农用塑料薄膜使用量	Volume of use of plastic film	吨	ton	10996
其中：地膜使用量	Volume of use of mulching film	吨	ton	5988
地膜覆盖面积	Coverage of mulching film	公顷	ha	30060
农用柴油使用量	Volume of diesel used	吨	ton	133343
农药使用量	Volume of pesticide	吨	ton	9274
农村用电量	Electricity consumption	千千瓦时	kkwh	1414724
年末耕地面积	Area of land at year-end	公顷	ha	1304574

BASIC CONDITIONS OF RURAL GRASSROOTS UNITS

合计 Total	市辖区 District		榆树市 Yushu	农安县 Nongan	德惠市 Dehui
	双阳区 Shuangyang	九台区 Jiutai			
386290	72245	170361	307145	266095	188105
1310364	276262	580334	1122907	1002011	737038
686536	146292	304905	585983	525107	380470
623828	129970	275429	536924	476904	356568
814431	165193	382704	605782	552875	415108
438200	87831	205972	332341	301515	227030
376231	77362	176732	273441	251360	188078
709047	137104	337215	536451	457881	343291
382053	74142	182765	297292	261331	188732
258482	51680	135626	182906	194981	109380
326994	62962	154450	239159	196550	154559
231067	46885	120846	151876	150896	100463
288	100	93	201	265	65
554	134	287	388	308	298
540	134	281	388	370	298
270939	68569	149310	316980	274915	139534
85360	19233	51844	136510	74485	64313
3493	127	2414	9725	3546	2003
5385	802	3472	3818	2561	
64547	12881	42522	114981	66650	55992
6125	4197	1883	6988	501	6318
				113	
5810	1226	1553	998	1114	
18678	3213	14371	34912	23005	17778
12950	1220	10613	17627	10705	7326
153951	44903	72482	127931	166720	50117
2978	830	1298	3881	2717	1420
1082	275	580	1649	2523	734
4734	1202	1427	4943	11614	8769
29269	6617	17786	45824	37174	21076
3090	810	1864	2818	1829	1537
721362	302436	293438	248914	237499	206949
332047	86695	190303	390851	377319	204357

10-5 续表 1

		单位 Unit		全市 Total
四、农业机械化情况	Agricultural machinery			
（一）农业机械总动力	Power of agricultural machinery	千瓦	kw	7092250
1. 柴油发动机动力	Diesel power	千瓦	kw	6640181
2. 汽油发动机动力	Gasoline power	千瓦	kw	82580
3. 电动机动力	Electric power	千瓦	kw	369489
（二）拖拉机配套机械及种植业机械	Tractors and planting machinery			
拖拉机	Tractors	台／千瓦	unit/kw	2108667/4717061
其中：大中型拖拉机	Large and medium tractors	台／千瓦	unit/kw	139961/3992290
小型拖拉机	Mini tractors	台／千瓦	unit/kw	70905/724770
大中型拖拉机配套农具	Tractor towing farming machinery	台（套）	unit	212738
小型拖拉机配套农具	Mini tractor towing farm machinery	台（套）	unit	266486
种植业机械	Planting machinery	台	unit	72386
农用排灌动力机械	Irrigating machinery	台／千瓦	unit/kw	78938/541016
其中：柴油机	Diesel machinery	台／千瓦	unit/kw	52126/402934
电动机	Electric machinery	台／千瓦	unit/kw	26812/138081
农用水泵	Pump	台	unit	103536
机动喷雾（粉）机	Sprayer	台／千瓦	unit/kw	4944/9888
联合收割机	Compound harvesters	台／千瓦	unit/kw	18371/1167215
其中：稻麦联合收割机	Of which: Rice and Wheat Combine Harvester	台／千瓦	unit/kw	5509/242396
玉米联合收割机	Corn combine harvester	台／千瓦	unit/kw	12862/924819
（三）农产品初加工动力及作业机械	Farming products processing machinery	台／千瓦	unit/kw	34817/331638
其中：柴油机	Diesel machinery	台／千瓦	unit/kw	10574/111027
电动机	Electric machinery	台／千瓦	unit/kw	24243/220611
粮食加工机械	Grain	台（套）	unit	29642
油料加工机械	Oil plants	台（套）	unit	1232
（四）畜牧养殖机械	Animal husbandry machinery	台／千瓦	unit/kw	19748/137334
饲草料加工机械	Feed pulverizer	台／千瓦	unit/kw	18161/121133
（五）运输机械	Transportation	辆／千瓦	coach/kw	
农用运输车	Truck	辆／千瓦	coach/kw	
（六）农田基本建设农机械	Capital construction farming machinery	辆／千瓦	coach/kw	705/35955
（七）农机化作业情况	Agriculture mechanization conditions			
机耕面积	Machine-cultivated land	千公顷	1000ha	1000
机播面积	Machine-sowed land	千公顷	1000ha	1169
机电灌溉面积	Machine-irrigated land	千公顷	1000ha	162
机械植保面积	Machine-protected land	千公顷	1000ha	1066
机收面积	Machine-harvested land	千公顷	1000ha	987
水稻机耕面积	Machine-planted rice land	千公顷	1000ha	165
水稻机收面积	Machine-harvested rice land	千公顷	1000ha	150
玉米播种面积	Corn sown area	千公顷	1001ha	1008
玉米机耕面积	Machine-cultivated corn land	千公顷	1002ha	698
玉米机播面积	Machine-sowed corn land	千公顷	1000ha	921
玉米机收面积	Machine-harvested corn land	千公顷	1000ha	775

continued1

市辖区 District			榆树市 Yushu	农安县 Nong' an	德惠市 Dehui
合计 Total	双阳区 Shuangyang	九台区 Jiutai			
1731436	437987	1095171	2103954	1860215	1396645
1553096	383772	1007339	1993177	1820786	1273122
18588	8064	9566	38896	5100	19996
159752	46151	78266	71881	34329	103527
1953324/1046779	16137/254853	33545/672710	52695/1442687	68603/1410496	34045/817099
19475/718340	3505/143008	13149/489535	44865/1353903	55389/1251730	20232/668317
36048/328437	12632/111845	20396/183175	7830/88784	13214/158766	13813/148783
42091	3408	36406	55930	83115	31602
72244	25484	40517	66018	60291	67933
13623	4643	7542	26121	23329	9313
27500/177020	8238/51340	14062/91934	13930/101539	9919/69032	27589/193425
13719/106049	3455/26707	7564/58469	11550/89281	6957/53777	19900/153827
13781/70972	4783/24632	6498/33464	2380/12257	2962/15254	7689/39598
40356	8241	26915	7980	13700	41500
1497/2994	143/286	1324/2648	460/920	2566/5132	421/842
3963/281708	1385/78171	2409/193807	6733/390658	4057/230064	3618/264785
1227/53988	421/18524	736/32384	2777/122188	316/13904	1189/52316
2736/227720	964/59647	1673/161423	3956/268470	3741/216160	2429/212469
14143/135344	248022772	8689/84748	7070/65681	6109/61492	7495/69121
4744/49813	146/1533	4056/42588	960/10080	4215/44257	655/6877
9399/85531	2334/21239	4633/42160	6110/55601	1894/17235	6840/62244
7771	2281	4605	8900	5610	7361
186	18	96	108	828	110
3461/24281	2140/14475	857/6710	6210/43106	7164/49296	2913/20651
3258/21731	2072/13820	722/4815	5800/38686	6493/43308	2610/17408
441/22491	47/2397	387/19737	152/7752	17/867	95/4845
273	69	160	261	308	159
298	75	178	352	347	173
27	5	17	60	18	57
275	57	193	375	248	168
209	47	152	322	292	163
37	13	20	73	11	44
34	11	20	70	9	38
279	69	164	277	300	151
219	54	125	158	220	101
261	65	155	255	270	135
171	36	127	224	266	114

10-6 林业生产情况

指标名称 Item		单位 Unit		全市 Total	农安 Nong'an	九台 Jiutai
1. 当年造林面积	Areas of afforestation	公顷	ha	6581	1978	
2. 迹地更新面积	Areas of renewly cutover	公顷	ha	886	417	87
3. 零星（四旁）植树	Odd pieces of planting	百株	100plant	39225	265	
4. 育苗面积	Areas of grow seedlings	公顷	ha	3163	550	2500
5. 未成林、成林抚育管理面积	Areas of young trees	公顷	ha	7482	1069	5000
6. 竹木采运	Timber yield	立方米	cu·m	306187	125127	20000
7. 林产品采集	Natural and plantation of fruit	吨	ton			

BASIC STATISTICS ON FORESTRY PRODUCTION

榆树 Yushu	德惠 Dehui	双阳区 Shuangyang	朝阳区 Chaoyang	宽城区 Kuancheng	南关区 Nanguan	二道区 Erdao	绿园区 Lvyuan	莲花山开发区 Lian hua maitain developmen zone	净月开发区 Jing yue development zone
1974	215	2400					14		
237	75	70							
	38900	60							
85	28								
1146		200					67		
111432	49128		300	200					

10-7 畜牧业主要产品生产及存栏情况

		单位 Unit		全市 Total
一、畜禽存栏	Live stock and poultry on hand			
猪	Pig	头	head	2619844
其中：能繁殖母猪	of which: productive sow	头	head	296856
牛	Cattle	头	head	1320040
1. 肉牛	Beef cattle	头	head	1283995
2. 奶牛	Dairy cattle	头	head	36271
羊	Sheep	只	head	483315
1. 山羊	Goat	只	head	127927
2. 绵羊	Sheep	只	head	355774
活家禽	Live poultry	千只	1000heads	80240
其中：活鸡	of which: live chicken	千只	1000heads	75332
其中：肉鸡	of which: broiler	千只	1000heads	50114
其中：蛋鸡	of which:layer	千只	1000heads	25047
二、畜禽出栏	Live stock and poultry on hand			
猪	Pig	头	head	4836000
牛	Cattle	头	head	789100
羊	Sheep	只	head	409500
1. 山羊	Goat	只	head	83602
2. 绵羊	Sheep	只	head	325890
活家禽	Live poultry	千只	1000heads	237375
其中：活鸡	of which: live chicken	千只	1000heads	233379
三、畜禽产品产量	Live stock and poultry products production			
猪肉	Pork	吨	ton	391382
牛肉	Beef	吨	ton	129385
羊肉	Mutton	吨	ton	4930
1. 山羊肉	chevon	吨	ton	959
2. 绵羊肉	Sheep meat	吨	ton	3953
禽肉	Poultry meat	吨	ton	405357
其中：鸡肉	of which: chicken meat	吨	ton	371577
禽蛋	Poultry egg	吨	ton	493010
其中：鸡蛋	of which: chicken eggs	吨	ton	415496
生牛奶	Raw milk	吨	ton	14300

BASIC STATISTICS ON ANIMAL HUSBANDRY

合计 Total	市辖区 District 双阳区 Shuangyang	九台区 Jiutai	榆树市 Yushu	农安县 Nong'an	德惠市 Dehui
503144	70100	351000	650500	782900	683300
49556	5500	36700	73900	93000	80400
365540	99800	255800	460300	248900	245300
352241	98758	246151	445170	243594	242990
13525	1042	9649	15130	5306	2310
31915	11200	15900	86700	295300	69400
19545	10243	7510	52487	37225	18670
12756	957	8390	34213	258075	50730
28926	5394	20151	11881	22446	16987
28075	5300	20110	11880	18800	16577
17218	40	16458	6880	12668	13348
10686	5260	3652	5000	6132	3229
993400	203500	612200	1187000	1503300	1152300
237700	53700	175300	261600	183500	106300
42700	16100	16800	63700	262000	41100
18388	11423	3018	31088	10594	23532
24304	4677	13782	32612	251406	17568
34883	2084	31353	28657	69603	104232
32044	481	30155	28503	69600	103232
78782	15300	49900	96500	122500	93600
38985	9800	27100	40200	31300	18900
530	200	200	600	3300	500
228	137	28	251	205	275
284	49	168	349	3095	225
64457	3800	58000	66300	136300	138300
63404	3139	57379	59201	127259	121713
103110	48100	42500	56800	233400	99700
90949	43290	36125	55347	179470	89730
9100	100	7000	4200		1000

10-7 续表 1

		单位 Unit		全市 Total
非主要畜禽出栏产量				
一、活牲畜出栏产量(除猪、牛、羊外)	Live cattle market production (pig, cattle and sheep excluded)	吨	ton	8653
1. 马	Horses	吨	ton	4053
2. 驴	Donkeys	吨	ton	1007
3. 骡	Mules	吨	ton	1236
4. 鹿	Deers	吨	ton	
二、家兔	Domestic rabbits	吨	ton	6783
三、其他肉产量	Other meat	吨	ton	1547
四、其他奶产量	Other milk	吨	ton	295
五、山羊毛产量	Wool of goat	公斤	kg	30
1. 山羊粗毛	Goat shag	公斤	kg	
2. 山羊绒	Cashmere	公斤	kg	30
六、绵羊毛产量	Sheep wool	公斤	kg	229383
其中：细羊毛	of which: Fine wool	公斤	kg	61458
半细羊毛	Medium fine wool	公斤	kg	167925
七、天然蜂蜜产量	Natural honey	吨	ton	219
八、其他禽蛋产量	Other poultry egg	公斤	kg	234658
九、鹿茸产量	Pilos antler	公斤	kg	189095
十、貂皮产量	Mink	张	sheet	112085
十一、蚕茧产量	Cocoon	公斤	kg	
非主要畜禽存栏数量	Number of non-primary livestock and poultry			
一、活牲畜存栏（除猪、牛、羊外）	Live stock on hand (pig, cattle and sheep excluded)	头	head	293571
1. 马	Horses	头	head	69164
2. 驴	Donkeys	头	head	19190
3. 骡	Mules	头	head	25610
4. 鹿	Deers	头	head	179607
二、家兔	Domestic rabbits	头	head	984416
非主要畜禽出栏数量	Number of non-primary livestock and poultry			
一、活牲畜出栏（除猪、牛、羊外）	Live stock on hand (pig, cattle and sheep excluded)	头	head	131140
1. 马	Horses	头	head	29266
2. 驴	Donkeys	头	head	11230
3. 骡	Mules	头	head	10384
4. 鹿	Deers	头	head	
二、家兔	Domestic rabbits	头	head	3042057

continued1

市辖区 District 合计 Total	双阳区 Shuangyang	九台区 Jiutai	榆树市 Yushu	农安县 Nongan	德惠市 Dehui
2515	2402	93	4209	1179	750
64	7	41	2948	532	509
33	3	27	440	456	78
30	1	28	821	222	163
762		762	247	5768	6
157	70	73	749	613	28
0			229	50	16
30					
30					
2972		2972	213	8168	218030
0				55	61403
2972		2972	213	8113	156627
51	1	39	130	30	8
0			19754	23684	191220
187873	185113	431	1204	9	9
101385		101385	10700		
173283	159728	6154	57230	26645	36413
2457	210	1886	32514	11658	22535
650	92	451	5911	9106	3523
1164	30	1046	12910	3015	8521
169012	159396	2771	5895	2866	1834
96367		96367	47314	838655	2080
81777	80730	917	32935	9503	6925
492	55	361	20946	3553	4275
407	59	303	5269	4603	951
301	13	279	6720	1664	1699
338217		338217	105608	2595675	2557

10-8 农作物每公顷产量
YIELD OF MAJOR FARM CROPS FOR UNIT AREA

单位：公斤／公顷

		全市 Total	市辖区 District			榆树市 Yushu	农安县 Nong' an	德惠市 Dehui
			合计 Total	双阳区 Shuangyang	九台区 Jiutan			
粮食作物合计	Grain crops	8268	7002	7292	7126	9442	8458	7591
一、谷物	Corn	8379	7020	7374	7119	9644	8635	7605
1. 稻谷	Rice	8577	8821	7428	9978	8696	10476	7733
其中：粳稻	Geng rice	8577	8821	7428	9978	8696	10476	7733
糯稻	Glutinous rice	1060				1060		
2. 小麦	Wheat	1060				1060		
3. 玉米	Corn	8354	6744	7383	6661	9906	8608	7571
4. 谷子	Millet	5769	3800	3483	5168	5515	5915	5026
5. 高粱	Sorghum	8122	3524	3261	4833	9301	7068	4906
6. 其它谷物	Others	3374	2886	2886		3404	2133	
荞　麦	Buckwheat	3781					3781	
二、豆类合计	Beans	3121	2689	2723	2684	3056	3247	4028
其中：大豆	Soybean	3139	2658	2720	2578	3049	3293	3976
绿豆	Mung beans	2295	2264		2264		2081	6228
红小豆	Red beans	2963	2822	3223	2817	3663	2777	3980
三、薯类（鲜薯）	Tubers	6881	7471	4734	8169	7565	5786	7153
其中：1. 马铃薯	Potato	6803	7471	4734	8169	7565	5456	7153
2. 甘　薯	Sweet potato	9729					9729	
经济作物	Cash crop	18015	18246	15604	19760	46187	10306	40630
一、油料	Oil plants	2999	1507	44	4250	7475	2939	2704
花　生	Peanut	3285	1439	25	4765	7490	3156	4062
油菜籽	Rapeseed	833	200	200			4000	
芝　麻	sesame	1000				1000		
葵花子		2279	3000		3000		2347	1802
二、棉花	Cotton							
三、生麻	Raw jute							
四、甜菜	Beet	37000					37000	
五、烟叶（未加工烟草）	Tobacco (unprocessed tobacco)	2867	2458		2458	2207	3206	2137
其中：烤烟（未去梗烤烟叶）	Of which: flue-cured tobacco (flue-cured tobacco with stems)	2686				2769		2636
六、中草药材	Chinese herbal medicine	6281	9771	33	18000	1545	5000	
七、蔬菜和食用菌	Vegetables and edible fungi	42927	22919	17583	30259	64240	39344	62679
1. 叶菜类	Leaf vegetables	36696	24842	16929	30657	63200	27364	42258

10-8 续表 continued　　　　　　　　　　　　　　　　　　　单位：公斤 / 公顷　unit:kg/ha

		全市 Total	市辖区 District			榆树市 Yushu	农安县 Nong'an	德惠市 Dehui
			合计 Total	双阳区 Shuangyang	九台区 Jiutan			
其中：芹菜	Of which: celery	39044	24488	3778	33346	62500	32667	30067
油菜	Rape	27356	21593	5000	26472	46500	25000	36387
菠菜	Spinach	31038	22212	24833	25593	46143	19333	38889
2. 白菜类	Cabbage	49926	19027	17413	22653	40082	63282	78659
其中：大白菜	Of which: Chinese cabbage	50628	17268	17714	22994	40700	64289	80387
3. 甘蓝类	Brassica oleracea	42863	22167		31000	64500	47985	
其中：卷心菜（结球甘蓝）	Of which: cabbage (head cabbage)	42330	21667		18000	39500	46721	
4. 根茎类	Rhizomes	53519	19057	15908	15255	83996	40469	86770
其中：白萝卜	Of which: white radish	68444	21720	18354	16302	90516	59601	97240
胡萝卜	Carrot	36214	14660	13000	16364	53955	27367	73429
5. 瓜菜类	Melon Vegetables	42099	27967	21726	36543	88997	42873	30857
其中：黄瓜	Of which: cucumber	43795	29992	25551	37952	94817	17273	33380
南瓜	Pumpkin	25076	6935	8467	2882		115733	909
6. 豆类（菜用）	Beans (vegetables)	28291	22056	14600	38833	3500	5333	35500
其中：豇豆	Of which: cowpea	25800	11000		11000	1000	2500	46000
四季豆	Green beans	28425	23500	16250	39200	6000	10000	33000
7. 茄果类	Solanaceous vegetables	37435	24494	16000	38490	71323	26726	53915
其中：茄子	Of which: Eggplant	36935	21705	15319	39178	42700	27188	79141
辣椒	Chili	30790	9398	16625	8459	81272	26727	26545
西红柿	Tomato	43806	24964	16829	46479	80897	25023	33844
8. 葱蒜类	Onions & Garlic	41091	20470	23886	16117	47107	39781	85394
其中：大葱	Of which: scallion	43104	21916	27211	17000	36560	43843	88883
蒜头	Garlic	32547	13912	13727	14029	27706	31483	75925
9. 水生菜类	Aquatic vegetables							
10. 其他蔬菜	Other vegetables	13196	33233	11458	51733	72000	9377	
11. 食用菌	Edible fungi							
八、瓜果类	Melon & fruit	32705	38495	29037	54870	47848	27913	42664
其中：西　瓜	Of which: watermelon	36353	53357	12333	74815	72716	30533	50020
香　瓜	Muskmelon	26133	31778	28474	39038	38614	14595	39469
草　莓	Strawberry	11760	12800	7667	19500		4250	21000
九、其他农作物	Other crops	4644	6098		6729	288		493
其中：青饲料	Of which: green fodder							

注：薯类是鲜薯，折粮 1/5 计入粮食产量

Note: potatoes here are fresh and included into food production by 1/5 of grain.

10-9 水果生产情况
BASIC STATISTICS ON FRUITS

		单位 Unit	全市 Total	市辖区 District			榆树市 Yushu	农安县 Nong′ an	德惠市 Dehui
				合计 Total	双阳区 Shuangyang	九台区 Jiutan			
一、水果产量合计	Output of fruits	吨 ton	20071	3589	61	2256	6364	1716	8401
1. 苹果	Apple	吨 ton	3391	1395		1386	1392	50	553
其中：红富士苹果	Hong fu shi apple	吨 ton							
国光苹果	Guoguang apple	吨 ton	59					50	9
2. 梨	Pear	吨 ton	1744	509		504	691	34	509
其中：苹果梨	Apple pear	吨 ton	379	27		27		34	317
雪花梨	Snow pear	吨 ton	44						44
鸭梨	Ya pear	吨 ton	134						134
3. 其他园林水果	Others	吨 ton	14936	1686	61	366	4280	1632	7338
其中：山楂	Haw	吨 ton							
桃	Peach	吨 ton	2	2		2	1		
葡萄	Grape	吨 ton	14761	1512	61	195	4279	1632	7338
蓝莓	Blueberry	吨 ton	24	24		24			
樱桃	Cherry	吨 ton	145	145		145			
二、食用坚果	Edible nuts	吨 ton							
其中：核桃	of which: Walnut	吨 ton							
板栗	Chinese chestnut	吨 ton							
松子	Pine nut	吨 ton							
三、水果面积	Area of fruit trees	公顷 ha	1908	328	4	274	622	472	486
1. 苹果	Apple	公顷 ha	408	181		180	182	1	45
2. 梨	Pear	公顷 ha	200	20		19	158	2	20
3. 山楂	Haw	公顷 ha							
4. 桃	Peach	公顷 ha	1				1		
5. 葡萄	Grape	公顷 ha	1054	68	4	18	123	457	406
6. 蓝莓	Blueberry	公顷 ha	21	21		21			
7. 樱桃	Cherry	公顷 ha	6	6		6			
8. 其它	Others	公顷 ha	199	30		30	152	2	15

10-10 渔业生产情况
BASIC STATISTICS ON FISHERY

		单位 Unit	全市 Total	市辖区 District 合计 Total	双阳区 Shuangyang	九台区 Jiutan	榆树市 Yushu	农安县 Nong' an	德惠市 Dehui
一、水产品产量渔业	Output to aquatic	吨 ton	31763	11383	4779	6604	6440	7150	6790
国营	State-owned	吨 ton	5487	1238	695	440	3398	476	375
1. 养殖产量	Artificially cultured	吨 ton	30733	11118	4779	6339	6098	7092	6425
2. 捕捞产量	Naturally grown	吨 ton	1030	265		265	342	58	365
二、养殖面积	Areas of artificially	公顷 ha	44739	27016	2214	2212	4384	10891	2448
国营	State owned	公顷 ha	35350	24394	772	1032	3542	7193	221

10-11 农林牧渔业总产值（现价）
GROSS OUTPUT VALUE OF FFAF(at current price)

单位：万元　　　　unit:10000yuan

		全市 Total	市辖区 District 合计 Total	双阳区 Shuangyang	九台区 Jiutan	榆树市 Yushu	农安县 Nong' an	德惠市 Dehui
农林牧渔业总产值	Total	5570565	1209342	314466	755997	1443117	1683030	1235076
一、农业产值	Farming	1919768	379708	105610	214131	646604	549421	344035
1. 谷物及其他作物	Cereals and others	1598585	325428	95963	190362	568507	447834	256816
(1) 谷物	Cereal	1504767	316060	94265	182891	547580	390736	250391
(2) 薯类	Tubers	24816	6300	765	5467	7343	8310	2863
(3) 油料	Oil-bearing	37995	55	1	54	1632	34245	2063
(4) 豆类	Beans	24436	2170	932	1147	11432	10159	675
(5) 麻类	Fiber crop							
(6) 烟草	Tobacco	5814	148		148	510	4334	822
(7) 糖料	Sugar crop	50					50	
(8) 其他农作物	Others	707	695		655	9		3
2. 蔬菜园艺作物	Vegetables	279540	44098	9262	20123	69413	90897	75131
3. 水果 坚果 饮料作物	Fruits nuts and beverage crops	35779	7186	381	656	8565	7940	12088
4. 中草药材	Chinese herbal medicine	5864	2995	5	2991	119	2750	
二、林业产值	Forestry	41425	5969	250	5643	11738	13461	10258
（一）林木的培育和种植	Plants	11935	4281	250	4006	691	1085	5878
（二）竹木采运	Wood cutting and transport	29490	1687		1637	11047	12376	4380
（三）林产品的采集	The collection of frest products							
三、牧业产值	Animal husbandry	3359616	754926	189164	504830	722491	1055924	826274
（一）牲畜饲养	Animals	1127327	333356	75338	244536	366721	277001	150249
1. 牛的饲养	Cattle	1084144	326576	73778	240845	359412	252111	146046
2. 羊的饲养	Sheep and goats	38903	4057	1530	1596	6052	24890	3905
3. 奶产品	Milk products	4280	2724	30	2095	1257		299
4. 毛绒产品	Wool							
（二）猪的饲养	Hogs	737974	151593	31054	93422	181136	229404	175841
（三）家禽饲养	Poultry	1471521	254007	67772	166122	174334	543020	500160
（四）其他畜牧业	Other livestock	22794	15970	15000	750	300	6500	24
四、渔业产值	Fishery	60045	21768	9139	12629	12316	13674	12288
五、农林牧渔服务业	Farming, forestry, animal husbandry and fishery services	189711	46973	10302	18765	49967	50549	42222

10-12 农林牧渔业增加值（现价）
ADDED VALUE OF FFAF(at current price)

单位：万元　　unit:10000 yuan

	全市 Total	市辖区 District			榆树市 Yushu	农安县 Nong' an	德惠市 Dehui
		合计 Total	#双阳区 Shuangyang	九台区 Jiutan			
一、农林牧渔业总产值 Gross output value of FFAF	5570565	1209342	314466	755997	1443117	1683030	1235076
二、中间消耗 Intermediate consumption	2579551	555897	130994	363189	664543	775017	584095
1. 农业 Farming	758227	149903	40739	82329	261292	214024	133008
2. 林业 Forestry	15975	2900	91	2779	6568	1455	5051
3. 牧业 Animal husbandry	1699552	373642	82108	265407	365353	538976	421582
4. 渔业 Fishery	23227	7980	3451	4529	4838	5878	4531
5. 服务业 Service	82570	21471	4604	8145	26492	14684	19922
三、农林牧渔业增加值 Added value of FFAF	2991014	653445	183472	392808	778574	908013	650981
1. 农业 Farming	1161541	229805	64872	131802	385312	335397	211027
2. 林业 Forestry	25450	3068	158	2864	5170	12006	5206
3. 牧业 Animal husbandry	1660063	381283	107056	239422	357138	516949	404693
4. 渔业 Fishery	36818	13788	5688	8100	7478	7796	7756
5. 服务业 Services	107141	25501	5698	10620	23476	35865	22299

统计资料

▶工　业

INDUSTRY

STATISTICS

2018

长春统计年鉴

CHANGCHUN STATISTICAL YEARBOOK

第十一篇　工　业

2017 年，长春市工业经济面对错综复杂的国内外形势和持续下行的压力，坚持以稳增长、调结构、防风险主线，深入推进供给侧结构性改革，全市工业经济总体运行良好，呈现出稳中有进、持续向好的发展态势，全市工业产值首次突破万亿，超额完成了年初确定的发展目标。

一、工业生产增速加快。2017 年，全市规模以上工业累计完成增加值 2654.6 亿元，按可比价格计算，比上年增长 9%，增幅同比提升 0.9 个百分点。月均增加值 221.2 亿元，比上年增加 26.9 亿元。从轻重工业看，轻工业完成增加值 421.1 亿元，按可比价格计算，比上年增长 7.5%，增幅低于全市平均增幅 1.5 个百分点，占全市比重为 15.9%，重工业完成增加值 2233.4 亿元，按可比价格计算，比上年增长 9.3%，增幅高于全市 0.3 个百分点，占全市比重为 84.1%。

二、汽车工业实现稳步增长。2017 年，全市汽车工业完成增加值 1588.1 亿元，按可以价格计算，比上年增长 10.7%，高于全市平均增速 1.7 个百分点。汽车工业占全市规上工业的比重为 58.1%，比上年提高 0.5 个百分点。在汽车工业中，整车制造业增加值增长 10.3%，零部件制造业增加值增长 12.8%。

2017 年一汽集团产销呈现较快增长，汽车产销分别完成 276.9 万辆和 271.1 万辆，比上年同期分别增长 9% 和 9.4%，其中轿车产销分别增长 1.7% 和 2.6%。

三、医药和电子工业保持两位数增长。2017 年，全市医药产业完成增加值 68.5 亿元，按可比价计算，比上年增长 19%；电子产业完成增加值 46.8 亿元，比上年增长 15.3%。医药和电子产业增加值增速分别高于全市规上工业平均增速 10 个和 6.3 个百分点。

四、食品、建材和装备制造业保持稳定增长。2017 年，食品工业完成增加值 257.2 亿元，按可比价格计算，比上年增长 4.5%；建材工业完成增加值 139.5 亿元，比上年增长 3%；装备制造业完成增加值 214.3 亿元，比上年增长 9.2%。

五、民营和非公经济成为工业经济增长的亮点。2017 年，全市民营和非公工业不断壮大，成为工业经济的增长亮点。民营工业完成增加值 588.1 亿元，比上年增长 12.4%，高于全市平均增速 3.4 个百分点，民营工业占全市规上工业比重达到 22.2%，比上年提高 0.8 个百分点；非公有制工业完成增加值 722.8 亿元，比上年增长 9.8%，高于全市平均增速 0.8 个百分点，非公工业占全市规上工业比重达到 27.2%。

六、单位工业增加值能耗继续下降。2017 年，全市规模以上工业等价值能源消耗量为 943.6 万吨标准煤，比上年增长 2.3%。全市万元工业增加值综合能耗为 0.3609 吨标准煤 / 万元，比上年下降 6.1%。按市供电公司提供的数据，全市工业企业用电量为 119.2 亿千瓦时，比上年增长 7.7%。

七、工业经济效益明显改善。2017 年全市规模以上工业企业实现主营业务收入 10551.9 亿元，同比增长 10.4%；亏损企业 126 户，同比减少 8 户；亏损企业亏损额为 27.3 亿元，同比下降 9.9%；实现利税总额 1353 亿元，同比增长 0.6%；盈亏相抵实现利润总额 772 亿元，增长 3.8%。企业资产负债率为 57.1%，比上年增加 4.3 个百分点；每百元主营业务收入中的成本为 82.7 元，同比增长 0.7 元；主营业务收入利润率为 7.3%，同比下降 0.5 个百分点。

11-1 2017年长春市主要工业产品产量

MAIN INDUSTRIAL PRODUCTS’ OUTCOME OF CHANGCHUN IN 2017

产品	Products	单位	Unit	累计 Accumulative total
汽车	Vehicles	万辆	10000coach	276.9
轿车	Cars	万辆	10000coach	186.2
公路客车	Buses and cars	辆	coach	2570.0
载货汽车	Truck	万辆	10000coach	15.7
铁路客车	Train	辆	coach	222.0
摩托车	Motor cycle	万辆	10000coach	6.4
发动机	Engine	万千瓦	10000kwh	32569.4
电动工具	Electrical tools	万台	10000unit	
变压器	Transformer	万千伏安	10000kva	663.4
子午线轮胎	Meridian tyre	万条	10000item	369.7
电子元件	Electronic components	万件	10000pcs	17.4
彩色电视机	Televisions	台	unit	
中小型拖拉机	Medium and small tractors	台	unit	2969.0
工业自动调节仪表与控制系统	Automatic Meter and System	台	unit	39730.0
金属切削机床	Metal-catting Machine Tools	台	unit	
发电量	Generated energy	亿千瓦时	100millions kwh	234.4
水泥	Cement	万吨	10000ton	1364.0
原煤	Raw coal	万吨	10000ton	309.9
焦炭	Coke	万吨	10000ton	
钢材	Steels	万吨	10000ton	17.2
卷烟	Cigarette	亿支	100millions unit	148.1
啤酒	Beer	万吨	10000ton	23.5
白酒	Wine	万吨	10000ton	20.8
中成药	Chinese medicine	吨	ton	8775.8
淀粉	Starch	万吨	10000ton	
饲料	Forage	万吨	10000ton	403.7
精炼食用植物油	Vegetable oil	万吨	10000ton	27.5
软饮料	Soft drink	万吨	10000ton	44.4
农用塑料薄膜	Plastic products	吨	ton	38432.0
鲜、冷藏肉	refrigerated meat	万吨	10000ton	67.0
天然原油	natural crude oil	万吨	10000ton	
天然气	Gas	亿立方米	100millions cu.m	8.4
煤气生产量	The gas production	万立方米	10000cu.m	
服装	Clothing	万件	10000pcs	1163.4

11-2 规模以上工业企业主要经济指标(大行业)(2017年)

单位：万元

		企　业 单位数(个) Enterprises (unit)	亏损企业 Loss-suffering nterprises
总计	Total	1641	132
煤炭开采和洗选业	Coal mining and dressing	4	2
石油和天然气开采业	Extraction of petroleum and natural gas		
黑色金属矿采选业	Minging and dressing of ferrous metals		
有色金属矿采选业	Mining and dressing of nonferrous metals		
非金属矿采选业	Mining and dressing of nonmetal mineralproducts	16	1
开采辅助活动	Mining auxiliary activities	2	
其他采矿业	Others		
农副食品加工业	Food processing	310	20
食品制造业	Food manufacturing	70	5
酒、饮料和精制茶制造业	Wine、Drinks and refined tea industry	47	6
烟草制品业	Tobacco processing	1	
纺织业	Textile industry	5	1
纺织服装、服饰业	Textile and garment、Clothing industry	14	1
皮革、毛皮、羽毛(绒)及其制品业	Leather furs down and related products	2	
木材加工及木、竹、藤、棕、草制品业	Timber，bamboo，cane，palm and straw products	29	1
家具制造业	Furniture	33	2
造纸及纸制品业	Paper making and paper products	17	
印刷业和记录媒介的复制	Printing and record medium reproduction	21	3
文教、工美、体育和娱乐用品制造业	Culture and education、industrial art、sports and entertainment products manufacturing	11	
石油加工、炼焦及核燃料加工业	Petroleum processing coking and nuclear processing	10	2
化学原料及化学制品制造业	Raw chemical material and chemical products	66	7
医药制造业	Medical and pharmacutical products	60	8
化学纤维制造业	Chemical fiber manufacturing	2	1
橡胶和塑料制品业	Rubber and Plastic products	60	1
非金属矿物制品业	Nonmetal mineral products	107	5
黑色金属冶炼及压延加工业	Smelting and pressing of ferrous metals	9	1
有色金属冶炼及压延加工业	Smelting and pressing of non-ferrous metals	4	1
金属制品业	Metal products	82	6
通用设备制造业	Ordinary machinery	70	5
专用设备制造业	Special purpose equipment	57	2
汽车制造业	Automobile industry	340	27
铁路、船舶、航空航天和其他运输设备制造业	Railway、Ship、aerospace and other Transportation Equipment Manufacturing	37	2
电气机械及器材制造业	Electric equipment and machinery	56	1
计算机、通信及其他电子设备制业	Computer and Telecommunication equipment and other electronic equipment	22	1
仪器仪表制造业	Instruments， meters	16	3
其他制造业	Others	4	
废弃资源综合利用业	Comperehensive untilization of waste resources	7	
金属制品、机械和设备修理业	Metal products、machinery、Equipment repair industry		
电力、热力的生产和供应业	Production and supply of electric power and heat power	41	15
燃气生产和供应业	Production and supply of gas	7	1
水的生产和供应业	Production and supply of water	2	1

MAIN ECONOMIC INDICATORS OF INDUSTRIAL ENTERPRISES ABOVE DESIGNATED SIZE IN 2017

unit:10000yuan

工业总产值（当年价格）Gross industrial output value (current price)	工业销售产值（当年价格）Sale revenue (currnt price)		年初存货 Stock in year beginning	
		出口交货值 Export enterprises		产成品 Finished goods
99055787	97106286	941957.60	9401973.70	4145520.60
130073	118336		12352.60	10840.30
71259	67395		8250.80	6412.10
194092	194078		7921.10	3051.80
6767382	7776728	24826.40	377522.60	140859.90
1590395	1498344	105715.60	213758.00	32047.30
1014814	911522		64119.80	19762.40
281221	297378		364219.60	14350.80
66964	66329	40.90	17317.60	14264.30
156962	145740	11086.50	25547.00	14255.00
6291			79.00	16.00
464451	453172	15420.20	43128.10	13530.00
468547	446344	8748.60	14770.30	6680.10
259705	249359		11054.60	2934.70
238438	230373	17.60	12843.80	6104.70
170050	163208	26398.40	5383.70	1126.60
436020	408501		20193.50	7463.30
1436183	1403574	423.30	173866.70	80987.30
1807887	1628584	83067.80	174392.40	49887.10
10842	8561	335.10	2056.80	1840.60
1386745	1360691	14046.00	51293.90	23811.20
5706654	5655762	8316.70	976553.40	236483.30
377070	372703		35549.40	16881.70
56947	55670		5154.70	2391.20
1951800	1855542	3921.80	78394.70	25964.40
1320218	1272803	6436.20	89193.30	30582.40
1154915	1085749	36669.40	66861.40	23974.40
60601602	58557815	333356.30	5237673.30	3248709.80
3695118	3677324	229649.50	978918.00	52413.50
812945	773171		45454.30	24201.60
430470	418889	19884.10	48004.80	11307.90
235621	221581	13597.20	33423.30	10168.00
105169	104386		615.60	439.60
150939	151446		4574.20	85.20
5114217	5106048		146604.90	11593.00
272810	258207		52853.60	99.10
110973	110973		2072.90	

11-2 续表 1 continued1

		资产总计 Total	流动资产合计 Current assets	应收帐款 Accounts receivable
总计	Total	94227745.2	53701259.6	8537814.5
煤炭开采和洗选业	Coal mining and dressing	376067.4	71650.8	20390.4
石油和天然气开采业	Extraction of petroleum and natural gas			
黑色金属矿采选业	Minging and dressing of ferrous metals			
有色金属矿采选业	Mining and dressing of nonferrous metals			
非金属矿采选业	Mining and dressing of nonmetal mineralproducts	41895.2	20069.5	9886.6
开采辅助活动	Mining auxiliary activities	555889.7	49989.9	24835.2
其他采矿业	Others			
农副食品加工业	Food processing	3864310.4	1972885.7	267949.6
食品制造业	Food manufacturing	1498611.5	776610.9	157392.6
酒、饮料和精制茶制造业	Wine、Drinks and refined tea industry	454924.6	207086.0	55050.4
烟草制品业	Tobacco processing	540200.3	424728.0	18628.0
纺织业	Textile industry	101870.2	62730.8	12468.0
纺织服装、服饰业	Textile and garment、Clothing industry	254454.2	160875.4	32558.1
皮革、毛皮、羽毛（绒）及其制品业	Leather furs down and related products	923.0	62.0	22.0
木材加工及木、竹、藤、棕、草制品业	Timber、bamboo、cane、palm and straw products	737718.9	310602.9	31162.7
家具制造业	Furniture	230022.8	96262.9	19932.6
造纸及纸制品业	Paper making and paper products	81939.9	42685.9	13783.5
印刷业和记录媒介的复制	Printing and record medium reproduction	152890.3	61677.1	15865.0
文教、工美、体育和娱乐用品制造业	Culture and education、industrial art、sports and entertainment products manufacturing	49573.7	19222.9	3919.6
石油加工、炼焦及核燃料加工业	Petroleum processing coking and nuclear processing	249960.2	120013.4	21829.8
化学原料及化学制品制造业	Raw chemical material and chemical products	1443123.2	924794.1	247878.9
医药制造业	Medical and pharmacutical products	2309750.2	1237795.8	277053.2
化学纤维制造业	Chemical fiber manufacturing	65039.4	11094.4	4050.9
橡胶和塑料制品业	Rubber and Plastic products	826535.8	394919.6	171724.4
非金属矿物制品业	Nonmetal mineral products	6137210.0	4972157.8	448354.0
黑色金属冶炼及压延加工业	Smelting and pressing of ferrous metals	173816.7	109740.1	24832.5
有色金属冶炼及压延加工业	Smelting and pressing of non-ferrous metals	39787.3	34596.2	11789.5
金属制品业	Metal products	614403.8	298741.7	97278.6
通用设备制造业	Ordinary machinery	819701.4	445473.0	158832.6
专用设备制造业	Special purpose equipment	487795.8	285334.5	87379.9
汽车制造业	Automobile industry	54507741.3	33329041.1	3914779.1
铁路、船舶、航空航天和其他运输设备制造业	Railway、Ship、aerospace and other Transportation Equipment Manufacturing	6322458.9	4928168.5	1849286.4
电气机械及器材制造业	Electric equipment and machinery	611954.0	282511.6	113336.3
计算机、通信及其他电子设备制造业	Computer and Telecommunication equipment and other electronic equipment	403000.5	278261.4	72740.0
仪器仪表制造业	Instruments， meters	304971.7	169234.7	32498.6
其他制造业	Others	38629.1	13453.1	3659.4
废弃资源综合利用业	Comperehensive untilization of waste resources	70871.1	43969.7	4449.2
金属制品、机械和设备修理业	Metal products、machinery、Equipment repairindustry			
电力、热力的生产和供应业	Production and supply of electric power and heat power	8810692.2	1272493.5	298535.0
燃气生产和供应业	Production and supply of gas	690380.4	157038.0	8297.7
水的生产和供应业	Production and supply of water	358630.1	115286.7	5384.2

单位：万元 unit:10000yuan

		资产总计 Total assets			
存货 Inventory	产成品 Finished goods	固定资产合计 Fixed assets	固定资产原价 Original value of fixed assets	累计折旧 Accumulated depreciation	本年折旧 Depreciation of the year
10594915.7	4891610.6	25880517.9	43195542.3	20612532.2	2795450.7
16356.7	14348.3	108145.9	311940.0	181925.4	12455.6
8029.9	6088.0	20728.0	23873.0	4197.7	832.5
7433.7	3803.7	454870.2	1274829.6	819959.4	53526.5
425749.1	162005.8	862114.0	1187302.2	372881.8	53564.1
212676.0	39026.9	450489.6	685429.9	287734.2	35151.5
83856.1	25869.8	177726.8	322050.9	127375.1	13547.7
379270.9	17125.7	91178.0	195910.4	104732.4	9221.8
20430.5	19146.6	37823.1	17230.1	1309.1	153.8
40978.2	24544.3	56829.6	63189.1	20768.4	3076.5
40.0	16.0	800.0	950.0	150.0	75.0
123509.4	14107.3	109209.1	166160.1	61883.5	7641.8
21666.3	10524.3	84141.8	90526.7	21644.1	3831.3
14804.2	5388.7	34606.5	44029.4	15976.1	2669.9
13549.8	6948.7	54541.1	89699.9	50441.2	4961.8
7175.3	2846.6	23321.4	24038.6	7614.1	1106.0
22512.7	4950.0	108802.7	146970.3	50406.6	8007.5
193237.9	72997.7	322524.9	478891.0	161596.5	62504.0
203422.2	66454.9	501606.0	821968.2	278952.3	47750.4
2324.1	2112.7	2011.8	6223.4	2449.9	162.0
66355.1	35712.1	272311.1	484366.1	196774.7	27456.6
919503.9	232259.8	1011562.8	2279922.5	829218.1	242643.0
36520.4	9367.1	50601.2	98467.9	37305.7	25534.6
7833.0	5193.2	3101.2	5180.1	2132.1	757.0
112036.6	46980.1	184373.5	276745.9	96533.1	14540.2
126707.7	55423.7	240667.8	324740.6	99686.1	27626.3
100811.3	40252.7	150465.9	200275.9	79716.1	11287.3
6018779.1	3832701.2	11708493.8	18841745.6	9831004.1	1407010.8
1088587.2	47802.2	888125.0	1521921.7	636774.6	84257.8
68957.1	41719.9	110335.0	112209.6	40638.6	10501.3
59200.2	19443.2	73085.6	130024.6	49210.0	7779.2
36507.0	12483.2	71717.4	97811.7	29024.1	3146.4
1808.6	1193.0	1478.3	12518.7	5444.2	375.5
5012.4	416.0	12287.4	14316.8	3804.8	480.2
94247.7	11634.0	7190899.8	11867403.5	5735234.4	573425.0
52965.2	723.2	406684.3	528962.8	122559.4	21797.0
2060.2		2857.3	447715.5	245474.3	16592.8

11-2 续表 2 continued2

		负债合计 Liabilities	流动负债合计 Current liabilites	应付账款 Account payable
总计	Total	53429101.7	44902412.6	17529861.7
煤炭开采和洗选业	Coal mining and dressing	300390.6	248696.9	23035.0
石油和天然气开采业	Extraction of petroleum and natural gas			
黑色金属矿采选业	Minging and dressing of ferrous metals			
有色金属矿采选业	Mining and dressing of nonferrous metals			
非金属矿采选业	Mining and dressing of nonmetal mineralproducts	11615.2	9275.7	4339.1
开采辅助活动	Mining auxiliary activities	319458.9	241425.6	30671.3
其他采矿业	Others			
农副食品加工业	Food processing	2727701.0	1440569.8	176031.9
食品制造业	Food manufacturing	801685.9	540356.8	127189.4
酒、饮料和精制茶制造业	Wine、Drinks and refined tea industry	354913.3	339515.7	35423.7
烟草制品业	Tobacco processing	244352.1	244352.1	67935.7
纺织业	Textile industry	95645.2	95644.2	12975.3
纺织服装、服饰业	Textile and garment、Clothing industry	160331.0	101427.4	40416.8
皮革、毛皮、羽毛（绒）及其制品业	Leather furs down and related products			
木材加工及木、竹、藤、棕、草制品业	Timber，bamboo，cane，palm and straw products	397977.4	301761.0	56759.7
家具制造业	Furniture	113899.7	90164.7	15027.9
造纸及纸制品业	Paper making and paper products	42515.6	27206.6	12494.0
印刷业和记录媒介的复制	Printing and record medium reproduction	76857.3	64057.3	6603.9
文教、工美、体育和娱乐用品制造业	Culture and education、industrial art、sports and entertainment products manufacturing	20701.9	14338.0	2959.0
石油加工、炼焦及核燃料加工业	Petroleum processing coking and nuclear processing	193453.6	175652.9	42686.2
化学原料及化学制品制造业	Raw chemical material and chemical products	807000.5	670210.9	195182.5
医药制造业	Medical and pharmacutical products	856082.2	762555.5	156689.8
化学纤维制造业	Chemical fiber manufacturing	7527.5	7502.9	149.8
橡胶和塑料制品业	Rubber and Plastic products	438877.1	348357.3	115839.8
非金属矿物制品业	Nonmetal mineral products	4272405.6	3933256.5	410744.8
黑色金属冶炼及压延加工业	Smelting and pressing of ferrous metals	70457.1	59487.6	51265.5
有色金属冶炼及压延加工业	Smelting and pressing of non-ferrous metals	25740.9	17990.7	6762.6
金属制品业	Metal products	379324.8	340829.9	85416.4
通用设备制造业	Ordinary machinery	523908.5	447587.6	138240.7
专用设备制造业	Special purpose equipment	238405.2	206806.6	52016.3
汽车制造业	Automobile industry	28423329.5	25062486.8	11717137.6
铁路、船舶、航空航天和其他运输设备制造业	Railway、Ship、aerospace and other Transportation Equipment Manufacturing	4404238.9	4203775.9	2540329.6
电气机械及器材制造业	Electric equipment and machinery	242398.4	180030.0	58514.8
计算机、通信及其他电子设备制业	Computer and Telecommunication equipment and other electronic equipment	147855.6	119859.1	75797.9
仪器仪表制造业	Instruments，　meters	99948.3	91627.7	10523.2
其他制造业	Others	13432.8	6520.2	1281.2
废弃资源综合利用业	Comperehensive untilization of waste resources	38783.6	37399.4	6727.5
金属制品、机械和设备修理业	Metal products、machinery、Equipment repair industry			
电力、热力的生产和供应业	Production and supply of electric power and heat power	6086347.3	4083283.2	1188116.4
燃气生产和供应业	Production and supply of gas	367943.0	304655.0	41590.8
水的生产和供应业	Production and supply of water	123596.2	83745.1	22985.6

单位：万元 unit:10000yuan

非流动负债合计 Non-Current liabilites	所有者权益合计 Ownership interests	实收资本 Paid-up capital	国家资本 State	集体资本 Collective	法人资本 Corporation	个人资本 Private	港澳台资本 From HongKong Macao and Taiwan	外商资本 Foreign
6729606.7	40670710.8	9136352.4	4277549.9	129019.8	2005695.6	1441624.7	380577.3	901883.3
51693.6	75676.7	49580.0	5000.0		42260.0	2320.0		
1188.6	30279.9	30278.3			8546.3	21732.0		
70084.8	236430.8	3000.0				3000.0		
57925.2	1088809.7	719497.2	44054.7	810.0	292046.3	248041.7	68089.4	66453.9
245875.4	696925.3	300669.6			133300.2	58210.2	92941.6	16217.6
6492.6	86378.5	94790.2		1994.2	40976.4	16239.0	12916.3	22663.7
	295848.2	63769.4	63769.4					
	6225.1	11749.7			2500.0	6410.0	2839.7	
30923.9	94123.2	40093.2	10000.0	7824.0	7885.4	14383.8		
	923.0	923.0				923.0		
92415.1	335095.0	87336.2	36464.4	64.1	19745.1	30991.9	25.1	46.1
11765.3	110312.9	45860.5			16161.2	29699.1		
7206.2	39424.3	13258.3			8351.3	4907.0		
11823.7	75015.2	21994.6	2498.5	1300.0	7310.0	10647.7		238.4
4943.8	28871.8	14630.0			9904.0	4726.0		
8535.1	56506.6	43417.8		18366.0	10451.8	4850.0	9000.0	750.0
119321.6	629929.7	265554.4	2535.7	1300.0	152682.1	46414.8	5514.8	57106.9
82542.5	1453667.1	351355.6	34704.1	3955.0	130957.2	81457.9	13348.8	86932.6
24.6	57511.8	14558.1	394.9		2445.0	11718.2		
79485.5	379270.7	186002.6	11278.1	479.8	44158.0	26511.9	102837.3	737.4
285419.5	1853009.2	418419.8	47882.6		88148.0	282389.2		
3458.8	100784.3	41379.5	11268.6		27751.6	100.0		2259.3
2500.0	14046.4	9400.0			6200.0	3200.0		
14899.3	234675.6	145566.0	1633.2	2788.2	80259.8	47733.4	6174.0	6977.4
46643.8	295792.1	127389.8	26801.2	1184.8	44690.6	51257.3	20.0	3435.8
16788.7	229441.8	94455.6	18828.2	4473.7	24688.8	37726.8		8738.1
3204278.3	26057609.4	2249725.5	767940.8	39130.7	611555.7	195582.0	30111.0	605405.0
191524.8	1918218.9	677081.1	557543.2	37882.7	51680.9	18001.8		11972.5
45325.7	368824.7	78269.4	2900.0	100.0	17136.9	57132.7		1000.0
25002.8	255144.5	95213.9	4511.9	3209.0	44469.6	34448.6		8575.0
7461.9	205023.3	58418.6	7030.8	3977.6	3195.0	42459.6		1755.6
4828.9	25196.2	3189.0				3189.0		
1037.1	32087.5	11384.1			4118.0	6648.0		618.0
1895050.7	2746160.2	2719393.8	2586583.0	180.0	59971.7	35899.8	36759.3	
63288.0	322437.4	17007.6	4041.1		10294.2	2672.3		
39850.9	235033.8	31740.0	29885.5		1854.5			

11-2 续表 3 continued3

		营业收入 Operation revenue	主营业务收入 Main operation income	营业成本 Operating costs
总计	Total	107940772.9	103406081.9	88888137.9
煤炭开采和洗选业	Coal mining and dressing	131164.6	116585.7	105247.6
石油和天然气开采业	Extraction of petroleum and natural gas			
黑色金属矿采选业	Minging and dressing of ferrous metals			
有色金属矿采选业	Mining and dressing of nonferrous metals			
非金属矿采选业	Mining and dressing of nonmetal mineralproducts	65683.1	65683.1	56225.9
开采辅助活动	Mining auxiliary activities	137376.5	136954.6	84619.6
其他采矿业	Others			
农副食品加工业	Food processing	6489120.6	6467409.7	5867456.3
食品制造业	Food manufacturing	1604975.7	1600826.8	1261333.1
酒、饮料和精制茶制造业	Wine、Drinks and refined tea industry	907628.0	897624.6	777341.7
烟草制品业	Tobacco processing	394610.5	391232.7	133780.9
纺织业	Textile industry	64802.3	64741.6	58409.8
纺织服装、服饰业	Textile and garment、Clothing industry	140538.6	140175.3	122713.6
皮革、毛皮、羽毛(绒)及其制品业	Leather furs down and related products	2100.0	2050.0	1594.5
木材加工及木、竹、藤、棕、草制品业	Timber, bamboo, cane, palm and straw products	503522.5	498875.5	413881.8
家具制造业	Furniture	440155.0	439964.1	354766.2
造纸及纸制品业	Paper making and paper products	249228.6	248421.7	207068.8
印刷业和记录媒介的复制	Printing and record medium reproduction	222923.9	221701.4	187993.3
文教、工美、体育和娱乐用品制造业	Culture and education、industrial art、sports and ntertainment products manufacturing	160730.6	160730.6	129098.4
石油加工、炼焦及核燃料加工业	Petroleum processing coking and nuclear processing	403158.4	392872.3	338150.4
化学原料及化学制品制造业	Raw chemical material and chemical products	1444810.0	1427566.9	1194313.8
医药制造业	Medical and pharmacutical products	1520893.4	1515686.5	765988.5
化学纤维制造业	Chemical fiber manufacturing	7457.9	7405.6	5916.7
橡胶和塑料制品业	Rubber and Plastic products	1309616.3	1287859.0	1169226.1
非金属矿物制品业	Nonmetal mineral products	5664873.5	5232167.3	4902691.2
黑色金属冶炼及压延加工业	Smelting and pressing of ferrous metals	396669.9	388176.6	372211.4
有色金属冶炼及压延加工业	Smelting and pressing of non-ferrous metals	56228.7	56171.0	52036.2
金属制品业	Metal products	1956625.7	1956008.2	1583569.3
通用设备制造业	Ordinary machinery	1298658.7	1294802.1	1024233.7
专用设备制造业	Special purpose equipment	1123021.9	1121373.4	894839.9
汽车制造业	Automobile industry	70290123.2	66485499.2	57190083.2
铁路、船舶、航空航天和其他运输设备制造业	Railway、Ship、aerospace and other Transportation quipment Manufacturing	3713968.5	3682208.0	2968250.9
电气机械及器材制造业	Electric equipment and machinery	800832.8	798326.3	636375.2
计算机、通信及其他电子设备制业	Computer and Telecommunication equipment and other electronic equipment	417781.5	413963.0	335879.2
仪器仪表制造业	Instruments, meters	213565.1	212798.4	161285.1
其他制造业	Others	104386.3	104386.3	100455.1
废弃资源综合利用业	Comperehensive untilization of waste resources	143777.3	141501.4	132742.9
金属制品、机械和设备修理业	Metal products、machinery、Equipment repair industry			
电力、热力的生产和供应业	Production and supply of electric power and heat power	5166517.0	5075317.8	5007570.4
燃气生产和供应业	Production and supply of gas	291879.5	258189.8	215357.5
水的生产和供应业	Production and supply of water	101366.8	100825.4	75429.7

单位：万元　unit:10000yuan

主营业务成本 Main operation cost	营业 税金及附加 Business taxes and extra charges	主营业务 税金及附加 Main operation taxes and extra charges	其他业务 收入 Other business revenue	其他业务 利润 Other business profit
85069792.7	2592559.2	2562704.6	4534691.0	109671.8
90356.7	3970.3	3970.3	14578.9	
53419.9	1580.1	1521.4		
84005.9	6250.3	6055.3	421.9	
5852688.2	13890.8	12928.6	21710.9	21271.4
1258079.6	11430.8	11358.3	4148.9	927.0
764890.8	10997.8	10910.7	10003.4	2112.2
128487.1	192995.2	192995.2	3377.8	-1916.0
58365.0	421.1	412.2	60.7	
122458.9	804.9	795.4	363.3	74.4
1500.0	22.0	20.0	50.0	
410595.9	3751.0	3431.0	4647.0	766.2
354766.2	2467.2	2425.7	190.9	
206590.2	1349.8	1349.8	806.9	
187764.7	1121.2	1117.9	1222.5	988.7
129098.4	622.5	596.4		
329327.4	36725.1	36686.0	10286.1	
1177310.0	8246.7	8128.7	17243.1	1560.6
761609.0	12157.6	12046.7	5206.9	-1937.1
5909.9	30.1	30.1	52.3	
1148247.4	5272.2	5220.4	21757.3	100.5
4523610.6	33069.5	29014.1	432706.2	6305.6
364658.7	1525.3	1525.3	8493.3	
52036.2	152.9	152.9	57.7	57.6
1582268.9	6607.7	6530.9	617.5	-84.4
1019847.6	6968.8	6968.7	3856.6	1194.1
893023.4	4690.8	4625.0	1648.5	302.4
54015027.4	2148967.2	2143474.7	3804624.0	53069.5
2943759.0	34170.0	22042.8	31760.5	11581.1
634420.3	3880.6	3869.9	2506.5	-49.8
329110.2	2776.0	2685.2	3818.5	167.4
160789.4	1238.0	1238.0	766.7	
100455.1	283.8	283.8		
130854.1	513.9	505.1	2275.9	374.9
4934961.4	29257.7	25150.9	91199.2	13300.5
185105.9	2475.1	2302.3	33689.7	
74393.3	1875.2	334.9	541.4	-495.0

11-2 续表 4 continued4

		财务费用 Financial cost	利息收入 Interest income	利息支出 Interest expenditure
总计	Total	588155.1	235606.3	662841.6
煤炭开采和洗选业	Coal mining and dressing	4004.9	22.5	3878.4
石油和天然气开采业	Extraction of petroleum and natural gas			
黑色金属矿采选业	Minging and dressing of ferrous metals			
有色金属矿采选业	Mining and dressing of nonferrous metals			
非金属矿采选业	Mining and dressing of nonmetal mineralproducts	228.6	8.9	36.2
开采辅助活动	Mining auxiliary activities	8685.4	120.0	8672.6
其他采矿业	Others			
农副食品加工业	Food processing	84226.3	2315.6	69343.4
食品制造业	Food manufacturing	31467.9	1035.9	29617.5
酒、饮料和精制茶制造业	Wine、Drinks and refined tea industry	4500.0	-6.0	4300.9
烟草制品业	Tobacco processing	3956.1	343.0	3924.5
纺织业	Textile industry	108.0		166.2
纺织服装、服饰业	Textile and garment、Clothing industry	2396.8	9.3	2149.6
皮革、毛皮、羽毛（绒）及其制品业	Leather furs down and related products	8.0	4.5	3.5
木材加工及木、竹、藤、棕、草制品业	Timber，bamboo，cane，palm and straw products	11279.9	2230.2	11609.2
家具制造业	Furniture	9207.4	76.3	6720.9
造纸及纸制品业	Paper making and paper products	4519.8	19.8	2862.2
印刷业和记录媒介的复制	Printing and record medium reproduction	3459.8	-37.6	2937.7
文教、工美、体育和娱乐用品制造业	Culture and education、industrial art、sports and entertainment products manufacturing	3903.2	39.4	2881.2
石油加工、炼焦及核燃料加工业	Petroleum processing coking and nuclear processing	7093.5	163.8	6278.2
化学原料及化学制品制造业	Raw chemical material and chemical products	22157.6	-949.4	3842.5
医药制造业	Medical and pharmacutical products	16487.1	1973.0	11419.9
化学纤维制造业	Chemical fiber manufacturing	217.3		
橡胶和塑料制品业	Rubber and Plastic products	8886.7	178.3	9775.4
非金属矿物制品业	Nonmetal mineral products	162375.4	-2447.3	156425.3
黑色金属冶炼及压延加工业	Smelting and pressing of ferrous metals	77.3	76.7	323.3
有色金属冶炼及压延加工业	Smelting and pressing of non-ferrous metals	816.0	8.4	465.4
金属制品业	Metal products	50028.7	58.0	28179.8
通用设备制造业	Ordinary machinery	31866.0	176.0	22119.8
专用设备制造业	Special purpose equipment	28390.8	75.1	20229.3
汽车制造业	Automobile industry	-80360.8	217073.8	83530.6
铁路、船舶、航空航天和其他运输设备制造业	Railway、Ship、aerospace and other Transportation Equipment Manufacturing	6175.0	10199.8	13176.1
电气机械及器材制造业	Electric equipment and machinery	17297.5	-236.4	12286.1
计算机、通信及其他电子设备制业	Computer and Telecommunication equipment and other electronic equipment	1294.1	1611.2	1909.2
仪器仪表制造业	Instruments， meters	4129.3	134.1	3746.6
其他制造业	Others	268.1	3.7	266.8
废弃资源综合利用业	Comperehensive untilization of waste resources	573.8	184.6	399.6
金属制品、机械和设备修理业	Metal products、machinery、Equipment repair industry			
电力、热力的生产和供应业	Production and supply of electric power and heat power	132526.4	657.4	133364.3
燃气生产和供应业	Production and supply of gas	4918.1	136.0	4763.8
水的生产和供应业	Production and supply of water	985.1	347.7	1235.6

单位：万元 unit:10000yuan

销售费用 Marketing expenses	管理费用 Management expenses	营业利润 Operating profit	资产减值损失 Impairment of Assets	公允价值变动收益 Fair Value Gain	投资收益 Investment income
4360527.1	4912862.4	7248540.9	190575.9	4467.9	796631.7
2871.9	15560.9	-741.1	250.1		
1549.9	1761.4	4336.3			
270.7	37312.0	1483.9			231.7
194286.7	173355.6	165312.3	941.7	35.8	2523.0
132625.7	52956.4	112825.5	468.2	132.6	-3918.9
41325.5	23925.5	49796.2	424.0		577.9
11134.3	32506.2	20433.7	5.0		200.9
637.3	2341.6	2585.0	299.0		
4956.1	9419.4	374.2	411.6		237.6
43.0	15.6	413.0	3.0		
22219.4	28896.8	22237.2	-1524.4	14.7	-2326.3
17298.2	24488.1	34133.4	688.0	49.8	2844.4
8496.6	13162.4	14582.3	269.2	31.0	189.1
6340.6	13562.8	10700.0	146.0	44.4	358.2
6641.4	9474.7	11277.3	264.1	66.9	484.2
3970.5	11628.9	5262.2	517.6	25.7	164.4
40949.9	83223.2	96119.9	298.3	16.4	484.7
304710.0	140075.5	303016.2	9349.6	82.2	26114.9
122.9	1245.9	-170.5	95.3		
23734.3	51724.6	54982.6	817.1	127.1	3915.0
234161.1	228593.8	173766.8	34086.7	-1.0	102440.5
4822.0	4809.1	13793.1	-368.5	27.8	172.1
260.2	1483.6	1479.7			
60282.7	81181.0	175283.6	234.9	74.5	492.9
52388.5	87846.2	97157.9	1962.3	54.8	1833.7
47287.3	69945.8	78892.2	120.6	141.3	983.7
2960796.5	3166084.3	5414023.6	119224.9	1652.7	623774.4
83154.6	323098.3	299719.5	8234.7	-42.3	8035.3
29576.8	47161.4	60946.3	6249.5	38.9	330.1
10719.7	38638.5	28108.1	3176.2	7.4	187.8
9675.9	21315.6	19989.3	256.3	30.9	3041.6
559.6	1255.0	1063.6	366.5		-334.2
1161.6	3908.7	6697.2	-0.7		1820.1
6288.9	75902.4	-54245.9	2381.7	45.9	21747.6
26478.8	17486.7	26633.7	301.4	1771.3	
8728.0	17514.5	-3727.4	626.0	39.1	25.3

11-2 续表 5 continued5

		营业外收入 Norbusiness revenue	营业外支出 Norbusiness expenditure
总计	Total	741908.4	299376.4
煤炭开采和洗选业	Coal mining and dressing	153.9	286.9
石油和天然气开采业	Extraction of petroleum and natural gas		
黑色金属矿采选业	Minging and dressing of ferrous metals		
有色金属矿采选业	Mining and dressing of nonferrous metals		
非金属矿采选业	Mining and dressing of nonmetal mineralproducts		5.4
开采辅助活动	Mining auxiliary activities	381.3	
其他采矿业	Others		
农副食品加工业	Food processing	53109.8	107827.6
食品制造业	Food manufacturing	18118.3	3266.3
酒、饮料和精制茶制造业	Wine、Drinks and refined tea industry	1617.3	1018.3
烟草制品业	Tobacco processing	208.5	204.1
纺织业	Textile industry	14.5	8.9
纺织服装、服饰业	Textile and garment、Clothing industry	1497.4	385.5
皮革、毛皮、羽毛（绒）及其制品业	Leather furs down and related products	1.5	1.5
木材加工及木、竹、藤、棕、草制品业	Timber，bamboo，cane，palm and straw products	6080.8	1150.6
家具制造业	Furniture	985.8	75.5
造纸及纸制品业	Paper making and paper products	176.6	12.3
印刷业和记录媒介的复制	Printing and record medium reproduction	839.1	70.7
文教、工美、体育和娱乐用品制造业	Culture and education、industrial art、sports and entertainment products manufacturing		
石油加工、炼焦及核燃料加工业	Petroleum processing coking and nuclear processing	3535.3	2285.7
化学原料及化学制品制造业	Raw chemical material and chemical products	2479.6	2296.6
医药制造业	Medical and pharmacutical products	29998.1	4654.7
化学纤维制造业	Chemical fiber manufacturing	66.0	0.6
橡胶和塑料制品业	Rubber and Plastic products	1965.2	659.7
非金属矿物制品业	Nonmetal mineral products	28679.4	6454.8
黑色金属冶炼及压延加工业	Smelting and pressing of ferrous metals	207.7	32.8
有色金属冶炼及压延加工业	Smelting and pressing of non-ferrous metals	16.5	54.2
金属制品业	Metal products	1027.8	286.2
通用设备制造业	Ordinary machinery	2872.8	847.7
专用设备制造业	Special purpose equipment	2192.0	282.2
汽车制造业	Automobile industry	457595.3	144998.9
铁路、船舶、航空航天和其他运输设备制造业	Railway、Ship、aerospace and other Transportation Equipment Manufacturing	11227.1	4424.6
电气机械及器材制造业	Electric equipment and machinery	1114.8	459.9
计算机、通信及其他电子设备制业	Computer and Telecommunication equipment and other electronic equipment	3360.4	460.3
仪器仪表制造业	Instruments， meters	2075.8	144.1
其他制造业	Others		40.0
废弃资源综合利用业	Comperehensive untilization of waste resources	779.8	0.6
金属制品、机械和设备修理业	Metal products、machinery、Equipment repair industry		
电力、热力的生产和供应业	Production and supply of electric power and heat power	104181.6	15242.5
燃气生产和供应业	Production and supply of gas	1283.7	878.4
水的生产和供应业	Production and supply of water	4064.7	558.3

单位：万元 unit:10000yuan

利润总额 Profit	所得税费用 Income Tax Expense	亏损企业 亏损总额 Total loss of loss-suffering enterprises	利税总额 Pre-tax profits	应交税金 及附加 Taxes and extra charges	本年应付 职工薪酬 Wages payable of the year	本年应交 增值税 Value added
7691067.4	1605309.2	276220.4	13385356.3	7299598.1	5529222.7	3101729.7
-874.1	78.1	1297.6	14045.9	14998.1	47029.7	10949.7
4331.0	150.4	42.4	6553.0	2372.4	1446.2	641.9
1865.2	8346.2		-17223.2	-10742.2	20791.1	-25338.7
110594.0	5583.6	120328.0	155410.0	50399.6	142659.6	30925.2
127676.5	33262.7	1033.4	192413.6	97999.8	54846.7	53306.3
50395.1	3643.3	5584.3	73948.7	27196.9	33296.0	12555.8
20438.1	7103.8		260337.3	247003.0	31703.8	46904.0
2590.6	932.4	989.8	4342.7	2684.5	5207.2	1331.0
1486.0	998.4	3839.2	4310.2	3822.6	13087.3	2019.3
413.0	55.0		435.0	77.0	40.0	
27167.1	3833.7	0.8	41158.4	17825.0	19671.3	10240.3
35043.7	1500.3	242.5	48563.5	15020.1	13197.8	11052.6
14746.5	617.7		22243.0	8114.2	7721.0	6146.7
11468.4	1437.8	1411.6	18121.3	8090.7	10793.4	5531.7
11277.3	656.4		16852.0	6231.1	9329.0	4952.2
6511.8	1024.4	4974.6	55440.0	49952.6	6107.7	12203.1
96303.6	18824.6	2641.5	125365.1	47886.1	39935.1	20814.8
328359.3	42838.5	8923.3	387987.3	102466.5	129033.8	47470.4
-105.1		256.3	-338.3	-233.2	734.2	-263.3
56288.0	7385.1	4771.8	76194.0	27291.1	45057.0	14633.8
195991.3	17077.8	582.5	352418.2	173504.7	1076775.8	123357.4
13968.0	3105.8	16.1	22076.2	11214.0	5639.2	6582.9
1442.0	326.4	272.5	2473.3	1357.7	890.0	878.4
176025.2	2569.8	5218.1	226418.8	52963.4	31290.5	43785.9
99183.1	5244.3	2413.2	145516.6	51577.8	43623.9	39364.7
80801.8	4853.2	989.1	121479.2	45530.6	33954.1	35986.6
5726617.9	1359390.2	41864.1	10075701.1	5708473.4	2468587.8	2200116.0
306521.0	42428.6	4169.8	517614.1	253521.7	372527.9	176923.1
61601.1	7254.8	1125.6	89421.9	35075.6	22245.7	23940.2
31008.1	3143.8	534.8	40564.0	12699.7	52618.3	6779.9
21921.0	1878.6	369.2	30334.7	10292.3	18670.8	7175.7
1023.3	-404.1		2066.7	639.3	1004.0	759.6
7476.5	481.5		10248.0	3253.0	5988.1	2257.6
34693.1	13614.2	58432.6	225017.0	203938.1	708309.2	161066.2
27039.0	6071.9	63.4	33131.4	12164.3	22601.9	3617.3
-221.0		3832.3	4715.6	4936.6	32807.6	3061.4

11-2 续表 6

		全部从业人员年平均人数（万人）Annual averageof employment（10000person）	总资产贡献率（%）Ratio of TotalAssets to Industry Value
总计	Total	474543	14.66
煤炭开采和洗选业	Coal mining and dressing	7294	4.76
石油和天然气开采业	Extraction of petroleum and natural gas		
黑色金属矿采选业	Minging and dressing of ferrous metals		
有色金属矿采选业	Mining and dressing of nonferrous metals		
非金属矿采选业	Mining and dressing of nonmetal mineralproducts	517	15.71
开采辅助活动	Mining auxiliary activities	1457	-1.56
其他采矿业	Others		
农副食品加工业	Food processing	35470	5.76
食品制造业	Food manufacturing	13877	14.75
酒、饮料和精制茶制造业	Wine、Drinks and refined tea industry	6369	17.20
烟草制品业	Tobacco processing	1284	48.86
纺织业	Textile industry	1194	4.43
纺织服装、服饰业	Textile and garment、Clothing industry	3720	2.54
皮革、毛皮、羽毛（绒）及其制品业	Leather furs down and related products	12	47.02
木材加工及木、竹、藤、棕、草制品业	Timber，bamboo，cane，palm and straw products	4641	6.85
家具制造业	Furniture	3196	24.00
造纸及纸制品业	Paper making and paper products	1619	30.61
印刷业和记录媒介的复制	Printing and record medium reproduction	2363	13.80
文教、工美、体育和娱乐用品制造业	Culture and education、industrial art、sports and entertainment products manufacturing	1820	39.73
石油加工、炼焦及核燃料加工业	Petroleum processing coking and nuclear processing	1357	24.63
化学原料及化学制品制造业	Raw chemical material and chemical products	7391	9.02
医药制造业	Medical and pharmacutical products	16470	17.21
化学纤维制造业	Chemical fiber manufacturing	145	-0.52
橡胶和塑料制品业	Rubber and Plastic products	7394	10.38
非金属矿物制品业	Nonmetal mineral products	10067	8.33
黑色金属冶炼及压延加工业	Smelting and pressing of ferrous metals	960	12.84
有色金属冶炼及压延加工业	Smelting and pressing of non-ferrous metals	189	7.36
金属制品业	Metal products	7659	41.43
通用设备制造业	Ordinary machinery	8553	20.43
专用设备制造业	Special purpose equipment	7430	29.04
汽车制造业	Automobile industry	232212	18.24
铁路、船舶、航空航天和其他运输设备制造业	Railway、Ship、aerospace and other Transportation Equipment Manufacturing	21832	8.23
电气机械及器材制造业	Electric equipment and machinery	4704	16.66
计算机、通信及其他电子设备制业	Computer and Telecommunication equipment and other electronic equipment	5229	10.14
仪器仪表制造业	Instruments， meters	2873	11.13
其他制造业	Others	292	6.03
废弃资源综合利用业	Comperehensive untilization of waste resources	775	14.76
金属制品、机械和设备修理业	Metal products、machinery、Equipment repair industry		
电力、热力的生产和供应业	Production and supply of electric power and heat power	48021	4.06
燃气生产和供应业	Production and supply of gas	2893	5.47
水的生产和供应业	Production and supply of water	3264	1.56

continued6

资产负债率 (%) Ratio of Assetsto Industrial value(%)	流动资产周转率（次／年） Times of Annual Tumover of circulating Funds (time/year)	成本费用利润率 (%) Ratio of Profits to cost(%)	产品销售率 (%) Proportion of Products sold(%)
56.70	2.01	7.79	98.03
79.88	1.83	-0.68	90.98
27.72	3.27	7.25	94.58
57.47	2.75	1.43	99.99
70.59	3.29	1.75	114.91
53.50	2.07	8.64	94.21
78.02	4.38	5.95	89.82
45.23	0.93	11.27	105.74
93.89	1.03	4.21	99.05
63.01	0.87	1.07	92.85
	33.87	24.86	
53.95	1.62	5.70	97.57
49.52	4.57	8.64	95.26
51.89	5.84	6.32	96.02
50.27	3.61	5.43	96.62
41.76	8.36	7.56	95.98
77.39	3.36	1.80	93.69
55.92	1.56	7.18	97.73
37.06	1.23	26.76	90.08
11.57	0.67	-1.40	78.97
53.10	3.32	4.49	98.12
69.61	1.14	3.55	99.11
40.54	3.61	3.66	98.84
64.70	1.63	2.64	97.76
61.74	6.55	9.92	95.07
63.91	2.92	8.29	96.41
48.87	3.94	7.77	94.01
52.15	2.11	9.06	96.63
69.66	0.75	9.07	99.52
39.61	2.83	8.43	95.11
36.69	1.50	8.02	97.31
32.77	1.26	11.16	94.04
34.77	7.76	1.00	99.26
54.72	3.27	5.40	100.34
69.08	4.06	0.66	99.84
53.30	1.86	10.23	94.65
34.46	0.88	-0.22	100.00

11-3 规模以上工业企业主要经济指标（总表）(2017 年）

单位：万元

		企　业 单位数（个） Enterprises (unit)	亏损企业 Loss-suffering enterprises
总　计	Total	1641	132
一、按登记注册类型分组：	Grouped by type registered		
内资企业	Domestic funds	1474	106
国有企业	State-owned	12	4
中央企业	Centre enterprises	4	2
地方企业	Local enterprises	8	2
集体企业	Collective-owned	6	1
股份合作企业	Share holding cooperative	1	
联营企业	Joint ownership		
国有联营企业	State joint ownership enterprises		
集体联营企业	Collective-owned		
国有与集体联营企业	State-collective joint		
其他联营企业	Others		
有限责任公司	Limited company	570	56
国有独资公司	State-owned	19	4
其他有限责任公司	Others	551	52
股份有限公司	Share holding	79	6
私营企业	Private	796	39
私营独资企业	Solely Owned	27	
私营合作企业	Private partnership	1	
私营有限责任公司	Limited company	737	39
私营股份有限公司	Private	31	
其他企业	Others	10	
港、澳、台商投资企业	Funded from Hongkong, Macao and Taiwan	33	4
合资经营企业（港或澳、台资）	Funded from Hongkong, Macao and Taiwan	15	
合作经营企业（港或澳、台资）	Cooperative	2	
港澳台商独资经营企业	Solely owned	14	4
港澳台商投资股份有限公司	Funded from Hongkong, Macao and Taiwan	1	
其他港澳台商投资企业	Others	1	
外商投资企业	Foreign funded	134	22
中外合资经营企业	Joint Venture	79	11
中外合作经营企业	Cooperative	2	
外资企业	Foreign funded	48	11
外商投资股份有限公司	Share holding	2	
其他外商投资企业	Others	3	
二、在总计中：亏损企业	Making loss enterprises	132	132
在总计中：国有控股企业	State share holding	103	20
农村工业	Rural industry		
轻工业	Light-Industry	683	51
重工业	Heavy industry	958	81
在总计中：大型企业	Grouped by size of enterprises	48	6
中型企业	Medium-sized enterprises	165	25
小型企业	Small-sized enterprises	1428	101
纯小型企业	Pure small enterprise	1260	92
微型企业	Microenterprise	168	9

MAIN ECONOMIC INDICATORS OF INDUSTRIAL ENTERPRISES ABOVE DESIGNATED SIZE IN 2017

unit:10000 yuan

			年初存货 Stock in year beginning	
工业总产值 （当年价格） Gross industrial output value (current price)	工业销售产值 （当年价格） Sale revenue (current price)	出口交货值 Export enterprises		产成品 Finished goods
99055786.6	97106286.4	941957.6	9401973.7	4145520.6
84597889.7	82809683.7	749831.1	8356420.1	3824945.7
44129977.4	42337446.7	222472.8	4140890.9	2793903.1
43919123.7	42135151.0	222472.8	4126046.1	2786318.0
210853.7	202295.7		14844.8	7585.1
51482.3	51312.1		2302.8	913.1
2000.0	2122.9	79.8	1132.8	1053.0
14632629.0	14355092.2	110620.1	1347798.6	383604.0
4514265.1	4516287.2	63.0	157561.7	20702.7
10118363.9	9838805.0	110557.1	1190236.9	362901.3
11992851.4	11637133.4	313574.4	2260217.8	397993.2
13675773.9	14324116.3	103084.0	603362.3	247386.8
263786.2	226339.9	1937.2	8170.1	2988.0
6947.5	6604.0			
12623198.4	13335698.4	74751.6	513593.9	203533.7
781841.8	755474.0	26395.2	81598.3	40865.1
113175.7	102460.1		714.9	92.5
1917791.0	1864885.6	40271.0	189396.2	78727.1
748633.7	778502.6	24570.6	49365.2	22481.7
28003.5	9280.8		1462.4	504.0
1022891.7	958840.1	15700.4	121613.0	39148.0
116035.6	116035.6		16593.4	16593.4
2226.5	2226.5		362.2	
12540105.9	12431717.1	151855.5	856157.4	241847.8
8706201.3	8553709.6	37765.8	397860.9	132465.2
230523.1	282204.8		129878.4	371.6
2017194.9	2011729.8	98470.0	216640.7	81242.4
1216466.0	1216466.0	15619.7	50738.2	1242.2
369720.6	367606.9		61039.2	26526.4
3016779	2913231	3016779.2	2913230.7	16951
62132031	60097737	62132030.5	60097737.2	584412.9
14471992.2	15018977.4	14471992.2	15018977.4	294092.8
84583794	82087309	84583794.4	82087309	647864.8
63066825	61126431	63066824.8	61126430.5	651170.7
10625493	10342011	10625493.2	10342010.6	123642.7
25363469	25637845	25363468.6	25637845.3	167144.2
23818217	24139521	23818216.6	24139520.9	147148.9
1545252	1498324	1545252	1498324.4	19995.3

11-3 续表 1 continued1

		资产总计 Total	流动资产合计 Current assets	应收帐款 Accounts receivable
总　计	Total	94227745.2	53701259.6	8537814.5
一、按登记注册类型分组：	Grouped by type registered			
内资企业	Domestic funds	82896989.4	46154925.0	5768875.7
国有企业	State-owned	42980720.0	25533199.0	823817.4
中央企业	Centre enterprises	42359920.0	25305495.2	799131.5
地方企业	Local enterprises	620800.0	227703.8	24685.9
集体企业	Collective-owned	32167.8	24369.1	2377.4
股份合作企业	Share holding cooperative	2774.0	2475.2	611.1
联营企业	Joint ownership			
国有联营企业	State joint ownership enterprises			
集体联营企业	Collective-owned			
国有与集体联营企业	State-collective joint			
其他联营企业	Others			
有限责任公司	Limited company	15831818.3	5703523.7	1691449.0
国有独资公司	State-owned	6842754.2	903429.6	370063.0
其他有限责任公司	Others	8989064.1	4800094.1	1321386.0
股份有限公司	Share holding	18125370.6	12067478.4	2412060.9
私营企业	Private	5897510.5	2813607.3	835529.0
私营独资企业	Solely Owned	84858.2	26700.1	9583.3
私营合作企业	Private partnership	3125.0		
私营有限责任公司	Limited company	5235082.1	2464467.0	692157.7
私营股份有限公司	Private	574445.2	322440.2	133788.0
其他企业	Others	26628.2	10272.3	3030.9
港、澳、台商投资企业	Funded from Hongkong, Macao and Taiwan	2432037.2	1177445.4	452840.2
合资经营企业（港或澳、台资）	Funded from Hongkong, Macao and Taiwan	761196.1	466992.1	216322.4
合作经营企业（港或澳、台资）	Cooperative	18245.3	2726.4	807.3
港澳台商独资经营企业	Solely owned	1536198.3	602769.2	205507.8
港澳台商投资股份有限公司	Funded from Hongkong, Macao and Taiwan	115455.5	104518.7	30183.7
其他港澳台商投资企业	Others	942.0	439.0	19.0
外商投资企业	Foreign funded	8898718.6	6368889.2	2316098.6
中外合资经营企业	Joint Venture	4900939.9	3612679.0	1336116.9
中外合作经营企业	Cooperative	489818.2	256549.8	37080.3
外资企业	Foreign funded	1809038.0	1311261.8	580486.5
外商投资股份有限公司	Share holding	982064.7	758833.6	326154.6
其他外商投资企业	Others	716857.8	429565.0	36260.3
二、在总计中：亏损企业	Making loss enterprises	5844235.8	2005935.4	527386.8
在总计中：国有控股企业	State share holding	68301445	38919504.7	3662227.2
农村工业	Rural industry			
轻工业	Light-Industry	10479362.4	5502562.2	1042768.9
重工业	Heavy industry	83748382.8	48198697.4	7495045.6
在总计中：大型企业	Grouped by size of enterprises	66366270.7	37232079	4409147.6
中型企业	Medium-sized enterprises	10593827.9	5623836.8	1905975.5
小型企业	Small-sized enterprises	17267646.6	10845343.8	2222691.4
纯小型企业	Pure small enterprise	16644629.2	10549504.6	2149560.6
微型企业	Microenterprise	623017.4	295839.2	73130.8

单位：万元 unit:10000 yuan

存货 Inventory	产成品 Finished goods	固定资产合计 Fixed assets	固定资产原价 Original value of fixed assets	累计折旧 Accumulated depreciation	本年折旧 Depreciation of the year
		资产总计 Total assets			
10594915.7	4891610.6	25880517.9	43195542.3	20612532.2	2795450.7
9437378.9	4534505.7	23810413.4	39027926.7	18449105.0	2504758.8
4788086.0	3317708.0	9391633.7	15275631.8	8104920.6	1119337.7
4772572.0	3312495.0	9241139.0	14589082.5	7747563.2	1089824.5
15514.0	5213.0	150494.7	686549.3	357357.4	29513.2
2565.5	879.1	6739.3	9718.1	5590.1	133.1
976.0	885.7	298.8	837.7	538.9	49.1
1458257.6	444404.5	8270326.0	13467354.0	6266257.8	693703.0
76660.3	19968.9	5674832.3	9312250.3	4596179.0	461782.7
1381597.3	424435.6	2595493.7	4155103.7	1670078.8	231920.3
2388128.5	380535.0	4132610.2	7577901.8	3258341.7	532453.2
796760.9	387952.3	2002890.3	2690152.5	812973.9	158982.3
8988.1	3074.0	27590.8	31229.0	6704.0	1304.2
705853.1	345738.0	1845115.2	2449887.1	738093.3	147069.8
81919.7	39140.3	130184.3	209036.4	68176.6	10608.3
2604.4	2141.1	5915.1	6330.8	482.0	100.4
216496.6	94427.1	479131.7	760823.8	336392.8	42457.1
80330.0	25795.1	185193.3	380179.2	193220.7	24519.9
1314.0	520.0	11407.8	6127.0	3624.2	686.2
117839.1	51518.5	271093.8	363080.8	133125.1	16359.0
16593.5	16593.5	10936.8	10936.8	6417.8	887.0
420.0		500.0	500.0	5.0	5.0
941040.2	262677.8	1590972.8	3406791.8	1827034.4	248234.8
472846.5	163536.1	848862.3	1808748.8	954250.2	144572.3
123699.6		131691.9	322508.8	195227.5	15158.5
222611.9	74235.0	366629.8	800769.3	446268.9	51511.5
67343.8	1945.7	163947.3	347468.5	183832.9	29376.1
54538.4	22961.0	79841.5	127296.4	47454.9	7616.4
393455.8	125617	2399524.1	4340314.4	1886592.3	213932.9
7756166.4	3697433.2	19598914.3	33771612.6	16959066.5	2197496.4
1503474.6	416812.7	2604536.9	3924160.5	1443004.4	198640.8
9091441.1	4474797.9	23275981	39271381.8	19169527.8	2596809.9
6948797.6	3569892.4	18344272.7	30568528.9	15726746.1	1941912.9
1154133.9	424764.2	3289474.3	5645513.2	2380805.2	290720.3
2491984.2	896954	4246770.9	6981500.2	2504980.9	562817.5
2431746.3	866779.4	4141278	6684154	2305485.9	548633.6
60237.9	30174.6	105492.9	297346.2	199495	14183.9

11-3 续表 2 continued2

		负债合计 Liabilities	流动负债合计 Current liabilites	应付账款 Account payable
总　计	Total	53429101.7	44902412.6	17529861.7
一、按登记注册类型分组：	Grouped by type registered			
内资企业	Domestic funds	46721141.3	39712611.3	15146933.5
国有企业	State-owned	22721761.6	19656009.1	9039607.4
中央企业	Centre enterprises	22357607.0	19433420.3	8990572.5
地方企业	Local enterprises	364154.6	222588.8	49034.9
集体企业	Collective-owned	8321.5	5976.3	1105.7
股份合作企业	Share holding cooperative	553.2	553.2	28.6
联营企业	Joint ownership			
国有联营企业	State joint ownership enterprises			
集体联营企业	Collective-owned			
国有与集体联营企业	State-collective joint			
其他联营企业	Others			
有限责任公司	Limited company	9038016.4	7025952.5	2229430.3
国有独资公司	State-owned	4074364.3	3075743.1	1089703.7
其他有限责任公司	Others	4963652.1	3950209.4	1139726.6
股份有限公司	Share holding	12142545.3	10759951.0	3205953.3
私营企业	Private	2804560.7	2263439.6	670547.9
私营独资企业	Solely Owned	17420.0	10955.8	5050.1
私营合作企业	Private partnership	261.0		
私营有限责任公司	Limited company	2509623.3	2024825.8	581139.2
私营股份有限公司	Private	277256.4	227658.0	84358.6
其他企业	Others	5382.6	729.6	260.3
港、澳、台商投资企业	Funded from Hongkong, Macao and Taiwan	1999949.1	771098.9	292620.1
合资经营企业（港或澳、台资）	Funded from Hongkong, Macao and Taiwan	454496.8	382644.3	183128.0
合作经营企业（港或澳、台资）	Cooperative	10491.7	7015.3	229.3
港澳台商独资经营企业	Solely owned	1500107.7	346586.4	101009.1
港澳台商投资股份有限公司	Funded from Hongkong, Macao and Taiwan	34667.1	34667.1	8253.7
其他港澳台商投资企业	Others	185.8	185.8	
外商投资企业	Foreign funded	4708011.3	4418702.4	2090308.1
中外合资经营企业	Joint Venture	2565559.5	2380351.9	1526797.4
中外合作经营企业	Cooperative	168117.0	156117.0	40330.2
外资企业	Foreign funded	1027501.8	971576.6	460035.4
外商投资股份有限公司	Share holding	482445.8	482445.8	8158.0
其他外商投资企业	Others	464387.2	428211.1	54987.1
二、在总计中：亏损企业	Making loss enterprises	5149119.9	2985756.6	732897.1
在总计中：国有控股企业	State share holding	39280710.7	33627456.9	13623729.6
农村工业	Rural industry			
轻工业	Light-Industry	5966126.2	4113496.5	781517.8
重工业	Heavy industry	47462975.5	40788916.1	16748343.9
在总计中：大型企业	Grouped by size of enterprises	37598212.9	31504034.2	13750937.2
中型企业	Medium-sized enterprises	5890469.5	4913759.8	1845986.4
小型企业	Small-sized enterprises	9940419.3	8484618.6	1932938.1
纯小型企业	Pure small enterprise	9621144.0	8379206.6	1897365.5
微型企业	Microenterprise	319275.3	105412.0	35572.6

单位：万元 unit:10000 yuan

非流动负债合计 Non-Current liabilites	所有者权益合计 Ownership interests	实收资本 Paid-up capital	国家资本 State	集体资本 Collective	法人资本 Corporation	个人资本 Private	港澳台资本 From HongKong Macao and Taiwan	外商资本 Foreign
6729606.7	40670710.8	9136352.4	4277549.9	129019.8	2005695.6	1441624.7	380577.3	901883.3
6415536.8	36088993.1	7257865.0	4139698.3	114452.8	1486687.8	1415641.8	93586.7	7796.1
3065752.3	20258958.1	682168.3	679013.8		3154.5			
2924186.7	20002312.9	628162.2	628162.2					
141565.6	256645.2	54006.1	50851.6		3154.5			
1286.1	22573.2	3609.3		2409.3	1200.0			
	2220.8	788.2		788.2				
1742996.3	6775378.5	3826832.1	2720795.5	45850.7	624252.6	428616.5	232.6	7084.7
989983.8	2768389.7	2553026.1	2484738.9		68287.2			
753012.5	4006988.8	1273806.0	236056.6	45850.7	555965.4	428616.5	232.6	7084.7
1305511.5	5953724.2	1619972.6	721560.6	42251.3	393623.0	369596.1	92941.6	
299951.6	3054892.7	1111297.2	18328.4	23153.3	460601.3	608088.3	412.5	711.4
4145.6	65645.8	34386.3	580.0		13880.0	19926.3		
	2864.0	2864.0				2864.0		
258752.2	2689194.3	985115.9	17748.4	21153.3	412879.2	532209.2	412.5	711.4
37053.8	297188.6	88931.0		2000.0	33842.1	53088.8		
39.0	21245.6	13197.3			3856.4	9340.9		
50490.3	431633.8	364712.8	22861.0		75582.5	1050.0	248626.5	16592.7
15331.6	306245.3	113354.3	22861.0		38179.6		50445.2	1868.4
3474.0	7753.5	2500.0			1500.0	1000.0		
31684.7	36090.5	240557.5			30166.7	50.0	195616.5	14724.3
	80788.3	8101.0			5536.2		2564.8	
	756.2	200.0			200.0			
263579.6	4150083.9	1513774.6	114990.6	14567.0	443425.3	24932.9	38364.1	877494.5
163249.2	2294758.2	753231.1	88804.3	14567.0	351383.5	4025.5	13765.1	280685.7
12000.0	321701.2	62720.4	26186.3		265.9		21759.3	14508.9
52154.3	781535.2	410295.0			13253.8	4907.4	2839.7	389293.9
	499618.9	84406.0						84406.0
36176.1	252470.4	203122.1			78522.1	16000.0		108600.0
920537.2	716713.9	1191738.2	536446.4	7906.2	287507.0	158579.6	83080.3	118218.8
5627140.8	29004308.4	4954542.0	4102216.9	42311.7	290925.6	320722.8	114700.9	83664.3
518364.7	4434664.8	1824402.5	167319.2	16916.1	704634.8	529281.2	207482.5	198766.6
6211242.0	36236046.0	7311949.9	4110230.7	112103.7	1301060.8	912343.5	173094.8	703116.7
4939114.2	28768057.1	4206768.7	3236508.5	41319.5	498732.1	70820.2	175243.5	184144.8
932522.1	4703355.2	2135669.0	805675.0	50458.0	448124.2	218044.6	105180.1	508187.3
857970.4	7199298.5	2793914.7	235366.4	37242.3	1058839.3	1152759.9	100153.7	209551.2
838592.5	7015117.4	2684832.2	208795.1	36032.3	1025607.1	1126500.9	78394.4	209501.2
19377.9	184181.1	109082.5	26571.3	1210.0	33232.2	26259.0	21759.3	50.0

11-3 续表 3 continued3

		营业收入 Operation revenue	主营业务收入 Main operation income
总　计	Total	107940772.9	103406081.9
一、按登记注册类型分组：	Grouped by type registered		
内资企业	Domestic funds	93518046.2	89231193.0
国有企业	State-owned	53669923.0	50203991.9
中央企业	Centre enterprises	53474278.2	50009294.9
地方企业	Local enterprises	195644.8	194697.0
集体企业	Collective-owned	49263.0	49254.9
股份合作企业	Share holding cooperative	2122.9	2122.9
联营企业	Joint ownership		
国有联营企业	State joint ownership enterprises		
集体联营企业	Collective-owned		
国有与集体联营企业	State-collective joint		
其他联营企业	Others		
有限责任公司	Limited company	15000533.0	14731541.1
国有独资公司	State-owned	4527690.0	4503908.6
其他有限责任公司	Others	10472843.0	10227632.5
股份有限公司	Share holding	11805478.5	11281410.1
私营企业	Private	12888373.9	12860520.2
私营独资企业	Solely Owned	255541.9	254627.9
私营合作企业	Private partnership	6947.5	6947.5
私营有限责任公司	Limited company	11923357.6	11898817.6
私营股份有限公司	Private	702526.9	700127.2
其他企业	Others	102351.9	102351.9
港、澳、台商投资企业	Funded from Hongkong, Macao and Taiwan	1745818.0	1703089.0
合资经营企业（港或澳、台资）	Funded from Hongkong, Macao and Taiwan	807233.0	781226.6
合作经营企业（港或澳、台资）	Cooperative	21793.7	21793.7
港澳台商独资经营企业	Solely owned	798529.2	781806.6
港澳台商投资股份有限公司	Funded from Hongkong, Macao and Taiwan	116035.6	116035.6
其他港澳台商投资企业	Others	2226.5	2226.5
外商投资企业	Foreign funded	12676908.7	12471799.9
中外合资经营企业	Joint Venture	8674586.2	8525809.6
中外合作经营企业	Cooperative	286751.4	286751.4
外资企业	Foreign funded	2101316.2	2079996.4
外商投资股份有限公司	Share holding	1300336.3	1280982.5
其他外商投资企业	Others	313918.6	298260.0
二、在总计中：亏损企业	Making loss enterprises	2935259.7	2804517.0
在总计中：国有控股企业	State share holding	71884226.3	67738677.4
农村工业	Rural industry		
轻工业	Light-Industry	13822497.7	13752909.7
重工业	Heavy industry	94118275.2	89653172.2
在总计中：大型企业	Grouped by size of enterprises	72969125.1	69262453.1
中型企业	Medium-sized enterprises	10380207.4	10096478.5
小型企业	Small-sized enterprises	24591440.4	24047150.3
纯小型企业	Pure small enterprise	23185542.3	22644333.5
微型企业	Microenterprise	1405898.1	1402816.8

单位：万元 unit:10000 yuan

营业成本 Operating costs	主营业务成本 Main operation cost	营业税金及附加 Business taxes and extra charges	主营业务税金及附加 Main operation taxes and extra charges	其他业务收入 Other business revenue	其他业务利润 Other business profit
88888137.9	85069792.7	2592559.2	2562704.6	4534691.0	109671.8
76938214.0	73520640.7	2387067.6	2361954.5	4286853.2	64496.5
43332050.6	40621490.7	1938315.6	1935589.6	3465931.1	-17.3
43174795.2	40465318.3	1935414.2	1934228.5	3464983.3	477.7
157255.4	156172.4	2901.4	1361.1	947.8	-495.0
42915.9	42915.9	162.8	162.8	8.1	8.1
1305.8	1305.8	28.8	28.8		
13066374.0	12838182.8	292472.5	288972.4	268991.9	19403.9
4338878.0	4325693.2	23604.0	21920.5	23781.4	2155.5
8727496.0	8512489.6	268868.5	267051.9	245210.5	17248.4
9780061.6	9334602.2	86221.5	68116.3	524068.4	43590.1
10625442.5	10592079.7	68663.9	67983.0	27853.7	1511.7
229600.4	228888.2	1687.8	1661.3	914.0	
6800.6	6800.6	8.3			
9802992.0	9772216.9	63943.6	63298.4	24540.0	1456.2
586049.5	584174.0	3024.2	3023.3	2399.7	55.5
90063.6	90063.6	1202.5	1101.6		
1435619.6	1399379.1	9038.0	8811.4	42729.0	8599.5
655922.3	634334.9	5190.0	5002.5	26006.4	6622.6
16905.4	16905.4	403.7	403.7		
667416.6	652763.5	2235.7	2196.6	16722.6	1976.9
93312.1	93312.1	1182.6	1182.6		
2063.2	2063.2	26.0	26.0		
10514304.3	10149772.9	196453.6	191938.7	205108.8	36575.8
7465629.9	7140019.1	163394.6	160061.4	148776.6	27074.7
217363.3	217363.3	2003.1	1231.5		
1659961.2	1646691.2	18716.9	18306.8	21319.8	4080.7
884409.2	865828.1	10527.1	10527.1	19353.8	
286940.7	279871.2	1811.9	1811.9	15658.6	5420.4
2721923.2	2600006.8	52505.3	49662.2	130742.7	9005.0
58860917.3	55391319.5	2377711.6	2350809.9	4145548.9	31830.6
11303926.9	11241567.8	254750.7	253370.6	69588.0	21775.3
77584211.0	73828224.9	2337808.5	2309334.0	4465103.0	87896.5
59379087	56309668.9	2370109.1	2349732.7	3706672	48657.6
8474629.4	8229901.6	102327.4	100252.8	283728.9	32319.2
21034421.5	20530222.2	120122.7	112719.1	544290.1	28695
19743379.2	19247209.9	115689.3	109160	541208.8	28392
1291042.3	1283012.3	4433.4	3559.1	3081.3	303

11-3 续表 4 continued4

		财务费用 Financial cost	利息收入 Interest income	利息支出 Interest expenditure
总　计	Total	588155.1	235606.3	662841.6
一、按登记注册类型分组：	Grouped by type registered			
内资企业	Domestic funds	541712.7	228824.5	592573.1
国有企业	State-owned	-113222.4	210567.5	39704.5
中央企业	Centre enterprises	-118037.0	210081.1	34537.6
地方企业	Local enterprises	4814.6	486.4	5166.9
集体企业	Collective-owned	-6.5	-90.9	129.4
股份合作企业	Share holding cooperative	-1.2		
联营企业	Joint ownership			
国有联营企业	State joint ownership enterprises			
集体联营企业	Collective-owned			
国有与集体联营企业	State-collective joint			
其他联营企业	Others			
有限责任公司	Limited company	167850.2	2797.9	153626.6
国有独资公司	State-owned	73507.6	192.9	78256.2
其他有限责任公司	Others	94342.6	2605.0	75370.4
股份有限公司	Share holding	239689.2	14134.1	232967.6
私营企业	Private	245662.7	1415.9	166081.4
私营独资企业	Solely Owned	1022.1	25.3	279.3
私营合作企业	Private partnership	17.5		
私营有限责任公司	Limited company	236299.4	1500.8	161776.0
私营股份有限公司	Private	8323.7	-110.2	4026.1
其他企业	Others	1740.7		63.6
港、澳、台商投资企业	Funded from Hongkong, Macao and Taiwan	38419.7	244.3	41501.4
合资经营企业（港或澳、台资）	Funded from Hongkong, Macao and Taiwan	1150.6	404.6	1843.6
合作经营企业（港或澳、台资）	Cooperative	108.0	2.0	107.0
港澳台商独资经营企业	Solely owned	37192.4	13.7	39445.0
港澳台商投资股份有限公司	Funded from Hongkong, Macao and Taiwan	-31.3	-176.1	105.7
其他港澳台商投资企业	Others		0.1	0.1
外商投资企业	Foreign funded	8022.7	6537.5	28767.1
中外合资经营企业	Joint Venture	-6348.5	11643.6	9199.9
中外合作经营企业	Cooperative	10011.5	-42.6	10169.7
外资企业	Foreign funded	6461.1	-5206.8	6344.1
外商投资股份有限公司	Share holding	-5468.0	4.2	97.5
其他外商投资企业	Others	3366.6	139.1	2955.9
二、在总计中：亏损企业	Making loss enterprises	135526.1	1033.2	130464.3
在总计中：国有控股企业	State share holding	182153.3	234321.3	355031.3
农村工业	Rural industry			
轻工业	Light-Industry	178896.5	6033.5	146990.3
重工业	Heavy industry	409258.6	229572.8	515851.3
在总计中：大型企业	Grouped by size of enterprises	59020.0	235050.8	225350.6
中型企业	Medium-sized enterprises	145554.6	-212.0	134185.9
小型企业	Small-sized enterprises	383580.5	767.5	303305.1
纯小型企业	Pure small enterprise	379475.5	666.3	301238.1
微型企业	Microenterprise	4105.0	101.2	2067.0

单位：万元 unit:10000 yuan

销售费用 Marketing expenses	管理费用 Management expenses	营业利润 Operating profit	资产减值损失 Loss from asset devaluation	公允价值变动收益 Changes in fair value of the proceeds	投资收益 Investment income
4360527.1	4912862.4	7248540.9	190575.9	4467.9	796631.7
4031139.5	4050158.8	6193851.3	172807.0	4401.8	762338.0
2658692.0	2169965.4	4103267.7	95005.3	1350.1	509788.3
2647844.2	2142944.1	4111054.8	94317.2	1311.0	509730.3
10847.8	27021.3	-7787.1	688.1	39.1	58.0
958.7	3464.0	1877.7	50.7	22.6	137.9
58.3	296.1	435.1			
414428.6	518842.3	613777.4	25633.1	389.8	80679.7
14642.5	67009.7	39323.1	1471.4	27.8	27508.9
399786.1	451832.6	574454.3	24161.7	362.0	53170.8
478982.3	719058.5	613174.6	46111.0	1736.1	149257.8
474986.1	635129.1	858410.8	6006.9	903.2	22474.3
3690.4	6592.0	13349.6	80.1	65.7	415.5
14.3	16.8	90.0			
443292.6	592466.5	796138.7	5188.9	806.6	14985.9
27988.8	36053.8	48832.5	737.9	30.9	7072.9
3033.5	3403.4	2908.0			
63933.6	122535.4	80008.8	289.8		3667.5
17090.7	52947.0	78377.2	-713.1		2371.3
1786.3	2076.1	513.5			
42071.9	61504.6	-11079.4	483.4		1296.2
2936.7	5967.2	12148.7	519.5		
48.0	40.5	48.8			
265454.0	740168.2	974680.8	17479.1	66.1	30626.2
118224.0	347691.1	593058.2	16616.9	66.1	22506.1
23914.1	5840.4	27619.0			
66985.3	201477.2	147833.5	1161.5		1189.4
51366.7	166282.6	192965.6	253.1		
4963.9	18876.9	13204.5	-552.4		6930.7
87870.4	216606.2	-280226.2	5485.6	39.1	-45.6
3166081.9	3042932.0	4777035.4	157203.8	3220.7	653780.3
760405.7	562682.8	792215.9	20351.8	664.2	34284.3
3600121.4	4350179.6	6456325.0	170224.1	3803.7	762347.4
3183771.0	3243874.0	5254545.5	114785.5	3084.9	613857.5
388070.8	628655.6	684331.3	22364.4	82.4	56021.7
788685.3	1040332.8	1309664.1	53426.0	1300.6	126752.5
768395.6	1012317.4	1253191.5	50268.3	1241.4	126199.7
20289.7	28015.4	56472.6	3157.7	59.2	552.8

11-3 续表 5

		营业外收入 Norbusiness revenue	营业外支出 Norbusiness expenditure	利润总额 Profit
总　计	Total	741908.4	299376.4	7691067.4
一、按登记注册类型分组：	Grouped by type registered			
内资企业	Domestic funds	646312.4	169359.2	6670800.2
国有企业	State-owned	431930.4	119262.7	4415935.3
中央企业	Centre enterprises	416327.1	116930.4	4410451.5
地方企业	Local enterprises	15603.3	2332.3	5483.8
集体企业	Collective-owned	500.0	38.3	2339.2
股份合作企业	Share holding cooperative	0.7	-7.8	443.6
联营企业	Joint ownership			
国有联营企业	State joint ownership enterprises			
集体联营企业	Collective-owned			
国有与集体联营企业	State-collective joint			
其他联营企业	Others			
有限责任公司	Limited company	56800.0	20413.5	650163.3
国有独资公司	State-owned	15424.9	11056.2	43692.1
其他有限责任公司	Others	41375.1	9357.3	606471.2
股份有限公司	Share holding	133298.8	22470.8	724002.9
私营企业	Private	23766.3	7169.0	875004.6
私营独资企业	Solely Owned	132.2	10.2	13471.6
私营合作企业	Private partnership			90.0
私营有限责任公司	Limited company	17332.5	5647.3	807820.4
私营股份有限公司	Private	6301.6	1511.5	53622.6
其他企业	Others	16.2	12.7	2911.3
港、澳、台商投资企业	Funded from Hongkong, Macao and Taiwan	45188.3	108475.8	16721.2
合资经营企业（港或澳、台资）	Funded from Hongkong, Macao and Taiwan	3913.6	2058.7	80232.1
合作经营企业（港或澳、台资）	Cooperative	88.8	2.9	599.4
港澳台商独资经营企业	Solely owned	41117.6	106406.0	-76367.9
港澳台商投资股份有限公司	Funded from Hongkong, Macao and Taiwan	68.3	8.2	12208.8
其他港澳台商投资企业	Others			48.8
外商投资企业	Foreign funded	50407.7	21541.4	1003546.0
中外合资经营企业	Joint Venture	24937.3	17888.2	600107.4
中外合作经营企业	Cooperative	430.0	203.9	27845.1
外资企业	Foreign funded	23881.2	2871.2	168843.3
外商投资股份有限公司	Share holding	101.2	286.5	192780.2
其他外商投资企业	Others	1058.0	291.6	13970.0
二、在总计中：亏损企业	Making loss enterprises	120707.9	116701.6	-276220.4
在总计中：国有控股企业	State share holding	575459.2	154003.4	5198491.1
农村工业	Rural industry			
轻工业	Light-Industry	109431.3	118176.3	783468.7
重工业	Heavy industry	632477.1	181200.1	6907598.7
在总计中：大型企业	Grouped by size of enterprises	586477.0	255121.2	5585901.4
中型企业	Medium-sized enterprises	49419.9	15280.7	718467.7
小型企业	Small-sized enterprises	106011.5	28974.5	1386698.3
纯小型企业	Pure small enterprise	101568.7	27411.0	1327347.8
微型企业	Microenterprise	4442.8	1563.5	59350.5

单位：万元 unit:10000 yuan

所得税费用 Income tax expense	亏损企业亏损总额 Total loss of loss-suffering enterprises	利税总额 Pre-tax profits	应交税金及附加 Taxes and extra charges	本年应付职工薪酬 Wages payable of the year	本年应交增值税 Value added
1605309.2	276220.4	13385356.3	7299598.1	5529222.7	3101729.7
1274444.0	121796.9	11808333.6	6411977.4	4823148.7	2750465.8
1013951.6	21095.2	8128249.5	4726265.8	1585738.1	1773998.6
1013486.3	17152.8	8114898.7	4717933.5	1537047.7	1769033.0
465.3	3942.4	13350.8	8332.3	48690.4	4965.6
488.3	103.1	3442.7	1591.8	2368.2	940.7
128.1		679.6	364.1	455.6	207.2
127284.4	72998.3	1325409.4	802530.5	1110232.1	382773.6
8545.5	14159.8	217484.6	182338.0	608306.2	150188.5
118738.9	58838.5	1107924.8	620192.5	501925.9	232585.1
96502.4	10177.1	1099581.5	472081.0	1745747.7	289357.1
36057.1	17423.2	1246589.2	407641.7	377551.9	302920.7
574.6		17582.5	4685.5	4531.0	2423.1
		98.3	8.3	91.0	
32075.6	17423.2	1163692.4	387947.6	334640.0	291928.4
3406.9		65216.0	15000.3	38289.9	8569.2
32.1		4381.7	1502.5	1055.1	267.9
24796.5	114941.1	61573.3	69648.6	112474.3	35814.1
13820.1		99110.8	32698.8	50769.1	13688.7
133.0		1826.9	1360.5	1760.0	823.8
9088.6	114941.1	-56157.5	29299.0	58423.2	17974.7
1754.8		16715.7	6261.7	1432.0	3324.3
		77.4	28.6	90.0	2.6
306068.7	39482.4	1515449.4	817972.1	593599.7	315449.8
164837.6	28404.2	1005689.9	570420.1	418124.1	242187.9
		42785.6	14940.5	208.9	12937.4
36510.5	11078.2	245242.4	112909.6	117647.8	57682.2
103066.4		203502.9	113789.1	42442.3	195.6
1654.2		18228.6	5912.8	15176.6	2446.7
2993.4	276220.4	-137616.0	141597.8	297253.6	86099.1
1200901.1	75915.9	9946848.4	5949258.4	4117946.8	2370645.7
111576.7	150458.2	1280646.3	608754.3	495263.5	242426.9
1493732.5	125762.2	12104710.0	6690843.8	5033959.2	2859302.8
1330423.5	134391.8	10312194.7	6056716.8	3276729.9	2356184.2
113541.5	83851.3	1105268.5	500342.3	618333.7	284473.4
161344.2	57977.3	1967893.1	742539.0	1634159.1	461072.1
160448.9	57019.1	1895252.5	728353.6	1624283.7	452215.4
895.3	958.2	72640.6	14185.4	9875.4	8856.7

11-3 续表 6

		全部从业人员年平均人数（万人）Annual averageof employment (10000person)	总资产贡献率（%）Ratio of TotalAssets to Industry Value
总　计	Total	47.5	14.7
一、按登记注册类型分组：	Grouped by type registered		
内资企业	Domestic funds	39.9	14.7
国有企业	State-owned	13.3	18.5
中央企业	Centre enterprises	12.7	18.7
地方企业	Local enterprises	0.6	2.9
集体企业	Collective-owned	0.0	11.4
股份合作企业	Share holding cooperative	0.0	24.5
联营企业	Joint ownership		
国有联营企业	State joint ownership enterprises		
集体联营企业	Collective-owned		
国有与集体联营企业	State-collective joint		
其他联营企业	Others		
有限责任公司	Limited company	12.5	9.3
国有独资公司	State-owned	4.4	4.3
其他有限责任公司	Others	8.2	13.1
股份有限公司	Share holding	5.7	7.3
私营企业	Private	8.3	23.9
私营独资企业	Solely Owned	0.1	21.0
私营合作企业	Private partnership	0.0	3.2
私营有限责任公司	Limited company	7.5	25.3
私营股份有限公司	Private	0.6	12.1
其他企业	Others	0.0	16.7
港、澳、台商投资企业	Funded from Hongkong, Macao and Taiwan	1.4	4.2
合资经营企业（港或澳、台资）	Funded from Hongkong, Macao and Taiwan	0.5	13.2
合作经营企业（港或澳、台资）	Cooperative	0.1	10.6
港澳台商独资经营企业	Solely owned	0.8	-1.1
港澳台商投资股份有限公司	Funded from Hongkong, Macao and Taiwan	0.0	14.7
其他港澳台商投资企业	Others	0.0	8.2
外商投资企业	Foreign funded	6.1	17.3
中外合资经营企业	Joint Venture	3.6	20.5
中外合作经营企业	Cooperative	0.1	10.8
外资企业	Foreign funded	1.7	14.2
外商投资股份有限公司	Share holding	0.6	20.7
其他外商投资企业	Others	0.2	2.9
二、在总计中：亏损企业	Making loss enterprises	4.1	-0.1
在总计中：国有控股企业	State share holding	23.5	14.7
农村工业	Rural industry		
轻工业	Light-Industry	9.6	13.6
重工业	Heavy industry	37.9	14.8
在总计中：大型企业	Grouped by size of enterprises	26.9	15.5
中型企业	Medium-sized enterprises	8.9	11.7
小型企业	Small-sized enterprises	11.7	13.2
纯小型企业	Pure small enterprise	11.5	13.2
微型企业	Microenterprise	0.2	12.0

continued6

资产负债率 (%) Ratio of Assetsto Industrial value(%)	流动资产周转率(次/年) Times of Annual Tumover of circulating Funds (time/year)	成本费用利润率 (%) Ratio of Profitsto cost(%)	产品销售率 (%) Proportion of Products sold(%)
56.7	2.0	7.8	98.0
56.4	2.0	7.8	97.9
52.9	2.1	9.2	95.9
52.8	2.1	9.2	95.9
58.7	0.9	2.7	95.9
25.9	2.0	4.9	99.7
19.9	0.9	26.7	106.2
57.1	2.6	4.6	98.1
59.5	5.0	1.0	100.0
55.2	2.2	6.3	97.2
67.0	1.0	6.5	97.0
47.6	4.6	7.3	104.7
20.5	9.6	5.6	85.8
8.4		1.3	95.1
47.9	4.8	7.3	105.6
48.3	2.2	8.1	96.6
20.2	10.0	3.0	90.5
82.2	1.5	1.0	97.2
59.7	1.7	11.0	104.0
57.5	8.0	2.9	33.1
97.7	1.3	-9.5	93.7
30.0	1.1	12.0	100.0
19.7	5.1	2.3	100.0
52.9	2.0	8.7	99.1
52.4	2.4	7.6	98.3
34.3	1.1	10.8	122.4
56.8	1.6	8.7	99.7
49.1	1.7	17.6	100.0
64.8	0.7	4.5	99.4
88.1	1.5	-8.7	96.6
57.5	1.9	8.0	96.7
56.9	2.5	6.1	103.8
56.7	2.0	8.0	97.1
56.7	2.0	8.5	96.9
55.6	1.9	7.5	97.3
57.6	2.3	6.0	101.1
57.8	2.2	6.1	101.4
51.3	4.8	4.4	97.0

统计资料

STATISTICS

▶交通运输、邮电通信业

TRANSPORTATION,POST AND TELECOMMUNICATION

2018

长春统计年鉴

CHANGCHUN STATISTICAL YEARBOOK

第十二篇　交通运输、邮电通信业

2017 年，全市机动车保有量 190.4 万辆，比上年增加 28.8 万辆，增长 17.8%，其中：个人机动车保有量为 172.9 万辆，比上年增加 28.3 万辆，增长 19.6%。在总计中：新注册 21.5 万辆，比上年增加 0.6 万辆．增长 2.7%。在总计中：营运车辆 19.4 万辆，比上年增加 0.2 万辆，增长 1.0%；非营运车辆 170.9 万辆，比上年增加 28.6 万辆，增长 20.1%。

2017 年，全市民用汽车保有量 159.3 万辆，增长 10.8%。其中私人汽车保有量 143.3 万辆，增长 11.9%。

全年公路货物周转量 308.1 亿吨公里，增长 6.1%；旅客周转量 42.6 亿人公里，下降 7.3%。民航完成货邮吞吐量 8.9 万吨，增长 2.7%；完成旅客吞吐量 1166.3 万人，增长 22.9%。

2017 年完成邮电业务总量 89.1 亿元，下降 2.1%。其中：邮政业务总量 6.5 亿元，增长 13.1%；电信业务总量 82.6 亿元，下降 3.1%。全年特快专递完成 116 万件，增长 222.2%；邮政储蓄平均余额 3589.3 亿元，增长 12.1%。全市市话年末达到 113 万户，下降 2.8%；农话年末达到 22 万户，下降 3.8%。移动电话年末达到 1220 万户，下降 1.1%。互联网用户达到 580 万户，增长 15.5%，其中宽带用户 116 万户，增长 15.7%。

12-1 长春市机动车辆保有量（2017 年）
NUMBER OF CIVIL MOTOR VEHICLE OWNED IN 2017

单位：辆 unit:coach

		机动车保有量 Number of civil motor vehicle owned						报废 Ababdibed Non-operating
		总计 Total				营运 Operating	非营运 Non-operating	
			进口 Import	个人 Individual	新注册 new register			
总计	Total	1903850	85175	1729124	214646	193661	1708589	55768
一、汽车	Vehicles	1593020	84725	1433339	203538	169119	1422306	14069
1. 载客汽车	Buses and cars	1447623	84260	1333291	185926	36121	1409907	6765
其中：大型	large	14021	124	739	1221	8824	3900	1407
中型	mudium	4883	166	1614	163	453	4132	225
小型	Smaller	1415034	83255	1317831	184350	26844	1388190	4810
微型	Smaller	13685	715	13107	192		13685	323
2. 载货汽车	Truck	130952	451	90161	16603	122299	8653	7180
其中：重型	heavy	41430	21	17427	7051	40714	716	2474
中型	Mudium	5587	6	4222	109	5330	257	897
轻型	light	83853	423	68446	9443	76182	7671	3800
微型	Small	82	1	66		73	9	9
3. 其他汽车	Others	14445	14	9887	1009	10699	3746	124
其中：三轮汽车	Tricar	4950		4944	45	4866	84	2
低速货车	Low-speed truck/Therein	2611		2519	10	2535	76	9
二、摩托车	Motor cycle	294807	411	293447	7922	9014	285793	41582
1. 普通	Ordinary	289079	411	287744	7872	9008	280071	33116
2. 轻便	Light	5728		5703	50	6	5722	8466
三、挂车	Trailer	15533	38	2128	3137	15365	168	115
1. 重型	Heavy	15480	5	2092	3129	15348	132	114
2. 中型	Medium-sized	17	16	15	3	1	16	
3. 轻型	Dght	36	17	21	5	16	20	1
四、拖拉机	Tractors	5		5				
1. 大中型	Large and medium							
2. 小型方向盘式	small							
3. 手扶式	Shou fu	5		5				
五、其他类型	others	485	1	205	49	163	322	2

统计资料

STATISTICS

▶建筑业

CONSTUCTION

第十三篇　建筑业

2017 年，全市建筑业发展状况良好，其主要经济指标仍保持增长态势。

建筑业产值稳步增长。2017 年全年累计完成建筑业总产值 1279.9 亿元，比去年增长 8.1%；其中装饰装修产值 69.6 亿元，增长 15.3%；在外省完成产值 229.1 亿元，增长 10.6%；建筑业竣工产值 488.9 亿元，增长 36.4%；房屋施工面积 5416.4 万平方米，下降 5.1%；房屋建筑竣工面积 1855.5 万平方米，下降 22.1%。

工程结算收入 1122.2 亿元，下降 3.2%；营业利润 49.3 亿元，下降 2.4%。

13-1 2017年长春市建筑业企业施工房屋竣工面积表

		建筑业企业个数 Number of construction enterprises	本年实际房屋建筑竣工面积（平方米） Floor space of building completed (sq. m)
总　　计	Total	1346	18582263
其中：国有及国有控股企业	State-owned and state-holding enterprise	87	2137523
一、按登记注册类型分组	Grouped by type registered		
内资企业	Domestic funded	1339	18582263
国有企业	State-owned	20	127524
集体企业	Collective-owned	7	
股份合作企业	Cooperative	1	
联营企业	Joint		
国有联营企业	State joint owned		
集体联营企业	Collective joint owned		
国有与集体联营企业	State-collective joint owned		
其他联营企业	Other joint owned		
有限责任公司	Limited liability corporations	646	8691990
国有独资公司	State-owned solely	19	109136
其他有限责任公司	Other	627	8582854
股份有限公司	Share holding	64	2743364
私营企业	Private	596	7019385
私营独资企业	Private funded	6	5299
私营合伙企业	Private partner		
私营有限责任公司	Private limited company	558	6023262
私营股份有限公司	Private share holding	32	990824
其他企业	Others	5	
港、澳、台商投资企业	Funded from Hongkong Macao and Taiwan	7	
与港澳台合资经营	joint venture	6	
与港澳台合作经营	Cooperative		
港、澳、台商独资	Solely owned	1	
港、澳、台商投资股份有限公司	Share holding		
其他港澳台投资	Others		
外商投资企业	Foreign funds		
中外合资经营企业	Joint venture		
中外合作经营企业	Cooperative		
外资企业	Foreign funded		
外商投资股份有限公司	Share holding		
其他外商投资	Others		
二、按国民经济行业分组	Grouped by sector		
房屋建筑业	Housing industry	400	14057467
土木工程建筑业	Engineering Construction	381	1283546
铁路、道路、隧道和桥梁工程建筑	Railway roads and briages projects	202	1176778
铁路工程建筑	Railway	8	
公路工程建筑	Roads	50	285082
市政道路工程建筑	Municipal road engineering construction	122	782560
其他道路、隧道和桥梁工程建筑	Others	22	109136
水利和内河港口工程建筑	Water conservation and inland port engineering construction	65	56815
水源及供水设施工程建筑	Water resources and water supply facilities engineering construction	41	37185
河湖治理及防洪设施工程建筑	The govemance of rivers and lakes and flood control facilities engineering and construction	20	19630

COMPLETED SPACE OF CONSTRUCTION ENTERPRISES IN 2017

		建筑业企业个数 Number of construction enterprises	本年实际房屋建筑竣工面积（平方米） Floor space of building completed (sq. m)
港口及航运设施工程建筑	Harbor and shipping facilities engineering constructions	4	
海洋工程建筑	Marine engineering constructions		
工矿工程建筑	Mining construction	7	
架线及管道工程建筑	Pipe-line construction	38	20000
架线及设备工程建筑	Wiring and equipment engineering constructions	34	20000
管道工程建筑	Pipes engineering constructions	4	
其他土木工程建筑	Others	69	29953
建筑安装业	Construction and installation projects	344	2942391
电气安装	Electrial installation	64	122
管道和设备安装	Pipes and equipment installation	184	638153
其他建筑安装业	Others	96	2304116
建筑装饰和其他建筑业	Construction and decoration industry and others	221	298859
建筑装饰业	Construction and decoration industry	135	256288
工程准备活动	Project preparation activities	12	
建筑物拆除活动	Building demolition activities	11	
其他工程准备活动	Others	1	
提供施工设备服务	Equipment seruices	2	
其他未列明建筑业	Others	72	42571
三、按隶属关系分组	Grouped by administrative		
中央	Central	30	553740
省（自治区、直辖市）	Province	78	1596454
地区（州、盟、省辖市）	Areas(prefectures、leagues、Provincial cities)	153	4144978
县（区、市、旗）	County	40	683303
街道	Street	1	
镇	Town		
乡	Township		
居委会	Resident committee		
村委会	Village committee		
其他	Others	1039	11603788
四、按企业资质等级分组	Group according to grades of enterprise qualification		
施工总承包	General construction contract	692	17203436
特级	Superfine	4	2065603
一级	First class	46	5333332
二级	Second class	216	6795012
三级及以下	Third class and below	426	3009489
专业承包	Responsibility contracts on specialties	654	1378827
一级	First class	58	18655
二级	Second class	177	169240
三级及以下	Third class and below	414	1190932
五、按控股情况分	Grouped by owned		
国有控股	State-owned	87	2137523
集体控股	Collective-owned	20	515104
私人控股	Private-owned	877	12533182
港澳台控股	HongKong Macao and Taiwan-owned	6	
外商控股	Foreign-owned		
其他	Others	356	3396454

13-2 2017年长春市建筑业企业主要财务状况表

单位：千元

		固定资产原价 Original value of fixed assets
总 计	Total	15616881
其中：国有及国有控股企业	State-owned and state-holding enterprise	4347196
一、按登记注册类型分组	Grouped by type registered	
内资企业	Domestic funded	15272978
国有企业	State-owned	984345
集体企业	Collective-owned	117867
股份合作企业	Cooperative	19705
联营企业	Joint	
国有联营企业	State joint owned	
集体联营企业	Collective joint owned	
国有与集体联营企业	State-collective joint owned	
其他联营企业	Other joint owned	
有限责任公司	Limited liability corporations	9439068
国有独资公司	State-owned solely	2468576
其他有限责任公司	Other	6970492
股份有限公司	Share holding	984343
私营企业	Private	3718639
私营独资企业	Private funded	
私营合伙企业	Private partner	
私营有限责任公司	Private limited company	3364950
私营股份有限公司	Private share holding	353689
其他企业	Others	9011
港、澳、台商投资企业	Funded from Hongkong Macao and Taiwan	343903
与港澳台合资经营	joint venture	342879
与港澳台合作经营	Cooperative	
港、澳、台商独资	Solely owned	1024
港、澳、台商投资股份有限公司	Share holding	
其他港澳台投资	Others	
外商投资企业	Foreign funds	
中外合资经营企业	Joint venture	
中外合作经营企业	Cooperative	
外资企业	Foreign funded	
外商投资股份有限公司	Share holding	
其他外商投资	Others	
二、按国民经济行业分组	Grouped by sector	
房屋建筑业	Housing industry	2842644
土木工程建筑业	Engineering Construction	10341426
铁路、道路、隧道和桥梁工程建筑	Railway roads and briages projects	6672950
铁路工程建筑	Railway	636957
公路工程建筑	Roads	2783445
市政道路工程建筑	Municipal road engineering construction	2146461
其他道路、隧道和桥梁工程建筑	Others	1106087
水利和内河港口工程建筑	Water conservation and inland port engineering construction	1248716
水源及供水设施工程建筑	Water resources and water supply facilities engineering construction	244760
河湖治理及防洪设施工程建筑	The govemance of rivers and lakes and flood control facilities engineering and construction	993494
港口及航运设施工程建筑	Harbor and shipping facilities engineering constructions	10462

MAIN FINANCIAL CONDITIONS OF CONSTRUCTION ENTERPRISES IN 2017

unit:1000yuan

资产合计 Current assets	流动负债合计 Current liabilites	非流动负债合计 Non-current liabilities	负债合计 Liabilities	所有者权益合计 Ownership interests
151447958	85995945	3792573	96543796	54904162
27255751	18623883	820468	20420734	6835017
148538118	83965432	3771898	94492608	54045510
5732453	4059713	448595	4695237	1037216
880435	614813		616064	264371
17885	1438		1438	16447
79611106	46476080	2181559	50560027	29051079
9382265	6060617	343993	6405913	2976352
70228841	40415463	1837566	44154114	26074727
14805074	7183321	459107	9883453	4921621
47345444	25540882	682637	28647204	18698240
44891267	24111236	681962	27216366	17674901
2454177	1429646	675	1430838	1023339
145721	89185		89185	56536
2909840	2030513	20675	2051188	858652
2899428	2025995	20675	2046670	852758
10412	4518		4518	5894
57358925	38084194	675194	40676942	16681983
66116411	33016175	2753013	39908421	26207990
47977603	22761395	2121627	28950906	19026697
5444428	1630364		2012464	3431964
10389271	2395540	7567	3597013	6792258
24467683	16252555	1990262	18435146	6032537
7676221	2482936	123798	4906283	2769938
10872081	7033387	392600	7453369	3418712
4258987	2751267	108554	2887201	1371786
6335163	4161511	284046	4445559	1889604
277931	120609		120609	157322

13-2 续表 1 continued1

		固定资产原价 Original value of fixed assets
海洋工程建筑	Marine engineering constructions	
工矿工程建筑	Mining construction	166497
架线及管道工程建筑	Pipe-line construction	2015190
架线及设备工程建筑	Wiring and equipment engineering constructions	1986399
管道工程建筑	Pipes engineering constructions	28791
其他土木工程建筑	Others	238073
建筑安装业	Construction and installation projects	1593476
电气安装	Electrial installation	246865
管道和设备安装	Pipes and equipment installation	897721
其他建筑安装业	Others	448890
建筑装饰和其他建筑业	Construction and decoration industry and others	839335
建筑装饰业	Construction and decoration industry	463258
工程准备活动	Project preparation activities	18932
建筑物拆除活动	Building demolition activities	18445
其他工程准备活动	Others	487
提供施工设备服务	Equipment seruices	4914
其他未列明建筑业	Others	352231
三、按隶属关系分组	Grouped by administrative	
中央	Central	1928516
省（自治区、直辖市）	Province	2778521
地区（州、盟、省辖市）	Areas(prefectures、leagues、Provincial cities)	2767052
县（区、市、旗）	County	231767
街道	Street	
镇	Town	
乡	Township	
居委会	Resident committee	
村委会	Village committee	
其他	Others	7911025
四、按企业资质等级分组	Group according to grades of enterprise qualification	
施工总承包	General construction contract	13078552
特别	Superfine	368224
一级	First class	5437625
二级	Second class	5454819
三级及以下	Third class and below	1817884
专业承包	Responsibility contracts on specialties	2538329
一级	First class	757285
二级	Second class	678902
三级及以下	Third class and below	1102142
五、按控股情况分	Grouped by owned	
国有控股	State-owned	4347196
集体控股	Collective-owned	234460
私人控股	Private-owned	7098071
港澳台控股	HongKong Macao and Taiwan-owned	318903
外商控股	Foreign-owned	
其他	Others	3618251

单位：千元 unit:1000yuan

资产合计 Current assets	流动负债合计 Current liabilites	非流动负债合计 Non-current liabilities	负债合计 Liabilities	所有者权益合计 Ownership interests
498875	257379		257380	241495
4977088	2173190	173536	2348030	2629058
4793407	2059014	173536	2233854	2559553
183681	114176		114176	69505
1790764	790824	65250	898736	892028
19263686	10944431	220993	11705093	7558593
2481173	1315134	12468	1332378	1148795
7580418	3316659	178722	3585339	3995079
9202095	6312638	29803	6787376	2414719
8708936	3951145	143373	4253340	4455596
5158126	2076475	139366	2329224	2828902
49587	7612		7612	41975
43493	7289		7289	36204
6094	323		323	5771
162646	62263		62263	100383
3338577	1804795	4007	1854241	1484336
13160310	9959955	619669	10759304	2401006
24119197	12330153	277123	15253414	8865783
18464439	10768425	62997	11069594	7394845
1268252	686557		722557	545695
94435760	52250855	2832784	58738927	35696833
127408448	75328165	3458570	84840943	42567505
8542903	6927857	23307	6951164	1591739
51614366	31131840	1264143	35485374	16128992
48192202	28148549	1673030	32144202	16048000
19058977	9119919	498090	10260203	8798774
24039510	10667780	334003	11702853	12336657
7143066	3305710	142856	3544813	3598253
7369281	3379130	88389	3581837	3787444
9527163	3982940	102758	4576203	4950960
27255751	18623883	820468	20420734	6835017
2939259	2340921	13504	2355677	583582
84847001	45131442	1499064	51724016	33122985
2513909	1938765	20675	1959440	554469
33892038	17960934	1438862	20083929	13808109

13-2 续表 2 continued2

		主营业务收入 Main business revenue
总　　计	Total	111172605
其中：国有及国有控股企业	State-owned and state-holding enterprise	22385990
一、按登记注册类型分组	Grouped by type registered	
内资企业	Domestic funded	110365077
国有企业	State-owned	6474218
集体企业	Collective-owned	719659
股份合作企业	Cooperative	20599
联营企业	Joint	
国有联营企业	State joint owned	
集体联营企业	Collective joint owned	
国有与集体联营企业	State-collective joint owned	
其他联营企业	Other joint owned	
有限责任公司	Limited liability corporations	58698255
国有独资公司	State-owned solely	8063210
其他有限责任公司	Other	50635045
股份有限公司	Share holding	9424173
私营企业	Private	34657573
私营独资企业	Private funded	
私营合伙企业	Private partner	
私营有限责任公司	Private limited company	30135167
私营股份有限公司	Private share holding	4522406
其他企业	Others	370600
港、澳、台商投资企业	Funded from Hongkong Macao and Taiwan	807528
与港澳台合资经营	joint venture	794438
与港澳台合作经营	Cooperative	
港、澳、台商独资	Solely owned	13090
港、澳、台商投资股份有限公司	Share holding	
其他港澳台投资	Others	
外商投资企业	Foreign funds	
中外合资经营企业	Joint venture	
中外合作经营企业	Cooperative	
外资企业	Foreign funded	
外商投资股份有限公司	Share holding	
其他外商投资	Others	
二、按国民经济行业分组	Grouped by sector	
房屋建筑业	Housing industry	50256076
土木工程建筑业	Engineering Construction	38829171
铁路、道路、隧道和桥梁工程建筑	Railway roads and briages projects	22160741
铁路工程建筑	Railway	2068942
公路工程建筑	Roads	4728165
市政道路工程建筑	Municipal road engineering construction	11522367
其他道路、隧道和桥梁工程建筑	Others	3841267
水利和内河港口工程建筑	Water conservation and inland port engineering construction	11061632
水源及供水设施工程建筑	Water resources and water supply facilities engineering construction	3981764
河湖治理及防洪设施工程建筑	The govemance of rivers and lakes and flood control facilities engineering and construction	6673381

单位：千元 unit:1000yuan

主营业务成本 Main operation cost	主营业务税金及附加 Main operation taxes and extra charges	管理费用 Management expenses	利润总额 Total profits	应交所得税 Income taxes payable	应付职工薪酬 （本年贷方累计发生额） Payroll payable (credit accumulated happening this year
98469540	1244173	4080219	5140887	2342007	8120232
20674590	184849	849771	582856	294444	2248413
97738444	1240430	4025271	5143123	2327638	8039478
6150330	21047	287203	75138	24931	451705
571869	7632	109907	46266	8130	73527
16977	697	2887	15	741	9712
51899212	810064	2161035	2546900	1268612	4363400
7294163	91100	371211	217228	126928	600467
44605049	718964	1789824	2329672	1141684	3762933
7927805	73127	285521	565334	114486	399545
30834095	322930	1176051	1894420	908595	2740206
26645069	294069	1069376	1742914	734730	2232857
4189026	28861	106675	151506	173865	507349
338156	4933	2667	15050	2143	1383
731096	3743	54948	-2236	14369	80754
723882	3581	54312	-7292	13532	79894
7214	162	636	5056	837	860
45351471	621334	953731	2028317	1129492	3674934
34277199	398439	1882909	1762549	650969	2592886
19232637	302060	1062825	1318426	426401	1290615
1881854	4990	23051	115111	37407	255840
4098312	51402	202381	338967	136898	282342
10062812	143277	607895	717137	179061	609581
3189659	102391	229498	147211	73035	142852
10079619	53247	492001	318037	181449	801015
3674941	24304	120714	119011	38049	163569
6021178	27272	363981	185749	136243	627684

13-2 续表 3 continued3

		主营业务收入 Main business revenue
港口及航运设施工程建筑	Harbor and shipping facilities engineering constructions	406487
海洋工程建筑	Marine engineering constructions	
工矿工程建筑	Mining construction	244987
架线及管道工程建筑	Pipe-line construction	4231138
架线及设备工程建筑	Wiring and equipment engineering constructions	4142087
管道工程建筑	Pipes engineering constructions	89051
其他土木工程建筑	Others	1130673
建筑安装业	Construction and installation projects	17037614
电气安装	Electrial installation	1663444
管道和设备安装	Pipes and equipment installation	6341307
其他建筑安装业	Others	9032863
建筑装饰和其他建筑业	Construction and decoration industry and others	5049744
建筑装饰业	Construction and decoration industry	2710838
工程准备活动	Project preparation activities	34281
建筑物拆除活动	Building demolition activities	25966
其他工程准备活动	Others	8315
提供施工设备服务	Equipment seruices	170399
其他未列明建筑业	Others	2134226
三、按隶属关系分组	Grouped by administrative	
中央	Central	13799314
省（自治区、直辖市）	Province	14018237
地区（州、盟、省辖市）	Areas(prefectures、leagues、Provincial cities)	15177986
县（区、市、旗）	County	1426963
街道	Street	
镇	Town	
乡	Township	
居委会	Resident committee	
村委会	Village committee	
其他	Others	66750105
四、按企业资质等级分组	Group according to grades of enterprise qualification	
施工总承包	General construction contract	95098114
特别	Superfine	5238136
一级	First class	38277829
二级	Second class	36246513
三级及以下	Third class and below	15335636
专业承包	Responsibility contracts on specialties	16074491
一级	First class	4017247
二级	Second class	5645151
三级及以下	Third class and below	6412093
五、按控股情况分	Grouped by owned	
国有控股	State-owned	22385990
集体控股	Collective-owned	2856750
私人控股	Private-owned	63655547
港澳台控股	HongKong Macao and Taiwan-owned	749323
外商控股	Foreign-owned	
其他	Others	21524995

单位：千元 unit:1000yuan

主营业务成本 Main operation cost	主营业务税金及附加 Main operation taxes and extra charges	管理费用 Management expenses	利润总额 Total profits	应交所得税 Income taxes payable	应付职工薪酬（本年贷方累计发生额） Payroll payable (credit accumulated happening this year
383500	1671	7306	13277	7157	9762
155606	2939	17874	5717	1486	31379
3920824	24399	209185	63607	23082	382331
3840693	22836	204340	61702	21800	377181
80131	1563	4845	1905	1282	5150
888513	15794	101024	56762	18551	87546
14750468	169677	804203	1007949	463082	1435161
1279326	22203	188122	96565	32238	284714
5201778	87459	411128	494852	146709	536738
8269364	60015	204953	416532	284135	613709
4090402	54723	439376	342072	98464	417251
2257218	34486	167155	156753	76020	167675
24345	301	7643	1891	424	2728
19548	274	4373	1670	165	2456
4797	27	3270	221	259	272
160823	208	4173	3370	19	2231
1648016	19728	260405	180058	22001	244617
12879739	112891	563951	225027	133572	1069870
12429221	164415	514582	608649	361745	434428
12919920	171790	568541	750678	258779	1459532
1256708	45334	38824	70610	14421	128500
58983952	749743	2394321	3485923	1573490	5027902
85378450	1012799	2806104	4125119	2047731	6649429
4948187	19994	112891	135306	162613	884183
35781957	243317	1019540	1221410	795100	2040929
31793769	438258	1064524	1717408	797225	2722186
12854537	311230	609149	1050995	292793	1002131
13091090	231374	1274115	1015768	294276	1470803
3298023	36605	311095	291507	75563	361619
4660943	94414	348194	333517	110947	381411
5132124	100355	614826	390744	107766	727773
20674590	184849	849771	582856	294444	2248413
2605383	18634	168576	133900	60191	147609
56119324	733800	2173735	3113385	1448427	4482636
698730	2880	48879	-21233	11376	65964
18371513	304010	839258	1331979	527569	1175610

13–3 2017年长春市建筑业企业生产情况指标

单位：千元

		建筑业总产值 Output value of construction	按构成分建筑工程产值 By register output value of construction
总　计	Total	127987081	101560956
其中：国有及国有控股企业	State-owned and state-holding enterprise	25742792	21207951
一、按登记注册类型分组	Grouped by type registered		
内资企业	Domestic funded	126973764	100852965
国有企业	State-owned	5038691	2782854
集体企业	Collective-owned	714236	30566
股份合作企业	Cooperative	1011	1011
联营企业	Joint		
国有联营企业	State joint owned		
集体联营企业	Collective joint owned		
国有与集体联营企业	State-collective joint owned		
其他联营企业	Other joint owned		
有限责任公司	Limited liability corporations	70595125	60761045
国有独资公司	State-owned solely	7675774	7009588
其他有限责任公司	Other	62919351	53751457
股份有限公司	Share holding	10120109	8573696
私营企业	Private	40375127	28590638
私营独资企业	Private funded	31480	26515
私营合伙企业	Private partner		
私营有限责任公司	Private limited company	35926156	25651179
私营股份有限公司	Private share holding	4417491	2912944
其他企业	Others	129465	113155
港、澳、台商投资企业	Funded from Hongkong Macao and Taiwan	1013317	707991
与港澳台合资经营	joint venture	1000502	707991
与港澳台合作经营	Cooperative		
港、澳、台商独资	Solely owned	12815	
港、澳、台商投资股份有限公司	Share holding		
其他港澳台投资	Others		
外商投资企业	Foreign funds		
中外合资经营企业	Joint venture		
中外合作经营企业	Cooperative		
外资企业	Foreign funded		
外商投资股份有限公司	Share holding		
其他外商投资	Others		
二、按国民经济行业分组	Grouped by sector		
房屋建筑业	Housing industry	58982531	53486276
土木工程建筑业	Engineering Construction	46188961	35818114
铁路、道路、隧道和桥梁工程建筑	Railway roads and briages projects	28207441	21632710
铁路工程建筑	Railway	2118368	1785154
公路工程建筑	Roads	5706545	5513380
市政道路工程建筑	Municipal road engineering construction	16619483	10770912
其他道路、隧道和桥梁工程建筑	Others	3763045	3563264
水利和内河港口工程建筑	Water conservation and inland port engineering construction	13152168	12696292
水源及供水设施工程建筑	Water resources and water supply facilities engineering construction	5516678	5363414
河湖治理及防洪设施工程建筑	The govemance of rivers and lakes and flood control facilities engineering and construction	7168015	6903489
港口及航运设施工程建筑	Harbor and shipping facilities engineering constructions	467475	429389

PRODUCTIVE INDICATIONS ABOUT CONSTRUCTION ENTERPRISES IN 2017

unit:1000yuan

		建筑业总产值 Output value of construction	按构成分建筑工程产值 By register output value of construction
海洋工程建筑	Marine engineering constructions		
工矿工程建筑	Mining construction	244760	203557
架线及管道工程建筑	Pipe-line construction	3560080	573822
架线及设备工程建筑	Wiring and equipment engineering constructions	3471029	500841
管道工程建筑	Pipes engineering constructions	89051	72981
其他土木工程建筑	Others	1024512	711733
建筑安装业	Construction and installation projects	18059057	9603693
电气安装	Electrial installation	1528758	51821
管道和设备安装	Pipes and equipment installation	6027994	1508825
其他建筑安装业	Others	10502305	8043047
建筑装饰和其他建筑业	Construction and decoration industry and others	4756532	2652873
建筑装饰业	Construction and decoration industry	2573995	1749480
工程准备活动	Project preparation activities	37722	30416
建筑物拆除活动	Building demolition activities	30416	30416
其他工程准备活动	Others	7306	
提供施工设备服务	Equipment seruices	170518	167463
其他未列明建筑业	Others	1974297	705514
三、按隶属关系分组	Grouped by administrative		
中央	Central	14800450	11993239
省（自治区、直辖市）	Province	17297202	16221369
地区（州、盟、省辖市）	Areas(prefectures、leagues、Provincial cities)	17283809	14094173
县（区、市、旗）	County	2455869	1841341
街道	Street	2199	
镇	Town		
乡	Township		
居委会	Resident committee		
村委会	Village committee		
其他	Others	76131062	57402059
四、按企业资质等级分组	Group according to grades of enterprise qualification		
施工总承包	General construction contract	112486107	94911331
特别	Superfine	9237956	8456456
一级	First class	45423434	36996572
二级	Second class	42552240	36236439
三级及以下	Third class and below	15272477	13221864
专业承包	Responsibility contracts on specialties	15500974	6649625
一级	First class	3760722	1305196
二级	Second class	5364287	2518456
三级及以下	Third class and below	6362250	2825973
五、按控股情况分	Grouped by owned		
国有控股	State-owned	25742792	21207951
集体控股	Collective-owned	3453891	2053290
私人控股	Private-owned	71028304	55185061
港澳台控股	HongKong Macao and Taiwan-owned	830934	706501
外商控股	Foreign-owned		
其他	Others	26931160	22408153

13-3 续表 1 continued1

		房屋建筑施工面积（平方米）Construction space（m^2）	直接从事生产经营活动的人数（人）Avarage number of directly engaged in production and business operation activities(person)
总　　计	Total	54163992	284190
其中：国有及国有控股企业	State-owned and state-holding enterprise	8786010	45037
一、按登记注册类型分组	Grouped by type registered		
内资企业	Domestic funded	53988313	282304
国有企业	State-owned	409841	4790
集体企业	Collective-owned		1420
股份合作企业	Cooperative		210
联营企业	Joint		
国有联营企业	State joint owned		
集体联营企业	Collective joint owned		
国有与集体联营企业	State-collective joint owned		
其他联营企业	Other joint owned		
有限责任公司	Limited liability corporations	32121718	139571
国有独资公司	State-owned solely	188626	13388
其他有限责任公司	Other	31933092	126183
股份有限公司	Share holding	5820958	34039
私营企业	Private	15635796	101900
私营独资企业	Private funded	5300	321
私营合伙企业	Private partner		
私营有限责任公司	Private limited company	14740032	93103
私营股份有限公司	Private share holding	890464	8476
其他企业	Others		374
港、澳、台商投资企业	Funded from Hongkong Macao and Taiwan	175679	1886
与港澳台合资经营	joint venture	175679	1824
与港澳台合作经营	Cooperative		
港、澳、台商独资	Solely owned		62
港、澳、台商投资股份有限公司	Share holding		
其他港澳台投资	Others		
外商投资企业	Foreign funds		
中外合资经营企业	Joint venture		
中外合作经营企业	Cooperative		
外资企业	Foreign funded		
外商投资股份有限公司	Share holding		
其他外商投资	Others		
二、按国民经济行业分组	Grouped by sector		
房屋建筑业	Housing industry	44223857	157240
土木工程建筑业	Engineering Construction	3608411	64032
铁路、道路、隧道和桥梁工程建筑	Railway roads and briages projects	2506849	37447
铁路工程建筑	Railway		8346
公路工程建筑	Roads	641575	9354
市政道路工程建筑	Municipal road engineering construction	1736138	16198
其他道路、隧道和桥梁工程建筑	Others	129136	3549
水利和内河港口工程建筑	Water conservation and inland port engineering construction	594167	15361
水源及供水设施工程建筑	Water resources and water supply facilities engineering construction	568891	5778
河湖治理及防洪设施工程建筑	The govemance of rivers and lakes and flood control facilities engineering and construction	22330	9280
港口及航运设施工程建筑	Harbor and shipping facilities engineering constructions	2946	303

单位：千元 unit:1000yuan

		房屋建筑施工面积（平方米）Construction space (m^2)	直接从事生产经营活动的人数（人）Avarage number of directly engaged in production and business operationactivities(person)
海洋工程建筑	Marine engineering constructions		
工矿工程建筑	Mining construction		1203
架线及管道工程建筑	Pipe-line construction	24310	5810
架线及设备工程建筑	Wiring and equipment engineering constructions	24310	5572
管道工程建筑	Pipes engineering constructions		238
其他土木工程建筑	Others	483085	4211
建筑安装业	Construction and installation projects	5790967	49490
电气安装	Electrial installation	6124	6076
管道和设备安装	Pipes and equipment installation	282920	12686
其他建筑安装业	Others	5501923	30728
建筑装饰和其他建筑业	Construction and decoration industry and others	540757	13428
建筑装饰业	Construction and decoration industry	301827	8126
工程准备活动	Project preparation activities		90
建筑物拆除活动	Building demolition activities		65
其他工程准备活动	Others		25
提供施工设备服务	Equipment seruices		819
其他未列明建筑业	Others	238930	4393
三、按隶属关系分组	Grouped by administrative		
中央	Central	690784	18364
省（自治区、直辖市）	Province	8092277	15705
地区（州、盟、省辖市）	Areas(prefectures、leagues、Provincial cities)	10940368	49039
县（区、市、旗）	County	1079605	7688
街道	Street		50
镇	Town		
乡	Township		
居委会	Resident committee		
村委会	Village committee		
其他	Others	33360220	193207
四、按企业资质等级分组	Group according to grades of enterprise qualification		
施工总承包	General construction contract	51957298	241020
特别	Superfine	8346387	14927
一级	First class	20239229	80445
二级	Second class	14241544	105738
三级及以下	Third class and below	9130138	39910
专业承包	Responsibility contracts on specialties	2206694	43170
一级	First class	30320	7783
二级	Second class	1255007	13856
三级及以下	Third class and below	921367	21396
五、按控股情况分	Grouped by owned		
国有控股	State-owned	8786010	45037
集体控股	Collective-owned	1067111	4728
私人控股	Private-owned	27596863	191179
港澳台控股	HongKong Macao and Taiwan-owned	175679	1820
外商控股	Foreign-owned		
其他	Others	16538329	41426

统计资料

▶ 批发零售贸易和住宿餐饮业

WHOLESALE RETAIL TRADES AND HOTELS CATERING

STATISTICS

2018

长春统计年鉴

CHANGCHUN STATISTICAL YEARBOOK

第十四篇　批发零售贸易和住宿餐饮业

2017 年，长春市消费品市场运行良好。社会消费品零售总额完成 2922.8 亿元，同比增长 10.3%，增速比 2016 年加快 0.5 个百分点。

从规模上来，2017 年，限额以上单位实现零售额 1284.6 亿元，同比增长 10.5%;限额以下单位实现零售额 1638.2 亿元，同比增长 9.0%。

从零售额实现的地域上看，全年长春市城镇市场实现零售额 2654.7 亿元，同比增长 10.2%，增速比 2016 年加快 0.9 个百分点；乡村市场实现零售额 268.1 亿元，同比增长 11.2%，增速高于城镇 1.0 个百分点。

从消费形态来看，假日经济热潮及居民的“节日情结”对住宿、餐饮业的带动效应增强。全年长春市餐饮收入实现 331.6 亿元，同比增长 20.5%；商品零售实现 2591.2 亿元，同比增长 9.1%。

从零售额的行业构成看：批发零售业实现零售额 2590.3 亿元，增长 9.1%。住宿餐饮业实现零售额 332.5 亿元，增长 20.5%，增幅比 2016 年加快 4.3 个百分点。

14-1 社会消费品零售总额（2017）
TOTAL RETAIL SALES OF CONSUMER GOODS IN 2017

单位：万元　　unit:10000 yuan

指标名称	Item	2017
社会消费品零售总额	Total	29227536.8
（一）按销售单位所在地分组	Grouped by region	
1. 城镇	Urban	26546323.9
2. 乡村	Rural	2681212.9
（二）按行业分组	Grouped by sector	
1. 批发、零售贸易业	Wholesale and retail trade	25903235.6
批发业	Wholesale	2071312.5
零售业	Retail trade	23831923.1
限额以上	Above designated size	12498158.2
批发限额以上	Wholesale limit above	1136132.1
零售限额以上	Retail trade limit above	11362026.1
限额以下	Under designated size	13405077.4
批发限额以下企业（单位）及个体户	Wholesale limit below and imdividucl	935180.4
零售限额以下企业（单位）及个体户	Retailtrade limit belon and indroidnal	12469897
2. 住宿和餐饮业	Hotels and catering	3324301.2
限额以上企业（单位）及个体户	Enterprises (companies) and self-employed individuals above limits	347453.8
限额以下企业（单位）及个体户	Enterprises (companies) and self-employed individuals under limits	2976847.4

14-2 限额以上批发和零售业法人基本情况(2017)

指标名称	Item	法人企业数（个）Corporate enterprises (unit)
总计	Total	1351
一、批发业	Wholesale	515
农、林、牧产品批发	Farming、Fore、Animal、Husbandry	61
谷物、豆及薯类批发	Cereal beans and Tubers	42
种子批发	Seed	9
饲料批发	Forage	3
林业产品批发	Forestry	1
其他农牧产品批发	Others	6
食品、饮料及烟草制品批发业	Food drink and tobaccos	45
米、面制品及食用油批发业	Grain and edible oil	14
糕点、糖果及糖批发	Wholesale of cake, sweet and sugar	1
肉、禽、蛋、奶及水产品批发	Meet fowl egg and marine products	6
盐及调味品批发	Salt and condiment	5
营养和保健品批发	The nutrition and health care products retail	2
酒、饮料及茶叶批发	Alcohol beverage and tea tobaccos	8
烟草制品批发业	Tobaccos	1
其他食品批发	Others	8
纺织、服装及日用品批发业	Textile garment and daily articles	48
纺织品、针织品及原料批发	Textile knitwear and raw moterial	1
服装批发业	Garment	6
化妆品及卫生用品批发	Cosmetic and sanitary accessories	2
厨房、卫生间用具及日用杂货批发	Kitchen rest room and daily articles	2
灯具、装饰物品批发	Wholesale of lamps and decoration articles	27
家用电器批发	Electrical household appliances	8
其他家庭用品批发	Others	2
文化、体育用品及器材批发业	Sporting goods and equipment wholesale	17
文具用品批发	Stationery	6
体育用品及器材批发	Sporting goods and equipment wholesale	3
图书批发	Books	3
报刊批发	Newspaper	1
音像制品及电子出版物批发	Audio and video products and electronic publications	1
其他文化用品批发	Others	3
医药及医疗器材批发	Medicine and medical appliance	111
西药批发	Western medicine	53
中药批发	Chinese medicine	24
医疗用品及器材批发	Medical component	34
矿产品、建材及化工产品批发	Minerals construction materials	104
煤炭及制品批发	Coal and related products	9
石油及制品批发	Petroleum and related products	12

GENERAL INFORMATION OF THE ABOVE-NORM WHOLESALE AND RETAIL IN 2017

从业人员期末人数（人）(person)	其中：女性 Female	法人所属产业活动单位数（个）The number of legal persons' establishments	批发和零售业 Wholesale and retail trade	其他 Others
67164	33054	2624	1305	1319
18678	7547	735	221	514
1823	366	61		61
1268	221	42		42
328	100	9		9
34	11	3		3
50		1		1
143	34	6		6
2327	904	45		45
556	185	14		14
3	1	1		1
147	53	6		6
199	75	5		5
46	30	2		2
277	151	8		8
846	283	1		1
253	126	8		8
984	546	48		48
		1		1
114	71	6		6
10	5	2		2
69	37	2		2
171	51	27		27
485	299	8		8
135	83	2		2
834	477	17		17
34	12	6		6
78	42	3		3
451	223	3		3
223	175	1		1
29	17	1		1
19	8	3		3
4957	2546	111		111
2834	1566	53		53
937	516	24		24
1186	464	34		34
3776	1366	323	220	103
157	37	9		9
2351	932	228	216	12

14-2 续表 1

指标名称	Item	法人企业数（个）Corporate enterprises (unit)
金属及金属矿批发业	Metal materials	25
建材批发业	Construction materials	37
化肥批发业	Chemical fertilizers	9
其他化工产品批发	Others	12
机械设备、五金交电及电子产品批发业	Machinery hardware and electronic equipment	112
农业机械批发	Farm machinery	15
汽车批发	motorcycle	11
汽车零配件批发	motorcycle and parts	24
摩托车及零配件批发	Motor vehicles motorcycle and parts	2
五金产品批发	Hardware products	13
电气设备批发	Appliances	4
计算机、软件及辅助设备批发业	Computer software and accessories	5
通讯及广播电视设备批发	Communication and radiated television	8
其他机械设备及电子产品批发	Others	30
贸易经纪与代理	Trade broker and agency	1
贸易代理	Trade agency	1
其他批发业	Other wholesale	16
再生物资回收与批发	Recycling and wholesale of recycled materials	1
其他未列明的批发	Others	15
内资企业	Domestic funds	510
国有企业	State-owned	4
集体企业	Collective-owned	1
有限责任公司	Limited liability corporations	223
国有独资企业	State-owned solely	12
其他有限责任公司	Limited liability corporations	211
股份有限公司	Share holding	20
私营企业	Private	262
私营独资企业	Private funded	7
私营有限责任公司	Private limited company	244
私营股份有限公司	Private share holding	11
港、澳、台商投资企业	Funded from Hongkong Macao and Taiwan	2

continued 1

从业人员期末人数（人）(person)	其中：女性 Female	法人所属产业活动单位数（个）The number of legal persons' establishments	批发和零售业 Wholesale and retail trade	其他 Others
339	102	25		25
503	170	37		37
234	55	12	4	8
192	70	12		12
3161	1082	113	1	112
166	47	15		15
252	74	11		11
1021	339	24		24
56	6	2		2
278	142	13		13
64	28	4		4
136	55	5		5
317	136	8		8
871	255	31	1	30
82	45	1		1
82	45	1		1
734	215	16		16
19	6	1		1
715	209	15		15
18300	7420	730	221	509
964	296	4		4
11	3	1		1
8957	3746	438	215	223
2675	1082	226	214	12
6282	2664	212	1	211
754	302	20		20
7614	3073	267	6	261
202	41	7		7
7108	2894	249	6	243
304	138	11		11
52	6	2		2

14-2 续表 2

指标名称	Item	法人企业数（个）Corporate enterprises (unit)
港、澳、台商独资经营企业	Solefunds	1
其他港澳台投资企业	Others	1
外商投资企业	Foreign funds	3
中外合资经营企业	Joint venture	1
外资企业	Foreign funded	1
外商投资股份有限公司	Foreign Investment Co., Ltd.	1
国有控股	State-owned	31
集体控股	Collective-owned	3
私人控股	Private-owned	426
港澳台商控股	Hongkong Macao and Taiwan-Owned	1
外商控股	Foreign-owned	2
其他	Others	52
独立门店	Substantive store	365
其他	Others	150
大型	Large-sized	6
中型	Medium-sized	130
小型	Small-sized	271
微型	Micro-sized	108
二、零售业	Retail trade	836
综合零售业	Retail trade	55
百货零售业	Consumer goods	36
超级市场零售业	Supermarket	14
其他综合零售业	Other comprehensive retail business	5
食品、饮料及烟草制品专门零售业	Food beverage and tobaccos	62
粮油零售	Food and Oil	9
糕点、面包零售	Cake and bread	1
果品、蔬菜零售	Fruit and Vegetable	1
肉、禽、蛋、奶及水产品零售	Meat, fowl, egg and marine products	7
营养和保健品零售	Nutrition and health care	9
酒、饮料及茶叶零售	Alcohol beverage and tea	12
烟草制品零售	Tobaccos	2
其他食品零售	Others	21
纺织、服装及日用品专门零售业	Textile, garment and daily articles	41
纺织品及针织品零售	Textile and knitwear	5
服装零售	Garments	19
化妆品级卫生用品零售	Cosmetic and sanitary accessories	5

continued 2

从业人员期末人数（人）(person)	其中：女性 Female	法人所属产业活动单位数（个）The number of legal persons' establishments	批发和零售业 Wholesale and retail trade	其他 Others
7	6	1		1
45		1		1
326	121	3		3
317	118	1		1
7	3	1		1
2		1		1
5163	2021	245	214	31
36	13	3		3
11881	4791	431	6	425
7	6	1		1
9	3	2		2
1582	713	53	1	52
13529	5482	582	217	365
5149	2065	153	4	149
3822	1633	220	214	6
8072	3459	133	3	130
5842	2125	271		271
942	330	111	4	107
48486	25507	1889	1084	805
16331	9982	177	129	48
10015	6961	42	8	34
3589	2376	39	29	10
2727	645	96	92	4
2038	1021	120	61	59
452	130	9		9
135	78	19	19	
25		1		1
113	36	7		7
204	69	9		9
304	191	12		12
448	301	42	42	
357	216	21		21
1928	1293	62	24	38
67	48	5		5
1331	869	21	4	17
127	94	5		5

14-2 续表 3

指标名称	Item	法人企业数（个）Corporate enterprises (unit)
钟表、眼镜零售	Clock and spectacles	5
箱、包零售	Bags and suitcases retail	1
厨房用具及日用杂品零售	Retail of kitchenware and daily articles	3
其他日用品零售	Others	3
文化、体育用品及器材专门零售	Cultural and sport goods	30
文具用品零售	Stationery	5
体育用品及器材零售	Sporting goods and equipment retail	5
图书、报刊零售	Books、Newspaper	9
珠宝首饰零售	Jewelry	4
工艺美术品及收藏品零售	Handicraft article and collection	5
乐器零售	Instruments retail	1
照相器材零售	Photogrphic apparatus retail	1
医药及医疗器材专门零售业	Medicine and medical appliance	51
药品零售业	Medicine	30
医疗用品及器材零售	Medical component	21
汽车、摩托车、燃料及零配件专门零售业	Vehicles,motorcycle and part	366
汽车零售业	Vehicles	290
汽车零配件零售	Installation kit	49
摩托车及零配件零售	Motoreycle	1
机动车燃料零售业	Fuel	26
家用电器及电子产品专门零售业	Electrical household equipment	80
家用视听设备零售	Household audio and video equipment	5
日用家电设备零售	Household applianeces retail	17
计算机、软件及辅助设备零售业	Computer software and accessories	27
通信设备零售业	Teleconmmunicational equipment	19
其他电子产品零售	Others	12
五金、家具及室内装修材料专门零售业	Hardware funiture and indoor hareware fitting	89
五金零售	Hardware	50
灯具零售	Lamps	4
家具零售	Funiture	8
涂料零售	Coating	2
卫生洁具零售	Sanitary ware retail	2
木质装饰材料零售	Retail of wooden decoration material	1
陶瓷、石材装饰材料零售	Ceramics、decorative stone materials retail	7
其他室内装修材料零售	Others	15
货摊、无店铺及其他零售业	Other retail trade	62
互联网零售	Network retail	3
邮购及电视、电话零售	Mail-order and TV and phone retail	1
旧货零售	Second hand	1
生活用燃料零售	Fuel for life	24

continued 3

从业人员期末人数（人）(person)		法人所属产业活动单位数（个）The number of legal persons' establishments		
	其中：女性 Female		批发和零售业 Wholesale and retail trade	其他 Others
260	222	24	20	4
23	17	1		1
46	16	3		3
74	27	3		3
1194	586	39	12	27
35	11	5		5
113	63	5		5
748	349	13	5	8
127	98	8	5	3
158	57	6	2	4
3	1	1		1
10	7	1		1
7672	5387	787	740	47
7187	5140	766	740	26
485	247	21		21
14606	5389	430	70	360
11753	4158	299	12	287
812	239	49		49
9	4	1		1
2032	988	81	58	23
1990	932	115	38	77
82	56	5		5
817	385	33	18	15
490	181	27		27
418	250	38	20	18
183	60	12		12
1477	560	91	3	88
773	270	52	3	49
53	13	4		4
155	75	8		8
18	12	2		2
31	10	2		2
2		1		1
249	127	7		7
196	53	15		15
1250	357	68	7	61
19	9	3		3
23	15	1		1
90	26	1		1
666	164	30	7	23

14-2 续表 4

指标名称 Item		法人企业数（个） Corporate enterprises (unit)
其他未列明的零售	Others	33
内资企业	Domestic funds	823
国有企业	State-owned	2
股份合作企业	Cooperative	1
有限责任公司	Limited liability corporations	336
国有独资公司	State-owned solely	6
其他有限责任公司	Limited liability corporations	330
股份有限公司	Share holding	18
私营企业	Private	462
私营独资企业	Private funded	12
私营有限责任公司	Private limited company	435
私营股份有限公司	Private share holding	15
其他企业	Others	4
港、澳、台商投资企业	Funded from Hongkong, Macao and Taiwan	6
与港澳台商合资经营企业	Joint venture	4
港、澳、台商独资经营企业	Solefunds	2
外商投资企业	Foreign funds	7
中外合资经营企业	Joint venture	2
外资企业	Foreign funded	3
其他外商投资股份有限公司	Others	2
国有控股	State-owned	24
集体控股	Collective-owned	8
私人控股	Private-owned	708
港澳台商控股	Hongkong, Macao and Taiwan-Owned	4

continued 4

从业人员期末人数（人）(person)	其中：女性 Female	法人所属产业活动单位数（个）The number of legal persons' establishments	批发和零售业 Wholesale and retail trade	其他 Others
452	143	33		33
46400	24225	1854	1060	794
61	30	2		2
1876	1470	1		1
21456	10189	937	621	316
689	235	41	36	5
20767	9954	896	585	311
8414	6316	244	224	20
14450	6132	666	215	451
158	71	12		12
13628	5669	637	212	425
664	392	17	3	14
143	88	4		4
1138	721	26	22	4
816	461	5	2	3
322	260	21	20	1
948	561	9	2	7
276	118	2		2
494	326	5	2	3
178	117	2		2
7776	4642	106	88	18
2135	1631	8		8
26396	12299	1391	703	688
520	345	23	20	3

14-2 续表 5

指标名称	Item	法人企业数（个）Corporate enterprises (unit)
外商控股	Foreign-owned	5
其他	Others	87
独立门店	Substantive store	715
连锁总店（总部）	Chain headquarter	16
连锁直营店	Direct-sale store	7
连锁加盟店	Chain store	1
其他	Others	97
大型	Large-sized	19
中型	Medium-sized	168
小型	Small-sized	388
微型	Micro-sized	261
有店铺零售	Retail trade	766
便利店	Convenience store	4
折扣店	Discount store	1
超市	Market	17
大型超市	Super market	11
百货店	Consumer goods	44
专业店	Specialty store	377
专卖店	Exclusive shop	257
家居建材商店	Household items hall	9
购物中心	Shopping center	11
厂家直销中心	Direct sales by manufacturers	35
无店铺零售	Other retail trade	70
电视购物	TV shopping	1
邮购	Purchase by mail	3
网上商店	Store on line	7
其他	Others	59

continued 5

从业人员期末人数（人）(person)	其中：女性 Female	法人所属产业活动单位数（个）The number of legal persons' establishments	批发和零售业 Wholesale and retail trade	其他 Others
667	382	7	2	5
10992	6208	354	271	83
29930	13081	903	207	696
12158	8586	842	834	8
1014	648	44	40	4
6	2	1		1
5378	3190	99	3	96
21353	12986	795	782	13
17397	8536	406	256	150
8122	3319	397	12	385
1614	666	291	34	257
47098	24906	1819	1084	735
79	33	4		4
90	26	1		1
707	405	18	2	16
3919	2644	126	119	7
12320	7255	50	8	42
18971	9787	1183	817	366
9533	4141	382	138	244
123	44	9		9
577	313	11		11
779	258	35		35
1388	601	70		70
23	15	1		1
48	18	3		3
130	64	7		7
1187	504	59		59

14-3 限额以上批发和零售法人企业财务状况综合表(2017)

单位：万元

指标名称	Item	法人企业数（个）Corporate enterprises (unit)	执行《2006年企业会计准则》企业个数（个）Number of enterprises implmenting Accounting Standards for Business Enterprises 2006
总计	Total	1344	819
一、批发业	Whole sale enterprises	512	271
农、林、牧产品批发	Farming、Fore、animal husbandry	61	38
谷物、豆及薯类批发	Cereal beans and Tubers	42	23
种子批发	Seed	9	8
饲料批发	Forage	3	1
林业产品批发	Forestry	1	1
其他农牧产品批发	Others	6	5
食品、饮料及烟草制品批发	Food, drink and tobaccos	45	24
米、面制品及食用油批发	Grain and edible oil	14	8
糕点、糖果及糖批发	Wholesale of cake, sweet and sugar	1	
肉、禽、蛋、奶及水产品批发	Meat fowl egg and marine products	6	1
盐及调味品批发	Salt and condiment	5	4
营养和保健品批发	The nutrition and health care products retail	2	2
酒、饮料机茶叶批发	Alcohol beverage and tea tobaccos	8	1
烟草制品批发	Tobaccos	1	1
其他食品批发	Others	8	7
纺织、服装及家庭用品批发	Textiles, garments and daily articles	48	16
纺织品、针织品及原料批发	Textile knitwear and raw moterial	1	1
服装批发	Garments	6	5
化妆品及卫生用品批发	Cosmetic and sanitary accessories	2	2
厨房、卫生间用具及日用杂货批发	Kitchen rest room and daily articles	2	1
灯具、装饰物品批发	Wholesale of lamps and decoration articles	27	
家用电器批发	Electrical household appliances	8	5
其他家庭用品批发	Others	2	2
文化、体育用品及器材批发	Cultural and sports goods	17	10
文具用品批发	Stationery	6	5
体育用品及器材批发	Sporting goods and equipment wholeasale	3	1
图书批发	Books	3	2
报刊批发	Newspaper	1	1
音像制品及电子出版物批发	Audio and video products and electronic publications	1	1
其他文化用品批发	Others	3	
医药及医疗器材批发	Medicines and medical appliances	110	61
西药批发	Western medicine	53	32
中药批发	Chinese medicine	24	10
医疗用品及器材批发	Medical component	33	19
矿产品、建材及化工产品批发	Minerals and construction materials	102	54

LIMITATION ABOVE WHOLESALE AND RETAIL BUSINESS AS A LEGAL PERSON ENTERPRISE COMPREHENSIVE TABLE OF CHANGES IN FINANCIAL POSITION IN 2017

unit:10000 yuan

一、年初存货 Inventory	二、期末资产负债 The final balance sheet									
	流动资产合计 Circulating funds	应收帐款 Receivables	存货 Inventery	固定资产合计 Total fixed assets	固定资产原价 Original Value of fixed assets	房屋和构筑物	机器设备	运输工具	累计折旧 Total depreciation	本年折旧 Depreciationg in this year
2071619.1	9981652.2	2020524.9	1935270.2	1978369.9	2677386.9	1357057.6	430657.9	86799.9	811844.8	124460.2
1092499.8	5518341.9	1557292.2	924620.1	353050.8	467069.4	163190.1	71579.4	33009.9	182438.4	26603.5
199744.0	735132.9	151962.7	189726.3	62592.9	69876.0	24820.8	11100.9	4355.6	12168.9	2224.9
175996.4	640610.0	144893.3	169051.2	34470.5	40989.5	13855.0	8442.4	2149.1	8134.3	1674.8
20090.8	80719.3	4409.2	17173.0	18415.0	17997.9	10906.8	2442.1	1307.2	2473.3	171.4
1323.9	3267.8	886.0	1698.1	357.3	558.4	59.0	126.2	182.4	228.6	49.1
201.2	219.7	23.0	196.7							
2131.7	10316.1	1751.2	1607.3	9350.1	10330.2		90.2	716.9	1332.7	329.6
424503.0	730322.9	88975.2	225982.1	52947.6	92090.1	61676.1	10840.4	7489.1	39356.0	5333.6
354317.4	491846.2	56761.5	153925.3	2109.2	3522.2	1284.7	313.0	368.5	1478.1	481.4
	658.0	204.8		1.1	1.1					
3322.8	5853.2	1779.7	1223.3	1331.4	1796.2	89.6		334.1	464.8	75.6
4458.8	15542.6	7787.6	2048.7	2672.6	3617.4	2585.9	624.4	364.3	1074.9	145.7
1231.0	1299.4	102.7	170.2	50.3	57.5				25.5	11.5
10738.7	22597.8	3340.5	8807.3	4180.9	4410.5	1897.3	1691.2	140.5	229.6	66.3
47374.3	180349.8	15541.1	56464.8	42406.9	78082.9	55818.6	8197.2	5852.1	35676.0	4517.2
3060.0	12175.9	3457.3	3342.5	195.2	602.3		14.6	429.6	407.1	35.9
19861.4	57516.0	13300.1	21237.6	5005.4	6618.8	246.0	543.4	1398.0	1719.1	690.1
9393.1	12449.8	1677.3	9623.0	562.9	783.9	121.5	53.8	251.3	269.6	46.9
95.9	294.1	65.4		4.2	4.2		4.2			
1005.7	4544.9	1019.2	1358.2	41.4	154.8				113.5	25.8
1251.5	9024.3	1965.2	2360.5	823.1	1161.4		29.4	1132.0	338.3	241.4
5579.1	26021.3	8213.7	5139.4	180.9	532.7	124.5	144.9		357.3	24.4
2536.1	5181.6	359.3	2756.5	3392.9	3981.8		311.1	14.7	640.4	351.6
19075.5	90150.7	12513.8	23997.3	26835.2	21074.3	18701.3	72.8	224.3	8714.0	593.2
664.2	2548.0	1080.5	1251.9	2.1	37.1		37.1		35.1	6.1
452.9	4985.6	3733.2	1122.2	60.0	129.6		0.1	3.4	69.6	13.9
11884.3	66576.6	4984.1	13446.1	26645.0	20681.2	18661.6		69.8	8480.6	500.5
5188.6	11772.5	915.5	7298.3	78.1	78.1		16.5	61.6	30.4	-0.5
449.6	3069.5	1332.0	324.8	38.6	66.0	39.7	19.1	7.2	27.4	2.3
435.9	1198.5	468.5	554.0	11.4	82.3			82.3	70.9	70.9
152037.0	1036973.5	507511.7	165036.5	34928.1	45619.7	12882.3	8380.1	4827.8	18573.7	3324.5
103125.9	709236.2	319071.2	115189.0	22405.7	26032.0	6110.7	449.9	2558.3	11062.9	1520.9
16714.8	97562.7	63161.8	18364.0	1510.0	2884.4	616.2	77.8	949.5	1674.1	286.9
32196.3	230174.6	125278.7	31483.5	11012.4	16703.3	6155.4	7852.4	1320.0	5836.7	1516.7
146361.1	2138477.0	583606.4	177329.0	138439.9	180379.8	29952.6	31579.1	7429.7	79757.8	10190.9

14-3 续表 1 continued1

指标名称	Item	在建工程 Circulating funds	非流动资产合计
总计	Total	202871.9	3297929.4
一、批发业	Whole sale enterprises	47459.0	703243.9
农、林、牧产品批发	Farming、Fore、animal husbandry	7594.9	132181.3
谷物、豆及薯类批发	Cereal beans and Tubers	5834.5	62174.2
种子批发	Seed	1575.4	55018.8
饲料批发	Forage		455.7
林业产品批发	Forestry		2130.0
其他农牧产品批发	Others	185.0	12402.6
食品、饮料及烟草制品批发	Food, drink and tobaccos	552.6	63929.9
米、面制品及食用油批发	Grain and edible oil	552.6	4174.3
糕点、糖果及糖批发	Wholesale of cake, sweet and sugar		1.1
肉、禽、蛋、奶及水产品批发	Meat fowl egg and marine products		691.1
盐及调味品批发	Salt and condiment		3353.9
营养和保健品批发	The nutrition and health care products retail		139.8
酒、饮料机茶叶批发	Alcohol beverage and tea tobaccos		4350.5
烟草制品批发	Tobaccos		50949.8
其他食品批发	Others		269.4
纺织、服装及家庭用品批发	Textiles, garments and daily articles		6259.2
纺织品、针织品及原料批发	Textile knitwear and raw moterial		
服装批发	Garments		898.1
化妆品及卫生用品批发	Cosmetic and sanitary accessories		5.8
厨房、卫生间用具及日用杂货批发	Kitchen rest room and daily articles		41.4
灯具、装饰物品批发	Wholesale of lamps and decoration articles		823.5
家用电器批发	Electrical household appliances		270.5
其他家庭用品批发	Others		4219.9
文化、体育用品及器材批发	Cultural and sports goods		36607.7
文具用品批发	Stationery		38.5
体育用品及器材批发	Sporting goods and equipment wholeasale		60.0
图书批发	Books		34735.4
报刊批发	Newspaper		1722.5
音像制品及电子出版物批发	Audio and video products and electronic publications		39.9
其他文化用品批发	Others		11.4
医药及医疗器材批发	Medicines and medical appliances	6176.6	112510.2
西药批发	Western medicine	2960.9	92166.9
中药批发	Chinese medicine	1602.6	5005.7
医疗用品及器材批发	Medical component	1613.1	15337.6
矿产品、建材及化工产品批发	Minerals and construction materials	30240.5	292318.3

单位：万元 unit:10000 yuan

二、期末资产负债 The final balance sheet					
资产总计 Total assets	流动负债合计 Total current liabilities	应付账款 Inventory	非流动负债合计 Non-current liabilities	负债合计 Total liabilities	所有者权益 Creditor's equity
13283283.5	9324914.0	1385892.6	1068221.9	10456926.4	2826357.1
6222296.4	4691856.6	684584.4	341786.5	5095516.1	1126780.3
867314.2	766207.2	129245.5	1931.5	832482.6	34831.6
702784.2	721592.2	126122.7	688.9	722281.1	-19496.9
135738.1	35727.2	2280.5	78.0	100149.1	35589.0
3723.5	1550.3	497.5		1550.3	2173.2
2349.7					2349.7
22718.7	7337.5	344.8	1164.6	8502.1	14216.6
794921.1	562970.7	22239.4	1939.7	564905.4	230015.7
496045.5	480500.3	4750.7	275.2	480770.5	15275.0
659.1	160.2	0.7		160.2	498.9
7187.6	4498.5	963.8	418.6	4917.1	2270.5
18896.5	10937.8	3298.4		10937.8	7958.7
1439.2	1454.3	434.9		1454.3	-15.1
26948.3	21072.4	-2381.7	1045.9	22118.3	4830.0
231299.6	34369.2	14943.3		34369.2	196930.4
12445.3	9978.0	229.3	200.0	10178.0	2267.3
63775.2	42384.8	17296.6	4690.0	44350.6	19424.6
13347.9	11510.5	9699.4	1933.0	13443.5	-95.6
299.9	-105.1	-1467.8		-105.1	405.0
4586.3	1936.8	1548.7		1936.8	2649.5
9847.8	2907.1	904.0	32.8	2939.9	6907.9
26291.8	26313.7	7533.9	2724.2	26313.7	-21.9
9401.5	-178.2	-921.6		-178.2	9579.7
126758.4	89598.3	33131.4	483.4	90081.7	36676.7
2586.5	1767.4	111.3	-900.0	867.4	1719.1
5045.6	4641.7			4641.7	403.9
101312.0	74027.4	29364.0	1383.4	75410.8	25901.2
13495.0	6142.0	2678.6		6142.0	7353.0
3109.4	1939.3	5.4		1939.3	1170.1
1209.9	1080.5	972.1		1080.5	129.4
1149526.0	931677.8	308768.1	13545.9	945482.0	204044.0
801445.4	689652.5	202234.6	13419.9	703330.7	98114.7
102568.4	91236.7	52285.8		91236.7	11331.7
245512.2	150788.6	54247.7	126.0	150914.6	94597.6
2430795.3	1741589.4	-23340.7	281432.2	2023021.6	407773.7

14-3 续表 2 continued2

指标名称	Item	实收资本 Original Value of fixed assets	国家资本 State owned	集体资本 Collective
总计	Total	1330483.9	131517.7	10991.3
一、批发业	Whole sale enterprises	557724.9	84208.6	3914.0
农、林、牧产品批发	Farming、Fore、animal husbandry	91556.6	5362.0	63.0
谷物、豆及薯类批发	Cereal beans and Tubers	66000.1	5362.0	63.0
种子批发	Seed	17506.2		
饲料批发	Forage	1350.0		
林业产品批发	Forestry	50.0		
其他农牧产品批发	Others	6650.3		
食品、饮料及烟草制品批发	Food,drink and tobaccos	31692.8	22466.9	
米、面制品及食用油批发	Grain and edible oil	21272.1	18000.0	
糕点、糖果及糖批发	Wholesale of cake, sweet and sugar	498.9		
肉、禽、蛋、奶及水产品批发	Meat fowl egg and marine products	786.5		
盐及调味品批发	Salt and condiment	2679.6	2671.6	
营养和保健品批发	The nutrition and health care products retail	900.0		
酒、饮料机茶叶批发	Alcohol beverage and tea tobaccos	3100.0		
烟草制品批发	Tobaccos	1795.3	1795.3	
其他食品批发	Others	660.4		
纺织、服装及家庭用品批发	Textiles,garments and daily articles	12448.2		
纺织品、针织品及原料批发	Textile knitwear and raw moterial			
服装批发	Garments	1110.6		
化妆品及卫生用品批发	Cosmetic and sanitary accessories	40.0		
厨房、卫生间用具及日用杂货批发	Kitchen rest room and daily articles	150.0		
灯具、装饰物品批发	Wholesale of lamps and decoration articles	4397.6		
家用电器批发	Electrical household appliances	3150.0		
其他家庭用品批发	Others	3600.0		
文化、体育用品及器材批发	Cultural and sports goods	31715.2	21851.2	
文具用品批发	Stationery	1350.0		
体育用品及器材批发	Sporting goods and equipment wholeasale	600.0		
图书批发	Books	24165.2	21851.2	
报刊批发	Newspaper	4500.0		
音像制品及电子出版物批发	Audio and video products and electronic publications	1000.0		
其他文化用品批发	Others	100.0		
医药及医疗器材批发	Medicines and medical appliances	101219.1	4655.0	3500.0
西药批发	Western medicine	75298.1		3500.0
中药批发	Chinese medicine	11272.4		
医疗用品及器材批发	Medical component	14648.6	4655.0	
矿产品、建材及化工产品批发	Minerals and construction materials	209973.4	19363.5	29.0

单位：万元 unit:10000 yuan

二、期末资产负债 The final balance sheet				三、损益及分配 Gains and losses and distribution			
法人资本 Corporate	个人资本 Private	港澳台资本 Funded from Hongkong, Macao and Taiwan	外商资本 Foreign funds	营业收入 Operation revenue	主营业务收入 Operating revenue	营业成本 Operating costs	主营业务成本 Operating costs
628892.0	513820.0	20203.0	25059.9	18034200.5	17742997.6	16079724.1	16031662.9
306324.2	157633.1	570.0	5075.0	9731147.7	9701597.7	8824673.4	8805354.9
48078.6	37988.0	65.0		749914.8	749814.9	725472.6	725472.3
41324.1	19186.0	65.0		669258.6	669158.7	657058.7	657058.7
756.2	16750.0			41534.0	41534.0	33643.5	33643.5
550.0	800.0			13146.3	13146.3	12631.1	12631.1
50.0				2014.4	2014.4	1865.6	1865.6
5398.3	1252.0			23961.5	23961.5	20273.7	20273.4
5281.5	3944.4			1685452.8	1685006.5	1416094.7	1415893.1
1000.0	2272.1			903160.4	903076.9	830809.3	830809.2
	498.9			4834.5	4834.5	4806.1	4806.1
736.5	50.0			40843.4	40843.4	36043.0	36043.0
8.0				30041.1	30041.1	23354.4	23354.4
220.0	680.0			8909.0	8909.0	6704.0	6704.0
2797.0	303.0			43367.4	43367.4	37931.8	37931.8
				611714.6	611351.8	438105.1	437903.7
520.0	140.4			42582.4	42582.4	38341.0	38340.9
3587.6	8360.6	500.0		220195.2	219981.1	195323.9	195294.8
100.0	1010.6			26154.7	26154.7	21254.1	21254.1
	40.0			857.5	857.5	806.5	806.5
100.0	50.0			13809.2	13809.2	8441.3	8441.3
1687.6	2710.0			41065.9	41065.9	37489.5	37480.5
1300.0	1350.0	500.0		116737.6	116665.2	109420.7	109400.6
400.0	3200.0			21570.3	21428.6	17911.8	17911.8
6399.0	3465.0			74806.7	74014.5	66455.7	66455.7
150.0	1200.0			13233.3	13233.3	12294.9	12294.9
500.0	100.0			7274.3	7274.3	6742.9	6742.9
259.0	2055.0			34841.7	34049.5	29035.3	29035.3
4500.0				12590.5	12590.5	11858.1	11858.1
990.0	10.0			4215.7	4215.7	3964.7	3964.7
	100.0			2651.2	2651.2	2559.8	2559.8
69887.0	23177.1			1325697.1	1323397.3	1172312.3	1171368.6
59300.4	12497.7			900773.5	899312.8	820239.6	819444.6
6311.0	4961.4			134026.5	133546.4	118732.9	118636.4
4275.6	5718.0			290897.1	290538.1	233339.8	233287.6
144417.0	46163.9			2895429.5	2871838.9	2755522.7	2738505.6

14-3 续表 3 continued3

指标名称	Item	营业税金及附加 Business taxes and extra charges
总计	Total	138095.3
一、批发业	Whole sale enterprises	102508.2
农、林、牧产品批发	Farming、Fore、animal husbandry	702.4
谷物、豆及薯类批发	Cereal beans and Tubers	608.0
种子批发	Seed	12.5
饲料批发	Forage	2.5
林业产品批发	Forestry	8.9
其他农牧产品批发	Others	70.5
食品、饮料及烟草制品批发	Food, drink and tobaccos	85374.6
米、面制品及食用油批发	Grain and edible oil	1364.6
糕点、糖果及糖批发	Wholesale of cake, sweet and sugar	0.5
肉、禽、蛋、奶及水产品批发	Meat fowl egg and marine products	112.4
盐及调味品批发	Salt and condiment	127.7
营养和保健品批发	The nutrition and health care products retail	49.3
酒、饮料机茶叶批发	Alcohol beverage and tea tobaccos	38.8
烟草制品批发	Tobaccos	83637.7
其他食品批发	Others	43.6
纺织、服装及家庭用品批发	Textiles, garments and daily articles	715.5
纺织品、针织品及原料批发	Textile knitwear and raw moterial	
服装批发	Garments	59.3
化妆品及卫生用品批发	Cosmetic and sanitary accessories	1.1
厨房、卫生间用具及日用杂货批发	Kitchen rest room and daily articles	86.9
灯具、装饰物品批发	Wholesale of lamps and decoration articles	6.7
家用电器批发	Electrical household appliances	447.6
其他家庭用品批发	Others	113.9
文化、体育用品及器材批发	Cultural and sports goods	368.6
文具用品批发	Stationery	29.5
体育用品及器材批发	Sporting goods and equipment wholeasale	8.7
图书批发	Books	320.5
报刊批发	Newspaper	1.5
音像制品及电子出版物批发	Audio and video products and electronic publications	7.7
其他文化用品批发	Others	0.7
医药及医疗器材批发	Medicines and medical appliances	3255.1
西药批发	Western medicine	1856.0
中药批发	Chinese medicine	229.6
医疗用品及器材批发	Medical component	1169.5
矿产品、建材及化工产品批发	Minerals and construction materials	5238.4

单位：万元 unit:10000 yuan

三、损益及分配 Gainsay and losses and distribution						
主营业务税金及附加 Main operation taxes and extra charges	其他业务利润 Other business profit	销售费用 Marketing expenses	管理费用 Management expenses	财务费用 Financial expenses	利息收入 Interest income	利息支出 Interest expenditure
133483.5	133959.9	808912.4	504225.1	170900.0	22408.9	132672.3
101433.6	14525.7	471888.1	144745.2	54616.5	18530.1	49936.9
532.3	154.4	33932.3	6977.6	20006.5	202.7	20802.2
437.9	154.4	32122.4	4909.4	19701.3	57.8	20680.4
12.5		440.8	1051.9	75.3	144.7	16.0
2.5		183.9	161.1	0.6	0.2	
8.9		6.2	99.8			
70.5		1179.0	755.4	229.3		105.8
85372.3	9013.2	105909.7	29017.1	-3075.2	4063.9	-139.8
1364.6	8059.2	74191.9	5718.4	239.6	-5.6	-204.3
0.5		22.8	5.9	0.2		
112.4		2823.9	616.9	131.3	0.1	63.1
127.7		1128.9	3017.0	-63.6	64.6	0.2
47.0		197.9	1955.3	-2.8	2.9	0.3
38.8	792.5	1919.1	2015.9	113.2	0.4	0.3
83637.7	161.5	23562.8	14192.5	-3501.7	4001.2	
43.6		2062.4	1495.2	8.6	0.3	0.6
708.3	52.1	13055.4	4998.3	294.1	119.0	35.8
57.6		2658.1	1097.5	-13.0	21.2	-0.1
1.1			54.7	0.3		
86.9		3414.6	1206.3	-0.4	0.4	
6.7		1211.8	1036.9	18.7		
447.6	52.1	3819.6	1219.4	133.2	16.6	0.7
108.4		1951.3	383.5	155.3	80.8	35.2
368.6	341.6	4075.3	7599.5	-300.4	38.3	-309.2
29.5	215.0	416.6	308.1	7.7	0.3	
8.7		560.7	21.7	-29.2	30.3	1.1
320.5	35.9	3084.0	5955.2	-406.3	-8.6	-451.3
1.5		2.1	1013.2	134.6	4.3	137.8
7.7			204.4	1.9	0.2	0.5
0.7	90.7	11.9	96.9	-9.1	11.8	2.7
3067.7	2638.0	54872.0	39373.1	13592.6	5079.9	2542.4
1672.3	28.8	32544.9	20206.6	10895.9	2727.2	2343.9
225.9	811.8	5780.4	6031.7	226.1	30.4	116.3
1169.5	1797.4	16546.7	13134.8	2470.6	2322.3	82.2
4530.9	538.1	80809.6	20920.4	19475.8	8549.0	24313.2

14-3 续表 4 continued4

指标名称 Item		资产减值损失 Lost	公允价值变动收益 Revenue	投资收益 Investment income
总计	Total	8259.6	24.4	15623.6
一、批发业	Whole sale enterprises	5787.3	6.7	8331.0
农、林、牧产品批发	Farming、Fore、animal husbandry	632.8	5.8	3054.7
谷物、豆及薯类批发	Cereal beans and Tubers	19.0	5.6	2554.3
种子批发	Seed			
饲料批发	Forage	-1.9		-3.9
林业产品批发	Forestry			
其他农牧产品批发	Others	615.7	0.2	504.3
食品、饮料及烟草制品批发	Food, drink and tobaccos	-14.5	0.2	20.3
米、面制品及食用油批发	Grain and edible oil	-14.5	0.2	4.8
糕点、糖果及糖批发	Wholesale of cake, sweet and sugar			
肉、禽、蛋、奶及水产品批发	Meat fowl egg and marine products			
盐及调味品批发	Salt and condiment			-13.1
营养和保健品批发	The nutrition and health care products retail			
酒、饮料机茶叶批发	Alcohol beverage and tea tobaccos			
烟草制品批发	Tobaccos			28.6
其他食品批发	Others			
纺织、服装及家庭用品批发	Textiles, garments and daily articles	268.7		
纺织品、针织品及原料批发	Textile knitwear and raw moterial			
服装批发	Garments	241.8		
化妆品及卫生用品批发	Cosmetic and sanitary accessories			
厨房、卫生间用具及日用杂货批发	Kitchen rest room and daily articles			
灯具、装饰物品批发	Wholesale of lamps and decoration articles			
家用电器批发	Electrical household appliances	26.9		
其他家庭用品批发	Others			
文化、体育用品及器材批发	Cultural and sports goods	-301.3		3581.3
文具用品批发	Stationery			
体育用品及器材批发	Sporting goods and equipment wholeasale			
图书批发	Books	-301.3		3620.5
报刊批发	Newspaper			-39.2
音像制品及电子出版物批发	Audio and video products and electronic publications			
其他文化用品批发	Others			
医药及医疗器材批发	Medicines and medical appliances	755.4	0.1	10.3
西药批发	Western medicine	712.6		
中药批发	Chinese medicine			8.6
医疗用品及器材批发	Medical component	42.8	0.1	1.7
矿产品、建材及化工产品批发	Minerals and construction materials	4355.7	0.8	397.6

单位：万元 unit:10000 yuan

三、损益及分配 Gains and losses and distribution						四、人工成本及增值税 Labor cost and VAT		五、从事批发和零售业活动的从业人员平均人数（人） Average number of employees engaged in wholesale and retail activities (person)
其他收益	营业利润 Business profit	营业外收入 Norbusiness revenue	营业外支出 Non-business expenditure	利润总额 Total profit	应交所得税 Income taxes payable	应付职工薪酬（本年贷方累计发生额） payroll payable (credit accumulated happening this year)	应交增值税 VAT payableinput	
6173.3	360309.3	71538.0	71088.5	371993.8	107660.9	373529.8	235481.6	69921
3912.7	154712.0	51958.8	14855.6	215987.5	57862.8	154930.5	122669.1	19206
3488.5	-28033.3	40820.7	1289.0	7208.6	996.1	9635.2	-3738.7	1824
3488.5	-35740.0	40663.0	1260.0	-293.1	779.6	5258.3	-3971.7	1283
	6165.3	132.3	28.7	6268.9	34.2	1722.1	87.8	312
	165.1			167.9	39.2	151.5	21.1	36
	33.9			33.9		2014.4	26.0	50
	1342.4	25.4	0.3	1031.0	143.1	488.9	98.1	143
271.3	60503.5	1215.0	1238.2	60467.0	16819.9	35371.5	35647.9	2914
222.2	-842.9	279.3	112.6	-672.1	2382.6	6448.1	5391.9	538
	-1.0			-1.0		10.5		3
	1115.9	22.0	4.3	1100.6	22.9	533.5	136.0	147
49.1	2512.7	118.1	32.4	2598.2	404.6	1748.1	717.7	192
	5.3	0.4	5.3	-2.2	46.2	498.6	390.9	84
	1335.1	12.7	0.8	1360.5	159.6	765.0	153.8	165
	55746.8	374.3	626.1	55495.0	13749.0	24812.8	28775.3	1536
	631.6	408.2	456.7	588.0	55.0	554.9	82.3	249
	5541.2	81.1	27.0	5597.1	648.3	5261.7	464.5	1010
	858.8	13.9	6.0	868.7	35.0	736.3	245.1	113
	-5.1			-5.1		82.1	12.1	18
	660.5			660.5	145.8	1148.2	101.7	69
	1302.3			1302.3		783.9	341.2	171
	1670.2	66.9	20.7	1716.2	228.2	2500.7	-602.8	501
	1054.5	0.3	0.3	1054.5	239.3	10.5	367.2	138
	490.3	631.0	87.2	1048.9	472.6	8609.3	271.9	815
	176.2	1.2	37.6	139.8	8.1	178.3	138.2	35
	-30.5	6.7	1.8	5.1	1.3	195.1	80.9	76
	774.8	613.1	45.8	1342.2	24.9	7189.0	3.0	466
	-458.2	10.0	2.0	-466.2	427.0	896.1		200
	37.0			37.0	9.0	102.2	43.5	27
	-9.0			-9.0	2.3	48.6	6.3	11
	41551.6	5551.3	655.1	44631.6	12806.0	27307.0	17759.3	5014
	14319.4	5192.4	282.8	21017.7	3909.1	14211.0	6836.1	2863
	3037.0	53.5	38.9	3001.6	737.2	4990.0	2652.2	949
	24195.2	305.4	333.4	20612.3	8159.7	8106.0	8271.0	1202
8.5	13747.9	3128.2	10607.1	35094.7	7222.4	41435.3	33871.6	3827

14-3 续表 5 continued5

指标名称 Item		法人企业数（个）Corporate enterprises (unit)	执行《2006 年企业会计准则》企业个数（个）Number of enterprises implmenting Accounting Standards for Business Enterprises 2006
煤炭及制品批发	Coal and related products	9	2
石油及制品批发	Petroleum and related products	12	8
金属及金属矿批发	Metal materials	24	14
建材批发	Constructional materials	37	21
化肥批发	Chemical fertilizer	9	6
其他化工产品批发	Others	11	3
机械设备、五金产品及电子产品批发	Machinery, hardware and electric equipment	112	60
农业机械批发	Farm machinery	15	8
汽车批发	motorcycle	11	8
汽车零件批发	motorcycle and parts	24	12
摩托车及零件批发	Motor vehicles, motorcycle and parts	2	1
五金产品批发	Hardware products	13	11
电气设备批发	Electrical household appliances	4	1
计算机、软件及辅助设备批发	Computer software and accessories	5	3
通讯及广播电视设备批发	Communication and radiated television	8	2
其他机械设备及电子产品批发	Others	30	14
贸易经纪与代理	Trade broker and agency	1	
贸易代理	Trade agency	1	
其他批发业	Other	16	8
再生物资回收与批发	Recycling and wholesale of recycled materials	1	
其他未列明的批发	Others	15	8
内资企业	Domestic funds	507	266
国有企业	State-owned	4	4
集体企业	Collective-owned	1	1
有限责任公司	Limited liability corporations	221	110
国有独资企业	State-owned solely	12	10
其他有限责任公司	Limited liability corporations	209	100
股份有限公司	Share holding	20	12
私营企业	Private	261	139
私营独资企业	Private funded	7	5

单位：万元 unit:10000 yuan

一、年初存货 Inventory	二、期末资产负债 The final balance sheet									
	流动资产合计 Circulating funds	应收帐款 Receivables	存货 Inventery	固定资产合计 Total fixed assets	固定资产原价 Original Value of fixed assets	房屋和构筑物 Housing and structures	机器设备 Machinery equipment	运输工具 Transportation tools	累计折旧 Total depreciation	本年折旧 Depreciationg in this year
3306.0	52068.4	4312.4	2402.7	238.7	311.9		21.0	205.4	73.6	19.7
35899.4	459465.3	31551.9	54160.0	112998.3	138734.4	15660.0	16804.8	4233.3	62645.7	7506.2
78652.3	1218362.4	418140.1	80059.8	14919.4	28168.0	10469.8	14052.2	2045.4	13395.1	2237.8
21810.4	208924.1	39624.7	17545.5	4962.7	5644.1	2601.2	435.5	684.8	1175.2	330.9
1978.3	6668.9	4000.5	2324.8	1595.3	1716.0	486.1	201.7	172.3	184.1	21.0
4714.7	192987.9	85976.8	20836.2	3725.5	5805.4	735.5	63.9	88.5	2284.1	75.3
110260.2	583820.8	95931.0	107702.7	30160.0	46744.6	13885.1	7760.3	5520.3	19574.5	3911.3
3009.2	10878.2	1185.0	3133.2	1963.5	2378.4	238.4	225.4	114.5	597.1	40.2
3053.2	21090.9	3612.5	4032.3	1038.7	1606.8		457.3	860.8	568.2	164.2
38171.5	347223.6	19294.8	35200.0	10881.0	18759.1	4646.0	2039.6	1656.6	10161.6	2226.8
3338.9	4029.2	812.6	2993.6	3079.1	4606.7			111.9	1724.2	204.9
5802.3	22917.0	13898.0	6302.0	903.0	1346.9	150.0	385.9	743.3	443.9	212.6
3205.1	7345.2	1570.1	2530.3	179.6	365.5				191.2	23.9
2778.4	11768.0	3703.3	4716.7	89.0	231.9		15.0	137.2	142.9	25.9
3881.9	28752.4	8564.3	5705.0	124.7	279.8		36.5	39.5	181.8	25.3
47019.7	129816.3	43290.4	43089.6	11901.4	17169.5	8850.7	4600.6	1856.5	5563.6	987.5
588.9	1208.4	194.7	670.8		3.7				3.7	
588.9	1208.4	194.7	670.8		3.7				3.7	
20068.7	144739.7	103296.6	12937.8	2141.7	4662.4	1025.9	1302.4	1765.1	2570.7	335.0
57.8	187.9		186.3	1087.2	1124.5	437.5	582.0	105.0	87.3	
20010.9	144551.8	103296.6	12751.5	1054.5	3537.9	588.4	720.4	1660.1	2483.4	335.0
1069667.3	5244703.6	1556494.8	907645.9	352335.2	463048.9	163190.1	71579.4	32932.7	179132.3	26353.1
162676.4	274446.0	15541.1	121850.3	45284.9	83909.7	59251.3	9746.4	6112.0	38624.8	4715.3
62.0	129.0	16.0	73.0	120.2	135.0	135.0			14.8	
651546.6	3253367.5	1108887.4	473093.8	209049.8	253799.4	74287.6	36193.5	14234.7	99763.2	12498.0
433513.9	1319559.4	355311.5	250767.0	137791.9	158445.7	39283.6	21848.9	6278.9	71949.7	8295.8
218032.7	1933808.1	753575.9	222326.8	71257.9	95353.7	35004.0	14344.6	7955.8	27813.5	4202.2
50003.8	496656.2	103114.1	77603.6	8200.8	15774.4	826.2	8601.2	1460.9	10056.3	2872.7
205378.5	1220104.9	328936.2	235025.2	89679.5	109430.4	28690.0	17038.3	11125.1	30673.2	6267.1
1258.3	2182.4	626.9	1461.9	3781.5	4221.7	985.7	271.7	222.3	535.9	65.6

14-3 续表 6 continued6

指标名称	Item		
		在建工程 Circulating funds	非流动资产合计
煤炭及制品批发	Coal and related products		2724.7
石油及制品批发	Petroleum and related products	29706.8	177416.6
金属及金属矿批发	Metal materials		58961.3
建材批发	Constructional materials	533.7	20419.4
化肥批发	Chemical fertilizer		1595.3
其他化工产品批发	Others		31201.0
机械设备、五金产品及电子产品批发	Machinery, hardware and electric equipment	2844.4	55706.9
农业机械批发	Farm machinery		3039.5
汽车批发	motorcycle		1257.8
汽车零件批发	motorcycle and parts	85.4	23426.5
摩托车及零件批发	Motor vehicles, motorcycle and parts	508.7	4545.7
五金产品批发	Hardware products		903.4
电气设备批发	Electrical household appliances		179.6
计算机、软件及辅助设备批发	Computer software and accessories		293.5
通讯及广播电视设备批发	Communication and radiated television		482.6
其他机械设备及电子产品批发	Others	2250.3	21578.3
贸易经纪与代理	Trade broker and agency		101.5
贸易代理	Trade agency		101.5
其他批发业	Other	50.0	3628.9
再生物资回收与批发	Recycling and wholesale of recycled materials	50.0	1160.1
其他未列明的批发	Others		2468.8
内资企业	Domestic funds	47459.0	694575.5
国有企业	State-owned		54990.4
集体企业	Collective-owned		120.2
有限责任公司	Limited liability corporations	17795.1	366897.3
国有独资企业	State-owned solely	10918.3	229460.6
其他有限责任公司	Limited liability corporations	6876.8	137436.7
股份有限公司	Share holding	15543.6	84401.1
私营企业	Private	14120.3	188166.5
私营独资企业	Private funded	185.0	4596.6

单位：万元 unit:10000 yuan

二、期末资产负债 The final balance sheet					
资产总计 Total assets	流动负债合计 Total current liabilities		非流动负债合计 Non-current liabilities	负债合计 Total liabilities	所有者权益 Creditor's equity
		应付账款 Inventory			
54793.1	52719.2	28545.4	14.8	52734.0	2059.1
636881.9	363099.3	-176799.4	23480.5	386579.8	250302.1
1277323.7	1107096.7	100571.0	63978.8	1171075.5	106248.2
229343.5	202094.4	17203.3	163.5	202257.9	27085.6
8264.2	3207.7	2727.1	0.9	3208.6	5055.6
224188.9	13372.1	4411.9	193793.7	207165.8	17023.1
639527.7	436314.7	95392.7	37763.8	474078.5	165449.2
13917.7	5790.7	2956.1	203.3	5994.0	7923.7
22348.7	13394.7	3046.7	2200.0	15594.7	6754.0
370650.1	244311.7	26885.3	30842.1	275153.8	95496.3
8574.9	5275.9	308.0		5275.9	3299.0
23820.4	16504.5	4962.9	75.9	16580.4	7240.0
7524.8	2926.5	2498.4		2926.5	4598.3
12061.5	7313.4	1599.4	30.0	7343.4	4718.1
29235.0	25782.2	8641.5		25782.2	3452.8
151394.6	115015.1	44494.4	4412.5	119427.6	31967.0
1309.9	1207.4	433.1		1207.4	102.5
1309.9	1207.4	433.1		1207.4	102.5
148368.6	119906.3	101418.3		119906.3	28462.3
1348.0	79.2			79.2	1268.8
147020.6	119827.1	101418.3		119827.1	27193.5
5939989.7	4480486.8	679554.3	310111.9	4852471.7	1087518.0
329436.4	125862.1	14964.0	37.3	125899.4	203537.0
249.2	205.2	16.0		205.2	44.0
3620950.4	3106537.5	342924.9	92655.0	3199450.8	421499.6
1549020.0	1222546.1	-127356.8	75666.9	1298213.0	250807.0
2071930.4	1883991.4	470281.7	16988.1	1901237.8	170692.6
581057.3	373732.1	78274.6	3889.4	377621.5	203435.8
1408296.4	874149.9	243374.8	213530.2	1149294.8	259001.6
6804.0	1502.6	434.9	5.0	1502.6	5301.4

14-3 续表 7 continued7

指标名称	Item	实收资本 Original Value of fixed assets	国家资本 State owned	集体资本 Collective
煤炭及制品批发	Coal and related products	2451.5		
石油及制品批发	Petroleum and related products	15644.7	594.7	
金属及金属矿批发	Metal materials	144983.9	16050.0	
建材批发	Constructional materials	35566.7	2703.8	
化肥批发	Chemical fertilizer	3769.0	15.0	29.0
其他化工产品批发	Others	7557.6		
机械设备、五金产品及电子产品批发	Machinery, hardware and electric equipment	70669.6	7510.0	122.0
农业机械批发	Farm machinery	2151.0		
汽车批发	motorcycle	4669.8		102.0
汽车零件批发	motorcycle and parts	28460.4	7500.0	
摩托车及零件批发	Motor vehicles, motorcycle and parts	1700.0		
五金产品批发	Hardware products	4710.0		
电气设备批发	Electrical household appliances	2284.5		
计算机、软件及辅助设备批发	Computer software and accessories	4079.0	10.0	20.0
通讯及广播电视设备批发	Communication and radiated television	1411.0		
其他机械设备及电子产品批发	Others	21203.9		
贸易经纪与代理	Trade broker and agency	50.0		
贸易代理	Trade agency	50.0		
其他批发业	Other	8400.0	3000.0	200.0
再生物资回收与批发	Recycling and wholesale of recycled materials	1000.0		
其他未列明的批发	Others	7400.0	3000.0	200.0
内资企业	Domestic funds	544544.9	76708.6	3914.0
国有企业	State-owned	2145.3	2095.3	
集体企业	Collective-owned	44.0	15.0	29.0
有限责任公司	Limited liability corporations	324624.7	73932.5	3822.0
国有独资企业	State-owned solely	166501.1	64901.1	
其他有限责任公司	Limited liability corporations	158123.6	9031.4	3822.0
股份有限公司	Share holding	58206.7	665.8	63.0
私营企业	Private	159524.2		
私营独资企业	Private funded	1888.8		

单位：万元 unit:10000 yuan

二、期末资产负债 The final balance sheet				三、损益及分配 Gains and losses and distribution			
法人资本 Corporate	个人资本 Private	港澳台资本 Funded from Hongkong, Macao and Taiwan	外商资本 Foreign funds	营业收入 Operation revenue	主营业务收入 Operating revenue	营业成本 Operating costs	主营业务成本 Operating costs
1700.0	751.5			61212.4	61212.4	58306.3	58306.2
8520.0	6530.0			1048712.2	1029789.8	975857.0	959147.2
110543.9	18390.0			1296606.4	1295985.8	1266599.1	1266455.2
15767.4	17095.5			401051.7	400596.5	383433.3	383430.4
3000.0	725.0			19586.7	19586.7	16301.9	16301.9
4885.7	2671.9			68260.1	64667.7	55025.1	54864.7
28023.5	29934.1	5.0	5075.0	2600695.6	2598667.9	2334225.2	2333165.3
661.0	1490.0			48176.8	47750.2	41178.7	40739.0
3615.7	952.1			74401.4	74333.0	68149.9	68149.9
3338.0	12622.4		5000.0	2047533.8	2046317.1	1838491.1	1837874.1
100.0	1600.0			9163.5	9163.5	7887.9	7887.9
3406.0	1304.0			47420.6	47420.6	43276.0	43276.0
2110.0	174.5			16731.4	16731.4	15466.9	15466.7
2702.0	1337.0	5.0	5.0	30322.0	30322.0	28366.2	28366.2
1111.0	300.0			157888.7	157888.7	145891.2	145891.1
10979.8	10154.1		70.0	169057.4	168741.4	145517.3	145514.4
	50.0			3550.5	3550.5	2780.1	2780.1
	50.0			3550.5	3550.5	2780.1	2780.1
650.0	4550.0			175405.5	175326.1	156486.2	156419.4
	1000.0			3081.7	3081.7	2823.3	2823.3
650.0	3550.0			172323.8	172244.4	153662.9	153596.1
306214.2	157633.1	70.0	5.0	7853457.8	7824108.7	7136096.3	7116884.2
50.0				655367.9	654906.2	501599.3	501397.9
				2023.0	2023.0	1914.0	1914.0
182775.4	64084.8	5.0	5.0	4825098.4	4802009.0	4490198.0	4472594.9
100000.0	1600.0			2129537.7	2110896.2	2026787.5	2010705.5
82775.4	62484.8	5.0	5.0	2695560.7	2691112.8	2463410.5	2461889.4
47236.7	10176.2	65.0		600673.1	599197.3	562193.0	561322.7
76152.1	83372.1			1770295.4	1765973.2	1580192.0	1579654.7
40.0	1848.8			18987.7	18987.7	15664.7	15664.7

14-3 续表 8 continued8

指标名称	Item	营业税金及附加 Business taxes and extra charges
煤炭及制品批发	Coal and related products	82.7
石油及制品批发	Petroleum and related products	2967.3
金属及金属矿批发	Metal materials	1554.0
建材批发	Constructional materials	441.2
化肥批发	Chemical fertilizer	127.6
其他化工产品批发	Others	65.6
机械设备、五金产品及电子产品批发	Machinery, hardware and electric equipment	6351.8
农业机械批发	Farm machinery	54.8
汽车批发	motorcycle	138.3
汽车零件批发	motorcycle and parts	4704.3
摩托车及零件批发	Motor vehicles, motorcycle and parts	101.4
五金产品批发	Hardware products	620.7
电气设备批发	Electrical household appliances	39.6
计算机、软件及辅助设备批发	Computer software and accessories	28.4
通讯及广播电视设备批发	Communication and radiated television	239.2
其他机械设备及电子产品批发	Others	425.1
贸易经纪与代理	Trade broker and agency	2.0
贸易代理	Trade agency	2.0
其他批发业	Other	499.8
再生物资回收与批发	Recycling and wholesale of recycled materials	36.2
其他未列明的批发	Others	463.6
内资企业	Domestic funds	98022.0
国有企业	State-owned	83790.0
集体企业	Collective-owned	66.0
有限责任公司	Limited liability corporations	9153.0
国有独资企业	State-owned solely	4089.5
其他有限责任公司	Limited liability corporations	5063.5
股份有限公司	Share holding	1024.6
私营企业	Private	3988.4
私营独资企业	Private funded	59.0

单位：万元 unit:10000 yuan

三、损益及分配 Gainsay and losses and distribution						
主营业务税金及附加 Main operation taxes and extra charges	其他业务利润 Other business profit	销售费用 Marketing expenses	管理费用 Management expenses	财务费用 Financial expenses		
					利息收入 Interest income	利息支出 Interest expenditure
82.7		1383.0	1003.4	121.3	3.6	
2299.0	482.1	65673.9	6323.4	-5020.8	6424.1	1366.2
1524.3		5905.3	4942.9	21237.9	1875.5	22721.7
440.7	56.0	4715.0	5840.6	2720.2	14.8	66.1
118.6		512.7	1631.8	8.1	4.8	1.0
65.6		2619.7	1178.3	409.1	226.2	158.2
6351.7	1497.4	172686.1	31720.3	4482.2	353.9	2673.2
54.8		2829.1	2120.1	246.5	1.9	61.3
138.3		2004.4	1505.4	492.8	0.5	310.5
4704.3	604.6	149811.0	9545.3	498.5	244.9	113.7
101.4		252.1	408.7	318.7		130.1
620.7	93.7	1102.2	1601.0	146.6	29.9	136.9
39.5		69.4	654.9	10.6	0.7	
28.4		88.2	4626.7	808.1	0.8	0.5
239.2	458.4	7453.0	2932.1	-42.8	46.8	0.2
425.1	340.7	9076.7	8326.1	2003.2	28.4	1920.0
2.0		683.2	50.9	-0.2	0.2	
2.0		683.2	50.9	-0.2	0.2	
499.8	290.9	5864.5	4088.0	141.1	123.2	19.1
36.2			39.9	0.8	0.1	
463.6	290.9	5864.5	4048.1	140.3	123.1	19.1
96947.4	14431.2	324759.1	141095.9	54784.2	18530.1	49936.9
83637.7	161.5	26878.4	14332.5	-359.3	4008.0	3128.7
66.0			43.0			
8257.3	9399.0	199138.0	63291.8	36926.6	11035.4	35141.7
3396.9	8059.0	78654.1	10962.9	507.8	7210.8	7863.7
4860.4	1340.0	120483.9	52328.9	36418.8	3824.6	27278.0
1016.7	1275.2	17758.9	11404.8	7853.9	2813.2	5247.9
3969.7	3595.5	80983.8	52023.8	10363.0	673.5	6418.6
50.0	0.2	226.1	1241.0	78.8	2.4	33.1

14-3 续表 9 continued9

指标名称	Item	资产减值损失 Lost	公允价值变动收益 Revenue	投资收益 Investment income
煤炭及制品批发	Coal and related products			
石油及制品批发	Petroleum and related products	0.6	0.6	382.0
金属及金属矿批发	Metal materials	3973.2		15.6
建材批发	Constructional materials	381.9	0.2	
化肥批发	Chemical fertilizer			
其他化工产品批发	Others			
机械设备、五金产品及电子产品批发	Machinery, hardware and electric equipment	465.3	-0.2	1266.8
农业机械批发	Farm machinery	-2.4		
汽车批发	motorcycle	1.0		1.2
汽车零件批发	motorcycle and parts	420.2		1111.6
摩托车及零件批发	Motor vehicles, motorcycle and parts			
五金产品批发	Hardware products	46.4		
电气设备批发	Electrical household appliances			7.2
计算机、软件及辅助设备批发	Computer software and accessories			
通讯及广播电视设备批发	Communication and radiated television			
其他机械设备及电子产品批发	Others	0.1	-0.2	146.8
贸易经纪与代理	Trade broker and agency			
贸易代理	Trade agency			
其他批发业	Other	-374.8		
再生物资回收与批发	Recycling and wholesale of recycled materials			
其他未列明的批发	Others	-374.8		
内资企业	Domestic funds	5377.1	6.7	8331.0
国有企业	State-owned			28.6
集体企业	Collective-owned			
有限责任公司	Limited liability corporations	4564.3	1.0	5011.7
国有独资企业	State-owned solely	3546.3	0.1	4002.3
其他有限责任公司	Limited liability corporations	1018.0	0.9	1009.4
股份有限公司	Share holding			5034.6
私营企业	Private	812.8	5.7	-1743.9
私营独资企业	Private funded	0.2	0.2	0.2

单位：万元 unit:10000 yuan

三、损益及分配 Gains and losses and distribution						四、人工成本及增值税 Labor cost and VAT		五、从事批发和零售业活动的从业人员平均人数（人） Average number of employees engaged in wholesale and retail activities (person)
其他收益	营业利润 Business profit	营业外收入 Norbusiness revenue	营业外支出 Non-business expenditure	利润总额 Total profit	应交所得税 Income taxes payable	应付职工薪酬（本年贷方累计发生额） payroll payable (credit accumulated happening this year)	应交增值税 VAT payableinput	
	315.7	10.0	17.5	133.5	179.4	644.5	542.5	217
8.5	3301.9	2319.6	10368.9	28875.6	3512.0	34755.6	22311.8	2354
	-3486.1	734.0	35.7	-6892.4	2619.1	2978.9	5307.4	326
	3649.5	48.6	173.9	3524.2	499.6	1803.5	5368.0	555
	1004.6			524.9	280.0	534.1	144.4	184
	8962.3	16.0	11.1	8928.9	132.3	718.7	197.5	191
144.4	52175.7	473.4	800.7	53297.8	16672.6	24654.4	34204.6	3110
	1750.0	59.8	11.2	1356.0	230.7	515.3	175.9	152
	2110.8	53.1	20.4	2143.6	574.0	1682.0	959.6	250
	45175.0	246.9	701.7	42728.9	14603.3	15032.3	27928.8	1027
	194.7	0.8	5.7	189.8	6.5	260.5	110.1	56
	627.7	13.0	7.5	541.3	103.9	873.8	1072.5	278
	497.2	9.0	0.1	506.1	54.1	263.4	93.2	98
	-3595.6	45.3	4.0	420.9	90.3	425.7	162.1	136
	1416.0	10.0	1.1	1414.9	323.3	1521.2	1443.7	257
144.4	3999.9	35.5	49.0	3996.3	686.5	4080.2	2258.7	856
	34.5			34.5	8.6	307.9	16.6	82
	34.5			34.5	8.6	307.9	16.6	82
	8700.6	58.1	151.3	8607.3	2216.3	2348.2	4171.4	610
	181.5			181.5	54.4	58.9	301.8	18
	8519.1	58.1	151.3	8425.8	2161.9	2289.3	3869.6	592
3912.7	121106.2	51876.6	14231.3	182924.0	46252.0	143262.4	97537.7	18827
	29155.6	28809.6	341.6	57623.7	14103.6	25743.6	28805.3	1654
						39.6		11
415.6	39383.5	9043.5	11100.3	56953.7	17251.0	76825.1	51669.9	8885
	21155.4	2587.2	10415.5	34435.5	6238.5	45176.3	27094.0	2670
415.6	18228.1	6456.3	684.8	22518.2	11012.5	31648.8	24575.9	6215
8.5	5481.0	312.0	594.1	17529.0	4002.7	5140.5	-1931.7	771
3488.6	47086.1	13711.5	2195.3	50817.6	10894.7	35513.6	18994.2	7506
	1718.3	0.2	0.2	1197.3	95.0	488.2	85.6	149

14-3 续表 10 continued10

指标名称	Item	法人企业数（个）Corporate enterprises (unit)	执行《2006 年企业会计准则》企业个数（个）Number of enterprises implmenting Accounting Standards for Business Enterprises 2006
私营有限责任公司	Private limited company	243	127
私营股份有限公司	Private share holding	11	7
港、澳、台商投资企业	Funded from HongKong, Macao and Taiwan	2	2
港、澳、台商独资经营企业	Sole funds	1	1
其他港、澳、台投资企业	Others	1	1
外商投资企业	Foreign funded	3	3
中外合资经营企业	Joint venture	1	1
外资企业	Foreign funded	1	1
外商投资股份有限公司	Foreign Investment Co., Ltd.	1	1
国有控股	State-owned	31	28
集体控股	Collective-owned	2	1
私人控股	Private-owned	424	219
港澳台商控股	Hongkong,Macao and Taiwan-Owned	1	1
外商控股	Foreign-owned	2	2
其他	Others	52	20
独立门店	Substantive store	363	187
其他	Others	149	84
大型	Large-sized	6	6
中型	Medium-sized	130	81
小型	Small-sized	271	135
微型	Micro-sized	105	49
二、零售业	Retail trade	832	548
综合零售	Retail trade	55	39
百货零售	Consumer goods	36	24
超级市场零售	Supermarket	14	13
其他综合零售	Others comprehensive retail business	5	2
食品、饮料及烟草制品专门零售	Food,beverage and tobaccos	62	31
粮油零售	Food and Oil	9	7
糕点、面包零售	Cake and bread	1	
果品、蔬菜零售	Fruit and Vegetable	1	1
肉、禽、蛋及水产品零售	Meat,fowl,egg and marine products	7	3
营养和保健品零售	Nutrition and health care	9	6

单位：万元 unit:10000 yuan

一、年初存货 Inventory	二、期末资产负债 The final balance sheet									
	流动资产合计 Circulating funds	应收帐款 Receivables	存货 Inventery	固定资产合计 Total fixed assets	固定资产原价 Original Value of fixed assets	房屋和构筑物 Housing and structures	机器设备 Machinery equipment	运输工具 Transportation tools	累计折旧 Total depreciation	本年折旧 Depreciationg in this year
197027.7	1024145.8	241228.6	211814.8	78595.3	94503.4	26829.7	15835.1	10513.7	26480.2	5717.0
7092.5	193776.7	87080.7	21748.5	7302.7	10705.3	874.6	931.5	389.1	3657.1	484.5
389.9	9158.4	261.4	500.9							
189.9	8806.2	209.2	290.9							
200.0	352.2	52.2	210.0							
22442.6	264479.9	536.0	16473.3	715.6	4020.5			77.2	3306.1	250.4
21570.6	263513.1		16286.5	711.0	3993.4			77.2	3282.4	248.5
849.0	743.5	375.8	186.8	4.6	27.1				23.7	1.9
23.0	223.3	160.2								
739781.0	2655161.3	790250.1	507531.3	198670.2	273096.4	106144.8	44319.0	14334.2	127019.7	15747.9
2369.0	5083.3	552.9	1836.1	146.6	174.5	135.0			32.4	6.1
308855.6	1904071.7	611409.5	374743.7	128719.0	162199.4	45791.4	25503.0	17062.2	46875.3	8851.8
189.9	8806.2	209.2	290.9							
872.0	966.8	536.0	186.8	4.6	27.1				23.7	1.9
40432.3	944252.6	154334.5	40031.3	25510.4	31572.0	11118.9	1757.4	1613.5	8487.3	1995.8
781215.2	3090369.5	1034164.1	637747.5	264801.4	337168.9	114412.7	42311.9	21538.1	128939.3	19221.6
311284.6	2427972.4	523128.1	286872.6	88249.4	129900.5	48777.4	29267.5	11471.8	53499.1	7381.9
111634.9	781047.8	127661.0	116144.6	146398.1	192899.0	60842.6	11040.7	6356.3	83312.9	10135.5
831322.8	3504596.2	1207758.2	640804.6	120704.5	159131.7	70648.5	38158.7	15878.7	66071.8	10099.9
134396.7	939965.2	194145.1	143846.8	75142.2	100960.9	23988.0	20221.2	10063.0	27797.1	5637.9
15145.4	292732.7	27727.9	23824.1	10806.0	14077.8	7711.0	2158.8	711.9	5256.6	730.2
979119.3	4463310.3	463232.7	1010650.1	1625319.1	2210317.5	1193867.5	359078.5	53790.0	629406.4	97856.7
374149.0	1402244.8	18851.8	376183.3	1191062.2	1608416.6	1020314.7	309609.1	5196.2	420549.6	65545.2
354422.0	1280705.7	10671.2	358777.5	1155485.3	1543990.6	978682.2	304120.9	4079.6	391630.0	62849.5
14560.4	111201.9	7849.8	16756.5	30276.9	58387.5	35768.4	5488.2	1116.6	28121.5	2670.9
5166.6	10337.2	330.8	649.3	5300.0	6038.5	5864.1			798.1	24.8
52469.2	220349.7	27463.1	34115.8	36455.9	54890.9	27950.2	9592.2	1808.4	18953.3	3222.5
14471.3	106340.6	8614.9	2922.4	12509.0	23052.6	14418.0	5670.8	857.2	10567.1	851.9
434.2	1478.1	64.4	316.0	385.9	938.3				604.2	127.5
	400.0		100.0	250.0	300.0	100.0	60.0	20.0	55.0	8.0
637.6	7461.4	3388.8	1677.4	5785.8	8739.9	150.0	50.0	30.0	3085.2	1140.6
452.0	40316.6	8605.7	516.1	2537.3	2695.8	23.0	155.0	42.0	223.2	12.5

14-3 续表 11 continued11

指标名称	Item	在建工程 Circulating funds	非流动资产合计 Total of non-current assets
私营有限责任公司	Private limited company	13935.3	146746.9
私营股份有限公司	Private share holding		36823.0
港、澳、台商投资企业	Funded from HongKong, Macao and Taiwan		
港、澳、台商独资经营企业	Sole funds		
其他港、澳、台投资企业	Others		
外商投资企业	Foreign funded		8668.4
中外合资经营企业	Joint venture		8663.8
外资企业	Foreign funded		4.6
外商投资股份有限公司	Foreign Investment Co., Ltd.		
国有控股	State-owned	28067.2	396777.7
集体控股	Collective-owned		146.6
私人控股	Private-owned	19313.6	259591.1
港澳台商控股	Hongkong,Macao and Taiwan-Owned		
外商控股	Foreign-owned		4.6
其他	Others	78.2	46723.9
独立门店	Substantive store	18957.5	461929.9
其他	Others	28501.5	241314.0
大型	Large-sized	7879.4	182749.9
中型	Medium-sized	14647.7	348330.6
小型	Small-sized	24931.9	132335.9
微型	Micro-sized		39827.5
二、零售业	Retail trade	155412.9	2594685.5
综合零售	Retail trade	109257.2	1687080.2
百货零售	Consumer goods	106617.0	1607741.7
超级市场零售	Supermarket	2640.2	58979.0
其他综合零售	Others comprehensive retail business		20359.5
食品、饮料及烟草制品专门零售	Food,beverage and tobaccos	1416.1	99765.8
粮油零售	Food and Oil		17280.0
糕点、面包零售	Cake and bread		565.2
果品、蔬菜零售	Fruit and Vegetable		400.0
肉、禽、蛋及水产品零售	Meat,fowl,egg and marine products		5985.8
营养和保健品零售	Nutrition and health care	173.0	2738.2

单位：万元 unit:10000 yuan

二、期末资产负债 The final balance sheet					
资产总计 Total assets	流动负债合计 Total current liabilities	应付账款 Inventory	非流动负债合计 Non-current liabilities	负债合计 Total liabilities	所有者权益 Creditor's equity
1170892.7	853479.1	236492.7	19751.4	934850.2	236042.5
230599.7	19168.2	6447.2	193773.8	212942.0	17657.7
9158.4	5050.7		200.0	5250.7	3907.7
8806.2	5031.7			5031.7	3774.5
352.2	19.0		200.0	219.0	133.2
273148.3	206319.1	5030.1	31474.6	237793.7	35354.6
272176.9	205707.9	5030.1	31474.6	237182.5	34994.4
748.1	500.5			500.5	247.6
223.3	110.7			110.7	112.6
3051939.0	2338008.4	173110.0	109763.3	2447771.7	604167.3
5229.9	2751.1	2221.0		2751.1	2478.8
2163730.1	1403130.9	413493.2	221838.6	1686842.5	476887.6
8806.2	5031.7			5031.7	3774.5
971.4	611.2			611.2	360.2
991619.8	942323.3	95760.2	10184.6	952507.9	39111.9
3553010.0	3123598.5	523008.2	108289.8	3229417.4	323592.6
2669286.4	1568258.1	161576.2	233496.7	1866098.7	803187.7
963797.7	1041700.8	125952.3	32059.3	1073760.1	-109962.4
3852969.1	3126515.6	597965.7	293618.4	3482012.0	370957.1
1072969.4	683852.4	139842.4	8941.9	692789.3	380180.1
332560.2	-160212.2	-179176.0	7166.9	-153045.3	485605.5
7060987.1	4633057.4	701308.2	726435.4	5361410.3	1699576.8
3089325.0	1979318.3	317219.9	441652.9	2420050.5	669274.5
2888447.4	1798115.7	252100.3	434264.2	2227459.2	660988.2
170180.9	162251.6	46414.1	492.2	166743.8	3437.1
30696.7	18951.0	18705.5	6896.5	25847.5	4849.2
320365.5	227562.4	27421.5	9708.4	235295.1	85070.4
123620.6	125112.9	1153.1	106.2	125219.1	-1598.5
2043.3	862.9	685.1		862.9	1180.4
800.0	450.0	100.0	110.0	560.0	240.0
13697.2	5882.1	828.4	423.2	6055.3	7641.9
43054.8	7038.2	1035.8	7237.5	14275.7	28779.1

14-3 续表 12 continued12

指标名称	Item	实收资本 Original Value of fixed assets	国家资本 State owned	集体资本 Collective
私营有限责任公司	Private limited company	150629.0		
私营股份有限公司	Private share holding	7006.4		
港、澳、台商投资企业	Funded from HongKong, Macao and Taiwan	510.0		
港、澳、台商独资经营企业	Sole funds	500.0		
其他港、澳、台投资企业	Others	10.0		
外商投资企业	Foreign funded	12670.0	7500.0	
中外合资经营企业	Joint venture	12500.0	7500.0	
外资企业	Foreign funded	70.0		
外商投资股份有限公司	Foreign Investment Co., Ltd.	100.0		
国有控股	State-owned	225908.1	83167.8	
集体控股	Collective-owned	2044.0	15.0	29.0
私人控股	Private-owned	268152.5	72.0	3783.0
港澳台商控股	Hongkong, Macao and Taiwan-Owned	500.0		
外商控股	Foreign-owned	170.0		
其他	Others	60950.3	953.8	102.0
独立门店	Substantive store	428854.2	67358.7	3714.0
其他	Others	128870.7	16849.9	200.0
大型	Large-sized	31795.3	11295.3	
中型	Medium-sized	331416.9	64317.3	3500.0
小型	Small-sized	166494.1	8496.0	414.0
微型	Micro-sized	28018.6	100.0	
二、零售业	Retail trade	772759.0	47309.1	7077.3
综合零售	Retail trade	112371.0	6744.0	6710.0
百货零售	Consumer goods	81753.8	3930.4	3710.0
超级市场零售	Supermarket	27183.6	2790.0	
其他综合零售	Others comprehensive retail business	3433.6	23.6	3000.0
食品、饮料及烟草制品专门零售	Food, beverage and tobaccos	46252.1	23969.0	
粮油零售	Food and Oil	19713.9	12000.0	
糕点、面包零售	Cake and bread	208.0		
果品、蔬菜零售	Fruit and Vegetable	200.0		
肉、禽、蛋及水产品零售	Meat, fowl, egg and marine products	1900.8		
营养和保健品零售	Nutrition and health care	3864.6		

单位：万元 unit:10000 yuan

二、期末资产负债 The final balance sheet				三、损益及分配 Gains and losses and distribution			
法人资本 Corporate	个人资本 Private	港澳台资本 Funded from Hongkong, Macao and Taiwan	外商资本 Foreign funds	营业收入 Operation revenue	主营业务收入 Operating revenue	营业成本 Operating costs	主营业务成本 Operating costs
74992.1	75636.9			1639628.5	1638780.6	1467408.9	1466871.6
1120.0	5886.4			111679.2	108204.9	97118.4	97118.4
10.0		500.0		82690.6	82690.6	79405.9	79405.9
		500.0		71578.5	71578.5	68638.2	68638.2
10.0				11112.1	11112.1	10767.7	10767.7
100.0			5070.0	1794999.3	1794798.4	1609171.2	1609064.8
			5000.0	1789693.1	1789492.2	1604831.4	1604725.0
			70.0	2877.8	2877.8	2655.0	2655.0
100.0				2428.4	2428.4	1684.8	1684.8
135380.3	2360.0		5000.0	5753419.2	5732272.4	5202686.3	5185519.7
2000.0				12429.0	12429.0	11492.0	11491.8
126249.5	137973.0	70.0	5.0	3186755.6	3180467.3	2885113.6	2884219.7
		500.0		71578.5	71578.5	68638.2	68638.2
100.0			70.0	5306.2	5306.2	4339.8	4339.8
42594.4	17300.1			701659.2	699544.3	652403.5	651145.7
242747.8	109458.7	570.0	5005.0	7770511.1	7748799.6	7036051.3	7018684.2
63576.4	48174.4		70.0	1960636.6	1952798.1	1788622.1	1786670.7
13800.0	1700.0		5000.0	3517961.0	3497936.7	3064671.3	3047637.2
210093.5	53506.1			4545834.3	4538821.0	4228435.0	4227663.3
70551.9	86387.2	570.0	75.0	1545248.4	1542920.8	1419575.2	1418235.4
11878.8	16039.8			122104.0	121919.2	111991.9	111819.0
322567.8	356186.9	19633.0	19984.9	8303052.8	8041399.9	7255050.7	7226308.0
55564.4	22006.6	16829.5	4516.5	2020347.5	1813750.1	1602265.9	1595282.2
48833.6	9800.6	15478.9	0.3	1665119.8	1471817.3	1291561.5	1285303.2
6720.8	11806.0	1350.6	4516.2	277057.6	265398.3	239917.1	239191.7
10.0	400.0			78170.1	76534.5	70787.3	70787.3
8511.3	13771.8			168697.6	166966.5	135634.1	135379.9
3254.4	4459.5			38384.0	37018.3	31608.6	31603.7
208.0				5150.4	5150.4	3357.1	3357.1
200.0				130.0	130.0	100.0	100.0
1650.8	250.0			6781.6	6781.6	5355.7	5355.7
484.6	3380.0			30063.4	30063.4	24344.1	24344.1

14-3 续表 13 continued13

指标名称 Item		营业税金及附加 Business taxes and extra charges
私营有限责任公司	Private limited company	3783.7
私营股份有限公司	Private share holding	145.7
港、澳、台商投资企业	Funded from HongKong， Macao and Taiwan	360.9
港、澳、台商独资经营企业	Sole funds	352.6
其他港、澳、台投资企业	Others	8.3
外商投资企业	Foreign funded	4125.3
中外合资经营企业	Joint venture	4120.1
外资企业	Foreign funded	4.3
外商投资股份有限公司	Foreign Investment Co.， Ltd.	0.9
国有控股	State-owned	94853.3
集体控股	Collective-owned	92.3
私人控股	Private-owned	6080.6
港澳台商控股	Hongkong,Macao and Taiwan-Owned	352.6
外商控股	Foreign-owned	5.2
其他	Others	1124.2
独立门店	Substantive store	97679.8
其他	Others	4828.4
大型	Large-sized	90250.6
中型	Medium-sized	7646.5
小型	Small-sized	4110.8
微型	Micro-sized	500.3
二、零售业	Retail trade	35587.1
综合零售	Retail trade	18956.5
百货零售	Consumer goods	17972.1
超级市场零售	Supermarket	856.3
其他综合零售	Others comprehensive retail business	128.1
食品、饮料及烟草制品专门零售	Food,beverage and tobaccos	618.9
粮油零售	Food and Oil	87.0
糕点、面包零售	Cake and bread	44.1
果品、蔬菜零售	Fruit and Vegetable	0.5
肉、禽、蛋及水产品零售	Meat,fowl,egg and marine products	27.7
营养和保健品零售	Nutrition and health care	149.5

单位：万元 unit:10000 yuan

三、损益及分配 Gainsay and losses and distribution						
主营业务税金及附加 Main operation taxes and extra charges	其他业务利润 Other business profit	销售费用 Marketing expenses	管理费用 Management expenses	财务费用 Financial expenses	利息收入 Interest income	利息支出 Interest expenditure
3779.5	3305.1	77429.8	48150.9	9983.1	443.9	6347.8
140.2	290.2	3327.9	2631.9	301.1	227.2	37.7
360.9		1394.4	18.8	3.2		
352.6		1387.6	0.1	3.2		
8.3		6.8	18.7			
4125.3	94.5	145734.6	3630.5	-170.9		
4120.1	94.5	145734.6	2730.9	-183.0		
4.3			156.7	12.1		
0.9			742.9			
93987.7	8662.9	325118.0	42870.9	14695.7	15960.7	21825.2
92.3			402.0	11.0		
5871.6	5620.4	130738.5	83576.4	20073.6	1469.3	12854.5
352.6		1387.6	0.1	3.2		
5.2			899.6	12.1		
1124.2	242.4	14644.0	16996.2	19820.9	1100.1	15257.2
96807.4	13128.8	384081.4	100322.6	28716.7	8282.8	27540.8
4626.2	1396.9	87806.7	44422.6	25899.8	10247.3	22396.1
89627.7	599.6	241054.7	21822.1	3562.7	6133.4	1380.9
7276.8	9363.4	172712.3	69649.7	48113.1	5847.0	43939.2
4068.8	3636.4	45198.9	48854.1	8629.8	139.5	4006.9
460.3	926.3	12922.2	4419.3	-5689.1	6410.2	609.9
32049.9	119434.2	337024.3	359479.9	116283.5	3878.8	82735.4
17191.6	31683.3	90384.0	161332.6	61889.9	1013.3	51386.3
16613.8	20590.8	60778.0	144955.6	58180.2	891.8	48469.1
449.7	11092.5	26183.4	12303.1	3577.9	121.5	2874.2
128.1		3422.6	4073.9	131.8		43.0
563.7	1704.5	15397.4	13022.1	2533.9	116.4	2073.0
32.7	1360.8	7136.3	2089.1	1950.9	3.3	1947.3
44.1		726.2	754.8	4.8		
0.5	0.5	6.0	3.0	2.0		
27.7		151.7	541.8	48.5		39.0
149.3	126.8	2928.3	714.2	39.8	1.4	0.2

14-3 续表 14 continued14

指标名称	Item	资产减值损失 Lost	公允价值变动收益 Revenue	投资收益 Investment income	其他收益 Other profit
私营有限责任公司	Private limited company	812.6	5.5	-1744.1	3488.6
私营股份有限公司	Private share holding				
港、澳、台商投资企业	Funded from HongKong, Macao and Taiwan				
港、澳、台商独资经营企业	Sole funds				
其他港、澳、台投资企业	Others				
外商投资企业	Foreign funded	410.2			
中外合资经营企业	Joint venture	410.2			
外资企业	Foreign funded				
外商投资股份有限公司	Foreign Investment Co., Ltd.				
国有控股	State-owned	4027.0	0.1	4679.0	279.8
集体控股	Collective-owned				
私人控股	Private-owned	1249.9	6.1	2399.8	3488.6
港澳台商控股	Hongkong,Macao and Taiwan-Owned				
外商控股	Foreign-owned				
其他	Others	510.4	0.5	1252.2	144.3
独立门店	Substantive store	4927.6	6.0	6868.0	415.7
其他	Others	859.7	0.7	1463.0	3497.0
大型	Large-sized	917.5		59.3	
中型	Medium-sized	4411.3	0.5	7921.0	415.7
小型	Small-sized	435.7	5.9	-0.5	3497.0
微型	Micro-sized	22.8	0.3	351.2	
二、零售业	Retail trade	2472.3	17.7	7292.6	2260.6
综合零售	Retail trade	1574.1	-12.4	-155.3	1847.1
百货零售	Consumer goods	2294.9	-12.4	-155.3	1844.1
超级市场零售	Supermarket	-720.8			3.0
其他综合零售	Others comprehensive retail business				
食品、饮料及烟草制品专门零售	Food,beverage and tobaccos	19.2	0.1		0.5
粮油零售	Food and Oil	0.6	0.1		
糕点、面包零售	Cake and bread				
果品、蔬菜零售	Fruit and Vegetable	2.0			0.5
肉、禽、蛋及水产品零售	Meat,fowl,egg and marine products	5.8			
营养和保健品零售	Nutrition and health care	17.0			

单位：万元 unit:10000 yuan

三、损益及分配 Gains and losses and distribution					四、人工成本及增值税 Labor cost and VAT		五、从事批发和零售业活动的从业人员平均人数（人） Average number of employees engaged in wholesale and retail activities (person)
营业利润 Business profit	营业外收入 Norbusiness revenue	营业外支出 Non-business expenditure	利润总额 Total profit	应交所得税 Income taxes payable	应付职工薪酬（本年贷方累计发生额） payroll payable (credit accumulated happening this year)	应交增值税 VAT payableinput	
37213.6	13299.5	2139.8	41109.6	10635.4	33853.7	18610.5	7078
8154.2	411.8	55.3	8510.7	164.3	1171.7	298.1	279
1507.4	56.5		1563.7	57.9	83.9	702.0	53
1196.8	56.5		1253.1	57.9	65.4	696.8	8
310.6			310.6		18.5	5.2	45
32098.4	25.7	624.3	31499.8	11552.9	11584.2	24429.4	326
32048.9	25.7	624.3	31450.3	11540.5	11525.8	24415.9	317
49.7			49.7	12.4	52.4	5.2	7
-0.2			-0.2		6.0	8.3	2
86290.3	31798.7	11794.9	141402.1	38806.3	91961.2	87990.6	5850
431.7	3.0		434.7	43.8	253.6		40
69186.8	14665.2	2916.5	76261.7	15425.5	52113.2	27536.5	11722
1196.8	56.5		1253.1	57.9	65.4	696.8	8
49.5			49.5	12.4	58.4	13.5	9
-2443.1	5435.4	144.2	-3413.6	3516.9	10478.7	6431.7	1577
141586.6	17801.2	4403.8	154875.6	44066.8	121907.7	83059.7	14140
13125.4	34157.6	10451.8	61111.9	13796.0	33022.8	39609.4	5066
95741.4	2837.9	2952.6	96325.6	27739.1	68030.3	59946.3	4499
38618.3	43611.7	1044.5	74163.0	23184.2	53928.0	30221.0	7916
22076.3	1250.0	1851.3	31982.2	6602.2	27427.9	11953.4	5753
-1724.0	4259.2	9007.2	13516.7	337.3	5544.3	20548.4	1038
205597.3	19579.2	56232.9	156006.3	49798.1	218599.3	112812.5	50715
86721.0	6688.6	52000.6	29900.4	24083.1	71943.4	33300.6	19617
92458.2	5493.2	52156.4	34664.3	24019.3	53483.0	31034.6	13169
-5363.6	1190.8	-157.3	-4393.4	63.8	13852.4	2131.6	3471
-373.6	4.6	1.5	-370.5		4608.0	134.4	2977
1392.0	2658.0	53.9	3577.6	959.3	7712.5	2521.5	1914
-4488.4	2489.3	16.3	-2206.4	16.3	683.8	-653.8	456
263.4	2.8	3.5	262.7	44.3	737.4		135
17.0			3.5		50.0		15
655.9	10.5		452.6		325.1	1.6	113
1887.3			1868.5	101.6	490.3	663.2	201

14-3 续表 15 continued15

指标名称 Item		法人企业数（个）Corporate enter prises (unit)	执行《2006 年企业会计准则》企业个数（个）Number of enterprises implmenting Accounting tandards for Business Enterprises 2006
烟、饮料及茶叶零售	Alcohol、beverage and tea	12	5
烟草制品零售	Tobaccos	2	2
其他食品零售	Others	21	7
纺织、服装及日用品专门零售	Textile, garment and daily articles	41	25
纺织品及针织品零售	Textile and knitwear	5	3
服装零售	Garments	19	12
化妆品及卫生用品零售	Cosmetic and sanitary accessories	5	3
钟表、眼镜零售	Clock and spectacles	5	4
箱、包零售	Bags and suitcases retail	1	1
厨房用具及日用杂品零售	Retail of kitchenware and daily articles	3	1
其他日用品零售	Others	3	1
文化、体育用品及器材专门零售	Cultural and sport goods and equipment	30	19
文具用品零售	Stationery	5	3
体育用品及器材零售	Sporting goods and equipment retail	5	4
图书、报刊零售	Books、Newspaper	9	9
珠宝首饰零售	Jewelry	4	2
工艺美术品及收藏品零售	Handicraft, article and collection	5	1
乐器零售	Instruments retail	1	
照相器材零售	Photographic equipment retail	1	
医药及医疗器材专门零售	Medicines and medical equipment	51	36
药品零售	Medicines	30	20
医疗用品及器材零售	Medical component	21	16
汽车、摩托车、燃料及零配件专门零售业	Vehicles, motorcycle and parts	363	272
汽车零售	Vehicles	288	218
汽车零配件零售	Installation kit	48	34
摩托车及零配件零售	Motoreycle	1	1
机动车燃料零售业	Fuels	26	19
家用电器及电子产品专门零售	Electrical household applicances and electronic products	80	43
家用视听设备零售	Household audio and video equipment	5	4
日用家电设备零售	Household appliances retail	17	8
计算机、软件及辅助设备零售	Computer software and accessories	27	15
通信设备零售	Telecommunication equipment	19	12
其他电子产品零售	Others	12	4
五金、家具及室内装修材料专门零售	Hardware, furniture and indoor hardware fitting	88	42
五金零售	Hardware	49	20
灯具零售	Lamps	4	2
家具零售	Funiture	8	5
涂料零售	Coating	2	1
卫生洁具零售	Sanitary ware retail	2	2

单位：万元 unit:10000 yuan

一、年初存货 Inventory	二、期末资产负债 The final balance sheet									
	流动资产合计 Circulating funds	应收帐款 Receivables	存货 Inventery	固定资产合计 Total fixed assets	固定资产原价 Original Value of fixed assets	房屋和构筑物 Housing and structures	机器设备 Machinery equipment	运输工具 Transportation tools	累计折旧 Total depreciation	本年折旧 Depreciationg in this year
6278.5	29176.5	2414.2	6643.0	451.1	382.0		70.3	274.4	129.9	57.2
21875.8	18027.2	109.9	13156.8	10599.1	14198.8	13259.2	473.6	409.7	3604.6	719.8
8319.8	17149.3	4265.2	8784.1	3937.7	4583.5		3112.5	175.1	684.1	305.0
35008.7	92830.9	17209.9	38096.2	28540.6	52680.9	39988.0	6176.6	76.3	24162.3	1251.4
4966.8	7200.5	1134.3	5482.3	48.2	39.2		3.6		11.1	8.0
19622.9	69303.5	14220.5	21514.5	27787.7	49434.3	39988.0	6172.1	76.3	21646.6	1116.3
841.9	2709.8	1069.0	1011.6	10.5	53.3				42.8	10.1
5760.3	6391.2	-212.7	5943.7	569.3	2934.6				2367.2	104.1
2379.4	3370.7	15.5	2553.8	2.3	35.1				32.8	3.7
165.3	1767.3	346.6	183.4		0.9		0.9		0.9	
1272.1	2087.9	636.7	1406.9	122.6	183.5				60.9	9.2
23720.6	50516.4	6921.3	23352.8	13464.1	18585.7	7533.3	444.0	241.1	5125.5	608.5
1438.2	5331.8	2363.5	1069.4	155.1	204.6		42.6	25.0	49.5	9.0
5357.9	9777.5	376.4	6433.1	7431.8	7679.8	1165.1	43.7	55.4	248.0	48.8
5877.2	21337.1	3129.8	5285.3	5816.1	10447.7	6368.2	120.3	160.7	4635.4	536.9
7545.1	9042.1	560.6	7445.9	4.4	13.9		12.2		9.5	4.7
2952.9	4288.5	474.7	2692.7	56.2	225.2		225.2		169.0	7.5
98.1	262.2	4.4	48.5							
451.2	477.2	11.9	377.9	0.5	14.5				14.1	1.6
94545.0	591171.2	179211.2	102576.6	28539.8	42983.4	19432.3	3806.3	965.4	15036.3	1997.0
90608.5	572370.8	170264.5	97958.9	26676.3	40706.9	18232.3	3294.8	899.8	14602.7	1822.1
3936.5	18800.4	8946.7	4617.7	1863.5	2276.5	1200.0	511.5	65.6	433.6	174.9
337993.1	1775130.5	126487.4	378049.9	275792.5	365324.2	76179.1	24600.6	42922.9	128730.3	22489.3
310455.5	1446867.5	98871.7	352285.8	193480.0	272477.7	67995.0	11433.5	30621.1	92227.6	19540.0
19628.4	61408.4	15335.6	14750.4	4530.0	8418.0	3155.5	636.9	913.3	3906.4	594.0
9.2	41.2			270.0	230.0	105.0	125.0			
7900.0	266813.4	12280.1	11013.7	77512.5	84198.5	4923.6	12405.2	11388.5	32596.3	2355.3
22361.1	123940.4	24199.3	19340.9	19470.4	23613.2	428.6	579.5	599.0	4658.7	1358.2
1568.1	2421.4	55.2	1761.8	166.5	204.0		16.2	8.0	39.9	15.6
6820.0	38001.6	3246.3	4502.3	14485.0	16850.4		41.4	52.1	2365.5	554.0
7387.2	33761.1	17218.0	6634.4	770.6	1445.1		5.0	302.3	715.6	347.2
4587.5	42340.1	657.4	4464.9	3610.9	4197.8	230.0	251.3	138.0	1050.1	181.9
1998.3	7416.2	3022.4	1977.5	437.4	915.9	198.6	265.6	98.6	487.6	259.5
24725.1	111213.5	48434.1	20892.1	7349.2	9147.4	157.3	454.1	848.1	1939.1	656.2
15429.6	60496.8	28995.2	10117.9	1515.6	2558.6	150.0	247.2	428.1	1086.3	258.0
165.1	1206.4	332.1	208.8	53.4	27.1			0.1	23.6	0.1
1250.7	12338.0	615.5	1366.3	84.4	268.9	7.3	40.5	148.9	197.5	48.4
282.5	2290.5	1708.6	120.5	74.6	75.8				1.2	
994.2	2762.0	661.2	1355.8	95.1	193.0				97.9	46.1

14-3 续表 16 continued16

指标名称	Item	在建工程 Circulating funds	非流动资产合计 Total of non-current assets
烟、饮料及茶叶零售	Alcohol、beverage and tea	10.0	22823.2
烟草制品零售	Tobaccos		12148.2
其他食品零售	Others	1233.1	37825.2
纺织、服装及日用品专门零售	Textile, garment and daily articles	223.8	38471.5
纺织品及针织品零售	Textile and knitwear		166.4
服装零售	Garments	223.8	37545.5
化妆品及卫生用品零售	Cosmetic and sanitary accessories		10.5
钟表、眼镜零售	Clock and spectacles		602.7
箱、包零售	Bags and suitcases retail		2.3
厨房用具及日用杂品零售	Retail of kitchenware and daily articles		21.5
其他日用品零售	Others		122.6
文化、体育用品及器材专门零售	Cultural and sport goods and equipment	5.0	23882.6
文具用品零售	Stationery		155.1
体育用品及器材零售	Sporting goods and equipment retail		12010.4
图书、报刊零售	Books、Newspaper	5.0	11394.0
珠宝首饰零售	Jewelry		146.4
工艺美术品及收藏品零售	Handicraft, article and collection		176.2
乐器零售	Instruments retail		
照相器材零售	Photographic equipment retail		0.5
医药及医疗器材专门零售	Medicines and medical equipment	12702.3	69881.9
药品零售	Medicines	12702.3	67273.2
医疗用品及器材零售	Medical component		2608.7
汽车、摩托车、燃料及零配件专门零售业	Vehicles, motorcycle and parts	30145.9	584749.8
汽车零售	Vehicles	23506.2	412115.8
汽车零配件零售	Installation kit	136.7	10022.8
摩托车及零配件零售	Motoreycle		270.0
机动车燃料零售业	Fuels	6503.0	162341.2
家用电器及电子产品专门零售	Electrical household applicances and electronic products	5.9	40002.6
家用视听设备零售	Household audio and video equipment		199.9
日用家电设备零售	Household appliances retail		30799.9
计算机、软件及辅助设备零售	Computer software and accessories	1.0	1092.2
通信设备零售	Telecommunication equipment		6658.0
其他电子产品零售	Others	4.9	1252.6
五金、家具及室内装修材料专门零售	Hardware, furniture and indoor hardware fitting	336.0	21292.0
五金零售	Hardware	336.0	3849.3
灯具零售	Lamps		356.7
家具零售	Funiture		5897.9
涂料零售	Coating		76.8
卫生洁具零售	Sanitary ware retail		155.7

单位：万元 unit:10000 yuan

二、期末资产负债 The final balance sheet					
资产总计 Total assets	流动负债合计 Total current liabilities	应付账款 Inventory	非流动负债合计 Non-current liabilities	负债合计 Total liabilities	所有者权益 Creditor's equity
51999.7	37319.6	1973.6	43.4	37363.0	14636.7
30175.4	22385.8	6899.5		22385.8	7789.6
54974.5	28510.9	14746.0	1788.1	28573.3	26401.2
131302.4	92233.9	33489.8	356.2	92590.1	38712.3
7366.9	6738.6	682.6	0.6	6739.2	627.7
106849.0	72425.1	29731.1		72425.1	34423.9
2720.3	2325.3	1100.7		2325.3	395.0
6993.9	5465.2	409.5	0.2	5465.4	1528.5
3373.0	2609.4	152.1	355.4	2964.8	408.2
1788.8	1530.0	1198.0		1530.0	258.8
2210.5	1140.3	215.8		1140.3	1070.2
74399.0	49568.5	18349.2	10655.3	60223.8	14175.2
5486.9	2663.4	1556.8		2663.4	2823.5
21787.9	15312.5	2580.5	0.1	15312.6	6475.3
32731.1	22463.2	12964.7	10635.2	33098.4	-367.3
9188.5	6175.3	216.9		6175.3	3013.2
4464.7	2360.7	784.8	20.0	2380.7	2084.0
262.2	254.7	62.5		254.7	7.5
477.7	338.7	183.0		338.7	139.0
661053.1	528878.7	143589.0	36835.9	565714.6	95338.5
639644.0	515215.4	138244.9	36509.7	551725.1	87918.9
21409.1	13663.3	5344.1	326.2	13989.5	7419.6
2362075.8	1527219.5	94107.4	172575.7	1704314.5	657761.3
1861178.8	1183664.6	69154.4	137790.9	1329765.1	531413.7
71431.2	48850.1	10481.7	3912.3	48972.1	22459.1
311.2	11.2	11.2		11.2	300.0
429154.6	294693.6	14460.1	30872.5	325566.1	103588.5
163943.0	85302.2	18483.4	20352.0	105654.2	58288.8
2621.3	701.1	110.0	29.3	730.4	1890.9
68801.5	40849.4	4205.7	3395.9	44245.3	24556.2
34853.3	19031.5	11140.1	1703.1	20734.6	14118.7
48998.1	20561.4	1035.7	13569.2	34130.6	14867.5
8668.8	4158.8	1991.9	1654.5	5813.3	2855.5
132778.2	88645.8	37382.9	11474.5	100414.9	32363.3
64618.8	49043.2	19922.4	654.2	49788.7	14830.1
1563.1	531.2	144.2		734.5	828.6
18235.9	9072.1	1255.7	9100.0	18172.1	63.8
2367.3	2069.8	1619.1		2069.8	297.5
2917.7	3150.8	2341.9		3150.8	-233.1

14-3 续表 17 continued17

指标名称	Item	实收资本 Original Value of fixed assets	国家资本 State owned	集体资本 Collective
烟、饮料及茶叶零售	Alcohol、beverage and tea	10206.1	5100.0	
烟草制品零售	Tobaccos	6869.0	6869.0	
其他食品零售	Others	3289.7		
纺织、服装及日用品专门零售	Textile, garment and daily articles	44319.0	280.0	6.0
纺织品及针织品零售	Textile and knitwear	617.4		
服装零售	Garments	40324.6	280.0	6.0
化妆品及卫生用品零售	Cosmetic and sanitary accessories	368.0		
钟表、眼镜零售	Clock and spectacles	1596.0		
箱、包零售	Bags and suitcases retail	200.0		
厨房用具及日用杂品零售	Retail of kitchenware and daily articles	255.0		
其他日用品零售	Others	958.0		
文化、体育用品及器材专门零售	Cultural and sport goods and equipment	18381.4	4472.2	5.0
文具用品零售	Stationery	1580.0		
体育用品及器材零售	Sporting goods and equipment retail	5967.3		
图书、报刊零售	Books、Newspaper	5953.2	4472.2	5.0
珠宝首饰零售	Jewelry	2800.9		
工艺美术品及收藏品零售	Handicraft, article and collection	1960.0		
乐器零售	Instruments retail	20.0		
照相器材零售	Photographic equipment retail	100.0		
医药及医疗器材专门零售	Medicines and medical equipment	26901.7	3586.0	1.0
药品零售	Medicines	20497.6	3585.0	
医疗用品及器材零售	Medical component	6404.1	1.0	1.0
汽车、摩托车、燃料及零配件专门零售业	Vehicles, motorcycle and parts	433321.5	3635.2	325.3
汽车零售	Vehicles	369414.0	3635.2	317.3
汽车零配件零售	Installation kit	13134.6		8.0
摩托车及零配件零售	Motoreycle	300.0		
机动车燃料零售业	Fuels	50472.9		
家用电器及电子产品专门零售	Electrical household applicances and electronic products	26194.1		30.0
家用视听设备零售	Household audio and video equipment	466.0		
日用家电设备零售	Household appliances retail	3689.5		
计算机、软件及辅助设备零售	Computer software and accessories	8956.7		
通信设备零售	Telecommunication equipment	10849.6		30.0
其他电子产品零售	Others	2232.3		
五金、家具及室内装修材料专门零售	Hardware, furniture and indoor hardware fitting	34479.8	1000.0	
五金零售	Hardware	12139.2	1000.0	
灯具零售	Lamps	400.0		
家具零售	Funiture	7447.4		
涂料零售	Coating	100.0		
卫生洁具零售	Sanitary ware retail	330.0		

单位：万元 unit:10000 yuan

二、期末资产负债 The final balance sheet				三、损益及分配 Gains and losses and distribution			
法人资本 Corporate	个人资本 Private	港澳台资本 Funded from Hongkong, Macao and Taiwan	外商资本 Foreign funds	营业收入 Operation revenue	主营业务收入 Operating revenue	营业成本 Operating costs	主营业务成本 Operating costs
138.8	4967.3			19025.3	18681.0	13296.1	13046.8
				39526.0	39526.0	32282.5	32282.5
2574.7	715.0			29636.9	29615.8	25290.0	25290.0
37516.4	5679.3	833.3	4.0	133393.9	129400.3	99674.3	99506.9
5.0	612.4			6562.6	6562.6	5461.7	5461.7
36248.1	3786.5		4.0	95950.4	91961.5	66888.3	66720.9
63.1	304.9			6629.5	6624.8	5796.1	5796.1
562.7	200.0	833.3		12412.3	12412.3	10697.3	10697.3
	200.0			5329.9	5329.9	4995.9	4995.9
229.5	25.5			2137.4	2137.4	1922.0	1922.0
408.0	550.0			4371.8	4371.8	3913.0	3913.0
9149.9	4754.3			80722.3	78838.0	64209.6	63662.5
70.0	1510.0			5156.6	4812.6	4746.0	4419.8
5703.0	264.3			18492.8	18492.8	13926.9	13926.9
1476.0				38260.0	36719.7	29140.0	28930.3
300.9	2500.0			7878.7	7878.7	6586.7	6586.7
1600.0	360.0			9157.0	9157.0	8146.6	8135.4
	20.0			682.0	682.0	674.7	674.7
	100.0			1095.2	1095.2	988.7	988.7
13915.2	8399.5	1000.0		727551.6	720667.8	616336.0	616193.0
9725.1	7187.5			697952.7	691072.9	594428.2	594287.2
4190.1	1212.0	1000.0		29598.9	29594.9	21907.8	21905.8
152029.3	260897.1	970.2	15464.4	4626158.9	4590148.2	4264991.4	4246610.3
140103.6	209012.1	970.2	15375.6	3594979.2	3563399.2	3306498.8	3292838.1
4576.1	8461.7		88.8	124964.9	124475.0	114548.5	113994.7
	300.0			503.8	503.8	384.9	384.9
7349.6	43123.3			905711.0	901770.2	843559.2	839392.6
7518.1	18646.0			258959.6	254481.7	225479.0	223677.1
150.0	316.0			7266.2	7266.2	6916.3	6916.3
1274.9	2414.6			115100.7	112274.9	98869.6	97960.8
2472.1	6484.6			63210.9	62873.2	54037.1	53640.6
2938.8	7880.8			62431.3	61116.9	56811.1	56314.5
682.3	1550.0			10950.5	10950.5	8844.9	8844.9
20849.5	12630.3			144678.3	144677.3	127137.6	126833.7
3952.0	7187.2			97190.5	97190.5	88988.2	88988.2
	400.0			3353.2	3353.2	2969.8	2966.0
7232.0	215.4			12004.8	12004.8	7963.5	7963.5
50.0	50.0			2830.0	2830.0	2595.7	2595.7
300.0	30.0			3778.8	3778.3	3546.3	3246.3

14-3 续表 18

指标名称	Item	营业税金及附加 Business taxes and extra charges
烟、饮料及茶叶零售	Alcohol、beverage and tea	112.6
烟草制品零售	Tobaccos	153.5
其他食品零售	Others	44.0
纺织、服装及日用品专门零售	Textile, garment and daily articles	1256.2
纺织品及针织品零售	Textile and knitwear	4.3
服装零售	Garments	1091.7
化妆品及卫生用品零售	Cosmetic and sanitary accessories	59.5
钟表、眼镜零售	Clock and spectacles	89.4
箱、包零售	Bags and suitcases retail	3.2
厨房用具及日用杂品零售	Retail of kitchenware and daily articles	3.5
其他日用品零售	Others	4.6
文化、体育用品及器材专门零售	Cultural and sport goods and equipment	610.3
文具用品零售	Stationery	4.9
体育用品及器材零售	Sporting goods and equipment retail	159.8
图书、报刊零售	Books、Newspaper	251.3
珠宝首饰零售	Jewelry	169.4
工艺美术品及收藏品零售	Handicraft, article and collection	22.3
乐器零售	Instruments retail	0.3
照相器材零售	Photographic equipment retail	2.3
医药及医疗器材专门零售	Medicines and medical equipment	2193.7
药品零售	Medicines	1990.3
医疗用品及器材零售	Medical component	203.4
汽车、摩托车、燃料及零配件专门零售业	Vehicles, motorcycle and parts	9360.0
汽车零售	Vehicles	7808.2
汽车零配件零售	Installation kit	382.9
摩托车及零配件零售	Motoreycle	5.0
机动车燃料零售业	Fuels	1163.9
家用电器及电子产品专门零售	Electrical household applicances and electronic products	1125.9
家用视听设备零售	Household audio and video equipment	56.7
日用家电设备零售	Household appliances retail	731.2
计算机、软件及辅助设备零售	Computer software and accessories	146.6
通信设备零售	Telecommunication equipment	142.1
其他电子产品零售	Others	49.3
五金、家具及室内装修材料专门零售	Hardware, furniture and indoor hardware fitting	844.8
五金零售	Hardware	544.3
灯具零售	Lamps	156.1
家具零售	Funiture	35.1
涂料零售	Coating	12.4
卫生洁具零售	Sanitary ware retail	0.5

continued18

三、损益及分配 Gainsay and losses and distribution						
主营业务税金及附加 Main operation taxes and extra charges	其他业务利润 Other business profit	销售费用 Marketing expenses	管理费用 Management expenses	财务费用 Financial expenses	利息收入 Interest income	利息支出 Interest expenditure
111.9		1850.1	1497.6	432.2	0.9	0.4
153.5		1356.8	5472.2	-15.2	110.0	86.1
44.0	216.4	1242.0	1949.4	70.9	0.8	
754.2	180.0	12478.4	17454.8	918.2	3.8	493.9
4.3		535.8	494.4	27.6	1.4	
590.0		10467.9	15217.1	583.6	1.1	446.7
59.2	180.0	252.4	471.0	33.8	0.1	33.0
89.4		929.1	616.4	192.1	0.3	
3.2		198.5	61.5	55.2		
3.5		82.7	198.1	3.4	0.8	0.2
4.6		12.0	396.3	22.5	0.1	14.0
610.0	385.1	7093.0	7226.2	667.7	126.6	458.8
4.9	58.0	14.1	246.5	2.1	0.5	0.7
159.8		3618.4	1084.5	200.7	0.6	13.9
251.0	327.1	3011.2	4525.2	291.8	93.7	315.6
169.4		308.4	554.4	80.7		75.9
22.3		140.9	711.4	91.9	31.8	52.5
0.3			18.1	0.2		0.2
2.3			86.1	0.3		
1853.0	6540.6	52025.8	23219.7	8181.5	528.7	9178.4
1651.6	6321.8	49997.8	18941.9	8146.8	526.8	9166.9
201.4	218.8	2028.0	4277.8	34.7	1.9	11.5
9235.5	77376.6	129417.5	106681.3	39770.1	1937.1	17474.6
7694.9	49116.1	96160.8	92872.8	34438.1	1880.5	13044.0
371.7	1165.6	4166.2	5004.9	691.9	64.5	488.9
5.0		13.8	72.0	2.7		
1163.9	27094.9	29076.7	8731.6	4637.4	-7.9	3941.7
689.6	565.8	17457.5	12505.2	600.0	79.7	409.3
56.7		98.0	128.6	6.8		3.2
297.9	37.5	12816.7	3322.6	118.9	44.4	33.3
146.6	76.0	2983.8	3586.0	253.4	22.8	259.3
139.1	60.6	771.4	4325.2	219.9	10.3	113.0
49.3	391.7	787.6	1142.8	1.0	2.2	0.5
532.0	511.4	4557.4	11023.9	911.8	22.4	740.6
246.7	500.4	1627.6	5396.8	202.0	15.5	194.9
145.7		4.9	210.0	0.2		
35.1	9.0	1543.7	2617.7	371.0	6.8	363.3
12.4			163.4	-0.1		-0.1
0.5		366.4	175.2	0.3		

14-3 续表 19 continued19

指标名称	Item	资产减值损失 Lost	公允价值变动收益 Revenue	投资收益 Investment income
烟、饮料及茶叶零售	Alcohol、beverage and tea	-6.2		
烟草制品零售	Tobaccos			
其他食品零售	Others			
纺织、服装及日用品专门零售	Textile, garment and daily articles	14.5	1.5	2549.4
纺织品及针织品零售	Textile and knitwear			
服装零售	Garments	5.3	2.0	2549.4
化妆品及卫生用品零售	Cosmetic and sanitary accessories			
钟表、眼镜零售	Clock and spectacles	0.4	0.5	
箱、包零售	Bags and suitcases retail			
厨房用具及日用杂品零售	Retail of kitchenware and daily articles	8.8	-1.0	
其他日用品零售	Others			
文化、体育用品及器材专门零售	Cultural and sport goods and equipment	65.8	4.2	101.0
文具用品零售	Stationery			
体育用品及器材零售	Sporting goods and equipment retail	21.8		
图书、报刊零售	Books、Newspaper	39.0		97.3
珠宝首饰零售	Jewelry			0.1
工艺美术品及收藏品零售	Handicraft, article and collection	5.0	4.2	3.6
乐器零售	Instruments retail			
照相器材零售	Photographic equipment retail			
医药及医疗器材专门零售	Medicines and medical equipment	129.3	0.7	1816.8
药品零售	Medicines	128.6		1816.2
医疗用品及器材零售	Medical component	0.7	0.7	0.6
汽车、摩托车、燃料及零配件专门零售业	Vehicles, motorcycle and parts	533.2	18.7	3263.4
汽车零售	Vehicles	483.7	18.6	2662.2
汽车零配件零售	Installation kit	0.1	0.1	0.1
摩托车及零配件零售	Motoreycle			
机动车燃料零售业	Fuels	49.4		601.1
家用电器及电子产品专门零售	Electrical household applicances and electronic products	133.4	2.3	42.5
家用视听设备零售	Household audio and video equipment			
日用家电设备零售	Household appliances retail	100.9	0.3	42.0
计算机、软件及辅助设备零售	Computer software and accessories	0.1	0.1	0.5
通信设备零售	Telecommunication equipment	29.6	0.3	
其他电子产品零售	Others	2.8	1.6	
五金、家具及室内装修材料专门零售	Hardware, furniture and indoor hardware fitting	1.7	2.0	-354.7
五金零售	Hardware	0.1	0.1	
灯具零售	Lamps			
家具零售	Funiture	1.6	1.9	-354.7
涂料零售	Coating			
卫生洁具零售	Sanitary ware retail			

单位：万元 unit:10000 yuan

三、损益及分配 Gains and losses and distribution						四、人工成本及增值税 Labor cost and VAT		五、从事批发和零售业活动的从业人员平均人数（人）Average number of employees engaged in wholesale and retail activities (person)
其他收益 Other	营业利润 Business profit	营业外收入 Norbusiness revenue	营业外支出 Non-business expenditure	利润总额 Total profit	应交所得税 Income taxes payable	应付职工薪酬（本年贷方累计发生额）payroll payable (credit accumulated happening this year)	应交增值税 VAT payableinput	
	1842.9	130.1	5.2	1966.9	432.6	1246.3	825.6	285
	276.2	6.5	28.5	254.0	187.6	2447.6	1226.2	377
	937.7	18.8	0.4	975.8	176.9	1732.0	458.7	332
	4148.6	3591.3	159.6	7535.6	727.9	7475.0	3406.0	1762
	38.8	25.2		64.2	5.9	300.1	26.7	70
	4248.1	3555.8	158.3	7612.1	707.7	6152.9	1592.5	1261
	16.7	0.2	1.3	3.1	1.6	264.0	1540.5	123
	-111.9	5.0		-106.9	2.9	322.2	168.9	164
	15.6			15.6	4.0	103.9	26.3	24
	-82.1			-81.0	0.8	132.5	31.4	46
	23.4	5.1		28.5	5.0	199.4	19.7	74
5.0	959.9	178.9	33.9	947.9	186.8	4854.6	533.7	1228
	143.0	5.0		94.9	6.0	128.2	226.8	35
5.0	-514.3	1.5	3.4	-519.8	23.4	339.0	207.3	107
	1098.8	156.8	12.7	1146.6	98.8	3251.5	170.9	788
	179.2		1.2	178.0	25.1	334.5	-250.1	127
	46.7	8.6	15.2	36.1	31.1	754.9	175.6	158
	-11.3	1.0	1.4	-11.7		10.8	3.2	3
	17.8	6.0		23.8	2.4	35.7		10
	27283.0	750.6	240.4	27628.6	6892.4	24872.8	11730.6	7418
	26135.2	734.2	198.5	26648.7	6782.0	22934.2	10718.3	6980
	1147.8	16.4	41.9	979.9	110.4	1938.6	1012.3	438
407.8	79418.9	3910.0	2258.7	83750.9	13589.8	79244.3	51161.1	14174
407.8	60132.7	3438.1	1701.8	64851.5	11975.3	65209.8	42297.9	11333
	166.9	127.8	36.2	-223.2	259.9	3058.9	2259.2	796
	25.4			25.4		32.0		9
	19093.9	344.1	520.7	19097.2	1354.6	10943.6	6604.0	2036
	1702.1	1433.6	1275.3	-497.0	283.2	11001.9	3348.4	1905
	59.8			59.8		248.2	12.5	81
	-816.9	210.7	1264.8	-1930.8	34.9	5833.9	1770.2	801
	2203.4	1040.5	0.8	1002.7	161.1	2158.4	918.6	392
	132.1	7.6	8.5	77.0	57.0	1940.0	373.3	428
	123.7	174.8	1.2	294.3	30.2	821.4	273.8	203
	-108.6	209.6	157.9	-309.2	155.6	6350.0	1780.7	1410
	434.2	50.9	62.1	181.8	130.4	3297.1	1250.7	789
	52.6			33.1	3.1	299.7	15.5	53
	-880.6	108.2	7.6	-723.1	0.3	831.2	242.6	143
	58.6	0.1		60.2	1.7	74.1	95.0	18
	-309.9		11.7	-321.6		144.6		31

14-3 续表 20 continued20

指标名称 Item		法人企业数（个） Corporate enterprises (unit)	执行《2006年企业会计准则》企业个数（个） Number of enterprises implmenting Accounting Standards for Business Enterprises 2006
木质装饰材料零售	Retail of wooden decoration material	1	1
陶瓷、石材装饰材料零售	Ceramics、decorative stone materials retail	7	3
其他室内装修材料零售	Others	15	8
货摊、无店铺及其他零售业	Other retail trade	62	41
互联网零售	Network retail	3	2
邮购及电视、电话零售	Mail-order and TV and phone retail	1	1
旧货零售	Second hand	1	1
生活用燃料零售	Fuel for life	24	19
其他未列明的零售	Others	33	18
内资企业	Domestic funds	819	536
国有企业	State-owned	2	2
股份合作企业	Cooperative	1	1
有限责任公司	Limited liability corporations	334	225
国有联营企业	State joint owned	6	6
其他联营企业	Others joint owned	328	219
股份有限公司	Share holding	18	11
私营企业	Private	460	294
私营独资企业	Private funded	12	8
私营有限责任公司	Private limited company	433	276
私营股份有限公司	Private share holding	15	10
其他企业	Others	4	3
港、澳、台商投资企业	Funded from HongKong,Macao and Taiwan	6	6
合资经营企业（港或澳、台资）	Joint venture	4	4
港、澳、台商独资经营企业	Solefunds	2	2
外商投资企业	Foreign funded	7	6
中外合资经营企业	Joint venture	2	2
外资企业	Foreign funds	3	3

单位：万元 unit:10000 yuan

一、年初存货 Inventory	二、期末资产负债 The final balance sheet									
	流动资产合计 Circulating funds	应收帐款 Receivables	存货 Inventery	固定资产合计 Total fixed assets	固定资产原价 Original Value of fixed assets	房屋和构筑物 Housing and structures	机器设备 Machinery equipment	运输工具 Transportation tools	累计折旧 Total depreciation	本年折旧 Depreciationg in this year
185.9	1380.1		380.0							
4436.6	13416.8	3699.4	5232.4	118.0	352.9		147.0	204.1	234.9	51.9
1980.5	17322.9	12422.1	2110.4	5408.1	5671.1		19.4	66.9	297.7	251.7
14147.5	95912.9	14454.6	18042.5	24644.4	34675.2	1884.0	3816.1	1132.6	10251.3	728.4
125.3	764.3	196.4	406.7	134.2	181.3	23.0	10.0	15.0	53.3	21.5
	1775.5	108.4		32.8	92.5				71.5	
39.8	60.1	16.8	37.9	58.6	76.9		41.7	35.2	24.4	6.1
4420.6	36043.6	5155.9	6804.2	13433.1	15440.1	1213.8	1207.8	922.7	2126.2	519.7
9561.8	57269.4	8977.1	10793.7	10985.7	18884.4	647.2	2556.6	159.7	7975.9	181.1
946128.7	3952126.4	458719.7	972109.0	1555145.9	2039853.8	1180102.2	356820.7	51715.5	527355.2	87814.7
2366.4	7454.2	1728.6	2287.5	718.6	1299.4	1067.6		76.7	580.8	36.7
2015.0	2947.3		2658.4	1689.2	2563.4				874.2	145.8
264207.6	1830367.0	280162.1	265507.6	345156.8	496639.1	158300.7	45692.4	29534.5	187264.8	24886.0
4256.3	132035.2	1126.5	3890.2	58271.0	46946.4	1483.1	143.4	303.2	14387.3	203.6
259951.3	1698331.8	279035.6	261617.4	286885.8	449692.7	156817.6	45549.0	29231.3	172877.5	24682.4
375659.8	909438.8	17696.2	384715.4	1030433.5	1285364.7	950000.0	297370.3	2885.6	254970.2	47492.1
301443.1	1199589.3	158797.8	316362.3	176882.8	253626.1	70733.9	13758.0	19218.7	83559.1	15244.8
813.6	1416.1	252.9	554.9	3755.4	4247.6	890.2	151.2	122.2	500.0	303.3
289974.2	1161387.6	154537.3	303457.9	162734.5	237077.5	63027.2	12950.5	18264.0	81120.9	14356.0
10655.3	36785.6	4007.6	12349.5	10392.9	12301.0	6816.5	656.3	832.5	1938.2	585.5
436.8	2329.8	335.0	577.8	265.0	361.1				106.1	9.3
16714.9	453693.7	906.5	17184.3	52371.4	145908.3	4424.3	796.7	127.4	95011.5	9180.2
11677.3	446755.4	842.8	11729.1	50190.7	137206.7	4424.3	796.7	127.4	88490.6	9076.9
5037.6	6938.3	63.7	5455.2	2180.7	8701.6				6520.9	103.3
16275.7	57490.2	3606.5	21356.8	17801.8	24555.4	9341.0	1461.1	1947.1	7039.7	861.8
8942.7	37234.5	1954.2	12281.1	5530.3	10704.8	5607.0	1136.1	1701.4	5174.5	478.0
3692.6	9139.2	688.1	4727.4	8416.2	9351.5		4.9	30.0	935.3	159.6

14-3 续表 21 continued21

指标名称	Item	在建工程 Circulating funds	非流动资产合计 Total of non-current assets
木质装饰材料零售	Retail of wooden decoration material		
陶瓷、石材装饰材料零售	Ceramics、decorative stone materials retail		4353.9
其他室内装修材料零售	Others		6601.7
货摊、无店铺及其他零售业	Other retail trade	1320.7	29559.1
互联网零售	Network retail		134.2
邮购及电视、电话零售	Mail-order and TV and phone retail		381.3
旧货零售	Second hand		58.6
生活用燃料零售	Fuel for life	898.1	17676.2
其他未列明的零售	Others	422.6	11308.8
内资企业	Domestic funds	154034.8	2438273.0
国有企业	State-owned		1221.4
股份合作企业	Cooperative		1738.9
有限责任公司	Limited liability corporations	35613.8	642566.1
国有联营企业	State joint owned	1633.4	74008.8
其他联营企业	Others joint owned	33980.4	568557.3
股份有限公司	Share holding	111374.7	1418962.4
私营企业	Private	7046.3	373359.3
私营独资企业	Private funded		4872.9
私营有限责任公司	Private limited company	6956.1	355360.3
私营股份有限公司	Private share holding	90.2	13126.1
其他企业	Others		424.9
港、澳、台商投资企业	Funded from HongKong,Macao and Taiwan	1378.1	127222.8
合资经营企业（港或澳、台资）	Joint venture	1378.1	125042.1
港、澳、台商独资经营企业	Solefunds		2180.7
外商投资企业	Foreign funded		29189.7
中外合资经营企业	Joint venture		7996.7
外资企业	Foreign funds		13012.5

单位：万元 unit:10000 yuan

二、期末资产负债 The final balance sheet					
资产总计 Total assets	流动负债合计 Total current liabilities	应付账款 Inventory	非流动负债合计 Non-current liabilities	负债合计 Total liabilities	所有者权益 Creditor's equity
1380.1	708.0			708.0	672.1
17770.7	6754.0	2924.3	1574.5	8328.5	9442.2
23924.6	17316.7	9175.3	145.8	17462.5	6462.1
125745.1	54328.1	11265.1	22824.5	77152.6	48592.5
898.5	400.4	295.5		400.4	498.1
2156.8	951.4	250.1		951.4	1205.4
118.7	68.7	63.5		68.7	50.0
53992.9	29244.0	3067.3	1163.1	30407.1	23585.8
68578.2	23663.6	7588.7	21661.4	45325.0	23253.2
6393390.7	4270587.7	596952.1	532007.4	4809433.3	1583957.4
8675.6	7270.0	2164.0	677.6	7947.6	728.0
4686.2	2265.8			2265.8	2420.4
2474556.0	1793218.9	301949.2	185454.3	1975151.0	499405.0
206044.0	175071.7	2416.1	1251.2	176322.9	29721.1
2268512.0	1618147.2	299533.1	184203.1	1798828.1	469683.9
2328401.2	1497496.8	189397.3	236652.5	1734149.3	594251.9
1574317.0	969509.0	103331.3	109207.2	1089076.6	485240.4
6539.0	1152.2	301.3	395.8	1298.0	5241.0
1517866.3	934383.2	100355.8	104653.2	1049646.8	468219.5
49911.7	33973.6	2674.2	4158.2	38131.8	11779.9
2754.7	827.2	110.3	15.8	843.0	1911.7
580916.5	294992.0	89774.8	194011.8	489003.8	91912.7
571797.5	282581.2	83385.3	194011.8	476593.0	95204.5
9119.0	12410.8	6389.5		12410.8	-3291.8
86679.9	67477.7	14581.3	416.2	62973.2	23706.7
45231.2	24012.7	7432.3		24012.7	21218.5
22151.7	25092.6	5594.7	400.2	25492.8	-3341.1

14-3 续表 22 continued22

指标名称	Item	实收资本 Original Value of fixed assets	国家资本 State owned	集体资本 Collective
木质装饰材料零售	Retail of wooden decoration material	648.0		
陶瓷、石材装饰材料零售	Ceramics、decorative stone materials retail	9290.0		
其他室内装修材料零售	Others	4125.2		
货摊、无店铺及其他零售业	Other retail trade	30538.4	3622.7	
互联网零售	Network retail	448.9		
邮购及电视、电话零售	Mail-order and TV and phone retail	1000.0		
旧货零售	Second hand	50.0		
生活用燃料零售	Fuel for life	17937.5	2189.7	
其他未列明的零售	Others	11102.0	1433.0	
内资企业	Domestic funds	717520.7	47309.1	7071.3
国有企业	State-owned	1080.4	1080.4	
股份合作企业	Cooperative	2250.3		1700.0
有限责任公司	Limited liability corporations	349907.7	42303.5	5273.1
国有联营企业	State joint owned	6044.2	873.2	
其他联营企业	Others joint owned	343863.5	41430.3	5273.1
股份有限公司	Share holding	48414.2	3901.4	
私营企业	Private	315133.5	0.2	98.2
私营独资企业	Private funded	3969.9		
私营有限责任公司	Private limited company	298496.7	0.2	98.2
私营股份有限公司	Private share holding	12666.9		
其他企业	Others	734.6	23.6	
港、澳、台商投资企业	Funded from HongKong, Macao and Taiwan	28672.7		6.0
合资经营企业（港或澳、台资）	Joint venture	26488.8		6.0
港、澳、台商独资经营企业	Solefunds	2183.9		
外商投资企业	Foreign funded	26565.6		
中外合资经营企业	Joint venture	8150.0		
外资企业	Foreign funds	9105.0		

单位：万元 unit:10000 yuan

二、期末资产负债 The final balance sheet				三、损益及分配 Gains and losses and distribution			
法人资本 Corporate	个人资本 Private	港澳台资本 Funded from Hongkong, Macao and Taiwan	外商资本 Foreign funds	营业收入 Operation revenue	主营业务收入 Operating revenue	营业成本 Operating costs	主营业务成本 Operating costs
	648.0			2454.0	2454.0	1903.2	1903.2
8610.0	680.0			9338.2	9337.7	6679.7	6679.6
705.5	3419.7			13728.8	13728.8	12491.2	12491.2
17513.7	9402.0			142543.1	142470.0	119322.8	119162.4
	448.9			1753.4	1753.4	1483.1	1483.1
1000.0				5811.5	5811.5	4603.0	4603.0
50.0				2387.3	2387.3	1948.5	1948.5
11740.7	4007.1			75038.1	75036.1	61235.4	61235.3
4723.0	4946.0			57552.8	57481.7	50052.8	49892.5
306817.8	356186.9	70.3	65.3	7718190.3	7481692.4	6769924.1	6745971.2
				9778.9	9460.6	8692.8	8555.7
	550.3			47258.6	47258.6	45998.5	45998.5
177103.6	125092.1	70.1	65.3	3745147.4	3689798.6	3371793.5	3362713.4
5171.0				254237.7	251979.8	226868.0	224588.5
171932.6	125092.1	70.1	65.3	3490909.7	3437818.8	3144925.5	3138124.9
38418.7	6094.1			1161759.2	1004259.6	841981.3	836135.7
90830.5	224204.4	0.2		2736841.5	2713510.3	2485412.5	2476522.4
86.5	3883.4			7724.9	7711.2	6034.4	6034.4
85144.0	213254.1	0.2		2615372.9	2592216.3	2375973.6	2367083.5
5600.0	7066.9			113743.7	113582.8	103404.5	103404.5
465.0	246.0			17404.7	17404.7	16045.5	16045.5
4000.0		18662.7	6004.0	356020.1	335315.8	290652.4	287496.2
4000.0		16478.8	6004.0	341045.4	321039.3	279458.8	276302.6
		2183.9		14974.7	14276.5	11193.6	11193.6
11750.0		900.0	13915.6	228842.4	224391.7	194474.2	192840.6
7250.0		900.0		151454.9	147902.8	131170.8	129537.2
4500.0			4605.0	29098.0	28574.3	21553.1	21553.1

14-3 续表 23 continued23

指标名称	Item	营业税金及附加 Business taxes and extra charges
木质装饰材料零售	Retail of wooden decoration material	1.2
陶瓷、石材装饰材料零售	Ceramics、decorative stone materials retail	25.4
其他室内装修材料零售	Others	69.8
货摊、无店铺及其他零售业	Other retail trade	620.8
互联网零售	Network retail	0.6
邮购及电视、电话零售	Mail-order and TV and phone retail	17.5
旧货零售	Second hand	7.1
生活用燃料零售	Fuel for life	442.9
其他未列明的零售	Others	152.7
内资企业	Domestic funds	31479.5
国有企业	State-owned	21.3
股份合作企业	Cooperative	350.0
有限责任公司	Limited liability corporations	10214.7
国有联营企业	State joint owned	468.4
其他联营企业	Others joint owned	9746.3
股份有限公司	Share holding	13810.3
私营企业	Private	7056.4
私营独资企业	Private funded	124.0
私营有限责任公司	Private limited company	6686.9
私营股份有限公司	Private share holding	245.5
其他企业	Others	26.8
港、澳、台商投资企业	Funded from HongKong,Macao and Taiwan	3250.6
合资经营企业（港或澳、台资）	Joint venture	3136.8
港、澳、台商独资经营企业	Solefunds	113.8
外商投资企业	Foreign funded	857.0
中外合资经营企业	Joint venture	613.8
外资企业	Foreign funds	171.6

单位：万元 unit:10000 yuan

三、损益及分配 Gainsay and losses and distribution						
主营业务税金及附加 Main operation taxes and extra charges	其他业务利润 Other business profit	销售费用 Marketing expenses	管理费用 Management expenses	财务费用 Financial expenses	利息收入 Interest income	利息支出 Interest expenditure
1.2			532.4			
25.4		817.9	1391.8	246.3	2.5	153.2
65.0	2.0	196.9	536.6	92.1	-2.4	29.3
620.3	486.9	8213.3	7014.1	810.4	50.8	520.5
0.6		23.6	56.2	32.5		
17.5		1184.2	114.5	-1.0	1.2	0.2
7.1		302.1	128.3			
442.9	486.9	4128.3	2560.6	617.7	2.8	387.3
152.2		2575.1	4154.5	161.2	46.8	133.0
29290.5	117616.1	309565.3	327622.1	99482.0	3636.3	66830.1
21.3	181.2	365.0	716.4	37.4		-0.6
350.0		320.0	158.0	254.0		
8385.9	70193.7	152296.4	128418.0	33458.8	1528.3	21735.7
468.4	27.6	10716.0	4106.2	433.6	32.6	25.9
7917.5	70166.1	141580.4	124311.8	33025.2	1495.7	21709.8
13810.3	4208.3	73989.7	101247.9	40424.7	775.9	35666.6
6696.2	43032.9	82531.3	96682.1	25290.5	1332.1	9428.4
124.0		314.8	519.5	60.8	0.3	21.5
6326.7	42990.6	79036.3	92136.1	24589.9	1313.6	8793.6
245.5	42.3	3180.2	4026.5	639.8	18.2	613.3
26.8		62.9	399.7	16.6		
1902.7	698.2	14760.0	20722.8	15281.9	132.1	15100.5
1788.9		11147.1	20330.8	15075.2	132.1	15100.5
113.8	698.2	3612.9	392.0	206.7		
856.7	1119.9	12699.0	11135.0	1519.6	110.4	804.8
613.8	380.1	5251.3	3200.1	509.9	42.7	31.4
171.3	364.9	5946.3	1675.1	462.7	0.7	241.6

14-3 续表 24 continued24

指标名称 Item		资产减值损失 Lost	公允价值变动收益 Revenue	投资收益 Investment income
木质装饰材料零售	Retail of wooden decoration material			
陶瓷、石材装饰材料零售	Ceramics、decorative stone materials retail			
其他室内装修材料零售	Others			
货摊、无店铺及其他零售业	Other retail trade	1.1	0.6	29.5
互联网零售	Network retail			
邮购及电视、电话零售	Mail-order and TV and phone retail			
旧货零售	Second hand			
生活用燃料零售	Fuel for life	0.2	0.2	1.9
其他未列明的零售	Others	0.9	0.4	27.6
内资企业	Domestic funds	2318.2	17.7	7292.6
国有企业	State-owned	36.3		36.0
股份合作企业	Cooperative			
有限责任公司	Limited liability corporations	1241.3	-2.3	6672.9
国有联营企业	State joint owned	60.3		
其他联营企业	Others joint owned	1181.0	-2.3	6672.9
股份有限公司	Share holding	850.5	0.3	-974.0
私营企业	Private	190.1	19.7	1557.7
私营独资企业	Private funded	25.5		
私营有限责任公司	Private limited company	164.5	19.8	1557.5
私营股份有限公司	Private share holding	0.1	-0.1	0.2
其他企业	Others			
港、澳、台商投资企业	Funded from HongKong,Macao and Taiwan	26.7		
合资经营企业（港或澳、台资）	Joint venture	26.7		
港、澳、台商独资经营企业	Solefunds			
外商投资企业	Foreign funded	127.4		
中外合资经营企业	Joint venture	2.6		
外资企业	Foreign funds	-28.2		

单位：万元 unit:10000 yuan

三、损益及分配 Gains and losses and distribution						四、人工成本及增值税 Labor cost and VAT		五、从事批发和零售业活动的从业人员平均人数（人） Average number of employees engaged in wholesale and retail activities (person)
其他收益	营业利润 Business profit	营业外收入 Norbusiness revenue	营业外支出 Non-business expenditure	利润总额 Total profit	应交所得税 Income taxes payable	应付职工薪酬（本年贷方累计发生额） payroll payable (credit accumulated happening this year)	应交增值税 VAT payableinput	
	17.2			17.2	1.8	0.7	-6.2	2
	177.1	50.1	76.3	112.8	17.1	1316.8	105.6	182
	342.2	0.3	0.2	330.4	1.2	385.8	77.5	192
0.2	4080.4	158.6	52.6	3471.5	2920.0	5144.8	5029.9	1287
	157.4			47.8	0.1	52.2	0.1	19
	-106.7	4.5	4.3	-106.5		97.4	310.4	23
	1.3			1.3		333.6	71.6	89
	3544.6	53.7	37.4	3198.3	2845.3	2595.4	4051.8	624
0.2	483.8	100.4	10.9	330.6	74.6	2066.2	596.0	532
2260.6	184948.8	17326.2	6114.1	182874.7	44931.1	205200.0	96852.9	48589
	-54.3	69.0	3.4	22.2		565.6	18.9	61
	265.8		265.8		265.8	4586.6		1880
107.2	52034.5	10730.8	3396.3	56454.6	15055.8	88934.0	32728.3	21279
	11585.2	24.2	377.4	11230.6	39.7	4213.1	1205.7	691
107.2	40449.3	10706.6	3018.9	45224.0	15016.1	84720.9	31522.6	20588
1843.6	90324.7	1845.6	988.7	79743.9	24174.1	46096.2	28333.1	11305
309.8	41524.9	4680.8	1459.9	45800.8	5435.4	64614.8	35772.6	13922
	651.4	0.5	0.7	691.3	2.5	398.0	45.9	161
309.6	38584.2	4530.2	1418.9	42710.5	5145.9	62234.2	35307.9	13190
0.2	2289.3	150.1	40.3	2399.0	287.0	1982.6	418.8	571
	853.2			853.2		402.8		142
	11325.7	2101.1	50229.1	-36802.3	2144.2	7806.1	6621.9	1211
	11870.0	2100.9	50227.6	-36256.7	2144.2	6986.7	6245.5	883
	-544.3	0.2	1.5	-545.6		819.4	376.4	328
	9322.8	151.9	-110.3	9933.9	2722.8	5593.2	9337.7	915
	10706.4	131.1	225.2	10961.2	2654.2	3310.9	8762.1	272
	-682.6	13.5	-360.0	-309.1	105.8	1841.1	360.7	467

14-3 续表 25 continued25

指标名称 Item		法人企业数（个）Corporate enterprises (unit)	执行《2006 年企业会计准则》企业个数（个）Number of enterprises implmenting Accounting Standards for Business Enterprises 2006
其它外商投资企业	Others	2	1
国有控股	State-owned	24	21
集体控股	Collective-owned	8	7
私人控股	Private-owned	705	452
港澳台商控股	Hongkong,Macao and Taiwan-Owned	4	4
外商控股	Foreign-owned	5	5
其他	Others	86	59
独立门店	Substantive store	712	472
连锁总店（总部）	Chain headquarter	16	9
连锁直营店	Direct-sale store	7	7
连锁加盟店	Franchise store	1	1
其他	Others	96	59
大型	Large-sized	19	18
中型	Medium-sized	168	131
小型	Small-sized	388	240
微型	Micro-sized	257	159
有店铺零售	Retail trade	762	506
便利店	Convenience store	4	2
折扣店	Discount store	1	1
超市	Market	17	9
大型超市	Super market	11	10
百货店	Consumer goods	44	29
专业店	Specialty store	376	258
专卖店	Exclusive shop	254	165
家居建材商店	Household items hall	9	4
购物中心	Shopping center	11	7
厂家直销中心	Direct sales by manufacturers	35	21
无店铺零售	Other retail trade	70	42
电视购物	TV shopping	1	1
邮购	Purchase by mail	3	3
网上商店	Store on line	7	6
其他	Others	59	32

单位：万元 unit:10000 yuan

一、年初存货 Inventory	二、期末资产负债 The final balance sheet									
	流动资产合计 Circulating funds	应收帐款 Receivables	存货 Inventery	固定资产合计 Total fixed assets	固定资产原价 Original Value of fixed assets	房屋和构筑物 Housing and structures	机器设备 Machinery equipment	运输工具 Transportation tools	累计折旧 Total depreciation	本年折旧 Depreciationg in this year
3640.4	11116.5	964.2	4348.3	3855.3	4499.1	3734.0	320.1	215.7	929.9	224.2
411867.8	1225145.1	144396.5	405091.2	1102750.9	1361905.1	993274.8	309969.1	9654.5	284885.8	50297.1
5267.9	16833.4	1157.1	5138.2	55903.3	61648.5		139.7		5754.7	2425.7
451459.4	2085852.9	261133.0	472864.2	311162.9	477803.4	107207.8	35846.0	41498.2	181012.7	29190.9
12874.8	25827.7	1390.3	15912.5	4853.3	13146.1	1621.1	499.4	53.6	8292.8	116.5
14913.7	33114.3	1645.9	16839.6	17757.4	18885.3	8158.3	861.6	319.5	2602.5	1121.1
82735.7	1076536.9	53509.9	94804.4	132891.3	276929.1	83605.5	11762.7	2264.2	146857.9	14705.4
485169.1	2839016.3	255327.6	502546.2	423771.9	720500.2	174810.5	43044.9	42667.2	314475.2	41752.6
399299.6	1013958.6	19840.7	407770.1	1079993.3	1324698.8	964520.6	298636.0	3117.7	270506.4	47858.4
17554.5	29466.1	226.9	18038.7	68526.2	82517.1	18999.4	483.2	855.0	13996.7	3298.1
852.0	1216.3									
76244.1	579653.0	187837.5	82295.1	53027.7	82601.4	35537.0	16914.4	7150.1	30428.1	4947.6
464953.4	2012677.3	170266.6	462829.5	1215345.5	1612327.5	1065447.4	317120.6	11358.2	423997.3	62373.0
330558.5	1577725.2	112876.5	351667.6	271070.1	420195.7	89722.2	31350.1	30107.5	161177.5	24384.6
144822.6	733138.6	140402.5	161842.1	88047.2	118850.7	34237.4	9441.6	9977.2	33463.6	8529.7
38784.8	139769.2	39687.1	34310.9	50856.3	58943.6	4460.5	1166.2	2347.1	10768.0	2569.4
958328.1	4364316.3	430727.4	986315.0	1596692.7	2177667.5	1175472.1	357945.0	52599.8	622067.9	95975.2
1962.5	2188.1	141.4	1956.8	33.1	33.2				29.9	0.1
39.8	60.1	16.8	37.9	58.6	76.9		41.7	35.2	24.4	6.1
18449.0	22274.7	9301.1	6028.4	1945.8	2955.8	450.8	502.4	607.6	1023.8	218.6
18829.2	112944.4	3017.7	16447.8	80708.4	111237.0	30787.8	4840.3	929.2	30539.0	4593.6
360831.4	1313358.6	15574.9	360627.5	1111885.3	1499683.8	991342.2	304935.4	4357.1	390976.9	61021.4
256636.3	1480053.4	170740.1	262190.2	199802.7	268188.7	44053.8	25672.4	26045.8	99802.2	12629.4
280627.3	1335820.2	216389.8	314707.9	169316.5	235331.3	68115.6	12954.2	19992.4	72363.7	16040.6
1450.5	9754.6	2320.4	1307.0	110.1	226.5			24.6	148.3	33.0
9086.0	43158.6	1722.0	9010.8	25312.9	47970.6	38322.7	8357.7	55.4	22661.1	969.0
10416.1	44703.6	11503.2	14000.7	7519.3	11963.7	2399.2	640.9	552.5	4498.6	463.4
20791.2	98994.0	32505.3	24335.1	28626.4	32650.0	18395.4	1133.5	1190.2	7338.5	1881.5
	1775.5	108.4		32.8	92.5				71.5	
1156.1	9335.6	7754.9	247.9	81.5	186.6		6.3		109.4	48.4
540.2	3127.7	232.9	758.9	188.6	285.5	23.0	87.2	42.0	103.1	47.1
19094.9	84755.2	24409.1	23328.3	28323.5	32085.4	18372.4	1040.0	1148.2	7054.5	1786.0

14-3 续表 26 continued26

指标名称 Item		在建工程 Circulating funds	非流动资产合计
其它外商投资企业	Others		8180.5
国有控股	State-owned	106920.4	1490771.4
集体控股	Collective-owned	59.5	62665.3
私人控股	Private-owned	36497.4	677849.9
港澳台商控股	Hongkong, Macao and Taiwan-Owned		5842.9
外商控股	Foreign-owned	26.3	29124.6
其他	Others	11909.3	328431.4
独立门店	Substantive store	37135.2	951760.2
连锁总店（总部）	Chain headquarter	111312.4	1478202.7
连锁直营店	Direct-sale store	445.1	78709.8
连锁加盟店	Franchise store		
其他	Others	6520.2	86012.8
大型	Large-sized	123241.6	1828587.6
中型	Medium-sized	22016.9	495291.6
小型	Small-sized	8615.0	174973.7
微型	Micro-sized	1539.4	95832.6
有店铺零售	Retail trade	154558.9	2545933.0
便利店	Convenience store		43.9
折扣店	Discount store		58.6
超市	Market	10.0	7776.3
大型超市	Super market	2640.2	107524.1
百货店	Consumer goods	106617.0	1582262.6
专业店	Specialty store	19423.9	408915.0
专卖店	Exclusive shop	25084.4	393255.0
家居建材商店	Household items hall		874.0
购物中心	Shopping center	223.8	31702.3
厂家直销中心	Direct sales by manufacturers	559.6	13521.2
无店铺零售	Other retail trade	854.0	48752.5
电视购物	TV shopping		381.3
邮购	Purchase by mail	5.0	407.7
网上商店	Store on line		196.0
其他	Others	849.0	47767.5

单位：万元 unit:10000 yuan

二、期末资产负债 The final balance sheet					
资产总计 Total assets	流动负债合计 Total current liabilities	应付账款 Inventory	非流动负债合计 Non-current liabilities	负债合计 Total liabilities	所有者权益 Creditor's equity
19297.0	18372.4	1554.3	16.0	13467.7	5829.3
2715916.5	1923941.3	262806.8	219279.9	2143221.2	572695.3
79498.7	51611.2	1427.3	24.0	51635.2	27863.5
2766694.1	1711267.3	239936.7	268044.2	1986163.5	780530.6
31670.6	24546.2	13526.4	11.8	24558.0	7112.6
62238.9	45881.0	11658.4	416.2	46297.2	15941.7
1404968.3	875810.4	171952.6	238659.3	1109535.2	295433.1
3793767.8	2337792.2	360620.1	469594.4	2809304.1	984463.7
2492161.3	1659904.9	205945.8	242678.8	1902583.7	589577.6
108175.9	69122.6	2555.9	24.0	69146.6	39029.3
1216.3	1095.6	231.0		1095.6	120.7
665665.8	565142.1	131955.4	14138.2	579280.3	86385.5
3841264.9	2518514.7	405098.0	478329.9	2996844.6	844420.3
2073016.8	1445418.7	145253.3	150956.4	1584423.4	488593.4
910654.9	550457.7	113363.0	92983.4	657219.0	253435.9
236050.5	118666.3	37593.9	4165.7	122923.3	113127.2
6912990.6	4549587.6	677511.2	722379.8	5274134.9	1638855.7
2232.0	2031.2	1573.2	63.6	2094.8	137.2
118.7	68.7	63.5		68.7	50.0
30051.0	27996.7	4041.4	1745.1	28016.1	2034.9
220468.5	183775.3	44761.1	7313.9	195089.2	25379.3
2895621.2	1794811.3	277540.1	434500.1	2224390.7	671230.5
1889144.5	1318201.2	174482.0	136618.5	1445817.7	443326.8
1731367.7	1137895.5	159115.4	107710.6	1263107.0	468260.7
10901.3	5639.9	2144.8	9113.9	14859.0	-3957.7
74860.9	36344.8	6412.3	21419.6	57764.4	17096.5
58224.8	42823.0	7377.4	3894.5	42927.3	15297.5
147996.5	83469.8	23797.0	4055.6	87275.4	60721.1
2156.8	951.4	250.1		951.4	1205.4
9743.3	5793.3	5247.7		5793.3	3950.0
3323.7	1797.8	570.9	0.4	1798.2	1525.5
132772.7	74927.3	17728.3	4055.2	78732.5	54040.2

14-3 续表 27 continued27

指标名称	Item	实收资本 Original Value of fixed assets	国家资本 State owned	集体资本 Collective
其它外商投资企业	Others	9310.6		
国有控股	State-owned	60337.6	35444.2	
集体控股	Collective-owned	16782.7	69.0	1775.0
私人控股	Private-owned	533521.3	2275.9	296.3
港澳台商控股	Hongkong, Macao and Taiwan-Owned	5433.9		
外商控股	Foreign-owned	28415.6		
其他	Others	128267.9	9520.0	5006.0
独立门店	Substantive store	633119.9	18868.7	5326.3
连锁总店(总部)	Chain headquarter	33351.9	10471.4	6.0
连锁直营店	Direct-sale store	27355.5	29.0	10.0
连锁加盟店	Franchise store	50.0		
其他	Others	78881.7	17940.0	1735.0
大型	Large-sized	151473.0	16761.4	4700.0
中型	Medium-sized	395387.8	19513.8	2060.0
小型	Small-sized	176107.8	8478.7	36.0
微型	Micro-sized	49790.4	2555.2	281.3
有店铺零售	Retail trade	727792.3	42729.4	7072.3
便利店	Convenience store	110.0		
折扣店	Discount store	50.0		
超市	Market	7867.8		
大型超市	Super market	32219.2	2819.0	10.0
百货店	Consumer goods	85652.6	4764.6	6700.0
专业店	Specialty store	242922.9	21307.8	281.3
专卖店	Exclusive shop	310405.4	13835.0	81.0
家居建材商店	Household items hall	2819.0		
购物中心	Shopping center	33601.4		
厂家直销中心	Direct sales by manufacturers	12144.0	3.0	
无店铺零售	Other retail trade	44966.7	4579.7	5.0
电视购物	TV shopping	1000.0		
邮购	Purchase by mail	1108.0	40.0	5.0
网上商店	Store on line	1772.0	1000.0	
其他	Others	41086.7	3539.7	

单位：万元 unit:10000 yuan

二、期末资产负债 The final balance sheet				三、损益及分配 Gains and losses and distribution			
法人资本 Corporate	个人资本 Private	港澳台资本 Funded from Hongkong，Macao and Taiwan	外商资本 Foreign funds	营业收入 Operation revenue	主营业务收入 Operating revenue	营业成本 Operating costs	主营业务成本 Operating costs
			9310.6	48289.5	47914.6	41750.3	41750.3
23378.4	1515.0			1812990.2	1656886.4	1477347.0	1472267.9
14383.0	555.3	0.1	0.3	72756.7	69717.1	65818.0	65116.3
201327.9	329486.0	70.2	65.0	4949460.8	4904734.1	4499783.4	4484414.5
1350.0		4083.9		120410.7	116160.4	101496.7	99863.1
8500.0			19915.6	159786.0	156970.7	138087.3	137232.7
73628.5	24630.6	15478.8	4.0	1187648.4	1136931.2	972518.3	967413.5
258977.8	311166.9	18799.6	19980.6	5975966.0	5880732.5	5373362.1	5351877.5
19079.9	3790.6		4.0	1477320.8	1321312.3	1108724.1	1104281.6
14298.0	12184.8	833.4	0.3	56276.1	52140.6	42931.0	42085.5
50.0				995.0	995.0	875.6	875.6
30162.1	29044.6			792494.9	786219.5	729157.9	727187.8
60371.9	54160.9	15478.8		3302757.6	3106743.1	2777528.4	2767522.4
155488.9	195414.4	3083.9	19826.8	3300292.4	3244398.8	2948344.6	2933525.1
89724.6	76775.7	1000.0	92.8	1337582.6	1329037.6	1195241.5	1192370.6
16982.4	29835.9	70.3	65.3	362420.2	361220.4	333936.2	332889.9
299632.7	338828.8	19633.0	19896.1	8122603.8	7863114.1	7104778.6	7076602.0
50.0	60.0			1040.0	1040.0	744.9	744.9
50.0				2387.3	2387.3	1948.5	1948.5
3247.8	4620.0			60303.0	60303.0	50831.2	50831.2
13322.0	10201.0	1350.7	4516.5	290123.6	273935.1	247702.7	246375.6
44943.6	13765.6	15478.8		1749031.7	1558592.6	1366711.1	1361051.8
96213.1	123387.2	1733.5		3179063.6	3148353.0	2833190.0	2820992.5
99249.1	180790.7	1070.0	15379.6	2658218.2	2639940.6	2449269.1	2440466.2
2320.0	499.0			12109.2	12108.7	9877.0	9877.0
32220.8	1380.6			56599.9	53133.3	40689.2	40689.2
8016.3	4124.7			113727.3	113320.5	103814.9	103625.1
22935.1	17358.1		88.8	180449.0	178285.8	150272.1	149706.0
1000.0				5811.5	5811.5	4603.0	4603.0
55.0	1008.0			3934.8	3934.8	3331.4	3331.4
323.1	448.9			9793.9	9496.7	7847.3	7684.8
21557.0	15901.2		88.8	160908.8	159042.8	134490.4	134086.8

14-3 续表 28

指标名称 Item		营业税金及附加 Business taxes and extra charges
其它外商投资企业	Others	71.6
国有控股	State-owned	14390.2
集体控股	Collective-owned	472.6
私人控股	Private-owned	12322.9
港澳台商控股	Hongkong, Macao and Taiwan-Owned	491.0
外商控股	Foreign-owned	1289.9
其他	Others	6620.5
独立门店	Substantive store	18376.1
连锁总店（总部）	Chain headquarter	14286.0
连锁直营店	Direct-sale store	515.4
连锁加盟店	Franchise store	0.5
其他	Others	2409.1
大型	Large-sized	20014.6
中型	Medium-sized	10598.6
小型	Small-sized	4143.6
微型	Micro-sized	830.3
有店铺零售	Retail trade	34538.6
便利店	Convenience store	3.3
折扣店	Discount store	7.1
超市	Market	54.8
大型超市	Super market	985.0
百货店	Consumer goods	18085.2
专业店	Specialty store	8292.8
专卖店	Exclusive shop	6126.1
家居建材商店	Household items hall	28.4
购物中心	Shopping center	741.9
厂家直销中心	Direct sales by manufacturers	214.0
无店铺零售	Other retail trade	1048.5
电视购物	TV shopping	17.5
邮购	Purchase by mail	23.6
网上商店	Store on line	157.3
其他	Others	850.1

continued28

三、损益及分配 Gainsay and losses and distribution						
主营业务税金及附加 Main operation taxes and extra charges	其他业务利润 Other business profit	销售费用 Marketing expenses	管理费用 Management expenses	财务费用 Financial expenses	利息收入 Interest income	利息支出 Interest expenditure
71.6	374.9	1501.4	6259.8	547.0	67.0	531.8
14335.9	2965.7	70152.2	107899.4	40307.5	526.5	36167.3
465.0	-35.2	2256.7	3922.6	282.1	6.6	4.0
11604.1	92697.9	164189.7	161505.8	44885.0	2110.2	20879.1
491.0	698.2	7598.8	2668.2	194.0	42.7	0.2
1289.6	739.8	10143.4	3160.8	922.2	107.2	775.8
3864.3	22367.8	82683.5	80323.1	29692.7	1085.6	24909.0
15400.5	109901.6	208559.4	221801.6	69760.0	2866.9	40851.2
14276.5	4773.9	98489.6	108525.8	41054.7	857.0	36331.1
353.9	916.8	5303.0	7572.9	513.7	11.8	262.1
0.5			101.6	1.7		
2018.5	3841.9	24672.3	21478.0	4953.4	143.1	5291.0
17320.0	46056.0	150550.5	164879.3	67737.0	1084.8	61828.3
10424.2	67545.1	134665.0	124751.5	38697.4	2126.2	16696.0
3493.4	5007.4	45853.8	58302.9	8799.3	510.3	3742.1
812.3	825.7	5955.0	11546.2	1049.8	157.5	469.0
31338.1	118810.3	328470.7	346420.5	114658.0	3767.1	81836.0
3.3		14.4	232.8	32.7	0.1	31.5
7.1		302.1	128.3			
54.8		4569.4	4552.2	592.0	1.7	560.3
571.8	11057.3	29426.4	14871.1	3115.3	121.7	2342.7
16733.5	20653.6	63851.2	148547.8	58723.4	911.2	49015.3
7467.5	73322.9	153855.2	92838.3	27159.9	1482.6	15971.6
6012.8	13097.1	70674.4	67209.9	23889.7	1211.4	12988.2
27.2		777.0	1294.6	272.9	2.6	224.2
246.5		1806.2	11031.4	573.8	2.1	471.7
213.6	679.4	3194.4	5714.1	298.3	33.7	230.5
711.8	623.9	8553.6	13059.4	1625.5	111.7	899.4
17.5		1184.2	114.5	-1.0	1.2	0.2
23.3		191.0	274.5	-12.9	17.3	1.4
151.0		829.4	398.0	57.7	1.3	0.1
520.0	623.9	6349.0	12272.4	1581.7	91.9	897.7

14-3 续表 29 continued29

指标名称 Item		资产减值损失 Lost	公允价值变动收益 Revenue	投资收益 Investment income
其它外商投资企业	Others	153.0		
国有控股	State-owned	1220.8		852.2
集体控股	Collective-owned	1.6	-0.5	-1.0
私人控股	Private-owned	1746.5	26.7	6753.1
港澳台商控股	Hongkong,Macao and Taiwan-Owned	2.6		
外商控股	Foreign-owned	151.5		
其他	Others	-650.7	-8.5	-311.7
独立门店	Substantive store	1357.1	29.7	6477.1
连锁总店(总部)	Chain headquarter	840.9		-1000.0
连锁直营店	Direct-sale store	1.6	-0.5	-0.9
连锁加盟店	Franchise store			
其他	Others	272.7	-11.5	1816.4
大型	Large-sized	463.5		1459.3
中型	Medium-sized	1737.2	2.0	3209.5
小型	Small-sized	241.7	5.9	2623.9
微型	Micro-sized	29.9	9.8	-0.1
有店铺零售	Retail trade	2449.7	17.6	7292.6
便利店	Convenience store			
折扣店	Discount store			
超市	Market	0.3		
大型超市	Super market	-719.5	-0.5	-1.0
百货店	Consumer goods	2320.1	-10.0	2395.1
专业店	Specialty store	258.5	20.9	747.4
专卖店	Exclusive shop	584.4	5.0	4505.8
家居建材商店	Household items hall	0.1	-0.1	-354.7
购物中心	Shopping center	5.1	1.6	
厂家直销中心	Direct sales by manufacturers	0.7	0.7	
无店铺零售	Other retail trade	22.6	0.1	
电视购物	TV shopping			
邮购	Purchase by mail			
网上商店	Store on line			
其他	Others	22.6	0.1	

单位：万元 unit:10000 yuan

三、损益及分配 Gains and losses and distribution						四、人工成本及增值税 Labor cost and VAT		五、从事批发和零售业活动的从业人员平均人数（人）Average number of employees engaged in wholesale and retail activities (person)
其他收益	营业利润 Business profit	营业外收入 Norbusiness revenue	营业外支出 Non-business expenditure	利润总额 Total profit	应交所得税 Income taxes payable	应付职工薪酬（本年贷方累计发生额）payroll payable (credit accumulated happening this year)	应交增值税 VAT payableinput	
	-701.0	7.3	24.5	-718.2	-37.2	441.2	214.9	176
1844.3	104369.6	3297.7	1360.3	96519.3	25636.8	47971.6	28344.9	10471
0.5	89.8	45.4	267.8	-873.8	269.0	5750.0	114.0	2149
320.3	69591.9	11280.4	3811.0	75036.3	14801.3	110763.6	60716.6	26208
	7959.4	126.3	206.7	7879.0	2110.4	3338.9	1039.4	519
	6030.9	229.7	-321.8	6582.4	1989.2	3577.2	890.7	643
95.5	17555.7	4599.7	50908.9	-29136.9	4991.4	47198.0	21706.9	10725
416.3	88432.7	13246.0	54282.6	46214.8	19688.5	140062.6	73864.6	29564
1843.6	106243.2	2560.3	1392.6	96989.4	25967.9	56186.9	31032.0	14998
0.5	-562.4	1130.4	20.5	-193.6	66.6	4139.2	557.1	1024
	15.6			15.4		25.0	8.0	6
0.2	11468.2	2642.5	537.2	12980.3	4075.1	18185.6	7350.8	5123
1846.6	124977.9	4168.9	52478.8	66246.7	30071.6	96374.8	46638.2	24332
310.2	46121.9	11007.5	3224.5	53588.8	11270.0	80986.0	44640.5	16606
98.3	27927.5	4180.2	479.9	30449.7	4869.4	34461.5	17695.0	8107
5.5	6570.0	222.6	49.7	5721.1	3587.1	6777.0	3838.8	1670
2260.6	202235.0	19302.4	56138.9	152957.7	46780.3	211970.0	110912.3	49490
	11.9			11.9		282.9	17.3	79
	1.3			1.3		333.6	71.6	89
	-393.7	783.9	10.5	195.2	118.3	2603.9	-617.1	691
3.5	-5562.6	1183.0	-185.6	-4934.4	63.8	17024.9	2241.3	4091
1843.6	96425.9	5506.5	52183.9	39227.3	24535.0	55508.2	31273.7	15448
315.3	64650.4	5267.4	3128.7	66904.9	12577.9	80702.3	54244.3	18630
98.2	45210.0	5841.2	817.5	48302.6	9356.4	48564.5	20639.0	9049
	-495.6	11.7	19.3	-535.8	3.5	515.3	133.7	85
	1753.9	488.7	124.9	2117.5	33.6	2752.5	635.6	573
	633.5	220.0	39.7	1667.2	91.8	3681.9	2272.9	755
	3362.3	276.8	94.0	3048.6	3017.8	6629.3	1900.2	1225
	-106.7	4.5	4.3	-106.5		97.4	310.4	23
	127.2	7.0	0.6	133.6	23.0	174.1	1.5	48
	504.2	4.5	1.2	397.1	0.1	247.5	105.4	94
	2837.6	260.8	87.9	2624.4	2994.7	6110.3	1482.9	1060

14-4 限额以上批发和零售业法人企业商品购进、销售和库存（2017）

单位：万元

指标名称	Item	法人企业数（个）Corporate enterprises (unit)	从业人员期末人数（人）(person)	商品购进额 Amount
总计	Total	1344	67164	19762066.6
一、批发业	Wholesale	512	18678	11460958.2
农、林、牧产品批发	Farming、Fore、Animal、Husbandry	61	1823	537275.7
谷物、豆及薯类批发	Cereal beans and Tubers	42	1268	462812.8
种子批发	Seed	9	328	37632.2
饲料批发	Forage	3	34	14104.1
林业产品批发	Forestry	1	50	1986.4
其他农牧产品批发	Others	6	143	20740.2
食品、饮料及烟草制品批发业	Food drink and tobaccos	45	2327	1299812.6
米、面制品及食用油批发业	Grain and edible oil	14	556	718977.3
糕点、糖果及糖批发	Wholesale of cake, sweet and sugar	1	3	4806.1
肉、禽、蛋、奶及水产品批发	Meet fowl egg and marine products	6	147	40862.8
盐及调味品批发	Salt and condiment	5	199	22471.6
营养和保健品批发	The nutrition and health care products retail	2	46	6843.3
酒、饮料及茶叶批发	Alcohol beverage and tea tobaccos	8	277	38474
烟草制品批发业	Tobaccos	1	846	425793.7
其他食品批发	Others	8	253	41583.8
纺织、服装及日用品批发业	Textile garment and daily articles	48	984	218504.1
纺织品、针织品及原料批发	Textile knitwear and raw moterial	1		
服装批发业	Garment	6	114	18669.1
化妆品及卫生用品批发	Cosmetic and sanitary accessories	2	10	1095.8
厨房、卫生间用具及日用杂货批发	Kitchen rest room and daily articles	2	69	9961.7
灯具、装饰物品批发	Wholesale of lamps and decoration articles	27	171	39208.3
家用电器批发	Electrical household appliances	8	485	125683.4
其他家庭用品批发	Others	2	135	23885.8
文化、体育用品及器材批发业	Sporting goods and equipment wholesale	17	834	89401.6
文具用品批发	Stationery	6	34	12530.4
体育用品及器材批发	Sporting goods and equipment wholesale	3	78	8752.3
图书批发	Books	3	451	40509.2
报刊批发	Newspaper	1	223	19984
音像制品及电子出版物批发	Audio and video products and electronic publications	1	29	4492.7
其他文化用品批发	Others	3	19	3133
医药及医疗器材批发	Medicine and medical appliance	110	4957	1302955.7
西药批发	Western medicine	53	2834	912310.9
中药批发	Chinese medicine	24	937	116966.8
医疗用品及器材批发	Medical component	33	1186	273678
矿产品、建材及化工产品批发	Minerals construction materials	102	3776	5475895.6
煤炭及制品批发	Coal and related products	9	157	60906.1
石油及制品批发	Petroleum and related products	12	2351	3500282.4

TOTAL PURCHASE，SALES AND INVENTORY IN WHOLESALE AND RETAIL TRADE ABOVE DESIGNATED SIZE IN 2017

unit：10000yuan

进口额 Imports	商品销售额 Commodity sales	其中：通过公共网络实现的销售额 Of which: sales through public networks	其中：通过非自营平台实现的商品销售额 Of which: merchandise sales through non-proprietary platform	其中：使用银行卡支付的商品销售额 Of which: merchandise sales paid by bank cards
269965.8	22381194.5	1022655.6	74185.5	4696613.3
60733.8	10728160.6	727008.5	16048.9	1055543
	821713.3	10136.4	10136.4	77598.7
	739289			63938.8
	41893.5			
	14069.3			
	2040.4			
	24421.1	10136.4	10136.4	13659.9
2399.3	1791306.8	681607.1		683386.5
	919966.5			4178.1
	5656.3			
	46835.3			
	32720			
	10365.4			
	50705.6	361.6		361.6
2399.3	678846.8	678846.8		678846.8
	46210.9	2398.7		
	251738.8	8906.4	4527.6	52977
	29093.6	8906.4	4527.6	7654.2
	1003.3			
	15781.7			9.6
	48046.1			45313.2
	133091.5			
	24722.6			
	81433	142.1		
	14942.9			
	8510.9			
	35214	142.1		
	14730.9			
	4932.4			
	3101.9			
10590.1	1470254.9	417.4	417.4	6127.6
	1002705.4			249.8
7530.9	153851.2	5	5	
3059.2	313698.3	412.4	412.4	5877.8
3967.7	3423613	5145.5		76690.3
2600	71295.2			
	1298051.1			

14-4 续表 1continued1

指标名称	Item	批发额 Wholesale	出口额 Exports
总计	Total	10734493.9	38582.2
一、批发业	Wholesale	9582348.8	35956.2
农、林、牧产品批发	Farming、Fore、Animal、Husbandry	693466.7	11108.4
谷物、豆及薯类批发	Cereal beans and Tubers	615687.3	11108.4
种子批发	Seed	37981	
饲料批发	Forage	14048.3	
林业产品批发	Forestry	2040.4	
其他农牧产品批发	Others	23709.7	
食品、饮料及烟草制品批发业	Food drink and tobaccos	1769963.5	
米、面制品及食用油批发业	Grain and edible oil	916903.9	
糕点、糖果及糖批发	Wholesale of cake, sweet and sugar	5656.3	
肉、禽、蛋、奶及水产品批发	Meet fowl egg and marine products	46798.5	
盐及调味品批发	Salt and condiment	32720	
营养和保健品批发	The nutrition and health care products retail	10365.4	
酒、饮料及茶叶批发	Alcohol beverage and tea tobaccos	36894.6	
烟草制品批发业	Tobaccos	678846.8	
其他食品批发	Others	41778	
纺织、服装及日用品批发业	Textile garment and daily articles	246497.2	6283.1
纺织品、针织品及原料批发	Textile knitwear and raw moterial		
服装批发业	Garment	26170.6	6283.1
化妆品及卫生用品批发	Cosmetic and sanitary accessories	684.1	
厨房、卫生间用具及日用杂货批发	Kitchen rest room and daily articles	15767.6	
灯具、装饰物品批发	Wholesale of lamps and decoration articles	48046.1	
家用电器批发	Electrical household appliances	131998.8	
其他家庭用品批发	Others	23830	
文化、体育用品及器材批发业	Sporting goods and equipment wholesale	79667.3	
文具用品批发	Stationery	14942.9	
体育用品及器材批发	Sporting goods and equipment wholesale	8107.6	
图书批发	Books	33851.6	
报刊批发	Newspaper	14730.9	
音像制品及电子出版物批发	Audio and video products and electronic publications	4932.4	
其他文化用品批发	Others	3101.9	
医药及医疗器材批发	Medicine and medical appliance	1419827.9	
西药批发	Western medicine	953976.3	
中药批发	Chinese medicine	152607.9	
医疗用品及器材批发	Medical component	313243.7	
矿产品、建材及化工产品批发	Minerals construction materials	2527880.7	
煤炭及制品批发	Coal and related products	71285	
石油及制品批发	Petroleum and related products	463186.4	

单位：万元 unit:10000yuan

零售额 Retail	其中：通过公共网络实现的零售额 Of which: sales achieved through public networks	其中：通过非自营平台实现的零售额 Of which: sales through non-proprietary platform	期末商品库存额 Inventory	年末零售营业面积（平方米） Business areas (m^2)
11646700.6	81499.2	46892.3	2057628.5	5006011
1145811.8	2653.2	772.3	1035557.4	176021
128246.6			178732	18260
123601.7			158109.2	10400
3912.5			16911.5	2800
21			1638.9	5000
			196.7	
711.4			1875.7	60
21343.3			223866.7	5292
3062.6			153748.9	555
36.8			3419.8	605
			2199.3	
			129.2	
13811			14513.2	2875
			46446	
4432.9			3410.3	1257
5241.6	562.8	432.7	24714.7	4935
2923	562.8	432.7	10145.5	1328
319.2			2	1200
14.1			1413.8	105
			1831.5	
1092.7			5488.8	702
892.6			5833.1	1600
1765.7	142.1		24804.4	5080
			1080.5	
403.3			1121.5	
1362.4	142.1		16253.2	5000
			5321	
			380	
			648.2	80
50427			213291.5	4924
48729.1			144683.6	3274
1243.3			16759.9	200
454.6			51848	1450
895732.3	1000		251804	128387
10.2			3258.4	1220
834864.7			100012.3	20323

14-4 续表 2 continued2

指标名称 Item		法人企业数（个） Corporate enterprises (unit)	从业人员期末人数（人） (person)	商品购进额 Amount
金属及金属矿批发业	Metal materials	24	339	1442947
建材批发业	Construction materials	37	503	416960.4
化肥批发业	Chemical fertilizers	9	234	15772.3
其他化工产品批发	Others	11	192	39027.4
机械设备、五金交电及电子产品批发业	Machinery hardware and electronic equipment	112	3161	2371134.3
农业机械批发	Farm machinery	15	166	43294.7
汽车批发	motorcycle	11	252	80149.5
汽车零配件批发	motorcycle and parts	24	1021	1856143.7
摩托车及零配件批发	Motor vehicles motorcycle and parts	2	56	9927.1
五金产品批发	Hardware products	13	278	48222.3
电气设备批发	Appliances	4	64	15656.6
计算机、软件及辅助设备批发业	Computer software and accessories	5	136	28289
通讯及广播电视设备批发	Communication and radiated television	8	317	138036.1
其他机械设备及电子产品批发	Others	30	871	151415.3
贸易经纪与代理	Trade broker and agency	1	82	4249.8
贸易代理	Trade agency	1	82	4249.8
其他批发业	Other wholesale	16	734	161728.8
再生物资回收与批发	Renewable materials recovery and wholesale	1	19	2953.3
其他未列明的批发	Others	15	715	158775.5
内资企业	Domestic funds	507	18300	9761009.7
国有企业	State-owned	4	964	439376.3
集体企业	Collective-owned	1	11	1914
有限责任公司	Limited liability corporations	221	8957	6863572.9
国有独资企业	State-owned solely	12	2675	4233697.4
其他有限责任公司	Limited liability corporations	209	6282	2629875.5
股份有限公司	Share holding	20	754	818346.6
私营企业	Private	261	7614	1637799.9
私营独资企业	Private funded	7	202	17435
私营有限责任公司	Private limited company	243	7108	1537496.5
私营股份有限公司	Private share holding	11	304	82868.4
港、澳、台商投资企业	Funded from Hongkong Macao and Taiwan	2	52	91506.8

单位：万元 unit：10000yuan

进口额 Imports	商品销售额 Commodity sales	其中：通过公共网络实现的销售额 Of which: sales through public networks	其中：通过非自营平台实现的商品销售额 Of which: merchandise sales through non-proprietary platform	其中：使用银行卡支付的商品销售额 Of which: merchandise sales paid by bank cards
	1505472. 3	2303. 4		61952. 6
1367. 7	449082. 7	2842. 1		14737. 7
	20842. 6			
	78869. 1			
41732. 3	2704344. 6	16807. 4	967. 5	156013. 2
	48997. 3			2013. 5
	86555. 9			30989. 2
40985. 2	2078719. 9	14867. 6		7587. 4
	10478			
166. 2	53359. 4	51. 6	30	10954. 4
	19199. 6			
	32973. 4			50
	185801. 6			94827. 9
580. 9	188259. 5	1888. 2	937. 5	9590. 8
	4154			
	4154			
2044. 4	179602. 2	3846. 2		2749. 7
	3605. 6			
2044. 4	175996. 6	3846. 2		2749. 7
60733. 8	8837500. 4	724166. 4	16048. 9	1055543
2399. 3	722541. 9	678846. 8		722541. 9
	2083. 7			
32591. 5	5449527. 3	20229. 7	5848. 2	84418. 5
	2530933. 6			
32591. 5	2918593. 7	20229. 7	5848. 2	84418. 5
7530. 9	665806. 2			
18212. 1	1997541. 3	25089. 9	10200. 7	248582. 6
	20579			6855. 3
18212. 1	1848176. 9	25089. 9	10200. 7	184116. 5
	128785. 4			57610. 8
	94958. 9			

14-4 续表 3 continued3

指标名称	Item	批发额 Wholesale	出口额 Exports
金属及金属矿批发业	Metal materials	1483505	
建材批发业	Construction materials	412768.5	
化肥批发业	Chemical fertilizers	18704	
其他化工产品批发	Others	78431.8	
机械设备、五金交电及电子产品批发业	Machinery hardware and electronic equipment	2661712.1	13748.3
农业机械批发	Farm machinery	45297.8	
汽车批发	motorcycle	84319.9	3070.4
汽车零配件批发	motorcycle and parts	2073203.9	10677.9
摩托车及零配件批发	Motor vehicles motorcycle and parts	10478	
五金产品批发	Hardware products	51392.4	
电气设备批发	Appliances	16437.7	
计算机、软件及辅助设备批发业	Computer software and accessories	31821.7	
通讯及广播电视设备批发	Communication and radiated television	176172.6	
其他机械设备及电子产品批发	Others	172588.1	
贸易经纪与代理	Trade broker and agency	4150.2	
贸易代理	Trade agency	4150.2	
其他批发业	Other wholesale	179183.2	4816.4
再生物资回收与批发	Renewable materials recovery and wholesale	3605.6	
其他未列明的批发	Others	175577.6	4816.4
内资企业	Domestic funds	7691688.6	35956.2
国有企业	State-owned	722541.9	
集体企业	Collective-owned	1651.1	
有限责任公司	Limited liability corporations	4541377.5	22537.6
国有独资企业	State-owned solely	1703311.3	
其他有限责任公司	Limited liability corporations	2838066.2	22537.6
股份有限公司	Share holding	521723.8	
私营企业	Private	1904394.3	13418.6
私营独资企业	Private funded	17632.9	
私营有限责任公司	Private limited company	1777701.6	13418.6
私营股份有限公司	Private share holding	109059.8	
港、澳、台商投资企业	Funded from Hongkong Macao and Taiwan	94958.9	

单位：万元 unit：10000yuan

零售额 Retail	其中：通过公共网络实现的零售额 Of which: sales achieved through public networks	其中：通过非自营平台实现的零售额 Of which: sales through non-proprietary platform	期末商品库存额 Inventory	年末零售营业面积（平方米） Business areas (m^2)
21967.3	1000		83530.3	90110
36314.2			19059.5	4972
2138.6			2726.2	10412
437.3			43217.3	1350
42632.5	948.3	339.6	104347.4	7474
3699.5			4866.3	270
2236			4626.9	211
5516			31112.6	1283
			3140.5	
1967	51.6	30	4661.4	288
2761.9			2618.5	67
1151.7			4579.5	150
9629			5382.4	620
15671.4	896.7	309.6	43359.3	4585
3.8			784.8	200
3.8			784.8	200
419			13211.9	1469
			186.3	
419			13025.6	1469
1145811.8	2653.2	772.3	1018531.9	176021
			111831.5	
432.6			73	1000
908149.8	2601.6	742.3	537403.7	137260
827622.3			305105	107138
80527.5	2601.6	742.3	232298.7	30122
144082.4			80258.1	1150
93147	51.6	30	288965.6	36611
2946.1			4925.9	3872
70475.3	51.6	30	236328.1	30208
19725.6			47711.6	2531
			500.9	

14-4 续表 4 continued4

指标名称 Item		法人企业数（个）Corporate enterprises (unit)	从业人员期末人数（人）(person)	商品购进额 Amount
港、澳、台商独资经营企业	Solefunds	1	7	80306.8
其他港澳台投资企业	Others	1	45	11200
外商投资企业	Foreign funds	3	326	1608441.7
中外合资经营企业	Joint venture	1	317	1604725
外资企业	Foreign funded	1	7	1340
外商投资股份有限公司	Foreign Investment Co., Ltd.	1	2	2376.7
国有控股	State-owned	31	5163	7748561.8
集体控股	Collective-owned	2	36	11491.8
私人控股	Private-owned	424	11881	2878273.8
港澳台商控股	Hongkong Macao and Taiwan-Owned	1	7	80306.8
外商控股	Foreign-owned	2	9	3716.7
其他	Others	52	1582	738607.3
独立门店	Substantive store	363	13529	7073688.5
其他	Others	149	5149	4387269.7
大型	Large-sized	6	3822	3026020.7
中型	Medium-sized	130	8072	4220269.6
小型	Small-sized	271	5842	1907301.5
微型	Micro-sized	105	942	2307366.4
二、零售业	Retail trade	832	48486	8301108.4
综合零售业	Retail trade	55	16331	2527215.9
百货零售业	Consumer goods	36	10015	2215236.6
超级市场零售业	Supermarket	14	3589	253631.7
其他综合零售业	Other comprehensive retail business	5	2727	58347.6
食品、饮料及烟草制品专门零售业	Food beverage and tobaccos	62	2038	138870.8
粮油零售	Food and Oil	9	452	19560.3
糕点、面包零售	Cake and bread	1	135	3357.1
果品、蔬菜零售	Fruit and Vegetable	1	25	250
肉、禽、蛋及水产品零售	Meet, fowl, egg and marine products	7	113	6643.3
营养和保健品零售	Nutrition and health care	9	204	28836.3
酒、饮料及茶叶零售	Alcohol beverage and tea	12	304	16016.1
烟草制品零售	Tobaccos	2	448	35595.3
其他食品零售	Others	21	357	28612.4
纺织、服装及日用品专门零售业	Textile, garment and daily articles	41	1928	104308.9
纺织品及针织品零售	Textile and knitwear	5	67	7139.2
服装零售业	Garments	19	1331	65141.8
化妆品及卫生用品零售	Retail of cosmetic and sanitary products	5	127	6456.1
钟表、眼镜零售	Clock and spectacles	5	260	12323.7

单位：万元　unit：10000yuan

进口额 Imports	商品销售额 Commodity sales	其中：通过公共网络实现的销售额 Of which: sales through public networks	其中：通过非自营平台实现的商品销售额 Of which: merchandise sales through non-proprietary platform	其中：使用银行卡支付的商品销售额 Of which: merchandise sales paid by bank cards
	83746.8			
	11212.1			
	1795701.3	2842.1		
	1789492.2			
	3367			
	2842.1	2842.1		
2546.4	6254435.7	678846.8		722541.9
	14258.4			
58187.4	3582267	42569.9	16048.9	330001.6
	83746.8			
	6209.1	2842.1		
	787243.6	2749.7		2999.5
57892.5	8562972.9	696133.8	11108.9	957808.6
2841.3	2165187.7	30874.7	4940	97734.4
2399.3	3814981.1	678846.8		678846.8
39886.4	5032345	34052.5	14664	206876.2
17070.4	1747203.1	7743.4	972.5	158331.9
1377.7	133631.4	6365.8	412.4	11488.1
209232	11653033.9	295647.1	58136.6	3641070.3
889.1	4801772.5	5693.2	1139.1	2427900.2
889.1	4428213.6	5343.2	1139.1	2407072.1
	296543	350		20828.1
	77015.9			
448	187613.6	6448	4084	20254.9
	39655.4	3944	3944	
	6026			
	140			120
	7218	50	30	110
	34846.9	120	110	220
448	21814.5			
	45654.6			19679.9
	32258.2	2334		125
	136767.7	13570.3		8345.5
	7457.2			969.2
	93934.4	13570.3		6545.8
	7555.2			
	14327.2			

14-4 续表 5 continued5

指标名称 Item		批发额 Wholesale	出口额 Exports
港、澳、台商独资经营企业	Solefunds	83746.8	
其他港澳台投资企业	Others	11212.1	
外商投资企业	Foreign funds	1795701.3	
中外合资经营企业	Joint venture	1789492.2	
外资企业	Foreign funded	3367	
外商投资股份有限公司	Foreign Investment Co., Ltd.	2842.1	
国有控股	State-owned	5371028.5	15924.8
集体控股	Collective-owned	11065.9	
私人控股	Private-owned	3342858.7	20031.4
港澳台商控股	Hongkong Macao and Taiwan-Owned	83746.8	
外商控股	Foreign-owned	6209.1	
其他	Others	767439.8	
独立门店	Substantive store	7470981.7	31139.8
其他	Others	2111367.1	4816.4
大型	Large-sized	2976465.2	
中型	Medium-sized	4790801.2	28820.7
小型	Small-sized	1689946.4	7135.5
微型	Micro-sized	125136	
二、零售业	Retail trade	1152145.1	2626
综合零售业	Retail trade	25643	200
百货零售业	Consumer goods	23445	200
超级市场零售业	Supermarket	2198	
其他综合零售业	Other comprehensive retail business		
食品、饮料及烟草制品专门零售业	Food beverage and tobaccos	49830.5	
粮油零售	Food and Oil	30373.7	
糕点、面包零售	Cake and bread		
果品、蔬菜零售	Fruit and Vegetable	100	
肉、禽、蛋及水产品零售	Meet, fowl, egg and marine products	2089.5	
营养和保健品零售	Nutrition and health care	4188.7	
酒、饮料及茶叶零售	Alcohol beverage and tea	4740.1	
烟草制品零售	Tobaccos		
其他食品零售	Others	8338.5	
纺织、服装及日用品专门零售业	Textile, garment and daily articles	10866.3	
纺织品及针织品零售	Textile and knitwear	806.9	
服装零售业	Garments	4475.5	
化妆品及卫生用品零售	Retail of cosmetic and sanitary products	3384.9	
钟表、眼镜零售	Clock and spectacles	1002.4	

单位：万元　uint:10000yuan

零售额 Retail	其中：通过公共网络实现的零售额 Of which: sales achieved through public networks	其中：通过非自营平台实现的零售额 Of which: sales through non-proprietary platform	期末商品库存额 lnventory	年末零售营业面积（平方米） Business areas (m^2)
			290.9	
			210	
			16524.6	
			16286.5	
			215.1	
			23	
883407.2			552377	108076
3192.5			1836.1	1000
239408.3	2653.2	772.3	423489.1	62517
			290.9	
			238.1	
19803.8			57326.2	4428
1091991.2	2090.4	339.6	683052.9	160034
53820.6	562.8	432.7	352504.5	15987
838515.9			105936.3	19600
241543.8	704.9	432.7	677806.2	106458
57256.7	1948.3	339.6	177916.1	35139
8495.4			73898.8	14824
10500888.8	78846	46120	1022071.1	4829990
4776129.5	4960.8	756	407916.9	3433075
4404768.6	4960.8	756	382928.3	3249642
294345			20530.4	153933
77015.9			4458.2	29500
137783.1	5254	4049	33698.2	65773
9281.7	3944	3944	2268.4	21720
6026			2.5	1500
40			130	600
5128.5			1598.7	4700
30658.2	110	105	943.8	15016
17074.4			6584.6	5684
45654.6			13156.8	5398
23919.7	1200		9013.4	11155
125901.4	806		33836.3	66362
6650.3			5964.6	2400
89458.9	806		20052.4	57350
4170.3			1176.6	715
13324.8			1965.5	4719

14-4 续表 6 continued6

指标名称	Item	法人企业数（个）Corporate enterprises (unit)	从业人员期末人数（人）(person)
箱、包零售	Bags and suitcases retail	1	23
厨房用具及日用杂品零售	Retail of kitchenware and daily articles	3	46
其他日用品零售	Others	3	74
文化、体育用品及器材专门零售	Cultural and sport goods	30	1194
文具用品零售	Stationery	5	35
体育用品零售业	Cultural and sports goods	5	113
图书、报刊零售	Books、Newspaper	9	748
珠宝首饰零售	Jewelry	4	127
工艺美术品及收藏品零售	Handicraft article and collection	5	158
乐器零售	Instruments retail	1	3
照相器材零售	Photogrphic apparatus retail	1	10
医药及医疗器材专门零售业	Medicine and medical appliance	51	7672
药品零售业	Medicine	30	7187
医疗用品及器材零售	Medical component	21	485
汽车、摩托车、燃料及零配件专门零售业	Vehicles,motorcycle and part	363	14606
汽车零售业	Vehicles	288	11753
汽车零配件零售	Installation kit	48	812
摩托车及零配件零售	Motoreycle	1	9
机动车燃料零售业	Fuel	26	2032
家用电器及电子产品专门零售业	Electrical household equipment	80	1990
家用视听设备零售	Household audio and video equipment	5	82
日用家电设备零售	Household applianeces retail	17	817
计算机、软件及辅助设备零售业	Computer software and accessories	27	490
通信设备零售业	Teleconmmunicational equipment	19	418
其他电子产品零售	Others	12	183
五金、家具及室内装修材料专门零售业	Hardware funiture and indoor hareware fitting	88	1477
五金零售	Hardware	49	773
灯具零售	Lamps	4	53
家具零售	Funiture	8	155
涂料零售	Coating	2	18
卫生洁具零售	Sanitary ware retail	2	31
木质装饰材料零售	Retail of wooden decoration material	1	2
陶瓷、石材装饰材料零售	Ceramics、decorative stone materials retail	7	249
其他室内装修材料零售	Others	15	196
货摊、无店铺及其他零售业	Other retail trade	62	1250
互联网零售	Network retail	3	19
邮购及电视、电话零售	Mail-order and TV and phone retail	1	23
旧货零售	Second hand	1	90
生活用燃料零售	Fuel for life	24	666
其他未列明的零售	Others	33	452
内资企业	Domestic funds	819	46400

单位：万元 unit：10000yuan

商品购进额 Amount	进口额 Imports	商品销售额 Commodity sales	其中：通过公共网络实现的销售额 Of which: sales through public networks	其中：通过非自营平台实现的商品销售额 Of which: merchandise sales through non-proprietary platform	其中：使用银行卡支付的商品销售额 Of which: merchandise sales paid by bank cards
6049.2		6235.9			
2171.5		2389.8			830.5
5027.4		4868			
72360.8	38.9	88392.7	247.8	108.4	2934.7
5270.7		5759.4			268.1
10321.6		19788.9			1170.7
40425.5		41389.7			5
6941.1	38.9	9006.3	247.8	108.4	1490.9
7629.5		10494.1			
625.1		797.9			
1147.3		1156.4			
680007.6	693.6	757694.3	2045.2	889.3	44820.7
655710.5		725201.8			44805.7
24297.1	693.6	32492.5	2045.2	889.3	15
4349010.9	200532.9	5046652.9	233273.3	48320.3	1084168.2
3466617.2	200085.4	3856368.8	226831.3	48320.3	782770.2
112021.9	447.5	138389.9	6379.4		12351
384.9		504			
769986.9		1051390.2	62.6		289047
163371.9	4743.5	285037.4	28023.9	2518.5	37258.4
7228		7643.3			
31883.2		128669.3	23276		9446.5
53677	4743.5	67898.4	2229.4		1220.9
60329.7		68701.1			26591
10254		12125.3	2518.5	2518.5	
139789	1841	188469.8	4771.4	1022	10957.4
95532.2		110698.8	4434.6	998.5	5818.9
3838.8	12.5	3688.4	336.8	23.5	
6452.9	1828.5	36780.5			
1868.2		3311.1			919
3916.1		4420.5			
2097.3		2871.1			
8463.9		10542.8			1325.6
17619.6		16156.6			2893.9
126172.6	45	160633	1574	55	4430.3
1286.8		1768.9	1552.2	55	4.3
4759.5		6799.4			
2351.2		2401.9			
65162.6		85487			416
52612.5	45	64175.8	21.8		4010
7987304.3	171799.6	11043967.4	293267.2	58136.6	3486910.7

14-4 续表 7 continued7

指标名称	Item	批发额 Wholesale	出口额 Exports
箱、包零售	Bags and suitcases retail		
厨房用具及日用杂品零售	Retail of kitchenware and daily articles		
其他日用品零售	Others	1196.6	
文化、体育用品及器材专门零售	Cultural and sport goods	7407	646.4
文具用品零售	Stationery	1305.7	
体育用品零售业	Cultural and sports goods	2105.1	
图书、报刊零售	Books、Newspaper	957.2	
珠宝首饰零售	Jewelry	2020.1	
工艺美术品及收藏品零售	Handicraft article and collection	1018.9	646.4
乐器零售	Instruments retail		
照相器材零售	Photogrphic apparatus retail		
医药及医疗器材专门零售业	Medicine and medical appliance	388110.1	1037
药品零售业	Medicine	375912.2	
医疗用品及器材零售	Medical component	12197.9	1037
汽车、摩托车、燃料及零配件专门零售业	Vehicles, motorcycle and part	499598.3	
汽车零售业	Vehicles	116186.7	
汽车零配件零售	Installation kit	33922.4	
摩托车及零配件零售	Motoreycle		
机动车燃料零售业	Fuel	349489.2	
家用电器及电子产品专门零售业	Electrical household equipment	55253.9	
家用视听设备零售	Household audio and video equipment		
日用家电设备零售	Household applianeces retail	2306.7	
计算机、软件及辅助设备零售业	Computer software and accessories	41087.3	
通信设备零售业	Teleconmmunicational equipment	9280.9	
其他电子产品零售	Others	2579	
五金、家具及室内装修材料专门零售业	Hardware funiture and indoor hareware fitting	72701.8	637.7
五金零售	Hardware	60410.5	637.7
灯具零售	Lamps	1485.1	
家具零售	Funiture	140.9	
涂料零售	Coating		
卫生洁具零售	Sanitary ware retail	1509.5	
木质装饰材料零售	Retail of wooden decoration material		
陶瓷、石材装饰材料零售	Ceramics、decorative stone materials retail	4187.7	
其他室内装修材料零售	Others	4968.1	
货摊、无店铺及其他零售业	Other retail trade	42734.2	104.9
互联网零售	Network retail		
邮购及电视、电话零售	Mail-order and TV and phone retail		
旧货零售	Second hand		
生活用燃料零售	Fuel for life	22913.2	
其他未列明的零售	Others	19821	104.9
内资企业	Domestic funds	1150543.9	2626

单位：万元　unit：10000yuan

零售额 Retail	其中：通过公共网络实现的零售额 Of which: sales achieved through public networks	其中：通过非自营平台实现的零售额 Of which: sales through non-proprietary platform	期末商品库存额 lnventory	年末零售营业面积（平方米） Business areas（m^2）
6235.9			2987.9	78
2389.8			200.3	700
3671.4			1489	400
80985.7	69.8	36.8	28572	47587
4453.7			1837.3	20365
17683.8			6901.6	8009
40432.5			9114.9	16923
6986.2	69.8	36.8	7484.1	1810
9475.2			2735.3	355
797.9			56.7	105
1156.4			442.1	20
369584.2	1008.2	889.3	103189.7	129583
349289.6			99423.1	126118
20294.6	1008.2	889.3	3766.6	3465
4547054.6	59014.3	37720.4	356727.9	831057
3740182.1	52698.6	37720.4	332680.6	550111
104467.5	6315.7		13296.4	39175
504			9	400
701901			10741.9	241371
229783.5	3676.1	2518.5	19725.7	123897
7643.3			1711.2	5408
126362.6	1101.1		5434.3	83779
26811.1	56.5		6053.4	23469
59420.2			4304	6296
9546.3	2518.5	2518.5	2222.8	4945
115768	3004.6	150	23215.1	51624
50288.3	3004.6	150	10929.8	29160
2203.3			641.3	220
36639.6			1455.3	8056
3311.1			120.5	150
2911			1498.8	221
2871.1			380	230
6355.1			5020.6	9762
11188.5			3168.8	3825
117898.8	1052.2		15189.3	81032
1768.9	1052.2		220.6	430
6799.4				50
2401.9			26.3	73
62573.8			4669.8	38245
44354.8			10272.6	42234
9893423.5	76466.1	46120	985446.2	4669046

14-4 续表 8 continued8

指标名称 Item		法人企业数（个）Corporate enterprises (unit)	从业人员期末人数（人）(person)	商品购进额 Amount
国有企业	State-owned	2	61	11078.9
股份合作企业	Cooperative	1	1876	29586
有限责任公司	Limited liability corporations	334	21456	3385054.6
国有独资公司	State-owned solely	6	689	23311.5
其他有限责任公司	Limited liability corporations	328	20767	3361743.1
股份有限公司	Share holding	18	8414	1922277.8
私营企业	Private	460	14450	2622245.6
私营独资企业	Private funded	12	158	8821.9
私营有限责任公司	Private limited company	433	13628	2517072.9
私营股份有限公司	Private share holding	15	664	96350.8
其他企业	Others	4	143	17061.4
港、澳、台商投资企业	Funded from Hongkong,Macao and Taiwan	6	1138	120854.6
与港澳台商合资经营企业	Joint venture	4	816	108105.2
港、澳、台商独资企业	Solefunds	2	322	12749.4
外商投资企业	Foreign funds	7	948	192949.5
中外合资经营企业	Joint venture	2	276	144676
外资企业	Foreign funded	3	494	20428.3
其他外商投资企业	Others	2	178	27845.2
国有控股	State-owned	24	7776	2361105.4
集体控股	Collective-owned	8	2135	55579.4
私人控股	Private-owned	705	26396	4804229.8
港澳台商控股	Hongkong, Macao and Taiwan-Owned	4	520	121658.6
外商控股	Foreign-owned	5	667	137063.3
其他	Others	86	10992	821471.9
独立门店	Substantive store	712	29930	5483431.4
连锁总店（总部）	Chain headquarter	16	12158	2021588.6
连锁直营店	Direct-sale store	7	1014	49256.3
连锁加盟店	Franchise store	1	6	875.6

单位：万元 unit：10000 yuan

进口额 Imports	商品销售额 Commodity sales	其中：通过公共网络实现的销售额 Of which: sales through public networks	其中：通过非自营平台实现的商品销售额 Of which: merchandise sales through non-proprietary platform	其中：使用银行卡支付的商品销售额 Of which: merchandise sales paid by bank cards
	12263.1			
	49673.7			13584.6
69643.2	4128035.3	58431.5	3392.6	691739.1
	292713.4			
69643.2	3835321.9	58431.5	3392.6	691739.1
	3885778	4148.8		2380096.1
102156.4	2950452.9	230686.9	54744	401490.9
	8825.4	50	30	1359.3
102156.4	2824761.9	230636.9	54714	400131.6
	116865.6			
	17764.4			
	368404.6			
	353407.2			
	14997.4			
37432.4	240661.9	2379.9		154159.6
36984.9	157286.1			143815.7
447.5	31397.9	2379.9		10343.9
	51977.9			
	4572274.9	6983.4		2369977.1
299.9	97610.8	1194.4	1139.1	15773.6
189243.3	5405551.8	249237.6	56942.5	1063324.9
	125183.1			107868.4
447.5	148171.4	2379.9		10343.9
19241.3	1304241.9	35851.8	55	73782.4
208334.1	6490783.1	275325.6	50480	1209481.2
	4257544.6	4148.8		2407864.6
299.9	78431	1194.4	1139.1	5894.3
	998			

14-4 续表 9 continued9

指标名称 Item		批发额 Wholesale	出口额 Exports
国有企业	State-owned	2359.7	
股份合作企业	Cooperative		
有限责任公司	Limited liability corporations	804605.8	1883.4
国有独资公司	State-owned solely	60817.3	
其他有限责任公司	Limited liability corporations	743788.5	1883.4
股份有限公司	Share holding	6521.9	637.7
私营企业	Private	336656.5	104.9
私营独资企业	Private funded	783.8	
私营有限责任公司	Private limited company	318873.5	
私营股份有限公司	Private share holding	16999.2	104.9
其他企业	Others	400	
港、澳、台商投资企业	Funded from Hongkong, Macao and Taiwan	1601.2	
与港澳台商合资经营企业	Joint venture	1601.2	
港、澳、台商独资企业	Solefunds		
外商投资企业	Foreign funds		
中外合资经营企业	Joint venture		
外资企业	Foreign funded		
其他外商投资企业	Others		
国有控股	State-owned	422522.7	
集体控股	Collective-owned	3510.7	200
私人控股	Private-owned	673029.5	1788.3
港澳台商控股	Hongkong, Macao and Taiwan-Owned	1601.2	
外商控股	Foreign-owned		
其他	Others	51481	637.7
独立门店	Substantive store	650981.8	1683.4
连锁总店（总部）	Chain headquarter	61696.3	
连锁直营店	Direct-sale store	3445	200
连锁加盟店	Franchise store	98	

单位：万元 unit：10000 yuan

零售额 Retail	其中：通过公共网络实现的零售额 Of which: sales achieved through public networks	其中：通过非自营平台实现的零售额 Of which: sales through non-proprietary platform	期末商品库存额 Inventory	年末零售营业面积（平方米） Business areas (m^2)
9903.4			2760.8	286
49673.7			2145	883
3323429.5	7557.3	1506	290969.7	1066064
231896.1			3991.3	206786
3091533.4	7557.3	1506	286978.4	859278
3879256.1	4148.8		381695.5	2975986
2613796.4	64760	44614	307253	620527
8041.6			2217.9	14511
2505888.4	64760	44614	291579.6	594226
99866.4			13455.5	11790
17364.4			622.2	5300
366803.4			14196.4	68681
351806			11686.4	55557
14997.4			2510	13124
240661.9	2379.9		22428.5	92263
157286.1			13713.4	900
31397.9	2379.9		4701.7	23515
51977.9			4013.4	67848
4149752.2	6983.4		408056.7	3145342
94100.1	812	756	22069.8	31033
4732522.3	68670.7	45364	463620.7	1120576
123581.9			14708.9	14530
148171.4	2379.9		16813.9	34470
1252760.9			96801.1	484039
5839801.3	59428.7	38901.5	503729.5	1441493
4195848.3	4148.8		405530.6	3182344
74986	812	756	30552.3	48789
900			1216.3	20000

14-4 续表 10 continued10

指标名称	Item	法人企业数（个）Corporate enterprises (unit)	从业人员期末人数（人）(person)	商品购进额 Amount
其他	Others	96	5378	745956.5
大型	Large-sized	19	21353	3596372.7
中型	Medium-sized	168	17397	3104606.3
小型	Small-sized	388	8122	1238789
微型	Micro-sized	257	1614	361340.4
有店铺零售	Retail trade	762	47098	8165095.4
便利店	Convenience store	4	79	2172.8
折扣店	Discount store	1	90	2351.2
超市	Market	17	707	36966.1
大型超市	Super market	11	3919	275039.5
百货店	Consumer goods	44	12320	2258175.2
专业店	Specialty store	376	18971	2881079
专卖店	Exclusive shop	254	9533	2533825.3
家居建材商店	Household items hall	9	123	11876.3
购物中心	Shopping center	11	577	43782.5
厂家直销中心	Direct sales by manufacturers	35	779	119827.5
无店铺零售	Other retail trade	70	1388	136013
电视购物	TV shopping	1	23	4759.5
邮购	Purchase by mail	3	48	3486.2
网上商店	Store on line	7	130	7094.8
其他	Others	59	1187	120672.5

单位：万元 unit：10000 yuan

进口额 Imports	商品销售额 Commodity sales	其中：通过公共网络实现的销售额 Of which: sales through public networks	其中：通过非自营平台实现的商品销售额 Of which: merchandise sales through non-proprietary platform	其中：使用银行卡支付的商品销售额 Of which: merchandise sales paid by bank cards
598	825277.2	14978.3	6517.5	17830.2
	6241406.7	26323.7		2740744.4
148220.3	3489189.3	179462.4	10573.7	593607.7
53597.7	1505516.2	66903.1	45742.6	222260.9
7414	416921.7	22957.9	1820.3	84457.3
201515.9	11455739.8	281915.2	53108.3	3629073.4
	1144			
	2401.9			
	63267.9	778		
299.9	305523.4	1194.4	1139.1	21212.4
589.2	4540733.4	4498.8		2411511.9
71223	3527504.5	138964.5	13648.8	894275
109664.6	2819204.4	132543.7	38320.4	294265
	12888.1			
	52088.2			200
19739.2	130984	3935.8		7609.1
7716.1	197294.1	13731.9	5028.3	11996.9
	6799.4			
	4162.4			
	10189.5	9136.8	3999	4.3
7716.1	176142.8	4595.1	1029.3	11992.6

14-4 续表 11 continued11

指标名称	Item	批发额 Wholesale	出口额 Exports
其他	Others	435924	742.6
大型	Large-sized	677251.9	
中型	Medium-sized	192538.5	100
小型	Small-sized	206036.3	1141.9
微型	Micro-sized	76318.4	1384.1
有店铺零售	Retail trade		200
便利店	Convenience store		
折扣店	Discount store		
超市	Market	30303.1	
大型超市	Super market	4541.5	200
百货店	Consumer goods	27016.7	
专业店	Specialty store	544049.4	
专卖店	Exclusive shop	445809.4	
家居建材商店	Household items hall	4212	
购物中心	Shopping center	3054.2	
厂家直销中心	Direct sales by manufacturers	27979.7	
无店铺零售	Other retail trade	65179.1	2426
电视购物	TV shopping		
邮购	Purchase by mail	2516.8	
网上商店	Store on line	806	
其他	Others	61856.3	2426

单位：万元 unit：10000yuan

零售额 Retail	其中：通过公共网络实现的零售额 Of which: sales achieved through public networks	其中：通过非自营平台实现的零售额 Of which: sales through non-proprietary platform	期末商品库存额 Inventory	年末零售营业面积（平方米）Business areas (m^2)
389353.2	14456.5	6462.5	81042.4	137364
5564154.8	4148.8		469475.4	3436552
3296650.8	2463.1	500	338326.6	783044
1299479.9	61316.6	44764	167113	446170
340603.3	10917.5	856	47156.1	164224
10368773.8	66711.1	41181.7	996180.7	4765450
1144			1954.8	372
2401.9			26.3	73
32964.8	400		6905.6	29630
300981.9	812	756	41817.3	155273
4513716.7	4148.8		367089.9	3293343
2983455.1	5244.4	2705.3	255196	743508
2373395	52170.1	37720.4	295250.7	441776
8676.1			1556.6	1678
49034			10979.8	69998
103004.3	3935.8		15403.7	29799
132115	12134.9	4938.3	25890.4	64540
6799.4				50
1645.6			82.3	200
9383.5	8636.8	3944	744.9	1260
114286.5	3498.1	994.3	25063.2	63030

14-5 限额以上住宿业和餐饮业法人企业基本情况 (2017)

指标名称	Item	法人企业数（个）Corporate enterprises (unit)
总计	Total	169
一、住宿业	Hotels	75
旅游饭店	Tourism restaurant	45
一般旅馆	Hotels	25
其他住宿业	Other	5
内资企业	Domestic funds	69
国有企业	State-owned	16
集体企业	Collective-owned	1
有限责任公司	Joint	29
国有独资企业	State-owned soely	1
其他有限责任公司	Others	28
股份有限公司	Share holding	5
私营企业	Private	16
私营有限责任公司	Private limited company	15
私营股份有限公司	Private share holding	1
其他企业	Others	2
港、澳、台商投资企业	Funded from Hongkong,Macao and Taiwan	3
与港澳台商合资经营企业	Joint venture	2
与港澳台商合作经营企业	Cooperative	1
外商投资企业	Foreign funds	3
中外合资经营企业	Joint venture	2
中外合作经营企业	Cooperative	1

GENERAL INFORMATION OF THE ABOVE-NORM HOTELS AND CATERING IN 2017

从业人员期末人数（人）(person)	其中：女性 Female	法人所属产业活动单位个数（个）The number of legal persons"establishments	住宿业和餐饮业 Hotels and catering	其它 Others
14315	8025	201	8	193
7793	4501	87	7	80
6530	3773	54	7	47
795	433	28		28
468	295	5		5
6639	3849	80	7	73
2321	1286	17		17
60	38	1		1
3007	1685	32		32
278	149	1		1
2729	1536	31		31
336	222	12	7	5
896	612	16		16
877	605	15		15
19	7	1		1
19	6	2		2
388	188	4		4
186	70	2		2
202	118	2		2
766	464	3		3
665	418	2		2
101	46	1		1

14-5 续表 1 continued1

指标名称	Item	法人企业数（个） Corporate enterprises (unit)
国有控股	State-owned	20
集体控股	Collective-owned	1
私人控股	Private-owned	32
港澳台商控股	Hongkong, Macao and Taiwan-Owned	1
外商控股	Foreign-owned	1
其他	Others	20
独立门店	Substantive store	63
连锁总店（总部）	Chain headquarter	2
连锁加盟店	Franchise store	3
其他	Others	7
大型	Large-sized	2
中型	Medium-sized	19
小型	Small-sized	43
微型	Micro-sized	11
五星	Five-star	2
四星	Four-star	14
三星	Three-star	14
二星	Two-star	2
一星	One-star	1
其他	Others	42
二、餐饮业	Catering	94
正餐服务	Dinner	85
快餐服务	Fast food	3
饮料及冷饮服务	Beverage and cold drink	1
其他饮料及冷饮服务	Others	1
其他餐饮服务	Others	5
小吃服务	Snack service	1
餐饮配送服务	Food and beverage distribution service	3
其他未列明餐饮业	Others	1
内资企业	Domestic funds	92
国有企业	State owned	2

单位：万元　unit:10000yuan

从业人员期末人数（人）(person)	其中：女性 Female	法人所属产业活动单位个数（个）The number of legal persons establishments	住宿业和餐饮业 Hotels and catering	其它 Others
2754	1533	21		21
60	38	1		1
1815	1093	32		32
202	118	2		2
127	97	1		1
2835	1622	30	7	23
6979	4033	65		65
173	121	12	7	5
44	38	3		3
597	309	7		7
983	566	2		2
4524	2561	21		21
2245	1339	53	7	46
41	35	11		11
829	495	2		2
2721	1503	16		16
1268	746	14		14
39	21	2		2
14		1		1
2922	1736	52	7	45
6522	3524	114	1	113
5796	3109	104		104
517	393	4	1	3
20		1		1
20		1		1
189	22	5		5
7	4	1		1
160	18	3		3
22		1		1
6464	3494	112	1	111
891	463	2		2

14-5 续表 2 continued2

指标名称	Item	法人企业数（个） Corporate enterprises (unit)
集体企业	Collective owned	1
有限责任公司	Limited liability corporations	43
国有独资企业	State owned solely	2
其他有限责任公司	Others	41
私营企业	Private	43
私营独资企业	Private funded	1
私营有限责任公司	Private limited company	38
私营股份有限公司	Private share holding	4
其他企业	Others	3
港、澳、台商投资企业	Investment companies of Hong Kong, Macao and Taiwan	1
与港澳台商合资经营企业	Joint venture with Hong Kong, Macao and Taiwan companies	1
外商投资企业	Foreign funded	1
中外合资经营企业	Joint venture	1
国有控股	State-owned	4
集体控股	Collective-owned	1
私人控股	Private-owned	70
外商控股	Foreign-owned	1
其他	Others	18
独立门店	Substantive store	82
连锁总店（总部）	Chain headquarter	2
连锁直营店	Direct-sale store	2
连锁加盟店	Franchise store	1
其他	Others	7
大型	Large-sized	2
中型	Medium-sized	6
小型	Small-sized	77
微型	Micro-sized	9

单位：万元 unit:10000yuan

从业人员期末人数（人）(person)	其中：女性 Female	法人所属产业活动单位个数（个）The number of legal persons establishments	住宿业和餐饮业 Hotels and catering	其它 Others
32	24	1		1
3122	1780	45	1	44
185	110	2		2
2937	1670	43	1	42
2227	1177	61		61
98	75	1		1
1585	781	38		38
544	321	22		22
192	50	3		3
20	10	1		1
20	10	1		1
38	20	1		1
38	20	1		1
1076	573	4		4
32	24	1		1
4043	2216	89	1	88
38	20	1		1
1333	691	19		19
5223	2763	83		83
156	104	3	1	2
495	293	20		20
15	14	1		1
633	350	7		7
1229	738	2		2
1673	929	24		24
3545	1818	79	1	78
75	39	9		9

14–6 限额以上住宿业和餐饮业法人企业经营情况 (2017)

单位：万元

指标名称	Item	法人企业数（个）Corporate enterprises (unit)	从业人员期末人数（人）(person)	营业额 Turnover
总计	Total	169	14315	276015.4
一、住宿业	Hotels	75	7793	145287.4
旅游饭店	Tourism restaurant	45	6530	115376.8
一般旅馆	Hotels	25	795	21550.2
其他住宿服务	Other accommomodation services	5	468	8360.4
内资企业	Domestic funds	69	6639	117526.4
国有企业	State-owned	16	2321	34178.4
集体企业	Collective-owned	1	60	849.7
有限责任公司	Limited liability corporations	29	3007	60647.5
国有独资企业	State-owned soely	1	278	4844.6
其他有限责任公司	Others	28	2729	55802.9
股份有限公司	Share holding	5	336	5067.5
私营企业	Private	16	896	16369.2
私营有限责任公司	Private limited company	15	877	15727.2
私营股份有限公司	Private share holding	1	19	642.0
其他企业	Others	2	19	414.1
港、澳、台商投资企业	Funded from Hongkong, Macao and Taiwan	3	388	6464.4
与港澳台商合资经营企业	Joint venture	2	186	3811.2
与港澳台商合作经营企业	Cooperative	1	202	2653.2
外商投资企业	Foreign funded	3	766	21296.6
中外合资经营企业	Joint venture	2	665	18836.0
中外合作经营企业	Cooperative	1	101	2460.6
国有控股	State-owned	20	2754	41642.2
集体控股	Collective-owned	1	60	849.7
私人控股	Private-owned	32	1815	38444.0
港澳台商控股	Hongkong, Macao and Taiwan-Owned	1	202	2653.2
外商控股	Foreign-owned	1	127	2251.8
其他	Others	20	2835	59446.5

COMPREHENSIVE CONDITIONS OF ENTERPRISES ABOVE DESIGNATED SIZE IN HOTELS AND RESTAURANTS IN 2017

unit：10000 yuan

其中：使用银行卡支付的营业额 Of which: sales paid by bank cards	客房收入 Guestroom income	其中：通过公共网络实现的客房收入 Of which: room revenue through public networks	其中：通过非自营平台实现的客房收入 Of which: room revenue through non-proprietary platform	餐费收入 Food bill
42589.5	106826.3	5176.4	2707.1	144199.0
25450.5	75161.8	3045.9	1584.2	55037.1
23793.4	59714.1	2175.2	1000.4	44203.3
1196.1	11803.0	696.7	583.8	6257.2
461.0	3644.7	174.0		4576.6
13038.8	60283.1	2296.6	949.2	42612.4
513.8	17308.0	350.3		12383.4
462.2	393.7			456.0
8658.7	29168.7	396.7	146.8	23935.2
	2122.9			2092.1
8658.7	27045.8	396.7	146.8	21843.1
912.8	2649.7	182.2	136.2	589.3
2491.3	10363.9	1367.4	666.2	5248.5
2491.3	10069.9	1367.4	666.2	5136.0
	294.0			112.5
	399.1			
	3122.1			3089.0
	1821.6			1983.9
	1300.5			1105.1
12411.7	11756.6	749.3	635.0	9335.7
12411.7	10943.4	749.3	635.0	7691.8
	813.2			1643.9
555.6	20057.5	353.0		14838.2
462.2	393.7			456.0
4467.1	21303.0	1722.4	796.3	13426.1
	1300.5			1105.1
1728.0	1384.3	749.3	635.0	833.4
18237.6	30722.8	221.2	152.9	24378.3

14-6 续表 1 continued1

指标名称	Item	其中：通过公共网络实现的餐费收入 Of which: meal income through public networks	其中：通过非自营平台实现的餐费收入 Of which: meal income through non-proprietary platform
总计	Total	2317.5	337.7
一、住宿业	Hotels	265.4	131.3
旅游饭店	Tourism restaurant	139.3	118.3
一般旅馆	Hotels	126.1	13.0
其他住宿服务	Other accommodation services		
内资企业	Domestic funds	265.4	131.3
国有企业	State-owned		
集体企业	Collective-owned		
有限责任公司	Limited liability corporations	113.3	109.1
国有独资企业	State-owned soely		
其他有限责任公司	Others	113.3	109.1
股份有限公司	Share holding	108.9	
私营企业	Private	43.2	22.2
私营有限责任公司	Private limited company	43.2	22.2
私营股份有限公司	Private share holding		
其他企业	Others		
港、澳、台商投资企业	Funded from Hongkong, Macao and Taiwan		
与港澳台商合资经营企业	Joint venture		
与港澳台商合作经营企业	Cooperative		
外商投资企业	Foreign funded		
中外合资经营企业	Joint venture		
中外合作经营企业	Cooperative		
国有控股	State-owned		
集体控股	Collective-owned		
私人控股	Private-owned	265.4	131.3
港澳台商控股	Hongkong, Macao and Taiwan-Owned		
外商控股	Foreign-owned		
其他	Others		

单位：万元 unit：10000yuan

商品销售收入 Goodssale income	其他收入 Other income	客房间数（间） Rooms	床位数（个） Beds	餐位数（位） Seats	年末餐饮营业面积（平方米） Businessareas (m^2)
5715.2	19274.9	14020	23228	65159	306546.0
2663.2	12425.3	10378	16712	28625	152237.0
1217.3	10242.1	7767	12613	23466	116896.0
1434.4	2055.6	2042	3068	2535	22485.0
11.5	127.6	569	1031	2624	12856.0
2468.1	12162.8	8950	14822	23764	126449.0
175.6	4311.4	2213	3601	9076	44898.0
		82	166	120	300.0
2010.6	5533.0	4086	7318	11120	58779.0
225.0	404.6	211	340	500	700.0
1785.6	5128.4	3875	6978	10620	58079.0
103.6	1724.9	977	1317	470	3220.0
163.3	593.5	1477	2241	2848	19252.0
97.0	424.3	1431	2139	2640	16252.0
66.3	169.2	46	102	208	3000.0
15.0		115	179	130	
132.6	120.7	491	675	2008	17000.0
	5.7	309	370	1200	9000.0
132.6	115.0	182	305	808	8000.0
62.5	141.8	937	1215	2853	8788.0
59.0	141.8	832	1045	1109	6200.0
3.5		105	170	1744	2588.0
400.6	6345.9	2695	4431	9926	54033.0
		82	166	120	300.0
1670.5	2044.4	3189	5831	6803	38522.0
132.6	115.0	182	305	808	8000.0
7.3	26.8	293	352	650	5000.0
452.2	3893.2	3937	5627	10318	46382.0

14-6 续表 2 continued2

指标名称 Item		法人企业数（个） Corporate enterprises (unit)	从业人员期末人数（人） (person)	营业额 Turnover
独立门店	Substantive store	63	6979	128210.6
连锁总店（总部）	Chain headquarter	2	173	2467.0
连锁加盟店	Franchise store	3	44	999.9
其他	Others	7	597	13609.9
大型	Large-sized	2	983	27512.8
中型	Medium-sized	19	4524	72936.3
小型	Small-sized	43	2245	41149.7
微型	Micro-sized	11	41	3688.6
五星	Five-star	2	829	20708.5
四星	Four-star	14	2721	45977.3
三星	Three-star	14	1268	22382.0
二星	Two-star	2	39	1520.8
一星	One-star	1	14	362.4
其他	Others	42	2922	54336.4
二、餐饮业	Catering	94	6522	130728.0
正餐服务	Dinner	85	5796	111269.2
快餐服务	Fast food	3	517	15241.6
饮料及冷饮服务	Beverage and cold drink	1	20	253.9
其他饮料及冷饮服务	Others	1	20	253.9
其他餐饮业	Others	5	189	3963.3
小吃服务	Snack service	1	7	256.1
餐饮配送服务	Food and beverage distribution service	3	160	3018.0
其他未列明餐饮业	Others	1	22	689.2
内资企业	Domestic funds	92	6464	130014.9
国有企业	State owned	2	891	15565.5
集体企业	Collective owned	1	32	828.5
有限责任公司	Limited liability corporations	43	3122	66343.7
国有独资企业	State owned solely	2	185	2246.1

单位：万元 unit：10000yuan

其中：使用银行卡支付的营业额 Of which: sales paid by bank cards	客房收入 Guestroom income	其中：通过公共网络实现的客房收入 Of which: room revenue through public networks	其中：通过非自营平台实现的客房收入 Of which: room revenue through non-proprietary platform	餐费收入 Food bill
24300.8	64894.4	2805.4	1431.3	48721.4
574.6	2279.3	145.2	136.2	10.6
106.3	924.8	76.0	16.7	37.4
468.8	7063.3	19.3		6267.7
17210.8	15502.6			11209.8
3196.1	33259.5	1203.7	765.1	31808.2
4773.3	23432.1	1842.2	819.1	11902.8
270.3	2967.6			116.3
10683.7	11729.6			8634.4
1906.8	21871.8	437.8	130.1	20034.3
2400.2	10102.9	859.2	99.1	8988.2
	874.8			94.3
	362.4			
10459.8	30220.3	1748.9	1355.0	17285.9
17139.0	31664.5	2130.5	1122.9	89161.9
16781.8	31664.5	2130.5	1122.9	69703.1
357.2				15241.6
				253.9
				253.9
				3963.3
				256.1
				3018.0
				689.2
16981.5	31664.5	2130.5	1122.9	88448.8
	9553.0			5002.7
	360.9			467.6
13651.7	12325.5	1121.3	1048.8	49864.8
661.7	1020.2	72.5		1083.7

14-6 续表 3 continued3

指标名称 Item		其中：通过公共网络实现的餐费收入 Of which: meal income through public networks	其中：通过非自营平台实现的餐费收入 Of which: meal income through non-proprietary platform
独立门店	Substantive store	261.2	131.3
连锁总店（总部）	Chain headquarter		
连锁加盟店	Franchise store		
其他	Others	4.2	
大型	Large-sized		
中型	Medium-sized	113.3	109.1
小型	Small-sized	152.1	22.2
微型	Micro-sized		
五星	Five-star		
四星	Four-star	109.1	109.1
三星	Three-star	34.2	9.2
二星	Two-star		
一星	One-star		
其他	Others	122.1	13.0
二、餐饮业	Catering	2052.1	206.4
正餐服务	Dinner	1257.5	206.4
快餐服务	Fast food		
饮料及冷饮服务	Beverage and cold drink		
其他饮料及冷饮服务	Others		
其他餐饮业	Others	794.6	
小吃服务	Snack service	14.8	
餐饮配送服务	Food and beverage distribution service	779.8	
其他未列明餐饮业	Others		
内资企业	Domestic funds	2052.1	206.4
国有企业	State owned		
集体企业	Collective owned		
有限责任公司	Limited liability corporations	982.3	165.4
国有独资企业	State owned solely	4.8	

单位：万元 unit：10000yuan

商品销售收入 Goodssale income	其他收入 Other income	客房间数（间） Rooms	床位数（个） Beds	餐位数（位） Seats	年末餐饮营业面积（平方米） Businessareas (m^2)
2529.2	12065.6	8292	12987	25028	140213.0
90.3	86.8	732	876	70	270.0
37.7		260	348	102	160.0
6.0	272.9	1094	2501	3425	11594.0
319.3	481.1	1015	1407	779	4213.0
625.7	7242.9	3951	6040	16034	87801.0
1602.1	4212.7	4958	8527	10828	49919.0
116.1	488.6	454	738	984	10304.0
51.9	292.6	838	1108	1816	8819.0
565.3	3505.9	2588	3921	11689	53211.0
151.4	3139.5	1795	2910	5396	28828.0
83.1	468.6	215	375	720	4764.0
		147	160		
1811.5	5018.7	4795	8238	9004	56615.0
3052.0	6849.6	3642	6516	36534	154309.0
3052.0	6849.6	3642	6516	33722	144358.0
				2529	7451.0
				160	2000.0
				160	2000.0
				123	500.0
				28	100.0
				40	200.0
				55	200.0
3052.0	6849.6	3642	6516	36284	153609.0
0.5	1009.3	362	775	1127	4800.0
		47	97	350	6000.0
833.0	3320.4	1555	2735	17127	77646.0
	142.2	229	515	1910	4912.0

14-6 续表 4 continued4

指标名称 Item		法人企业数（个）Corporate enterprises (unit)	从业人员期末人数（人）(person)	营业额 Turnover
其他有限责任公司	Others	41	2937	64097.6
私营企业	Private	43	2227	39728.3
私营独资企业	Private funded	1	98	3095.2
私营有限责任公司	Private limited company	38	1585	29059.3
私营股份有限公司	Private share holding	4	544	7573.8
其他企业	Others	3	192	7548.9
港、澳、台商投资企业	Investment companies of Hong Kong, Macao and Taiwan	1	20	181.5
与港澳台商合资经营企业	Joint venture with Hong Kong, Macao and Taiwan companies	1	20	181.5
外商投资企业	Foreign funded	1	38	531.6
中外合资经营企业	Joint venture	1	38	531.6
国有控股	State-owned	4	1076	17811.6
集体控股	Collective-owned	1	32	828.5
私人控股	Private-owned	70	4043	78646.3
外商控股	Foreign-owned	1	38	531.6
其他	Others	18	1333	32910.0
独立门店	Substantive store	82	5223	101467.4
连锁总店（总部）	Chain headquarter	2	156	3880.3
连锁直营店	Direct-sale store	2	495	7001.5
连锁加盟店	Chain store	1	15	376.3
其他	Others	7	633	18002.5
大型	Large-sized	2	1229	28782.4
中型	Medium-sized	6	1673	33186.4
小型	Small-sized	77	3545	67396.6
微型	Micro-sized	9	75	1362.6

单位：万元 unit：10000yuan

其中：使用银行卡支付的营业额 Of which: sales paid by bank cards	客房收入 Guestroom income	其中：通过公共网络实现的客房收入 Of which: room revenue through public networks	其中：通过非自营平台实现的客房收入 Of which: room revenue through non-proprietary platform	餐费收入 Food bill
12990.0	11305.3	1048.8	1048.8	48781.1
3329.8	7267.6	1009.2	74.1	29795.8
	807.6			2287.6
2757.2	6008.8	1004.5	74.1	20385.6
572.6	451.2	4.7		7122.6
	2157.5			3317.9
				181.5
				181.5
157.5				531.6
157.5				531.6
661.7	10573.2	72.5		6086.4
	360.9			467.6
7345.4	11970.1	1009.2	74.1	59587.2
157.5				531.6
8974.4	8760.3	1048.8	1048.8	22489.1
8419.7	25922.8	1081.7	74.1	67389.3
				3880.3
415.2				7001.5
75.7	352.8			2.6
8228.4	5388.9	1048.8	1048.8	10888.2
357.2	8954.0			18818.6
10939.8	10014.5	1048.8	1048.8	20033.0
5842.0	12696.0	1081.7	74.1	48956.5
				1353.8

14-6 续表 5 continued5

指标名称	Item	其中：通过公共网络实现的餐费收入 Of which: meal income through public networks	其中：通过非自营平台实现的餐费收入 Of which: meal income through non-proprietary platform
其他有限责任公司	Others	977.5	165.4
私营企业	Private	1069.8	41.0
私营独资企业	Private funded		
私营有限责任公司	Private limited company	1063.8	41.0
私营股份有限公司	Private share holding	6.0	
其他企业	Others		
港、澳、台商投资企业	Investment companies of Hong Kong, Macao and Taiwan		
与港澳台商合资经营企业	Joint venture with Hong Kong, Macao and Taiwan companies		
外商投资企业	Foreign funded		
中外合资经营企业	Joint venture		
国有控股	State-owned	4.8	
集体控股	Collective-owned		
私人控股	Private-owned	1875.8	41.0
外商控股	Foreign-owned		
其他	Others	171.5	165.4
独立门店	Substantive store	1886.7	41.0
连锁总店（总部）	Chain headquarter		
连锁直营店	Direct-sale store		
连锁加盟店	Chain store		
其他	Others	165.4	165.4
大型	Large-sized		
中型	Medium-sized	165.4	165.4
小型	Small-sized	1871.9	41.0
微型	Micro-sized	14.8	

单位：万元 unit：10000yuan

商品销售收入 Goodssale income	其他收入 Other income	客房间数（间） Rooms	床位数（个） Beds	餐位数（位） Seats	年末餐饮营业面积（平方米） Businessareas (m^2)
833.0	3178.2	1326	2220	15217	72734.0
145.0	2519.9	1254	2119	16180	61663.0
		120	193	1500	9000.0
145.0	2519.9	1054	1782	11568	38759.0
		80	144	3112	13904.0
2073.5		424	790	1500	3500.0
				40	200.0
				40	200.0
				210	500.0
				210	500.0
0.5	1151.5	591	1290	3037	9712.0
		47	97	350	6000.0
2976.7	4112.3	1987	3616	25874	110701.0
				210	500.0
74.8	1585.8	1017	1513	7063	27396.0
2360.5	5794.8	3169	5777	30964	135477.0
				305	600.0
				2752	10304.0
4.8	16.1	80	113	16	50.0
686.7	1038.7	393	626	2497	7878.0
0.5	1009.3	245	560	2819	8492.0
4.2	3134.7	1233	1839	10752	32134.0
3038.5	2705.6	2164	4117	22019	109880.0
8.8				944	3803.0

14–7 限额以上住宿和餐饮业法人企业主要财务状况综合表 (2017)

单位：万元

指标名称 Item		法人企业数（个）Corporate enterprises (unit)	执行《2006 年企业会计准则企业个数》Number of enterprises implmenting Accounting Standards for Business Enterprises 2006
总计	Total	169	106
一、住宿业	Hotels	75	52
旅游饭店	Tourism restaurant	45	35
一般旅馆	Hotels	25	14
其他住宿业	Other	5	3
内资企业	Domestic funds	69	48
国有企业	State-owned	16	11
集体企业	Collective-owned	1	1
有限责任公司	Limited liability corporations	29	20
国有独资企业	State-owned solely	1	1
其他有限责任公司	Limited liability corporations	28	19
股份有限公司	Share holding	5	4
私营企业	Private	16	10
私营有限责任公司	Private limited company	15	9
私营股份有限公司	Private share holding	1	1
其他企业	Others	2	2
港、澳、台商投资企业	Funded from Hongkong, Macao and Taiwan	3	1
与港澳台商合资经营企业	Joint venture	2	
与港澳台商合作经营企业	Cooperative	1	1

MAIN FINANCIAL INDICATIONS OF ENTERPRISES ABOVE DESIGNATED SIZE IN HOTELS AND RESTAURANTS IN 2017

unit:10000 yuan

住宿餐饮业											
一、年初存货 Inventory	二、期末资产负债										
	流动资产合计 Circulating funds	应收帐款 Receivables	存货 Inventery	固定资产合计 Total fixed assets	固定资产原价 Original Valueof fixed assets	房屋和构筑物 Housing and structures	机器设备 Machinery equipment	运输工具 Transportation tools	累计折旧 Total depreciation	本年折旧 Depreciation in this year
10031.6	237922.2	28318.5	9195.9	339293.2	556041.1	120027.5	47521.7	1077.1	224923.0	21142.6
5534.0	166624.2	15861.6	5351.2	227259.9	404082.0	103455.9	45355.8	549.4	177560.7	16837.8
4927.6	157107.9	14992.2	4645.8	218295.9	392882.1	100415.2	43906.5	439.8	175109.2	16539.6
370.0	7450.8	664.0	487.7	8155.1	9815.2	3023.4	1387.1	26.5	1701.3	219.5
236.4	2065.5	205.4	217.7	808.9	1384.7	17.3	62.2	83.1	750.2	78.7
3398.3	121763.0	9008.9	3270.3	181133.9	304563.8	66794.6	20351.0	240.1	123939.5	13144.3
1317.4	19336.0	1270.6	1115.6	72647.7	116303.6	15369.8	1156.0	221.7	44058.3	2642.8
39.0	496.1	8.1	41.2	20.1	131.4				111.3	18.4
1319.7	77848.5	5454.2	1578.1	95103.3	161948.2	51333.8	16096.5	18.4	66951.9	9367.3
259.9	4955.1	520.2	258.7	17209.3	22034.0				4824.7	4824.7
1059.8	72893.4	4934.0	1319.4	77894.0	139914.2	51333.8	16096.5	18.4	62127.2	4542.6
241.6	5871.7	1604.4	230.2	10231.0	20371.1				10140.1	622.5
466.8	18194.2	663.6	296.7	3126.4	5803.0	91.0	3092.0		2676.6	492.2
442.6	18095.6	639.5	276.2	2605.2	5240.3	91.0	3092.0		2635.1	476.7
24.2	98.6	24.1	20.5	521.2	562.7				41.5	15.5
13.8	16.5	8.0	8.5	5.4	6.5		6.5		1.3	1.1
548.1	19957.2	59.7	555.4	1730.3	6568.6		6.0	6.0	5067.3	24.6
79.8	923.7	44.8	83.2	258.3	632.5		6.0	6.0	558.2	24.6
468.3	19033.5	14.9	472.2	1472.0	5936.1				4509.1	

14-7 续表 1 continued1

指标名称	Item	在建工程 Circulationg funds	非流动资产合计
总计	Total	26021.8	427069.1
一、住宿业	Hotels	10149.4	272291.4
旅游饭店	Tourism restaurant	9991.1	258206.0
一般旅馆	Hotels	45.9	13269.1
其他住宿业	Other	112.4	816.3
内资企业	Domestic funds	9385.3	209063.0
国有企业	State-owned	485.6	75615.9
集体企业	Collective-owned		20.1
有限责任公司	Limited liability corporations	3121.3	106593.6
国有独资企业	State-owned solely	134.9	17345.3
其他有限责任公司	Limited liability corporations	2986.4	89248.3
股份有限公司	Share holding	5618.8	18230.1
私营企业	Private	159.6	8597.9
私营有限责任公司	Private limited company	159.6	8076.7
私营股份有限公司	Private share holding		521.2
其他企业	Others		5.4
港、澳、台商投资企业	Funded from Hongkong,Macao and Taiwan		16006.2
与港澳台商合资经营企业	Joint venture		621.0
与港澳台商合作经营企业	Cooperative		15385.2

单位：万元 unit:10000 yuan

资产总计 Total assets	流动负债合计 Total current liabilities	应付帐款 Inventory	非流动负债合计 Non-current liabilities	负债合计 Total liabilities	所有者权益 Creditor's equity
664991.3	265662.4	40234.5	136641.0	385399.8	279591.5
438915.6	186948.4	20280.0	107019.3	276625.9	162289.7
415313.9	172465.1	16775.7	103945.6	258785.6	156528.3
20719.9	12200.5	3175.4	3016.2	15500.0	5219.9
2881.8	2282.8	328.9	57.5	2340.3	541.5
330826.0	139312.4	17183.0	55927.1	195522.8	135303.2
94951.9	23921.0	5315.5	180.8	24384.1	70567.8
516.2	49.9	8.6		49.9	466.3
184442.1	86134.9	7951.6	47137.1	133273.0	51169.1
22300.4	4640.1	392.2	11900.0	16540.1	5760.3
162141.7	81494.8	7559.4	35237.1	116732.9	45408.8
24101.8	13882.1	3000.2	16.0	13898.1	10203.7
26792.1	15311.5	894.1	8593.2	23904.7	2887.4
26172.3	15275.9	894.1	8593.2	23869.1	2303.2
619.8	35.6			35.6	584.2
21.9	13.0	13.0		13.0	8.9
35963.4	20358.3	1582.0	22088.9	42447.2	-6483.8
1544.7	1324.8	308.2		1324.8	219.9
34418.7	19033.5	1273.8	22088.9	41122.4	-6703.7

14-7 续表 2 continued2

指标名称	Item	实收资本 Original	国家资本 State owned
总计	Total	190134.8	67782.5
一、住宿业	Hotels	144896.8	48209.1
旅游饭店	Tourism restaurant	140479.2	47021.6
一般旅馆	Hotels	3017.6	1147.5
其他住宿业	Other	1400.0	40.0
内资企业	Domestic funds	98800.5	44782.7
国有企业	State-owned	45125.7	43903.5
集体企业	Collective-owned	20.0	
有限责任公司	Limited liability corporations	42394.9	52.7
国有独资企业	State-owned solely	15000.0	
其他有限责任公司	Limited liability corporations	27394.9	52.7
股份有限公司	Share holding	6897.7	826.5
私营企业	Private	4353.3	
私营有限责任公司	Private limited company	3853.3	
私营股份有限公司	Private share holding	500.0	
其他企业	Others	8.9	
港、澳、台商投资企业	Funded from Hongkong,Macao and Taiwan	2900.0	
与港澳台商合资经营企业	Joint venture	1100.0	
与港澳台商合作经营企业	Cooperative	1800.0	

单位：万元 unit:10000 yuan

集体资本 Collective	法人资本 Corporate	个人资本 Private	港澳台资本 Funded from Hongkong, Macao and Taiwan	外商资本 Foreign funds
158.7	79545.8	23751.6	1849.0	17047.2
20.0	61708.2	16410.5	1849.0	16700.0
20.0	59803.6	15085.0	1849.0	16700.0
	894.6	975.5		
	1010.0	350.0		
20.0	37638.3	16359.5		
	1222.2			
20.0				
	31728.2	10614.0		
	15000.0			
	16728.2	10614.0		
	3049.0	3022.2		
	1630.0	2723.3		
	1630.0	2223.3		
		500.0		
	8.9			
	1000.0	51.0	1849.0	
	1000.0	51.0	49.0	
			1800.0	

14-7 续表 3 continued3

指标名称 Item		营业收入 Operation revenue	主营业务收入 Operating revenue
总计	Total	264953.2	260193.6
一、住宿业	Hotels	141172.8	136932.4
旅游饭店	Tourism restaurant	112039.9	108440.1
一般旅馆	Hotels	20691.8	20600.4
其他住宿业	Other	8441.1	7891.9
内资企业	Domestic funds	114705.0	110864.6
国有企业	State-owned	32560.3	32560.3
集体企业	Collective-owned	801.6	801.6
有限责任公司	Limited liability corporations	60357.2	56560.8
国有独资企业	State-owned solely	4543.2	4159.1
其他有限责任公司	Limited liability corporations	55814.0	52401.7
股份有限公司	Share holding	4947.4	4908.4
私营企业	Private	15631.6	15626.6
私营有限责任公司	Private limited company	15007.6	15002.6
私营股份有限公司	Private share holding	624.0	624.0
其他企业	Others	406.9	406.9
港、澳、台商投资企业	Funded from Hongkong,Macao and Taiwan	5839.4	5839.4
与港澳台商合资经营企业	Joint venture	3475.9	3475.9
与港澳台商合作经营企业	Cooperative	2363.5	2363.5

单位：万元 unit:10000 yuan

三、损益及分配 Profit and loss and distribution					
营业成本 Operation costs	主营业务成本 Operation cost	营业税金及附加 Business taxes and extra charges	主营业务税金及附加 Operating taxes and extra harges	其他业务利润 Other profits	销售费用 Marking expenses
107609.6	102640.6	4454.9	4350.7	9956.0	85432.8
55717.7	51418.1	2596.1	2573.7	7126.0	45512.4
41049.9	36882.7	2041.9	2020.6	6093.5	39763.8
11825.8	11715.4	522.4	521.3	949.1	3433.5
2842.0	2820.0	31.8	31.8	83.4	2315.1
44058.8	42170.2	2027.5	2005.1	7113.1	36066.5
9488.7	9488.7	496.4	496.4	3049.5	13542.9
360.7	360.7	4.6	4.6		240.1
24781.6	22914.4	1056.0	1047.7	2036.7	16560.4
872.8	869.8	188.0	188.0		1845.0
23908.8	22044.6	868.0	859.7	2036.7	14715.4
547.7	535.3	286.2	285.1	1804.3	3165.0
8759.1	8750.1	180.0	167.0		2451.7
8252.6	8243.6	167.1	154.1		2412.8
506.5	506.5	12.9	12.9		38.9
121.0	121.0	4.3	4.3	222.6	106.4
1493.9	1493.9	18.0	18.0	12.9	1913.3
817.5	817.5	10.7	10.7	2.9	996.9
676.4	676.4	7.3	7.3	10.0	916.4

14-7 续表 4 continued4

指标名称 Item		管理费用 Management expenses	财务费用 Financial expenses
总计	Total	72186.0	8814.7
一、住宿业	Hotels	42789.2	6058.0
旅游饭店	Tourism restaurant	35460.0	5646.7
一般旅馆	Hotels	3953.2	393.0
其他住宿业	Other	3376.0	18.3
内资企业	Domestic funds	34770.3	4398.7
国有企业	State-owned	11524.4	72.5
集体企业	Collective-owned	163.5	0.8
有限责任公司	Limited liability corporations	18049.7	3004.5
国有独资企业	State-owned solely	1423.3	977.6
其他有限责任公司	Limited liability corporations	16626.4	2026.9
股份有限公司	Share holding	760.0	145.3
私营企业	Private	4174.7	1173.3
私营有限责任公司	Private limited company	4142.5	1165.5
私营股份有限公司	Private share holding	32.2	7.8
其他企业	Others	98.0	2.3
港、澳、台商投资企业	Funded from Hongkong,Macao and Taiwan	2398.3	929.2
与港澳台商合资经营企业	Joint venture	1561.4	9.5
与港澳台商合作经营企业	Cooperative	836.9	919.7

单位：万元 unit:10000 yuan

利息收入 Interest income	利息支出 Interest expenditure	资产减值损失 Lost	公允减值变动收益 Revenue
914.3	3609.4	73.9	2.5
860.5	2111.8	29.8	-3.7
855.0	1970.4	17.0	
5.7	136.3	12.3	-3.7
-0.2	5.1	0.5	
1036.3	2085.3	29.3	-3.7
54.9	-12.7		
976.9	1919.1	-5.2	-3.0
968.7	-3.5		
8.2	1922.6	-5.2	-3.0
3.4	117.5	1.2	
1.1	61.4	32.0	
1.1	57.6	32.0	
	3.8		
		1.3	-0.7
0.1		0.5	
0.1		0.5	

14-7 续表 5 continued5

指标名称	Item	投资收益 Investment income	其它收益 Other	营业利润 Business profits
总计	Total	-9.9		-11126.3
一、住宿业	Hotels	-11.8		-9045.7
旅游饭店	Tourism restaurant	-11.4		-9529.9
一般旅馆	Hotels	-0.4		546.3
其他住宿业	Other			-62.1
内资企业	Domestic funds	-11.8		-6582.3
国有企业	State-owned			-2484.1
集体企业	Collective-owned			31.9
有限责任公司	Limited liability corporations			-3094.0
国有独资企业	State-owned solely			-763.5
其他有限责任公司	Limited liability corporations			-2330.5
股份有限公司	Share holding	-11.4		30.6
私营企业	Private			-1139.2
私营有限责任公司	Private limited company			-1164.9
私营股份有限公司	Private share holding			25.7
其他企业	Others	-0.4		72.5
港、澳、台商投资企业	Funded from Hongkong, Macao and Taiwan			-903.8
与港澳台商合资经营企业	Joint venture			79.4
与港澳台商合作经营企业	Cooperative			-983.2

单位：万元 unit:10000 yuan

				四、人工成本 Workers cost		五、从事住宿和餐饮业活动的从业人员平均人数（人）Average number of employees engaged in wholesale and retail activities (person)
营业外收入 Norbusiness revenue	营业外支出 Non-business expenditure	利润总额 Total profits	应交所得税 Income taxes payable	应付职工薪酬（本年贷方计发生额）payroll payable (credit accumulated happening this year)	应交增值税 VAT payableinput	
783.7	1529.5	-10029.3	727.3	456126.8	3850.3	13967
449.2	940.6	-7611.3	310.3	33051.9	2329.0	7876
426.6	368.6	-8266.7	256.5	28830.4	1815.3	6632
6.5	99.2	819.0	23.8	1780.8	240.0	791
16.1	472.8	-163.6	30.0	2440.7	273.7	453
402.6	838.8	-5092.7	237.9	28406.4	2038.0	6767
206.8	105.7	-2552.4	44.3	11135.9	849.7	2338
		31.9	20.0	250.4	3.8	60
140.7	712.7	-2055.2	60.8	12475.1	666.0	3136
3.0	29.9	-790.4		166.2	130.5	269
137.7	682.8	-1264.8	60.8	12308.9	535.5	2867
44.4	22.3	53.7	9.2	1395.5	123.3	341
10.7	-12.5	-579.6	101.0	3080.5	391.9	873
10.7	-12.5	-605.3	97.6	3003.1	385.7	854
		25.7	3.4	77.4	6.2	19
	10.6	8.9	2.6	69.0	3.3	19
5.7	4.8	-903.0		912.2	256.3	366
5.7	2.8	82.2		894.0	199.0	167
	2.0	-985.2		18.2	57.3	199

14-7 续表 6 continued6

指标名称 Item		法人企业数（个）Corporate enterprises (unit)	执行《2006 年企业会计准则企业个数》Number of enterprises implmenting Accounting Standards for Business Enterprises 2006	一、年初存货 Inventory
外商投资企业	Foreign funded	3	3	1587.6
中外合资经营企业	Joint venture	2	2	1083.0
中外合作经营企业	Cooperative	1	1	504.6
国有控股	State-owned	20	15	1665.4
集体控股	Collective-owned	1	1	39.0
私人控股	Private-owned	32	19	1000.3
港澳台商控股	Hongkong,Macao and Taiwan-Owned	1	1	468.3
外商控股	Foreign-owned	1	1	781.4
其他	Others	20	15	1579.6
独立门店	Substantive store	63	42	4901.3
连锁总店（总部）	Chain headquarter	2	2	148.6
连锁加盟店	Franchise store	3	1	3.8
其他	Others	7	7	480.3
大型	Large-sized	2	2	416.2
中型	Medium-sized	19	17	3734.8
小型	Small-sized	43	25	1270.3
微型	Micro-sized	11	8	112.7
五星	Five-star	2	2	528.6
四星	Four-star	14	12	2288.8
三星	Three-star	14	9	432.7
二星	Two-star	2	2	34.1
一星	One-star	1		6.6
其他	Others	42	27	2243.2
二、餐饮业	Catering	94	54	4497.6

单位：万元 unit:10000 yuan

住宿餐饮业 Accommodation and catering									
二、期末资产负债 Liabilities of ending asset									
流动资产合计 Circulating funds	应收帐款 Receivables	存货 Inventery	固定资产合计 Total fixed assets	固定资产原价 Original Valueof fixed assets	房屋和构筑物 Housing a nd structures	机械设备 Machinery equipment	运输工具 Transportation tools	累计折旧 Total depreciation	本年折旧 Depreciation in this year
24904.0	6793.0	1525.5	44395.7	92949.6	36661.3	24998.8	303.3	48553.9	3668.9
10467.6	6445.3	1092.8	41711.1	87134.7	36661.3	24998.8	303.3	45423.6	3374.6
14436.4	347.7	432.7	2684.6	5814.9				3130.3	294.3
24948.3	1815.8	1456.5	99980.8	157304.8	15369.8	1156.0	221.7	57726.4	8081.8
496.1	8.1	41.2	20.1	131.4				111.3	18.4
29009.9	3732.9	977.7	18554.1	25424.6	5463.8	3539.5	0.2	6893.1	1109.3
19033.5	14.9	472.2	1472.0	5936.1				4509.1	
6638.4	5683.7	811.3	4303.1	6179.8				1876.7	43.7
86498.0	4606.2	1592.3	102929.8	209105.3	82622.3	40660.3	327.5	106444.1	7584.6
140964.5	12526.7	4787.1	220510.1	392312.0	99245.9	45229.1	549.4	172513.9	16268.2
3626.1	92.3	127.2	134.1	1175.7				1041.6	2.9
292.4	1.9	2.8	2846.2	2921.7	2896.4	25.3		98.1	86.4
21741.2	3240.7	434.1	3769.5	7672.6	1313.6	101.4		3907.1	480.3
32987.7	2350.4	457.0	55422.3	116762.8	36661.3	24998.8	303.3	61340.5	4820.5
102301.7	9352.6	3327.0	134890.0	219706.9	39955.7	15502.4	79.3	85192.0	10185.8
28748.9	2066.3	1501.9	36089.0	65762.0	25525.3	4848.1	154.8	30036.3	1641.4
2585.9	2092.3	65.3	858.6	1850.3	1313.6	6.5	12.0	991.9	190.1
27200.5	1580.8	471.3	46046.1	106396.8	52549.6	34552.4	303.3	60350.7	3808.0
56150.6	2787.6	2096.1	92697.3	150890.5	31934.3	3978.8	66.7	58589.0	8066.7
14935.1	2529.0	451.8	35576.2	59610.9	15931.3	3558.5	84.3	24035.8	2024.9
480.5	212.1	21.2	17.9	241.4			12.0	223.5	9.6
2.3			221.4	221.4				184.0	
67855.2	8752.1	2310.8	52701.0	86721.0	3040.7	3266.1	83.1	34177.7	2928.6
71298.0	12456.9	3844.7	112033.3	151959.1	16571.6	2165.9	527.7	47362.3	4304.8

14-7 续表 7 continued7

指标名称 Item		在建工程 Circulationg funds	非流动资产合计
外商投资企业	Foreign funded	764.1	47222.2
中外合资经营企业	Joint venture	559.9	44229.1
中外合作经营企业	Cooperative	204.2	2993.1
国有控股	State-owned	6239.3	109436.7
集体控股	Collective-owned		20.1
私人控股	Private-owned	1797.7	27106.7
港澳台商控股	Hongkong, Macao and Taiwan-Owned		15385.2
外商控股	Foreign-owned	226.2	6821.1
其他	Others	1886.2	113521.6
独立门店	Substantive store	9945.1	261758.5
连锁总店（总部）	Chain headquarter		2371.8
连锁加盟店	Franchise store		2860.3
其他	Others	204.3	5300.8
大型	Large-sized	333.7	55765.4
中型	Medium-sized	7422.3	163244.7
小型	Small-sized	2393.4	52327.2
微型	Micro-sized		954.1
五星	Five-star	1303.8	47295.3
四星	Four-star	1145.0	112982.1
三星	Three-star	5618.8	45731.9
二星	Two-star		19.4
一星	One-star		577.8
其他	Others	2081.8	65684.9
二、餐饮业	Catering	15872.4	154777.7

单位：万元 unit:10000 yuan

资产总计 Total assets	流动负债合计 Total current liabilities	应付帐款 Inventory	非流动负债合计 Non-current liabilities	负债合计 Total liabilities	所有者权益 Creditor's equity
72126.2	27277.7	1515.0	29003.3	38655.9	33470.3
54696.7	25229.9	1168.1	29003.3	36608.1	18088.6
17429.5	2047.8	346.9		2047.8	15381.7
134385.0	40700.1	8549.3	12080.8	53063.2	81321.8
516.2	49.9	8.6		49.9	466.3
56116.6	37641.2	2841.4	15958.6	53599.7	2516.9
34418.7	19033.5	1273.8	22088.9	41122.4	-6703.7
13459.5	20170.1	542.0	20170.1	22715.1	-9255.6
200019.6	69353.6	7064.9	36720.9	106075.6	93944.0
402723.0	176763.7	17755.5	105019.3	264440.2	138282.8
5997.9	826.2	203.0		827.3	5170.6
3152.7	1287.0	909.9	2000.0	3287.0	-134.3
27042.0	8071.5	1411.6		8071.4	18970.6
88753.1	8000.6	1773.9	31733.2	39733.8	49019.3
265546.4	148771.2	10928.6	62990.5	194136.5	71409.9
81076.1	29325.7	7146.0	12295.6	41904.7	39171.4
3540.0	850.9	431.5		850.9	2689.1
74495.8	29025.7	1608.6	8833.2	37858.9	36636.9
169132.7	53662.8	4083.9	35627.2	89290.0	79842.7
60667.0	30917.2	4262.4	1500.0	32699.4	27967.6
499.9	549.5	429.2		549.5	-49.6
580.1	870.1			870.1	-290.0
133540.1	71923.1	9895.9	61058.9	115358.0	18182.1
226075.7	78714.0	19954.5	29621.7	108773.9	117301.8

14-7 续表 8 continued8

指标名称 Item		实收资本 Driginal	国家资本 State owned
外商投资企业	Foreign funded	43196.3	3426.4
中外合资经营企业	Joint venture	20727.0	
中外合作经营企业	Cooperative	22469.3	3426.4
国有控股	State-owned	63972.4	44730.0
集体控股	Collective-owned	20.0	
私人控股	Private-owned	6605.0	
港澳台商控股	Hongkong, Macao and Taiwan-Owned	1800.0	
外商控股	Foreign-owned	4027.0	
其他	Others	68472.4	3479.1
独立门店	Substantive store	116679.5	43903.5
连锁总店（总部）	Chain headquarter	3052.7	52.7
连锁加盟店	Franchise store	20.0	
其他	Others	25144.6	4252.9
大型	Large-sized	19299.8	
中型	Medium-sized	98076.2	40154.9
小型	Small-sized	25841.5	7776.9
微型	Micro-sized	1679.3	277.3
五星	Five-star	25700.6	
四星	Four-star	87554.5	40211.6
三星	Three-star	14120.8	5030.0
二星	Two-star	287.3	277.3
一星	One-star	100.0	
其他	Others	17133.6	2690.2
二、餐饮业	Catering	45238.0	19573.4

单位：万元 unit:10000 yuan

集体资本 Collective	法人资本 Corporate	个人资本 Private	港澳台资本 Funded from Hongkong, Macao and Taiwan	外商资本 Foreign funds
	23069.9			16700.0
	4027.0			16700.0
	19042.9			
	19222.2	20.2		
20.0				
	3275.7	3329.3		
			1800.0	
	4027.0			
	35183.3	13061.0	49.0	16700.0
20.0	40816.7	13390.3	1849.0	16700.0
		3000.0		
	20.0			
	20871.5	20.2		
	2599.8			16700.0
	55621.3	500.0	1800.0	
20.0	2435.1	15560.5	49.0	
	1052.0	350.0		
	9000.6			16700.0
	34542.9	11000.0	1800.0	
20.0	9040.8	30.0		
	6.0	4.0		
		51.0	49.0	
	9117.9	5325.5		
138.7	17837.6	7341.1		347.2

14-7 续表 9 continued9

指标名称 Item		营业收入 Operation revenue	主营业务收入 Operating revenue
外商投资企业	Foreign funded	20628.4	20228.4
中外合资经营企业	Joint venture	18507.1	18107.1
中外合作经营企业	Cooperative	2121.3	2121.3
国有控股	State-owned	39673.9	39289.8
集体控股	Collective-owned	801.6	801.6
私人控股	Private-owned	36156.4	36059.9
港澳台商控股	Hongkong, Macao and Taiwan-Owned	2363.5	2363.5
外商控股	Foreign-owned	2420.4	2020.4
其他	Others	59757.0	56397.2
独立门店	Substantive store	123206.2	120933.9
连锁总店(总部)	Chain headquarter	2403.1	2403.1
连锁加盟店	Franchise store	972.4	920.0
其他	Others	14591.1	12675.4
大型	Large-sized	26965.3	26965.3
中型	Medium-sized	70279.9	68167.7
小型	Small-sized	38626.9	38466.8
微型	Micro-sized	5300.7	3332.6
五星	Five-star	20205.5	20205.5
四星	Four-star	43937.2	42887.9
三星	Three-star	23255.3	20560.7
二星	Two-star	1444.2	1444.1
一星	One-star	342.5	342.5
其他	Others	51988.1	51491.7
二、餐饮业	Catering	123780.4	123261.2

单位：万元 unit:10000 yuan

三、损益及分配 Profit and loss and distribution					
营业成本 Operation costs	主营业务成本 Operation cost	营业税金及附加 Business taxes and extra charges	主营业务税金及附加 Operating taxes and extra harges	其他业务利润 Other profits	销售费用 Marking expenses
10165.0	7754.0	550.6	550.6		7532.6
9531.0	7120.0	479.3	479.3		7155.2
634.0	634.0	71.3	71.3		377.4
10731.8	10728.8	950.2	950.2	3049.5	16696.9
360.7	360.7	4.6	4.6		240.1
20467.8	20348.4	633.2	619.1	222.6	6220.9
676.4	676.4	7.3	7.3	10.0	916.4
2760.9	349.9				1582.1
20720.1	18953.9	1000.8	992.5	3843.9	19856.0
48123.3	45646.7	2375.1	2360.9	5321.7	41351.5
103.9	103.9	37.6	37.6	1804.3	2030.5
697.0	599.0	25.7	25.7		284.3
6793.5	5068.5	157.7	149.5		1846.1
11744.3	11716.2	507.4	507.4		9083.2
23751.3	21324.3	1111.7	1111.7	3310.3	24050.9
16299.8	16287.3	951.8	937.6	3593.1	12265.0
3922.3	2090.3	25.2	17.0	222.6	113.3
7493.9	7493.9	481.4	481.4		7139.9
10787.4	10771.3	688.1	688.0	1270.7	17713.7
9421.2	7696.2	573.2	565.0	2763.2	6388.5
638.7	638.7	7.7	7.7		209.8
49.5	49.5	0.8	0.8		250.1
27327.0	24768.5	844.9	830.8	3092.1	13810.4
51891.9	51222.5	1858.8	1777.0	2830.0	39920.4

14-7 续表 10 continued10

指标名称 Item		管理费用 Management expenses	财务费用 Financial expenses
外商投资企业	Foreign funded	5620.6	730.1
中外合资经营企业	Joint venture	3869.4	917.6
中外合作经营企业	Cooperative	1751.2	-187.5
国有控股	State-owned	13564.5	1047.8
集体控股	Collective-owned	163.5	0.8
私人控股	Private-owned	8517.8	1298.4
港澳台商控股	Hongkong, Macao and Taiwan-Owned	836.9	919.7
外商控股	Foreign-owned	471.9	357.0
其他	Others	19234.6	2434.3
独立门店	Substantive store	37437.1	5989.1
连锁总店（总部）	Chain headquarter	136.2	136.3
连锁加盟店	Franchise store	114.4	83.4
其他	Others	5101.5	-150.8
大型	Large-sized	5337.2	2241.8
中型	Medium-sized	26907.6	3157.3
小型	Small-sized	9766.2	649.3
微型	Micro-sized	778.2	9.6
五星	Five-star	5661.5	572.1
四星	Four-star	17696.0	1942.5
三星	Three-star	5403.0	87.1
二星	Two-star	455.4	-0.1
一星	One-star	66.0	0.2
其他	Others	13507.3	3456.2
二、餐饮业	Catering	29396.8	2756.7

单位：万元 unit:10000 yuan

利息收入 Interest income	利息支出 Interest expenditure	资产减值损失 Lost	公允减值变动收益 Revenue
-175.9	26.5		
11.6	26.5		
-187.5			
1023.6	-20.1	1.2	
6.3	110.5	44.0	-2.7
-169.4	2021.4	-15.4	-1.0
1043.8	1906.8	29.8	-3.7
3.4	121.4		
0.8	83.6		
-187.5			
11.6	1707.7		
802.2	-16.7	-14.5	
46.0	415.6	44.0	-4.0
0.7	5.2	0.3	0.3
14.9	26.5		
794.8	81.2	0.7	
11.8	60.1	-23.4	
0.3			
38.7	1944.0	52.5	-3.7
53.8	1497.6	44.1	6.2

14-7 续表 11 continued11

指标名称 Item		投资收益 Investment income	其它收益 Other	营业利润 Business profits
外商投资企业	Foreign funded			-1559.6
中外合资经营企业	Joint venture			-1034.5
中外合作经营企业	Cooperative			-525.1
国有控股	State-owned			-3238.0
集体控股	Collective-owned			31.9
私人控股	Private-owned	0.6		-1027.8
港澳台商控股	Hongkong, Macao and Taiwan-Owned			-983.2
外商控股	Foreign-owned			-340.6
其他	Others	-12.4		-3488.0
独立门店	Substantive store	-0.4		-9602.4
连锁总店（总部）	Chain headquarter	-11.4		-54.0
连锁加盟店	Franchise store			-232.4
其他	Others			843.1
大型	Large-sized			-1948.6
中型	Medium-sized			-6263.5
小型	Small-sized	-12.4		-1286.3
微型	Micro-sized	0.6		452.7
五星	Five-star			-1143.3
四星	Four-star			-4881.2
三星	Three-star			1405.7
二星	Two-star			132.7
一星	One-star			-24.1
其他	Others	-11.8		-4535.5
二、餐饮业	Catering	1.9		-2080.6

单位：万元 unit:10000 yuan

				四、人工成本 Workers cost		五、从事住宿和餐饮业活动的从业人员平均人数（人） Average number of employees engaged in wholesale and retail activities (person)
营业外收入 Norbusiness revenue	营业外支出 Non-business expenditure	利润总额 Total profits	应交所得税 Income taxes payable	应付职工薪酬（本年贷方计发生额） payroll payable (credit accumulated happening this year)	应交增值税 VAT payableinput	
40.9	97.0	-1615.6	72.4	3733.3	34.7	743
16.6	74.0	-1091.8	72.4	3196.1	30.8	642
24.3	23.0	-523.8		537.2	3.9	101
213.3	140.3	-3333.4	44.3	11937.6	1031.7	2771
		31.9	20.0	250.4	3.8	60
86.3	571.8	-621.7	167.0	5340.3	725.1	1793
	2.0	-985.2		18.2	57.3	199
0.1		-340.4		251.6	25.2	122
149.5	226.5	-2362.5	79.0	15253.8	485.9	2931
371.4	890.0	-8206.0	259.3	30733.2	2102.2	7073
41.0	24.6	-25.8		746.4	71.8	169
		-233.5	1.1	126.2	29.0	44
36.8	26.0	854.0	49.9	1446.1	126.0	590
67.7	89.6	-1970.5	72.4	5554.0	23.9	994
276.1	191.0	-4959.2	3.8	19003.6	1318.9	4470
105.4	648.9	-1124.1	162.5	8122.5	842.4	2366
	11.1	442.5	71.6	371.8	143.8	46
22.0	129.8	-1251.1	72.4	4827.2	19.1	803
245.3	167.0	-4803.1	36.5	10983.9	817.0	2818
30.0	19.8	1416.9	57.0	4198.4	461.5	1298
22.3	0.5	154.5	42.0	414.4	64.5	55
		-24.1		62.0		10
129.6	623.5	-3104.4	102.4	12566.0	966.9	2892
334.5	588.9	-2418.0	417.0	423074.9	1521.3	6091

14-7 续表 12 continued12

指标名称 Item		法人企业数（个） Corporate enterprises (unit)	执行《2006 年企业会计准则企业个数》 Number of enterprises implmenting Accounting Standards for Business Enterprises 2006
正餐服务业	Dinner	85	49
快餐服务业	Fast food	3	3
饮料及冷饮服务业	Beverage and cold drink	1	
其他饮料及冷饮服务	Others	1	
其他餐饮业	Others	5	2
小吃服务	Snack service	1	1
餐饮配送服务	Food and beverage distribution services	3	
其他未列明餐饮业	Others	1	1
内资企业	Domestic funds	92	54
国有企业	State-owned	2	2
集体企业	Collective-owned	1	1
有限责任公司	Limited liability corporations	43	28
国有独资公司	State-owned solely	2	2
其他有限责任公司	Limited liability corporations	41	26
私营企业	Private	43	21
私营独资企业	Private funded	1	
私营有限责任公司	Private limited company	38	18
私营股份有限公司	Private share holding	4	3
其他企业	Others	3	2

单位：万元 unit:10000 yuan

住宿餐饮业 Accommodation and catering										
一、年初存货 Inventory	二、期末资产负债 Liabilities of ending asset									
	流动资产合计 Circulating funds	应收帐款 Receivables	存货 Inventery	固定资产合计 Total fixed assets	固定资产原价 Original Valueof fixed assets	房屋和构筑物 Housing and structures	机器设备 Machinery equipment	运输工具 Transportation tools	累计折旧 Total depreciation	本年折旧 Depreciation in this year
4155.1	68352.2	12149.5	3458.1	109024.5	146138.8	16460.7	2150.0	517.7	44430.7	3886.0
157.3	1810.0	90.8	242.1	2790.3	5594.8				2853.2	413.4
150.0	510.1	71.6	96.4	110.9	110.9	110.9			35.0	
150.0	510.1	71.6	96.4	110.9	110.9	110.9			35.0	
35.2	625.7	145.0	48.1	107.6	114.6		15.9	10.0	43.4	5.4
0.9	10.3		4.6	0.8	0.9		0.9		0.1	0.1
6.7	475.8	145.0	15.4	97.7	98.7		15.0	10.0	37.2	5.3
27.6	139.6		28.1	9.1	15.0				6.1	
4356.4	70713.2	12449.5	3558.8	111858.6	151675.3	16571.6	2165.9	527.7	47156.8	4269.3
149.8	5082.7	193.6	99.7	51632.5	68071.3				16438.8	2016.3
12.8	211.0	150.6	3.6	65.1	65.1					
2434.1	44394.9	4595.1	1832.1	35785.0	57325.2	2757.0	1809.4	177.2	22622.7	1151.3
238.3	3587.0	791.8	212.4	41.0	536.4		487.7	11.0	495.4	9.3
2195.8	40807.9	3803.3	1619.7	35744.0	56788.8	2757.0	1321.7	166.2	22127.3	1142.0
1353.1	15095.8	2158.9	1273.0	15550.2	16881.0	5114.6	299.4	232.5	5607.7	876.9
31.5	51.5	5.0	30.0	103.5	103.5					
1009.6	13283.3	1990.6	941.2	15224.7	15330.4	5114.6	262.3	197.2	4375.7	765.3
312.0	1761.0	163.3	301.8	222.0	1447.1		37.1	35.3	1232.0	111.6
406.6	5928.8	5351.3	350.4	8825.8	9332.7	8700.0	57.1	118.0	2487.6	224.8

14-7 续表 13 continued13

指标名称	Item	在建工程 Circulationg funds	非流动资产合计 Total of non-current assets
正餐服务业	Dinner	15872.4	145871.7
快餐服务业	Fast food		8647.6
饮料及冷饮服务业	Beverage and cold drink		110.9
其他饮料及冷饮服务	Others		110.9
其他餐饮业	Others		147.5
小吃服务	Snack service		0.8
餐饮配送服务	Food and beverage distribution services		97.7
其他未列明餐饮业	Others		49.0
内资企业	Domestic funds	15872.4	154603.0
国有企业	State-owned	9159.1	60794.2
集体企业	Collective-owned		65.1
有限责任公司	Limited liability corporations	67.2	52661.9
国有独资公司	State-owned solely		59.4
其他有限责任公司	Limited liability corporations	67.2	52602.5
私营企业	Private	6629.2	32254.3
私营独资企业	Private funded		103.5
私营有限责任公司	Private limited company	6337.8	30856.4
私营股份有限公司	Private share holding	291.4	1294.4
其他企业	Others	16.9	8827.5

单位：万元 unit:10000 yuan

资产总计 Total assets	流动负债合计 Total current liabilities	应付帐款 Inventory	非流动负债合计 Non-current liabilities	负债合计 Total liabilities	所有者权益 Creditor's equity
214223.9	73147.3	18672.2	29620.7	103206.2	111017.7
10457.6	5102.6	1197.8	1.0	5103.6	5354.0
621.0	101.2			101.2	519.8
621.0	101.2			101.2	519.8
773.2	362.9	84.5		362.9	410.3
11.1	27.9	14.1		27.9	-16.8
573.5	196.4	41.3		196.4	377.1
188.6	138.6	29.1		138.6	50.0
225316.2	78586.7	19905.1	29621.7	108646.6	116669.6
65876.9	8287.2	370.5	7470.0	15757.2	50119.7
276.1	752.8	426.7	35.0	787.8	-511.7
97056.8	32961.6	7507.8	7922.9	40884.5	56172.3
3646.4	2437.9	101.5		2437.9	1208.5
93410.4	30523.7	7406.3	7922.9	38446.6	54963.8
47350.1	27366.8	2624.9	13555.5	41360.5	5989.6
155.0	115.0	50.0		115.0	40.0
44139.7	25585.2	2210.3	13539.0	39562.4	4577.3
3055.4	1666.6	364.6	16.5	1683.1	1372.3
14756.3	9218.3	8975.2	638.3	9856.6	4899.7

14-7 续表 14 continued14

指标名称	Item	实收资本 Original	国家资本 State owned
正餐服务业	Dinner	40427.0	19573.4
快餐服务业	Fast food	4610.0	
饮料及冷饮服务业	Beverage and cold drink	50.0	
其他饮料及冷饮服务	Others	50.0	
其他餐饮业	Others	151.0	
小吃服务	Snack service		
餐饮配送服务	Food and beverage distribution services	101.0	
其他未列明餐饮业	Others	50.0	
内资企业	Domestic funds	44865.8	19573.4
国有企业	State-owned	16733.4	16733.4
集体企业	Collective-owned	48.0	
有限责任公司	Limited liability corporations	12544.9	2840.0
国有独资公司	State-owned solely	840.0	840.0
其他有限责任公司	Limited liability corporations	11704.9	2000.0
私营企业	Private	15269.5	
私营独资企业	Private funded	40.0	
私营有限责任公司	Private limited company	13491.8	
私营股份有限公司	Private share holding	1737.7	
其他企业	Others	270.0	

单位：万元 unit:10000 yuan

集体资本 Collective	法人资本 Corporate	个人资本 Private	港澳台资本 Funded from Hongkong，Macao and Taiwan	外商资本 Foreign funds
138.7	13597.6	6770.1		347.2
	4090.0	520.0		
	50.0			
	50.0			
	100.0	51.0		
	50.0	51.0		
	50.0			
138.7	17787.6	7341.1		25.0
48.0				
90.7	6462.9	3126.3		25.0
90.7	6462.9	3126.3		25.0
	11064.7	4204.8		
	40.0			
	9687.0	3804.8		
	1337.7	400.0		
	260.0	10.0		

14-7 续表 15 continued15

指标名称	Item	营业收入 Operation revenue	主营业务收入 Operating revenue
正餐服务业	Dinner	105348.7	104829.5
快餐服务业	Fast food	14556.3	14556.3
饮料及冷饮服务业	Beverage and cold drink	246.5	246.5
其他饮料及冷饮服务	Others	246.5	246.5
其他餐饮业	Others	3628.9	3628.9
小吃服务	Snack service	248.7	248.7
餐饮配送服务	Food and beverage distribution services	2691.2	2691.2
其他未列明餐饮业	Others	689.0	689.0
内资企业	Domestic funds	123079.4	122560.2
国有企业	State-owned	14797.7	14797.7
集体企业	Collective-owned	760.6	760.6
有限责任公司	Limited liability corporations	62897.0	62394.4
国有独资公司	State-owned solely	2358.8	2173.0
其他有限责任公司	Limited liability corporations	60538.2	60221.4
私营企业	Private	37482.6	37466.0
私营独资企业	Private funded	2645.4	2645.4
私营有限责任公司	Private limited company	27748.4	27731.8
私营股份有限公司	Private share holding	7088.8	7088.8
其他企业	Others	7141.5	7141.5

单位：万元 unit:10000 yuan

三、损益及分配 Profit and loss and distribution					
营业成本 Operation costs	主营业务成本 Operation cost	营业税金及附加 Business taxes and extra charges	主营业务税金及附加 Operating taxes and extra harges	其他业务利润 Other profits	销售费用 Marking expenses
43655.9	42986.5	1818.9	1737.1	2830.0	31841.1
4742.1	4742.1	11.8	11.8		7929.7
148.4	148.4	8.5	8.5		72.3
148.4	148.4	8.5	8.5		72.3
3345.5	3345.5	19.6	19.6		77.3
223.4	223.4	0.9	0.9		15.4
2491.6	2491.6	15.7	15.7		61.9
630.5	630.5	3.0	3.0		
51627.7	50958.3	1845.5	1763.7	2830.0	39853.7
3064.8	3064.8	70.0	41.6		2278.5
534.0	534.0	1.4	1.4		167.7
26221.1	25884.0	1156.5	1111.0	2475.9	23948.4
567.8	545.0	193.8	193.8		796.1
25653.3	25339.0	962.7	917.2	2475.9	23152.3
18796.2	18463.9	501.5	496.7	354.1	10840.7
1307.0	1307.0	29.7	29.7		668.0
15100.4	14768.1	449.4	444.6	354.1	6322.7
2388.8	2388.8	22.4	22.4		3850.0
3011.6	3011.6	116.1	113.0		2618.4

14-7 续表 16 continued16

指标名称	Item	管理费用 Management expenses	财务费用 Financial expenses
正餐服务业	Dinner	28128.4	2513.5
快餐服务业	Fast food	1098.5	241.0
饮料及冷饮服务业	Beverage and cold drink	7.0	1.0
其他饮料及冷饮服务	Others	7.0	1.0
其他餐饮业	Others	162.9	1.2
小吃服务	Snack service	22.2	
餐饮配送服务	Food and beverage distribution services	90.8	0.6
其他未列明餐饮业	Others	49.9	0.6
内资企业	Domestic funds	29247.5	2755.3
国有企业	State-owned	11315.8	-4.6
集体企业	Collective-owned		12.4
有限责任公司	Limited liability corporations	10227.1	729.1
国有独资公司	State-owned solely	823.2	-22.4
其他有限责任公司	Limited liability corporations	9403.9	751.5
私营企业	Private	7236.4	1440.0
私营独资企业	Private funded	588.2	5.0
私营有限责任公司	Private limited company	5879.2	1435.1
私营股份有限公司	Private share holding	769.0	-0.1
其他企业	Others	468.2	578.4

单位：万元 unit:10000 yuan

利息收入 Interest income	利息支出 Interest expenditure	资产减值损失 Lost	公允减值变动收益 Revenue
53.7	1497.6	44.1	6.2
0.1			
0.1			
53.8	1497.6	44.1	6.2
7.2			
	12.4		
39.4	402.3	34.2	2.6
26.3			
13.1	402.3	34.2	2.6
6.6	510.2	9.9	3.6
	5.0		
1.2	501.1	9.9	3.6
5.4	4.1		
0.6	572.7		

14-7 续表 17 continued17

指标名称 Item		投资收益 Investment income	其它收益 Other	营业利润 Business profits
正餐服务业	Dinner	1.9		-2645.5
快餐服务业	Fast food			533.2
饮料及冷饮服务业	Beverage and cold drink			9.3
其他饮料及冷饮服务	Others			9.3
其他餐饮业	Others			22.4
小吃服务	Snack service			-13.2
餐饮配送服务	Food and beverage distribution services			30.6
其他未列明餐饮业	Others			5.0
内资企业	Domestic funds	1.9		-2286.7
国有企业	State-owned			-1926.8
集体企业	Collective-owned			45.1
有限责任公司	Limited liability corporations	-0.2		582.8
国有独资公司	State-owned solely			0.3
其他有限责任公司	Limited liability corporations	-0.2		582.5
私营企业	Private	2.1		-1336.6
私营独资企业	Private funded			47.5
私营有限责任公司	Private limited company	2.1		-1442.8
私营股份有限公司	Private share holding			58.7
其他企业	Others			348.8

单位：万元 unit:10000 yuan

营业外收入 Norbusiness revenue	营业外支出 Non-business expenditure	利润总额 Total profits	应交所得税 Income taxes payable	四、人工成本 Workers cost 应付职工薪酬（本年贷方计发生额）payroll payable (credit accumulated happening this year)	应交增值税 VAT payableinput	五、从事住宿和餐饮业活动的从业人员平均人数（人）Average number of employees engaged in wholesale and retail activities (person)
306.8	582.7	-2994.9	366.2	421561.6	1441.0	5472
27.7	6.2	545.3	42.8	672.5	12.8	412
		9.3	2.3	25.0	5.5	20
		9.3	2.3	25.0	5.5	20
		22.3	5.7	815.8	62.0	187
		-13.2		15.4	1.7	7
		30.5	5.1	656.1	58.0	160
		5.0	0.6	144.3	2.3	20
334.4	588.9	-2431.7	413.6	422894.2	1513.3	6033
13.3	22.1	-1892.7	2.1	4307.8	45.5	919
	0.5	44.6		102.8	11.1	32
191.7	15.4	879.5	292.6	410713.3	697.6	2726
3.4	0.4	3.3	9.6	857.3	98.6	185
188.3	15.0	876.2	283.0	409856.0	599.0	2541
129.4	550.9	-1811.9	92.3	7315.1	621.5	2166
		47.5		236.0	5.0	100
109.5	529.9	-1950.5	84.4	4826.4	599.3	1525
19.9	21.0	91.1	7.9	2252.7	17.2	541
		348.8	26.6	455.2	137.6	190

14-7 续表 18 continued18

指标名称 Item		法人企业数（个） Corporate enterprises(unit)	执行《2006 年企业会计准则企业个数》 Number of enterprises implmenting Accounting Standards for Business Enterprises 2006	一、年初存货 Inventory
港、澳、台商投资企业	Investment companies of Hong Kong, Macao and Taiwan	1		6.7
与港澳台商合资经营企业	Joint venture with Hong Kong, Macao and Taiwan companies	1		6.7
外商投资企业	Foreign funded	1		134.5
中外合资经营企业	Joint venture	1		134.5
国有控股	State-owned	4	4	388.1
集体控股	Collective-owned	1	1	12.8
私人控股	Private-owned	70	41	2467.2
外商控股	Foreign-owned	1		134.5
其他	Others	18	8	1495.0
独立门店	Substantive store	82	47	3122.3
连锁总店（总部）	Chain headquarter	2	1	747.1
连锁直营店	Direct-sale store	2	1	280.4
连锁加盟店	Chain store	1	1	21.8
其他	Others	7	4	326.0
大型	Large-sized	2	2	278.2
中型	Medium-sized	6	4	678.7
小型	Small-sized	77	44	3480.8
微型	Micro-sized	9	4	59.9

单位：万元 unit:10000 yuan

住宿餐饮业 Accommodation and catering									
二、期末资产负债 Liabilities of ending asset									
流动资产合计 Circulating funds	应收帐款 Receivables	存货 Inventery	固定资产合计 Total fixed assets	固定资产原价 Original Valueof fixed assets	房屋和构筑物 Housing and structures	机器设备 Machinery equipment	运输工具 Transportation tools	累计折旧 Total depreciation	本年折旧 Depreciation in this year
314.2	7.4	15.3	73.7	73.7				36.2	4.8
314.2	7.4	15.3	73.7	73.7				36.2	4.8
270.6		270.6	101.0	210.1				169.3	30.7
270.6		270.6	101.0	210.1				169.3	30.7
8669.7	985.4	312.1	51673.5	68607.7		487.7	11.0	16934.2	2025.6
211.0	150.6	3.6	65.1	65.1					
34204.5	10505.9	2330.0	31401.9	36415.2	15481.6	951.1	465.8	12053.8	1703.0
270.6		270.6	101.0	210.1				169.3	30.7
27942.2	815.0	928.4	28791.8	46661.0	1090.0	727.1	50.9	18205.0	545.5
60984.6	11183.8	3211.5	109681.7	148245.3	16571.6	1410.6	456.4	45657.3	3812.8
3113.6	5.3	181.4	667.9	667.9		667.6		187.1	112.7
1313.9	79.2	274.4	221.2	1400.5			35.3	1186.2	101.8
96.7	34.5	10.0	72.7	72.7		72.7		15.3	15.3
5789.2	1154.1	167.4	1389.8	1572.7		15.0	36.0	316.4	262.2
5397.7	267.9	336.3	54336.4	73388.3				19051.9	2189.6
23493.1	1056.0	585.2	35850.6	53207.8		14.4	59.1	18811.6	216.7
42163.6	11093.2	2875.1	21833.0	25331.8	16569.6	2148.3	467.6	9480.4	1894.1
243.6	39.8	48.1	13.3	31.2	2.0	3.2	1.0	18.4	4.4

14-7 续表 19 continued19

指标名称 Item		在建工程 Circulationg funds	非流动资产合计 Total of non-current assets
港、澳、台商投资企业	Investment companies of Hong Kong, Macao and Taiwan		73.7
与港澳台商合资经营企业	Joint venture with Hong Kong, Macao and Taiwan companies		73.7
外商投资企业	Foreign funded		101.0
中外合资经营企业	Joint venture		101.0
国有控股	State-owned	9159.1	60853.6
集体控股	Collective-owned		65.1
私人控股	Private-owned	6629.2	56685.5
外商控股	Foreign-owned		101.0
其他	Others	84.1	37072.5
独立门店	Substantive store	15872.4	150823.6
连锁总店（总部）	Chain headquarter		1049.5
连锁直营店	Direct-sale store		990.1
连锁加盟店	Chain store		463.1
其他	Others		1451.4
大型	Large-sized	9159.1	69168.6
中型	Medium-sized	169.2	44181.9
小型	Small-sized	6501.4	41366.6
微型	Micro-sized	42.7	60.6

单位：万元 unit:10000 yuan

资产总计 Total assets	流动负债合计 Total current liabilities	应付帐款 Inventory	非流动负债合计 Non-current liabilities	负债合计 Total liabilities	所有者权益 Creditor's equity
387.9	77.9			77.9	310.0
387.9	77.9			77.9	310.0
371.6	49.4	49.4		49.4	322.2
371.6	49.4	49.4		49.4	322.2
69523.3	10725.1	472.0	7470.0	18195.1	51328.2
276.1	752.8	426.7	35.0	787.8	-511.7
90890.0	53108.5	15737.4	19359.5	72906.2	17983.8
371.6	49.4	49.4		49.4	322.2
65014.7	14078.2	3269.0	2757.2	16835.4	48179.3
211808.2	68435.4	16996.2	28992.2	97865.8	113942.4
4163.1	3477.7	363.7	1.0	3478.7	684.4
2304.0	1183.8	360.4	16.5	1200.3	1103.7
559.8	466.7	17.1		466.7	93.1
7240.6	5150.4	2217.1	612.0	5762.4	1478.2
74566.3	12349.0	1128.6	7470.0	19819.0	54747.3
67675.0	12769.1	4902.5	9453.0	22660.3	45014.7
83530.2	53493.9	13902.6	12691.7	66185.6	17344.6
304.2	102.0	20.8	7.0	109.0	195.2

14-7 续表 20 continued20

指标名称 Item		实收资本 Original	国家资本 State owned
港、澳、台商投资企业	Investment companies of Hong Kong, Macao and Taiwan	50.0	
与港澳台商合资经营企业	Joint venture with Hong Kong, Macao and Taiwan companies	50.0	
外商投资企业	Foreign funded	322.2	
中外合资经营企业	Joint venture	322.2	
国有控股	State-owned	17573.4	17573.4
集体控股	Collective-owned	48.0	
私人控股	Private-owned	22769.4	
外商控股	Foreign-owned	322.2	
其他	Others	4525.0	2000.0
独立门店	Substantive store	42730.3	19573.4
连锁总店（总部）	Chain headquarter	590.0	
连锁直营店	Direct-sale store	1337.7	
连锁加盟店	Chain store	100.0	
其他	Others	480.0	
大型	Large-sized	20653.4	16653.4
中型	Medium-sized	3660.0	2000.0
小型	Small-sized	20759.3	920.0
微型	Micro-sized	165.3	

单位：万元 unit:10000 yuan

集体资本 Collective	法人资本 Corporate	个人资本 Private	港澳台资本 Funded from Hongkong, Macao and Taiwan	外商资本 Foreign funds
	50.0			
	50.0			
				322.2
				322.2
48.0				
15.7	15951.6	6802.1		
				322.2
75.0	1886.0	539.0		25.0
138.7	15548.9	7122.1		347.2
	590.0			
	1337.7			
	100.0			
	261.0	219.0		
	4000.0			
	1011.0	649.0		
138.7	12663.3	6690.1		347.2
	163.3	2.0		

14-7 续表 21 continued21

指标名称	Item	营业收入 Operation revenue	主营业务收入 Operating revenue
港、澳、台商投资企业	Investment companies of Hong Kong, Macao and Taiwan	176.2	176.2
与港澳台商合资经营企业	Joint venture with Hong Kong, Macao and Taiwan companies	176.2	176.2
外商投资企业	Foreign funded	524.8	524.8
中外合资经营企业	Joint venture	524.8	524.8
国有控股	State-owned	17156.5	16970.7
集体控股	Collective-owned	760.6	760.6
私人控股	Private-owned	74173.3	74143.3
外商控股	Foreign-owned	524.8	524.8
其他	Others	31165.2	30861.8
独立门店	Substantive store	96480.9	96259.2
连锁总店（总部）	Chain headquarter	3672.0	3672.0
连锁直营店	Direct-sale store	6533.5	6533.5
连锁加盟店	Chain store	365.3	365.3
其他	Others	16728.7	16431.2
大型	Large-sized	27354.3	27354.3
中型	Medium-sized	31662.1	31370.1
小型	Small-sized	63420.0	63200.7
微型	Micro-sized	1344.0	1336.1

单位：万元 unit:10000 yuan

三、损益及分配 Profit and loss and distribution					
营业成本 Operation costs	主营业务成本 Operation cost	营业税金及附加 Business taxes and extra charges	主营业务税金及附加 Operating taxes and extra harges	其他业务利润 Other profits	销售费用 Marking expenses
81.6	81.6	6.5	6.5		61.9
81.6	81.6	6.5	6.5		61.9
182.6	182.6	6.8	6.8		4.8
182.6	182.6	6.8	6.8		4.8
3632.6	3609.8	263.8	235.4		3074.6
534.0	534.0	1.4	1.4		167.7
34043.0	33406.7	979.3	933.3	2830.0	25537.3
182.6	182.6	6.8	6.8		4.8
13499.7	13489.4	607.5	600.1		11136.0
39230.1	38861.0	1641.8	1603.6	2830.0	27811.3
1743.6	1743.6	0.4	0.4		2232.5
2317.9	2317.9	20.4	20.4		3547.9
258.8	258.8	1.4	1.4		
8341.5	8041.2	194.8	151.2		6328.7
7192.1	7192.1	65.0	36.6		9294.0
11692.0	11681.7	468.1	464.0	2475.9	12402.9
32258.4	31599.3	1299.2	1250.1	354.1	18100.4
749.4	749.4	26.5	26.3		123.1

14-7 续表 22 continued22

指标名称 Item		管理费用 Management expenses
港、澳、台商投资企业	Investment companies of Hong Kong, Macao and Taiwan	12.0
与港澳台商合资经营企业	Joint venture with Hong Kong, Macao and Taiwan companies	12.0
外商投资企业	Foreign funded	137.3
中外合资经营企业	Joint venture	137.3
国有控股	State-owned	12139.0
集体控股	Collective-owned	
私人控股	Private-owned	11553.8
外商控股	Foreign-owned	137.3
其他	Others	5566.7
独立门店	Substantive store	27416.7
连锁总店（总部）	Chain headquarter	163.8
连锁直营店	Direct-sale store	622.7
连锁加盟店	Chain store	101.0
其他	Others	1092.6
大型	Large-sized	11975.1
中型	Medium-sized	6425.9
小型	Small-sized	10720.6
微型	Micro-sized	275.2

单位：万元 unit:10000 yuan

财务费用 Financial expenses	利息收入 Interest income	利息支出 Interest expenditure	资产减值损失 Lost	公允减值变动收益 Revenue
0.5				
0.5				
0.9				
0.9				
-27.0	33.5			
12.4		12.4		
2512.5	17.8	1295.0	12.0	6.2
0.9				
257.9	2.5	190.2	32.1	
2727.5	46.2	1493.0	40.3	6.2
0.2				
-1.2	5.4	4.1		
0.5		0.5		
29.7	2.2		3.8	
237.9				
829.3	8.0	4.1	31.9	
1679.0	44.7	1493.1	9.7	5.6
10.5	1.1	0.4	2.5	0.6

14-7 续表 23 continued23

指标名称	Item	投资收益 Investment income	其它收益 Other	营业利润 Business profits
港、澳、台商投资企业	Investment companies of Hong Kong, Macao and Taiwan			13.7
与港澳台商合资经营企业	Joint venture with Hong Kong, Macao and Taiwan companies			13.7
外商投资企业	Foreign funded			192.4
中外合资经营企业	Joint venture			192.4
国有控股	State-owned			-1926.5
集体控股	Collective-owned			45.1
私人控股	Private-owned	2.1		-456.5
外商控股	Foreign-owned			192.4
其他	Others	-0.2		64.9
独立门店	Substantive store	1.9		-2378.9
连锁总店（总部）	Chain headquarter			-468.5
连锁直营店	Direct-sale store			25.8
连锁加盟店	Chain store			3.6
其他	Others			737.4
大型	Large-sized			-1409.8
中型	Medium-sized			-188.4
小型	Small-sized	1.9		-639.8
微型	Micro-sized			157.4

单位：万元 unit:10000 yuan

				四、人工成本 Workers cost		五、从事住宿和餐饮业活动的从业人员平均人数（人）Average number of employees engaged in wholesale and retail activities (person)
营业外收入 Norbusiness revenue	营业外支出 Non-business expenditure	利润总额 Total profits	应交所得税 Income taxes payable	应付职工薪酬（本年贷方计发生额）payroll payable (credit accumulated happening this year)	应交增值税 VAT payableinput	
		13.7	3.4	20.5	3.5	20
		13.7	3.4	20.5	3.5	20
0.1				160.2	4.5	38
0.1				160.2	4.5	38
16.7	22.5	-1889.4	11.7	5165.1	144.1	1104
	0.5	44.6		102.8	11.1	32
194.9	558.5	-1343.4	194.3	12451.5	932.6	3654
0.1				160.2	4.5	38
122.8	7.4	770.2	211.0	405195.3	429.0	1263
282.5	567.7	-2931.9	243.5	17650.8	1366.6	4785
	0.1	-3.3		400998.5		158
19.9	20.8	62.2		2016.5		492
0.5	0.1	4.0		54.8	12.4	15
31.6	0.2	451.0	173.5	2354.3	142.3	641
35.8	24.8	-1356.0	42.8	4181.8		1122
99.8	22.4	-148.3	163.5	7133.8	302.5	1489
191.0	295.6	-832.9	210.7	411581.0	1197.4	3381
7.9	246.1	-80.8		178.3	21.4	99

统计资料

▶对外经济贸易和旅游业

FOREIGN TRADE TOURISM

STATISTICS

2018

长春统计年鉴

CHANGCHUN STATISTICAL YEARBOOK

第十五篇　对外经济贸易和旅游业

据海关统计，2017 年，长春市实现进出口总额 952.5 亿元，同比增长 1.9%。其中：实现出口额 129.8 亿元，同比增长 2.8%；实现进口额 822.6 亿元，同比增长 1.8%。

从贸易方式来看，2017 年，长春市进出口以一般贸易为主，加工贸易次之。长春市通过一般贸易实现进出口额 902.0 亿元，占全市进出口总额的 94.7%，超过九成。通过加工贸易实现进出口额 43.9 亿美元，占全市进出口总额的 4.6%，进出口额同比下降 10.0%。

从主要出口商品品种来看，长春市全年共实现出口额 129.8 亿元，同比增长 2.8%。前十类主要出口商品出口额六升四降，其中汽车零配件和汽车类商品出口额同比分别增长 0.7%、37.8%，两类商品分别位居出口榜单的第一和第二位，占全市出口额的 21.4%。

2017 年，长春市实际利用外资 74.2 亿美元，同比增长 14.2%，增速比 2016 年减缓 0.5 个百分点。其中：直接利用外资 14.0 亿美元，同比增长 8.6%；间接利用外资 60.2 亿美元，同比增长 15.6%。

15-1 对外经济贸易指标（2017 年）
FOREIGN TRADE AND ECONOMIC COOPERATION

		单位 Unit	2017
进出口总额	Total import and export	万元 10000 元	9524940
其中：进口	Imports	万元 10000 元	8226452
出口	Exports	万元 10000 元	1298487
1. 国有企业	State owned	万元 10000 元	2740294
其中：进口	Imports	万元 10000 元	2222735
出口	Exports	万元 10000 元	517559
2. 集体企业	Collective owned	万元 10000 元	80
其中：进口	Imports	万元 10000 元	
出口	Exports	万元 10000 元	80
3. 三资企业	Foreign funded	万元 10000 元	6208395
其中：进口	Imports	万元 10000 元	5735396
出口	Exports	万元 10000 元	472999
4. 私营企业	Private	万元 10000 元	574468
其中：进口	Imports	万元 10000 元	268282
出口	Exports	万元 10000 元	306186
新批项目（企业）数	Number of new registered enterprises	个 unit	27
投资总额	Total investment	万美元 $10000	337502.6
合同利用外资额	Contract foreign investment	万美元 $10000	113491.7
其中：直接利用外资额	Direct foreign investments	万美元 $10000	113491.7
实际利用外资额	Total of foreign funds actu a lly used	万美元 $10000	741919.7
其中：直接利用外资额	Direct foreign investment	万美元 $10000	140482.5

15-2 2005-2017 年长春市旅游经济情况

		2005	2006	2007
海外旅游者（人次）	International tourists (person-time)	110000	151100	200248
外国人（人次）	Foreigners(person-time)	87100	117200	164834
华侨（人次）	Overseas Chinese(person-time)			
港澳同胞（人次）	Compatriots from Hongkong and Macao(person-time)	12100	17500	19210
台湾同胞（人次）	Compatriots from Taiwan(person-time)	10700	16200	16204
海外旅游者（人天）	International tourists(person-day)	330000	420600	459611
外国人（人天）	Foreigners(person-day)	276000	340200	409052
华侨（人天）	Overseas Chinese(person-day)			
港澳同胞（人天）	Compatriots from Hongkong and Macao(person-day)	28700	40800	50559
台湾同胞（人天）	Compatriots from Taiwan(person-day)	24800	39500	47440
国内旅游者（万人次）	Domestic tourists(10000person-time)	1218.4	1366.7	1587.2
旅游外汇收入（万美元）	Foreign exchange earnings from tourism($10000)	5103.3	6665	8930
旅游业总收入（亿元）	Revenue of tourism(100 millon yuan)	120.2	148.2	182.8

DEVELOPMENT OF TOURISM（2005–2017）

2008	2009	2010	2011	2012	2013	2014	2015	2016	2017
217008	217000	249824	301639	356627	378261	384540	430582	452100	464900
187702	183251	219780	248034	286961	305616	314446	339611	353400	360600
13905	23326	20475	28809	36828	39554	41710	47558	51100	53300
10399	10534	9569	24796	32838	33091	38384	43413	47600	51000
595025	670934	806995	998963	1146277	1253593	1352119	1488153	1536500	1384988
510417	583681	722157	838729	935851	1058121	1124431	1227928	1258800	1097212
54444	57799	57121	85530	109363	112040	118830	137750	150000	155749
30164	29454	27717	74706	101063	100924	108858	122475	127700	132027
1896.6	2246.5	2612.6	3084.2	3620.2	4191.7	4948.3	5683.0	6655.2	7781.3
10680	11625	13747.9	16974.5	22379.1	24305.9	28901.8	31850.2	34398.2	35602.2
228.3	276.6	350.4	431.7	548.3	685.8	839.5	10742.6	1341	1618.3

15-3 主要出口商品情况（2017 年）
MAIN EXPORT GOODS IN 2017

商品名称	Item	出口金额（万元）Export (10000 元)	占出口总额比重 (%) Proportion(%)
合计	Total	1298487	100.0
粮食	Food	29474	2.3
汽车（包括整套散件）	Automobile	145796	11.2
汽车零件	Vehicle parts	131562	10.1
服装及衣着附件	Garments and accessories	44489	3.4
新的充气橡胶轮胎	New pneumaticrubber tire	14563	1.1
塑料制品	Plastic products	8268	0.6
肉及杂碎	Meat	5440	0.4
胶合板及类似多层板	Veneer and multiply wood	68683	5.3
家具及其零件	Furniture	24608	1.9
摩托车	Motorcycles	15809	1.2
通断保护电路装置及零件	Hardware	39278	3.0
医药品	Medicine materials	55596	4.3
箱包及类似容器	Bags and similar containers	2964	0.2
纺织纱线、织物及制品	Weave and products	4035	0.3
家用或装饰用木制品	Timeber products for household or decoration	6192	0.5
医疗仪器及器械	Medical apparatus and appliance	1306	0.1
灯具照明装置及其零件	Lighting installation and its spares	2631	0.2
手用或机用工具	Manual or machine tools	13235	1.0
玻璃制品	Glasswares	557	0.04
钢 材	Steel products	3473	0.3

15-4 主要进口商品情况（2017 年）
MAIN IMPORT GOODS IN 2017

商品名称 Item		进口金额（万元）Import (10000 元)	占进口总额比重 (%) Proportion (%)
合计	Total	8226452	100.0
汽车零件	Vehicles parts	3491907	42.4
汽车（包括整套散件）	Vehicles	1361462	16.5
计量检测分析自控仪器及器具	Analysis of measurement control equipment and appliance	580910	7.1
大豆	Soybean	26175	0.3
金属加工机床	Metal-cutling machine tools	46073	0.6
通断保护电路装置及零件	Hardware	351983	4.3
活塞式内燃机的零件	Parts of piston eagine	60423	0.7
钢材	Steel products	64252	0.8
钢铁制标准坚固件	Standard strong steel products	115155	1.4
收音设备	Recording equipment	88878	1.1
集成电路	Integrated circuit	117901	1.4
电动机及发电机	Electromotor and dynamo	74314	0.9
电视、收音机及无线电讯装置的零附件	Electrical apparatus and parts	232690	2.8
初级形状的塑料	Initial shape plastics	55071	0.7
液泵及液体提升机	Pump and liquid elevator	43731	0.5
变压、整流、电感器及零件	Transformer rectifier inductor and parts	38829	0.5
机械提升搬运装卸设备及零件	Mechanical handling equipmeat and parts to upgrade handing	49192	0.6
医疗仪器及器械	Medical apparatus and appliance	7155	0.1
合成橡胶（包括乳胶）	Synthetic rubber (include emulsoid)	8236	0.1
电线和电缆	Wire and cable	36393	0.4
制冷设备用压缩机	Compressor for refrigeration facility	39759	0.5
塑料制品	Plastic products	37284	0.5
纺织纱线、织物及制品	Weave and products	25722	0.3
空气调节器	Air conditioners	25770	0.3
阀门	Valve	11069	0.1
棉 花	Conton		

15–5 外贸进出口总值分国别（地区）出口情况（2017 年）
BASIC CONDITIONS OF FOREIGN TRADE BY COUNTRY IN 2017

国家（地区）	Country or region	出口额（万元）Exports(10000 元)
总 值	Total	1298487
日本	Japan	114000
韩国	Korea	75440
美国	United States	106213
德国	Germany	88233
印度	India	60771
香港	HongKong	80379
越南	Vietnam	35723
台湾	Taiwan	16208
比利时	France	25574
加拿大	Canada	19604
伊朗	Iran	67327
巴基斯坦	Pakistan	30694
英国	United Kingdom	23542
墨西哥	Mexico	32120
荷兰	Netherland	14225
澳大利亚	Australia	8299
俄罗斯	Russia	38656
菲 律 宾	Philippines	39226
尼日利亚	Nigeria	7362
意 大 利	Italy	12180
阿拉伯联合酋长国	United Arab Emirates	952
马来西亚	Malaysia	17472
沙特阿拉伯	Saudi Arabia	2666
印度尼西亚	Indonesia	49682
埃及	Egypt	5688
法国	France	6107
约旦	Jordan	1331
西班牙	Spain	13970
南非（阿扎尼亚）	South Africa	40513
柬埔寨	Cambodia	227
巴西	Brazil	10494
丹麦	Denmark	1066
乌克兰	Ukraine	6050
土耳其	Turkey	9210
泰国	Algeria	47941

15-6 外贸进出口总值分国别（地区）进口情况（2017 年）
BASIC CONDITIONS OF IMPORT IN FOREIGN TRADE BY COUNTRY IN 2017

国家（地区）	Country or region	进口额（万元）Imports（10000 元）
总 值	Total	8226452
德国	Germany	3801841
日本	Japan	929910
匈牙利	Hungary	468731
美国	United States	138621
意大利	Italy	127326
韩国	Korea	124772
捷克共和国	Czech	385943
比利时	Belgium	232889
法国	France	93059
瑞典	Sweden	19988
马来西亚	Malaysia	61272
墨西哥	Mexico	40788
西班牙	Spain	128623
奥地利	Austria	97702
巴西	Brazil	25773
英国	Britain	20911
俄罗斯	Russia	5233
泰国	Thailand	177898
台湾	Taiwan	41262
澳大利亚	Australia	7021
波兰	Poland	114815
瑞士	Switzerland	30053
荷兰	Netherlands	44683
菲律宾	Philippines	28457
新 加 坡	Singapore	9197
印度尼西亚	Indonesia	4292
香港	HongKong	3059
挪威	Norway	11925
印度	India	9669
以色列	Israel	9217
越南	Vietnam	19721
土耳其	Turkey	15264
加 拿 大	Canada	5463
丹麦	Denmark	10139
爱尔兰	Ireland	5095

15-7 新批外商项目（企业）分类表（2017年）
NEW REGISTERED FOREIGN PROJECTS (ENTERPRISES) BY CATEGORY IN 2017

		户数（个） Enterprises (unit)	合同外资 （万美元） Investment ($10000)	比重 (%) Percentage (%)
总计	Total	27	113491.7	100.0
1. 按行业类别分	Grouped by sector			
第一产业	Primary industry	1	21000	18.5
第二产业	Secondary industry	7	15052.9	13.3
第三产业	Terinary industry	19	77438.8	68.2
2. 按国别、地区分	Grouped by country or region			
香港	Hongkong	9	97555.3	86.0
韩国	Korea	5	154.7	0.1
日本	Japan	1	1468.8	1.3
荷兰	Holland			
德国	Germany	1	14.8	0.01
新加坡	Singapore	1	517.8	0.5
3. 按经济类型分	Grouped by ownership			
中外合资企业	Sino-foreign joint ventures	18	74993.5	66.1
中外合作企业	Sino-foreign cooperative enterprises			
外商独资企业	Exclusively foreign-owned enterprises	9	38498.2	33.9
外商股份制企业	Foreign investment share enterprises			
投资性公司	Investment compani			

统计资料

STATISTICS

▶金融保险业

BANKING AND INSURANCE

2018

长春统计年鉴

CHANGCHUN STATISTICAL YEARBOOK

第十六篇　金融保险业

2017 年，全市金融机构继续加大金融对我市经济增长和结构调整的支持力度，贷款结构不断优化，全市金融为地方经济发展提供了有力的资金保障。保险行业发展稳中求进，为人民群众的生命和财产安全提供保障的功能得到充分发挥，行业发展再上新台阶。

一、各项存款持续增长

2017 年末，全市金融机构人民币各项存款余额达 11467.57 亿元，比年初增加 433.11 亿元，增长 3.9%。其中，住户存款 4566.99 亿元，比年初增加 348.75 亿元，增长 8.3%；非金融企业存款 4150.27 亿元，比年初减少 4.79 亿元，下降 0.1%；广义政府存款 2100.19 亿元，比年初减少 10.49 亿元，下降 0.5%；非银行业金融机构存款 642.4 亿元，比年初增加 98.6 亿元，增长 18.1%。

二、各项贷款平稳增长

2017 年末，全市金融机构人民币各项贷款余额 10341.94 亿元，比年初增加 420.18 亿元，增长 4.2%。其中，住户贷款 2632.39 亿元，比年初增加 387.49 亿元，增长 17.3%；非金融企业及机关团体贷款 7709.04 亿元，比年初增加 32.64 亿元，增长 0.4%。

三、保险事业稳中求进

2017 年，长春市保险业发展持续向好，保障功能充分发挥，服务经济社会能力切实增强。人们对健康问题的关注加大，对人身意外伤害险和健康险的需求增加。2017 年长春市保险业实现保费收入 240.73 亿元，同比增长 7.09%，占全省 37.5%，其中人身意外伤害险保费收入 4.40 亿元，同比增长 28.96%；健康险保费收入 26.67 亿元，同比增长 39.8%。

2017 年全年赔付支出 74.35 亿元，同比增长 8.6%。其中，财产险赔付支出 43.48 亿元，同比增长 11.9%；人身险赔付支出 30.87 亿元，同比增长 4.2%。

16-1 主要年份住户储蓄存款余额（人民币）
DEPOSITS OF URBAN AND RURAL RESIDENTS（RMB）

单位：亿元　　unit:100million yuan

		2016	2017
年末储蓄存款余额	Balance of deposits at year-end	4218	4567
按县（市）区分	Divided by county(city)		
榆树	Yushu	196	216
农安	Nong′ an	247	285
德惠	Dehui	213	238
九台	Jiutai	173	200
双阳	Shuangyang	88	101

16-2 1996-2017 年保险费收入和赔款支出
PREMIUM AND CLAIM OF INSURANCE（1996-2017）

单位：千元　　unit:1000yuan

年份 Year	保险费收入 Premium	赔款支出 Claim	赔付率 (%) Payment rate
1996	243165	27898	11.5
1997	834330	216260	25.9
1998	467423	288599	61.7
1999	840370	234360	27.9
2000	897800	284490	31.7
2001	1203345	404926	33.7
2002	1870688	484611	25.9
2003	2871260	562650	19.6
2004	3212130	579940	18.1
2005	2986980	665300	22.3
2006	3513544	902754	25.7
2007	4521397	1687103	37.3
2008	5685661	2069416	36.4
2009	6810096	2234097	32.8
2010	9325866	2259205	24.2
2011	8443132	2505617	29.7
2012	8953946	3167895	35.4
2013	10664214	4484021	42.0
2014	12888849	4902490	38.0
2015	16165574	5556082	34.4
2016	22479803	6847947	30.5
2017	24073421	7435210	30.9

注：因执行新会计准则，保费收入计算口径发生变化，2011 年保费收入为新口径。
Note:the calculating calibers of premium income have been changed,due to new accounting standards.New calibers were adopted for premium income of year 2011.

16-3 2017年全市金融机构信贷收支（人民币）
CREDIT FUNDS BALANCE SHEET OF FINANCIAL INSTITUTIONS (RMB) IN 2017

单位：亿元　　unit:100million yuan

来源项目名称	Item of sources	金额 Amount
一、各项存款	Deposits	11467.57
（一）境内存款	Deposits of enterprises	11459.86
1. 住户存款	Household deposits	4566.99
（1）活期存款	Current deposits	1622.52
（2）定期及其他存款	Regular and other deposits	2944.47
2. 非金融企业存款	Non-financial enterprise deposit	4150.27
（1）活期存款	Current deposit	1559.01
（2）定期及其他存款	Regular and other deposits	2591.26
3. 广义政府存款	Generalized government deposit	2100.19
（1）财政性存款	Financial deposit	360.54
（2）机关团体存款	Organ group deposit	1739.65
4. 非银行业金融机构存款	Deposits of non-banking financial institutions	642.40
（二）境外存款	Foreign deposits	7.72
二、金融债券	Bonds	60.90
三、卖出回购资产	Sell repurchase assets	81.40
四、借款及非银行业金融机构拆入	Borrowing and non banking financial institutions	1.27
五、联行往来（净）	Interlinked(net)	830.61
六、应付及暂收款	Payable and temporary payment	323.26
七、各项准备	The preparation	343.11
八、所有者权益	Creditor's equity	645.68
其中：实收资本	Paid-up capital	235.24
九、其他	Others	22.46
资金来源总计	Total of sources	13776.26

16-3 续表 1 continued1

单位：亿元 unit:100million yuan

运用项目名称	Item of uses	金额 Amount
一、各项贷款	Loans	10341.94
（一）境内贷款	Domestic loans	10341.44
1. 住户贷款	Household loans	2632.39
（1）短期贷款	Short term loans	342.87
消费贷款	Consumer loans	132.66
经营贷款	business loans	210.21
（2）中长期贷款	Medium and long-term loans	2289.52
消费贷款	Consumer loans	1992.17
经营贷款	business loans	297.35
2. 非金融企业及机关团体贷款	Non-financial enterprises and institutions group loans	7709.04
（1）短期贷款	Short term loans	2972.80
（2）中长期贷款	Medium and long-term loans	4371.87
（3）票据融资	Bill financing	310.89
（4）融资租赁	Lease	14.84
（5）各项垫款	The advance	38.64
3. 非银行业金融机构贷款	Non-banking financial institutions	
（二）境外贷款	Foreign loans	0.50
二、债券投资	Bond investment	1187.99
三、股权及其他投资	Equity and other investments	1907.65
四、买入返售资产	Buy back resale assets	78.88
五、存放非银行业金融机构款项	Deposit of non-banking financial institutions	16.97
六、联行往来（净）	Interlinked(net)	
其中：境内存放二级准备金	The territory of the secondary reserve	412.20
七、金银占款	Gold and silver accounted for money	
八、外汇买卖	Foreign Exchange Trading	
九、应收及预付款	Receivables and prepayments	117.29
十、投资性房地产	Investment real estate	1.28
十一、固定资产	Fixed assets	124.26
资金运用总计	Total of uses	13776.26

16-4 2017年全市金融机构年末储蓄存款余额（人民币）
DEPOSITS BALANCE SHEET OF FINANCE INSTITUTIONS IN 2017(RMB)

单位：亿元　　unit:100million yuan

		金额 Amount
全市金融机构年末储蓄存款余额	Total	11468
按县（市）区分		
榆树	Yushu	274
农安	Nong' an	347
德惠	Dehui	284
九台	Jutai	245
双阳	Shuangyang	135

16-5 2017年全市保险业务状况
BASIC STATISTICS ON INSURANCE IN 2017

单位：千元　　unit:1000yuan

		保费收入 Premium	赔款支出 Claim	赔付率（%） Loss ratio
总计	Total	24073421	7435210	30.9
一、财产险合计	Property	8259805	4347769	52.6
企财险	Enterprises property insurance	327521	289168	88.3
家财险	Family property insurance	24613	19355	78.6
机动车险	Motor vehicle insurance	6459180	3344252	51.8
工程保险	Engineering insurance	61369	42969	70.0
责任险	Liability insurance	316586	102209	32.3
保证保险	Guarantee insurance	268430	99520	37.1
货运险	Freight transport insurance	260617	158164	60.7
农业保险	Agriculture insurance	454540	224568	49.4
其他	Other life insurance	86949	67565	77.7
二、人身险合计	Life insurance	15813616	3087441	19.5
人寿保险	Life insurance	12707223	2049227	16.1
意外伤害险	Accident injury insurance	439599	96241	21.9
健康险	Health insurance	2666795	941973	35.3

统计资料

▶教育、科技及文化事业

EDUCATION,SCIENCE AND TECHNOLOGY GULTURE

STATISTICS

2018

长春统计年鉴

CHANGCHUN STATISTICAL YEARBOOK

第十七篇　教育、科技及文化事业

2017 年，全市专利申请量 14995 件，授权量 8190 件，分别比上年增长 12.5% 和 16%。其中，发明专利申请量 6256 件，增长 7.8%；发明专利授权量 2607 件，增长 31.5%。全年登记的科技成果 115 项。

2017 年，长春市各级各类教育学校 1557 所（不含幼儿园），其中：在长普通高校 40 所，成人高校 8 所，中等职业学校 94 所，普通高中 70 所，初中 269 所，小学 1065 所，特殊教育 10 所，工读学校 1 所。

全市各级各类学校招生人数 35.2 万人，其中：普通高校 12 万人，成人高校 2.4 万人，中等职业学校 1.7 万人，普通高中 4.1 万人，初中 6.8 万人，小学 6.3 万人，特殊教育 110 人。

全市各级各类学校在校人数 129.2 万人，其中在读研究生 5.4 万人，普通本、专科生 43. 8 万人，成人本专科生 5.4 万人，中等职业学校在校生 4.7 万人，普通高中在校生 12 万人，初中在校生 18.5 万人，小学在校生 39.5 万人，特殊教育在校生 1085 人。

2017 年全市共有文化（文物）事业机构 265 家，其中艺术表演团体 7 家，艺术表演场馆 5 家，公共图书馆 12 家，艺术馆、文化馆 12 家，文化站 160 家，文化艺术科研、科技机构 1 家，文物保护研究机构 1 家，文物保护管理机构 4 家，其他文化事业 23 家，博物馆 23 家，文化市场管理机构 17 家。公共图书馆总藏量 565 万册，其中少儿图书馆藏量 75 万册。

2017 年全市有各类文化经营场所 1390 家，其中互联网上网服务营业场所 708 家，文化娱乐场所 307 家，演出场所 20 家，音像制品营业场所 90 家，古玩（美术品）经营店 265 家。市区（含开发区）文化经营场所 993 家，其中互联网上网服务营业场所 501 家，文化娱乐场所 219 家，演出场所 9 家，古玩（美术品）经营店 264 家。

2017 年全市有广播电台 6 座，节目 11 套，中波发射台和转播台 25 座，转播台 23 座，广播人口覆盖率为 100%，电视台 6 座，节目 10 套，电视人口覆盖率为 100%。

全市共有国家综合档案馆 11 个，馆藏档案 188 万卷，197 万件，开放档案 16 万卷，9 万件。

17-1 长春市各级各类教育基本情况(2017年)
BASIC STATISTICS ON EDUCATION IN 2017

		校数 Schools	毕业生(人) Graduates (person)	在校生数(人) Student enrollment (person)	教职工(人) Teacher and staff(person) 合计 Total	其中:专任教师 Full time teacher
一、高等教育	Higher education	48	165929	544990	46510	28277
1. 研究生培养机构	Graduate cultivation mechanism		15899	53532		
普通高校	Instituions of higher education		15860	53347		
科研机构	Scientific research institution		39	185		
2. 普通高等教育	Regular higher education	40	112048	437812	44817	27229
本科	Undergraduate		81722	341819		
专科	Specialty		30326	95993		
3. 成人高等教育	Adult Higher Education	8	37982	53646	1514	954
本科	Undergraduate		18495	31753		
专科	Specialty		19487	21893		
4. 民办其他高等教育机构	Other private higher education institutions				179	94
二、高中阶段教育	High school education	164	50448	166588	17771	14162
1. 中等职业	Secondary vocation	94	11918	46838	5126	3819
其中:普通中专	Special education schools	10	4270	14427	1489	1227
成人中专	Special secondary schools for adults	12	1382	2602	933	785
职业高中	Vocational senior middle schools	72	3590	17206	2570	1752
其他机构	Others		2676	12603	134	55
2. 普通高中	Senior secondary schools	70	38530	119750	12645	10343
三、初中阶段教育	junior high school education	269	60590	184676	25690	21192
1. 职业初中	Vocational middle schools	4	156	340	87	76
2. 普通初中	Junior secondary schools	265	60434	184336	25603	21116
四、小　学	Primary shools	1065	67906	394726	30450	26050
五、特殊教育	Special education schools	10	138	1085	426	365
六、工读学校	Approved shcools	1		86	41	29
七、幼儿园	Kindergartens	762	41998	118251	18183	10273

注:专任教师指标按办学类型填写。

17-2 中学概况（2017年）
BASIC STATISTICS ON SECONDARY SCHOOLS IN 2017

		校数（所）Schools	班数（个）Classes (unit)	毕业生数（人）Graduates (person)	在校学生数（人）Student enrollment (person)	教职工数（人）Teacher and staff (person)	
						合计 Total	#：专任教师 Full time teacher
长春市	Changchun	339	6732	99120	304426	38335	31535
城区	District	193	4013	57908	176546	24248	944
南关区	Nanguan	11	145	1887	5865	1090	1180
宽城区	Kuancheng	13	207	3228	8527	1206	1050
朝阳区	Chaoyang	12	212	2882	8380	1218	1843
二道区	Erdao	10	274	4437	13064	1970	937
绿园区	Lvyuan	9	236	3301	10480	1061	1304
双阳区	Shuangyang	26	326	4409	13362	1833	4260
九台区	Jiutai	34	644	9817	29816	5313	3611
市属	District	32	948	13576	41839	4095	896
新区	High-technical developing area	8	100	941	4004	1015	237
经济开发区	Economic technical developing area	4	40	397	1547	249	201
净月开发区	Jingyue developing area	4	46	552	1650	216	1194
汽车区	Automobile District	12	212	2882	8824	1368	3002
中省直	Directly under province	15	608	9429	28595	3457	137
莲花山区	lianhuashan	3	15	170	593	157	0
三县（市）区	Four counties(cities)	146	2719	41212	127880	14087	4054
农安县	Nong' an	50	942	13408	44189	5678	3560
榆树市	Yushu	54	994	15310	47593	4638	3125
德惠市	Dehui	42	783	12494	36098	3771	2948

注：专任教师按办学类型填写。

17-3 小学概况（2017 年）
BASIC STATISTICS ON PRIMARY SCHOOLS IN 2017

		校数（所）Schools	班数（个）Class (unit)	毕业生数（人）Graduates (person)	在校学生数（人）Student enrollment (person)	教职工数（人）Teacher and staff(person)	
						合计 Total	#：专任教师 Full time teacher
长春市	Changchun	1065	12266	67906	394726	30450	26050
城区	District	380	6533	38207	241459	14351	12510
南关区	Nanguan	25	466	2814	17451	1351	1238
宽城区	Kuancheng	26	637	3537	25434	1542	1513
朝阳区	Chaoyang	27	574	3623	22491	1615	1454
二道区	Erdao	15	545	3190	22890	941	846
绿园区	Lvyuan	27	560	3419	22272	1357	1196
双阳区	Shuangyang	111	765	3313	16910	2263	1675
九台区	Jiutai	89	1062	7066	35099	1850	1550
市属	District	6	313	2077	13071	870	747
新区	High-technical developing area	2	231	814	9426	68	65
经济开发区	Economic developing area	14	237	1569	9907	631	599
净月开发区	Jingyue developing area	12	185	969	6054	405	374
汽车区	Automobile District	7	347	2333	14658	410	360
中省直	Directly under province	6	560	3103	23952	892	751
莲花山	Lianhuashan	13	51	380	1844	156	142
三县（市）区	Three counties(cities)	685	5733	29699	153267	16099	13540
农安县	Nong′ an	247	1890	9921	56078	5932	4763
榆树市	Yushu	275	2272	11312	53742	6063	5451
德惠市	Dehui	163	1571	8466	43447	4104	3326

注：专任教师按办学类型填写。

17-4 幼儿园（2017年）
BASIC STATISTICS ON KINDER GARTENS IN 2017

		园数（所）Kindergartens (unit)	在园幼儿数（人）Children (person)	教职工数（人）Teacher and staff(person)	
				合计 Total	#：专任教师 Full time teacher
长春市	Changchun	762	118251	18183	10273
城区	District	541	86493	15270	8279
南关区	Nanguan	39	8288	1524	902
宽城区	Kuancheng	51	8220	1659	841
朝阳区	Chaoyang	80	12903	2396	1268
二道区	Erdao	66	9899	1688	915
绿园区	Lvyuan	82	11906	2082	1099
双阳区	Shuangyang	69	9738	1339	742
九台区	Jiutai	33	4046	832	498
市属	District	1	384	88	51
新区	High-technical developing area	14	2928	595	316
经济开发区	Economic developing area	46	6147	1262	700
净月开发区	Jingyue developing area	25	3605	668	363
汽车区	Automobile District	32	6886	1133	583
中省直	Directly under province		1344		
莲花山	Lianhuashan	3	199	4	1
三县（市）区	Three counties(cities)	221	31758	2913	1994
农安县	Nong′an	90	10823	929	764
榆树市	Yushu	39	9133	558	442
德惠市	Dehui	92	11802	1426	788

注：专任教师按办学类型填写。

17–5 文化事业基本情况（2017年）
BASIC STATISTICS ON CULTURAL INSTITUTIONS IN 2017

		单位 Unit	全市 Total	市区 District	县（市） County
一、座席个数	Seats	个 sets	702	702	
1. 电影院、开放礼堂俱乐部	Cinema music hall	个 unit			
2. 艺术表演场所	Theater	个 unit	702	702	
二、演（映）出场次	Performances	场 shows	678	500	178
1. 电影院、开放礼堂俱乐部	Cinema music hall	场 shows			
2. 艺术表演场所	Theater	场 shows	59	59	
其中：艺术演出	Performancing	场 shows	36	36	
3. 艺术表演团体	Art performance group	场 shows	619	441	178
三、观众人次	Spectators	千人次 1000person-time	11296	10752	544
1. 电影院、开放礼堂俱乐部	Cinema music hall	千人次 1000person-time	10744	10450	294
2. 艺术表演场所	Theater	千人次 1000person-time	41	41	
其中：艺术演出	Performancing	千人次 1000person-time	25	25	
3. 艺术表演团体	Art performance group	千人次 1000person-time	486	236	250
四、举办展览个数	Number of exhibition	个 unit	307	166	141
1. 群众艺术馆	Mass art centres	个 unit	34	34	
2. 文化馆（站）	Cultural centers	个 unit	250	117	133
3. 博物馆	Museums	个 unit	23	15	8
其中：文化部门	Cultural department	个 unit	10	4	6
4. 文物商店	Arts store	个 unit			
五、参观人次	Visitors	千人次 1000person-time	2662	2047	615
1. 文物保护管理机构	Agency of historical relics	千人次 1000person-time			
2. 博物馆	Museums	千人次 1000person-time	2622	2047	615
其中：文化部门	Cultural department	件 pcs	2363	1753	610
六、文物藏品	Number of collection	件 pcs	128866	118752	10114
1. 文物保护管理机构	Agency of historical relics	件 pcs	113		113
2. 博物馆	Museums	件 pcs	128753	118752	10001
其中：文化部门	Cultural department	件 pcs	83260	73781	9479
七、总藏量	Number of collections	千册（件） 1000 pcs	5652	4463	1199
1. 群众艺术馆	Mass art centres	千册 1000 pcs			
2. 文化馆（站）	Cultural centers	千册 1000 pcs	428	192	236
3. 公共图书馆	Public libraries	千册 1000 pcs	5224	4271	953

17-6 文化事业机构、人数（2017 年）
INSTITUTIONS AND PERSONNEL INCULTURE AND ART IN 2017

		机构数（个）Institutions			职工数（人）Workers and staff members(person)		
		总计 Total	市区 District	县（市）County	总计 Total	市区 District	县（市）County
一、电影事业	Film						
1. 电影发行放映管理机构	Film renting units						
2. 电影制片厂	Film studios						
3. 电影院、影剧院	Cinemas	55	43	12			
4. 开放礼堂、俱乐部	Music hall						
5. 对内礼堂、俱乐部	Theatre						
6. 电影队	Film team						
二、艺术业	Art institutions	14	9	5	466	302	164
1. 艺术表演团体	Art performance troups	7	4	3	356	204	152
2. 艺术表演场所	Theatre	5	5		98	98	
3. 艺术创作机构	Art creation institution	2		2	12		12
三、文化科技科研机构	Institutions of S&R	1	1		57	57	
四、出版事业	Published						
1. 报社	Newspapers						
2. 出版	Published						
3. 画报社	Painting						
4. 杂志社	Magazine						
五、文物事业	Cultural relics	27	15	12	553	449	104
1. 文物保护管理机构	Agency of historical relics	4		4	18		18
2. 文物研究机构	Research historical relics agency						
3. 博物馆	Museums	23	15	8	535	449	86
其中：文化部门	Cultural department	12	4	8	373	299	74
4. 文物商店	Arts store						
六、图书馆	Public libraries	12	7	5	418	272	146
其中：少儿公共图书馆	Public libraries	1	1		35	35	
七、群众文化	Mass culture	172	67	105	1075	286	789
1. 群众艺术馆	Mass art centres	2	2		84	84	
2. 文化馆	Culture centres	10	5	5	314	92	222
3. 文化站	Culture department and stations	160	60	100	677	110	567
其中：乡镇文化站	Township cultural stations	100	16	84	567	78	487

17-7 2017年全部工业企业基本情况（一）
BASIC STATISTICS OF ALL INDUSTRIAL ENTERPRISES IN 2017(I)

指标名称 Item		计量单位 Measurement unit		本年 Current year	上年 Last year	增幅(%) Rate of increase (%)
项目数	Number of items	项	Item	2457	2101	16.9
参加项目人员	Participant	人	person	26427	21411	23.4
项目人员实际工作时间	Actual working hours of project personnel	人月	man-month	180736	181884	-0.6
项目经费内部支出	Internal expenditure of project funds	万元	10000 yuan	622476	781055.6	-20.3
其中：政府资金	Of which: government funds	万元	10000 yuan	14978.6	9310.2	60.9
项目人员折合全时当量	Project personnel FTE	人年	man-year	14932	13470	10.9
其中：研究人员	Of which: researchers	人年	man-year	6193	5691	8.8
项目数	Number of items	项	Item	1499	1276	17.5
参加项目人员	Participant	人	person	19247	14473	33
项目人员实际工作时间	Actual working hours of project personnel	人月	man-month	128233	130085	-1.4
项目经费内部支出	Internal expenditure of project funds	万元	10000 yuan	463061.8	451396.1	2.6
其中：政府资金	Of which: government funds	万元	10000 yuan	11077.6	6038.3	83.5
项目人员折合全时当量	Project personnel FTE	人年	man-year	10603	9604	10.4
其中：研究人员	Of which: researchers	人年	man-year	4476	4103	9.1
项目数	Number of items	%		61	60.7	0.3
参加项目人员	Participant	%		72.8	67.6	5.2
项目人员实际工作时间	Actual working hours of project personnel	%		71	71.5	-0.5
项目经费内部支出	Internal expenditure of project funds	%		74.4	57.8	16.6
其中：政府资金	Of which: government funds	%		74	64.9	9.1
项目人员折合全时当量	Project personnel FTE	%		71	71.3	-0.3
其中：研究人员	Of which: researchers	%		72.3	72.1	0.2

17-8 2017 年全部工业企业基本情况（二）
BASIC STATISTICS OF ALL INDUSTRIAL ENTERPRISES IN 2017 (II)

指标名称	Item	计量单位 Measurement unit	本年 Current year	上年 Last year	增幅(%) Rate of increase (%)
一、研发人员情况	Condition of R&D personnel				
研发人员合计	Total R&D personnel	人 person	53292	50357	5.8
其中：女性	Of which: female	人 person	14113	13386	5.4
其中：全职人员	Of which: full-time staff	人 person	51279	47024	9
其中：本科毕业及以上人员	Of which: bachelor or above	人 person	45003	41901	7.4
二、研发经费情况	Condition of R&D funds				
研发经费支出合计	Total R&D expenditure	万元 10000 yuan	1272685.7	1370054.6	-7.1
其中：使用来自政府部门的研发资金	Of which: use R&D funds from government departments	万元 10000 yuan	17495.2	13468.8	29.9
（一）企业内部的日常研发经费支出	(I)Daily R&D expenditure within the enterprise;	万元 10000 yuan	1051467.6	1160407	-9.4
人员人工费（包含各种补贴）	Labor cost (including various subsidies)	万元 10000 yuan	341942.2	368666.6	-7.2
原材料费	Raw material cost	万元 10000 yuan	183534.6	177505.4	3.4
折旧费用与长期费用摊销	Depreciation expense and amortization of long-term expenses	万元 10000 yuan	54209.2	59661.4	-9.1
无形资产摊销	Amortization of intangible assets	万元 10000 yuan	15441.5	18084	-14.6
其他费用	Others	万元 10000 yuan	456340.1	536489.6	-14.9
（二）当年形成用于研发的固定资产支出	(II) Fixed assets expenditures for R&D formed that year	万元 10000 yuan	118882.7	118845.1	
其中：仪器和设备	Of which: instruments and equipment	万元 10000 yuan	65768.6	50134.5	31.2
（三）委托外单位开展研发的经费支出	(III) R&D expenditures by commissioned external units	万元 10000 yuan	102335.4	90802.5	12.7
对境内研究机构的支出	Expenditure on domestic research institutions	万元 10000 yuan	20060.3	22244.3	-9.8
对境内高等学校支出	Expenditure on domestic institutions of higher learning	万元 10000 yuan	7852.2	11139.3	-29.5
对境内企业支出	Expenditure on domestic enterprises	万元 10000 yuan	59825.7	39415.3	51.8
对境外支出	Expenditure on foreign countries	万元 10000 yuan	14597.2	18003.6	-18.9

17–9 2017 年全部工业企业研发汇总情况（三）
SUMMARY OF R & D OF ALL INDUSTRIAL ENTERPRISES IN 2017(III)

指标名称	Item	计量单位 Measurement unit	本年 Current year	上年 Last year	增幅(%) Rate of increase (%)
一、企业基本情况	Basic condition of corporation				
企业数	Number of enterprises	个 pcs	1639	1581	3.7
其中：有 R&D 活动企业数	Of which: number of enterprises with R&D activities	个 pcs	160	119	34.5
其中：有研发机构企业数	Of which: number of enterprises with R&D institutions	个 pcs	50	44	13.6
其中：有专利申请的企业数	Of which: number of enterprises with patent application	个 pcs	114	102	11.8
其中：有新产品销售的企业数	Of which: number of enterprises with new product sales	个 pcs	137	108	26.9
其中：享受研究开发费用加计扣除的企业数	Of which: number of enterprises enjoying R&D expenses additional deduction	个 pcs	42	39	7.7
从业人员期末人数	Number of employees at the end of the period	人 person	474478	485324	-2.2
从业人员平均人数	Average number of employees	人 person	474446	483339	-1.8
从业人员工资总额	Total wages of employees	万元 10000 yuan	3755264.4	3547603.6	5.9
资产总计	Total assets	万元 10000 yuan	94223527.4	85481491.6	10.2
营业收入	Operating income	万元 10000 yuan	107927289.4	100233818.8	7.7
其中：主营业务收入	Of which: main business revenue	万元 10000 yuan	103392598.4	96073919.6	7.6
利润总额	Total profit	万元 10000 yuan	7690815.5	7517445.7	2.3
工业总产值	Gross industrial output value	万元 10000 yuan	99040023	91531756	8.2
出口交货值	Export delivery value	万元 10000 yuan	941957.6	943783.5	-0.2
平均用工人员	Average workers	人 person	496731	505308	-1.7
管理费用中的技术（研究）开发费	Technology (research) development fee in overhead	万元 10000 yuan	1006373.6	962779.1	4.5
其中：支付科研人员的工资及福利费	Of which: salaries and benefits paid to the researchers	万元 10000 yuan	212740.8	185989.2	14.4
二、R&D 人员情况	Condition of R&D personnel				
1. R&D 人员合计	Total R&D personnel	人 person	28929	23560	22.8
其中：①参加项目人员	Of which: ① Participant	人 person	19247	14473	33
②管理和服务人员	② Management and service personnel	人 person	9682	9087	6.5
其中：女性	Of which: female	人 person	7593	6374	19.1
其中：研究人员	Of which: researchers	人 person	14655	11763	24.6
其中：①全时人员	Of which: ① full-time personnel	人 person	25325	19647	28.9
②非全时人员	② Part-time personnel	人 person	3604	3913	-7.9

17-9 续表 1

continued1

指标名称	Item	计量单位 Measurement unit	本年 Current year	上年 Last year	增幅（%） Rate of increase (%)
2. R&D 人员折合全时当量合计	Total R&D personnel FTE	人年 man-year	15915	17707	-10.1
其中：研究人员	Of which: researchers	人年 man-year	8058	9047	-10.9
①应用研究人员	① Applied researchers	人年 man-year	1164	731	59.2
②试验发展人员	② Test R&D personnel	人年 man-year	14750	16976	-13.1
三、R&D 经费支出情况					
1. R&D 经费内部支出合计	Total R&D internal expenditure	万元 10000 yuan	464876.2	637759.8	-27.1
其中：①经常费支出	Of which: ① Overhead expenditure	万元 10000 yuan	436645	609780.9	-28.4
其中：人员劳务费	Of which: labor cost	万元 10000 yuan	105877.7	201509.6	-47.5
②资产性支出	② Asset expenditure	万元 10000 yuan	28231.2	27978.9	0.9
其中：土建工程	Of which: civil engineering	万元 10000 yuan	1814.8	3754.6	-51.7
仪器和设备	Instruments and equipment	万元 10000 yuan	26416.4	24224.3	9
其中：①应用研究支出	Of which: ① Applied research expenditure	万元 10000 yuan	27039.9	16705.1	61.9
②试验发展支出	② Test development expenditure	万元 10000 yuan	437816.3	621054.7	-29.5
其中：①政府资金	Of which: ① government funds	万元 10000 yuan	13954.7	7724	80.7
②企业资金	② Enterprise funds	万元 10000 yuan	449629.7	629605.3	-28.6
③其他资金	③ Other funds	万元 10000 yuan	181.4	430.5	-57.9
2. R&D 经费外部支出合计	2. Total R&D external expenditure	万元 10000 yuan	90306.6	63653.2	41.9
其中：对境内研究机构支出	Of which: expenditure on domestic research institutions	万元 10000 yuan	16758.7	18146.4	-7.6
对境内高等学校支出	Expenditure on domestic institutions of higher learning	万元 10000 yuan	7239.1	8088.9	-10.5
对境内企业支出	Expenditure on domestic enterprises	万元 10000 yuan	53316.1	26419.1	101.8
对境外支出	Expenditure on foreign countries	万元 10000 yuan	12992.7	10998.8	18.1
四、全部 R&D 项目情况	Condition of overall R&D projects				
1. 项目数	Number of items	项 Item	1499	1276	17.5
2. 项目人员折合全时当量	Project personnel FTE	人年 man-year	10603	9604	10.4
其中：研究人员	Of which: researchers	人年 man-year	4476	4103	9.1
3. 项目经费内部支出	Internal expenditure of project funds	万元 10000 yuan	463061.8	451396.1	2.6
其中：政府资金	Of which: government funds	万元 10000 yuan	11077.6	6038.3	83.5

17-9 续表 2 continued2

指标名称 Item		计量单位 Measurement unit	本年 Current year	上年 Last year	增幅（%） Rate of increase (%)
五、企业办研发机构情况	Condition of enterprise R&D institutions				
1. 机构数	Number of institutions	个 pcs	61	54	13
2. 期末企业在境外设立的研发机构数	Number of R & D institutions established by overseas enterprises at the end of the year	个 pcs	7	5	40
3. 机构人员合计	Total institutional personnel	人 person	9360	9502	-1.5
其中：博士毕业	Of which: doctor	人 person	333	214	55.6
硕士毕业	Master	人 person	3795	2431	56.1
4. 机构经费支出	Institutional expenditure	万元 10000 yuan	359159.4	346334	3.7
5. 仪器和设备原价	Original price of instruments and equipment	万元 10000 yuan	458079.7	400290.5	14.4
其中：进口	Of which: import	万元 10000 yuan	165058.9	20421.2	708.3
六、研发产出及相关情况	R&D output and relevant conditions				
（一）自主知识产权情况	Condition of independent intellectual property rights				
1. 专利申请数	Number of patent application	件 pcs	2215	1795	23.4
其中：发明专利	Of which: invention patents	件 pcs	918	774	18.6
2. 有效发明专利数	Number of effective invention patents	件 pcs	2158	1943	11.1
其中：已被实施	Of which: implemented	件 pcs	1345	1091	23.3
其中：境外授权	Of which:overseas authorization	件 pcs	28	17	64.7
3. 专利所有权转让及许可数	Transfer of patent ownership and number	件 pcs	13	14	-7.1
4. 专利所有权转让及许可收入	Transfer of patent ownership and licensing income	万元 10000 yuan	0.2	0.8	-75
（二）新产品开发、生产及销售情况	Condition of development, production and sales for new products				
1. 新产品开发项目数	Number of new product development projects	项 Item	1761	1333	32.1
2. 新产品开发经费支出	Expenditure on new product development	万元 10000 yuan	817906.9	979568.4	-16.5
3. 新产品产值	Output value of new products	万元 10000 yuan	23488439.6	22340564.2	5.1
4. 新产品销售收入	Sales revenue of new products	万元 10000 yuan	24180427.7	22504430.2	7.4
其中：出口	Of which: export	万元 10000 yuan	230296.5	278464.6	-17.3
（三）其他情况	Other conditions				
1. 发表科技论文	Publication of scientific papers	篇 pcs	891	1044	-14.7
2. 拥有注册商标	Papers with registered trademark	件 pcs	1941	1721	12.8
其中：境外注册	Of which:overseas registration	件 pcs	429	417	2.9
3. 形成国家或行业标准	Forming national or industry standards	项 Item	71	261	-72.8
七、其他情况	Other conditions				
（一）政府相关政策落实情况	Implementation condition of government relevant policies				
1. 使用来自政府部门的研发资金	Using R & D funds from government departments	万元 10000 yuan	17495.2	13468.8	29.9
2. 研究开发费用加计扣除减免税	Tax reliefs of R & D expenses additional deduction	万元 10000 yuan	62297.4	95491.2	-34.8

17-9 续表 3 continued3

指标名称 Item		计量单位 Measurement unit	本年 Current year	上年 Last year	增幅（%） Rate of increase (%)
3. 高新技术企业减免税	Tax reliefs for high - tech enterprises	万元 10000 yuan	66676.9	62731.1	6.3
（二）科技获取和技术改造情况	Condition of technology acquired and transformation				
1. 引进境外技术经费支出	Expenditure on introduction of foreign technology	万元 10000 yuan	51009.6	50286.3	1.4
2. 引进境外技术的消化吸收经费支出	Expenditure on assimilation of introducing foreign technology	万元 10000 yuan	143724.6	144558	-0.6
3. 购买境内技术经费支出	Expenditure on purchase of domestic technology	万元 10000 yuan	105.2	1135	-90.7
4. 技术改造经费支出	Expenditure on technological transformation	万元 10000 yuan	204331.3	189694.5	7.7
（三）科技项目情况	Condition of scientific projects				
全部项目数	Total item numbers	项 Item	2457	2101	16.9
全部参加项目人员合计	Total participants	人 person	27372	21411	27.8
全部项目人员实际工作时间合计	Total actual working hours of project personnel	人月 man-month	188895	181884	3.9
全部项目经费内部支出合计	Total internal expenditure of project funds	万元 10000 yuan	622476	781055.6	-20.3
其中：政府资金	Of which: government funds	万元 10000 yuan	14978.6	9310.2	60.9
（四）科技活动情况	Condition of scientific activities				
1. 从事科技活动人员合计	Total number of persons engaged in scientific and technological activities	人 person	53292	50357	5.8
其中：本科毕业及以上人员	Of which: bachelor or above	人 person	45003	41901	7.4
其中：科技管理和服务人员	Of which: science and technology management and service personnel	人 person	25920	28946	-10.5
2. 科技相关费用合计	Total costs related to technology	万元 10000 yuan	1047585.5	1132796.1	-7.5
R&D经费内部支出合计与主营业务收入之比	The ratio of total R&D internal expenditure and main business income	%	0.45	0.66	-0.21
应用研究占 R&D 经费内部支出的比重	The radio of applied research in R&D internal expenditure	%	5.82	2.62	3.2
政府资金占 R&D 经费内部支出的比重	The radio of government funds in R&D internal expenditure	%	3	1.21	1.79
R&D 项目经费内部支出占 R&D 经费内部支出比重	The radio of R&D project internal expenditure in R&D internal expenditure	%	99.61	70.78	28.83
R&D 人员合计与从业人员平均人数之比	The ratio of total R&D personnel in the average number of employees	%	6.1	4.87	1.23
研究人员占 R&D 人员比重	The radio of researchers in R&D personnel	%	50.66	49.93	0.73
机构中博士硕士占机构人员比重	The radio of doctors and masters in institutional staff	%	44.1	27.84	16.26
发明专利占专利申请比重	The ratio of invention patents in patent applications	%	41.44	43.12	-1.68
新产品销售收入占主营业务收入比重	The radio of new product sales revenue in the main business revenue	%	23.39	23.42	-0.03
利润总额与主营业务收入之比	The ratio of total profit to main business revenue	%	7.44	7.82	-0.38
工业总产值与从业人员平均人数之比	The ratio of total industrial output value to the average number of employees	万元／人 10000 yuan/ person	208.75	189.37	10.23

17-10 2017 年非工业企业基本情况（一）
BASIC STATISTICS OF CONSTRUCTION R & D IN 2017(I)

指标名称 Item		计量单位 Measurement unit		本年 Current year	上年 Last year	增幅 (%) Rate of increase (%)
项目数	Number of items	项	Item	280	279	0.4
参加项目人员	Participant	人	person	5078	4591	10.6
项目人员实际工作时间	Actual working hours of project personnel	人月	man-month	29457	34065	-13.5
项目经费内部支出	Internal expenditure of project funds	万元	10000 yuan	55318.9	50215.5	10.2
其中：政府资金	Of which: government funds	万元	10000 yuan	733.3	366.6	100
项目人员折合全时当量	Project personnel FTE	人年	man-year	2432	3021	-19.5
其中：研究人员	Of which: researchers	人年	man-year	892	1240	-28.1
项目数	Number of items	项	Item	88	58	51.7
参加项目人员	Participant	人	person	869	561	54.9
项目人员实际工作时间	Actual working hours of project personnel	人月	man-month	4383	3284	33.5
项目经费内部支出	Internal expenditure of project funds	万元	10000 yuan	12892	6319	104
其中：政府资金	Of which: government funds	万元	10000 yuan	111.9	50.3	122.5
项目人员折合全时当量	Project personnel FTE	人年	man-year	349	285	22.5
其中：研究人员	Of which: researchers	人年	man-year	96	92	4.3
项目数	Number of items		%	31.4	20.8	10.6
参加项目人员	Participant		%	17.1	12.2	4.9
项目人员实际工作时间	Actual working hours of project personnel		%	14.9	9.6	5.3
项目经费内部支出	Internal expenditure of project funds		%	23.3	12.6	10.7
其中：政府资金	Of which: government funds		%	15.3	13.7	1.6
项目人员折合全时当量	Project personnel FTE		%	14.4	9.4	5
其中：研究人员	Of which: researchers		%	10.8	7.4	3.4

17-11 2017年非工业企业研发汇总基本情况(二)
BASIC SITUATION OF CONSTRUCTION R & D IN 2017(II)

指标名称 Item		计量单位 Measurement unit	本年 Current year	上年 Last year	增幅(%) Rate of increase (%)
一、研发人员情况	Condition of R&D personnel				
研发人员合计	Total R&D personnel	人 person	5932	5857	1.3
其中：女性	Of which: female	人 person	1283	1302	-1.5
其中：全职人员	Of which: full-time staff	人 person	5149	5096	1
其中：本科毕业及以上人员	Of which: bachelor or above	人 person	4814	5022	-4.1
二、研发经费情况	Condition of R&D funds				
研发经费支出合计	Total R&D expenditure	万元 10000 yuan	71688.3	60910.1	17.7
其中：使用来自政府部门的研发资金	Of which: use R&D funds from government departments	万元 10000 yuan	944	656.6	43.8
(一)企业内部的日常研发经费支出	(I)Daily R&D expenditure within the enterprise;	万元 10000 yuan	64507.9	58679.9	9.9
人员人工费(包含各种补贴)	Labor cost (including various subsidies)	万元 10000 yuan	38300.8	38725.4	-1.1
原材料费	Raw material cost	万元 10000 yuan	11339.8	9929.8	14.2
折旧费用与长期费用摊销	Depreciation expense and amortization of long-term expenses	万元 10000 yuan	4903.6	4374.5	12.1
无形资产摊销	Amortization of intangible assets	万元 10000 yuan	504	91.7	449.6
其他费用	Others	万元 10000 yuan	9459.7	5558.5	70.2
(二)当年形成用于研发的固定资产支出	(II) Fixed assets expenditures for R&D formed that year	万元 10000 yuan	1028.4	781.9	31.5
其中：仪器和设备	Of which: instruments and equipment	万元 10000 yuan	990.3	521.9	89.7
(三)委托外单位开展研发的经费支出	(III) R&D expenditures by commissioned external units	万元 10000 yuan	6152	1448.3	324.8
对境内研究机构的支出	Expenditure on domestic research institutions	万元 10000 yuan	331.2	82.2	302.9
对境内高等学校支出	Expenditure on domestic institutions of higher learning	万元 10000 yuan	288.3	114	152.9
对境内企业支出	Expenditure on domestic enterprises	万元 10000 yuan	5532.5	1252.1	341.9

17-12 2017 年非工业企业研发汇总情况（三）
SUMMARY OF R & D OF ALL CONSTRUCTION ENTERPRISES IN 2017(Ⅲ)

指标名称	Item	计量单位 Measurement unit	本年 Current year	上年 Last year	增幅（%）Rate of increase (%)
一、企业基本情况	Basic condition of corporation				
企业数	Number of enterprises	个 pcs	252	172	46.5
其中：有 R&D 活动企业数	Of which: number of enterprises with R&D activities	个 pcs	12	10	20
其中：有研发机构企业数	Of which: number of enterprises with R&D institutions	个 pcs	6	3	100
其中：有专利申请的企业数	Of which: number of enterprises with patent application	个 pcs	11	9	22.2
其中：有新产品销售的企业数	Of which: number of enterprises with new product sales	个 pcs			
其中：享受研究开发费用加计扣除的企业数	Of which: number of enterprises enjoying R&D expenses additional deduction	个 pcs	10	10	
从业人员期末人数	Number of employees at the end of the period	人 person	138710	129429	7.2
从业人员平均人数	Average number of employees	人 person	157877	152478	3.5
从业人员工资总额	Total wages of employees	万元 10000 yuan	977361.6	923190.7	5.9
资产总计	Total assets	万元 10000 yuan	22588810.7	17137108.3	31.8
营业收入	Operating income	万元 10000 yuan	8393664.5	7883241.9	6.5
其中：主营业务收入	Of which: main business revenue	万元 10000 yuan	8254943.7	7730761.8	6.8
利润总额	Total profit	万元 10000 yuan	336255	305436.4	10.1
二、R&D 人员情况	Condition of R&D personnel				
1. R&D 人员合计	Total R&D personnel	人 person	921	694	32.7
其中：①参加项目人员	Of which: ① Participant	人 person	869	561	54.9
②管理和服务人员	② Management and service personnel	人 person	52	133	-60.9
其中：女性	Of which: female	人 person	151	108	39.8
其中：研究人员	Of which: researchers	人 person	358	275	30.2
其中：①全时人员	Of which: ① full-time personnel	人 person	560	444	26.1
②非全时人员	② Part-time personnel	人 person	361	250	44.4

17-12 续表 1

continued1

指标名称 Item		计量单位 Measurement unit	本年 Current year	上年 Last year	增幅(%) Rate of increase (%)
2.R&D 人员折合全时当量合计	Total R&D personnel FTE	人年 man-year	382	307	24.4
其中：研究人员	Of which: researchers	人年 man-year	119	111	7.2
其中：①应用研究人员	Of which: ① Applied researchers	人年 man-year	65	39	66.7
②试验发展人员	② Test R&D personnel	人年 man-year	315	268	17.5
三、R&D 经费支出情况					
1.R&D 经费内部支出合计	Total R&D internal expenditure	万元 10000 yuan	12894.6	6346	103.2
其中：①经常费支出	Of which: ① Overhead expenditure	万元 10000 yuan	12882.3	6296.6	104.6
其中：人员劳务费	Of which: labor cost	万元 10000 yuan	6166.9	3221	91.5
②资产性支出	② Asset expenditure	万元 10000 yuan	12.3	49.4	-75.1
其中：土建工程	Of which: civil engineering	万元 10000 yuan	2.5		
仪器和设备	Instruments and equipment	万元 10000 yuan	9.8	49.4	-80.2
其中：①应用研究支出	① Applied research expenditure	万元 10000 yuan	1465.6	772.2	89.8
②试验发展支出	② Test development expenditure	万元 10000 yuan	11414	5573.8	104.8
其中：①政府资金	Of which: ① government funds	万元 10000 yuan	280.9	29.1	865.3
②企业资金	② Enterprise funds	万元 10000 yuan	12561.4	6316.9	98.9
③其他资金	③ Other funds	万元 10000 yuan	52.3		
2. R&D 经费外部支出合计	Total R&D external expenditure	万元 10000 yuan	220.4	23	858.3
其中：对境内研究机构支出	Of which: expenditure on domestic research institutions	万元 10000 yuan	26.1	7.2	262.5
对境内高等学校支出	Expenditure on domestic institutions of higher learning	万元 10000 yuan	194.3	10.2	1804.9
对境内企业支出	Expenditure on domestic enterprises	万元 10000 yuan		5.6	-100
对境外支出	Expenditure on foreign countries	万元 10000 yuan			
四、全部 R&D 项目情况	Condition of overall R&D projects				
1. 项目数	Number of items	项 Item	88	58	51.7
2. 项目人员折合全时当量	Project personnel FTE	人年 man-year	349	285	22.5
其中：研究人员	Of which: researchers	人年 man-year	96	92	4.3
3. 项目经费内部支出	Internal expenditure of project funds	万元 10000 yuan	12892	6319	104
其中：政府资金	Of which: government funds	万元 10000 yuan	111.9	50.3	122.5

17-12 续表 2 continued2

指标名称 Item		计量单位 Measurement unit	本年 Current year	上年 Last year	增幅（%） Rate of increase (%)
五、企业办研发机构情况	Condition of enterprise R&D institutions				
1. 机构数	Number of institutions	个 pcs	6	3	100
2. 机构人员合计	Total institutional personnel	人 person	1031	159	548.4
其中：博士毕业	Of which: doctor	人 person	9	4	125
硕士毕业	Master	人 person	369	20	1745
3. 机构经费支出	Institutional expenditure	万元 10000 yuan	11013.3	787.1	1299.2
4. 仪器和设备原价	Original price of instruments and equipment	万元 10000 yuan	10365.7	4320.5	139.9
六、研发产出及相关情况	R&D output and relevant conditions				
（一）自主知识产权情况	Condition of independent intellectual property rights				
1. 专利申请数	Number of patent application	件 pcs	211	134	57.5
其中：发明专利	Of which: invention patents	件 pcs	68	34	100
2. 有效发明专利数	Number of effective invention patents	件 pcs	262	286	-8.4
其中：已被实施	Of which: implemented	件 pcs	65	43	51.2
七、其他情况	Other conditions				
（一）政府相关政策落实情况	Implementation condition of government relevant policies				
1. 使用来自政府部门的研发资金	Using R&D funds from government departments	万元 10000 yuan	944	656.6	43.8
2. 研究开发费用加计扣除减免税	Tax reliefs of R&D expenses additional deduction	万元 10000 yuan	4301.2	2602.9	65.2

18-6 交通事故情况（2017年）
BASIC STATISTICS ON TRAFFIC ACCIDENTS IN 2017

		次数 Times	死亡（人） Death (person)	伤人（人） Injuries (person)	直接折款（元） Loss(yuan)
总计	Total	3392	739	3772	33801070
市区合计	Total district				
南关交警大队	Nanguan traffic police department	207	23	226	938823
宽城交警大队	Kuancheng traffic police department	369	27	421	11576300
朝阳交警大队	Chao yang traffic police department	250	21	255	4583103
二道交警大队	Erdao traffic police department	255	32	275	1505632
汽车厂交警大队	Automobile factory traffic police department	83	26	90	706975
双阳交警大队	Shuangyang traffic police department	227	41	289	3447315
绿园交警大队	Lvyuan traffic police department	267	38	269	1775401
经济开发区交警大队	Econmic development zone traffic police department	165	2	194	365500
净月开发区交警大队	Jing yue development zone traffic police department	175	22	204	1507002
高新交警大队	High-tech traffic police department	107	20	139	560502
公路治安巡逻大队	Road peace and patrol department	132	42	118	828900
站前治安管理分局	Zhanqian public security and management office				
榆树交警大队	Yushu traffic police department	149	107	114	893785
农安交警大队	Nong'an traffic police department	461	106	649	2202102
九台交警大队	Jiutai traffic police department	319	91	342	1053910
德惠交警大队	Dehui traffic police department	184	98	143	854620

18-7 刑事案件情况（2017年）
BASIC STATISTICS ON PUBLIC ORDER IN 2017

立案 Put on record	合计（起） Total(case)	27116	破案 Break cases	合计（件） Total(case)	6873
发案地域 Put on recordArea of Cases happened	城区 City zone	21297	破获年前案件 Break cases before the year		3047
	郊区 Suburb	816	破获外省、区市案件 Break cases in other provinces and cities		
	镇 Town	4294	直接受害人 Direct victims	死亡（人）Death (person)	
				受伤（人）Injury (person)	
	其他 Others	709		其他（人）Others (person)	12542
补立年前案件 Makeup case before the year		2248	财物、损失总价值（万元） Total value of property and loss(10000yuan)		46422

主要统计指标解释

2018

长春统计年鉴

CHANGCHUN STATISTICAL YEARBOOK

主要统计指标解释

行政区划 指国家对行政区域的划分。根据宪法规定，我国的行政区域划分如下：(1) 全国分为省、自治区、直辖市；(2) 省、自治区分为自治州、县、自治县、市；(3) 自治州分为县、自治县、市；(4) 县、自治县分为乡、民族乡、镇；(5) 直辖市和较大的市分为区、县；(6) 国家在必要时设立的特别行政区。

气候 指地球与大气之间长期能量交换与质量交换所形成的一种自然环境状态，它是多种因素综合作用的结果。气候既是人类生活和生产的环境要素之一，又是供给人类生活和生产的重要资源。气温、降水、湿度等气象要素的多年平均值是用来描述一个地区气候状况的主要参数，而各种气象要素某年、某月的平均值（或总量）则可以反映出该时期天气气候状况的重要特征。

自然资源 指人类可以直接从自然界获得，并用于生产和生活的物质资源。自然资源一般可以分成可再生资源和非再生资源两大类。可再生资源指在较短时间内可以再生、可以循环利用的资源，包括土地资源、水资源、气候资源、生物资源和海洋资源等。非再生资源指在使用后不能再生的资源，包括矿产资源和地热能源。

土地资源 土地指陆地的表层部分，它主要由岩石、岩石的风化物和土壤构成。土地资源按利用类型可以分为农用地、建筑用地和未利用地。农用地包括耕地、园地、林地、牧草地和水面。建筑用地包括居民点及工矿用地、交通用地和水利设施用地。未利用地指农用地和建筑用地以外的土地，包括滩涂、荒漠、戈壁、冰川和石山等。

耕地面积 指经过开垦用以种植农作物并经常进行耕耘的土地面积。包括种有作物的土地面积、休闲地、新开荒地和抛荒未满三年的土地面积。

林业用地面积 指生长乔木、竹类、灌木、沿海红树林等林木的土地面积，包括有林地、灌木林、疏林地、未成林造林地、迹地、苗圃等。

草地面积 指牧区和农区用于放牧牲畜或割草，植被盖度在5%以上的草原、草坡、草山等面积。包括天然的和人工种植或改良的草地面积。

森林资源 指森林、林木、林地以及依托森林、林木、林地生存的野生动物、植物和微生物。林木指树木和竹子。森林指以乔木为主体的植物群落，是集生的乔木及与共同作用的植物、动物、微生物和土壤、气候等的总体。

活立木总蓄积量 指一定范围内土地上全部树木蓄积的总量，包括森林蓄积、疏林蓄积、散生木蓄积和四旁树蓄积。

森林面积 指由乔木树种构成，郁闭度0.2以上（含0.2）的林地或冠幅宽度10米以上的林带的面积，即有林地面积。森林面积包括天然起源和人工起源的针叶林面积、阔叶林面积、针阔混交林面积和竹林面积，不包括灌木林地面积和疏林地面积。

森林蓄积量 指一定森林面积上存在着的林木树干部分的总材积。它是反映一个国家或地区森林资源总规模和水平的基本指标之一，也是反映森林资源的丰富程度、衡量森林生态环境优劣的重要依据。

森林覆盖率 指一个国家或地区森林面积占土地总面积的百分比。森林覆盖率是反映森林资源的丰富程度和生态平衡状况的重要指标。在计算森林覆盖率时，森林面积包括郁闭度0.2以上的乔木林地面积和竹林地面积，国家特别规定的灌木林地面积、农田林网以及四旁（村旁、路旁、水旁、宅旁）林木的覆盖面积。计算公式为：

森林覆盖率（%）= 森林面积 / 土地总面积 ×100%

水资源 水在自然界中以固体、液体和气态三种聚集状态存在，分布于海洋、陆地（包括土壤）以及大气之中，通过水循环形成水资源。水资源包括经人类控制并直接可供灌溉、发电、给水、航运、养殖等用途的地表水和地下水，以及江河、湖泊、井、泉、潮汐、港湾和养殖水域等。水资源是发展国民经济不可缺少的重要自然资源。

地表水和地下水 陆地上的水因空间分布不同，分为地表水和地下水。地表水指分别存在于河流、湖泊、沼泽、冰川和冰盖等水体中水分的总称，又称陆地水。地下水指储存在地面以下饱和岩土孔隙、裂隙及溶洞中的水。

径流 指陆地上接受降水后扣除损耗外，从地表和地下向流域出口断面汇集的水流。径流可分为地表径流、地下径流和壤中流。地表径流指沿地表向河流、湖泊、沼泽、海洋等汇集的水流；地下径流指沿潜水层或隔水层间的含水层，向河流、湖泊、沼泽、海洋等汇集的地下水水流。

径流量 指在一定时段内通过河流某一过水断面的水量，用以反映一个国家或地区水资源的丰歉程度。计算公式为：

径流量 = 降水量 – 蒸发量

矿产资源 矿产指由地质作用形成，富集于地壳中或出露于地表达到工农业利用要求的有用矿物。矿产是一种重要的自然资源，是社会发展的重要物质基础。

矿产基础储量 基础储量是查明矿产资源的一部分。它能满足现行采矿和生产所需的指标要求，是控制的、探明的并通过可行性或预可行性研究认为属于经济的、边界经济的部分，用未扣除设计、采矿损失的数量表示。

流域 每条河流都有自己的干流和支流，干支流共同组成这条河流的水系。每条河流都有自己的集水区域，这个集水区域就称为该河流的流域。

气温 指空气的温度，我国一般以摄氏度（℃）为单位表示。气象观测的温度表是放在离地面约 1.5 米处通风良好的百叶箱里测量的，因此，通常说的气温指的是离地面 1.5 米处百叶箱中的温度。其统计计算方法为：

月平均气温是将全月各日的平均气温相加，除以该月的天数而得。年平均气温是将 12 个月的月平均气温累加后除以 12 而得。

相对湿度 指空气中实际所含水蒸气密度和同温度下饱和水蒸气密度的百分比值。其统计方法与气温相同。

降水量 指从天空降落到地面的液态或固态（经融化后）水，未经蒸发、渗透、流失而在地面上积聚的深度。其统计计算方法为：

月降水量是将全月各日的降水量累加而得。年降水量是将 12 个月的月降水量累加而得。

日照时数 指太阳实际照射地面的时间。其统计方法与降水量相同

水资源总量 一定区域内的水资源总量指当地降水形成的地表和地下产水量，即地表径流量与降水入渗补给量之和，不包括过境水量。

地表水资源量 指河流、湖泊、冰川等地表水体中由当地降水形成的、可以逐年更新的动态水量，即天然河川径流量。

地下水资源量 指当地降水和地表水对饱水岩土层的补给量。

地表水与地下水资源重复计算量 指地表水和地下水相互转化的部分，即在河川径流量中包括一部分地下水排泄量，地下水补给量中包括一部分来源于地表水的入渗量。

可比价格 指计算各种总量指标所采用的扣除了价格变动因素的价格，可进行不同时期总量指标的对比。按可比价格计算总量指标有两种方法：一种是直接用产品产量乘某一年的不变价格计算；另一种是用价格指数进行缩减。

不变价格 指以同类产品某年的平均价格作为固定价格，用于计算各年的产品价值。按不变价格计算的产品价值消除了价格变动因素，不同时期对比可以反映生产的发展速度。新中国成立后，随着工农业产品价格水平的变化，国家统计局先后五次制定了全国统一的工业产品不变价格和农业产品不变价格。从 1952 年到 1957 年使用 1952 年工（农）业产品不变价格，从 1957 年到 1970 年使用 1957 年不变价格，从 1971 年到 1980 年使用 1970 年不变价格，从 1981 年到 1990 年使用 1980 年不变价格，从 1991 年开始使用 1990 年不变价格。

平均增长速度 我国计算平均增长速度有两种方法：一种是习惯上经常使用的“水平法”，又称几何平均法，是以间隔期最后一年的水平同基期水平对比来计算平均每年增长（或下降）速度；另一种是“累计法”，又称代数平均法或方程法，是以间隔期内各年水平的总和同基期水平对比来计算平均每年增长（或下降）速度。在一般正常情况下，两种方法计算的平均每年增长速度比较接近；但在经济发展不平衡、出现大起大落时，两种方法计算的结果差别较大。

国民经济行业分类 自 2003 年定期报表开始使用新的《国民经济行业分类》（GB/T4754–2002）该分类是由国家统计局组织修订，经国家质量监督检验检疫总局批准，于 2002 年 5 月 10 日发布实施。这次修订是在 1994 年分类标准的基础上，参照联合国《全部经济活动的国际标准产业分类》（ISIC/Rev.3）进行的。修订后的《国民经济行业分类》（GB/T4754–2002）共有门类 20 个，大类 95 个，中类 396 个，小类 913 个。新增门类 4 个，大类增加 3 个，中类增加 28 个，小类增加 67 个。

企业（单位）登记注册类型 是以在工商行政管理机关登记注册的各类企业为划分对象，以工商行政管理部门对企业登记注册的类型为依据，将企业登记注册类型分为内资企业、港澳台商投资企业和外商投资企业三大类。内资企业包括国有企业、集体企业、股份合作企业、联营企业、有限责任公司、股份有限公司、私营公司和其他企业；港澳台商投资企业和外商投资企业分别包括合资经营企业、合作经营企业、独资经营企业和股份有限公司。对不在工商行政管理部门进行登记注册的行政机关、事业单位和社会团体，主要按其经费来源和管理方式进行划分。

国有企业 指企业全部资产归国家所有，并按《中华人民共和国企业法人登记管理条例》规定登记注册的非公司制

的经济组织。不包括有限责任公司中的国有独资公司。

集体企业 指企业资产归集体所有，并按《中华人民共和国企业法人登记管理条例》规定登记注册的经济组织。

股份合作企业 指以合作制为基础，由企业职工共同出资入股，吸收一定比例的社会资产投资组建，实行自主经营，自负盈亏，共同劳动，民主管理，按劳分配与按股分红相结合的一种集体经济组织。

联营企业 指两个及两个以上相同或不同所有制性质的企业法人或事业单位法人，按自愿、平等、互利的原则，共同投资组成的经济组织。联营企业包括国有联营企业、集体联营企业、国有与集体联营企业和其他联营企业。

有限责任公司 指根据《中华人民共和国公司登记管理条例》规定登记注册，由两个以上、五十个以下的股东共同出资，每个股东以其所认缴的出资额对公司承担有限责任，公司以其全部资产对其债务承担责任的经济组织。有限责任公司包括国有独资公司以及其他有限责任公司。

股份有限公司 指根据《中华人民共和国公司登记管理条例》规定登记注册，其全部注册资本由等额股份构成并通过发行股票筹集资本，股东以其认购的股份对公司承担有限责任，公司以其全部资产对其债务承担责任的经济组织。

私营企业 指由自然人投资设立或由自然人控股，以雇佣劳动为基础的营利性经济组织。包括按照《公司法》、《合伙企业法》、《私营企业暂行条例》规定登记注册的私营有限责任公司、私营股份有限公司、私营合伙企业和私营独资企业。

其他企业 指上述企业之外的其他内资经济组织。

与港澳台商合资经营企业 指港澳台地区投资者与内地企业依照《中华人民共和国中外合资经营企业法》及有关法律的规定，按合同规定的比例投资设立、分享利润和分担风险的企业。

与港澳台商合作经营企业 指港澳台地区投资者与内地企业依照《中华人民共和国中外合作经营企业法》及有关法律的规定，依照合作合同的约定进行投资或提供条件设立、分配利润和分担风险的企业。

港澳台商独资经营企业 指依照《中华人民共和国外资企业法》及有关法律的规定，在内地由港澳台地区投资者全额投资设立的企业。

港澳台商投资股份有限公司 指根据国家有关规定，经原外经贸部依法批准设立，其中港、澳、台商的股本占公司注册资本的比例达 25% 以上的股份有限公司。凡其中港、澳、台商的股本占公司注册资本的比例小于 25% 的，属于内资企业中的股份有限公司。

中外合资经营企业 指外国企业或外国人与中国内地企业依照《中华人民共和国中外合资经营企业法》及有关法律的规定，按合同规定的比例投资设立、分享利润和分担风险的企业。

中外合作经营企业 指外国企业或外国人与中国内地企业依照《中华人民共和国中外合作经营企业法》及有关法律的规定，依照合作合同的约定进行投资或提供条件设立、分配利润和分担风险的企业。

外资企业 指依照《中华人民共和国外资企业法》及有关法律的规定，在中国内地由外国投资者全额投资设立的企业。

外商投资股份有限公司 指根据国家有关规定，经原外经贸部依法批准设立，其中外资的股本占公司注册资本的比例达 25% 以上的股份有限公司。凡其中外资股本占公司注册资本的比例小于 25% 的，属于内资企业中的股份有限公司。

行政机关、事业单位和社会团体 参照企业登记注册类型，主要按其经费来源和管理方式划分。具体规定如下：

⑴行政机关：包括国家机关和政党机关，原则上均列为“国有”。但有特殊规定的，如供销社等，则列为“集体”。⑵事业单位：包括经国家机构编制部门和有关业务主管部门批准成立的各类事业单位，不包括实行企业化管理的事业单位。事业单位的划分办法如下：①由国家财政预算拨款或列入财政预算外资金管理以及经费主要来源于国有主管部门或国有上级单位的事业单位，列为“国有”。②经费主要来源于集体单位的事业单位，列为“集体”。③公民个人(或个人合伙)开办的事业单位，列为“私营”。④上述以外的其他事业单位，如果其经费来源不明确，按管理方式进行归类。⑶社会团体：包括经民政部门批准成立以及未纳入社会团体管理条例范围的工会、妇联等各类社会团体。社会团体的划分办法如下：①未纳入民政部社会团体管理条例范围的工会、妇联、共青团、青联、工商联、科协、侨联等社会团体，国家拨款设立的基金会或基金管理组织以及经费主要来源于国有业务主管部门或国有上级单位的社会团体，列为“国有”。②经费主要来源于集体单位的社会团体，列为“集体”。③公民个人(或个人合伙)开办的社会团体，划为“私营”。④上述以外的其他社会团体，如果其经费来源不明确，改按管理方式进行归类。

地区生产总值(GDP) 指按市场价格计算的一个国家(或地区)所有常住单位在一定时期内生产活动的最终成果。地区生产总值有三种表现形态，即价值形态、收入形态和产品形态。

从价值形态看，它是所有常住单位在一定时期内生产的全部货物和服务价值超过同期投入的全部非固定资产货物和服务价值的差额，即所有常住单位的增加值之和；从收入形态看，它是所有常住单位在一定时期内创造并分配给常住单位和非常住单位的初次收入之和；从产品形态看，它是所有常住单位在一定时期内最终使用的货物和服务价值减去货物和服务进口价值。在实际核算中，地区生产总值有三种计算方法，即生产法、收入法和支出法。三种方法分别从不同的方面反映地区生产总值及其构成。

三次产业　三产业的划分是世界上较为常用的产业结构分类，但各国的划分不尽一致。我国的三次产业划分是：

第一产业是指农、林、牧、渔业。第二产业是指采矿业，制造业，电力、煤气及水的生产和供应业，建筑业。第三产业是指除第一、二产业以外的其他行业。

支出法地区生产总值　是从最终使用的角度反映一个国家（或地区）一定时期内生产活动最终成果的一种方法，包括最终消费、资本形成总额及货物和服务净出口三部分。计算公式为：

支出法地区生产总值 = 最终消费 + 资本形成总额 + 货物和服务净出口

最终消费　指常住单位为满足物质、文化和精神生活的需要，从本国经济领土和国外购买的货物和服务的支出。它不包括非常住单位在本国经济领土内的消费支出。最终消费分为居民消费和政府消费。

居民消费　指常住住户在一定时期内对于货物和服务的全部最终消费支出。居民消费除了直接以货币形式购买的货物和服务的消费支出外，还包括以其他方式获得的货物和服务的消费支出，即所谓的虚拟消费支出。居民虚拟消费支出包括如下几种类型：单位以实物报酬及实物转移的形式提供给劳动者的货物和服务；住户生产并由本住户消费了的货物和服务，其中的服务仅指住户的自有住房服务和付酬的家庭雇员提供的家庭和个人服务；金融机构提供的金融媒介服务；保险公司提供的保险服务。

政府消费　指政府部门为全社会提供的公共服务的消费支出和免费或以较低的价格向居民住户提供的货物和服务的净支出，前者等于政府服务的产出价值减去政府单位所获得的经营收入的价值，后者等于政府部门免费或以较低价格向居民住户提供的货物和服务的市场价值减去向住户收取的价值。

资本形成总额　指常住单位在一定时期内获得减去处置的固定资产和存货的净额，包括固定资本形成总额和存货增加两部分。

固定资本形成总额　指生产者在一定时期内获得的固定资产减处置的固定资产的价值总额。固定资产是通过生产活动生产出来的，且其使用年限在一年以上、单位价值在规定标准以上的资产，不包括自然资产。可分为有形固定资本形成总额和无形固定资本形成总额。有形固定资本形成总额包括一定时期内完成的建筑工程、安装工程和设备工器具购置（减处置）价值，以及土地改良、新增役、种、奶、毛、娱乐用牲畜和新增经济林木价值。无形固定资本形成总额包括矿藏的勘探、计算机软件等获得减处置。

存货增加　指常住单位在一定时期内存货实物量变动的市场价值，即期末价值减期初价值的差额，再扣除当期由于价格变动而产生的持有收益。存货增加可以是正值，也可以是负值，正值表示存货上升，负值表示存货下降。存货包括生产单位购进的原材料、燃料和储备物资等存货，以及生产单位生产的产成品、在制品和半成品等存货。

货物和服务净出口　指货物和服务出口减货物和服务进口的差额。出口包括常住单位向非常住单位出售或无偿转让的各种货物和服务的价值；进口包括常住单位从非常住单位购买或无偿得到的各种货物和服务的价值。由于服务活动的提供与使用同时发生，一般把常住单位从非常住单位得到的服务作为进口，非常住单位从常住单位得到的服务作为出口。货物的出口和进口都按离岸价格计算。

人口数　指一定时点、一定地区范围内有生命的个人总和。

城镇人口和乡村人口的划分　城镇人口是指居住在城镇范围内的全部人口；乡村人口是除上述人口以外的全部人口。

历年城乡人口数据是按照当时国家《关于统计上划分城乡的规定》计算的。三次普查之间年份的城乡人口根据 1990 年和 2000 年人口普查数据进行了调整。

出生率（又称粗出生率）　指在一定时期内（通常为一年）一定地区的出生人数与同期内平均人数（或期中人数）之比，用千分率表示。本资料中的出生率指年出生率，其计算公式为：

出生率 = 年出生人数 / 年平均人数 × 1000‰

式中：出生人数指活产婴儿，即胎儿脱离母体时（不管怀孕月数），有过呼吸或其他生命现象。年平均人数指年初、年底人口数的平均数，也可用年中人口数代替。

死亡率（又称粗死亡率）　指在一定时期内（通常为一年）一定地区的死亡人数与同期内平均人数（或期中人数）之比，

用千分率表示。本资料中的死亡率指年死亡率，其计算公式为：

死亡率 = 年死亡人数 / 年平均人数 ×1000‰

人口自然增长率 指在一定时期内（通常为一年）人口自然增加数（出生人数减死亡人数）与该时期内平均人数（或期中人数）之比，用千分率表示。计算公式为：

人口自然增长率 =(本年出生人数 - 本年死亡人数)/ 年平均人数 ×1000‰ = 人口出生率 - 人口死亡率

总负担系数 指人口总体中非劳动年龄人口数与劳动年龄人口数之比。通常用百分比表示。说明每 100 名劳动年龄人口大致要负担多少名非劳动年龄人口。用于从人口角度反映人口与经济发展的基本关系。计算公式为：

GDR=(P0 ~ 14+P65+)/P15 ~ 64×100%

其中：GDP 为总抚养比；

P0 ~ 14 为 0 ~ 14 岁少年儿童人口数；

P65+ 为 65 岁及 65 岁以上的老年人口数；

P15 ~ 64 为 15 ~ 64 岁劳动年龄人口数。

老年人口抚养比 也称老年人口抚养系数。指某一人口中老年人口数与劳动年龄人口数之比。通常用百分比表示。用以表明每 100 名劳动年龄人口要负担多少名老年人。老年人口抚养比是从经济角度反映人口老化社会后果的指标之一。计算公式为：

ODR=P65+/P15 ~ 64×100%

其中：ODR 为老年人口抚养比；

P65+ 为 65 岁及 65 岁以上的老年人口数；

P15 ~ 64 为 15 ~ 64 岁的劳动年龄人口数。

少年儿童抚养比 也称少年儿童抚养系数。指某一人口中少年儿童人口数与劳动年龄人口数之比。通常用百分比表示。以反映每 100 名劳动年龄人口要负担多少名少年儿童。计算公式为：

CDR=P0 ~ 14/P15 ~ 64×100%

其中：CDR 为少年儿童抚养比；

P0 ~ 14 为 0 ~ 14 岁少年儿童人口数；

P15 ~ 64 为 15 ~ 64 岁劳动年龄人口数。

经济活动人口 指在 16 岁以上，有劳动能力，参加或要求参加社会经济活动的人口。包括就业人员和失业人员。

就业人员 指从事一定社会劳动并取得劳动报酬或经营收入的人员，包括在岗职工、再就业的离退休人员、私营业主、个体户主、私营和个体就业人员、乡镇企业就业人员、农村就业人员、其他就业人员（包括民办教师、宗教职业者、现役军人等）。这一指标反映了一定时期内全部劳动力资源的实际利用情况，是研究我国基本国情国力的重要指标。

各单位的就业人员 指在各级国家机关、政党机关、社会团体及企业、事业单位中工作，取得工资或其他形式的劳动报酬的全部人员。包括在岗职工、再就业的离退休人员、民办教师以及在各单位中工作的外方人员和港澳台方人员、兼职人员、借用的外单位人员和第二职业者。不包括离开本单位仍保留劳动关系的职工。各单位的就业人员反映了各单位实际参加生产或工作的全部劳动力。

城镇私营和个体就业人员 城镇私营就业人员指在工商管理部门注册登记，其经营地址设在县城关镇（含县城关镇）以上的私营企业就业人员，包括私营企业投资者和雇工。城镇个体就业人员指在工商管理部门注册登记，并持有城镇户口或在城镇长期居住，经批准从事个体工商经营的就业人员，包括个体经营者和在个体工商户劳动的家庭帮工和雇工。

城镇登记失业人员 指有非农业户口，在一定的劳动年龄内 (16 岁以上及男 50 岁以下、女 45 岁以下)，有劳动能力，无业而要求就业，并在当地就业服务机构进行求职登记的人员。

城镇登记失业率 城镇登记失业人员与城镇单位就业人员（扣除使用的农村劳动力、聘用的离退休人员、港澳台及外方人员）、城镇单位中的不在岗职工、城镇私营业主、个体户主、城镇私营企业和个体就业人员、城镇登记失业人员之和的比。计算公式为：

城镇登记失业率 = 城镇登记失业人数 / [（城镇单位就业人员 - 使用的农村劳动力 - 聘用的离退休人员 - 聘用的港澳台及外方人员）+ 不在岗职工 + 城镇私营业主 + 城镇个体户主 + 城镇私营企业及个体就业人员 + 城镇登记失业人数］×100%

职工 指在国有、城镇集体、联营、股份制、外商和港、澳、台投资、其他单位及其附属机构工作，并由其支付工资的各类人员。不包括下列人员：(1) 乡镇企业就业人员；(2) 私营企业就业人员；(3) 城镇个体劳动者；(4) 离休、退休、退职人员；(5) 再就业的离、退休人员；(6) 民办教师；(7) 在城镇单位中工作的外方及港、澳、台人员；(8) 其他按有关规定不列入职工统计范围的人员。(1998 年及以后的数据均为在岗职工数据，其他相关指标如职工工资总额，职工平均工资等指标也从 1998 年按此口径进行了相应调整)。

国有单位 指资产归国家所有的经济组织。包括按《中华人民共和国企业法人登记管理条例》规定登记注册的非公司制的经济组织，以及中央、地方各级国家机关、事业单位和社会团体。

集体单位 指生产资料归集体所有，并按《中华人民共和国企业法人登记管理条例》规定登记注册的经济组织。

其他单位 包括股份合作单位、联营单位、有限责任公司、股份有限公司、港澳台商投资单位以及外商投资单位等其他登记注册类型单位。

在岗职工 指在本单位工作并由单位支付工资的人员，以及有工作岗位，但由于学习、病伤产假等原因暂未工作，仍由单位支付工资的人员。

工资总额 指各单位在一定时期内直接支付给本单位全部职工的劳动报酬总额。工资总额的计算原则应以直接支付给职工的全部劳动报酬为根据。各单位支付给职工的劳动报酬以及其他根据有关规定支付的工资，不论是计入成本的还是不计入成本的，不论是按国家规定列入计征奖金税项目的，还是未列入计征奖金税项目的，不论是以货币形式支付的还是以实物形式支付的，均包括在工资总额内。

平均工资 指企业、事业、机关单位的职工在一定时期内平均每人所得的货币工资额。它表明一定时期职工工资收入的高低程度，是反映职工工资水平的主要指标。计算公式为：

平均工资 = 报告期实际支付的全部职工工资总额 / 报告期全部职工平均人数

平均工资指数 指报告期职工平均工资与基期职工平均工资的比率，是反映不同时期职工货币工资水平变动情况的相对数。计算公式为：

平均工资指数 = 报告期职工平均工资 / 基期职工平均工资 ×100%

平均实际工资指数 职工平均实际工资指扣除物价变动因素后的职工平均工资。职工平均实际工资指数是反映实际工资变动情况的相对数，表明职工实际工资水平提高或降低的程度。计算公式为：

平均实际工资指数 = 报告期职工平均工资指数 / 报告期城镇居民消费价格指数 ×100%

全社会固定资产投资 以货币形式表现的在一定时期内全社会建造和购置固定资产的工作量以及与此有关的费用的总称。该指标是反映固定资产投资规模、结构和发展速度的综合性指标，又是观察工程进度和考核投资效果的重要依据。全社会固定资产投资按登记注册类型可分为国有、集体、个体、联营、股份制、外商、港澳台商、其他等。

房地产开发投资 指各种登记注册类型的房地产开发公司、商品房建设公司及其他房地产开发法人单位和附属于其他法人单位实际从事房地产开发或经营活动的单位统一开发的包括统代建、拆迁还建的住宅、厂房、仓库、饭店、宾馆、度假村、写字楼、办公楼等房屋建筑物和配套的服务设施，土地开发工程（如道路、给水、排水、供电、供热、通讯、平整场地等基础设施工程）的投资；不包括单纯的土地交易活动。

其他固定资产投资 指全社会固定资产投资中未列入基本建设、更新改造和房地产开发投资的总投资在 50 万元以上的城镇范围内建造和购置固定资产的活动，以及城镇私人建房和农村企业、事业、行政单位和农村个人固定资产投资活动。具体包括：

(1) 国有单位未纳入基本建设计划和更新改造计划管理，计划总投资（或实际需要总投资）在 50 万元以上的以下工程：①用油田维护费和石油开发基金进行的油田维护和开发工程；②煤炭、铁矿、森工等采掘采伐业用维简费进行的开拓延伸工程；③交通部门用公路养路费对原有公路、桥梁进行改建的工程；④商业部门用简易建筑费建造的仓库工程。(2) 城镇集体固定资产投资：指所有隶属直辖市、省辖市、县级市和县城所在地城关镇区域范围内的集体经济单位（乡镇企业局管理的除外）建造和购置固定资产其计划总投资（或实际需要总投资）在 50 万元及 50 万元以上，未列入基本建设和更新改造计划的单位 (项目) 投资。(3) 除上述以外的其他各种登记注册类型的企、事业单位 (包括城镇私营企、事业单位和个体户) 建造和购置固定资产总投资在 50 万元及 50 万元以上、未列入基本建设计划和更新改造计划的单位 (项目)。其中个体经营户只统计 50 万元以上非建房投资。(4) 城镇和工矿区私人建房投资：包括市、县城、城关镇、工矿区所辖范围内的全部私人建房，不论其房主是否系本地的常住户口均应包括。(5) 农村投资：包括农村区域范围内进行固定资产投资活动的企业、事业、行政单位及农村个人投资。

固定资产投资的资金来源 根据固定资产投资的资金来源不同，分为国家预算内资金、国内贷款、利用外资、自筹资金和其他资金来源。

(1) 国家预算内资金：分为财政拨款和财政安排的贷款两部分。包括中央财政的基本建设基金(分经营性基金和非经营性基金两部分)、专项支出(如煤代油专项等)、收回再贷、贴息资金，财政安排的挖潜改造和新产品试制支出、城建支出、商业部门简易建筑支出、不发达地区发展基金等资金中用于固定资产投资的资金；地方财政中由国家统筹安排的资金等。(2) 国内贷款：指报告期固定资产投资单位向银行及非银行金融机构借入的用于固定资产投资的各种国内借款，包括银行利用自有资金及吸收的存款发放的贷款、上级主管部门拨入的国内贷款、国家专项贷款(包括煤代油贷款、劳改煤矿专项贷款等)、地方财政专项资金安排的贷款、国内储备贷款、周转贷款等。(3) 利用外资：指报告期收到的用于固定资产建造和购置的国外资金(包括设备、材料、技术在内)。包括对外借款(外国政府、国际金融组织贷款、出口信贷、外国银行商业贷款、对外发行债券和股票)、外商直接投资及外商其他投资。不包括我国自有外汇资金(国家外汇、地方外汇、留成外汇、调剂外汇和中国银行自有资金发行的外汇贷款等)。计算利用外资时，需要折算成人民币，折算中所使用的外汇汇率按现汇计算，即按使用外汇时的汇率计算。(4) 自筹资金：指固定资产投资单位报告期收到的，由各地区、各部门及企、事业单位筹集用于固定资产投资的预算外资金，包括中央各部门、各级地方和企、事业单位的自筹资金。(5) 其他资金来源：指在报告期收到的除以上各种资金之外其他用于固定资产投资的资金，包括企业或金融机构通过发行各种债券筹集到的资金、群众集资、个人资金、无偿捐赠的资金及其他单位拨入的资金等。

固定资产投资按国民经济行业分 建设项目归哪个行业，按其建成投产后的主要产品或主要用途及社会经济活动性质来确定。基本建设按建设项目划分国民经济行业，更新改造、其他固定资产投资根据整个企业、事业单位所属的行业来划分。一般情况下，一个建设项目或一个企业、事业单位只能属于一种国民经济行业。为了更准确地反映国民经济各行业之间的比例关系，联合企业(总厂)所属分厂属于不同行业的，原则上按分厂划分行业。

固定资产投资按建设性质分 建设项目的性质一般分为新建、扩建、改建、迁建、恢复。房地产开发单位、农村投资、城镇工矿区私人建房投资不划分建设性质。基本建设按建设项目划分建设性质，更新改造、国有经济中其他固定资产投资及城镇集体投资等按整个企业、事业单位的建设情况确定建设性质。

(1) 新建：一般指从无到有“平地起家”开始建设的企业、事业和行政单位或独立的工程。现有企业、事业、行政单位一般不属于新建。但如有的单位原有基础很小，经过建设后新增的固定资产价值超过该企、事业、行政单位原有固定资产价值(原值)三倍以上的也应作为新建。(2) 扩建：指在厂内或其他地点，为扩大原有产品的生产能力(或效益)或增加新的产品生产能力，而增建主要的生产车间(或主要工程)、分厂、独立的生产线。行政、事业单位在原单位增建业务用房(如学校增建教学用房、医院增建门诊部、病房等)也作为扩建。现有企、事业单位为扩大原有主要产品生产能力或增加新的产品生产能力，增建一个或几个主要生产车间(或主要工程)、分厂，同时进行一些更新改造工程的，也应作为扩建。(3) 改建：指对原有设施进行技术改造或更新(包括相应配套的辅助性生产、生活福利设施)，没有增建主要生产车间、分厂等。现有企、事业单位为适应市场变化的需要，而改变企业的主要产品种类(如军工企业转产民品等)，或原有产品生产作业线由于各工序(车间)之间能力不平衡，为填平补齐充分发挥原有生产能力而增建不增加本企业主要产品设计能力的车间，也应作为改建。

固定资产投资按构成分 固定资产投资活动按其工作内容和实现方式分为建筑安装工程，设备、工具、器具购置，其他费用三个部分。

(1) 建筑安装工程(建筑安装工作量)：指各种房屋、建筑物的建造工程和各种设备、装置的安装工程。包括各种房屋建造工程，各种用途设备基础和各种工业窑炉的砌筑工程及金属结构工程；为施工而进行的各种准备工作和临时工程以及完工后的清理工作等；铁路、道路的铺设，矿井的开凿及石油管道的架设等；水利工程；防空地下建筑等特殊工程；列入房屋工程预算内的暖气、卫生、通风、照明、煤气等设备的价值及装设油饰工程；列入建筑工程预算内的各种管道(蒸汽、压缩空气、石油、给排水等管道)、电力、电讯电缆导线等的敷设工程；以及各种机械设备的安装工程；为测定安装工程质量，对设备进行的试运工作；房地产开发单位进行的商品房屋开发建设工程、土地开发工程。在安装工程中，不包括被安装设备本身的价值。(2) 设备、工具、器具购置：指建设单位或企、事业单位购置或自制的，达到固定资产标准的设备、工具、器具的价值。新建单位及扩建单位的新建车间，按照设计或计划要求购置或自制的全部设备、工具、器具，不论是否达到固定资产标准均计入“设备、工具、器具购置”中。(3) 其他费用：指在固定资产建造和购置过程中发生的，除上述几项内容以外的各种应分摊计入固定资产的费用。

基本建设项目按大中小型划分 基本建设划分大中小型项目原则上应按照上级批准的设计任务书或初步设计所确定的总规模或总投资划分，没有正式批准设计任务书或初步设计的，按国家或省、自治区、直辖市年度基本建设投资计划中所列的总规模或总投资划分。上述两条均不具备的，按本年计划施工工程的建设总规模或总投资划分。生产单一产品的工业项目，按产品的设计能力划分；生产多种产品的工业项目，按其主要产品的设计能力划分。品种繁多，难以按生产能力划分的，按全部计划总投资划分。划分标准以国家颁发的《大中小型建设项目划分标准》为依据。国家曾在1953年、1962年、1972年、1977年和1979年先后五次修订《大中小型建设项目划分标准》，因此各历史时期的大中型项目数不完全可比。

施工项目 指报告期内进行过建筑或安装施工活动的项目。凡是报告期内施过工的建设项目，不论施工时间长短，均作为施工项目统计。施工项目个数可以反映一定时期固定资产投资的实际规模，与同期建成投产的建设项目个数相比，可以从建设速度的角度反映固定资产投资的效果。根据建设项目施工活动的不同性质，施工项目又分为：本年正式施工项目、本年收尾项目和以前年度全部停缓建项目。

全部建成投产项目 工业项目指设计文件规定形成生产能力的主体工程及其相应配套的辅助设施全部建成，经负荷试运转，证明具备生产设计规定合格产品的条件，并经过验收鉴定合格或达到竣工验收标准，与生产性工程配套的生活福利设施可以满足近期正常生产的需要，正式移交生产的建设项目。非工业项目指设计文件规定的主体工程和相应的配套工程全部建成，能够发挥设计规定的全部效益，经验收鉴定合格或达到竣工验收标准，正式移交使用的建设项目。

新增生产能力(或工程效益) 指通过固定资产投资活动而增加的设计能力(或工程效益)，该指标是以实物形态表现的反映固定资产投资成果的指标，也是考核投资经济效果的重要依据之一。

新增生产能力(或工程效益)一般有以下几种表现形式：(1)用产品数量表示，以工程在单位时间内(一般是一年)所能生产的产品数量(即年产量)表示。如原煤开采用万吨/年表示，化学农药用吨/年表示，拖拉机制造用台/年表示等。某些化工产品由于含量差别较大，按其设计含量计算折合量表示，如硫酸、纯碱、烧碱等。(2)用单位时间内所能处理的原料数量表示，以工程每天(或小时)所能处理原料的数量表示。如机制糖工程日处理原料吨，食用植物油日处理原料吨，城市污水处理能力用万吨/日表示等。(3)用新增加的主要设备的数量或容量表示，如新增棉布织机、丝织机等台数，毛纺锭等锭数，发电厂新增发电机组容量用千瓦表示等。(4)以节约的原材料、燃料、动力实物量表示，适用于反映更新改造节约项目的效益。(5)用建筑物容积、容量、面积、长度表示，是非工业项目或工程新增效益的一种表现形式。如铁路里程、公路里程、水库容量、仓库容量、房屋建筑面积、学校学生席位、医院病床、灌区灌溉面积等。根据工程的特点，有时需要用两种或两种以上的复合计量单位表示新增生产能力(或工程效益)，如新增内燃机生产能力同时用年产台数、千瓦数表示等。为了规范新增生产能力(或工程效益)的名称和计算单位，国家统计局制订了《新增生产能力(或工程效益)目录》和《节约原材料、燃料、动力目录》，各固定资产投资单位在统计新增生产能力(或工程效益)时，必须按目录中规定的名称和计量单位填报。

房屋建筑面积 指房屋建筑物勒脚以上外墙外围的水平截面面积，包括房屋建筑物的有效面积和结构面积。该指标是从实物形态上反映建设规模和建设成果的重要指标之一，也是检查工程形象进度、计算工程造价、分析投资效果、研究施工任务和建筑材料之间平衡情况的重要依据。

住宅建筑面积 指施工和竣工房屋建筑面积中供居住用的房屋建筑面积。

施工面积 指报告期内施工的全部房屋建筑面积。包括本期新开工的面积和上期开工跨入本期继续施工的房屋面积，以及上期已停建在本期恢复施工的房屋面积。本期竣工和本期施工后又停缓建的房屋，其建筑面积仍计入本期房屋施工面积中。

竣工面积 指在报告期内房屋建筑按照设计要求已经全部完工，达到住人和使用条件，经验收鉴定合格(或达到竣工验收标准)，正式移交使用单位的各栋房屋建筑面积的总和。

房屋建筑面积竣工率 指一定时期内房屋竣工面积占同期房屋施工面积的比率。该指标从房屋建筑施工速度的角度反映投资效果的指标。

新增固定资产 指报告期内已经完成建造和购置过程，并已交付生产或使用单位的固定资产价值。该指标是表示固定资产投资成果的价值指标，也是反映建设进度，计算固定资产投资效果的重要指标。

建设项目投产率 指一定时期内全部建成投产项目个数与同期施工项目个数的比率。该指标是从建设单位建设速度的角度反映投资效果的指标。

固定资产交付使用率 指一定时期新增固定资产与同期完成投资额的比率。该指标是反映固定资产动用速度，衡量建设过程中宏观投资效果的综合指标。由于新增固定资产是较长时期内形成的结果，而投资额则是当年完成的，因此，该指标一般适宜于反映较长时期内固定资产的动用情况。

经济适用房 指根据国家经济适用房计划安排建设的政策性住宅。经济是指房屋建筑造价和销售价格低于一般商品住宅；适用是指适合中低收入家庭购买使用。经济适用房主要是由国家统一下达投资计划，房地产公司开发，对外销售；用地一般采用行政划拨或招标投标方式，免收土地出让金；对各种经批准的收费减半征收，开发利润不超过 3%；销售价格实行政府指导价。该指标可以分析房地产投资结构，反映中低收入家庭商品住宅的供求平衡情况。

能源生产总量 指一定时期内全国一次能源生产量的总和，是观察全国能源生产水平、规模、构成和发展速度的总量指标。一次能源生产量包括原煤，原油，天然气，水电、核能及其他动力能 (如风能、地热能等) 发电量，不包括低热值燃料生产量、生物质能、太阳能等的利用和由一次能源加工转换而成的二次能源产量。

能源消费总量 指一定时期内全国物质生产部门、非物质生产部门和生活消费的各种能源的总和，是观察能源消费水平、构成和增长速度的总量指标。能源消费总量包括原煤和原油及其制品、天然气、电力，不包括低热值燃料、生物质能和太阳能等的利用。能源消费总量分为终端能源消费量、能源加工转换损失量和损失量三部分。

⑴终端能源消费量：指一定时期内全国生产和生活消费的各种能源在扣除了用于加工转换二次能源消费量和损失量以后的数量。⑵能源加工转换损失量：指一定时期内全国投入加工转换的各种能源数量之和与产出各种能源产品之和的差额，是观察能源在加工转换过程中损失量变化的指标。⑶能源损失量：指一定时期内能源在输送、分配、储存过程中发生的损失和由客观原因造成的各种损失量，不包括各种气体能源放空、放散量。

能源生产弹性系数 是研究能源生产增长速度与国民经济增长速度之间关系的指标。计算公式为：

能源生产弹性系数 = 能源生产总量年平均增长速度 / 国民经济年平均增长速度

国民经济年平均增长速度，可根据不同的目的或需要，用国民生产总值、国内生产总值等指标来计算，本年鉴是采用国内生产总值指标计算的。

能源消费弹性系数 是反映能源消费增长速度与国民经济增长速度之间比例关系的指标。计算公式为：

能源消费弹性系数 = 能源消费量年平均增长速度 / 国民经济年平均增长速度

财政收入 指国家财政参与社会产品分配所取得的收入，是实现国家职能的财力保证。财政收入所包括的内容几经变化，目前主要包括：

(1) 各项税收：包括增值税、营业税、消费税、土地增值税、城市维护建设税、资源税、城市土地使用税、企业所得税、个人所得税、关税、证券交易印花税、车辆购置税、农牧业税和耕地占用税等。(2) 专项收入：包括排污费收入、城市水资源费收入、矿产资源补偿费收入、教育费附加收入等。(3) 其他收入：包括利息收入、基本建设贷款归还收入、基本建设收入、捐赠收入等。(4) 国有企业亏损补贴：此项为负收入，冲减财政收入。主要包括对工业企业、商业企业、粮食企业的补贴。

财政支出 国家财政将筹集起来的资金进行分配使用，以满足经济建设和各项事业的需要，主要包括：

(1) 基本建设支出：指按国家有关规定，属于基本建设范围内的基本建设有偿使用、拨款、资本金支出以及经国家批准对专项和政策性基建投资贷款，在部门的基建投资额中统筹支付的贴息支出。(2) 企业挖潜改造资金：指国家预算内拨给的用于企业挖潜、革新和改造方面的资金。包括各部门企业挖潜改造资金和企业挖潜改造贷款资金，为农业服务的县办“五小”企业技术改造补助，挖潜改造贷款贴息资金。(3) 地质勘探费用：指国家预算用于地质勘探单位的勘探工作费用，包括地质勘探管理机构及其事业单位经费、地质勘探经费。(4) 科技三项费用：指国家预算用于科技支出的费用，包括新产品试制费、中间试验费、重要科学研究补助费。(5) 支援农村生产支出：指国家财政支援农村集体 (户) 各项生产的支出。包括对农村举办的小型农田水利和打井、喷灌等的补助费，对农村水土保持措施的补助费，对农村举办的小水电站的补助费，特大抗旱的补助费，农村开荒补助费，扶持乡镇企业资金，支援农村合作生产组织资金、农村农技推广和植保补助费，农村草场和畜禽保护补助费，农村造林和林木保护补助费，农村水产补助费，发展粮食生产专项资金。(6) 农林水利气象等部门的事业费用：指国家财政用于农垦、农场、农业、畜牧、农机、林业、森工、水利、水产、气象、乡镇企业的技术推广、良种推广 (示范)、动植物 (畜禽、森林) 保护、水质监测、勘探设计、资源调查、干部训练等项费用，园艺特产场补助费，中等专业学校经费，飞播牧草试验补助费，营林机构、气象机构经费，渔政费以及农业管理事业费等。(7) 工业交通商业等部门的事业费：指国家预算支付给工交商各部门用于事业发展的人员和公用经费支出，包括勘探设计费、中等专业学校经费、技术学校经费、干部训练费。(8) 文教科学卫生事业费：指国家预算用于文化、出版、文物、教育、卫生、中医、公费医疗、体育、档案、地震、海洋、通讯、电影电视、计划生育、党政群干部训练、自然科学、社会科学、科协等项事业的人员和公用经费支出以及高技术研究专项经费。主要包括工资、补助工资、福利费、离退休费、助学金、公务费、设备购置费、修缮费、业务费、差额补助费。(9) 抚恤和社会福利救济费：指国家预算用于抚恤和社会福利救济事业的经费。包括由民政部门开支的烈士家属和牺牲病残人员家属的一次性、定期抚恤金，革命伤残人员的抚恤金，各种伤残补助费，烈军属、复员退伍军人生活补助费，退伍军人安置费，优抚事业单位经费，烈士纪念建筑物管理、维修费，自然灾害救济事业费和特大自然灾害灾后重建补助费等。(10) 行政事业单位离退休支出：指实行归口管理的行政事业单位离退休经费。(11) 社会保障补助支出：指国家预算用于社会保障的补助支出，包括对社会保险基金的补助、促进就业补助、国有企业下岗职工补助、补充全国社会保障基金等。(12) 国防支出：指国家预算用于国防建设和保卫国家安全的支出，包括国防费、国防科研事业费、民兵建设以及专项工程支出等。(13) 行政管理费：包括行政管理支出，党派团体补助支出，外交支出，公安安全支出，司法支出，法院支出，检察院支出和公检法办案费用补助。(14) 政策性补贴支出：指经国家批准，由国家财政拨给用于粮棉油等产品的价格补贴支出。主要包括粮、棉、油差价补贴，平抑物价和储备糖补贴，农业生产资料价差补贴，粮食风险基金，副食品风险基金，地方煤炭风险基金等。(15) 债务利息支出：指国家预算中用于偿还国内外债务利息的支出。

中央财政收入和地方财政收入　指按现行分税制财政体制划分的中央本级收入和地方本级收入。1994 年实行分税制财政体制以后，属于中央财政的收入包括关税、海关代征消费税和增值税，消费税，中央企业所得税，地方银行和外资银行及非银行金融企业所得税，铁道部门、各银行总行、各保险总公司等集中缴纳的营业税、利润和城市维护建设税，车辆购置税，船舶吨税，增值税的 75% 部分，证券交易税 (印花税)94% 部分，个人所得税中的利息所得税，利息所得税之外的个人所得税中央分享的部分，海洋石油资源税。属于地方财政的收入包括营业税，地方企业所得税，利息所得税之外的个人所得税地方分享的部分，城镇土地使用税，固定资产投资方向调节税，城镇维护建设税，房产税，车船使用税，印花税，屠宰税，农牧业税，农业特产税，耕地占用税，契税，土地增值税、国有土地有偿使用收入，增值税 25% 部分，证券交易税 (印花税)6% 部分和除海洋石油资源税以外的其他资源税。

中央财政支出和地方财政支出　指根据政府在经济和社会活动中的不同职责，划分中央和地方政府的责权，按照政府的责权划分确定的支出。中央财政支出包括国防支出，武装警察部队支出，中央级行政管理费和各项事业费，重点建设支出以及中央政府调整国民经济结构、协调地区发展、实施宏观调控的支出。地方财政支出主要包括地方行政管理和各项事业费，地方统筹的基本建设、技术改造支出，支援农村生产支出，城市维护和建设经费，价格补贴支出等。

预算外资金收支　预算外资金指国家机关、事业单位和社会团体为履行或代行政府职能，依据国家法律、法规和具有法律效力的规章而收取、提取和安排使用的未纳入国家预算管理的各种财政性资金。其范围主要包括：法律、法规规定的行政事业性收费、政府性基金和附加收入等；国务院或省级人民政府及其财政、计划（物价）部门审批的行政事业性收费；国务院及财政部审批建立的政府性基金、附加收入等；主管部门所属单位集中上缴资金；用于乡镇政府开支的乡自筹和乡统筹资金；其他未纳入预算管理的财政性资金。社会保障基金在国家财政尚未建立社会保障预算制度以前，先按预算外资金管理制度进行管理，专款专用。财政部门在银行开设统一的专户，用于预算外资金收入和支出管理。部门和单位的预算外收入必须上缴同级财政专户，支出由同级财政按预算外资金收支计划和单位财务收支计划统筹安排，从财政专户中拨付，实行收支两条线管理。

信贷资金　指金融机构以信用方式积聚和分配的货币资金。金融机构信贷资金的来源有各项存款、金融债券发行、应付及暂收款、对国际金融机构负债、流通中货币、各项准备、所有者权益和其他项目等；信贷资金的运用有各项贷款、有价证券及投资、应收及预付款、委托投资、金银占款、外汇占款、库存现金、财政借款及在国际金融机构中的资产等。

存款　指企业、机关、团体或居民根据资金必须收回的原则，把货币资金存入银行或其他信贷机构保管并取得一定利息的一种信用活动形式。根据存款对象或性质的不同可划分为企业存款、财政存款、机关团体存款、基本建设存款、储蓄存款、农村存款、委托存款、其他存款等科目。它是银行信贷资金的主要来源。

贷款　指银行或其他信贷机构根据资金必须归还的原则，按一定利率，为企业、个人等提供资金的一种信用活动形式。我国银行贷款分为短期贷款、中期流动资金贷款、中长期贷款、信托贷款、融资租赁、委托贷款、票据融资、各项垫款等。

保险公司　在中国境内的、经过保险监督管理部门批准设立，并依法登记注册的各类商业保险公司。

保险金额 指保险人承担赔偿或者给付保险金责任的最高限额。

保费 指投保人为取得保险人在约定范围内所承担赔偿责任而支付给保险人的费用。

赔款 指保险人根据保险合同的规定，向被保险人支付的赔偿保险责任损失的金额。

给付 包括死伤医疗给付和满期给付。死伤医疗给付是指保险人根据人寿保险及长期健康保险合同的规定，因被保险人在保险期内发生保险责任范围内的保险事故支付给被保险人（或受益人）的金额。满期给付是指被保险人生存期满，保险人按人寿保险合同规定支付给被保险人的满期保险金额。

居民消费价格指数 是反映一定时期内城乡居民所购买的生活消费品价格和服务项目价格变动趋势和程度的相对数，是对城市居民消费价格指数和农村居民消费价格指数进行综合汇总计算的结果。该指数可以观察和分析消费品的零售价格和服务价格变动对城乡居民实际生活费支出的影响程度。

城市居民消费价格指数 是反映一定时期内城市居民家庭所购买的生活消费品价格和服务项目价格变动趋势和程度的相对数。该指数可以观察和分析消费品的零售价格和服务项目价格变动对职工货币工资的影响，作为研究职工生活和确定工资政策的依据。

农村居民消费价格指数 是反映一定时期内农村居民家庭所购买的生活消费品价格和服务项目价格变动趋势和程度的相对数。该指数可以观察农村消费品的零售价格和服务项目价格变动对农村居民生活消费支出的影响，直接反映农民生活水平的实际变化情况，为分析和研究农村居民生活问题提供依据。

商品零售价格指数 是反映一定时期内城乡商品零售价格变动趋势和程度的相对数。商品零售物价的变动直接影响到城乡居民的生活支出和国家的财政收入，影响居民购买力和市场供需的平衡，影响到消费与积累的比例关系。因此，该指数可以从一个侧面对上述经济活动进行观察和分析。

农业生产资料价格指数 指反映一定时期内农业生产资料价格变动趋势和程度的相对数。农业生产资料价格指数分为小农具、饲料、幼禽家畜、半机械化农具、机械化农具、化学肥料、农药及农药械、农机用油等八大类。其编制目的是了解农业生产中物质资料投入价格的变动状况，服务于国民经济核算。1994 年以前，农业生产资料价格指数仅仅是商品零售价格指数的一个类别，此后，从商品零售价格指数中分离出来，单独编制。

农产品生产价格指数 是反映一定时期内，农产品生产者出售农产品价格水平变动趋势及幅度的相对数。该指数可以客观反映全国农产品生产价格水平和结构变动情况，满足农业与国民经济核算需要。其中某代表品生产价格指数是通过对全部有出售该产品行为的调查单位的个体指数进行几何平均求得的，类价格指数是通过对其所属的类（或代表品）的价格指数进行加权平均求得的。季度累计价格指数的计算方法与分季指数的计算方法相同。

工业品出厂价格指数 是反映一定时期内全部工业产品出厂价格总水平的变动趋势和程度的相对数，包括工业企业售给本企业以外所有单位的各种产品和直接售给居民用于生活消费的产品。该指数可以观察出厂价格变动对工业总产值及增加值的影响。

原材料、燃料和动力购进价格指数 是反映工业企业作为生产投入，而从物资交易市场和能源、原材料生产企业购买原材料、燃料和动力产品时，所支付的价格水平变动趋势和程度的统计指标，是扣除工业企业物质消耗成本中的价格变动影响的重要依据。

目前，我国编制的原材料、燃料和动力购进价格指数所调查的产品包括燃料动力、黑色金属、有色金属、化工、建材等九大类的 900 多种产品。

固定资产投资价格指数 是反映一定时期内固定资产投资品及项目的价格变动趋势和程度的相对数。固定资产投资额是由建筑安装工程投资完成额、设备工器具购置投资完成额和其他费用投资完成额三部分组成的。编制固定资产投资价格指数应首先分别编制上述三部分投资的价格指数，然后采用加权算术平均法求出固定资产投资价格总指数。

该指数可以准确地反映固定资产投资中涉及的各类投资品和取费项目价格变动趋势和变动幅度，消除按现价计算的固定资产投资指标中的价格变动因素，真实地反映固定资产投资的规模、速度、结构和效益，为国家科学地制定、检查固定资产投资计划并提高宏观调控水平，为完善国民经济核算体系提供科学的、可靠的依据。

城镇家庭人口 指居住在一起，经济上合在一起共同生活的家庭成员。凡计算为家庭人口的成员其全部收支都包括在本家庭中。

城镇就业面 指就业人口占家庭人口的百分比。

城镇就业者负担人数 指家庭人口与就业人口之比。

城市居民家庭总收入 指调查户中生活在一起的所有家庭成员在调查期得到的工薪收入、经营净收入、财产性收入、转移性收入的总和，不包括出售财物和借贷收入。收入的统计标准以实际发生的数额为准，无论收入是补发还是预发，只要是调查期得到的都应如实计算，不作分摊。

城市居民家庭可支配收入 指调查户可用于最终消费支出和其它非义务性支出以及储蓄的总和，即居民家庭可以用来自由支配的收入。它是家庭总收入扣除个人所得税、个人交纳的社会保障费以及调查户的记帐补贴后的收入。计算公式为：

可支配收入 = 家庭总收入 – 个人所得税 – 个人交纳的社会保障支出 – 记帐补贴

城市居民家庭总支出 指家庭除借贷支出以外的全部实际支出。包括消费性支出、购房建房支出、转移性支出、财产性支出、社会保障支出。支出统计是以实际购得的商品或服务的总价值填报，不论其付款方式是一次付清、分期付款，还是赊购，只要商品或服务已被消费就要按其总价值计量。如果采用分期付款或赊购形式，则要在借贷收入类相应的项目填入实付款与总的应付款的差额。

城市居民家庭消费支出 指调查户用于本家庭日常生活的全部支出，包括食品、衣着、家庭设备用品及服务、医疗保健、交通和通讯、娱乐教育文化服务、居住、杂项商品和服务八大类等。不包括用于赠送的商品或服务。消费支出按商品（服务）的用途分类。

城镇家庭服务性消费支出 指家庭用于支付社会提供的各种非商品性服务费用。

城镇家庭收入分组方法 将所有调查户依户人均可支配收入由低到高排队，按 10%，10%，20%，20%，20%，10%，10% 的比例依次分成：最低收入户、低收入户、中等偏下收入户、中等收入户、中等偏上收入户、高收入户、最高收入户等七组。总体中最低 5% 的户为困难户。

恩格尔系数 指食物支出金额在生活消费总支出金额中所占的比例。计算公式为：

恩格尔系数 = 食品支出金额 / 生活消费总支出金额 × 100%

农村住户 指农村常住户。农村常住户指长期（一年以上）居住在乡镇（不包括城关镇）行政管理区域内的住户，以及长期居住在城关镇所辖行政村范围内的农村住户。户口不在本地而在本地居住一年及以上的住户也包括在本地农村常住户范围内；有本地户口，但举家外出谋生一年以上的住户，无论是否保留承包耕地都不包括在本地农村住户范围内。

常住人口 指全年经常在家或在家居住 6 个月以上，而且经济和生活与本户连成一体的人口。外出从业人员在外居住时间虽然在 6 个月以上，但收入主要带回家中，经济与本户连为一体，仍视为家庭常住人口；在家居住，生活和本户连成一体的国家职工、退休人员也为家庭常住人口。但是现役军人、中专及以上（走读生除外）的在校学生、以及常年在外（不包括探亲、看病等）且已有稳定的职业与居住场所的外出从业人员，不算家庭常住人口。家庭常住人口主要作为计算农村住户平均每人收入、消费和积累水平及分析家庭人口状况的依据。

整、半劳动力 整劳动力指男子 18 周岁到 50 周岁，女子 18 周岁到 45 周岁；半劳动力指男子 16 周岁到 17 周岁，51 周岁到 60 周岁；女子 16 周岁到 17 周岁，46 周岁到 55 周岁，同时具有劳动能力的人。虽然在劳动年龄之内，但已丧失劳动能力的人，不应算为劳动力；超过劳动年龄，但能经常参加劳动，计入半劳动力数内。常住人口中的职工，若这些职工为劳动力，就包括在本户的整半劳动力中。

总收入 指调查期内农村住户和住户成员从各种来源渠道得到的收入总和。按收入的性质划分为工资性收入、家庭经营收入、财产性收入和转移性收入。

工资性收入 指农村住户成员受雇于单位或个人，靠出卖劳动而获得的收入。家庭经营收入 指农村住户以家庭为生产经营单位进行生产筹划和管理而获得的收入。农村住户家庭经营活动按行业划分为农业、林业、牧业、渔业、工业、建筑业、交通运输业邮电业、批发和零售贸易餐饮业、社会服务业、文教卫生业和其他家庭经营。

财产性收入 指金融资产或有形非生产性资产的所有者向其他机构单位提供资金或将有形非生产性资产供其支配，作为回报而从中获得的收入。

转移性收入 指农村住户和住户成员无须付出任何对应物而获得的货物、服务、资金或资产所有权等，不包括无偿提供的用于固定资本形成的资金。一般情况下，是指农村住户在二次分配中的所有收入。

现金收入 指农村住户和住户成员在调查期内得到以现金形态表现的收入。按来源分成工资性收入、家庭经营现金收入、财产性收入、转移性收入。

纯收入 指农村住户当年从各个来源得到的总收入相应地扣除所发生的费用后的收入总和。计算方法：

纯收入 = 总收入 - 税费支出 - 家庭经营费用支出 - 生产性固定资产折旧 - 调查补贴 - 赠送农村外部亲友支出纯收入主要用于再生产投入和当年生活消费支出，也可用于储蓄和各种非义务性支出。“农民人均纯收入”按人口平均的纯收入水平，反映的是一个地区或一个农户农村居民的平均收入水平。

总支出 指农村住户用于生产、生活和再分配的全部支出。家庭经营费用支出、购置生产性固定资产支出、生产性固定资产折旧、税费支出、生活消费支出、财产性支出和转移性支出。

供水综合生产能力 指按供水设施取水、净化、送水、出厂输水干管等环节设计能力计算的综合生产能力。包括在原设计能力的基础上，经挖、革、改增加的生产能力。计算时，以四个环节中最薄弱的环节为主确定能力。

年末供水管道长度 指从送水泵至用户水表之间所有管道的长度。不包括新安装尚未使用的管道。

全年供水总量 指报告期供水企业（单位）供出的全部水量。包括有效供水量和漏损水量。

生活用水量 包括公共服务用水和居民家庭用水。公共服务用水指为城市社会公共生活服务的用水。包括行政事业单位、部队营区和公共设施服务、社会服务业、批发零售贸易业、旅馆饮食业以及其他公共服务业等单位的用水。居民家庭用水指城市范围内所有居民家庭的日常生活用水。包括城市居民、农民家庭、公共供水站用水。

用水普及率 指城市用水人口数与城市人口总数的比率。计算公式：

用水普及率 = 城市用水人口数 / 城市人口总数 ×100%

人工煤气生产能力 指报告期末人工煤气生产厂制气、净化、输送等环节的综合生产能力，不包括备用设备能力。一般按设计能力计算，如果实际生产能力大于设计能力时，应按实际测定的生产能力计算。测定时应以制气、净化、输送三个环节中最薄弱的环节为主。

供气管道长度 指报告期末从气源厂压缩机的出口或门站出口至各类用户引入管之间的全部已经通气投入使用的管道长度。不包括煤气生产厂、输配站、液化气储存站、灌瓶站、储配站、气化站、混气站、供应站等厂（站）内的管道。

全年供气总量 指全年燃气企业（单位）向用户供应的燃气数量。包括销售量和损失量。

用气普及率 指报告期末使用燃气的城市人口数与城市人口总数的比率。计算公式为：

用气普及率 = 城市用气人口数 / 城市人口总数 ×100%

城市供热能力 指供热企业（单位）向城市热用户输送热能的设计能力。

城市供热总量 指在报告期供热企业（单位）向城市热用户输送全部蒸汽和热水的总热量。

城市供热管道长度 指从各类热源到热用户建筑物接入口之间的全部蒸汽和热水的管道长度。不包括各类热源厂内部的管道长度。

年末道路长度 指年末道路长度和与道路相通的广场、桥梁、隧道的长度，按车行道中心线计算。在统计时只统计路面宽度在 3.5 米（含 3.5 米）以上的各种铺装道路，包括开放型工业区和住宅区道路在内。

城市桥梁 指为跨越天然或人工障碍物而修建的构筑物。包括跨河桥、立交桥、人行天桥以及人行地下通道等。包括永久性桥和半永久性桥。

城市排水管道长度 指所有排水总管、干管、支管、检查井及连接井进出口等长度之和。

城市污水日处理能力 指污水处理厂（或处理装置）每昼夜处理污水量的设计能力。

年末运营车数 指年末公交企业（单位）用于运营业务的全部车辆数。以企业（单位）固定资产台帐中已投入运营的车辆数为准。

城市园林绿地面积 指报告期末用作园林和绿化的各种绿地面积。包括公共绿地、居住区绿地、单位附属绿地、防护绿地、生产绿地、道路绿地和风景林地面积。

不包括：1. 屋顶绿化、垂直绿化、阳台绿化和室内绿化。2. 以物质生产为主的林地、耕地、牧草地、果园和竹园等。3. 城市总体规划中不列入绿地的水域。

公共绿地 指向公众开放的市级、区级、居住区级各类公园、街旁游园，包括其范围内的水域。其中居住区级公园应不小于 1 万平方米，街旁游园的宽度不小于 8 米，面积不小于 400 平方米。

农林牧渔业总产值 指以货币表现的农、林、牧、渔业全部产品和对农林牧渔业生产活动进行的各种支持性服务活动的价值总量，它反映一定时期内农林牧渔业生产总规模和总成果。1957 年以前的农林牧渔业总产值中包括了厩肥和农民自给性手工业（如农民自制衣服、鞋、袜，自己从事粮食初步加工等）。1958 年及以后，林业中增加了村及村以下竹木采伐产值；牧业中取消了厩肥产值；副业中取消了农民自给性手工业产值，增加了村及村以下办的工业产值；渔业中增加了海洋捕捞水产品产值。1980 年及以后，在副业中增加了农民家庭兼营工业商品部分的产值。从 1984 年起村及村以下工业产值划归工业。从 1993 年起取消副业，将野生动物的捕猎划入牧业、野生植物采集和农民家庭兼营商品性工业划归农业。从 2003 年起，执行新的国民经济行业分类标准，农林牧渔业总产值中包括了农林牧渔服务业产值。林业中增加了森林采运业产值。农业中取消了家庭兼营商品性工业产值，将野生林产品的采集划归林业。第一次农业普查以后，由于畜牧业产品年报数据与普查数据之间存在一定的差距，国家统计局农调总队对畜牧业年报数据与普查数据进行衔接，相应的畜牧业产值进行调整。

农林牧渔业总产值的计算方法通常是按农、林、牧、渔业产品及其副产品的产量分别乘以各自单位产品价格求得；少数生产周期较长，当年没有产品或产品产量不易统计的，则采用间接方法匡算其产值；然后将四业产品产值相加即为农林牧渔业总产值。

粮食产量 指全社会的产量。包括国有经济经营的、集体统一经营的和农民家庭经营的粮食产量，还包括工矿企业办的农场和其他生产单位的产量。粮食除包括稻谷、小麦、玉米、高粱、谷子及其他杂粮外，还包括薯类和豆类。其产量计算方法，豆类按去豆荚后的干豆计算；薯类（包括甘薯和马铃薯，不包括芋头和木薯）1963 年以前按每 4 公斤鲜薯折 1 公斤粮食计算，从 1964 年开始改为按 5 公斤鲜薯折 1 公斤粮食计算。城市郊区作为蔬菜的薯类（如马铃薯等）按鲜品计算，并且不作粮食统计。其他粮食一律按脱粒后的原粮计算。棉花产量 指全社会的产量。包括春播棉和夏播棉。产量按皮棉计算。3 公斤籽棉折 1 公斤皮棉，不包括木棉。

油料产量 指全部油料作物的生产量。包括花生、油菜籽、芝麻、向日葵籽、胡麻籽（亚麻籽）和其他油料。不包括大豆、木本油料和野生油料。花生以带壳干花生计算。

水产品产量 指人工养殖的水产品和天然生长的水产品的捕捞量。包括海水的鱼类、虾蟹类、贝类和藻类以及内陆水域的鱼类、虾蟹类和贝类，不包括淡水生植物。

猪、牛、羊肉产量 指当年出栏并已屠宰、除去头蹄下水后带骨肉（即胴体重）的重量。期初（末）畜禽存栏头（只）数 指报告期初（末）农村各种合作经济组织和国营农场、农民个人、机关、团体、学校、工矿企业、部队等单位以及城镇居民饲养的大牲畜、猪、羊、家禽等畜禽的存栏数。数据上报方式及数据调整情况同猪、牛、羊肉产量。

常用耕地 是指耕地总资源中专门种植农作物并经常进行耕种、能够正常收获的土地。包括当年实际耕种的熟地；弃耕、休闲不满三年，随时可以复耕的地；开荒利用三年以上的土地。在统计口径上包括南方小于 1 米、北方小于 2 米宽的沟、渠、路和田埸。不包括临时种植农作物的坡度在 25 度以上的陡坡地；在河套、湖畔、库区临时开发的成片或零星土地；也不包括已列为国家和省（区、市）退耕计划但临时耕种的土地。常用耕地是国家需要重点保护的耕地，是反映我国农业综合生产能力的一个重要指标。

农作物播种面积 指实际播种或移植有农作物面积。凡是实际种植有农作物的面积，不论种植在耕地上还是种植在非耕地上，均包括在农作物播种面积中。在播种季节基本结束后，因遭灾而重新改种和补种的农作物面积，也包括在内。

有效灌溉面积 指具有一定的水源，地块比较平整，灌溉工程或设备已经配套，在一般年景下当年能够进行正常灌溉的耕地面积。在一般情况下，有效灌溉面积应等于灌溉工程或设备已经配备，能够进行正常灌溉的水田和水浇地面积之和。它是反映我国耕地抗旱能力的一个重要指标。

农用化肥施用量 指本年内实际用于农业生产的化肥数量，包括氮肥、磷肥、钾肥和复合肥。化肥施用量要求按折纯量计算数量。折纯量是指把氮肥、磷肥、钾肥分别按含氮、含五氧化二磷、含氧化钾的百分之百成份进行折算后的数量。复合肥按其所含主要成分折算。公式为：

折纯量 = 实物量 × 某种化肥有效成份含量的百分比

农业机械总动力 指主要用于农、林、牧、渔业的各种动力机械的动力总和。包括耕作机械、排灌机械、收获机械、农用运输机械、植物保护机械、牧业机械、林业机械、渔业机械和其他农业机械〔内燃机按引擎马力折成瓦（特）计算、电动机按功率折成瓦（特）计算〕。不包括专门用于乡、镇、村、组办工业、基本建设、非农业运输、科学试验和教学等非农业生产方面用的动力机械与作业机械。这个指标的统计数据主要来源于农机部门。

乡村从业人员 指乡村人口中劳动年龄在 16 周岁以上实际参加生产经营活动并取得实物或货币收入的人员，包括劳动年龄内经常参加劳动的人员，也包括超过劳动年龄但经常参加劳动的人员，但不包括户口在家的在外学生、现役军人和丧失劳动能力的人，也不包括待业人员和家务劳动者。从业人员按从事主业时间最长（时间相同按收入）分为农业从业人员、工业从业人员、建筑业从业人员、交运仓储及邮电业从业人员、批零贸易及餐饮业从业人员、其它从业人员。

工业 指从事自然资源的开采，对采掘品和农产品进行加工和再加工的物质生产部门。具体包括：(1) 对自然资源的开采，如采矿、晒盐等（但不包括禽兽捕猎和水产捕捞）;(2) 对农副产品的加工、再加工，如粮油加工、食品加工、缫丝、纺织、制革等;(3) 对采掘品的加工、再加工，如炼铁、炼钢、化工生产、石油加工、机器制造、木材加工等，以及电力、自来水、煤气的生产和供应等；(4) 对工业品的修理、翻新，如机器设备的修理、交通运输工具（包括小卧车）的修理等。

1984 年以前农村的村及村以下办工业归属农业，1984 年以后划归工业。工业统计调查单位为独立核算法人工业企业。独立核算法人工业企业指从事工业生产经营活动的单位。独立核算法人工业企业应同时具备以下条件：①依法成立，有自己的名称、组织机构和场所，能够承担民事责任；②独立拥有和使用资产，承担负债，有权与其他单位签订合同；③独立核算盈亏，并能够编制资产负债表。本年鉴中涉及的企业登记注册类型：

国有及国有控股企业 指国有企业加上国有控股企业。国有企业（即原全民所有制工业或国营工业）指企业全部资产归国家所有，并按《中华人民共和国企业法人登记管理条例》规定登记注册的非公司制的经济组织。包括国有企业、国有独资公司和国有联营企业。1957 年以前的公私合营和私营工业，后均改造为国营工业，1992 年改为国有工业，这部分工业的资料不单独分列时，均包括在国有企业内。国有控股企业是对混合所有制经济的企业进行的“国有控股”分类。它是指这些企业的全部资产中国有资产（股份）相对其他所有者中的任何一个所有者占资（股）最多的企业。该分组反映了国有经济控股情况。

集体企业 指企业资产归集体所有，并按《中华人民共和国企业法人登记管理条例》规定登记注册的经济组织。是社会主义公有制经济的组成部分。包括城乡所有使用集体投资举办的企业，以及部分个人通过集资自愿放弃所有权并依法经工商行政管理机关认定为集体所有制的企业。

股份合作企业 指以合作制为基础，由企业职工共同出资入股，吸收一定比例的社会资产投资组建，实行自主经营，自负盈亏，共同劳动，民主管理，按劳分配与按股分红相结合的一种集体经济组织。

联营企业 指两个及两个以上相同或不同所有制性质的企业法人或事业单位法人，按自愿、平等、互利的原则，共同投资组成的经济组织。联营企业包括：

国有联营企业指国有企业与国有企业间的联营；集体联营企业指集体企业与集体企业间的联营；国有与集体联营企业指国有企业与集体企业间的联营。

有限责任公司 指根据《中华人民共和国公司登记管理条例》规定登记注册，由两个以上，五十个以下的股东共同出资，每个股东以其所认缴的出资额对公司承担有限责任，公司以其全部资产对其债务承担责任的经济组织。

有限责任公司包括国有独资公司以及其他有限责任公司。

股份有限公司 指根据《中华人民共和国企业法人登记管理条例》规定登记注册，其全部注册资本由等额股份构成并通过发行股票筹集资本，股东以其认购的股份对公司承担有限责任，公司以其全部资产对其债务承担责任的经济组织。

私营企业 指由自然人投资设立或由自然人控股，以雇佣劳动为基础的营利性经济组织。包括按照《公司法》、《合伙企业法》、《私营企业暂行条例》规定登记注册的私营有限责任公司、私营股份有限公司、私营合伙企业和私营独资企业。

港、澳、台商投资企业 指企业注册登记类型中的港、澳、台资合资、合作、独资经营企业和股份有限公司之和。

外商投资企业 指企业注册登记类型中的中外合资、合作经营企业、外资企业和外商投资股份有限公司之和。

“三资”企业系指港、澳、台商投资企业和外资企业的简称。

轻工业 指主要提供生活消费品和制作手工工具的工业。按其所使用的原料不同，可分为两大类：(1) 以农产品为原料的轻工业，是指直接或间接以农产品为基本原料的轻工业。主要包括食品制造、饮料制造、烟草加工、纺织、缝纫、皮革和毛皮制作、造纸以及印刷等工业；(2) 以非农产品为原料的轻工业，是指以工业品为原料的轻工业。主要包括文教体育用品、化学药品制造、合成纤维制造、日用化学制品、日用玻璃制品、日用金属制品、手工工具制造、医疗器械制造、文化和办公用机械制造等工业。

重工业 指为国民经济各部门提供物质技术基础的主要生产资料的工业。按其生产性质和产品用途，可以分为下列三类：(1) 采掘（伐）工业，是指对自然资源的开采，包括石油开采、煤炭开采、金属矿开采、非金属矿开采等工业；(2) 原材料工业，指向国民经济各部门提供基本材料、动力和燃料的工业。包括金属冶炼及加工、炼焦及焦炭、化学、化工原料、水泥、人造板以及电力、石油和煤炭加工等工业；(3) 加工工业，是指对工业原材料进行再加工制造的工业。包括装备国民经济各部门的机械设备制造工业、金属结构、水泥制品等工业，以及为农业提供的生产资料如化肥、农药等工业。

根据上述划分原则，修理业中以重工业产品为修理作业对象的划为重工业，反之划为轻工业。

工业总产值

(1) 定义：工业总产值是以货币形式表现的，工业企业在一定时期内生产的工业最终产品或提供工业性劳务活动的总价值量。它反映一定时间内工业生产的总规模和总水平。(2) 计算原则：工业生产的原则，即凡是企业在报告期生产的经检验合格的产品，不管是否在报告期销售，均包括在内。最终产品的原则，即凡是计入工业总产值的产品，必须是本企业生产的经检验合格的，不需要再进行任何加工的最终产品。如果企业有中间产品（半成品）对外销售，则对外销售的中间产品应视为企业的最终产品。工厂法原则，即工业总产值是以工业企业作为基本计算（核算）单位，即按企业的最终产品计算工业总产值。按这种方法计算的工业总产值，不允许同一产品价值在企业内部重复计算，不能把企业内部各个车间（分厂）生产的成果相加，但允许企业间的重复计算。(3) 内容及计算方法：1995 年全国工业普查对工业总产值（原规定）的内容及计算原则和方法做了某些修订，修订后的工业总产值（新规定）包括三项内容：即本期生产成品价值、对外加工费收入、在制品半成品期末期初差额价值三部分。本期生产成品价值：指企业本期生产，并在报告期内不再进行加工，经检验、包装入库的全部工业成品（半产品）价值合计，包括企业生产的自制设备及提供给本企业在建工程、其他非工业部门和福利部门等单位使用的成品价值。本期生产成品价值为按自备原材料生产的产品的数量乘以本期不含增值税（销项税额）的产品实际销售平均单价计算；会计核算中按成本价格转帐的自制设备和自产自用的成品，按成本价格计算生产成品价值。生产成品价值中不包括用定货者来料加工的成品（半产品）价值。　对外加工费收入：指企业在报告期内完成的对外承接的工业品加工（包括用定货者来料加工产品）的加工费收入和对外工业修理作业所取得的加工费收入。对外加工费收入按不含增值税（销项税额）的价格计算，可根据会计“产品销售收入”科目的有关资料取得。对于本企业对内非工业部门提供的加工修理、设备安装的劳务收入，如果企业会计核算基础较好，能取得这部分资料，而且这部分价值所占比重较大，应包括在对外加工费收入中。自制半成品在制品期末期初差额价值：指企业报告期在制品期末减期初的差额价值，本指标一般可以从会计核算资料中取得。如果会计产品成本核算中不计算半成品、在制品的成本，则总产值中也不包括这部分价值，反之则包括。(4) 工业总产值统计范围变化和计算方法修订情况：1984 年以前工业总产值不包括村办工业，村办工业总产值划归农业。1984 年以后工业总产值包括村办工业。1995 年工业普查对工业总产值计算方法做了修订，即从 1995 年始按新修订（新规定）方法计算工业总产值。新规定与原规定的区别如下：全价与加工费的计算原则不同：新规定为凡自备原材料，不论其生产繁简程度如何，一律按全价计算工业总产值；凡来料加工，允许按加工费计算工业总产值。原规定则视生产加工的繁简程度不同，规定哪些行业按全价，哪些行业按加工费计算工业总产值。自制半成品、在产品期末期初差额价值的计算原则不同：新规定要求，凡会计产品成本核算时计算了成本的差额价值，总产值中就应包括，否则可不包括；原规定则按生产周期六个月的界限区分，凡生产周期六个月以上的企业，总产值计算中应包括这部分差额价值，否则可不包括。计算价格不同：新规定按不含增值税（销项税额）的价格计算；原规定则按含增值税（销项税额）的价格计算。

工业增加值　指工业企业在报告期内以货币表现的工业生产活动的最终成果。工业增加值有两种计算方法：一是生产法，即工业总产出减去工业中间投入加上应交增值税；二是收入法，即从收入的角度出发，根据生产要素在生产过程中应得到的收入份额计算，具体构成项目有固定资产折旧、劳动者报酬、生产税净额、营业盈余，这种方法也称要素分配法。本年鉴中的工业增加值是以生产法计算的。

生产法工业增加值的计算方法为：工业增加值 = 工业总产出 − 工业中间投入 + 应交增值税 (1) 工业总产出：指工业企业在一定时期内工业生产活动的总成果。工业总产出包括：成品生产价值，对外加工费收入，自制半成品、在产品期末期初差额价值。1995 年后用新规定计算的工业总产值代替。(2) 工业中间投入：指工业企业在工业生产活动中消耗的外购物质产品和对外支付的服务费用。服务费用包括支付给物质生产部门（工业、农业、批发零售贸易业、建筑业、运输邮电业）的服务费用和支付给非物质生产部门（如保险、金融、文化教育、科学研究、医疗卫生、行政管理等）的服务费用。工业中间投入的确定须遵循以下原则：必须从外部购入的，并已计入工业总产出的产品和服务价值；必须是本期投入生产，并一次性消耗掉（包括本期摊销的低值易耗品等）的产品和服务价值。工业中间投入包括直接材料费用、制造费用中的工业中间投入、管理费用中的工业中间投入、销售费用中的工业中间投入和利息支出五部分。实收资本　指企业实际收到投资者的可作为长期周转使用的经营资金。根据现行会计制度规定，实收资本按投资主体分为：国家资本、集体资本、法人资本、个人资本、港澳台资本和外商资本。国家资本：指有权代表国家投资的政府部门或者机构以国有资产投入企业形成的资本。集体资本：指有权代表国家投资的集体部门或者机构以国有资产投入企业形成的资本。法人资本：指其他法人单位以其依法可以支配的资产投入企业形成的资本。个人资本：指社会个人或者本企业内部职工以个人合法财产投放到企业形成的资本。港澳台资本：指我国香港、澳门和台湾地区投资者以各种形式的资产进行投资形成的资本。外商资本：指外国投资者对企业投资形成的资本。

资产总计 指企业拥有或控制的能以货币计量的经济资源，包括各种财产、债权和其他权利。资产按流动性分为流动资产、长期投资、固定资产、无形资产、递延资产和其他资产。该指标根据企业会计“资产负债表”中“资产总计”项目的期末数增列。

流动资产合计 指可以在一年或者超过一年的一个营业周期内变现或者耗用的资产，包括现金及各种存款、短期投资、应收及预付货款、存款等。

流动资产平均余额 指企业在报告期内全部流动资产的平均余额。

固定资产原价 指企业在建造、购置、安装、改建、扩建、技术改造某项固定资产时所支出的全部货币总额。它一般包括买价、包装费、运杂费和安装费等。

固定资产净值年平均余额 指固定资产净值在报告期内余额的平均数。计算公式为：

固定资产净值年平均余额 =1 至 12 月各月月初、月末固定资产净值之和 /24

该指标根据“资产负债表”中“固定资产原价”、“累计折旧”指标的期初、期末数计算填列。固定资产净值指固定资产原价减去历年已提折旧额后的净额。计算公式为：

固定资产净值 = 固定资产原价 – 累计折旧

流动负债合计 指将在一年或超过一年的一个营业周期内偿还的债务。流动负债包括短期负债、应付票据、应付帐款、预收帐款、应付工资、应付福利费、应交税金、应付利润、其他应付款、预提费用等。

流动负债具有偿还期限短，在债权人提出要求时即期偿付，或在一年内必须偿还的特点。

长期负债合计 指偿还期在一年或超过一年的一个营业周期以上的债务，它是除了投资人投入企业的资本以外，企业向债权人筹集、可供企业长期使用的资金，是企业必须以资产或劳务偿还的经济责任，包括长期借款、应付债款、长期应付款、其他长期负债等。与流动负债相比，长期负债具有为数较大、偿还期限较长的特点，且对投资者来说可带来更大的利益。

所有者权益 指企业投资人对企业净资产的所有权。企业净资产等于企业全部资产减去全部负债后的余额，包括企业投资人对企业的最初投入的实际到位的资产及资本公积金、盈余公积金和未分配利润。所有者权益合计数小于零，表示企业资不抵债。

产品销售收入 指企业在报告期内生产的成品、自制半成品和工业性劳务取得的收入。

产品销售成本 指企业在报告期内销售本企业生产的成品、自制半成品和工业性劳务等的实际成本。

产品销售税金及附加 指企业在报告期内销售产品、提供的劳务等主要经营业务应负担的城市维护建设税、消费税、资源税和教育费附加等。

利润总额 指企业生产经营活动的最终成果，是企业在一定时期内实现的盈亏相抵后的利润总额（亏损以“–”号表示），它等于营业利润加上补贴收入加上投资收益加上营业外净收入再加上以前年度损益调整。

本年应交增值税 指企业在报告期内应交纳的增值税额。它等于本年销项税额加上出口退税加上进项税额转出数减去本年进项税额。小规模纳税企业直接按全年计税销售额乘以征收率计算取得。

年末从业人员平均人数 从业人员是指在企业工作并取得劳动报酬的全部人员数。包括在岗职工、再就业的离退休人员、民办教师及在企业工作的外方人员和港澳台方人员、兼职人员、借用的外单位人员和第二职业者。不包括离开本单位但仍保留劳动关系的职工。

从业人员平均人数是指报告期内每天拥有的从业人员人数。其计算公式为：

月平均人数 = 报告月内每天实有人数之和 / 报告月日历日数

季平均人数 = 季内各月平均人数之和 /3

年平均人数 = 年内各月平均人数之和 /12

总资产贡献率 反映企业全部资产的获利能力，是企业经营业绩和管理水平的集中体现，是评价和考核企业盈利能力的核心指标。计算公式为：

总资产贡献率（%）= 利润总额 + 税金总额 + 利息支出 / 平均资金总额 ×100%

公式中：税金总额为产品销售税金及附加与应交增值税之和；平均资产总额为期初期末资产之和的算术平均值。

资产负债率 该指标既反映企业经营风险的大小，也反映企业利用债权人提供的资金从事经营活动的能力。计算公式为：

资产负债率（%）= 负债总额 / 资产总额 ×100%

资产与负债均为报告期期末数。

流动资产周转次数 指一定时期内流动资产完成的周转次数，反映投入工业企业流动资金的周转速度。计算公式为：

流动资产周转次数 = 产品销售收入 / 全部流动资产平均余额

公式中：全部流动资产平均余额为期初和期末的流动资产之和的算术平均值。

成本费用利润率 反映企业投入的生产成本及费用的经济效益，同时也反映企业降低成本所取得的经济效益。计算公式为：

成本费用利润（%）= 利润总额 / 成本费用总额 ×100%

公式中：成本费用总额为产品销售成本、销售费用、管理费用、财务费用之和。

全员劳动生产率 该指标反映企业的生产效率和劳动投入的经济效益。计算公式为：

全员劳动生产率（元 / 人）= 工业增加值 / 全部从业人员平均人数

产品销售率 该指标反映工业产品已实现销售的程度，是分析工业产销衔接情况、研究工业产品满足社会需求的指标。计算公式为：

产品销售率（%）= 工业销售产值 / 工业总产值（现价）×100%

建筑业统计单位 指从事房屋、构筑物建造和设备安装活动的法人企业。建筑业法人企业应具有建筑业资质并能够独立核算；同时应具备以下条件：①依法成立，有自己的名称、组织机构和场所，能够承担民事责任；②独立拥有和使用资产，承担负债，有权与其他单位签订合同；③独立核算盈亏，能够编制资产负债表。

建筑业总产值 是以货币形式表现的建筑业企业在一定时期内生产的建筑业产品和提供的服务的总和。建筑业总产值包括：

⑴建筑工程产值：指列入建筑工程预算内的各种工程价值。⑵安装工程产值：指设备安装工程价值，不包括被安装设备本身的价值。⑶其他产值：建筑业总产值中除建筑工程、安装工程以外的产值。包括房屋构筑物修理产值、非标准设备制造产值、总包企业向分包企业收取的管理费以及不能明确划分的施工活动所完成的产值。a. 房屋构筑物修理产值：指房屋和构筑物修理所完成的产值，但不包括被修理房屋、构筑物本身价值和生产设备的修理产值。b. 非标准设备制造产值：指加工制造没有定型的非标准生产设备的加工费和原材料价值（如化工厂、炼油厂用的各种罐、槽，矿井生产统一使用的各种漏斗、三角槽、阀门等）以及附属加工厂为本企业承建工程制作的非标准设备的价值。建筑业增加值 指建筑业企业在报告期内以货币形式表现的建筑业生产经营活动的最终成果。目前建筑业增加值采用分配法（收入法）计算，即从收入的角度出发，根据生产要素在生产过程中应得的收入份额计算。具体计算公式为：建筑业增加值 = 本年提取的固定资产折旧 + 应付工资 + 应付福利费 + 管理费用中的劳动待业保险费、税金 + 工程结算税金及附加 + 营业利润

房屋建筑施工面积 指在报告期内施过工的全部房屋建筑面积，包括本期新开工的房屋面积、上期施工跨入本期继续施工的房屋面积、上期停缓建在本期恢复施工的房屋面积、本期竣工的房屋面积及本期施工后又停缓建的房屋面积。

房屋建筑竣工面积 指在报告期内房屋建筑按照设计要求全部完工，达到了使用条件，经验收鉴定合格，正式移交使用单位的房屋建筑面积。

自有机械设备年末总台数 指归本企业所有，属于本企业固定资产的生产性机械设备年末总台数。包括施工机械、生产设备、运输设备以及其他设备。

自有机械设备年末总功率 指本企业自有施工机械、生产设备、运输设备以及其他设备等列为在册固定资产的生产性机械设备年末总功率，按设定能力或查定能力计算。包括机械本身的动力和为该机械服务的单独动力设备，如电动机等。计算单位用千瓦，动力换算可按 1 马力 = 0.735 千瓦折合成千瓦数。电焊机、变压器、锅炉不计算动力。

工程结算收入 指企业承包工程实现的工程价款结算收入，以及向发包单位收取的除工程价款以外的按规定列作营业收入的各种款项，如临时设施费、劳动保险费、施工机械调迁费等以及向发包单位收取的各种索赔款。

工程结算利润 指已结算工程实现的利润，如亏损以“–”号表示。计算公式为：

工程结算利润 = 工程结算收入 – 工程结算成本 – 工税结算税金及附加

企业总收入 指与企业生产经营直接有关的各项收入，包括工程结算收入和其他业务收入。计算公式为：

企业总收入 = 工程结算收入 + 其他业务收入

铁路营业里程 又称营业长度(包括正式营业和临时营业里程)，指办理客货运输业务的铁路正线总长度。凡是全线或部分建成双线及以上的线路，以第一线的实际长度计算；复线、站线、段管线、岔线和特殊用途线以及不计算运费的联络线都不计算营业里程。该指标可以反映铁路运输业基础设施的发展水平，也是计算客货周转量、运输密度和机车车辆运用效率等指标的基础资料。

铁路电气化里程 指在全部铁路营业里程中已安装了供电线路及设备，可以供电力机车牵引列车运行的区段的总里程。

铁路自动、半自动闭塞里程 指装有列车自动或人工完成闭塞状态的铁路设备里程。为保证列车安全运行，在一个区间、同一时间内，一般只允许一列列车运行，这种保证列车在这个区间安全间隔运行的技术方法称为“闭塞”。自动或半自动闭塞里程占铁路营业里程的比重是反映铁路现代化的重要标志之一。

公路里程 指在一定时期内实际达到《公路工程 [WTBZ] 技术标准 JTJ01–88》规定的等级公路，并经公路主管部门正式验收交付使用的公路里程数。包括大中城市的郊区公路以及通过小城镇街道部分的公路里程和桥梁、渡口的长度，不包括大中城市的街道、厂矿、林区生产用道和农业生产用道的里程。两条或多条公路共同经由同一路段，只计算一次，不得重复计算里程长度。该指标可以反映公路建设的发展规模，也是计算运输网密度等指标的基础资料。

内河航道里程 也称内河通航里程，指在一定时期内，能通航运输船舶及排筏的天然河流、

湖泊水库、运河及通航渠道的长度。包括全年季节性通航累计三个月以上的航道，不包括仅供零散流放竹、木排的河道。该指标可以反映内河水运网的规模、水平和发展情况。

民用航空航线里程 指民航运输定期班机飞行的航线长度的总和。航线长度按机场之间的距离计算，通常有两种计算方法：一是将每条航线长度相加称为重复计算航线里程；一是将两线或两条以上航线经过同一区段里程，只计算一次航线长度称为不重复计算航线里程。一般常用的是后者，该指标可以确切反映民航运输网的规模，是表明民航事业为国民经济服务和方便人民生活程度的主要指标。

输油(气)管道长度 也称输油(气)里程，指油品(或天然气)的实际输送距离，一般按输油(气)管道的单线长度计算。若包括复线和备用线长度则称为输油(气)管道延展长度，是指管道铺设的实际长度。我们通常使用的是不包括复线的“输油(气)管道里程”，该指标可以反映管道运输的发展规模和水平。

货(客)运量 指在一定时期内，各种运输工具实际运送的货物(旅客)数量。该指标是反映运输业为国民经济和人民生活服务的数量指标，也是制定和检查运输生产计划、研究运输发展规模和速度的重要指标。货运按吨计算，客运按人计算。货物不论运输距离长短、货物类别，均按实际重量统计。旅客不论行程远近或票价多少，均按一人一次客运量统计；半价票、小孩票也按一人统计。

货(客)运密度 指在一定时期内某种运输方式在营运线路的某一区段平均每公里线路通过的货物(旅客)运输周转量。计算公式为：

货（客）运密度 = 货物（旅客）周转量 / 营业线路长度

该指标可以反映交通运输线路上的货物(旅客)运输量运输繁忙程度，是平衡运输线路运输能力和通过能力，规划线路建设及改造、配备技术设备，研究运输网布局的重要依据。

货物(旅客)周转量 指在一定时期内，由各种运输工具运送的货物(旅客)数量与其相应运输距离的乘积之总和。该指标可以反映运输业生产的总成果，也是编制和检查运输生产计划，计算运输效率、劳动生产率以及核算运输单位成本的主要基础资料。计算货物周转量通常按发出站与到达站之间的最短距离，也就是计费距离计算。计算公式为：

货物（旅客）周转量 = ∑货物（旅客）运输量 × 运输距离

铁路货车平均静载重 指铁路货车在始发站静止状态下平均每车装载的货物重量，用以分析货车完成装车时车辆载重力的利用情况。计算公式为：

货车平均静载量 = 货物发送吨数 / 装车数

静载重的多少取决于运送货物的性质、种类、车辆的类型和装载技术的高低。根据货车的平均标记载重与静载重进行对比，可以反映货车载重能力的利用程度。计算公式为：

货车载重力利用率（%）= 货车平均静载重 / 货车平均标记载重 ×100%

铁路货运机车日产量 指在一定时期内，平均每台货运机车在一昼夜内所完成的总重吨公里数，包括载运货物的重

量和车辆本身的自重。该指标从时间和牵引能力两方面反映了机车运用效率。计算公式为：

货运机车平均日产量 = 货运总重吨公里数 / 货运机车台日数

沿海主要港口货物吞吐量 指经水运进出沿海主要港区范围，并经过装卸的货物数量，包括邮件及办理托运手续的行李、包裹以及补给运输船舶的燃、物料和淡水。货物吞吐量按货物流向分为进口、出口吞吐量，按货物交流性质分为外贸货物吞吐量和国内贸易货物吞吐量。货物吞吐量的货类构成及其流向，是衡量港口生产能力大小的重要指标。

民用汽车拥有量 指报告期末，在公安交通管理部门按照《机动车注册登记工作规范》，已注册登记领有民用车辆牌照的全部汽车数量。汽车拥有量统计的主要分类：根据汽车结构分为载客汽车、载货汽车及其他汽车；根据汽车所有者不同分为个人（私人）汽车、单位汽车；根据汽车的使用性质分为营运汽车、非营运汽车和特种汽车；根据汽车大小规格不同载客汽车分为大型、中型、小型和微型，载货汽车分为重型、中型、轻型和微型。

邮电业务总量 指以价值量形式表现的邮电通信企业为社会提供各类邮电通信服务的总数量。邮电业务量按专业分类包括函件、包件、汇票、报刊发行、邮政快件、特快专递、邮政储蓄、集邮、公众电报、用户电报、传真、长途电话、出租电路、无线寻呼、移动电话、分组交换数据通信、出租代维等。计算方法为各类产品乘以相应的平均单价（不变价）之和，再加上出租电路和设备、代用户维护电话交换机和线路等的服务收入。该指标综合反映了一定时期邮电业务发展的总成果，是研究邮电业务量构成和发展趋势的重要指标。计算公式为：

邮电业务总量 = Σ（各类邮电业务量 × 不变单价）+ 出租代维及其他业务收入 = 邮电业务总量 + 电信业务总量

无线寻呼用户 无线寻呼是指电话用户通过无线寻呼中心，在规定范围内向携带小型寻呼机的用户发出声音、数字或文字显示信息。在寻呼台办理登记手续携带小型寻呼机的用户，称为无线寻呼用户。

移动电话用户 指通过移动电话交换机进入移动电话网、占用移动电话号码的各类电话用户。包括签约用户和智能网预付费用户。一个移动电话号码统计为一户。

互联网上网人数 指平均每周使用互联网至少 1 小时的中国公民人数。

本地电话用户 指接入本地电信运营商固定电话网上的电话用户。包括：住宅用户、单位用户、公用电话用户等。按电话用户位置又分为市内电话用户和农村电话用户。1997 年以前，“市内电话用户”是指接入县城及县以上城市的电话网上的电话用户;“农村电话用户”是指接入县邮电局农话台及县以下农村电话交换点，以县城为中心（除市话用户外）联通县、乡（镇）、行政村、村民小组的用户。从 1997 年起，电话用户数分组调整为以用户所在区域划分为“城市电话用户”和“乡村电话用户”，与过去的按市内电话和农村电话划分方法不同。而电话用户总数、电话机总部数统计范围不变。

城市电话用户 指直辖市、省辖市、地级市、县级市的市区、市郊区及县城（包括县人民政府所在地的县城关区或行政建制相当于县人民政府所在地的镇）范围内接入局用交换机的电话用户数，包括分布在农村地区的独立工矿区、林区、驻军等电话用户数。

乡村电话用户 指按行政区划属于城市范围以外的乡（镇）、村的电话用户数。

住宅电话用户 指安装在居民住宅或农民家里并按照住宅电话用户登记注册和收费的电话用户。包括私人付费、单位付费和按规定免费安装的住宅电话用户。

长途电话交换机容量 指用于接入长途电话网的电话交换机设备的额定容量，包括国际电话交换机容量。

局用交换机容量 指安装在电信运营企业内用于接续本地固定电话的电话交换机容量，包括现用和备用的人工或自动交换机的全部容量。不包括用户交换机容量。

移动电话交换机容量 指移动电话交换机根据一定话务模型和交换机处理能力计算出来的最大同时服务用户的数量。

社会消费品零售总额 批发和零售业、餐饮业、新闻出版业、邮政业和其他服务业等，售予城乡居民用于生活消费的商品和社会集团用于公共消费的商品之总量。社会消费品零售总额包括：

一、批发和零售业企业（单位）：1. 售予城乡居民的各种生活消费品；2. 售予入境旅游的外国人、华侨、港澳台同胞的各类商品；3. 售予行政事业单位、社会团体、军队和武警等机构的商品，以及以零售方式售予各类企业的商品。具体包括：用于非生产和社会交往的办公用品，如通讯设备、计算器具和设备、电讯网络设备、文印设备、音像视听器材和设备、纸张、本册、文具及装订文印材料、家具、日用电器、针纺织品、清洁卫生用品、文体用品、奖品、纪念品、礼品等;供内部人员乘坐的交通工具和燃料;用于办公设施修缮的各类配件、材料、工具等;用于取暖和防暑降温的设备、燃料、材料及食品等；专用于教学的用品和设备；非营利医疗机构的中、西药品、中药材和医疗设备器材；非专用的劳动保护用品；不对外营业的内部食堂用的餐具、炊具、设备、清洁卫生工具和食品、燃料等；军队、武警用于其人员生活的衣着品和个人用品；其他各类非生产性设备和用品。二、餐饮业出售的主食、菜肴、烟酒饮料和其他商品。三、新闻出版业、邮政业售予城乡居民、企事业单位、军队和武警等机构的书报杂志、音像制品、邮品等。四、其他服务业出售的食品、烟酒饮料、服装鞋帽、日常生活用品、医药保健用品、艺术品、工艺美术品、玩具、殡葬用品以及其他消费品。

批发零售贸易业商品购、销、存总额　指各种登记注册类型的批发、零售业企业（单位）以本企业（单位）为总体的，从国内、国外市场购进的商品总量，销售和出口的商品总量、库存商品总量等情况。该指标可以反映商品流转过程中商品的购进、销售、库存之间的比例关系和存在的问题。

商品购进总额　指从本企业（单位）以外的单位和个人购进（包括从境外直接进口）作为转卖或加工后转卖的商品总额。它反映批发零售贸易业从国内、国外市场上购进商品的总量。商品购进总额包括：(1) 从工农业生产者购进的商品；(2) 从出版社、报社的出版发行部门购进的图书、杂志和报纸；(3) 从各种登记注册类型的批发零售贸易企业（单位）购进的商品；(4) 从其他单位购进的商品，如从机关、团体、企业等单位购进的剩余物资，从餐饮业、服务业购进的商品，从海关、市场管理部门购进的缉私和没收的商品，从居民手中收购的废旧商品等；(5) 从国（境）外直接进口的商品。不包括企业（单位）为自身经营用和未通过买卖行为而收入的商品以及销售退回、商品升溢等。

商品销售总额　指对本企业（单位）以外的单位和个人出售（包括对境外直接出口）的商品总额。它反映批发零售贸易业在国内市场上销售商品以及出口商品的总量。商品销售总额包括：(1) 售给城乡居民和社会集团消费用的商品；(2) 售给工业、农业、建筑业、运输邮电业、批发零售贸易业、餐饮业、服务业等作为生产、经营使用的商品；(3) 售给批发零售贸易业作为转卖或加工后转卖的商品；(4) 对国（境）外直接出口的商品。不包括出售本企业（单位）自用的废旧包装用品；未通过买卖行为付出的商品；经本单位介绍，由买卖双方直接结算，本单位只收取手续费的业务；购货退出的商品以及商品损耗和损失等。

批发零售贸易业库存　指报告期末各种登记注册类型的批发零售贸易企业（单位）已取得所有权的商品。它反映批发零售贸易企业（单位）的商品库存情况和对市场商品供应的保证程度。期末库存包括：(1) 存放在批发零售贸易业经营单位（如门市部、批发站、经营处）仓库、货场、货柜和货架中的商品；(2) 挑选、整理、包装中的商品；(3) 已记入购进而尚未运到本单位的商品，即发货单或银行承兑凭证已到而货未到的部分；(4) 寄放他处的商品，如因购货方拒绝承付而暂时存放在购货方的商品和已办完加工成品收回手续而未提回的商品；(5) 委托其他单位代销（未作销售或调出）尚未售出的商品；(6) 代其他单位购进尚未交付的商品。不包括所有权不属于本单位的商品、拨付除批发零售贸易业以外的其他行业所属独立核算加工厂等加工生产尚未收回成品的商品、代国家物资储备部门保管的商品等。

库存总额采用的计算价格是：农副产品采购单位按购进价计算；批发单位按进货价计算；零售单位按核算价格计算，即按什么价格核算就按什么价格计算。

餐饮业营业收入　指餐饮企业、产业活动单位或个体户的全部营业额，包括商品零售额和其他服务性收入。其主要反映餐饮企业、活动单位或个体户的经营情况及发展变化趋势。

餐饮业商品零售额　指餐饮企业、产业活动单位或个体户直接对居民和社会集团零售的各种商品。包括：(1) 经烹饪、调制加工后出售的各种食品，如主食、炒菜、凉拌菜等；(2) 不经加工直接转卖的各种外购商品，如卷烟、酒、饮料、熟食、水果等；(3) 附设非独立核算的专门销售商品的小卖部出售的各种食品及其他商品。

消费品市场成交额　指在全国消费品交易市场成交的全部商品金额。消费品市场包括农副产品市场和工业消费品市场。

亿元商品交易市场成交额　指年销售额达到亿元以上，经工商部门批准、专门从事商品批发、零售业务活动的市场。其市场所有摊位销售总额称为商品交易市场成交额。

连锁企业（或称连锁店、连锁公司）　指在核心企业或总店的领导下，由分散的、经营同类商品或服务的企业或活动单位，采取共同方针，实行集中采购和分散销售的有机结合，通过规范化经营，实现规模效益的经济联合组织形式。一般连锁店应由若干个分店组成。其经营特征：（1）经营同类商品；（2）使用统一商号；（3）统一采购配送，采购与销售相分离（部分商品可根据物流合理和保质保鲜原则，由供应商直接送货到门店，其余均由总部统一配送）。

连锁门店包括下列两种形式：直营连锁：指正规连锁。连锁门店均由总部独资或控股开设，在总部的直接领导下统一经营。加盟连锁：指特许连锁。各连锁门店（被特许人）通过合同形式，取得使用总部（特许人）商标、商号、经营技术和销售总部开发的商品的特许权，各加盟连锁门店为独立法人，在总部指导下统一经营。

进出口总额　指实际进出我国国境的货物总金额。包括对外贸易实际进出口货物，来料加工装配进出口货物，国家间、联合国及国际组织无偿援助物资和赠送品，华侨、港澳台同胞和外籍华人捐赠品，租赁期满归承租人所有的租赁货物，进料加工进出口货物，边境地方贸易及边境地区小额贸易进出口货物(边民互市贸易除外)，中外合资企业、中外合作经营企业、外商独资经营企业进出口货物和公用物品，到、离岸价格在规定限额以上的进出口货样和广告品(无商业价值、无使用价值和免费提供出口的除外)，从保税仓库提取在中国境内销售的进口货物，以及其他进出口货物。该指标可以观察一个国家在对外贸易方面的总规模。我国规定出口货物按离岸价格统计，进口货物按到岸价格统计。

商品经营单位所在地进、出口额　指所在地海关注册登记的有进出口经营权的企业实际进、出口额。

商品目的地进口额和商品货源地出口额　目的地进口额指进口货物的消费、使用或最终抵运地的实际进口额，货源地出口额指出口货物的产地或原始发货地的实际出口额。

利用外资　指我国各级政府、部门、企业和其他经济组织通过对外借款、吸收外商直接投资以及用其他方式筹措的境外现汇、设备、技术等。

对外借款　指通过对外正式签订借款协议，从境外筹措的资金，包括外国政府贷款、国际金融组织贷款、外国银行商业贷款、出口信贷以及对外发行债券等。1996 年及以前还包括对外发行股票。该指标是我国利用外资的重要部分。

外商直接投资　指外国企业和经济组织或个人(包括华侨、港澳台胞以及我国在境外注册的企业)按我国有关政策、法规，用现汇、实物、技术等在我国境内开办外商独资企业、与我国境内的企业或经济组织共同举办中外合资经营企业、合作经营企业或合作开发资源的投资(包括外商投资收益的再投资)，以及经政府有关部门批准的项目投资总额内企业从境外借入的资金。

外商其他投资　指除对外借款和外商直接投资以外的各种利用外资的形式。包括企业在境内外股票市场公开发行的以外币计价的股票（目前主要是在香港证券市场发行的H股和在境内证券市场发行的B股）发行价总额，国际租赁进口设备的应付款，补偿贸易中外商提供的进口设备、技术、物料的价款，加工装配贸易中外商提供的进口设备、物料的价款。

对外承包工程　指各对外承包公司以招标议标承包方式承揽的下列业务：(1) 承包国外工程建设项目；(2) 承包我国对外经援项目；(3) 承包我国驻外机构的工程建设项目；(4) 承包我国境内利用外资进行建设的工程项目；(5) 与外国承包公司合营或联合承包工程项目时我国公司分包部分；(6) 对外承包兼营的房屋开发业务。对外承包工程的营业额是以货币表现的本期内完成的对外承包工程的工作量，包括以前年度签订的合同和本年度新签订的合同在报告期内完成的工作量。

对外劳务合作　指以收取工资的形式向业主或承包商提供技术和劳动服务的活动。我国对外承包公司在境外开办的合营企业，中国公司同时又提供劳务的，其劳务部分也纳入劳务合作统计。劳务合作营业额按报告期内向雇主提交的结算数(包括工资、加班费和奖金等)统计。

对外设计咨询　指以服务成果向业主收费的技术服务项目。包括承担地形地貌测绘，地质资源勘探与普查，建设区域规划，提供设计文件、图纸、生产工艺技术资料和工程技术经济咨询，工程项目的可行性考察、研究和评估，进行技术指导和培训人员等；也包括承担国(境)内利用外资建设工程项目中的设计咨询项目内收取外币部分。

旅游者人数

(1) 入境国际旅游者人数：指来中国参观、访问、旅行、探亲、访友、休养、考察、参加会议和从事经济、科技、文化、教育、宗教等活动的外国人、华侨、港澳同胞和台湾同胞的人数。不包括外国在我国的常驻机构，如使领馆、通讯社、企业办事处的工作人员；来我国常住的外国专家、留学生以及在岸逗留不过夜人员。(2) 出境居民人数：指大陆居民因公务活动或私人事务短期出境的人数。公务活动出境居民人数包括在国际交通工具上的中国服务员工，因私出境居民人数不包括在国际交通工具上的中国服务员工。(3) 国内旅游者人数：指我国大陆居民和在我国常住 1 年以上的外国人、华侨、港澳台同胞离开常住地在境内其他地方的旅游设施内至少停留一夜，最长不超过 6 个月的人数。

国际旅游(外汇)收入　指入境旅游的外国人、华侨、港澳同胞和台湾同胞在中国大陆旅游过程中发生的一切旅游支出，对于国家来说就是国际旅游(外汇)收入。

国际旅行社　指经营对外招徕并接待外国人、华侨、港澳同胞和台湾同胞来中国、归国或回内地旅游业务的旅行社。

国内旅行社　指负责经营招徕、组团、接待国内旅客的旅游业务，以及不对外招徕，负责经营接待国际旅行社或其它涉外部门组织的外国人、华侨、港澳同胞和台湾同胞来中国、归国或回内地的旅游业务的旅行社。

星级饭店　指已评定星级的饭店。

普通高等学校　指按照国家规定的设置标准和审批程序批准举办的，通过全国普通高等学校统一招生考试，招收高中毕业生为主要培养对象，实施高等教育的全日制大学、独立设置的学院和高等专科学校、高等职业学校和其他机构。

大学、独立设置的学院主要实施本科层次以上教育，高等专科学校、高等职业学校实施专科层次教育，其他机构是承担国家普通招生计划任务不计校数的机构。包括普通高等学校分校和批准筹建的普通高等学校等。

成人高等学校 指按照国家规定的设置标准和审批程序批准举办的，通过全国成人高等学校统一招生考试，招收具有高中毕业或同等学历的在职从业人员为主要培养对象，利用函授、业余、脱产等多种形式对其实施高等学历教育的学校。包括职工高等学校、农民高等学校、管理干部学院、教育学院、独立函授学院、广播电视大学、其他机构等。其他机构是承担国家成人招生计划任务不计校数的机构。

小学学龄儿童入学率 指调查范围内已入小学学习的学龄儿童占校内外学龄儿童总数（包括弱智儿童，不包括盲聋哑儿童）的比重。计算公式为：

小学学龄儿童入学率＝已入学的小学学龄儿童数 / 校内外小学学龄儿童总数 ×100%

科技活动 指在自然科学、农业科学、医药科学、工程与技术科学、人文与社会科学领域（简称科学技术领域）中，与科技知识的产生、发展、传播和应用密切相关的有组织的活动。

可分为研究与试验发展 (R&D)、研究与试验发展成果应用及相关的科技服务三类活动。该定义是联合国教科文组织考虑成员国特别是发展中国家开展科技统计工作的需要，而对科技活动所作的统计界定。

科技活动人员 指直接从事科技活动、以及专门从事科技活动管理和为科技活动提供直接服务，累计的实际工作时间占全年制度工作时间 10% 及以上的人员。(1) 直接从事科技活动的人员包括：在独立核算的科学研究与技术开发机构、高等学校、各类企业及其他事业单位内设的研究室、实验室、技术开发中心及中试车间（基地）等机构中从事科技活动的研究人员、工程技术人员、技术工人及其它人员；虽不在上述机构工作，但编入科技活动项目（课题）组的人员；科技信息与文献机构中的专业技术人员；从事论文设计的研究生等。(2) 专门从事科技活动管理和为科技活动提供直接服务的人员，包括：独立核算的科学研究与技术开发机构、科技信息与文献机构、高等学校、各类企业及其他事业单位主管科技工作的负责人，专门从事科技活动的计划、行政、人事、财务、物资供应、设备维护、图书资料管理等工作的各类人员，但不包括保卫、医疗保健人员、司机、食堂人员、茶炉工、水暖工、清洁工等为科技活动提供间接服务的人员。该指标用来反映投入科技活动人力的规模。

科学家与工程师 指科技活动人员中具有高、中级技术职称（职务）的人员和不具有高、中级技术职称（职务）的大学本科及以上学历人员。该指标用来反映投入科技活动人力的素质。

研究与试验发展 (R&D) 指在科学技术领域，为增加知识总量、以及运用这些知识去创造新的应用进行的系统的创造性的活动，包括基础研究、应用研究、试验发展三类活动。国际上通常采用 R&D 活动的规模和强度指标反映一国的科技实力和核心竞争力。

基础研究 指为了获得关于现象和可观察事实的基本原理的新知识（揭示客观事物的本质、运动规律，获得新发现、新学说）而进行的实验性或理论性研究，它不以任何专门或特定的应用或使用为目的。其成果以科学论文和科学著作为主要形式。用来反映知识的原始创新能力。

应用研究 指为获得新知识而进行的创造性研究，主要针对某一特定的目的或目标。应用研究是为了确定基础研究成果可能的用途，或是为达到预定的目标探索应采取的新方法（原理性）或新途径。其成果形式以科学论文、专著、原理性模型或发明专利为主。用来反映对基础研究成果应用途径的探索。

试验发展 指利用从基础研究、应用研究和实际经验所获得的现有知识，为产生新的产品、材料和装置，建立新的工艺、系统和服务，以及对已产生和建立的上述各项作实质性的改进而进行的系统性工作。其成果形式主要是专利、专有技术、具有新产品基本特征的产品原型或具有新装置基本特征的原始样机等。在社会科学领域，试验发展是指把通过基础研究、应用研究获得的知识转变成可以实施的计划（包括为进行检验和评估实施示范项目）的过程。人文科学领域没有对应的试验发展活动。主要反映将科研成果转化为技术和产品的能力，是科技推动经济社会发展的物化成果。

研究与试验发展人员 指参与研究与试验发展项目研究、管理和辅助工作的人员，包括项目（课题）组人员，企业科技行政管理人员和直接为项目（课题）活动提供服务的辅助人员。反映投入从事拥有自主知识产权的研究开发活动的人力规模。

专业技术人员 指从事专业技术工作和专业技术管理工作的人员，即企事业单位中已经聘任专业技术职务从事专业技术工作和专业技术管理工作的人员，以及未聘任专业技术职务，现在专业技术岗位上工作的人员。包括工程技术人员，农业技术人员，科学研究人员，卫生技术人员，教学人员，经济人员，会计人员，统计人员，翻译人员，图书资料、档案、文博人员，新闻出版人员，律师、公证人员，广播电视播音人员，工艺美术人员，体育人员，艺术人员及企业政治思想工作人员，共十七个专业技术职务类别。用来反映科技人力资源情况。

科技活动经费筹集指从各种渠道筹集到的计划用于科技活动的经费，包括政府资金、企业资金、事业单位资金、金融机构贷款、国外资金和其他资金等。反映各社会经济主体对促进科技进步所做的努力。

政府资金 指从各级政府部门获得的计划用于科技活动的经费，包括科学事业费、科技三项费、科研基建费、科学基金、教育等部门事业费中计划用于科技活动的经费以及政府部门预算外资金中计划用于科技活动的经费等。

企业资金 指从自有资金中提取或接受其他企业委托的、科研院所和高校等事业单位接受企业委托获得的，计划用于科研和技术开发的经费。不包括来自政府、金融机构及国外的计划用于科技活动的资金。

金融机构贷款 指从各类金融机构获得的用于科技活动的贷款。

科技活动经费内部支出 指报告年内用于科技活动的实际支出，包括劳务费、科研业务费、科研管理费，非基建投资购建的固定资产、科研基建支出以及其他用于科技活动的支出。不包括生产性活动支出、归还贷款支出及转拨外单位支出。反映科技投入实际完成情况。

劳务费 指以货币或实物形式直接或间接支付给从事科技活动人员的劳动报酬及各种费用。包括各种形式的工资、津贴、奖金、福利、离退休人员费用、人民助学金等。反映改善科技人员待遇情况。

固定资产购建费 指报告年内使用非基建投资购建的固定资产和用于科研基建投资的实际支出额，即固定资产实际支出和科研基建投资实际完成额之和。固定资产是指长期使用而不改变原有实物形态的主要物资设备、图书资料、实验材料和标本以及其他设备和家具、房屋、建筑物。反映用于改善科研条件和科研手段方面的投入情况。

新产品 指采用新技术原理、新设计构思研制、生产的全新产品，或在结构、材质、工艺等某一方面比原有产品有明显改进，从而显著提高了产品性能或扩大了使用功能的产品。既包括政府有关部门认定并在有效期内的新产品，也包括企业自行研制开发，未经政府有关部门认定，从投产之日起一年之内的新产品。用来反映科技产出及对经济增长的直接贡献。

专利 是专利权的简称，是对发明人的发明创造经审查合格后，由专利局依据专利法授予发明人和设计人对该项发明创造享有的专有权。包括发明、实用新型和外观设计。反映拥有自主知识产权的科技和设计成果情况。

发明 指对产品、方法或者其改进所提出的新的技术方案。是国际通行的反映拥有自主知识产权技术的核心指标。

实用新型 指对产品的形状、构造或者其结合所提出的适于实用的新的技术方案。反映具有一定技术含量的技术成果情况。

外观设计 指对产品的形状、图案、色彩或者其结合所作出的富有美感并适于工业上应用的新设计。反映拥有自主知识产权的外观设计成果情况。

文化事业机构 指从事专业文化工作和为专业文化工作服务的独立建制的单位。不包括这些单位另外举办独立核算的其他机构和各部门的业余文化组织。该指标主要反映文化事业机构发展规模水平。

艺术表演团体 指从事戏曲、音乐、舞蹈、杂技等专业艺术表演，有独立帐户的单位，不包括半工半艺、半农半艺和民间职业剧团。

艺术表演观众人数（人次） 指售票、包场演出或民族地区免费演出的艺术表演观众人次数，不包括彩排审查和内部观摩演出的观看人次数。

等级运动员人数 指经考核正式批准授予等级运动员称号的人数。运动员等级分为国际级运动健将、运动健将、一级运动员、二级运动员、三级运动员、少年级运动员。该指标主要反映运动员队伍的技术质量水平。

等级裁判员人数 指经考核正式批准授予等级裁判员称号的人数。裁判员等级分为国际裁判、国家级裁判、一级裁判、二级裁判、三级裁判。该指标主要反映裁判员队伍的技术质量水平。

体育场 指有400米跑道（中心含足球场），有固定道牙，跑道6条以上，并有固定看台的室外田径场地。体育场按看台容纳观众人数分为：甲级25000人以上，乙级15000–25000人，丙级5000–15000人，丁级5000人以下。该指标主要反映大中型体育场数量水平。

体育馆 指有固定看台，可供篮球、排球、羽毛球、乒乓球、体操等项目训练比赛活动用的室内运动场地。体育馆按看台容纳观众人数分为：甲级6000人以上，乙级4000–6000人，丙级2000–4000人，丁级2000人以下。该指标主要反映大中型体育馆数量水平。

卫生机构 包括医疗机构、疾病预防控制中心（防疫站）、采供血机构、卫生监督及监测（检验）机构、医学科研和在职培训机构、健康教育所等。

医疗机构 包括医院、社区卫生服务中心（站）、疗养院、卫生院、门诊部、诊所（卫生所、医务室）、妇幼保健院（所、站）、专科疾病防治院（所、站）、急救中心（站）和临床检验中心。医疗机构分为非赢利性医疗机构和赢利性医疗机构。

医院 包括综合医院、中医医院、中西医结合医院、民族医院、各类专科医院和护理院。

卫生技术人员 指卫生机构中医生、护理人员、药剂人员、检验人员等卫生技术人员。

医生 指在医疗、预防保健机构工作且取得《执业医师证书》的执业医师和执业助理医师。

社会福利事业单位 指集中收养社会孤老、残、幼的机构，包括由民政部门管理的社会福利院、儿童福利院、精神病人福利院和城镇集体举办的福利院及农村集体举办的敬老院以及优抚医院和具有收养能力的社区服务中心等。该指标主要反映我国在社会福利性单位投入的水平。

社会福利事业单位收养人数 包括民政部门管理和城镇、农村集体举办的社会福利事业单位中收养的老人、少年儿童、缺乏生活自理能力的残疾人员和精神病人。该指标主要反映收养性社会福利单位的收养能力。

社会福利企业单位 指以安置城镇有一定劳动能力的盲、聋、哑和肢体残疾人员就业为目的，享受国家减免税待遇的国有或集体企业。包括福利工厂、福利商业和服务业、假肢厂和安置农场等单位。该指标主要反映我国对残疾人照顾的特殊政策。

农村五保户 指农村中既无劳动能力，又无经济来源的老、弱、孤、残的农民，其生活由集体供养，实行保吃、保穿、保住、保医、保葬（孤儿保教），简称“五保”，享受五保待遇的家庭叫五保户。该指标主要反映农村弱势群体的人员数量。

律师 指依法取得律师执业证书，担任法律顾问，民事（刑事、行政）案件代理人、刑事案件辩护人、办理非诉讼业务，解答法律询问，代写法律事务文书等，为社会提供法律服务的人员。

公证人员 指在公证处工作的人员总称，包括公证处主任、副主任、公证员、公证员助理（助理公证员）和其他从事辅助性工作的人员。

公证文书 指公证处根据当事人申请，依照事实和法律，按照法定程序制作的，具有法律效力的司法证明文书。根据公证书用途和使用地，公证书分为国内公证书、国内经济公证书、涉外民事公证书、涉外经济公证书四类。

调解员 指在人民调解委员会担负调解民间纠纷工作的人员，包括调解委员会的委员和调解小组的调解员。该指标主要反映从事人民调解工作的人员数量。

调解民间纠纷 指调解委员会按照法律规定，根据自愿原则，用说服教育的方法调解民间发生的有关民事权利和义务争执的件数，包括调解成功数和调解未成功数。该指标主要反映人民调解委员会的工作量。

受理劳动争议案件数 指劳动争议仲裁委员会根据国家有关规定，对劳动争议当事人的申请予以审查，符合受理条件而正式立案、准备处理的劳动争议案件数。

基本养老保险

1. 参加保险人数：指报告期末按照国家法律、法规和有关政策规定参加基本养老保险的职工人数。包括不能正常缴费、已中断缴费但未终止保险关系的职工人数。2. 社会统筹基金收入：指根据国家规定，由纳入基本养老保险范围的单位，按照国家规定的缴费基数和缴费比例缴纳的社会统筹基金，以及通过其他方式取得的形成基金来源的收入，包括：单位缴纳的社会统筹基金收入、财政补贴收入、利息收入、其他收入。3. 社会统筹基金支出：指按照国家政策规定的开支范围和开支标准从社会统筹基金中支付给参加基本养老保险的离休、退休、退职人员个人的养老金、丧葬抚恤补助，以及由于保险关系转移、上下级之间调剂资金等原因而发生的支出。包括：基础性养老金、过渡性养老金、离休金、退休金、退职金、补贴、丧葬抚恤补助、其他支出。4. 社会统筹基金结余：指截止报告期末基本养老保险的社会统筹基金结余金额。包括银行存款、财政专户、债券投资和其他。

离休、退休、退职人员 指正式办理了离休、退休、退职手续，并享受相应的离休、退休、退职待遇的人员。

保险福利费用总额 指各单位在工资以外支付给职工和离休、退休、退职人员个人和用于集体的保险福利费用，不包括用于职工的劳动保护费用，由保险福利费用开支的医务人员工资，集体福利机构工作人员和病伤休息期满6个月以上人员的工资。

离休、退休、退职人员保险福利费用包括：

1. 离休金：指发给离休干部的工资和按1982年国务院《关于老干部离职休养制度的几项规定的通知》发给符合规定的离休干部相当于一至两个月标准工资的生活补贴及1988年增发的生活补贴。2. 退休金：指按照国家有关规定发给退休职工的退休费和 1988 年增发的生活补贴。3. 退职生活费：指按照 1978 年国务院《关于工人退休、退职的暂行办法》发给退职人员的生活费用和 1988 年增发的生活补贴。以上离退休、退职人员的离退休金、退职生活费还应包括发给离退休、退职人员的生活补贴和物价补贴。4. 医疗卫生费：指离休、退休、退职人员的医疗费、住院费以及住院伙食补助等费用。5. 其他：指上述费用以外的其他保险福利费用，如丧葬抚恤救济费、交通费补贴、冬季取暖补贴等。

工业废水排放量 指经过企业厂区所有排放口排到企业外部的工业废水量。包括生产废水、外排的直接冷却水、超标排放的矿井地下水和与工业废水混排的厂区生活污水，不包括外排的间接冷却水(清污不分流的间接冷却水应计算在内)。

工业废水排放达标量 指报告期内废水中各项污染物指标都达到国家或地方排放标准的外排工业废水量，包括未经处理外排达标的，经废水处理设施处理后达标排放的，以及经污水处理厂处理后达标排放的。

工业废水排放达标率 指工业废水排放达标量占工业废水排放量的百分率，计算公式为：

工业废水排放达标率 = 工业废水排放达标量 / 工业废水排放量 ×100%

工业废气排放量 指报告期内企业厂区内燃料燃烧和生产工艺过程中产生的各种排入大气的含有污染物的气体的总量，以标准状态 (273K，101325Pa) 计算。测算公式为：

工业废气排放量 = 燃料燃烧过程中废气排放量 + 生产工艺过程中废气排放量

工业 SO2 排放量 指报告期内企业在燃料燃烧和生产工艺过程中排入大气的 SO2 总量，计算公式为：

工业 SO2 排放量 = 燃料燃烧过程中 SO2 排放量 + 生产工艺过程中 SO2 排放量

工业烟尘排放量 指企业厂区内燃料燃烧过程中产生的烟气中夹带的颗粒物排放量。

工业粉尘排放量 指企业在生产工艺过程中排放的能在空气中悬浮一定时间的固体颗粒物排放量。如钢铁企业的耐火材料粉尘、焦化企业的筛焦系统粉尘、烧结机的粉尘、石灰窑的粉尘、建材企业的水泥粉尘等。不包括电厂排入大气的烟尘。

工业固体废物产生量 指报告期内企业在生产过程中产生的固体状、半固体状和高浓度液体状废弃物的总量，包括危险废物、冶炼废渣、粉煤灰、炉渣、煤矸石、尾矿、放射性废物和其他废物等;不包括矿山开采的剥离废石和掘进废石(煤矸石和呈酸性或碱性的废石除外)。酸性或碱性废石指采掘的废石其流经水、雨淋水的 pH 值小于 4 或 pH 值大于 10.5 者。

工业固体废物综合利用量 指报告期内企业通过回收、加工、循环、交换等方式，从固体废物中提取或者使其转化为可以利用的资源、能源和其他原材料的固体废物量(包括当年利用往年的工业固体废物贮存量)，如用作农业肥料、生产建筑材料、筑路等。综合利用量由原产生固体废物的单位统计。

工业固体废物综合利用率 指工业固体废物综合利用量占工业固体废物产生量(包括综合利用往年贮存量)的百分率。计算公式为：

工业固体废物综合利用率 = 工业固体废物综合利用量 / 工业固体废物产生量 + 综合利用往年贮存量 ×100%

工业固体废物贮存量 指报告期内企业以综合利用或处置为目的，将固体废物暂时贮存或堆存在专设的贮存设施或专设的集中堆存场所内的数量。专设的固体废物贮存场所或贮存设施必须有防扩散、防流失、防渗漏、防止污染大气、水体的措施。

工业固体废物处置量 指报告期内企业将固体废物焚烧或者最终置于符合环境保护规定要求的场所，并不再回取的工业固体废物量(包括当年处置往年的工业固体废物贮存量)。处置方式有填埋(其中危险废物应安全填埋)、焚烧、专业贮存场(库)封场处理、深层灌注、回填矿井及海洋处置(经海洋管理部门同意投海处置)等。

工业固体废物排放量 指报告期内企业将所产生的固体废物排到固体废物污染防治设施、场所以外的数量，不包括矿山开采的剥离废石和掘进废石(煤矸石和呈酸性或碱性的废石除外)。

“三废”综合利用产品产值 指报告期内利用“三废”作为主要原料生产的产品价值(现行价)；已经销售或准备销售的应计算产品价值，留作生产自用的不应计算产品价值。

边境经济合作区 经省政府或国务院批准设立的，在边境地区一定范围内集中建设并享有一定优惠政策和配套设施的开发区。边境经济合作区以与毗邻国家对外贸易、经济技术合作为主。经省政府批准的即为省级开发区，经国务院批准设立的为国家级开发区。

经济技术开发区 经省政府或国务院批准设立的，设在内陆地区依托中心城市集中在一定地域建设，享有一定优惠政策和配套设施的开发区。经济技术开发区以招商引资、建立出口加工基地为主，成为本地招商引资，扩大开放的窗口和基地。

高新技术产业开发区 经省政府或国务院批准设立的，依托具有一定经济实力和科技力量的中心城市，享有一定优惠政策和配套设施，通过招商引资，扩大开放，发展高新技术产业开发区。

EXPLANATORY NOTES ON MAIN STATISTICAL INDICATORS

Administrative Division refers to the division of a dministr ative areas by the state. The Constitution of the People's Republic of China stipulates that the ad ministrative areas in China are divided as: 1) The whole country is divided into provinces, autonomous regions and municipalities directly under the central gov ernment; 2) Provinces and autonomous regions are divided into autonomous prefect ures, counties, autonomous counties and cities; 3) Autonomous prefectures are di vided into counties, autonomous counties and cities; 4) Counties and autonomous counties are divided into townships, nationality townships and towns; 5) Municip alities and large cities are divided into districts and counties, 6) The state s hall, when necessary, establish special administrative regions.

Climate refers to the natural environmental status formed by the long-term exc hange of energy and mass between the earth and the air, and is the results of in teraction of many factors. Climate is both one of the environment factors and t he important resources for the living and production activities of the human bei ng. The average values across several years of meteorological factors such as te mperature, rainfall and humidity are used as important parameters to describe th e climate of a region, while the average values (or total values) of a given yea r or month of meteorological factors reflect the key characteristics of climate for that period of time.

Natural Resources refer to material resources that could be obtained from the nature by human being and used for production and living. Natural resources in g eneral can be classified as renewable resources and non-renewable resources. Ren ewable resources refer to resources that could be renewed and recycled during a relatively short period of time, including land resource, water resource, climat e resource, biology resource and marine resource. Non-renewable resources includ e resources that could not be renewed, such as minerals and geothermal resource. Land Resource Land refers to the surface of the earth, consisting of mainly rock s and its whethering and earth. Land resource can be classified, by its utilizat ion, as land for agriculture, land for construction and unused land. Land for ag riculture includes cultivated land, plantation land, forestland, grassland and w aters. Land for construction includes land for residential purpose, for manufact uring and mining, for transportation and for water-conservancy projects. Unused land refers to land other than land for agriculture and construction, including beaches, deserts, Gobi, glaciers and rock mountains.

Area of Cultivated Land refers to area of land recl aimed for the regular cult ivation of various farm crops, including crop-cover land, fallow, newly reclaime d land and land laid idle for less than 3 years.

Area of Afforested Land refer to land for trees bam boo, bushes and mangrove, i ncluding forest-cover land, bush-covered land, sparse forest land, land planned for afforestation and nurseries of young trees.

Area of Grassland refers to areas of grassland, gra ss-slopes and grass-covered hills with a vegetation-covering rate of over 5% that are used for animal husba ndry or harvesting of grass. It includes natural, cultivated and improved grassl and areas.

Forest Resource refers to forests, trees, forestlan d and wild animals, plants and microorganism that live on forest and trees. Trees include trees and bamboo. Forest refers to the population of clusters of trees and other plants, animals and microorganism as well as the earth and climate that have interactions with t he trees.

Total Standing Stock Volume refers to the total sto ck volume of trees growing in land, including trees in forest, tress in sparse forest, scattered trees and trees planted by the side of villages, farm houses and along roads and rivers. Forest Area refers to the area of forest where trees and bamboo grow with cano py density above 0.2, including land of natural woods and planted woods, but exc luding bush land and thin forest land. It reflects the total areas of afforestat ion.

Stock Volume of Forest refers to total stock volume of wood growing in forest ar ea, which shows the total size and level of forest resources of a country or a r egion.It is also an important indicator illustrating the richness of forest res ource and the status of forest ecological environment.

Forest Coverage Rate refers to the ratio of area of afforested land to total land area. It is a very important indicator that reflects the status of abundanc e of forest resource and ecosystem balance. Forest area includes the area of tre es and bamboo grow with canopy density above 0.2, the area of shrubby tree accor ding to regulations of the government, the area of forest land inside farm land and the area of trees planted by the side of villages, farm houses and along roa ds and rivers. The formula for calculating forest coverage rate is as follows:

Forestry coverage rate (%)= (Area of Afforested Land/Area of Total Land) x 100%

Water Resource Water exists in the nature in solid, liquid and gaseous states, is distributed in the ocean, land (including earth) and air, and constitutes th e water resource through the circulation of water. Water resource includes the s urface water and underground water that is controlled by the human being for irr igation, power-generation, water supply, navigation and cultivation. It also inc ludes rivers, lakes, wells, springs, tides, gulf and water area for cultivation. Water resource as an important natural resource is indispensable for the develo pment of the national economy.

Surface Water and Underground Water Water on earth can be divided into surface water and underground water according to its distribution. Surface water refers to moisture exists in rivers, lakes, swamps, glaciers, icecaps and so on. It is also called land water. The underground water refers to water deposited undergr ound in the cranny and the hole of saturated rock soil and in the water-eroded c ave.

Runoff refers to the water gathered at the way out of t he cross section of drai nage area either from the surface or underground after deducting the wastage of the precipitation on the land. Runoff can be divided into surface runoff, under ground runoff and within soil runoff. Surface runoff refers to water flow to the rivers, lakes, swamps, and seas on the surface of the earth. Underground runoff refers to water flow to rivers, lakes, swamps, and seas through the water-beari ng stratum of confined layer or unconfined layer.

Volume of Runoff refers to the total volume of water ru nning through a certain cross section of a river during a certain period of time, reflecting the water resource condition in a country or a region. The formula for calculating volume or runoff is as follows:

Runoff =Precipitation-Evaporation

Mineral Resources refer to useful minerals that can be used for industrial or agricultural purposes enriched in lithosphere or on earth due to the geological process. Minerals are important natural resources, and important material base f or social development.

Ensured Mineral Reserves refer to the actual mineral re serves, which equal to the proven mineral reserves (including industrial reserves and prospective reser ves) minus extracted parts and underground losses.

Drainage Area Each river has its own main stream and branches to form the water system of the river. Each river has its own catchment area, which is also calle d as the drainage area of the river.

Temperature refers to the air temperature. China uses c entigrade as the unit.

The thermometry used for weather observation is put in a breezy shutter, which i s 1.5 meters high from the ground. Therefore, the commonly used temperature refe rs to the temperature in the breezy shutter 1.5 meters away from the ground. The calculation method is as follows: Monthly average temperature is the summation of average daily temperature of one month divided by the actual days of that particular month. Annual average temperature is the summation of monthly average of a year divided by 12 months.

Relative Humidity refers to the ratio of actual water v apor pressure to the sa turation water vapor density under the current temperature. The statistical meth od is the same as that of temperature.

Volume of Precipitation refers to the deepness of liqu id state or solid state (thawed) water falling from the sky to the ground that has not been evaporated, infiltrated or run off. The calculation method is as follows:

Monthly precipitation is the summation of daily precipitation of a month. Annual precipitation is the summation of 12 months precipitation of a year.

Sunshine Hours refer to the actual hours of sun irradia ting the earth. The calculation method is the same as that of the precipitation.

Total Water Resources refers to total volume of water resourc es measured as run- off for surface water from rainfall and recharge for groundwater in a given area , excluding transit water.

Surface Water Resources refers to total renewable resources w hich exist in river s, lakes, glaciers and other collectors from rainfall and are measured as run-of f of rivers.

Groundwater Resources refers to replenishment of aquifers with rainfall and surface water.

Duplicated Measurement Between Surface Water and Groundwater re fers to mutual exchange between surface water and groundwater, i.e. run-off of rivers includes so me depletion with groundwater while groundwater includes some replenishment with surface water.

Comparable Prices refer to pr ices that are used to remove the factors of price change in calculating economic aggregates, so as to facilitate comparison of aggregates over time. Two methods are used for calculating economic aggregates at comparable prices: 1) Multiplyi ng the output of products by their constant prices of certain year; 2) Deflating data at current prices by relevant price indices.

Constant Price refers to the average price of a given p roduct in certain year, which is used for comparison of output value over time. As the output value at constant prices removes the factor of price changes, it reflects the trend of pr oduction development over time. Since 1949, with the changes in general price le vel, National Bureau of Statistics has issued nationally unified constant prices five times: the 1952 constant prices for 1949-1957; the 1957 constant prices fo r 1957-1971; the 1970 constant prices for 1971-1981; the 1980 constant prices fo r 1981-1990; and the 1990 constant prices have been used since 1991.

Average Annual Growth Rate Two methods for calculating average annual growth r ate are applied in China, one is often called level approach, or the method of c alculating geometric average, which is derived by comparing the level of the las t year of the interval with that of the beginning year; the other is called accu mulative approach or algebraic average or equation method, which is derived by t he summation of the actual figure of each year in the interval divided by the fi gure in the base year.

Usually the results calculated by the two methods are fairly close, but they dif fered sharply when uneven economic development occurred with striking fluctuatio ns in growth.

Industrial Classification of the National Economy The new Indu strial Classifica tion of the National Economy (GB/T 4754-2002) is introduced starting from the co mpilation of 2003 annual statistics. The revision of the 1994 classification was organized by the National Bureau of Statistics taking into consideration of the International Standards of the Industrial Classification of All Economic Activi ties (ISIC/Rev.3) of the United Nations, and the new Classification was promulga ted by the National Administration of Quality Supervision, Inspection and Quaran tine on May 10, 2002. The revised version of the Industrial Classification of th e National Economy (GB/T 4754-2002) is composed of 20 major divisions, 95 divisi ons, 396 major groups and 913 groups, including 4 new major divisions, 3 new div isions, 28 major groups and 67 groups.

Registration Status of Enterprises Enterprises are clas sified into 3 categori es, namely domestic-funded enterprises, enterprises with investment from Hong Ko ng, Macau and Taiwan, and enterprises with foreign investment, in the light of t he registration status of an enterprise in industrial and commercial administrat ion agencies. Domestic-funded enterprises include state-owned enterprises, colle ctive-owned enterprises, cooperative enterprises, joint ownership enterprises, limited liability corporations, share-holding corporations Ltd., private enterpr ises and other enterprises. Included in the enterprises with investment from Hon g Kong, Macau and Taiwan and enterprises with foreign investment are joint-ventu re enterprises, cooperative enterprises, sole investment enterprises and share-h olding corporations Ltd. For government agencies, institutions and social organi zations which are not requested to be registered in industrial and commercial ad ministration agencies, they are classified mainly by their sources of funds and way of management.

State-owned Enterprises refer to non-corporation econom ic units where the enti re assets are owned by the state and which have registered in accordance with th e Regulation of the People's Republic of China on the Management of Registration of Corporate Enterprises. Excluded from this category are sole state-funded cor porations in the limited liability corporations.

Collective-owned Enterprises refer to economic units where the assets are owne d collectively and which have registered in accordance with the Regulation of th e People's Republic of China on the Management of Registration of Corporate Ente rprises.

Cooperative Enterprises refer to a form of collective e conomic units (enterpri ses) where capitals come mainly from employees as their shares, with certain pro portion of capital from the outside, where production is organized on the basis of independent operation, independent accounting for profits and losses, joint w ork, democratic management, and a distribution system that integrates remunerati on according to work with dividend according to capital share.

Joint Ownership Enterprises refer to economic units est ablished by two or more corporate enterprises or corporate institutions of the same or different owners hip, through joint investment on the basis of equality, voluntary participation and mutual benefits. They include state joint ownership enterprises, collective joint ownership enterprises, joint state-collective enterprises, other joint own ership enterprises.

Limited Liability Corporations refer to economic units established with invest ment from 2-50 investors and registered in accordance with the Regulation of the People's Republic of China on the Management of Registration of Corporations, e ach investor bearing limited liability to the corporation depending on its share of investment, and the corporation bearing liability to its debt to the maximum of its total assets. Limited liability corporations include exclusive state-fun ded limited liability corporations and other limited liability corporations.

Share-holding Corporations Ltd. refer to economic units registered in a ccordanc e with the Regulation of the People's Republic of China on the Management of Reg istration of Corporations, with total registered capitals divided into equal sha res and raised through issuing stocks. Each investor bears limited liability to the corporation depending on the holding of shares, and the corporation bears li ability to its debt to the maximum of its total assets.

Private Enterprises refer to profit-making economic uni ts invested and establis hed by natural persons, or controlled by natural persons using employed labour. Included in this category are private limited liability corporations, private sh are-holding corporations Ltd., private partnership enterprises and private-funde d enterprises registered in accordance with the Corporation Law, Partnership Ent erprises Law and Interim Regulations on Private Enterprises .

Other Domestic-funded Enterprises refer to domestic-fun ded economic units other than those mentioned above.

Cooperative Enterprises with Funds from Hong Kong Macau and Taiwan established by investors from Hong Kong, Macau and Taiwan with enterprises in the mainland of China in accordance with the Law of the People's Republic of China on Sino-fo reign Cooperative Enterprises and other relevant laws, where the investment or p rovision of facilities, and the share of profits and risks is stipulated in the cooperative contract.

Enterprises with Sole (exclusive) Investment from Hong Kong, Mac au and Taiwan refer to enterprises established in the mainland of China with exclusive investm ent from investors from Hong Kong, Macau and Taiwan in accordance with the Law o f the People's Republic of China on Foreign-Funded Enterprises and other relevan t laws.

Share-holding Corporations Ltd. with Investment from Hong Kong, Macau an d Taiwan refer to share-holding corporations Ltd. established with the approval from t he former Ministry of Foreign Trade and Economic Relations in line with relevant state regulations, where the share of investment from Hong Kong, Macau or Taiwa n businessmen exceeds 25% of the total registered capital of the corporation. In case the share of investment from Hong Kong, Macau or Taiwan is less than 25% o f the total registered capital, the enterprise is to be classified as domestic-f unded share-holding corporation Ltd.

Joint-venture Enterprises with Foreign Investment refer to enterprises jointly established by foreign enterprises or foreigners with enterprises in the mainla nd of China in accordance with the Law of the People's Republic of China on Sino-foreign Joint Venture Enterprises and other relevant laws, where the share of investment, profits and risks is stipulated in the contract.

Cooperation Enterprises with Foreign Investment refer t o enterprises jointly e stablished by foreign enterprises or foreigners with enterprises in the mainland of China in accordance with the Law of the People's Republic of China on Sino-foreign Cooperative Enterprises and other relevant laws, where the investment or provision of facilities, and the share of profits and risks is stipulated in the cooperative contract.

Enterprises with Sole (exclusive) Foreign Investment refer to enterprises esta blished in the mainland of China with exclusive investment from foreign investor s in accordance with the Law of the People's Republic of China on Foreign-Funded Enterprises and other relevant laws.

Share-holding Corporations Ltd. with Foreign Investment refer t o share-holding corporations Ltd. established with the approval from the Ministry of Foreign Tra de and Economic Relations in line with relevant state regulations, where the share of investment from foreign investors exceeds 25% of the total registered capi tal of the corporation. In case the share of foreign investment is less than 25% of the total registered capital, the enterprise is to be classified as domestic -funded share-holding corporation Ltd.

Government Agencies, Institutions and Social Organizations are classified into following categories by source of funds and way of management taking reference o f the registration status of enterprises:

(1) Government agencies: include state and party agencies, classified in princip le as state-owned. There are exceptions, such as supply and marketing cooperativ es which are classified as collective-owned. (2) Institutions: include institutions of various types established with the app roval by organization and staffing departments of the government, but exclude institutions where enterprise management system is introduced. Institutions are fu rther classified as follows: (a) Institutions whose main budget is listed in the government budget appropriat ions or extra-budget funds, or allocated from the budget of their competent gove rnment agencies. Such institutions are classified as state-owned. (b) Institutions whose budget mainly comes from collective units. Such instituti ons are classified as collective-owned. (c) Institutions other than those mentioned above whose source of budget is not clear. Such institutions are classified by way of management. (3) Social organizations: include social organizations established with the appr oval from the Ministry of Civil Affairs, and organizations that are not covered by social organization management regulations such as trade unions, womens feder ations etc.. Social organizations are further classified as follows: (a) Social organizations that are not covered by social organization management regulations of the Ministry of Civil Affairs such as trade unions, womens federa tions, communist youth leagues, youth associations, industrial and commerce asso ciations, scientists associations, overseas Chinese associations, etc., foundati ons and fund management organizations established with funds from the state, and social organizations whose funds mainly come from the budget of their competent government agencies. Such institutions are classified as state-owned. (b) Social organizations whose budget mainly comes from collective units. Such i nstitutions are classified as collective-owned. (c) Social organizations established by individual or a group of citizens, which are classified as private. (d) Social organizations other than those mentioned above whose source of budget is not clear. Such organizations are classified by way of management

Gross Domestic Product (GDP) refers to the final products at ma rket prices produced by a ll resident units in a country (or a region) during a certain period of time. Gr oss domestic product is expressed in three different forms, i.e. value , income, and products respectively. GDP in its value form refers to the total v alue of all goods and services produced by all resident units during a certain p eriod of time, minus the total value of input of goods and services of the natur e of non-fixed assets; in order term, it is the sum of the value-added of all re sident units. GDP in the form of income includes the income created by all resid ent units and distributed to resident and non-resident units. GDP in the form of products refers to the value of all goods and services for final consumption by all resident units minus the net exports of goods and services during a given p eriod of time. In the practice of national accounting, gross domestic product is calculated with three approaches, i.e. production approach, income approach and expenditure approach, which reflect gross domestic product and its composition from different aspects.

Three Industries Classification of economic activities into three branches of industries is a common practice in the world, although the grouping varies to so me extent form country to country. In China economic activities are categorized into following industries:

Primary industry: refers to agriculture, forestry, animal husbandry and fishery. Secondary industry: refers to mining and quarrying, manufacturing, production an d supply of electricity, water and gas, and construction. Tertiary industry: refers to all other economic activities not included in prima ry or secondary industry.

GDP by Expenditure Approach refers to the method of mea suring the final result s of production activities of a country (region) during a given period from the perspective of final use. It includes final consumption, total capital formation and net export of goods and services, i.e.:GDP by expenditure approach = final consumption + total capital formation + net export of goods and services Final Consumption refers to the total expenditure of resident units for purcha ses of goods and services from domestic economic territory and abroad to meet th e requirements of material, cultural and spiritual life. It excludes the expendi ture of non-resident units on consumption in the economic territory of the count ry. The final consumption is broken down into household consumption and governme nt consumption.

Households Consumption refers to the total expenditure of resident households on the final consumption of goods and services. In addition to the consumption o f goods and services bought by the households directly with money, the household s consumption also includes expenditure on goods and services obtained by the ho useholds in other ways, i.e. the so-called imputed consumption expenditure, whic h includes the following: (a) the goods and services provided to the households by the employer in the form of payment in kind and transfer in kind; (b) goods a nd services produced and consumed by the households themselves, in which the ser vices refer only to the owner-occupied housing and domestic and individual servi ces provided by the paid household workers; (c) financial intermediate services provided by financial institutions; (d) insurance services provided by insurance companies.

Government Consumption refers to the expenditure on the consumption of the pub lic services provided by the government to the whole society and the net expendi ture on the goods and services provided by the government to the households free of charge or at low prices. The former equals to the output value of the govern ment services minus the value of operating income obtained by the government dep artments. The latter equals to the market value of the goods and services provid ed by the government free of charge or at low prices to the households minus the value received by the government from the households.

Total Capital Formation refers to the fixed assets acqu ired minus those dispos ed of and the net value of inventory, including the total fixed capital formatio n and the increase in inventory.

Total Fixed Capital Formation refers to the value of fi xed assets acquired min us those disposed of during a given period. Fixed assets are the assets produced through production activities with specified unit value which could be used for over one year, excluding natural assets. Total fixed capital formation can be categorized into total tangible capital formation and total intangible capital f ormation. The total tangible capital formation include the value of the construc tion projects, installation projects completed and the equipment, apparatus and instruments purchased as well as the value of land improved, the value of draugh t animals, breeding stock, animals for milk, wool and for recreational purpose, and the newly increased forest with economic value during a given period. The to tal intangible capital formation includes the prospecting of minerals, the acqui sition of computer software minus the disposal of them.

Increase in Inventory refers to the market value of the change in inventory of resident units during a given period, i.e. the difference of value between the beginning and the end of the period minus the current gains due to the change in prices. The increase in inventory can be positive or negative. A positive value indicates the increase in inventory while a negative value indicates the decrea se in stock. The inventory includes the raw materials, fuels and reserve materia ls purchased by the production units as well as the inventory of finished produc ts, semi-finished products, work-in-progress, etc.

Net Export of Goods and Services refers to the differen ce of the exports of go ods and services minus the imports of goods and services. The imports include t he value of various goods and services sold or gratuitously transferred by the r esident units to the non-resident units. The imports include the value of variou s goods and services purchased or gratuitously acquired by the resident units fr om the non-resident units. Because the provision of services and the use of them happen simultaneously, the acquisition of services by the resident units from a broad is usually treated as import while the acquisition of services by non-resi dent units in this country is usually treated as export. The export and import o f goods are calculated at FOB.

Total Population refers to the total number of peop le alive at a certain point of time within a given area.

Urban Population and Rural Population Urban population refer to all people resi ding in cities and towns, while rural population refer to population other than urban population.

Statistics on urban and rural population over the years are compiled in line wit h the regulations of statistical classification on urban and rural population st ipulated by the government, which were in effect at different times. Figures on urban/rural population for the years between the 3 censuses are adjusted in accordance with the 1990 and 2000 population census data.

Birth Rate or (Crude Birth Rate) refers to the ratio of the number of births to the average population (or mid-period population) during a certain period of tim e (usually a year), expressed in ‰. Birth rate in the chapter refers to annual birth rate. The following formula is used:

Birth Rate = (Number of Births/Average Number of Population)×1000‰

Number of births in the formula refers to live births, i.e. when a baby has brea thed or showed any vital phenomena regardless of the length of pregnancy. Annual average number of population is the average of the number of population a t the beginning of the year and that at the end of the year. Sometimes it is sub stituted by the mid-year population.

Death Rate (or Crude Death Rate) refers to the ratio of the number of deaths to the average population (or mid-period population) during a certain period of tim e (usually a year), expressed in ‰. Death rate in the chapter refers to annual death rate. The following formula is used: Death Rate= (Number of Deaths/Annual Average Number of Population)×1000‰

Natural Growth Rate of Population refers to the ratio o f natural increase in pop ulation (number of births minus number of deaths) in a certain period of time (u sually a year) to the average population (or mid-period population) of the same period, expressed in ‰. The following formula is applied:

Natural Growth Rate of Population = [(Number of Births-Number of Deaths)/Average Number of Population] ×1000‰

Natural Growth Rate of Population = Birth Rate-Death Rate

Gross Dependency Ratio also called gross dependency c oefficient, refers to the ratio of non-working-age population to the working-age population, express in %. Describing in general the number of non-working-age population that every 100 p eople at working ages will take care of, this indicator reflects the basic relat ion between population and economic development from the demographic perspective . The gross dependency ratio is calculated with the following formula:

GDR= (P0-14+P65)/P15-64×100%

Where: GDR is the gross dependency ratio

P0-14 is the population of children aged 0-14

P65+ is the elderly population aged 65 and over,

and P15-64 is the working-age population aged 15-64

Old Dependency Ratio also called old dependency coeffic ient, refers to the rati o of the elderly population to the working-age population, express in %. It desc ribes the number of the elderly population that every 100 people at working ages will take care of. Old dependency ratio is one of the indicators reflecting the social implication of population aging from the economic perspective. The old d ependency ratio is calculated with the following formula:

ODR=P65+/P15-64×100%

Where: ODR is the old dependency ratio

P65+ is the elderly population aged 65 and over,

and P15-64 is the working-age population aged 15-64

Children Dependency Ratio also called children dependency coefficient, refers to the ratio of the children population to the working-age population, express in %. It describes the number of children population that every 100 people at worki ng ages will take care of. The children dependency ratio is calculated with the following formula:

$CDR=P0\text{-}14/P15\text{-}64\times 100\%$

Where:CDR is the children dependency ratio

P0-14 is the children population aged 0-14,

and P15-64is the working-age population aged 15-64

Economically Active Population refers to the population aged 16 and over who ar e capable to work, are participating in or willing to participate in economic ac tivities, including employed persons and unemployed persons.

Employed Persons refer to the persons who are engaged i n social working and rece ive remuneration payment or earn business income, including total staff and work ers, re-employed retirees, employers of private enterprises, self-employed worke rs, employees in private enterprises and individual economy, employees in townsh ip enterprises, employed persons in the rural areas, and other employed persons (including teachers in the schools run by the local people, people engaged in re ligious profession and the servicemen, etc.). This indicator reflects the actual utilization of total labour force during a certain period of time and is often used for the research on China's economic situation and national power.

Persons Employed in Various Units refer to all the per sons working in governme nt agencies of various levels, political and party organizations, social organiz ations, enterprises and institutions, and receiving wages or other forms of paym ent. They include fully-employed staff and workers, re-employed retirees, teache rs in schools run by the local people, foreigners and Chinese compatriots from H ong Kong, Macao, and Taiwan working in various units, part-time employees, emplo yees of other units working temporarily at current posts, and employees holding the second job, but exclude staff and workers who have left their working units while keeping their labour contract (employment relation) unchanged. This indica tor reflects the total number of laborers actually engaged in production or othe r operations in various units.

Persons Employed in Private Enterprises and Self-Employed Individuals in Urban A reas Persons employed in private enterprises refer to the persons employed in the private enterprises which have been registered at the departments of industr ial and commercial administration and are situated at a county town (i.e. a town where the county government is located) for business operation or at urban area s with the level higher than a county town. The self-employed individuals in urb an areas refer to persons who hold the certificates of residence in urban areas or have resided in the urban areas for a long time and have been registered at t he departments of industrial and commercial administration and approved to be en gaged in individual industrial or commercial business, including self-employed p ersons as well as helpers and hired labourers who work in the individual househo lds engaged in industrial or commercial business.

Registered Urban Unemployed Persons refer to the person s with non-agricultural household registration at certain working ages (16-50 years for male and 16-45 years for females), who are capable of work, unemployed and willing to work, and have been registered at the local employment service agencies to apply for a jo b.

Registered Urban Unemployment Rate refers to the ratio of the number of the re gistered unemployed persons to the sum of the number of persons employed in vari ous units (minus the rural labour force, retirees, and Hong Kong, Macao, Taiwan or foreign employees they employ) laid-off workers in urban units, owners and em ployees in urban private enterprises, urban self-employed individuals and the re gistered urban unemployed persons. The formula is as follows:

Registered urban unemployment rate = number of registered urban unemployed perso ns÷(number of persons employed in urban units - rural labour force employed - r etirees employed - Hong Kong, Macao, Taiwan or foreign employees employ + laid-o ff workers + owners and employees in urban private enterprises + self-employed i ndividuals in urban areas + registered urban unemployed persons) × 100%.

Staff and Workers refer to persons working in, and rece ive payment from units o f state ownership, collective ownership, joint ownership, share holding ownershi p, foreign ownership, and ownership by entrepreneurs from Hong Kong, Macao, and Taiwan, and other types of ownership and their affiliated units. They do not inc lude 1) persons employed in township enterprises, 2) persons employed in private enterprises, 3) urban self-employed persons, 4) retirees, 5) re-employed retire es, 6) teachers in the schools run by the local people, 7) foreigners and person s from Hong Kong, Macao and Taiwan who work in urban units, and 8) other persons not to be included by relevant regulations. (Data of 1998 and afterward refer t o fully employed staff and workers. Other related statistics such as total wage bill and average wage are adjusted since 1998 accordingly).

State-owned Units refer to economic units whose assets are owne d by the state. Included are non-corporation units registered according to Regulation of the Peo ple's Republic of China on the Registration of Enterprises and Corporations, sta te organs, institutions and social organizations at the central and local levels .

Collective Units refer to economic units registered acc ording to Regulation of the People's Republic of China on the Registration of Enterprises and Corporatio ns where the means of production are collectively owned.

Units of Other Types of Ownership refer to units regist ered with other types of ownership, including cooperative units, joint ownership units, limited companie s, share holding corporations, units invested by entrepreneurs from Hong Kong, M acao, and Taiwan, and foreign-invested units.

Fully Employed Staff and Workers refer to persons who w ork in, and receive wag es from their working units, as well as persons who have their work posts, but a re temporarily absent from work for reasons of study or on sick, injury or mater nal leave and still receive wages from their working units.

Total Wages Bill refer to the total remuneration paymen t to staff and workers i n various units during a certain period of time. The calculation of total wages is based on the total remuneration payment to the staff and workers. Therefore, all the wages and salaries and other payments to staff and workers are included in the total wages regardless of their sources, category, and forms (in kind or cash). (Total wages of staff and workers in this yearbook include only total wag es of fully employed staff and workers, excluding the living allowances distribu ted to those who have left their working units while keeping their labour contra ct/employment relation unchanged).

Average Wage refers to the average wage in money terms per person during a cert ain period of time for staff and workers in enterprises, institutions, and gover nment agencies, which reflects the general level of wage income during a certain period of time and is calculated as follows:

Average Wage = Total Wages of Staff and Workers at Reference Time /Average Numbe r of Staff and Workers at Reference Time.

Average Wage Indices refers to the ratio of average wag e of staff and workers i n the report period to that in the base period, which reflects the change of wag e of staff and workers at the different period. It is calculated as follows:

Average Wage Indices = Average Wage of Staff and Workers at Reference Time / Average Wage of Staff and Workers at Base Period x 100%

Average Real Wage Indices average real wage of staff and workers refers to the average wage of staff and workers after removing the effects of the price change s and average real wage indices of staff and workers refers to the change of rea l wage, which reflects the relative increasing or decreasing level of real wage of staff and workers, which is calculated as follows:

Average Real Wage Indices = Average Wage Indices of Staff and Workers at the Ref erence Time / Urban Consumer Price Indices at Reference Time x 100%

Total Investment in Fixed Assets in the Whole Country refers to the volume of activities in construction and purchases of fixed assets and related fees, expre ssed in monetary terms. It is a comprehensive indicator which shows the size, st ructure and growth of the investment in fixed assets, providing basis for observ ing the progress of construction projects and evaluating results of investment. Total investment in fixed assets in the whole country includes, by type of owner ship, the investment by the state-owned units, collective units, individuals, jo int ownership units, share-holding units, as well as investment by businessmen f rom foreign countries and from Hong Kong, Macau and Taiwan, and by other units.

Investment in Real Estate Development It includes the investment by the real estate development companies, commercial buildings construction companies and othe r real estate development units of various types of ownership in the constructio n of house buildings, such as residential buildings, factory buildings, warehous es, hotels, guesthouses, holiday villages, office buildings, and the complementa ry service facilities and land development projects, such as roads, water supply , water drainage, power supply, heating, telecommunications, land leveling and o ther projects of infrastructure. It excludes the activities in simple land trans actions.

Other Investment in Fixed Assets refers to the construc tion and purchases of fi xed assets with an investment of over 500,000 yuan which are not listed in the i nvestment in capital construction, investment in innovation and investment in re al estate development, as well as urban private housing projects and investment in fixed assets by enterprises, institutions and individuals in rural areas. It includes:

1) The following projects of the state-owned units with the total planned (or ac tually needed) investment of over 500,000 yuan, which are not included in the pl an of capital construction and the plan of innovation: (1) projects of oil field s maintenance and exploitation with the oil fields maintenance funds and petrole um development funds; (2) opening and extending projects with the maintenance fu nds in coal, ore and other mining enterprises and logging enterprises; (3) proje ct of reconstruction of the original highways and bridges with the highway maint enance funds in the department of communication; (4) projects of construction of warehouses with the funds of simple construction in the commercial department. 2) The investment in fixed assets by urban collective units: refer to projects o f construction and purchases of fixed assets with the planned total investment o f 500,000 yuan and over by all collective units in areas under the jurisdiction of cities and county towns (excluding investment by collective units under towns hip enterprise administration offices). 3) The projects of construction and purchases of fixed assets by the enterprises , institutions (including urban private enterprises or institutions) or individu als other than those mentioned above with total investment of 500,000 yuan and o ver, which are not included in the plan of capital construction and the plan of innovation. For individual investment, only the investment in non-housing projec ts is to be included. 4) The private investment in housing construction in the urban areas and in indu strial and mining areas: including all private housing construction under the ju risdiction of cities, county towns and industrial and mining areas, no matter wh ether the owner of the house is registered as the permanent resident in the loca lity or not. 5) The investment in rural areas: including investment in fixed assets by enterp rises, institutions and individuals in the rural areas.

Sources of Funds for Investment in Fixed Assets include fund fr om state budget, domestic loans, foreign investment, self-raised funds, and others depending on the source of investment.

(1) Fund from state budget consists of budgetary appropriation and loans from st ate budget. More specifically, it includes, from the budget of the central gover nment, capital construction fund (operation fund and non-operational fund), spec ial expenses (e.g. expenses on substituting petroleum with coal), loans from rep ayment, discount fund, expenses on innovation and trial production of new produc ts, expenses on urban construction, expenses on temporary construction by trade departments, development fund for less developed areas, as well as local budgeta ry fund transferred from the central budget. (2) Domestic loans refer to loans of various forms borrowed by investing units f rom banks and non-bank financial institutions during the reference period for th e purpose of investment in fixed assets, including loans issued by banks from th eir self-owned funds and deposit, loans appropriated by higher responsible autho rities, special loans by government (including loan for substituting petroleum w ith coal, special loan for reform-through-labour coal mines), loans arranged by local government from special funds, domestic reserve loan, and working loan, et c.. (3) Foreign Investment refers to foreign funds received during the reference per iod for the construction and purchase of investment in fixed assets (covering eq uipment, materials and technology), including foreign borrowings (loans from for eign governments and international financial institutions, export credit, commer cial loans from foreign banks, issue of bonds and stocks overseas), foreign dire ct investment and other foreign investment. Excluded in this category are capita ls in foreign exchanges owned by China (foreign exchanges owned by the central a nd local governments, foreign exchanges retained by enterprises, foreign exchang

es by enterprises through regulating mechanism, loans in foreign exchanges issue d by the Bank of China with its own fund, etc.). In calculating the utilization of foreign capitals, foreign currencies are converted into Chinese Renminbi appl ying the current exchange rate when the foreign capitals are actually used. (4) Self-raised funds refer to extra-budgetary funds for investment in fixed ass ets received by investing units from central government ministries, local govern ments, enterprises and institutions, including their self-raised funds. (5) Others refer to funds for investment in fixed assets received from the sourc es other than those listed above, including capitals raised through issuing bond s by enterprises or financial institutions, funds raised from individuals and th rough donations, and funds transferred from other units.

Investment in Fixed Assets by Sector The classification of construction project s by sector is determined by the major products or the purpose of the projects w hen they are put into production or use, and by the nature of their social econo mic activities. The investment in capital construction is classified into differ ent sectors of the national economy by the nature of construction projects, whil e investment in innovation and other investment are classified according to the sector to which the whole enterprise or institution belongs. In general, one pro ject or one enterprise or institution can only be classified into one sector. In order to reflect more accurately the relation among various sectors, the branch factories of an integrated complex are classified into different sectors accord ing to the economic activities of the branch factories.

Investment in Fixed Assets by Type of Construction The construction projects in general can be classified, by the type of construction, into new construction, expansion, reconstruction, moving and restoration. However, investment by type o f construction is not applied to investment by real-estate development units, in vestment in rural areas and investment in housing by urban individuals. In capit al construction, the type of construction is determined by the nature of the pro ject. In investment in innovation, in other investment by state-owned units and investment by collective-owned units, the type of construction is determined by the condition of the whole enterprise or institutions.

(1) New construction in general refers to newly constructed enterprises, institu tions, administrative agencies or independent projects from scratch. Constructio n in the existing enterprises, institutions or agencies is not considered as new construction. In case the assets of the existing unit is quite small, and the v alue of newly added fixed assets exceeds the original value of assets by three t imes, the expansion will be considered as new construction. (2) Expansion refers to construction of new major production workshop, branch fa ctory or independent production line within a factory or in other locations, for the purpose of increasing the production capacity (or improving efficiency) of the original products. Newly constructed houses for the operation of institution s and administrative organizations (such as the newly constructed buildings for teaching in schools, buildings for clinics or wards in hospitals, etc.) are also classified as expansion. Also included in the expansion are investments by existing enterprises or instit utions in building major production line(s) or branch factory(ies) along with so me work on innovation, for the purpose of expending the production capacity of o riginal products or producing new products. (3) Reconstruction refers to innovation or technical transformation of the exist ing facilities (including auxiliary production equipment and welfare facilities) , without building major new workshops or branch factories. Also considered as reconstruction is the construction of new workshops by the existing enterprises or institutions for improving the existing production capacity (improving or cha nging the variety of products to meet the market demand), rather than increasing the designed capacity of the main products.

Investment in Fixed Assets by Structure By their contents investment activitie s are classified into 3 categories, i.e. construction and installation, purchase of equipment and instrument, and other expenses.

(1) Construction and installation (work volume of construction and installation) refers to the construction of various houses and buildings and installation of various kinds of equipment and instruments. They include construction of various houses; equipment foundations, industrial kilns and stoves, and metal structure work; preparation works for project construction, and clearing up works post pr oject construction; pavement of railways and roads, drilling of mines and puttin g up of oil pipes; construction of projects of water conservancy; construction o f underground air-raid shelters and construction of other special projects; valu e of equipment for heating, sanitation, ventilation, lighting, gas, painting, et c. that are covered by the budget of housing projects; laying out of various pip elines (for steam, compressed air, petroleum, tap water and

sewage) and lines fo r electric power and for communications; installation of various machinery equip ment, testing operation for pre-testing the quality of installation projects, an d land and other development work conducted by real estate developers for commer cial housing. The value of equipment installed is not included in the value of i nstallation projects. (2) Purchase of equipment and instruments refers to the total value of equipment , tools, and instruments purchased or self-produced which come up to standards f or fixed assets by the construction units or investing enterprises or institutio ns. Equipment, tools and instruments purchased or self-produced for new workshop s by newly established or expanded units are categorized as "purchase of equipme nt and instruments" no matter whether they come up to the standards for fixed as sets. (3) Other expenses refer to expenses occurring during the construction or purcha se of fixed assets other than those mentioned above.

Capital Construction Projects by Size The classification of size of capital con struction projects should be determined according to the total scale or total in vestment set in the approved construction plan by higher responsible authorities or in the tentative design, otherwise according to the total scale or total inv estment set in the current capital construction plan of the state, provinces, au tonomous regions, and municipalities directly under central government. Industri al projects which produce unitary products are classified according to its desig n capacity of products; projects which produce multi-products are classified by the design capacity of the major product or by the total planned investment. Sta ndards for the Classification of Construction Projects into large, medium-sized and small ones issued by the government are the base for size division of constr uction projects, which was revised five times in 1958, 1962, 1972, 1977, and 197 9 respectively and therefore, data on projects by size are not entirely comparab le from year to year.

Projects under Construction refer to projects with construction and installation activities undertaken in the reference period. All projects that have construc tion activities undertaken during the reference period are reported as projects under construction irrespective of the length of construction work. The number o f projects under construction can reflect the actual size of investment in fixed assets during a given period, and when compared with the number of projects com pleted and put into use during the same period, it demonstrates the results of i nvestment in fixed assets. Depending on the nature of construction activities, p rojects under construction can also be classified into projects under constructi on in current year, winding-up projects in current year and stopped or suspended projects in previous years (with preservation work in current year).

Projects Completed and Put into Use Industrial projects refer to the major proj ects and accessory facilities completed which result in forming production capac ity and have been checked and accepted while the living and welfare facilities h ave been completed and can ensure normal production and formally put into produc tion. Non-industrial projects refer to the major projects and accessory faciliti es completed which possess the designed capacity and have been checked, accepted and formally put into production.

Newly Increased Production Capacity (or Project Efficiency) refers to the increa se of designed capacity (or project efficiency) through investment in fixed asse ts, which reflects the accomplishment of investment in fixed assets in kind and serves as important basis for evaluating the economic efficiency of investment. The newly increased production capacity (project efficiency) are usually express ed in one of the following forms:

(1) output of products, i.e. the output that the project can produce during a gi ven period (usually a year). For instance, the capacity in coal mining is expres sed in 10,000 tons/year, the capacity in producing chemical pesticides expressed in ton/year, the capacity in producing tractors in tractor/year, etc. For some chemical products where the effective contents differ significantly, the product ion capacity is expressed as the designed effective content equivalent, such as in the case of sulphuric acid, soda ash, caustic soda, etc; (2) raw materials processing capacity, i.e. the volume of raw materials that cou ld be processed by the project per day (or per hour), such as tons of materials processed per day by a sugar refining project or edible vegetable oil project, o r tons of urban sewage processed per day; (3) number or capacity of major equipment increased, such as number of cotton or silk looms increased, wool spindles increased, or capacity (in kilowatts) of po wer generators increased; (4) saved raw materials, fuels or power, which are mainly used for the efficienc y of innovation and

transformation projects; and (5) physical measures (volume, capacity, area, and length) of construction, whic h is typical for non-industrial projects, for instance, the length of new railwa ys or highways, the capacity of reservoirs, the floor space of housing projects, capacity for new students in schools or beds in hospitals, areas under new irri gation project, etc. Features of projects sometimes call for combined use of two or more measurement to reflect the increased production capacity (or project efficiency), for instan ce, the new capacity for the production of internal combustion engines are expre ssed in sets per year and kilowatts per year simultaneously. To standardize the nomenclature and unit of measurement for new production capac ity (or project efficiency), the National Bureau of Statistics has developed Nom enclature for New Production Capacity (Project Efficiency) and Nomenclature for Saving Raw Materials, Fuels and Power. All reporting units with investment activ ities are required to follow these two nomenclatures in reporting statistics on new production capacity (project efficiency).

Floor Space of Buildings under Construction and Completed refers to total floor space of the horizontal section of outer walls above the plinth of the building , including the effective area and the area occupied by the structure. This indi cator is one of the important indicators in physical terms to reflect the scale and accomplishment of the construction industry, and important basis for monitor ing the progress, calculating the cost, analyzing the efficiency and studying th e supply of building materials in relation with the construction projects.

Floor Space of Residential Buildings refers to the floo r space of the residenti al buildings among the total space of buildings under construction or completed. Floor Space under Construction refers to total floor space of all buildings un der construction during the reference period, including floor space of newly sta rted buildings during the reference period, floor space of construction extended from the previous period to the current period, and floor space of construction suspended during the previous period and resumed in the current period. Floor s pace of construction completed in the current period, and floor space of constru ction started and then suspended in the current period are also included in the floor space under construction of the current year.

Floor Space of Buildings Completed refers to the floor space of all buildings c ompleted in the reference period, which have been appraised and accepted (or com e up to the designed standards) and have been transferred to the owners for use. Completion Rate of Floor Space of Buildings refers to the ratio of the floor sp ace of buildings completed in certain period of time to the floor space of build ings under construction in the same period. This indicator reflects the investme nt result from the perspective of the speed of construction.

Newly Increased Fixed Assets refer to the newly increas ed value of fixed assets , constructed or purchased, that have been transferred to the investors. This is an indicator that demonstrates the results of investment in fixed assets in mon etary terms, and an important indicator to reflect the speed of construction and to calculate the efficiency of investment.

Rate of Construction Projects Completed and Put into Use refers to the ratio of the number of construction projects completed and put into use in certain perio d of time to the number of projects under construction in the same period. This reflects the investment efficiency from the perspective of the speed of projects construction.

Rate of Projects of Fixed Assets Completed and Put into Operation refers to the ratio of the newly increased fixed assets to the total investment made in the s ame period. This is a comprehensive indicator reflecting the speed of the employ ment of fixed assets and the investment efficiency at the macro-level. As the ne wly increase fixed assets is the result of a long period while the investment is completed in the current year, this indicator is expected to be used to reflect the employment of fixed assets over a long period of time.

Economically Affordable Housing refers to housing const ructed according t o the state plan for economically affordable housing. Houses of this category fe atured in low cost in construction and low prices, and therefore are affordable to mid-income or low income households. Economically affordable housing projects are developed by real estate companies under the state investment plan, with th e land provided through government allocation or tendering procedures. Developer s are exempted from land utilization fees and enjoy another 50% exemption of all other legitimate fees, while their profits are limited to less than 3%, and the completed houses are sold under the government-guided prices. This indicator he lps to analyze the investment structure of the real estate industry and the dema nd and supply of housing for mid or low income households.

Total Energy Production refers to the total production of primary energ y by all energy producing enterprises in the country in a given period of time. It is a c omprehensive indicator to show the capacity, scale, composition and development of energy production of the country. The production of primary energy includes t hat of coal, crude oil, natural gas, hydropower and electricity generated by nuc lear energy and other means such as wind power and geothermal power. However, it excludes the production of fuels of low calorific value, bio-energy, solar ener gy and the secondary energy converted from the primary energy.

Total Domestic Energy Consumption refers to the total c onsumption of energy of v arious kinds by material production sectors, non-material production sectors and households in the country in a given period of time. It is a comprehensive indi cator to show the scale, composition and development of energy consumption. The total energy consumption includes that of coal, crude oil and their products, na tural gas and electricity. However, it excludes the consumption of fuel of low c alorific value, bio-energy and solar energy. Total domestic energy consumption c an be divided into three parts:

(1)Final Energy Consumption: It refers to the total energy consumption by materi al production sectors, non-material production sectors and households in the cou ntry (region) in a given period of time, but excludes the consumption in convers ion of the primary energy into the secondary energy and the loss in the process of energy conversion. (2)Loss During the Process of Energy Conversion: It refers to the total input of various kinds of energy for conversion, minus the total output of various kinds of energy in the country in a given period of time. It is an indicator to show the loss that occurs during the process of energy conversion. (3)Loss: It refers to the total of the loss of energy during the course of energ y transport, distribution and storage and the loss caused by any objective reaso n in a given period of time. The loss of various kinds of gas due to gas dischar ges and stocktaking is excluded.

Elasticity Ratio of Energy Production is an indicator to show the relationship between the growth rate of energy production and the growth rate of the national economy. The formula is:

Elasticity Ratio of Energy Production = Average Annual Growth Rate of Energy Pro duction/Average Annual Growth Rate of National Economy The average annual growth rate of the national economy can be shown by the gross national product, gross domestic product and other indicators, depending upon t he purposes or needs. The gross domestic product is used in calculation of the r atio in this chapter.

Government Revenue refers to the revenue of the gov ernment finance by mea ns of participating in the distribution of the social products, which is the financial resources for ensuring the government to function. The contents of government r evenue have been changed several times. Now it includes the following main items :

(1) Various tax revenues, including value added tax, business tax, consumption t ax, land value added tax, tax on city maintenance and construction, resources ta x, tax on use of urban land, enterprise income tax, personal income tax, tariff, stamp tax on security transactions, tax on purchase of motor vehicles, tax on a griculture and animal husbandry and tax on occupancy of cultivated land, etc. (2) Special revenues, including revenues from the fee on sewage treatment, fee o n urban water resources, fee for the compensation of mineral resources and extra -charges for education, etc. (3) Other revenues, including revenue from interest, revenue from the repayment of capital construction loan, revenue from capital construction projects, and do nations and grants. (4) Subsidies for the losses of the state-owned enterprises. This is an item of negative revenue, consisting of subsidies to industrial, commercial and grain pu rchasing and supply enterprises.

Government Expenditure refers to the distribution and use of th e funds the gove rnment finance has raised, so as to meet the needs of economic construction and various causes. It includes the following main items:

(1) Expenditure for capital construction: It refers to the non-gratuitous use an d appropriation of funds for capital construction in the range of capital constr uction, outlay of capital as well as the loans on capital construction approved by the government for special purpose or policy purpose and the expenditure with discount paid in an overall way within the amount of the funds appropriated to the departments for capital construction. (2) Innovation funds of the enterprises: They refer to the funds appropriated fr om the government budget for the enterprises to tap the latent power, upgrade th e technology and carry out innovation, including the innovation fund of the depa rtments, loan of the enterprises for innovation,

subsidies on the innovation of the small fertilizer plant, small cement plant, small coal mines, small machiner y plant and small steel plant, the expenditure of interest for the loan for inno vation. (3) Geological prospecting expenses: They refer to the expenses appropriated fro m the government budget to the geological prospecting units for the expenditure of the prospecting work, including the expenditures of the administrative agenci es for geological prospecting and their institutional units as well as the geolo gical prospecting expenditure. (4) expenditures for science and technology promotion: They refer to the expens es appropriated from the government budget for the scientific and technological expenditure, including new products development expenditure, expenditure for int ermediate trial and subsidies on important scientific researches. (5) Expenditure for supporting rural production: It refers to the expenditures a ppropriated from the government budget for supporting the various expenditures o f the rural collective units or households for production, including the subsidi es to the small water conservancy projects and well drilling, sprinkling irrigat ion projects run by the villages; subsidies on the rural water and soil conservi ng measures; subsidies to the small power stations run by the villages; subsidie s to the expenditure for fighting against particularly severe draughts; subsidie s on the rural waste land exclamation; fund for supporting the township enterpri ses; fund for supporting rural cooperative production organizations, subsidies t o the expenditure for popularization of the agricultural technologies and plant protection in the rural areas; subsidies to the expenditure for the protection o f grasslands and cattle and fowls; subsidies on afforestation and forest protect ion in rural areas; subsidies on the rural aquatic products industry; special fu nd for developing grain production. (6) Operating expenses of the departments of farming, forestry, water conservanc y and meteorology etc.: They refer to the expenses appropriated from the governm ent budget for the expenditures of agricultural exclamation, farms, agriculture, animal husbandry, agricultural machinery, forestry, timber industry, water cons ervancy, aquatic products industry, meteorology, technology popularization in to wnship enterprises, popularization (demonstration) of improved varieties, plant (cattle and fowls, forest) protection, water quality monitoring, prospecting and designing, resources investigation, cadres training, subsidies to horticulture gardens, expenditure of specialized secondary schools, subsidies on the experime nts of sowing herbage seeds by flights, expenditures of afforestation agencies a nd meteorology agencies, expenses for fishery administration and operating expen ses for agricultural administration, etc. (7) Operating expenses of the departments of industry, transport and commerce: T hey refer to the expenses appropriated from the government budget to cover the e xpenditure on salaries and operational expenditure of the departments of industr y, transport and commerce for the expenditure of business development, including expenses for prospecting and designing, expenditures of specialized secondary s chools, expenditures of the technical training schools and expenditures for cadr es training, etc. (8) Operating expenses of the departments of culture, education, science and pu blic health: They refer to the expenses appropriated from the government budget for the expenditures on salaries and operational expenditure of the causes of cu lture, publication, cultural relics, education, public health, traditional Chine se medical science, free medical services, sports, archives, earthquake, ocean, communications, broadcasting, film and television, family planning; expenditure for training of cadres of government, party and mass organization; expenditures for natural sciences, social sciences, associations for science and technology a nd the special expenditure for the high-tech researches. They include mainly wag es, extra wages, welfare funds, pension for the retirees, stipend, expenses for official business, expenses for equipment purchases, expenses for repairs, busin ess expenses and subsidies to the units which are unable to support their expend itures by their own earnings. (9) Pension for the disabled or for the families of the bereaved and relief fund s for social welfare: They refer to the funds appropriated from the government b udget for the expenditures of pension for the disabled or for the families of th e bereaved and relief funds for social welfare, including the lump-sum or regula r pension paid by the departments of civil affairs to the members of martyrs fam ilies and families of those who died for the public interest, pension to the rev olutionary disabled, subsidies for permanent disability of various kinds, subsid ies to the military martyrs dependents and the demobilized servicemen, expenditu re for settling down the demobilized servicemen, operating expenses of the conso ling institutions, expenses for management and repair of the commemorative build ings for the martyrs, the expenses managed by the departments of civil affairs f or the retirees and those who have quitted their work, expenses for social relie f in rural and urban areas, operating expenses for providing relief to the areas of natural calamity and subsidies on the reconstruction after the particularly severe natural calamities, etc. (10) Expenditure on retirees: It refers to the expenditure on retirees of govern ment agencies and institutions that are covered by the state budget. (11) Expenses on subsidies to social security system: It refers to expenditure f rom the state budget for subsidies to social security system, including subsidie s to the social insurance fund, subsidies to promoting employment, subsidies to laid-off workers of state-owned enterprises, supplement to national social secur ity funds, etc. (12) Expenditures for national defence: They refer to the funds appropriated fro m the government budget for the expenditures for building up national defence an d safeguarding national security, including expenses of national defence, expens es of scientific researches on national defence, expenses for building up people s militia and expenditure for special projects, etc. (13) Administrative expenses: They include expenditure for administration, subsi dies to the parties and mass organizations, diplomatic expenditure, expenditure for public security, judicial expenditure, law court expenditure, procuratorial expenditure and subsidies to the expenses for treating the cases by the public s ecurity departments, procuratorial organs and law courts. (14) Expenditure on policy-related subsidies: It refers to the expenditure appro priated, with the approval of the government, from the state budget for price su bsidies on such products as grain, cotton and edible oil. More specifically, it includes subsidies to the difference between the selling prices and purchasing p rices of grains, cotton and edible oil, subsidies for curtaining prices and for sugar reserve, subsidies to the difference between the selling prices and purcha sing prices of means pf agricultural production, risk fund for grains, risk fund for non-staple food, risk fund for local production of coal, etc. (15) Expenditure on interest of debts: It refers to expenses from the state budg et on paying interest of domestic and foreign debts.

Revenue of the central government and revenue of the local gover nments: refers to the revenue of the central government and that of the local governments as de fined by the decentralized taxation system starting from 1994. In accordance wit h this system, the revenue of the central government includes tariff, consumptio n tax and value added tax levied by the customs, consumption tax, income tax of the enterprises subordinate to the central government, income taxes of the local banks, foreign-funded banks and non-bank financial institutions, business tax a nd profits of railways, head offices of banks, head office of insurance company , which are handed over to the government in a centralized way, tax on city main tenance and construction, tax on purchasing motor vehicles, tonnage tax of ships , 75% of the value added tax, 94% of the tax on stock dealing (stamp tax), inter est income tax in the personal income tax, proportion of the personal income tax (other that interest income tax) to be shared by the central government, and ta x on ocean petroleum resources,. The revenue of the local governments includes b usiness tax, income tax of the enterprises subordinate to the local government, proportion of the personal income tax (other that interest income tax) to be sha red by the central government, tax on the use of urban land, tax on the adjustme nt of the investment in fixed assets, tax on town maintenance and construction, tax on real estates, tax on the use of vehicles and ships, stamp tax, slaughter tax, tax on agriculture and animal husbandry, tax on special agricultural produc ts, tax on the occupancy of cultivated land, contract tax, value-added tax on la nd, income from charges on use of state-owned land, 25% of the value added tax, 6% of the tax on stock dealing (stamp tax) and tax on resources other than the o cean petroleum resources.

Expenditure of the central government and expenditure of the local governments: according to the different functions of the central g overnment and local govern ments in the economic and social activities, the rights of affairs administratio n are classified between the central government and local governments; and the c lassification of the expenditure between the central government and local govern ments are made on the basis of the classification of the rights of affairs admin istration between them. The expenditure of the central government includes the e xpenditure for national defence, expenditure for armed police forces, the admini strative expenses and various operating expenses at the level of central governm ent, expenditure for key projects and the expenditure of the central government for adjusting the national economic structure, coordinating the development amon g different regions and exercising the macro-economic regulation and control. Th e expenditure of the local governments includes mainly the administrative expens es and various operating expenses at the level of local governments, the expendi ture for capital construction and technological innovation with the funds raised by the local government, expenditure for supporting rural production, expenditu re for city maintenance and construction and expenditure for price subsidies, etc.

Extra-budgetary revenue and expenditure Extra-budgetary fund refers to financia l fund of various types not covered by the regular government budgetary manageme nt, which is collected, allocated or arranged by government agencies, institutio ns and social organizations while performing duties delegated to them or on beha lf of the government in accordance with laws, rules and regulations. It mainly c overs following items: administrative and institutional fees, governmental funds and extra charges that are stipulated by laws and regulations; administrative a nd institutional fees approved by the State Council and provincial governments a nd their financial and planning (price management) departments; governmental fun ds and extra charges established by the State Council and the Ministry of Financ e; funds turned over to competent departments by their subordinate institutions; self-raised and collected funds by township governments for their own expenditu re; and other financial funds that are not covered in budgetary management. Soci al security funds are treated as extra-budget fund and managed for its exclusive use, given the circumstance that separate government budgetary system for socia l security is yet to be designed. Special accounts are opened by the financial d epartments in banks for the management of revenue and expenditure of extra-budge tary fund. Extra-budgetary revenue and expenditure is managed separately, namely , revenue of institutions and departments must enter into the special accounts o f the financial departments at the same administrative level, and their extra-bu dgetary expenditure is arranged in line with the extra-budget plans and appropri ated from these accounts.

Credit Funds refer to the funds issued as loans by bank ing institutions. The sources of credit funds of the banking institutions included deposits, issue of financial bonds, account-payable and temporary gathering, liabilities to int ernational financial institutions, currency in circulation, various reserves, ow ners' rights and interests and other items. The credit funds can be used in form s of loans, securities and investment, account receivable and advance payment, e ntrusted investment, gold, foreign exchange, cash on hand, government debt and a ssets in the international financial institutions.

Deposit is a form of credit by which enterprises, insti tutions, organizations or households can put money into banks and other credit institutions for safekee ping and interest earning under the principle of free withdrawal. According to d ifferent depositors, deposits are divided into enterprise deposits, treasury dep osits, deposits of government agencies and organizations, capital construction d eposits, savings deposits, rural saving deposits, entrusted deposits and other d eposits. Deposits are major sources of the credit funds of banks.

Loan is a form of credit by which banks and other credi t institutions provide funds at certain interest rate to enterprises and individuals in the light of th e principle of unconditional repayment. Loans from Chinese banks include circula ting capital loans, fixed assets loans, loans to urban and rural individuals eng aged in industrial and commercial business and agricultural loans.

Insurance Companies refer to commercial insurance compa nies of various forms re gistered by law and established in China with the approval of insurance regulato ry agencies.

Amount Insured refers to the maximum that the insurant will get for the claim of the case insured.

Premium is the fee paid by the insurant to the insurer to obta in the obligation of compensation from the insurance within the agreed terms. Settled Claim is the compensation paid by the insurer to the insurant in accor dance with the insurance contract.

Payment includes payment for death, injury or medical t reatment and mature pay ment. Payment for death, injury or medical treatment refers to the money paid to the insurant (or the beneficiary) in accordance with the life or health insuran ce contract when the insurant encounters accidents within the insured period cov ered in the contract. Mature payment refers to the mature payment to the insuran t in accordance with the life insurance contract at the end of the insured period.

Consumer Price Indices reflect the trend and degr ee of changes in prices of con sumer goods and services purchased by urban and rural residents, and is a compos ite indices derived from the urban consumer price indices and the rural consumer price indices. Consumer price indices can be used to analyze the impact of cons umer price change on actual expenditure for living cost of urban and rural residents.

Urban Consumer Price Indices reflect the trend and degr ee of changes in prices of consumer goods and services purchased by urban households during a given peri od. It can be used to observe and analyze the impact of price changes in consume r goods and services on wages (in monetary terms) of staff and workers, and prov ide basis for policy-making concerning the living cost and wages of staff and workers.

Rural Consumer Price Indices reflect the trend and degr ee of changes in prices of consumer goods and services purchased by rural households during a given peri od. It can be used to observe the impact of change in retail prices of consumer goods and service prices in rural areas on living expenditure of rural household s, and to show the changes in the living standard of peasants. It provides basis for analysis and research on condition of life in rural areas.

Retail Price Indices reflect the trend and degree o f change in retail p rices of commodities during a given period. The change in retail prices of commodities d irectly affect the living expenditure of urban and rural residents, government r evenue, purchasing power of residents and the equilibrium of market supply and d emand, and the ratio of consumption to accumulation. Therefore, the retail price indices are useful to analyze the changes of the above economic activities.

Price Indices of Means of Agricultural Production reflect the trend and degree of changes in prices of means of agricultural production during a given period. Price indices of means of agricultural production are composed of 8 categories i ncluding small farm tools, feeds, young domestic animals and poultries, semi-mec hanized farm machinery, mechanized farm machinery, chemical fertilizers, pestici des and spraying machinery, fuels for farm machinery. Compilation of these indic es help to understand the changes in prices of input into agricultural productio n and facilitate the compilation of national account statistics. Before 1994, pr ice indices of means of agricultural production was a sub-category in the in the retail price indices of commodities, and it has been compiled separately since 1994.

Indices of Producers' Prices for Farm Products reflect the trend and degree of changes in producers' prices received by farmers when they sell farm products du ring a given period. These indices depict the change in the level and structure of producers' prices of farm products of the country and meet the needs of agric ulture statistics and national account statistics. The producers' price index of a given product is calculated through geometrical mean of individual indices of all surveyed units who sell such product, and the indices of a product category is obtained through weighted mean of price indices of all products in the categ ory. Method for calculating accumulative quarterly indices is the same as for ca lculating the distinctive quarterly indices.

Ex-factory Price Indices of Industrial Products reflect the trend and degree of changes in general ex-factory prices of all industrial products during a given period, including sales of industrial products by an industrial enterprise to al l units outside the enterprise, as well as sales of consumer goods to residents. It can be used to analyze the impact of ex-factory prices on gross output value and value-added of the industrial sector.

Indices of Purchasing Prices of Raw Materials, Fuels and Power reflect changes in the level and degree of prices paid by industrial enterprises when they purch ase production input such as raw materials, fuels and power from the market or f rom other energy or raw materials producing enterprises. These indices provide i mportant basis for measuring the material consumption of industrial enterprises after removing influence of price changes.

At present, over 900 products in 9 categories, including fuels a nd power, ferrou s metals, non-ferrous metals, chemicals, building materials, are covered in Chin a for the survey to produce indices of purchasing prices of raw materials, fuels and power.

Price Indices of Investment in Fixed Assets reflect the trend and degree of cha nges in prices of investment goods and projects in fixed assets during a given p eriod. The investment in fixed assets consists of three components, namely the i nvestment in construction and installation, the investment in purchases of equip ment and instrument, and the investment in other items. Price indices of investm ent in fixed assets are calculated as the weighted arithmetic mean of the price indices of the three components of investment in fixed assets.

Removing the factor of price change in the aggregates of investment at current p rices, this indicator shows the changes in the prices of commodities and fees in volved in the investment of fixed assets, and can be used to observe the actual size, growth, structure, and efficiency of investment in fixed assets and provid es reliable and scientific data for government planning, management, decision-ma king, and further improving the current national accounting system.

I. Urban Households

Population of urban households refer to members of the household living and sh aring economically together. All income and expenditure of the population of the household are included in the income and expenditure of the household.

Proportion of urban employment refer to the proportion of employed population to the population of urban households.

Number of dependents per urban employee refers to the ratio between number of p ersons in urban households and the number of dependents.

Total Income of Urban Households refers to the sum of w age and salary, net busi ness income, income from properties, and income from transfers of members of the households, excluding income from selling of properties and income from borrowings.

Disposable Income of Urban Households refers to the act ual income at the dispos al of members of the households which can be used for final consumption, other non-compulsory expenditure and savings. This equals to total income minus income tax, personal contribution to social security and sample household subsidy for k eeping dairies. Following formula is used:

Disposable income = total household income - income tax - personal contribution to social security - sample household subsidy for keeping dairies

Total expenditure of Urban Households refer to all expe nditure of the household s except expenditure on leading. It includes expenditure on consumption, on purc hasing or building houses, on transfers, on properties and on social security.

Consumption Expenditure of Urban Households refers to t otal expenditure of the sample households for consumption in daily life, including expenditure on eight categories such as food, clothing, household appliances and services, health ca re and medical services, transport and communications, recreation, education and cultural services, housing, miscellaneous goods and services.

Expenditure of Urban Households on Consumption of Services refers to expenditure of households on services of various kinds provided by the society.

Urban Households by Income Group All households in the sample are grouped, by per capita disposable income of the household, into groups of lowest income, low income, lower middle income, middle income, upper middle income, high income and highest income, each group consisting of 10%, 10%, 20%, 20%, 20%, 10% and 10% o f all households respectively. The lowest 5% of households are also referred to as poor households.

Engel Coefficient refers to the percentage of expenditu re on food in the total consumption expenditure, using the following formula:

Engel Coefficient = (expenditure on food / total consumption expenditure) x 100%

II. Rural Households

Rural Households refer to resident households in rural areas. Resident househol ds in rural areas are the households residing for more than one year in the area s under the jurisdiction of administration of township governments (excluding co unty towns), and in the areas under the jurisdiction of administration of villag es in county towns. Migrated households residing in the current addresses for ov er one year with their household registration in other places are included in th e resident households of their current addresses. For households with their hous ehold registration in one place but all members of the households moving away fo r living in another place for over one year, they will not be included in the ru ral households of the area where they are registered, irrespective of whether th ey still keep their contracted land.

Resident Population refers to population staying at hom e permanently or for ove r 6 months during a year and sharing life economically with the household. Membe rs of the household staying away from the household for over 6 months but keepin g a close economic relation with the household by sending the majority of income to the household are regarded as resident population of the household. Governme nt staff and workers or retirees living as close members of the household are al so considered as resident population. However, servicemen, students of secondary technical schools or schools of higher education and persons with stable jobs a nd residence outside the household (excluding those visiting relatives or seekin g medical service) are not included as resident population of the household. Res ident population is used in calculating income, consumption, accumulation on per capita basis of rural households and in analyzing composition of rural households.

Full/Semi Labour Force Full labour force refers to pers ons capable of work, age d 18-50 for males and 18-45 for females. Semi labour force refers to persons cap able of work, aged 16-17 and 51-60 for males and 16-17 and 46-55 for females. Pe rsons at their working ages but not capable of work are not to be included as la bour force. Persons not at working ages but participating regularly in work are included in semi labour force. For staff and workers as resident population of t he household, they are included as full or semi labour force of the household if they are in the labour force.

Total Income refers to the sum of income earned from various so urces by the rur al households and their members during the reference period, and is classified a s income from wages and salaries, income from household operations, income from properties and income from transfers.

Income from Wages and Salaries refers to income from la bour ear ned by the members of rural households employed by other units or individuals.

Income from Household Operations refers to income by the rural househol ds as un its of production and operations. Operations by rural households are classified by economic activities as agriculture, forestry, animal husbandry, fishery, manu facturing, construction, transportation, post and telecommunications, wholesale, retail and catering, social service, culture, education, health, and other hous ehold operations.

Income from Properties refers to the income received as returns by owners of fi nancial assets or tangible non-productive assets by providing capitals or tangib le non-productive assets to other institutional units.

Income from Transfers refers to the receipt by rural ho useholds and their membe rs of goods, services, capitals or rights of assets without giving or repaying a ccordingly, excluding capitals provided to them for the formation of fixed asset s. In general, it refers to all income received by rural households through redi stribution.

Cash Income refers to income received by rural househol ds and their members in the form of cash during the reference period. It is classified, by source of inc ome, into income from wages and salaries, cash income from household operations , income from properties and income from transfers

Net Income refers to the total income of rural househol ds from all sources minu s all corresponding expenses. The formula for calculation is as follows:

Net income = total income - household operation expenses - taxes and fees - depr eciation of fixed assets for production - subsidy for participating in household survey - gifts to non-rural relatives Net income is mainly used as input for re production and as consumption expenditure of the year, and also used for savings and non-compulsory expenses of various forms. "Per capita net income of farmer s" is the level of net income averaged b y population which reflects the average income level of rural households in a gi ven area.

Production Capacity of Water Supply refers to the d esigned comprehensive produc tion capacity of water facilities, covering the 4 links of water collection, pur ification, conveyance, and outflow through trunk pipelines. Increase capacity th rough transformation and innovation projects are included as well. The capacity is determined mainly on the weakest of the above-mentioned 4 links.

Length of Water Supply Pipelines at the Year-end refers to the total length of all the pipelines between the water pumps and the user's water meters, excluding pipelines newly installed but not used yet.

Annual Volume of Water Supply refers to the total volum e of water supplied by w ater-works (units) during the reference period, including both the effective wat er supply and loss during the water supply.

Consumption of Water for Residential Use refers to the water consumption of hou seholds for daily life and the water consumption of public service facilities. T he latter refers to water consumption for urban public services, including the c onsumption of government agencies and public institutions, military barracks, pu blic facilities, wholesale and retail outlets, restaurants, hotels, and other un its providing public services. Household water consumption refers to consumption of water for daily life of all households in the boundary of cities, including households of urban residents and farmers, and public water supply stations.

Percentage of Urban Population with Access to Tap Water refers to the ratio of t he urban population with access to tap water to the total urban population. The formula is:

Percentage of population with access to tap water= (Urban population with access to tap water) / (Urban population)×100%

Production Capacity of Gaswork Gas refers to the comprehensive production capac ity of the urban gasworks in gas generation, purification and delivery at the en d of the reference period, excluding capacity of the reserved facilities. In gen eral, it is determined by the designed capacity, and when actual production capa city is larger than the designed capacity, the capacity is determined by the act ual measurement on the weakest link in the production, purification and delivery .

Length of Gas Pipelines refers to the total length of p ipelines in use between the outlet of the compressor of gas-work or outlet of gas stations and the leadi ng pipe of users, excluding pipelines within gasworks, delivery stations, LPG st orage stations, refilling stations, gas-mixing stations and supply stations.

Volume of Gas Supply refers to the total volume of gas provided to users by gas -producing enterprises (units) in a year, including the volume sold and the volu me lost.

Percentage of Urban Population with Access to Gas refers to the ratio of the urban population with access to gas to the total urban population at the end of th e reference period. The formula is:

Percentage of population with access to gas = (Urban population with access to g as / Urban population) x 100%

Heating Capacity in Urban Area refers to the designed c apacity of heating enter prises (units) in supplying heating energy to urban users during the reference period.

Quantity of Heat Supplied in Urban Area refers to the t otal quantity of heat fr om steam and hot water supplied to urban users by heating enterprises (units) du ring the reference period.

Length of Heating Pipelines refers to the total length of steam or hot water pi pelines for sources of heat to the leading pipelines of the buildings of the use rs, excluding internal pipelines in heat generating enterprises.

Length of Paved Roads at the Year-end refers to the len gth of roads with paved surface including squares bridges and tunnels connected with roads by the end of the year. Length of the roads is measured by the central lines for vehicles fo r paved roads with a width of 3.5 meters and over, including roads in open-ended factory compounds and residential quarters.

Urban Bridges refer to bridges built to cross over natu ral or man-made barriers , including bridges over rivers, overpasses for traffic and for pedestrian, unde rpasses for pedestrian, etc. Both permanent and semi-permanent bridges are included.

Length of Urban Sewage Pipes refers to the total length of general drainage, tr unks. branch and inspection wells, connection wells, inlets and outlets, etc.

Daily Disposal Capacity of Urban Sewage refers to the d esigned 24 hour capacity of sewage disposal by the sewage treatment works or facilities.

Number of Vehicles under Operation at the Year-end refers to the total number o f vehicles under operation by public transport enterprises (units) at the end of the year, based on the records of operational vehicles by the enterprises (units).

Area of Urban Gardens and Green Areas refers to the tot al area occupied for gre en projects at the end of the reference period, including public green land, gre en land in residential quarters, green land attached to institutions, protection green land, production green land, roadside green land and forest in scenic spo ts. It does not include the following:

(1) Greenery and plants on roofs, balconies, indoors and vertical green areas; (2) Forest, cultivated land, grassland, orchards and bamboo grooves that are for production purpose; and (3) Water areas that are not included in urban master plan as green land.

Public Green Area refers to green areas open to the pub lic such as municipal, community and neighborhood parks and roadside parks, including waters within park s. Neighborhood parks should occupy an area larger than 10,000 square meters, an d the width of roadside parks should occupy an area larger than 400 square meter s, with a width of more that 8 meters.

Gross Output Value of Farming, Forestry, Animal Husbandry and Fishery refers to the total value of products of farming, forestry, animal husbandry and fishery, and total value of services rendered to support farming, forestry, animal husba ndry and fishery activities. It reflects the total scale and results of agricult ural production during a given period. Prior to 1957, Chinas gross agricultural output value included barnyard manure and handicraft products for self-consumpti on (clothes, shoes, stockings, and initial grain processing undertaken by peasan ts). Since 1958, cutting and felling of bamboo and trees by villages and other c ooperative organizations under villages have been included in forestry; value of barnyard manure has been excluded from animal husbandry; self consumed handicra fts has been excluded from sideline occupations, while the output value of indus tries run by villages and cooperative organizations under village had been incl uded in sideline occupations and the output value of fish catches by motor fishi ng boats has been added to fishery. Since 1980, the value of handicraft products made for sale by individuals in households had been added to sideline occupatio ns. Since 1984, industries run by villages and under villages have been included in the sector of industry. Since 1993, the subdivision of sideline occupations has been canceled, and the hunting of wild animals has been classified into anim al husbandry, and the gathering of wild plants and commodity industry run by rur al household have been included in farming. A new industrial classification of e conomic activities was introduced in 2003. Under the new classification, value o f services to farming, forestry, animal husbandry and fishery is included in the gross output value of agriculture, value of wood felling and transport is inclu ded in forestry, value of industrial output by rural households is not included in agriculture, and the collection of wild forest products is taken from agricul ture and included in the forestry. The first agriculture census of China reveale d some discrepancy between the production of animal products from the annual rep orts and that from the census. Efforts were made by the Rural Socio-economic Sur vey Organization of NBS to adjust the output value of animal husbandry to make t he figures from the annual reports consistent with the census data.

Gross output value of agriculture is obtained by first multiplying the output of each product or by product by its price, resulting in the output value of each single item. For a small number of products, annual output of which is not avail able or difficult to get due to the long production (growing) process involved, the output value is estimated through an indirect approach. The sum of output va lue of all products of farming, forestry, animal husbandry and fishery is then e qual to the gross output value of agriculture.

Grain Output refers to the total output in the whole coun try including grains p roduced by state farms, collective units, rural households, as well as by farms affiliated to industrial and mining enterprises and other production units. Grai n includes rice, wheat, corn, sorghum, millet and other miscellaneous grains as well as tubers and bean. Output of beans refers to dry beans without pods. The o utput of tubers (sweet potatoes and potatoes, not including taros and cassava) w as converted into that of grain at the ratio 4:1, i.e. 4 kilograms of fresh tube rs was equivalent to 1 kilogram of grain up to 1963. Since 1964 the ratio for co nversion has been 5:1. Tubers supplied as vegetables (such as potatoes) in citie s and suburbs are calculated as fresh vegetables and their output is not include d in the output of grain. Output of all other grains refers to husked grain.

Output of Oil-bearing Crops refers to the total product ion of oil-bearing crops of various kinds, including peanuts, (dry, in shell) rapeseeds, sesame, sunflow er seeds, flax seeds, and other oil-bearing crops. Soybeans, oil-bearing woody p lants, and wild oil-bearing crops are not included.

Output of Aquatic Products refers to catches of both ar tificially cultured and naturally grown aquatic products, including fish, shrimps, crabs and shellfish i n sea and inland water as well as seaweed. Freshwater plants are not included. Output of Pork, Beef, and Mutton refers to the meat of slaughtered hogs, cattl e, sheep and goats with head, feet, and offal taken away.

Number of Livestock or Poultry in Stock at Beginning (or End) refers to the tota l number of large animals, pigs, sheep, fowls, etc. raised by rural cooperative organizations, state farms, rural individuals, government agencies, schools, ind ustrial and mining enterprises, army, and urban residents at the beginning (or e nd) of the reference period. Data reporting system and data adjustment are the s ame as that in the output of pork, beef and mutton.

Regularly Cultivated Land refers to farmland among the total land resources, whi ch is exclusively used for farming and is under regular cultivation with harvest in normal years. Included are currently cultivated land, land that has been aba ndoned or put in idle for less than 3 years and could be re-used for cultivation at any time, and new-claimed land that has been put into cultivation for more t han 3 years. According to statistical coverage, it includes the gouges, dykes, r oads and ridges of field with 1 meter wide in Southern areas and 2 meters wide i n Northern areas. Excluded under this category are steep slope land over 25 degr ees under temporary cultivation, land (large or small plots) that is claimed alo ng river bends, lake sides or banks of reservoirs, as well as land that has been designated under the "Green for Grain" programmes of the state and provincial g overnments but is still temporarily under cultivation. The regularly cultivated land is the key protection land of the nation, an important indicator reflecting the comprehensive productivity of agriculture of China.

Sown Area of Crops refers to area of land sown or trans planted with crops regar dless of being in cultivated area or non-cultivated area. Area of land re-sown d ue to natural disasters is also included. This is an important indicator that ca n reflect the utilization condition of the cultivated land in China.

Irrigated Area refers to areas that are effectively irr igated, i.e. level land, which has water source and complete sets of irrigation facilities to lift and m ove adequate water for irrigation purpose under normal conditions. Under normal conditions, irrigated area is the sum of watered fields and irrigated fields whe re irrigation systems or equipment have been installed for regular irrigation pu rpose. This important indicator reflects drought resistance capacity of the cult ivated land in China.

Consumption of Chemical Fertilizers in Agriculture refers to the quantity of che mical fertilizers applied in agriculture in the year, including nitrogenous fert ilizer, phosphate fertilizer, potash fertilizer, and compound fertilizer. The co nsumption of chemical fertilizers is required in calculation to convert the gros s weight into weight containing 100% effective component (e.g. 100% nitrogen con tent in nitrogenous fertilizer, 100% phosphorous pent oxide contents in phosphat e fertilizer, 100% potassium oxide contents in potash fertilizer). Compound fert ilizer is converted with its major component. The formula is :

Volume of effective component= physical quantity x effective com ponent of certain chemical fertilizer (%)

Total Power of Farm Machinery refers to total mechanica l power of machinery us ed in farming, forestry, animal husbandry, and fishery, including ploughing, irr igation and drainage, harvesting, transport, plant protection, stock breeding, f orestry and fishery. The power of internal combustion engines is required to con vert horsepower into watts and the power of electric motors is required to be co nverted into watts. Machinery employed for non-agricultural purposes, such as th e machines used in township run and village-run industry, construction, non-agri cultural transport, scientific experiments and teaching, is excluded. Data are m ainly from agricultural machinery agencies.

Rural Employed Persons refer to rural labor forces aged over 16 years old who a re engaged in real production and management activities and receive payment in k ind or wages, including those covered within the age frame and regularly partici pating in production activities, and those who are out of the range of age frame and also participating in production activities regularly. Excluding students s tudying in other places with their permanent residence registered in local areas , servicemen and persons incapable of working; also excluding those who are wait ing for jobs and those engaged in household work. Persons employed are classifie d as rural employed persons; industrial employed persons; construction industry employed persons; transport, storage and telecommunications industries employed persons; whole sales and retail sales trade and catering industry employed perso ns and others according to the longest period of employment in major activities (or using income indicator when period of employment is the same).

Industry refers to the material production sector w hich is engaged in extraction of natural resources and processing and reprocessing of minerals and agricultur al products, including (1) extraction of natural resources, such as mining, salt production (but not including hunting and fishing); (2) processing and reproces sing of farm and sideline produces, such as rice husking, flour milling, wine ma king, oil pressing, silk reeling, spinning and weaving, and leather making; (3) manufacture of industrial products, such as steel making, iron smelting, chemica ls manufacturing, petroleum processing, machine building, timber processing; wat er and gas production and electricity generation and supply; (4)repairing of ind ustrial products such as the repairing of machinery and means of transport (incl uding cars).

Prior to 1984, the rural industry run by villages and cooperative organizations under village was classified into agriculture. Since 1984, it has been grouped i nto industry. Units of industrial statistics survey corporate industrial enterprises with inde pendent accounting system. Corporate industrial enterprises with independent accounting system refer to ent erprises engaging in industrial production activities, which meet the following requirements: ① They are established legally, having their own names, organizati ons, location, able to take civil liability; ② They possess and use their assets independently, assume liabilities, and are entitled to sign contracts with othe r units; ③ They are financially independent and compile their own balance sheets . Enterprises covered in the industrial statistics in the Yearbook include followi ng categories by their registration:

State-owned Enterprises refer to industrial enterprises where the means of produ ction or income are owned by the state. Joint state-private industries and priva te industries, which existed before 1957, have been transformed into state indus tries. Statistics on these enterprises has been included in the state-owned indu stries since 1957 when separation of data was no longer necessary.

Collective-owned Enterprises refer to industrial enterp rises where the means of production are owned collectively, including urban and rural enterprises investe d by collectives and some enterprises which were formerly owned privately but ha ve been registered in industrial and commercial administration agency as collect ive units through raising fund from the public.

Share-holding Cooperative Enterprises refer to economic units set up on co operative basis, with funding partly from members of the enterprise and partly f rom outside investment, where the operation and management is decided by the mem bers who also participate in the production, and the distribution of income is b ased both on work (labour input) and on shares (capital input).

Joint-operation enterprises refer to economic units that are established by join t investment by two or more corporate enterprises or institutions of the same or different types of ownership on voluntary, equal and mutual-beneficial basis. T hey include: a) state-owned joint-operation enterprises (joint operation between state- owned enterprises); b) collective joint-operation enterprises (joint operation between collect ive enterprises; and c) state-collective joint-operation enterprises (joint operation between s tate and collective enterprises).

Limited Liability Corporations refer to economic units registered in accordance with the Regulation of the People's Republic of China on the Management of Regis tration of Corporations, with capitals from 2 to 49 investors, each investor bea rs limited liability to the corporation depending on his/her holding of shares, and the corporation bears liability to its debt to the maximum of its total assets.

Share-holding Corporations Ltd. refer to economic units registered in accordance with the Regulation of the People's Republic of China on the Management of Regi stration of Corporate Enterprises, with total registered capitals divided into e qual shares and raised through issuing stocks. Each investor bears limited liabi lity to the corporation depending on the holding of shares, and the corporation bears liability to its debt to the maximum of its total assets.

Private Enterprises refer to economic units invested or controlled (by hol ding the majority of the shares) by natural persons who hire labours for profit- making activities. Included in this category are private limited liability corpo rations, private share-holding corporations Ltd., private partnership enterprise s and private sole investment enterprises registered in accordance with the Corp oration Law, Partnership Enterprise Law and Tentative Regulation on Private Ente rprises.

Enterprises with Funds form Hong Kong, Macao and Taiwan refers to all industrial enterprises registered as the joint-venture, cooperative, sole (exclusive) inve stment industrial enterprises and limited liability corporations with funds from Hong Kong, Macao and Taiwan.

Foreign Funded Enterprises refers to all industrial ent erprises registered as the joint-venture, cooperative, sole (exclusive) investment industrial enterpris es and limited liability corporations with foreign funds.

Light Industry refers to the industry that produces con sumer goods and hand too ls. It consists of two categories, depending on the materials used:

(1) Industries using farm products as raw materials. These are branches of light industry which directly or indirectly use farm products as basic raw materials, including the manufacture of food and beverages, tobacco processing, textile, c lothing, fur and leather manufacturing, paper making, printing, etc. (2) Industries using non farm products as raw materials. These are branches of l ight industry which use manufactured goods as raw materials, including the manuf acture of cultural, educational articles and sports goods, chemicals, synthetic fiber, chemical products for daily use, glass products for daily use, metal prod ucts for daily use, hand tools, medical apparatus and instruments, and the manuf acture of cultural and clerical machinery.

Heavy Industry refers to the industry which produces ca pital goods, and provide s various sectors of the national economy with necessary material and technical basis. It consists of the following three branches according to the purpose of p roduction or the use of products:

(1) Mining, quarrying and logging industry refers to the industry that extracts natural resources, including extraction of petroleum, coal, metal and non-metal ores. (2) Raw materials industry refers to the industry that provides various sectors of the national economy with raw materials, fuels and power. It includes smeltin g and processing of metals, coking and coke chemistry, chemical materials and bu ilding materials such as cement, plywood, and power, petroleum refining and coal dressing. (3) Manufacturing industry refers to the industry that processes raw materials. It includes machine building industry which equips sectors of the national econo my, industries of metal structure and cement products, industries producing mean s of agricultural production, such as chemical fertilizers and pesticides. Accor ding to the above principle of classification, the repairing trades which are en gaged primarily in repairing products of heavy industry are classified into heav y industry while these engaged in repairing products of light industry are class ified into light industry.

Gross Industrial Output Value

(1) Definition: Gross industrial output value is the total volume of final indus trial products produced and industrial services provided during a given period. It reflects the total achievements and overall scale of industrial production du ring a given period. (2) Principles for calculation: Statistics on industrial production follow the principle that all products produ ced by the enterprises and accepted during the reference period are to be includ ed no matter whether they are sold or not during the reference period. Determination of final products follow the principle that all products that are included in the calculation of grow industrial output value are the final produc ts of the enterprise which have been accepted through quality check and require no further processing. If an enterprise has intermediate (semi-finished) product s to sell, these intermediate products are considered as the final products of t he enterprise. Gross industrial output value is calculated following the principle of factory a pproach, i.e. industrial enterprise is used as the basic accounting unit in calc ulating the gross industrial output value. By this approach, value of the same p roduct is not to be double counted, and the output value of different workshops (branch factories) should not be added. However, this approach does not exclude the possibility of double counting between enterprises. (3) Content and calculation method: The old definition of gross industrial outpu t value was modified during the national industrial census in 1995. The revised (new) definition of gross industrial output value consists of 3 components: valu e of the finished products during the reference period, income from external pro cessing, and value of change in semi-finished products at the end and at the beg inning of the reference period. Value of the finished products during the reference period: refers to the value of all finished (semi-finished) industrial products that are produced during the reference period without the need for further processing, checked for acceptanc e, packed and put into the warehouse of the enterprise, including the value of o wn-produced equipment and the value of products provided to the projects under c onstruction of the enterprise, and to other non-industrial or welfare units. Val ue of finished products during the reference period is calculated by the quantit y of products produced using own materials multiplied by the average unit prices at which products are sold (excluding value-added tax). Own-produced equipment and products produced for own use are value at cost prices as in the case of ent erprise accounting. Value of finished products does not include the value of fin ished products (semi-finished products) that are produced using the materials fr om the clients who make the orders. Income from external processing: refers to income from contracted external proce ssing of industrial products (including processing of industrial products using

materials from the clients), and the income from industrial repairing work provi ded to other units. Income from external processing is calculated using informat ion from the item "products sales income" in the enterprise accounting at the pr ices excluding value-added tax. For income from services such as processing, repairing and installation of equip ment provided to non-industrial units within the enterprise, if the accounting w ork of the enterprise is good enough to separate it from other records, and the share of such services is significant, it should also be included in the income from external processing. Value of change in semi-finished products at the end and at the beginning of the reference period: refers to the value of change in semi-finished products at th e end and at the beginning of the reference period, which generally can be obtai ned from accounting records of enterprises. If the enterprise accounting exclude s the cost of semi-finished products, then it should not be included in the gros s industrial output value, and vice versa. (4) Changes in the coverage and method of calculation of gross industrial output value Prior to 1984, the value of rural industry run by villages was classified into a griculture instead of industry. Since 1984, it has been included in the gross in dustrial output value. Method of calculation for the gross industrial output value was modified in the industrial census in 1995. The difference in the new method as compared with the old one is outlined below: Principle in using full value vs. processing fee: The new method stipulates that all products produced using own materials are to be calculated with full value in reporting the gross industrial output value irrespective of sophistication of production, and for external processing, it allows calculation using processing fee. In the old method, however, the use of full value or processing fee was de termined by the degree of sophistication of production in different branches of industries. Principle in determining the value of change in semi-finished products: The new method requires that value of the change in semi-finished products should be inc luded in the gross industrial output value if it is included in the accounting r ecord of the enterprise, otherwise it should not be included. By the old method, it is determined by the type of enterprises in terms of production cycle. If th e production cycle is over 6 months, the value of change in semi-finished produc ts is included in the gross industrial output value, otherwise it is excluded. Difference in prices: The new method uses prices excluding value-added tax in th e calculation of gross industrial output value, while the old method used prices including value-added tax.

Value-added of Industry refers to the final results of industrial production of industrial enterprises in money terms during the reference period.

Industrial value-added can be calculated by two approaches: the production appro ach, i.e. gross industrial output value minus intermediate input plus value-adde d tax, and the income approach, i.e. income for various factors used in the cour se of production, including depreciation of fixed assets, remuneration of labour ers, net of production tax, and operating surplus. Value-added of industry in th e Yearbook is calculated by production approach as following: Value-added of industry = gross industrial output - industrial intermediate inpu t + value-added tax (1) Gross industrial output: refers to the total achievements of industrial prod uction during a given period. Gross industrial output includes value of finished products, income from external processing, and value of change in semi-finished products at the end and at the beginning of the reference period. Since 1995, i t was substituted by the gross industrial output value by new method. (2) Industrial intermediate input: refers to purchased goods and paid services c onsumed during the industrial production of enterprises. Fees paid for services include fees paid for the services provided by material production sectors (indu stry, agriculture, wholesale and retail trade, construction, transport, post and telecommunications) and by non-material production sectors (insurance, banking, culture, education, scientific research, health and medical care, public admini stration, etc.). The determination of industrial intermediate input follows the principle that the goods and services must be purchased from outside and include d in the gross industrial output, and that the goods and services are inputted i nto production and consumed (include low-value consumables) during the reference period. Industrial intermediate input includes 5 components, namely direct consumption o f materials, industrial intermediate input in manufacturing cost, industrial int ermediate input in management cost, industrial intermediate input in marketing c ost and expenditure on interest. Capitals Obtained refers to capital actually received b y the enterprise from in vestors that could be used as operational capitals for a long period. According to the current accounting system, capitals obtained can be classified by investo rs as state capital, collective capital, corporate capital, individual capital, capital from Hong Kong, Macau and Taiwan and foreign capital. State capital:refers to capital which is formed through state-o wned investment into the enterprise by government agencies or institutions that could represent the state in the investment. Collective capital: refers to capital which is formed through state-owned invest ment into the enterprise by collective institutions or units that could represen t the state in the investment. Corporate capital: refers to capital which is formed through investment by other corporate units using assets which is at their disposal by law. Individual capital: refers to capital which is formed through investment by indi viduals outside the enterprise or employees of the enterprise using their person al legal properties. Capital from Hong Kong, Macau and Taiwan: refers to cap ital which is formed thro ugh investment by investors from Hong Kong, Macau and Taiwan of China using thei r assets of various forms. Foreign capital: refers to capital which is formed through investment by foreign investors.

Total Assets refer to all economic resources, in moneta ry terms, that is owned or controlled by enterprises, including properties, creditors equity and other e conomic rights of all forms. Classified by the degree of equitability, total ass ets include circulating assets, long-term investment, fixed assets, intangible a ssets and deferred assets, and other assets. Data on this indicator can be obtai ned by the year-end figures of total assets in the Assets and Liability Table of accounting records of enterprises.

Total Working Capitals refer to capitals which can be cashed in or spent or consumed in an operating cycle of one year or over one year, including cash, all kinds of deposits, short term investment, receivable and payable payment for go ods or deposits.

Average Value of Working Capitals refers to the average value of all working capitals of the enterprise during the reference period. Original Value of Fixed Assets refers to the value of payment by the enterprise in building, purchasing installing reconstructing, expending or transforming a particular item of fixed assets. In general, it includes value of purchase, cost for packaging, transportation, installation, etc.

Annual Average of Net Value of Fixed Assets refer to av erage of the net value o f fixed assets during the reference period, calculated with the following formula:

Annual Average of Net Value of Fixed Assets = sum of net value of fixed assets at the beginning and at the end of each month from January to December / 24. Information on this indicator can be obtained from the beginning and ending figu res of the original value of fixed assets and cumulative depreciation from the A ssets and Liability Table of enterprises. Net value of fixed assets refers to the original value of fixed assets minus dep reciation over the years, i.e.: Net value of fixed assets = original value of fixed assets - cumulative deprecia tion

Total Liquid Liabilities refer to enterprises' total de bt payable within an op erating cycle of one year or over one year, including short-term loans, notes an d accounts payable, advance payments received, wages and welfare funds payable, taxes and profit payable, other payables, fees received by advance payment, etc. Liquid liabilities feature in the short term of payment, immediate payment at th e request of creditors, or payable within one year.

Total Long-term Liabilities refers to the debt payable within an operating cycl e of one year or over one year. It is the capital that enterprises raised from c reditors for the long-term use of enterprises in addition to capitals put into t he enterprise by investors, and constitutes the economic liabilities that enterp rises have to repay by assets or labour services, including long-term loans, pay able liabilities, long-term payable, other long-term liabilities, etc. Compared with the liquid liabilities, the long-term liabilities feature in large volume, longer term for repayment, and larger benefits for investors.

Creditors' Equity refers to investors ownership of net assets of the enterprise , which is equal to the total assets of the enterprise minus its total liabiliti es, including the primary input actually received at the enterprise from investo rs, capital accumulation fund, surplus accumulation fund and undistributed profi t. When the total of creditors' equity is less than zero, that indicates the lia bility of the enterprise is larger that its assets.

Sales Revenue of Industrial Products refers to the reve nue from the sales of fi nished and semi-finished products and from rendering of industrial services by industrial enterprises during the reference period.

Cost of Industrial Products Sold refers to the actual c ost of finished and semi- finished products sold and industrial services rendered by industrial enterprise s during the reference period.

Tax and Extra Charges on Sales of Products refer to the tax on city maintenance and construction, consumption tax, resources tax and extra charges for education, which should be borne by the enterprises in selling products and providing in dustrial services during the reference period.

Total Profits refer to the final achievements of produc tion and operation of th e enterprises, represented by the total profits after deducting losses (loss is expressed by the negative figure). It is the sum of profits from operation, inco me from subsidies, investment earnings, net income from activities other than op eration, and adjustment of profits and losses of previous years.

Value-added Tax Payable refers to the amount of the val ue-added tax which shoul d be paid by the enterprises during the reference period. It is the sum of tax o n sales, export rebate, and transferred tax on purchases of the current year, mi nus the tax on purchases of the current year. Value-added tax payable of small-s ize enterprises is determined by the taxable sales of the year multiplied by the tax rate.

Average Annual Number of Employed Persons Employed persons refer to all those who are employed in enterprises and receive remunerations therefrom, including c urrently working employees, retirees who are re-employed, teachers of local-run schools, as well as foreigners, staff from Hong Kong, Macau and Taiwan, part-tim e employees and persons with second job who are employed by the enterprise, and employees of other units temporarily working in the enterprises, but excluding f ormer employees who left the enterprise with their employment records still kept by the enterprises.

Average number of employed persons refers to the number of employees everyday du ring the reference period, calculated with the following fomula:

Monthly average number = sum of actual employees everyday in reference month/number of calendar dates in reference month

Quarterly average number = sum of monthly average number in reference quarter/3 Annual average number = sum of monthly average number in reference year/12

Ratio of Profits, Taxes and Interests to Average Assets reflects the profit-mak ing capability of all assets of the enterprise and is a key indicator manifestin g the performance and management and evaluating the profit-making potential of t he enterprise. It is calculated as follows:

Ratio of Profits, Taxes and Interests to Average Assets (%) = [(total profits + total taxes + interest payment) / average assets] ×100% In the above formula, total taxes is the sum of tax and extra charges on the sal es of products and value-added tax payable; and average assets is the arithmetic mean of the sum of beginning assets and ending assets.

Ratio of Debts to Assets reflect both the operation ris k and the capability of the enterprise in making use of the capital from the creditors. It is calculated as follows:

Ratio of Debts to Assets (%) = (total debts / total assets)×100% Both assets and debts are figures at the end of the reference period.

Turnover of Working Capital refers to the number of tim es of turnover of workin g capital in a given period of time, which reflects the speed of the turnover of working capital of industrial enterprises, and is calculated as follows:

Turnover of Working Capital=(sales revenue of products) / (average balance of to tal working capital)

In the above formula, average balance of total working capital refers to the ari thmetic mean of the sum of working capital at the beginning and at the end of th e reference period.

Ratio of Profits to Total Industrial Costs refers to th e ratio of profits reali zed in a given period to the total costs in the same period, which reflects the economic efficiency of input cost and is calculated as follows:

Ratio of Profits to Total Industrial Cost(%)=(total profits/ total costs)×100%

Total costs in the above formula is the sum of cost of products sold, marketing cost, management cost and financial cost.

Overall Labour Productivity of Industrial Enterprises reflects efficiency of pro duction and economic results of labour input of enterprises. The formula used is :

Overall Labour Productivity=(value added of industry) / (average number of staff and workers)

Ratio of Sales to Gross Output Value reflects the degre e at which industrial pr oducts are sold. It helps to analyze the linkage between production and sales an d the extent of the needs of the society that has been met by the supply of indu strial products. It is calculated as follows:

Ratio of Sales to Gross Output Value=(Industrial sales / Gross industrial output value at current prices) $\times$100%

Statistical Unit in Construction refers to corporat e enterprise engaged in the c onstruction of buildings and structures and in the installation of equipment. A corporate construction enterprise should have qualification certificates with in dependent accounting system, and should meet the following 3 requirements: ① be ing set up in line with relevant legal basis, having its full name, organization and location, and capable of taking civil liabilities; ② independently possess ing and using its assets and assuming its liabilities, and entitled to sign cont racts with other institutions; and ③ making independent accounts of its profits and losses, and capable of compiling its own balance sheet.

Gross Output Value of Construction refers to total of c onstruction products and services, expressed in money terms, produced or rendered by construction and ins tallation enterprises during a given period of time. It includes:

(1) Output value of construction projects, that is the value of projects covered by the project budgets; (2) Output value of installation projects, that is the value of the installation of equipment, (excluding the value of the equipment to be installed); (3) Output value of others, that is the output value of construction industry ex cluding that of construction projects and installation projects. It includes: ou tput value of repair of buildings and structures; output value of non-standard e quipment manufacturing; overhead expenses received by contracted enterprises to the sub-contracted enterprises and the completed output value of construction ac tivities that have no clear definition. a. Output value of repair of buildings and structures, that is the value created through the repairs of buildings or structures, but does not include the value of buildings or structures being repaired and the value of the repair of product ion equipment; b. Output value of manufactured non-standard equipment, that is the value of non -standard production equipment including raw materials and manufacturing cost ma de for the construction project (i.e., chemical plant; kettles or tanks used by refineries; various fillers, triangle tanks, valves used by mines), and the outp ut value of equipment manufactured by subsidiary workshops. Value-added of Construction refers to the final result of the activities of prod uction and management of construction industry in monetary terms in the referenc e period. At present, the value-added of construction is calculated with the inc ome approach, that is to say, it is the sum of income of various production fact ors in the production process. The formula is as follows: Value-added of Construction=depreciation of fixed assets in the year + wages pay able + welfare expenses payable + insurance premium and tax for waiting for empl oyment in the administrative expenses + taxes and surcharges on project settleme nt + profit.

Floor Space of Buildings Under Construction refers to f loor space of buildings u nder construction during the reference period, including newly started buildings , buildings started earlier and continued during the reference period, and build ings suspended earlier but restarted during the reference period, buildings comp leted during the reference period, and buildings under construction and then sus pended during the reference period.

Floor Space of Buildings Completed refers to the floor space of buildings that a re completed in the reference period in accordance with the requirements of the design, up to the standard for putting them into use, and have been checked and accepted by concerned departments as qualified ones.

Total Number of Machinery and Equipment Owned by the End of Year refers to the n umber of machines and equipment owned by the enterprises, and listed as the fixe d assets of the enterprises by the end of the year, including machinery and equi pment for construction, production and transportation and other equipment.

Total Power of Machinery and Equipment Owned by the End of Year refers to the to tal power of machinery and equipment owned by the enterprises, and listed as the fixed assets of the enterprises by the end of the year, including machinery and equipment for construction, production and transportation and other equipment.

The power of the machinery is calculated on basis of the designed or verified ca pacity, covering the power of the machinery/equipment and the separate power equ ipment serving the machinery/equipment (such as electric motors), but excluding welders, transformers and boilers. The unit used for the calculation of power is kilowatt, with horsepower converted to kilowatt by 1 horsepower=0.735 kilowatt.

Income from Settlement of Projects refers to the income receive d by the construc tion enterprise from the contracted project through settlement procedures, and o ther charges to the contractee as operational costs in addition to the value of the project, such as temporary facility fee, labour insurance premium, moving co st of construction equipment, as well as various types of claims to the contract ee.

Profit from Settlement of Projects refers to profit rea lized through settled projects. It is calculated with the following formula:

Profit from Settlement of Projects=Income from Settlement of Pro jects - Settled Cost - Settled Taxes and Other Cost

Total Revenue of Enterprises refers to the sum of incom e from production and operation of enterprises, including income from settlement of projects and other operational income, namely:

Total Revenue of Enterprises=Income from Settlement of Projects + Other Operatio nal Income

Length of Railways in Operation refers to the total length of the trunk line und er passenger and freight transportation (including both full operation and temp orary operation). The calculation is based on the actual length of the first lin e even if this line has a full or partial double track or more tracks, excluding double tracks, station sidings, tracks under the charge of stations, branch lin es, special-purpose lines and the non-payable connecting lines. The length of ra ilways in operation is an important indicator to show the development of the inf rastructure for the railway transport, and also the essential data to calculate volume of passenger freight transport, traffic density and utilization efficienc y of the locomotives and carriages.

Length of Electrified Railways refers to the length of the section of railways in operation in which the power supply lines and other equipment are installed fo r the running of electrified locomotives. The proportion of the length of electr ified railways to the total length of railways in operation is an important indicator to show the modernization of railways.

Automatic-blocking and Semi-automatic-blocking Length of Railways refer to length of railways installed with equipment to perform automatic or manual blocking o f trains. Blocking is a spacing technique by which a section of the railway only allows one train to pass at a time in the aim of ensuring the traffic safety. t he proportion of automatic/semi-automatic blocking length to the total length of railways in operation is an important indicator to show the modernization of railways.

Length of Highways refers to the length of highways whi ch are built in conformity with the grades specified by the highway engineering standard formulated by th e Ministry of Communications, and have been formally checked and accepted by the departments of highways and put into use. The length of highways includes th at of the suburb highways at large and medium-sized cities, highways passing thr ough streets at small cities and towns, and also the length of bridges and ferri es. It does not include the length of streets in big and medium-sized cities and highways built for the production purpose at factories, mines, forest areas and agricultural areas. If two or more highways go the same section of the way, the length of the section is only calculated for once and no duplication is allowed . The length of highways is an important indicator to show the development of th e highway construction and to provide essential information to calculate the tra nsport network density.

Length of Navigable Inland Waterways it is an indicator reflecting the size and development of inland water network, it refers to the length of the natural rive rs, lakes, reservoirs, canals, and ditches open to navigation during a given per iod, which enables the transport by ships and rafts. It includes the channels op en to navigation for over an accumulative 3 months in a year, yet this does not include the river courses, which are only used to float odd logs and bamboo raft s. This indicator can reflect the scale, level and development situation of the inland waterway network.

Length of Civil Aviation Routes refers to the length of all routes for regular civilaviation flights. There are usually two ways to calculate the distance betw een airports connected by the route length: One is to put the length of all air routes together, called duplicated calculation of the length of the routes; the other is not to allow the duplication in calculation when two or more routes pas sing the same section of aviation routes. The latter is usually used, as it can precisely show the size of the civil aviation network and indicate the extent of civil aviation serving the national economy and the people.

Length of Oil (Gas) Pipelines used as an indicator to show the development, scale and level of the pipeline transportation, it refers to the actual transport distance of oil (or gas) products, and is in general calculated in the length of single pipeline. If the length of the double pipelines and alternate pipeline a re included, it is called the extension length of the oil (gas) pipelines, which indicates the actual length of the pipelines built, excluding double pipelines. Freight (Passenger) Traffic refers to the volume of freight (passenger) transpor ted with various means. Freight transport is calculated in tons and passenger tr affic is calculated in the number of persons. Despite the type of freight and tr aveling distance, the freight transport is calculated in the actual weight of th e goods: and despite the traveling distance and ticket price, the passenger traf fic is calculated by the principle that one person can be counted only once in o ne travel. The passengers who travel with a half price ticket or a child ticket is also calculated as one person. The freight (passenger) traffic provides a qua ntitative measure to show how the transport industry serves the national economy and people, and is also an important indicator for planning the transport indus try and for studying the development scale and speed of the transport industry.

Freight (Passenger) Traffic Density refers to the freig ht (passenger) traffic vo lume carried by a particular means of transportation during a given period throu gh one kilometer of a specific section of transportation route. The formula is a s follows:

Freight (Passenger) traffic density= [freight ton-kilometers (passenger-kilomet ers)] / (length of route in operation)

Freight (passenger) traffic density reflects the degree of business of freight (passenger) traffic on transportation routes, and therefore provides important in formation for balancing transport capability, planning construction and upgradin g of transport routes and studying the distribution of transport network.

Freight Ton-kilometers (Passenger-kilometers) refer to the sum of the products o f the volume of transported cargo (passengers) multiplying by the transport dist ance. It is an important indicator to reflect the achievement of transportation industry. Normally, the shortest distance between the departure station and the destination station (i.e., the payable distance) is the basis to calculate the f reight ton-kilometers. This is an important indicator to show the total results of the transport industry, to prepare and examine the transport plan and to meas ure the efficiency, the labour productivity and the unit cost of transport.

The formula is as follows:

Freight ton-kilometers (passenger-kilometers) =$\sum${freight (passenger) traffic x distance of transportation}

Static Load of Freight Cars refers to the average cargo weight as loaded by eac h freight car under the static condition at the departure station. It is used to show the utilization extent of the loading capacity of the freight cars. The fo rmula is:

Static load (ton) of freight car=(tonnage of goods dispatched) / (number of frei ght cars loaded)

The static load of freight cars is determined by the nature and type of goods lo aded, the type of vehicles, and the technique of loading. The difference between the average marked load and the static load of freight cars reflects the utiliz ation of loading capacity of freight cars. For its calculation the following for mula is applied:

Utilization rate of capacity of freight cars(%)= [(Average static load) / (Avera ge marked load)] ×100%

Average Daily Haul of Freight Locomotives refers to the average total ton-kilometers accomplished by each freight transport locomotive over day and night during a given period of time. It includes both the weight of the goods carried and th e dead weight of the train itself. It is a comprehensive indicator reflecting th e locomotive efficiency in terms of both time and the pulling force.

Average daily haul of freight transport locomotive (ton-kilometer)=(Total ton/ki lometers of freight) / (Daily number of freight transport locomotive)

Volume of Freight Handled in Major Coastal Ports refers to the volume of cargo p assing in and out the harbor area of the major coastal ports and having been loa ded and unloaded. The volume includes that of the postal matters, registered lug gage and fuels, materials and fresh water as supplies of the ships. The volume o f freight handled may be classified by direction of flow as freight for import a nd freight for export, or by nature of cargo as freight for domestic trade and f reight for foreign trade. As an important indicator, the volume of freight handl ed by type of cargo and by main flow direction reflects the production capacity of ports.

Possession of Civil Motor Vehicles: refer to the total numbers of vehicles that are registered and received vehicles' license tags according to the Work Standar d for Motor Vehicles Registration formulated by transport management office unde r department of public security at the end of reference period. They are divided into following categories according to the structure of motor vehicles: passeng er vehicles, trucks and others; and private vehicles and vehicles for units use according to ownerships; working vehicles, non-working vehicles and special moto r vehicles according to kind of usage; large passenger vehicles, medium passenge r vehicles and small passenger vehicles, heavy trucks, light-heavy trucks and li ght trucks according to sizes of vehicles.

Business Volume of Post and Telecommunications refers t o the total amount of pos t and telecommunication services, expressed in value terms, provided by the post and telecommunications departments for the society. Post and telecommunication services can be classified as letters, parcels, remittance, issue of newspapers and magazines, fast mail service, express mail service, savings deposits, stamps for collection, public and individual telegraph service, facsimiles, long-dista nce telephone service, leasing of telephone lines, urban paging service, mobile telephone service, data transfer and transmission, etc. The accounting approach is to multiply the service products of all types with their average unit price (constant price) to get sum of business value, plus income from other services su ch as leasing of telephone lines and equipment, maintenance of telephone switchb oards and lines on behalf of customers. This indicator reflects the overall resu lts of post and telecommunications service during a given period, and is importa nt to study the composition of business service and the development of post and telecommunications service.

The formula is as follows:

Business volume of post and telecommunications=∑(Transaction of post and teleco mmunication service x constant price) + Income from leasing, maintenance and other services

Subscribers of Wireless Paging Services Wireless paging service refers the servi ce by which telephone users send audio, digital or character signals to persons carrying small-size pagers within the designated areas through wireless paging c enters. The page carriers who have registered in paging centers are counted as p aging subscribers.

Mobile Telephone Subscribers refer to the persons who o wn mobile telephone numbe rs and are connected with the mobile telephone communication network through the mobile telephone switchboards, including contracted subscribers and pre-paid su bscribers for intelligent network. One mobile telephone is taken as a subscriber .

Internet Users refer to the number of Chinese citizens who use Internet at least for one hour each week.

Local Telephone Subscribers refer to subscribers that a re connected to the local telecommunication service provider through fix line network, including househol d subscribers, institutional subscribers and public telephones. They are also cl assified as city subscribers and rural subscribers according to locations. Befor e 1997, city subscribers referred to those connected to city telephone networks in county towns and cities, while village subscribers referred to those connecte d to village telephone stations at and below counties. Since 1997, the classific ation of telephone subscribers was modified on the basis of physical location of the subscribers as urban telephone subscribers and rural telephone subscribers, which is different from the previous classification of categorizing local telep hones and rural telephones, while the definition of total subscribers and total number of telephones remain unchanged.

Urban Telephone Subscribers refer to number of telephon e subscribers, located at municipalities, cities under the jurisdiction of province, cities at prefecture level, downtown and suburb of city at county level town and county towns (inclu ding country towns where county government located, and towns of county level ac cording to the administrative organizational system), that are connected to the public line telephone network, including rural mineral area, forest area, military area.

Rural Telephone Subscribers refer to telephone subscrib ers, located at counties (towns) and villages outside the range of cities according to administrative jur isdiction.

Household Telephone Subscribers refer to telephone sets installed in the dwellin g units of urban or rural residents, and registered as residence subscribers for payment, including 3 types of payment for the service: private payment, public payment and free service.

Capacity of Long Distance Telephone Exchanges refers t o the rated capacity of t elephone exchanges to connect long distance telephone network, including capacity of international telephone exchanges.

Capacity of Office Telephone Exchanges refers to the ca pacity (measured in gate) of telephone exchanges installed in the offices of telecommunication service pr oviders for communication between fixed telephones. It includes the capacity of both manual and automatic exchanges in use and for stand-by purpose, excluding t he capacity of subscribers' exchanges.

Capacity of Mobile Telephone Exchanges: refers to the capacity of the maximum se rvices provided to subscribers at one time basing on a certain model and transacting capacity of the mobile telephone exchanges.

Total Retail Sales of Consumer Goods refer to the sum of retail sales of commod ities sold by wholesale, retail, catering, publishing, post and telecommunicatio ns and other service industries to urban and rural households for private consum ption and to social institutions for public consumption. Retail sales of consumer goods include:

A、Sales by wholesale and retail units: 1. of consumer goods sold to urban and rural households 2. of commodities sold to foreigners, overseas Chinese and Chinese compatriots f rom Hong Kong, Macau and Taiwan visiting in China 3. of commodities sold to government agencies, institutions, social organizatio n s, military and armed police units, and commodities sold to enterprises in the f orm of retail sales. More specifically, they include: office facilities and arti cles for non-production purposes such as communications equipment, computing equ ipment and instruments, TV and network equipment, printing and copying equipment , audio-visual equipment and instruments, paper, notebooks, stationeries, furnit ure, electric appliances, knitwear, sanitation and cleaning articles, cultural a nd sport articles, articles for prizes, souvenirs, etc.; transport vehicles and fuels for employees; materials, spare parts and tools for the maintenance of off ice facilities; equipment, fuels, materials and food for winter heating or summe r cooling purposes; articles and equipment for teaching purpose; Chinese and wes tern medicines and medical equipment and facilities purchased by non profit-maki ng medical institutes; non-specialized work safety articles; cooking utensils, t ableware, equipment, cleaning articles, food and fuels purchased by internal caf eterias; clothes and personal articles purchased by military or armed police uni ts for their officials and soldiers; and other equipment and articles for non-pr oduction purposes. B、Sales of stable food, cooked dishes, beverages, tobaccos and other articles by catering units. C、Sales of books, newspapers, magazines, audio-visual products and post produ ct s by publishing, post and telecommunications departments to urban and rural hous eholds and to enterprises, institutions, military and armed police units. D、Sales of food, beverages, tobaccos, clothing, hats, footwear, articles for da ily use, medicines, medical and health articles, work of art, handicrafts, toys, funeral articles and other articles by other service industries.

Purchase, Sales and Stock of Commodities by Wholesale and Retail Trades refer to the total volume of commodities purchased, total volume of sales and exports, a nd the stock of commodities by wholesale and retail enterprises (establishments) of different status of registration from domestic and overseas markets. This in dictor reflects the relationship among purchase, sales and stock of commodities in the circulation of goods and reveals the existing problems.

Total Purchases of Commodities refer to the total value of purchases of commodit ies by the enterprises (establishments) from other establishments or individuals (including direct import from abroad) for the purpose of re-selling, either wit h or without further processing of the commodities purchased. This indicator is used to show the total value of purchases of commodities by wholesale and retail establishments from domestic and overseas markets. The total purchases include: (1) agricultural and industrial products purchased from producers; (2) books, m agazines and newspapers purchased from distribution departments of the publisher s; (3) commodities purchased from wholesale and retail establishments of differe nt status of registration; (4) commodities purchased from other units, such as s urplus materials purchased from government agencies, enterprises or institutions , commodities purchased from catering and service establishments, confiscated go ods purchased from customs authorities or market management agencies, second-han d goods and wastes purchased from residents; and (5) commodities directly import ed from abroad. Excluded are commodities purchased by enterprises (establishment s) for use in their own business operation, commodities obtained without buying or selling procedures, rejected commodities, etc.

Total Sales of Commodities refer to value of commoditie s sold by the establishme nts to other establishments and individuals (including direct export). This indi cator is used to show the total value of sales of commodities at domestic market s and export. The total sales include: (1) commodities sold to urban and rural r esidents and social groups for their consumption; (2) commodities sold to establ ishments in industry, agriculture, construction, transportation, post and teleco mmunications, wholesale and retail trades, catering trade and public utility for their production and operation; (3) commodities sold to wholesale and retail es tablishments for re selling, with or without further processing; and (4)commodi ties for direct export to other countries. Excluded are selling of waste packagi ng materials used by the establishments (units) themselves, commodities transfer red without buying or selling procedures, commission income from brokerage in tr ansactions whose settlement is directly handled by buyers and sellers, rejected commodities in the purchase, loss in commodities, etc.

Commodity Stock of Wholesale and Retail Enterprises refers to total commodities possessed by wholesale and retail enterprises (units) of various types of regist ration status at the end of the reference period, which reflects the commodity s tock level of various wholesale and retail enterprises and the potential for mar ket supply. It includes: (1) commodities located in storage, garages, counters, and shelves of operating units (such as sale stores, wholesale centers, and oper ating offices) of wholesale and retail enterprises; (2) commodities in the proce ss of selecting, sorting, and packing; (3) commodities not arrived but recorded as purchase in the account, i.e. commodities not arrived but payment receipts fo r the commodities from the sellers or the banks arrived; (4) commodities deposit ed in other places rather than places mentioned above, for instance: commodities in the hold of purchasers temporarily due to the refusal of payment and commodi ties not taken back after going through the formalities; (5) commodities entrust ed to other units to sell but not sold yet; (6) commodities purchased for other units but not delivered yet. Commodities not included as stock are those not own ed by the enterprises (units), those allocated to financially independent factor ies rather than wholesale and retail enterprises for processing but not taken back yet, and finally those put in stock by wholesale and retail enterprises on be half of the state material reserves units.

For the calculation of the value of commodities stock, the value is calculated at purchasing prices in agricultural goods purchasing units and wholesale units, and at the accounting prices in retail units.

Business Income of Catering Industry: refer to the total turnover of catering bu sinesses, establishments or individuals, including retail sales and other servic es income. It reflects the operational and managerial conditions and development trend of catering businesses, establishments and individuals in this sector.

Retail Sales of Commodities in Catering Industry: refer to retail sales to resid ents and social groups by catering enterprises, establishments and individual, i ncluding: (1) various food sold after cooking and processing, such as: staple fo od, cooked dishes, cold and dressed dishes and so on. (2) re-selling commodities without further processing, such as beverages, tobaccos, cooked food, fruits an d so on. (3) food and other commodities sold in affiliated shops without indepen dent accounting system.

Volume of Transaction at Consumer Goods Markets refers to the value of transacti on of all goods at consumer goods markets in the country, including both markets for farm and sideline products and for industrial consumption goods.

Volume of Transaction at Large Commodity Markets (with transacti on value over 100 million yuan) refers to markets approved by the industrial and commer cial admi nistration departments, which specialize in wholesale and retail of commodities with an annual sales of over 100 million yuan. The sum of sales of all sellers i n the markets makes up the transaction value of the markets.

Chain Enterprises (also called chain stores or chain corporations) refer to a fo rm of joint economic entities under which scattered enterprises or establishment s engaged in providing homogeneous commodities or services, with the central lea dership of core enterprise or headquarters and guided by common policies, conduc t centralized purchase and distributed selling of commodities, in order to gain better efficiency through standardized operation. Consisting of a number of bran ch stores, the chain stores have in general following features: 1) homogeneous c ommodities, 2) unique name of stores, 3) centralized purchase and delivery which is separated from distributed selling operation (most commodities are delivered from the headquarters except some items which, from logistics, quality or fresh ness considerations, might be delivered by the suppliers directly).

Chain stores have two categories: a) Chain stores under direct management: These are formal chain stores invested or controlled by the headquarters. They operate under the direct and unified man agement from the headquarters. b) Chain stores through license arrangement: Through contracts, chain stores (th eir owners) obtain licenses from the headquarters to use designated trade marks, names, operation know-how, and to sell the commodity developed by the headquart ers. Under this arrangement, each store in the chain is an independent legal ent ity and operates under the guidance from the headquarters.

Total Imports and Exports at Customs refer to the r eal value of commodities impo rted into and exported from the boundary of China. They include the actual impor ts and exports through foreign trade, imported and exported goods under the proc essing and assembling trades and materials, supplies and gifts as aid given grat is between governments and by the United Nations and other international organiz ations, and contributions donated by overseas Chinese, compatriots in Hong Kong and Macao and Chinese with foreign citizenship, leasing commodities owned by ten ant at the expiration of leasing period, the imported and exported commodities p rocessed with imported materials, commodities trading in border areas (excluding mutual exchange goods), the imported and exported commodities and articles for public use of the Sino-foreign joint ventures, cooperative enterprises and ventu res exclusively with foreign own investment. Also included are import or export of samples and advertising goods for whose CIF or FOB value are beyond the permi tted ceiling (excluding goods of no trading or use value and free commodities fo r export), imported goods sold in China from bonded warehouses and other importe d or exported goods. The indicator of the total imports and exports at customs c an be used to observe the total size of external trade in a country. In accordan ce with the stipulation of the Chinese government, imports are calculated at CIF , while exports are calculated at FOB

Import Export Value by Location of Chinas Foreign Trade Managing Units refers to actual value of imports and exports carried out by corporations which have bee n registered by the local customhouse and are vested with right to run import ex port business.

Import Value of Commodities by the Places of their Destination and Export Value of Commodities by the Places of their Origin in China: The former indic ator ref ers to the value of import commodities of the places of their consumption, utili zation or the places of their final destination. The latter indicator refers to the value of export commodities of the places of their origin or the places of t he commodities dispatched.

Utilization of Foreign Capitals refers to remittance, e quipment and technology f inanced from abroad, by loans, foreign direct investment and other forms underta ken by the Chinese governments at all levels, by various departments, enterprise s and other economic units.

Foreign Borrowings refer to funds borrowed from abroad through formal signing of borrowing agreements with foreign institutions, including loans of foreign gove rnments, loans of international financial institutions, commercial loans of fore ign banks, export credit, and funds raised by Chinese bonds (and shares before 1 996) issued abroad. It is an important part of China's utilization of foreign ca pitals.

Foreign Direct Investment refers to the investments ins ide China by foreign ente rprises and economic organizations or individuals (including overseas Chinese, c ompatriots from Hong Kong, Macao and Taiwan, and Chinese enterprises registered abroad), following the relevant policies and laws of China, for the establishmen t of ventures exclusively with foreign own investment, Sino-foreign joint ventur es and cooperative enterprises or for co-operative exploration of resources with enterprises or economic organizations in China. It includes the re investment o f the foreign entrepreneurs with the profits gained from the investment and the funds that enterprises borrow from abroad in the total investment of projects which are approved by the relevant department of the government.

Other Investment by Foreign Entrepreneurs refers to all forms of utilization of foreign capitals other than foreign borrowings and foreign direct investment. It includes the total value of stock shares in foreign currencies issued by enterp rises at domestic or foreign stock exchanges (now mainly consisting of H shares issued at Hong Kong Security Market and B shares issued at domestic security mar kets), rent payable for the imported equipment through international leasing arr angement, cost of imported equipment, technology and materials provided by forei gn counterparts in compensation trade and processing and assembly trade.

Contracted Projects with Foreign Countries refer to projects undertaken by Chine se contractors (project contracting companies) through bidding process. They include: (1) overseas civil engineering construction projects financed by foreign investors; (2) overseas projects financed by the Chinese government through its foreign aid programs; (3) construction projects of Chinese diplomatic missions, trade offices and other institutions stationed abroad; (4)construction projects in China financed by foreign investment; (5) sub-contracted projects to be taken by Chinese contractors through a joint umbrella project with foreign contractor (s); (6) housing development projects. The business income from international co ntracted projects is the work volume of contracted projects completed during the reference period, expressed in monetary terms, including completed work on proj ects signed in previous years.

Service Cooperation with Foreign Countries refers to the activities of providin g technology and labour services to employers or contractors in the forms of receiving salaries and wages. Labour services providing by contractual joint ventur es of Chinese international contracting corporations should be included in the s tatistics of service co-operation with foreign countries. The business income of labour service cooperation is the income in the form of wages and salaries, ove rtime pay, bonuses and other remuneration received from the employers during the reference period.

Overseas Design and Consultation Service refers to projects with charges for tec hnical services from overseas operators. It includes geographic and topographic mapping, geological resource prospecting and survey, planning of construction ar eas, provision of design documents, blueprints, materials on production process and techniques, as well as engineering, technical and economic consultation, and feasibility study, research and evaluation of projects. Also included under thi s category are the above-mentioned services of foreign-financed projects in Chin a that are paid in foreign currencies.

Number of Tourists

(1) International tourists refer to foreigners, overseas Chinese, Chinese compat riots from Hong Kong, Macao and Taiwan coming to China for sight-seeing, visits, tours, family reunions, vacations, study tours, conferences and other activitie s of a business, scientific and technological, cultural, educational and religio us nature. It does not include representatives and employees of resident institu tions of foreign countries in China such as embassies, consulates, news agencies and offices of foreign companies and organizations, nor does it include long-te rm foreign experts or students residing in China, or persons in transition witho ut spending a night in China. (2) Chinese residents going abroad refer to Chinese residents going abroad for s hort terms for either public business or private purposes. Chinese employees wor king on international transport carriers are included in those going abroad for public business purpose, not in those for private purpose. (3) Domestic tourists refer to residents of the mainland of China who stay for o ne night at least but no more than 6 months at tourist facilities in other place s than their permanent residence within the territory of the mainland China, inc luding foreigners, overseas Chinese and Chinese compatriots from Hong Kong, Maca o and Taiwan who have resided in China for over one year.

Foreign Exchange Earnings from International Tourism refer to the total expend itures of foreigners, overseas Chinese, Chinese compatriots from Hong Kong, Maca o and Taiwan during their stay in the mainland of China, which are earnings of f oreign exchange from international tourism from the point of view from China.

International Travel Agencies refer to travel agencies engaged in the promotio n, solicitation, organization and reception of tours to the mainland of China by foreigners, overseas Chinese, Chinese compatriots from Hong Kong, Macao and Tai wan.

Domestic Travel Agencies refer to travel agencies engag ed in the promotion, so licitation, organization and reception of domestic tourists, and in the receptio n of foreigners, overseas Chinese, Chinese compatriots from Hong Kong, Macao and Taiwan organized by international travel agencies or other departments concerne d, without their own promotion and solicitation programmes.

Star-Hotels refer to hotels rated with stars

Regular Institutions of Higher Learning refer to educational establishments set up according to the government evaluation and approval procedures, enrolling gra duates from senior secondary schools and providing higher education courses and training for senior professionals. They include full-time universities, colleges , high professional schools, high professional vocational schools and others.

Universities and colleges are mainly providing undergraduate courses; those high professional schools and high professional vocational schools are mainly provid ing professional trainings; and others refer to educational establishments, whic h are responsible for enrolling students but not covered in the total number of schools, including: branch schools of universities and colleges, and universitie s and colleges that have been proved and prepared to construct.

Institutions of Higher Learning for Adults refer to edu cational establishments, set up in line with relevant rules approved by the government, enrolling staff a nd workers with senior secondary school or equivalent education, and providing h igher education courses in many forms of correspondence, spare time, or full tim e for adults. Professionals thus trained receive a qualification equivalent to g raduates studying regular courses at regular universities, colleges and professi onal colleges. Institutions of higher learning for adults include schools of hig h education for staff and workers, schools of high education for peasants, colle ges for management cadres, pedagogical colleges, independent correspondence coll eges, Radio and TV universities and other educational establishments. Other educ ational establishments are responsible for enrolling adult students but not cove red in the number of schools.

Enrollment Rate of Primary School Age Children refers t o the proportion of schoo l age children enrolled at schools to the total number of school age children bo th in and outside schools (including retarded children, but excluding blind, dea f and mute children). The formula is:

Enrollment Rate of Primary School-age Children = (Total Primary School-age Child ren at Schools)/(Total Primary School age Children Both at and Outside Schools) x 100%

Scientific and Technological Activities (S&T Activities) refer to organized acti vities which are closely related with the creation, development, dissemination a nd application of the scientific and technical knowledge in the fields of natura l sciences, agricultural science, medical science, engineering and technological science, humanities and social sciences (referred to as scientific and technolo gical fields). S&T activities can be classified in to 3 categories: research and development (R&D) activities, application of R&D results, and related S&T servi ces. This statistical definition is made by UNICHIEF for scientific and technolo gical activities to meet the need of carrying out statistical work in this field for its member countries in particular those developing countries.

Personnel Engaged in S&T Activities refer to personnel directly engaged in S&T a ctivities, in the management of S&T activities, and in providing direct service to S&T activities, who spend over 10% of the total working hours in a year in S& T activities. (1) Personnel directly engaged in S&T activities include researche rs, engineers, technicians and other related personnel engaged in S&T activities in independent-accounting R&D institutions, institutions of higher learning, an d in research institutes, laboratories, technology development centers and centr al experiment workshops under enterprises and institutions. Also included are pe ople working in S&T research project teams, professional and technical personnel working in S&T information archiving institutes, and graduate students working on the design of their thesis. (2) Personnel engaged in the management of S&T ac tivities and in providing direct service to S&T activities include senior manage ment people responsible for S&T activities in independent-accounting R&D institu tions, S&T information archiving institutes, institutions of higher learning, an d in enterprises and institutions where S&T activities are undertaken. Also incl uded are people responsible for the planning, administration, personnel manageme nt, financial management, logistics supply, equipment maintenance, information a nd library management that are related with S&T activities. People providing indirect services are excluded, such as security, medical service, drivers, plumber s, cleaners and those providing catering and related service. This indicator ref lects the size of personnel engaged in S&T activities.

Scientists and Engineers refer to persons engaged in S& T activities who have obt ained titles of senior and middle level professional positions, and those withou t such position but have completed university or higher education. This indicator reflects the quality of personnel engaged in S&T activities.

Research and Development (R&D) refers to systematic and creative activities in t he field of science and technology aiming at increasing the knowledge and using the knowledge for new application. R&D includes 3 categories of activities: basi c research, applied research and experiments and development. The scale and inte nsity of R&D are widely used internationally to reflect the strength of S&T and the core competitiveness of a country in the world.

Basic Research refers to empirical or theoretical researchaiming at obtaining new knowledge on the fundamental principles of phenomena of observable facts to r eveal the nature and law of movement of objects and to acquire new discoveries o r new theories. Basic research takes no specific or designated application as th e aim of the research. Results of basic research are mainly released or dissemin ated in the form of scientific papers or monographs. This indicator reflects the original innovation capacity of knowledge.

Applied Research refers to creative research aiming at obtaining new knowledge o n a specific objective or target. Purpose of the applied research is to identify the possible use of results from basic research, or to explore new (fundamental) methods or new approaches. Results of applied research are expressed in the fo rm of scientific papers, monographs, fundamental models or invention patents. Th is indicator reflects the exploration of ways to apply the results of basic research.

Experiments and Development refer to systematic activit ies aiming at using the k nowledge from basic and applied researches or from practical experience to devel op new products, materials and equipment, to establish new production process, s ystems and services, or to make substantial improvement on the existing products , process or services. Results of experiment and development activities are embo died in patents, exclusive technology, and monotype of new products or equipment . In social sciences, experiment and development activities refer to the process of converting the knowledge from basic or applied researches into feasible prog rammes (including conduct of demonstration projects for assessment and evaluatio n). There are no experiment and development activities in the science of humanit ies. This indicator reflects the capability of transferring the results of S&T into technique and products, which is the materialized measurement of S&T pushing forward the economic and social development.

R&D Personnel refer to persons engaged in research, man agement and supporting ac tivities of R&D, including persons in the project teams, persons engaged in the management of S&T activities of enterprises and supporting staff providing direc t service to the research projects. This indicator reflects the size of personne l engaged in R&D activities with independent intellectual property.

Professional and Technical Personnel refer to persons engaged in professional and technical work or in the management of professional and technical activities, i.e., people with professional or technical positions who are engaged in profess ional and technical work or in the management of professional and technical acti vities, and people without professional or technical positions but are working o n professional or technical posts. They include professionals and technicians wo rking in 17 categories of technical occupations including engineering, agricultu re, scientific researches, medical service, teaching, economic research and appl ication, accounting, statistics, translation, libraries, archives, cultural and museum service, journalism and publication, lawyers, notarization service, radio and television broadcasting, handicraft and fine arts, sports, performing art, and political workers in enterprises. This indicator reflects the condition of human resources in S&T.

Funding for S&T Activities refers to funds obtained fro m various sources for S&T activities, including government funds, self-raised funds by enterprises, self- raised funds by institutions, loans from financial institutions, foreign funds a nd other funds. This indicator reflects the efforts made by various social econo mic entities in promoting the development of S&T.

Government Funds refer to funds obtained from governmen t agencies at all levels to be used for S&T activities, including fund for scientific undertakings, 3 kin ds of fund for S&T activities, fund for capital construction for scientific rese arches, science fund, funds from education expenditures by education departments for S&T activities, and extra-budget fund from government agencies for S&T acti vities.

Self-raised Funds by Enterprises refers to self-raised funds by enterprises from their own expenditure or from other enterprises and funds received by universit ies or research institutions from enterprises for scientific research or technic al development projects. Excluded in this category are funds from government age ncies, financial institutions or from foreign institutions.

Loans from Financial Institutions refer to loans from v arious financial institutions for S&T activities.

Internal Expenditures on S&T activities refer to the actual expenditures on S&T activities during the reference year, including service fees, expenditure on research activities, expenditure on research management, purchase or construction o f fixed assets not included in the investment for capital construction, expendit ure on capital construction for scientific researches, and other expenditures on S&T activities. Not included are expenditure on production activities, repaymen t of loans and transfer expenditure. This indicator reflects the real accomplish ment of input in S&T.

Service Fees refer to direct or indirect payment, in ca sh or in kind, made to pe rsonnel engaged in S&T activities as remuneration and other fees. They include, in various forms, salaries, subsidies, bonus, benefits, retirement pension, stip end, etc. This indicator reflects the improvement of treatment toward S&T person nel.

Purchase or Construction of Fixed Assets refers to the fixed assets purchased or constructed using funds other than the investment in capital construction, and the actual expenditure on capital construction for scientific researches. In oth er words, it is the sum of the actual expenditure on fixed assets and the accomp lished investment in capital construction for scientific researches. Fixed asset s refer to main materials and equipment, literatures and documents in libraries, materials for experiments, specimen, instruments, furniture, buildings and cons tructions that can be used for a long time without changing the form and shape o f those articles or constructions. This indictor reflects the input in improving the condition of S&T and the means of scientific research.

New Products refer to new products produced with new tech nology and new design, or products that represent noticeable improvement in terms of structure, materia l, or production process so as to improve significantly the character or functio n of the older versions. They include new products certified by relevant governm ent agencies within the period of certification, as well as new products designe d and produced by enterprises within a year without certification by government agencies. This indictor reflects the direct contribution of S&T output to econom ic growth.

Patent is an abbreviation for the patent right and refers to the exclusive right of ownership by the inventors or designers for the creation or inventions, give n from the patent offices after due process of assessment and approval in accord ance with the Patent Law. Patents are granted for inventions, utility models and designs. This indicator reflects the achievements of S&T and design with indepe ndent intellectual property.

Inventions refer to the new technical proposals to the products or methods or th eir modifications. This is universal core indicator reflecting the technologies with independent intellectual property.

Utility Models refer to the practical and new technical proposals on the shape a nd structure of the product or the combination of both. This indicator reflects the condition of technological results with certain technical content.

Designs refer to the aesthetics and industrially applic able new designs for the shape, pattern and color of the product, or their combinations. This indicator reflects the appearance design achievements with independent intellectual property.

Cultural Institutions refer to units, which have their own organizational system and independent accounting system and specialize in or serve cultural developme nt. They exclude other establishments run by these cultural institutions and ama teur cultural groups established by various departments. This indicator reflects the development of cultural units.

Art Troupe refers to the troupe which is engaged in dra ma, opera, music, dance, acrobatics or other art performance, opens independent accounts with banks and h as self-supporting accounting system; excluding the troupes which are engaged pa rtly in industrial or agricultural activities, partly in art performance and the professional troupes organized by the people.

Number of Audience at Art Performance refers to the num ber of attendants at comm ercial shows, completely booked shows or free shows given in minority national a reas, and does not include the number of spectators at rehearsals for examinatio n and internal shows for study.

Number of Athletes in Grades refers to the number o f athletes who have been give n titles through examination. The titles of athletes include international maste rs of sports, masters of sports, first-grade, second-grade and third-grade sport smen and young athletes. This indicator reflects skill of the athletes.

Number of Referees in Grades refers to the number of re ferees who have been give n titles after examination. They are classified as international referees, natio nal referees and referees of the first, second and third grades. This indicator reflects the skill of referees.

Stadiums refer to stadiums for track and field events with six lane 400-meter tracks around soccer fields, permanent track marks and permanent bleachers. Stadiu ms are classified according to seating capacity. They include: Class A stadiums have the capacity of seating 25000 people each. Class B stadiums have the capaci ty of seating 15000 to 25000 people each. Class C stadiums have the capacity of seating 5000 to 15000 people each, and Class D stadiums have the capacity of sea ting fewer than 5000 people. This indicator reflects numbers of large and medium -sized stadiums.

Gymnasiums refer to indoor sports grounds with permanen t seats in which basketball, volleyball. badminton, table tennis and gymnastics competitions can be held. Gymnasiums are classified according to seating capacity. They include: Class A gymnasiums with seating over 6000 people. Class B gymnasiums with seating 4000 t o 6000 people. Class C gymnasiums with seating 2000 to 4000 people, and Class D gymnasiums with eating fewer than 2000 people. This indicator reflects the total number of large and medium-sized gymnasiums.

Health Care Institutions include: medical institutions, disease preven tion and c ontrol centers (epidemic prevention stations), blood gathering and supplying ins titutions, health supervision and inspection (check up) institutions, medicinal scientific research and on-job training institutions, health education and so on .

Medical Organizations include: hospitals, health service center s (stations) of c ommunities, nursing homes, health centers, clinics, clinics (health stations and infirmaries), maternity and child care agencies (centers and stations), special disease prevention and curing agencies (centers and stations), first aid center s (stations) and clinical inspection centers. Medical organizations are grouped by two types: profit-making and non-profit-making medical organizations.

Hospitals include: polyclinics, traditional Chinese medical hos pitals, hospitals integrated with traditional Chinese therapeutics and western therapeutics, ethi cal hospitals, various specialties hospitals and nursing hospitals.

Medical Technical Personnel refers to doctors, assistan t nurses, pharmacists, and laboratory technicians working in medical institutions.

Doctors refer to certified physicians and certified as sistant physicians with ce rtifications working in medical and health care and prevention agencies.

Social Welfare Institutions refer to institutions takin g care of old people with out children, handicapped people and orphans. They include social welfare instit utions run by civil affairs departments, children welfare institutions, social w elfare institutions for mental patients, collective-owned old peoples homes in r ural areas, convalescent homes and community service centers with the capacity o f receiving those people. This indicator reflects the input in social welfare in stitutions.

Number of People Taken in by Social Welfare Institutions refers to the number of old people, children, totally dependent handicapped people and mental patients taken in by social welfare institutions run by civil affairs departments and tho se run by collective units in urban and rural areas. This indicator reflects the capacity of social welfare institutions.

Social Welfare Enterprises are collective owned enterprises whi ch employ the bli nd, deaf-mute, and other handicapped people who are able to work in cities and t owns and enjoy exemption from state taxes, including welfare plants, welfare com mercial services, artificial limb plants and farms, etc. This indicator reflects the preferential policies toward disabled persons.

Rural Households with Livelihood Guaranteed in Five Aspects refer to the househo lds in which there are old people without child, orphans and handicapped people who are unable to work and without financial resources in rural areas. They are taken care of by the collective units and their food, clothing, housing, medical care, funeral expenses (or schooling for orphans) are guaranteed to be provided for. This indicator reflects the total number of disadvantageous groups of rura l population.

Lawyers are certified legal workers according to law, and who a re employed by le gal counseling firms to act as legal advisers, agents in criminal or civil lawsu its, or defenders in criminal lawsuits, or to handle non-litigious legal affairs , to advise on matters of law or to write legal papers for others, and provide s ervice to the public.

Notary Personnel refers to people working for notary of fices including: director s, deputy director, notaries, assistant notaries, and other people providing ass istance.

Notary Documents refer to the judicatory notary documen ts drawn up by the reques t of the party and are in accordance with facts and laws and following certain l egal proceedings. According to usage and locality, the notary documents are divi ded into following 4 types: domestic notary documents, domestic economic notary documents, foreign-related civil notary documents and foreign-related economic notary documents.

Mediators refer to workers on peoples mediation committ ees responsible for media ting in civil disputes and cases of slight infraction of the law. They include m embers of the mediation committees and mediators of mediation groups. This indic ator reflects the number of people engaged in meditation.

Mediation of Civil Disputes refers to number of cases m ade by mediation committe es in mediating in civil disputes concerning civil rights and duties through per suasion and education in accordance with the provisions of law on a voluntary ba sis, so as to solve disputes by helping the parties involved come to an agreemen t and understanding, including those unsuccessful ones. This indicator reflects the workload of the mediation committees.

Acceptance of Case refers to the decision made by the p eople's procuratorate off ice on reported cases, prosecution, impeachment, surrender, self-found criminal clues or suspects after initial investigation to confirm the act of crime and to start legal proceedings of the case as criminal case.

Number of Labour Dispute Cases Accepted refers to the n umber of cases of labour dispute submitted that, after being reviewed by the lab our dispute arbitration c ommittees in line with the relevant state regulations, are accepted and registered for treatment.

Retired or Resigned Personnel refers to people who have formally gone through th e formalities for their retirement or quitting work and enjoy the corresponding treatments.

Insurance and Welfare Funds refers to labour insurance and welfare fund paid by enterprises, organizations and institutions to their staff and workers as well a s retired and resigned persons in addition to their wages and salaries excludi ng labour protection fees, wages paid to medical workers from insurance and welf are fund and wages paid to staff members working in collective welfare agencies and to people with over 6 months of sick-leave.

Insurance and Welfare Funds for Retired and Resigned Staff and W orkers covers:

1. Pensions for retired veteran cadres: They refer to pensions, other subsidies, and additional allowances paid to retired in line with relevant government docu ments. 2. Pensions for Retirement: They refer to living allowance; other subsidies and additional allowances paid to retired staff and workers in line with the relevan t government documents. 1. Resignation Allowances for Living Expenses: They refer to living allowance, a nd additional allowances subsidies paid to resigned staff and workers in line wi th relevant government instructions. It also includes living subsidies and prices subsidies paid to retired and resig ned staff and workers. 2. Medical Care Allowance: refer to fee-for-service, cost of medical care and pe r diem subsidies during hospitalizations of retired and resigned staff and worke rs. 3. Others: They refer to other expenses, including other types of insurance and welfare fund, fees for funerals, traveling subsidies and heating subsidies durin g the winter time.

Waste Water Discharged by Industry refers to the volume of waste water discharge d by industrial enterprises through all their outlets, including waste water fro m production process, directly cooled water, groundwater from mining wells which does not meet discharge standards and sewage from households mixed with waste w ater produced by industrial activities, but excluding indirectly cooled water di scharged (It should be included if the discharge is not separated with waste wat er). Industrial Waste Water Meeting Discharge Standards refers to volume of industria l waste water discharge which, with or without treatment, reaches national or lo cal standards.

Ratio of Industrial Waste Water Meeting Discharge Standards refers to percentage of industrial waste water meeting discharge standards over total industrial was te water discharge. Its calculation formula is:

Industrial Waste Air Emission refers to discharge into atmosphere of waste air c ontaining pollutants generated from fuel burning and production process in enter prises within a given period of time. It is converted into standard (273K, 10132 5Pa) with the following formula:

Industrial SO2 Emission refers to volume of sulphur dio xide emission from fuel b urning and production process in premises of enterprises for a given period of time.

Industrial Soot Emission refers to volume of soot in sm oke emitted in process of fuel burning in premises of enterprises.

Industrial Dust Emission refers to volume of dust emitt ed by production process of enterprises and suspended in the air for a given period of time, including du st from refractory material of iron and steel works, dust from coke-screening sy stems and sintering machines of coke plants, dust from lime kilns and dust from cement production in building material enterprises, but excluding soot and dust emitted from power plants.

Industrial Solid Wastes Produced refers to total volume of solid, semi-solid and high concentration liquid residues produced by industrial enterprises from prod uction process in a given period of time, including hazardous wastes, slag, coal ash, gangue, tailings, radioactive residues and other wastes, but excluding sto nes stripped or dug out in mining (gangue and acid or alkaline stones not includ ed). A stone is acid or alkaline depending on the pH value of the water below 4 or above 10.5 when the stone is in, or soaked by, the water.

Industrial Solid Wastes Utilized refers to volume of so lid wastes from which use ful materials can be extracted or which can be converted into usable resources, energy or other materials by means of reclamation, processing, recycling and exc hange (including utilizing in the year the stocks of industrial solid wastes of the previous year). Examples of such utilizations include fertilizers, building materials and road materials. The information shall be collected by the producing units of the wastes.

Ratio of Industrial Solid Wastes Utilized refers to the percentage of industrial solid wastes utilized over industrial solid wastes produced (including stocks o f the previous year). Its calculation formula is:

Stocks of Industrial Solid Wastes refers to volume of s olid wastes placed in spe cial facilities or special sites for purposes of utilization or disposal. The sites or facilities should take measures against dispersion, loss, seepage, and air and water contamination.

Industrial Solid Wastes Disposed refers to quantity of industrial solid wastes w hich are burnt or placed ultimately in the sites meeting the requirements for en vironmental protection and not salvaged or recycled (including disposition in th e year of those wastes of previous years). The disposition includes landfill (Sa fe landfills should be conducted for hazardous wastes), incineration, containmen t spaces, deep underground disposal, backfill in mining pits and disposal at sea .

Industrial Solid Wastes Discharged refers to volume of industrial solid wastes d ischarged by producing enterprises to disposal facilities or to other sites. The wastes exclude stones stripped or dug from mining (gangue and acid or alkaline waste stones not included).

Output Value of Products Made from Waste Gas, Waste Water and So lid Wastes refers current value of products with waste gas, waste water and solid wastes as main materials of production. Products sold and ready to sell shall be included whil e those produced for own use shall not be included.

Border Economic Cooperation Zone Border economic cooperation zone is authorized by provincial government or the State Council, being concentrating constructed o n the border, enjoying some preferential policies and corresponding establishment. Abutted countries are major foreign trade economic and technology cooperati on partners of the Border Economic Cooperation Zone.A border economic cooperat ion zone authorized by provincial government is a province-level development zone, authorized by the State Council is a state-level development zone. New high technology industry development district.

Economic and Technology Cooperation Development Zone Economic and technology cooperation development zone is authorized by provincial government or the State C ouncil, locating in inland central city and being concentrating constructed, enj oying some preferential policies and corresponding establishment. The economic a nd technology cooperation development zone becomes local window and base of inve stment promotion & extended opening through promoting investment and establishin g export-processing bases.

New High Technology Industry Development Zone New high technology industry deve lopment zone is authorized by provincial government or the State Council, locating in central city possessing stronger economic and technological capability, en joying some preferential policies and corresponding establishment. New high tech nology industry development zone develop new high technology industry through in vestment promotion & extended opening.